Romantik – Aufbruch zur Moderne

Romanistisches
Kolloquium
Band 5

1991

ROMANTIK
AUFBRUCH ZUR MODERNE

herausgegeben von
Karl Maurer und
Winfried Wehle

Wilhelm Fink Verlag

Gedruckt mit Unterstützung der Universität Eichstätt

CIP-Titelaufnahme der Deutschen Bibliothek

Romantik : Aufbruch zur Moderne / hrsg. von Karl Maurer und Winfried Wehle. - München: Fink, 1991
(Romanistisches Kolloquium; Bd. 5)
ISBN 3-7705-2674-0
NE: Maurer, Karl [Hrsg.]; Romanistisches Kolloquium: Romantik

ISBN 3-7705-2674-0

Herstellung: Ferdinand Schöningh GmbH, Paderborn

Inhalt

ENTSUBSTANTIALISIERUNG DER LANDSCHAFT

ABSAGE AN NATUR, WISSENSCHAFT UND FORTSCHRITT

III

POETIK DER DISKONTINUITÄT

NEUES PUBLIKUM – NEUE KUNST

Vorwort

Vergleicht man die Romantik in den romanischen Ländern mit den Umbrüchen, die sich unter diesem Namen in Deutschland und England vollzogen, so scheint es, als wäre hier eine große schöpferische europäische Bewegung nicht an ihr Ziel gelangt, weil ihr zu starke Kräfte des Beharrens entgegenstanden, als hätten sich ihre Protagonisten zu sehr an Äußerlichkeiten aufgehalten, ja als wäre die Romantik, zumal in Frankreich, an ihren inneren Widersprüchen gescheitert. Aus der geschichtlichen Distanz gesehen, stellt sich indessen gerade die französische Romantik und Spätromantik als der Umschlagpunkt dar, von dem die europäische Moderne unter den sich ablösenden Kennzeichnungen des Realismus und Naturalismus, Symbolismus und Surrealismus ihren Ausgang nimmt. Dies aber geschieht in eben der Weise, daß die unaufgelösten Gegensätze innerhalb der Romantik als solche thematisiert und die konträren Positionen mit aller Schärfe gegeneinandergestellt werden.

Wenn diese außerordentlich folgenreiche Entwicklung in den einzelnen europäischen Ländern sehr unterschiedlich verläuft, so hat dies vielfältige Gründe, wie wiederum das Beispiel Frankreich deutlich macht. Dort hatte nach einer langen Phase eines rückwärtsgewandten klassizistisch-normativen Sendungsbewußtseins die politische und gesellschaftliche Restauration Napoleons und der Bourbonen die Revolution als Paradigma geschichtlichen Fortschreitens weithin in die Literatur und Kunst abgedrängt; auch in Italien finden sich etwa bei Foscolo vergleichbare Tendenzen. Durch diese Fluchtbewegung treten Literatur und Kunst in diesen Ländern in ein 'avantgardistisches' Verhältnis zur Natur, auf die sie sich, zunehmend ihrer Autonomie bewußt, neu einlassen. In Spanien bleibt Literatur und Kunst gerade noch die Aufgabe, das Scheitern aller Ansätze zu einer gesellschaftlichen Erneuerung für den Einzelnen zu verarbeiten.

Aus diesen inneren und äußeren Spannungen erklärt sich der Doppelcharakter insbesondere der französischen Romantik, die sich von Anfang an zugleich als romantisch *und* modern darstellt – Romantik gewissermaßen als das erste Stadium eines weitgespannten Prozesses der ästhetischen Modernität, der mit ihr zwar einsetzt, aber doch erst nach und nach entfaltet, was schon in ihr prinzipiell angelegt war.

Das 5. Romanistische Kolloquium, das vom 6.–9. Oktober 1986 in der Werner-Reimers-Stiftung in Bad Homburg v. d. H. stattfand und dessen Ergebnisse hier vorgelegt werden, hat den Versuch unternommen, jene Entwicklung gewiß nicht unter allen denkbaren Aspekten (dies war in dem gegebenen Rahmen nicht zu leisten), aber doch in einigen wesentlichen Momenten nachzuzeichnen. Die schmerzlichste Lücke bleibt im Bereich der bildenden Künste durch die Krankheit und den frühen Tod von Max Imdahl, vom dem die Herausgeber einen Beitrag über Eugène Delacroix erhoffen durften.

Schon die Anfänge der Romantik bei Chateaubriand, die gemeinhin einem restaurativen Trend nach den Schrecken der Revolution zugeordnet werden, bereiten durch die Ästhetisierung der religiösen Erfahrung den neuen Bestrebungen den Weg; die in der Romantik – in Frankreich bei Nodier und Gautier – neuentwickelten fantastikspezifischen Erzählverfahren lassen sich vielfach als literarische Reaktivierung elementarer religiöser Diskursformen einordnen, wie man sie in etwas anderer Form auch in der fantastischen Literatur des 20. Jahrhunderts – z. B. bei J. L. Borges – findet. Mit der Ästhetisierung bisher außerhalb des Ästhetischen gelegener Bereiche geht die Aufhebung der Harmonie der Gegensätze einher, die bei Mérimée über Hugo hinaus zu einer nur noch in der Ironie aufzufangenden unheilbaren Störung des Verhältnisses von poetischer Sinnbildung und ihr entgegenstehender Empirie führt.

Die Wiederentdeckung des Traums am Ende des klassischen Zeitalters vollzieht sich zunächst bei Mme de Staël und Hugo in den Bahnen einer vermittelnden Traumrhetorik, ehe bei Gérard de Nerval die Destabilisierung einsetzt, die auch in Frankreich den Traumbericht zur unwillkürlichen Schreibweise par excellence werden läßt; auch bei ihm kann der Traum sich erst um den Preis der Randständigkeit, der Ver-Rücktheit, von der Zensur der Ratio befreien und, wie bei keinem anderen Autor seiner Epoche, zum Medium der kaum verschleierten politischen, religiösen und ästhetischen Auflehnung werden. Einen Sonderweg geht die spanische Romantik, wo der Traum *von* der Revolte zur Rückzugsposition innerhalb eines ohnehin weitgehend vom Politisch-Historischen ins Private verschobenen Generationskonflikts wird.

Die Idealwelt der Idylle, die im europäischen Realismus und Verismus/Naturalismus endgültig versinkt, verflüchtigt sich schon in romantischer Zeit: Foscolos *Ultime lettere di Jacopo Ortis*, vordergründig noch dem idyllisch-pastoralen bzw. episch-heroischen Darstellungsschema verpflichtet, erweisen sich in der moralischen *und* diskursiven Entwurzelung des Dichter-Helden als Schwellenwerk der Moderne; die im Rokoko ins Höfisch-Theatralische umgesetzte mythisch-arkadische Vision der 'Reise nach Kythera' weicht bei Gérard de Nerval und Baudelaire unter dem Druck der modernen Zivilisationserfahrung dem desillusionierten Blick auf ödes Gestein und fleischliche Vergänglichkeit.

Wenn in Flauberts Landschaftsdarstellung die allumfassende Tiefenperspektive eines Chateaubriand durch die ironische, strikt an das personale Medium delegierte Teilperspektive substituiert wird, entstehen bei Proust, der die Zerstörung der romantischen Poesie der Unmittelbarkeit durch den Einsatz intertextueller Mittel auf die Spitze treibt, neue, entsubstantialisierte 'Landschaften der Seele', des Bewußtseins, die der Verfremdung nicht mehr unterliegen.

In der Abwehr eines naiven romantischen Naturenthusiasmus nimmt Baudelaire in seinem *Rêve parisien* die Austreibung der Natur aus der Ästhetik der Moderne vorweg, um schließlich doch seine Beklemmung angesichts der Aussicht einer schrankenlosen Verfügung des Menschen über die Natur zu bekunden, während Leopardi sich aus seiner provinziellen Randstellung heraus – noch im Namen der klassizistischen Wertvorstellungen – gegen eine hohle Fortschrittsgläubigkeit wendet, darin seiner Zeit weit vorauseilend. Der Abbau der Faszination, die die positiven Wissenschaften gerade in Frankreich das ganze 19. Jahrhundert hindurch zu Lasten der Dichtung ausüben, beginnt wiederum schon früh bei Chateaubriand, Nodier und L. di Breme.

Die Diskontinuität, eine zentrale Erfahrung der Ästhetik der Moderne, setzt sich unter dem Einfluß Goethes bei Gérard de Nerval gegen das Prinzip der Kontinuität durch, das bei Hugo noch einmal in großartige visionäre Anschauung umgesetzt erscheint; diese Entwicklung schlägt sich durch die Sonettform verdeckt schon bei Nerval, offen bei Baudelaire in einem neuen Typ des unterbrochenen Gedichts nieder, der den 'modulations' der Valéryschen *Jeune Parque* vorarbeitet.

Das Zeitalter der Romantik ist schließlich eben jene Epoche, in der die Kulturpraxis des Lesens wesentlich weitere Kreise erfaßt und dementsprechend erstmals stärkere Beachtung in der bildenden Kunst findet. Unter dem anspruchsvollen Etikett einer "Zukunftsmusik" ist R. Wagner bestrebt, durch eine (schon bei Schelling und F. Th. Vischer vorgezeichnete) mythologische Überhöhung der Geschichte und die Rückgewinnung des Primats der Musik eine 'schlechte' Moderne zu überwinden, die noch weithin von Praxis und Doktrin der trivialromantischen historischen Oper beherrscht ist.

Unser besonderer Dank gilt der Werner-Reimers-Stiftung, namentlich Herrn Konrad von Krosigk und Frau Gertrud Söntgen, die dieses Romanistische Kolloquium abermals gastfrei aufgenommen und unterstützt haben, sowie der Universität Eichstätt, vertreten durch ihren Kanzler Carl-Heinz Jacob, für die Gewährung eines Druckkostenzuschusses. Unser Dank gilt aber auch unseren Mitarbeitern Michael Bernsen, Dr. Johanna Kahr und Ilka Kirchhoff (Bochum), die den Band redigiert, sowie Martina Neumeyer, M. A., Barbara Hartmann und Dr. Paul Geyer (Eichstätt), die den Satz hergestellt haben. Schließlich sei Herrn Verleger Ferdinand Schöningh und dem Wilhelm-Fink-Verlag, München, für gute Zusammenarbeit gedankt.

BRECHUNGEN DES METAPHYSISCHEN

Reinhold R. Grimm

Romantisches Christentum Chateaubriands nachrevolutionäre Apologie der Religion

I. Religion in der nachrevolutionären Gesellschaft

> Il suffit que la religion soit religion. Il n'est pas nécéssaire qu'elle soit vérité.
> Joubert, *Carnets*[1]

> Cependant il faut une religion, ou la société périt: en vérité, plus on envisage la question, plus on s'effraie; il semble que l'Europe touche au moment d'une révolution, ou plutôt d'une dissolution, dont celle de la France n'est que l'avant-coureur.
> Chateaubriand, *Essai sur les révolutions* II, 55[2]

Die nachrevolutionäre Religionsdebatte

Als Chateaubriand, entlassener Minister des Restaurationsregimes, 1826 die Apologie des Christentums erneut herausgab, die 1802 seinen Ruhm als Schriftsteller begründet hatte, ordnete er das *Génie du Christianisme* im Rückblick ganz explizit in die politisch-kulturelle Konjunktur des beginnenden Jahrhunderts ein:

---

[1] Zit. Ausg.: *Les Carnets de Joseph Joubert*, hg. A. Beaunier, 2 Bde, Paris 1938, Bd 2, S. 626; vgl. P. Bénichou, *Le Sacre de l'écrivain (1750–1830) – Essai sur l'avènement d'un pouvoir spirituel laïque dans la France moderne*, Paris [2]1985, S. 115 f.

[2] Zit. Ausg.: *Essai sur les révolutions – Génie du Christianisme*, hg. M. Regard (Bibliothèque de la Pléiade. 272), Paris 1978, S. 429.

Lorsque le *Génie du Christianisme* parut, la France sortait du chaos révolutionnaire; tous les éléments de la société étaient confondus (...) ("Préface", S. 459; Bd 1, S. 43[3])

In der Tat war der Zusammenbruch des Ancien Régime in den revolutionären Wirren von vielen Zeitgenossen subjektiv als Auflösung eines bis dahin als einheitlich und geschlossen erfahrbaren Sozialgefüges in seine einzelnen Elemente verstanden worden. Zu den Konsequenzen der Revolution gehörte eine schockartige Erfahrung: Es wurde zum erstenmal unübersehbar, daß die Moderne durch eine als chaotisch empfundene Dissoziierung der Lebenswelt in unverbundene Sinnbezirke gekennzeichnet ist. So kann es nicht überraschen, daß in der unmittelbar nachrevolutionären Phase das Bedürfnis nach einer neuen oder wiederhergestellten sozialen 'Harmonie', einer nicht nur politischen Konsolidierung, in allen Lagern, bei Anhängern wie Gegnern der Revolution, um sich griff.

Nicht nur bei Anhängern und Propagandisten der Gegenrevolution trat in diesem Zusammenhang die Religion in den Mittelpunkt des Interesses und der öffentlichen Debatte. Die allmählich entstehende nachrevolutionäre Gesellschaft entdeckte noch einmal die Religion, als sie nach Möglichkeiten suchte, die disparaten "éléments de la société" erneut zu integrieren. Die Religion allein schien 'Konservativen' wie 'Liberalen' ein Modell gesellschaftlicher Integration anzubieten, das unmittelbar zur Verfügung stand und an dem sich die angestrebte neue gesellschaftliche 'Harmonie' orientieren konnte.

Die gesellschaftliche Opportunität oder Notwendigkeit einer 'Religion', sei es nun die alte oder eine neue, wurde in den parlamentarischen Gremien der Republik jahrelang diskutiert. Diese Debatte fand im übrigen in der europäischen Publizistik ein unmittelbares Echo und dürfte für das entstehende Selbstverständnis der Moderne von noch nicht hinreichend erkannter Bedeutung sein[4].

---

[3] Ich zitiere im folgenden den Revolutionsessay und die Religionsschrift Chateaubriands nach der Ausgabe von M. Regard, die Religionsschrift außerdem nach der Ausgabe von P. Reboul: *Génie du Christianisme*, 2 Bde (Garnier-Flammarion), Paris 1966. Die Stellen werden im laufenden Text in Klammern angegeben. Bei der Religionsschrift bezieht sich die erste Angabe auf Regard, die zweite auf Reboul.

[4] Es würde sich lohnen, die Dokumente dieser Religionsdebatte und ihre publizistischen Auswirkungen in Europa erneut zu analysieren.

Die innenpolitische Entwicklung in Frankreich, die schließlich zum Konkordat von 1802 führte, kann in diesem Zusammenhang ein über die unmittelbare politische Opportunität hinausgehendes Interesse beanspruchen. Aber auch im gegenrevolutionären Lager, zu dem Chateaubriand im übrigen nur bedingt gerechnet werden kann, galt bekanntlich die Religion als unentbehrliches Modell der wiederherzustellenden Ordnung, auch wenn die Radikalität der Situation unter dem trügerischen Vorzeichen einer vermeintlich möglichen 'Restauration' alter Verhältnisse nicht immer klar erkannt wurde.

Kurzum: zu Beginn des neuen Jahrhunderts stand überraschenderweise die Religion im Mittelpunkt des Interesses aller politischen Lager. Wenn Religion Chateaubriand (und nach ihm vielen Vertretern der französischen Romantik) als "epochale Integrationsinstanz aller Lebensbereiche einer Epoche"[5] galt, gab diese These also – einmal abgesehen von ihren epochalen Folgen – zunächst durchaus den Stand der innerfranzösischen Debatte wieder. Sie läßt sich jedenfalls mit der vermittelnden Position zwischen Revolution und Gegenrevolution vereinbaren, die der künftige 'chantre de la légitimité' in diesen Jahren vertrat. Die innenpolitisch motivierte Restauration des Kults durch das Konkordat Napoleons[6] beruhte gewiß auf einer pragmatischen Entscheidung, die noch ganz an den 'aufgeklärten' Umgang mit Religion erinnert und sich vor allem zu propagandistischen Zwecken[7] der Apologie Chateaubriands bedienen wollte. Sie

---

[5] B. Steinwachs, *Epochenbewußtsein und Kunsterfahrung – Studien zur geschichtsphilosophischen Ästhetik an der Wende vom 18. zum 19. Jahrhundert in Frankreich und Deutschland* (Theorie und Geschichte der Literatur und der schönen Künste. 4), München 1986, S. 125.

[6] Die napoleonische Religionspolitik geht noch wie Chateaubriands *Essai sur les révolutions* von der seit Machiavelli unbestrittenen politischen Notwendigkeit der Religion aus: "Nulle société ne peut exister sans morale et il n'y a pas de bonne morale sans religion. Il n'y a donc que la religion qui donne à l'Etat un appui ferme et durable (...)" (Napoleon am 5. Juni 1800; zit. bei M. Regard, "Notes et variantes" zu Chateaubriand, *Essai sur les révolutions – Génie du christianisme* S. 1575) Zu vergleichen mit: "Cependant il faut une religion, ou la société périt (...)" (*Essai sur les révolutions* II, 55, S. 429) Der entscheidende Umbruch im Denken Chateaubriands findet erst im *Génie du Christianisme* statt, das der 'Restauration des Kults' einen sehr viel grundsätzlicheren Sinn gibt, als dies die offizielle Religionspolitik beabsichtigte.

[7] Die zeitlichen Zusammenhänge sprechen im übrigen für sich. Das Konkordat mit Rom war seit dem 15. Juli 1801 unterzeichnet, stieß aber auf hin-

dokumentiert aber gleichzeitig das Scheitern der verschiedenen Versuche, eine staatlich organisierte 'Vernunftreligion' einzuführen. Die nur zaghaften Ansätze der Revolutionsregierungen[8], die "religion naturelle" zur Grundlage eines offiziellen Kults zu machen, wurden endgültig zugunsten der überlieferten positiven Religion aufgegeben.

Funktionswechsel der Religion zwischen Aufklärung und Romantik

Die unerwartete Rolle der Religion im gesellschaftstheoretischen und politischen Diskurs des beginnenden Jahrhunderts deutet auf einen entscheidenden und umfassenden Funktionswechsel zwischen Aufklärung und Romantik hin. Die romantische Auffassung der Religion, die sich in mehrfacher Hinsicht radikal von den aufklärerischen Konzeptionen unterscheidet, bereitete sich vor, auch wenn der Bruch erst allmählich deutlich wurde. Man kann diesen Funktionswechsel, der sich hinter der geläufigen These verbirgt, die Romantik habe die Religion 'wiederentdeckt', in mehrfacher Hinsicht präzisieren.

1) Bei allen Differenzen im einzelnen hatte sich im 18. Jahrhundert die aufklärerische Religionsphilosophie und Religionskritik bekanntlich an der Notwendigkeit orientiert, Moralität intersubjektiv zu begründen. Legt man die in der Religionsdebatte des 18. Jahrhunderts geläufige Trichotomie von 'dogme', 'culte' und 'morale' zugrunde, lag der Schwerpunkt der 'philosophischen' Religionsdiskussion, bei Ausschluß der dogmatischen Aspekte[9], vor allem im Sinnbezirk der Moral. Nach der Revolution ergab sich eine auffällige

---

haltenden Widerstand der 'philosophes' im Tribunat und im 'Corps législatif'. Chateaubriands Freund Fontanes mußte für Lucien Bonaparte eine energische Rede verfassen, um die Widerstände zu brechen. Das *Génie du Christianisme* erschien schließlich gerade vier Tage vor dem Inkrafttreten des Konkordats. In der Zwischenzeit hatten alle möglichen Traktationen stattgefunden, um durch Korrekturen im Detail so etwas wie eine 'offiziöse Schrift' aus der Apologie zu machen. Im übrigen sei daran erinnert, daß die zweite Auflage des *Génie du Christianisme* dem Ersten Konsul gewidmet war.

[8] Die letzte Zusammenfassung bei: M. Ozouf, "Religion révolutionnaire", in Hgg. F. Furet/M. Ozouf, *Dictionnaire critique de la Révolution française*, Paris 1988, S. 603–613.

[9] Diese wurden vor allem in der Kritik an der positiven Religion erörtert.

Verschiebung des leitenden Interesses auf die gemeinschafts- und traditionsbildenden Aspekte der Religion, wobei der dogmatische Bereich weiterhin ausgeklammert blieb. In den Mittelpunkt trat, die 'morale' ablösend, der 'culte'.

2) Die französische Religionsdebatte des beginnenden Jahrhunderts orientierte sich nicht mehr an den 'rationalen' Aspekten religiöser Lebensformen, die zur vernünftigen Begründung einer intersubjektiven Moralität beitragen konnten, sondern bevorzugte geradezu die emotionalisierenden, 'irrationalen' Aspekte der Religion, denen gemeinschaftsbildende und handlungsmotivierende Qualitäten unterstellt wurden. So löst bei Chateaubriand bezeichnenderweise der Leitbegriff des "mystère" die "raison" ab, wenn Religion in ihrem Wesen beschrieben werden soll. Chateaubriands Generation konnte nach der Revolution gesellschaftliche Erneuerung nicht mehr, oder doch nicht mehr ausschließlich, von einer Vernunft erwarten, deren dramatisches Scheitern gerade vorgeführt worden war.

3) Damit mußte aber auch das aufklärerische Konzept einer 'natürlichen Religion', das seine polemische Schärfe gerade aus der Konfrontation mit dem Christentum als positiver historischer Religion gewonnen hatte, an Überzeugungskraft verlieren. Von ihm war nicht mehr zu erwarten, daß es gesellschaftsintegrierende Kraft entwickeln könnte[10]. Allenfalls in der überlieferten, positiven Religion ließ sich noch ein emotionales Potential vermuten, das der diagnostizierten gesellschaftlichen Auflösung entgegengestellt werden konnte[11]. Der Übergang von der 'philosophischen' zur positi-

---

[10] Schon in seinem *Essai sur les révolutions*, der noch ganz dem Ansatz der Aufklärung verpflichtet war, schloß etwa Chateaubriand, bei aller manifesten Skepsis gegenüber der Zukunft des Christentums, die Möglichkeit aus, eine "religion naturelle" könne das Christentum ersetzen: "(...) le sage peut la (= la Religion naturelle) suivre, mais elle est trop au-dessus de la foule: un Dieu, une âme immortelle, des peines et des récompenses, ramènent le peuple de nécessité à un culte composé; d'ailleurs cette métaphysique ne sera jamais à sa portée." (II, 55, S. 429) Vgl. *Génie du Christianisme* I, 1, 5: "(...) ces temples étaient dédiés à la Vérité, qu'aucun homme ne connaît, et à la Raison, qui n'a jamais séché une larme!" (S. 486; Bd 1, S. 73)

[11] Es ist bezeichnend, daß sich selbst der vielleicht frappierendste und originellste romantische Versuch einer neuen 'Religionsgründung', der im saint-simonistischen Schülerkreis um P. Enfantin propagierte "Nouveau Christianisme", bei dem im übrigen die Entwicklung eines neuen "culte" im Mittelpunkt stand, an die positive Religion anlehnte.

ven Religion bedeutete dabei nicht notwendigerweise eine nur 'restaurative' Tendenz. Er indiziert vielmehr ein grundsätzlich anders motiviertes Interesse an Religion.

Die weitere Entwicklung zeigt, daß Napoleon nicht zu Unrecht nur mit Mißbehagen und kaum verhohlenem Mißtrauen die publizistische Hilfe des unzuverlässigen Emigranten in Anspruch nahm. In der Tat wurde der Religion bei Chateaubriand (und nach ihm bei anderen romantischen 'Theoretikern') eine weit grundlegendere und umfassendere gesellschaftliche Rolle zugeschrieben, als sie die noch der Aufklärung verpflichtete Staatsraison des Ersten Konsuls zugestehen konnte. Ein Gesellschaftsmodell, das sich – aus welchen Gründen auch immer – an der Religion als einzigem und unersetzbarem gemeinschaftsbegründendem Paradigma orientierte, mußte auf die Dauer den innenpolitischen Kompromiß gefährden, den das Konkordat gerade besiegeln sollte.

Auf der anderen Seite blieb die aufklärerische Religionskritik in vieler Hinsicht die stillschweigende Voraussetzung des 'romantischen Christentums'. Die entstehenden romantischen Religionskonzeptionen lösten sich keineswegs eindeutig von der Religionsphilosophie der Aufklärung ab. Auch die Zurückhaltung der offiziellen Kirche gegenüber der beginnenden 'romantischen Restauration' des Christentums war also wohlbegründet. Mit den so geschmähten Aufklärern teilten die neuen Verteidiger der Religion eine fast durchgehende Vernachlässigung der dogmatischen Aspekte des Christentums und ein erstaunlich pragmatisches Verhältnis zu einer Religion, die ihnen als sozialer Mechanismus unentbehrlich schien, sollten die entstehenden autonomen Sinnbezirke der modernen Gesellschaft in ein Ganzes integriert werden: Unter der Hand wurde ihnen die Religion zum Ausdruck der Kultur schlechthin. Die politische, kulturelle und schließlich ästhetische Rehabilitierung[12] der überlieferten Reli-

---

[12] "Die verführerische Kraft und subversive Unentschiedenheit zwischen religiöser und ästhetischer Erfahrung ist sehr bald von der Kurie erkannt worden, als sie das Werk auf den Index setzen ließ – weit entfernt von einer kurzatmigen Kritik, das Werk als konservativ-religiöse Propagandaschrift klerikaler Interessen gelten zu lassen oder gar zu begrüßen." (Steinwachs, *Epochenbewußtsein und Kunsterfahrung* S. 126)

gion bleibt ambivalent und endet schließlich in ihrer Poetisierung, wie sie sich im *Génie du Christianisme* bereits ankündigt.

Die Ambivalenz des 'romantischen Christentums'

Daß die nachrevolutionäre 'Rehabilitation' der Religion nicht nur der Legitimation einer konservativ-restaurativen Politik diente[13], zeigt vielleicht am frappierendsten die als 'nouveau christianisme' auftretende Gesellschaftsdoktrin Saint-Simons, der Religion als Vehikel 'organischer Epochen' galt und die 'aufklärerische' und 'romantische' Versatzstücke zu einer lange nachwirkenden Synthese brachte. Der berüchtigte Versuch seiner Schüler, eine neue Religion zu gründen, führte zu einer Sprache, in der sich Gesellschaftstheorie, Politik und Ästhetik ununterscheidbar verschränkten. Bei allen Unterschieden zur Religionsschrift des späteren Legitimisten Chateaubriand gibt es doch auch frappierende epochenspezifische Übereinstimmungen in der Verbindung des Christentums mit der Moderne und der Gleichsetzung von Religion und Zivilisation[14].

---

[13] "Die nachrevolutionäre Einsicht in die Schwierigkeiten rationalistischer Gesellschaftstheorien, die die Spannung von Individual- und Sozialinteressen nicht zu lösen vermochten, führten auf breiter Ebene zu Reflexionen über das gesellschaftsbildende Moment der religiösen Erfahrung, die deshalb nicht sogleich als klerikale Restauration oder Re-etablierung der Metaphysik abzutun sind." (Ebd. S. 147)

[14] Schon der *Nouveau christianisme – Dialogues entre un conservateur et un novateur* H. de Saint-Simons (1825) identifiziert das Christentum mit der europäischen Zivilisation und behauptet seine Unentbehrlichkeit für die Moderne: "Je ferai voir que cette doctrine (du Nouveau Christianisme, R. R. G.) est la seule doctrine sociale qui puisse convenir aux Européens dans l'état présent de leurs lumières et de leur civilisation. (...) Je prouverai encore que l'adoption du Nouveau Christianisme, en faisant marcher de front les travaux relatifs aux généralités des connaissances humaines, et ceux qui ont pour objet le perfectionnement des spécialités, accélérera les progrès de la civilisation infiniment plus qu'ils ne pourraient l'être par toute autre mesure générale." (Zit. Ausg.: Saint-Simon, *Œuvres*, 6 Bde, Paris 1875–1878; Nachdruck: Éditions Anthropos, Paris 1966, Bd 3, S. 186) Es versteht sich von selbst, daß Chateaubriand die Sozialexperimente der Schüler Saint-Simons nur mit ironischer Distanz zur Kenntnis nahm: "(...) parmi les modernes sectaires il en est qui, entrevoyant les impossibilités de leurs doctrines, y mêlent, pour les faire tolérer, les mots de morale et de religion (...)" (*Mémoires d'outre-tombe* XLIV, 6; zit. Ausg.:

Die nachrevolutionäre Reflexion über Religion schwankt zwischen der nostalgischen Erinnerung an eine 'harmonische' Gesellschaftsordnung und der Deutung des Christentums als entscheidendem und unentbehrlichem Faktor des kulturellen Fortschritts, zwischen einer ('progressiven' oder 'restaurativen') politischen Funktionalisierung und einer ästhetischen Interpretation der Religion. Nirgendwo werden diese grundlegenden Ambivalenzen der 'romantischen Religion' deutlicher als in der eigenartigen Interferenz politischer, ästhetischer und religiöser Sprache, die für die ganze Epoche bestimmend blieb. Es war gerade die bereits von den Zeitgenossen erkannte grundlegende Ambivalenz des 'romantischen Christentums', die aus der nachrevolutionären Religionsdebatte entscheidende Vorgaben für die Kulturtheorie und den politischen Diskurs, für die Anthropologie und die Ästhetik des 19. Jahrhunderts entstehen ließ.

Aus historischer Distanz betrachtet ist die Romantik eine entscheidende Übergangsphase, in der sich Gesellschaftstheorie und Politik, Anthropologie und Ästhetik ausdifferenzierten und allmählich als eigene Sinnbezirke konstituierten. Die romantische Religion verdeckte diesen Übergang in autonome und damit partielle Diskursformen zunächst noch einmal, bereitete ihn aber zugleich vor. Es ist dieser Sachverhalt, der der romantischen Rehabilitation der positiven Religion nur noch transitorische Bedeutung[15] gab: Die Übergänge in mehr oder weniger 'autonome' Sinnbereiche zeichneten sich allenthalben schon ab[16]. Diesen Übergangscharakter der 'restauration du culte' muß man berücksichtigen, wenn man von 'romantischer Religion' spricht. Es ist kein Zufall, daß die meisten Vertreter der nachrevolutionären Rehabilitation der Religion in ihrer Jugend

---

Chateaubriand, *Mémoires d'outre-tombe*, hgg. M. Levaillant und G. Moulinier, 2 Bde [Bibliothèque de la Pléiade. 67. 71], Paris 1951, Bd 2, S. 925) Erste Literaturhinweise bei M. Hahn, *Präsozialismus: Claude-Henri de Saint-Simon*, Stuttgart 1970.

[15] Steinwachs spricht von dem "transitorischen Status des *Génie du Christianisme*, wie er für eine Epochenschwelle an der Grenze verschiedener Problemhorizonte charakteristisch ist" (*Epochenbewußtsein und Kunsterfahrung* S. 128).

[16] Zwar kennt Chateaubriand noch keinen autonomen Begriff von Kunst, wie Steinwachs (ebd. S. 147) zu Recht bemerkt; doch bereitet er diesen in entscheidenden Punkten bereits vor. Vergleichbare Ansätze finden sich für einen in Nationalismus übergehenden Patriotismus.

vom Projekt der Aufklärung geprägt worden waren und dessen Postulat gesellschaftlicher Totalität – in welchen Umbesetzungen auch immer – beibehielten. Man kann die Vermutung äußern, daß das Paradigma der Religion politisch dann entbehrlich wurde, als die nachrevolutionäre Situation konfliktuell analysiert wurde und 'partielle' Totalitätskonzepte sich in Gesellschaftstheorie, Politik und Kunst durchsetzen konnten.

II. Religion und Politik bei Chateaubriand

> S'il y a une preuve de l'incrédulité du siècle, c'est un pareil livre en faveur d'une religion.
> Duchesse de Broglie am 22. August 1820[17]

> Mes sentiments religieux n'ont pas toujours été ce qu'ils sont aujourd'hui.
> Chateaubriand, *Génie du Christianisme*, "Préface" (1802)[18]

Publikationsumstände des *Génie du Christianisme*

Die sich langsam herausbildende romantische Religionskonzeption mit ihren Folgen für alle Bereiche der Kultur des 19. Jahrhunderts soll im folgenden am Beispiel Chateaubriands dargestellt werden. Sein *Génie du Christianisme* kann in der Tat als Programmschrift der nachrevolutionären 'restauration du culte' und als Paradigma der romantischen Rehabilitation des Christentums gelten. Die Verbindung von Religion und Politik, der Übergang von der Aufklärung zur Romantik, die geschichtsphilosophischen, anthropologischen und ästhetischen Implikationen der 'romantischen Religion' in Frankreich lassen sich wohl an keinem Text in so komprimierter Form aufzeigen.

---

[17] Brief an A. G. P. Barante, abgedruckt in *Souvenirs du baron de Barante*, hg. C. de Barante, 8 Bde, Paris 1890-1891, Bd 2, S. 461; zit. bei P. Reboul, "Introduction" zu Chateaubriand, *Le Génie du Christianisme* Bd 1, S. 21 f.

[18] S. 1282; Bd 1, S. 398.

Andererseits ist die Analyse der Religionsschrift Chateaubriands nicht unproblematisch: Obwohl ihre Bedeutung für die französische Romantik und die Entstehung der literarischen Moderne insgesamt unbestritten ist, scheint sich Chateaubriands Apologie bis heute eindeutigen politischen, ideologischen und literaturgeschichtlichen Einordnungen zu verweigern. Ihre Rezeptionsgeschichte wird von hartnäckigen Vorbehalten begleitet, die den innovativen Beitrag ihres Autors zur nachrevolutionären Reflexion der Moderne eher verdekken. Gerade der spektakuläre Erfolg der Religionsschrift scheint bei den Zeitgenossen Mißgunst, bei den Späteren vor allem den Verdacht ausgelöst zu haben, Chateaubriands Apologie des Christentums sei nicht sehr viel mehr als eine brillante rhetorische Übung, auch wenn ihr Verfasser keinen geringeren Anspruch erhob, als den, der Aufklärung den Todesstoß versetzt zu haben:

> Le heurt que le *Génie du Christianisme* donna aux esprits, fit sortir le dix-huitième siècle de l'ornière, et le jeta pour jamais hors de sa voie (...)[19]

Schon die Umstände der Publikation haben dem Autor einigen Mißkredit eingetragen und lange nachwirkende Mißverständnisse ausgelöst, die sich einerseits auf die persönliche Glaubwürdigkeit des Autors, andererseits auf seine ursprünglichen literarischen und politischen Absichten beziehen. Diese Vorbehalte und Mißverständnisse sind nicht unbegründet, spiegelt sich in ihnen doch die grundlegende Ambivalenz des Übergangs von der Aufklärung zur Romantik, den Chateaubriand gleichsam in seiner Person verkörpert.

Die grandiose Selbstinszenierung, mit der sich Chateaubriand in den *Mémoires d'outre-tombe* als politische Leitfigur der Restauration und als Gründungsvater der Romantik zum Retter des Christentums und Herausforderer der Aufklärung stilisiert[20], kontrastiert in der Tat mit den reichlich trivialen Umständen der Entstehung und Publikation der Religionsschrift. Das *Génie du Christia-*

---

[19] So die Formulierung der *Mémoires d'outre-tombe* XIII, 10, Bd 1, S. 464.

[20] "N'était-il pas aussi ridicule que téméraire à un homme obscur, de s'opposer à un mouvement philosophique tellement irrésistible qu'il avait produit la Révolution?" (Ebd. S. 461) – "L'empire voltairien poussa un cri et courut aux armes." (Ebd. S. 460)

nisme verdankte seinen ersten Erfolg dem glücklichen Zusammentreffen von zwei Umständen: auf der eine Seite dem Interesse des gerade nach Frankreich zurückgekehrten jungen Emigranten, seine 'rentrée' politisch abzusichern; auf der anderen Seite dem Ziel der innenpolitischen Berater des Ersten Konsuls, unter denen Chateaubriand Freunde hatte, die Restitution des Kults propagandistisch abzusichern. Eine Pressekampagne[21] von geradezu offiziösem Charakter, an deren Organisation auch Chateaubriand intensiven Anteil nahm, begleitete die Publikation der Religionsschrift und trug zu ihrer Wirkung bei, nicht ohne sie in den Augen mancher Beobachter gerade dadurch einigermaßen zu diskreditieren.

In der Tat war das *Génie du Christianisme* für seinen Verfasser zunächst vor allem ein "ouvrage de circonstance", eine geschickt angelegte verlegerische und politische Spekulation, die sich ganz der aktuellen politischen Konjunktur anpaßte, auch wenn sich Chateaubriand in späteren Jahren größte Mühe gab, den für einen erklärten Legitimisten zweifelhaften Beginn seiner literarisch-politischen Karriere zu verschleiern[22]. Über seinen Freund Fontanes von der innenpolitischen Entwicklung Frankreichs genau unterrichtet, wollte Chateaubriand mit seiner ersten Publikation in Frankreich die Rückkehr aus der Emigration zum politisch-literarischen Ereignis werden lassen[23]. Es kann keinen Zweifel darüber geben, daß die unmittelbar bevorstehende Restauration des Kults durch Napoleon[24] für den

[21] Zu den Einzelheiten vgl. den Anmerkungsteil in der Ausgabe von Regard S. 1592 ff.

[22] Ein Blick auf den Briefwechsel Chateaubriands aus den Entstehungsjahren dementiert viele spätere Äußerungen. So berichtet er in einem Brief vom 5. April 1799, seine Religionsschrift sei "très chrétien, fort analogue à la circonstance, et ne saurait guère manquer de ce succès attaché aux ouvrages de circonstances" (Brief an J. L. A. Baudus, zit. bei Regard, "Notes et variantes" S. 1581). Am 6. Mai 1799 spricht er von einem "ouvrage de circonstance commencé à la prière de Fontanes" (desgl., ebd. S. 1581 f.).

[23] Genauere Informationen und eine detaillierte Darstellung der Publikationsumstände ebd. S. 1580 ff.

[24] Ihm war bekanntlich die zweite Auflage des *Génie du Christianisme* vom April 1803 gewidmet, was den späteren Legitimisten in einige Verlegenheit brachte. Aus Anlaß der "Prix décennaux" nötigte Napoleon durch Kabinettsorder das Institut zu begründen, warum es das *Génie du Christianisme* nicht ausgezeichnet hatte. Zu den Einzelheiten vgl. ebd. S. 1657 ff.

ehrgeizigen jungen Autor des *Génie du Christianisme* die geschickt genutzte Gelegenheit war, seine literarische und politische Karriere nach der Rückkehr aus dem Exil auf den Weg zu bringen: ein "accompagnement esthétique à une politique froidement concertée"[25].

Revolutionsessay und Religionsschrift

Daß ausgerechnet Chateaubriand versuchen würde, mit einer Apologie der christlichen Religion seine literarischen und politischen Chancen zu erproben, war nicht ganz selbstverständlich, hatte er doch noch in seinem wenige Jahre zurückliegenden, in der englischen Emigration veröffentlichten *Essai sur les révolutions* (1797) eine durchaus gegensätzliche Position eingenommen und dem Christentum keine Zukunftschancen mehr eingeräumt[26]. Der späte und ohnehin nicht sonderlich begeisterte[27] Emigrant hatte im Revolutionsessay eine vermittelnde Position zwischen dem harten Kern der royalistischen Emigration und den gemäßigten Vertretern der Revolution bezogen und sich damit politisch und 'ideologisch' zwischen alle Stühle gesetzt[28]. Die von dem jungen Mann in England zusammengetragenen historischen und philosophischen Materialien finden sich weitgehend im *Génie du Christianisme* wieder, wo sie nun aber eine geradezu entgegengesetzte These begründen[29]. Der

---

[25] Ebd. S. 1592.

[26] Der *Essai* ist in dieser Hinsicht völlig eindeutig: "Depuis le règne de Louis XV, la religion ne fit plus que décliner en France; et elle s'est enfin évanouie, avec la monarchie, dans le gouffre de la Révolution." (II, 43, S. 401) Für den Autor stellt sich nur noch die in einem ausführlichen Kapitel behandelte Frage, welche Religion das Christentum ersetzen wird (II, 55, S. 428 ff.).

[27] "(...) je n'approuvais point l'émigration en principe, mais je crus qu'il était de mon honneur d'en partager l'imprudence, puisque cette imprudence avait des dangers." (Vorwort der Ausgabe von 1826, S. 5)

[28] Bezeichnenderweise ließ der Emigrant Exemplare des *Essai* seinen 'philosophischen' Freunden in Paris zukommen; er nennt 1826 La Harpe, Guinguené und Delisle de Sales.

[29] Dieses Verwirrspiel hat Chateaubriand im übrigen fortgesetzt, als er in den umfänglichen Anmerkungen ("Notes critiques") der Ausgabe von 1826 nachzuweisen suchte, bereits der Autor des *Essai* habe das Christentum respektiert: "En

einigermaßen unerwartete Apologet war bisher als belesener Adept der Aufklärung aufgetreten, von dem nicht gerade eine Verteidigungsschrift der überlieferten Religion zu erwarten war, die sich zum Ziel setzte, dem Einfluß Voltaires ein Ende zu setzen[30]. Das 'philosophische' Publikum reagierte entsprechend pikiert[31] auf die Aufforderung des 'Neubekehrten', zur überlieferten Religion zurückzukehren[32].

Aus der hermeneutischen Distanz zweier Jahrhunderte unterrichtet der Streit der Zeitgenossen über die entgegengesetzten Religionsthesen im *Essai sur les révolutions* und im *Génie du Christianisme* allerdings weniger über die Ambivalenzen des Autors als über die seiner Epoche. Beide großen kulturpolitischen Essays Chateaubriands können als Meditationen über die entstehende Moderne gelten, deren verschiedene Akzentuierung dem heutigen Leser nicht mehr so unüberbrückbar scheint. Gleichwohl ließen die Differenzen der beiden Schriften und ihre gegensätzlichen Thesen schon früh in allen Lagern hartnäckige Zweifel an der persönlichen und politischen Glaubwürdigkeit ihres Verfassers aufkommen. Der auf politische Eindeutigkeit bedachte spätere Heros der Legitimität hat sich nicht umsonst stets gegen den von seinen Gegnern polemisch vorgetragenen Vergleich der Religionsschrift mit dem Revolutionsessay vehement zur Wehr gesetzt, gefährdete er doch das 'romantische Gesamtkunstwerk', zu dem er seine Biographie nicht erst in den *Mémoires d'outre-tombe* stilisierte. Seine Rechtfertigungsversuche wirken etwas gequält. So findet sich im *Essai* an hervorgehobener

---

lisant attentivement l'*Essai*, on sent partout que la nature religieuse est au fond, et que l'incrédulité n'est qu'à la surface." (S. 20)

30 In den *Mémoires d'outre-tombe* umschreibt Chateaubriand nicht unbescheiden sein Ziel mit: "détruire l'influence de Voltaire, dominante depuis plus d'un demi-siècle" (XIII, 10, Bd 1, S. 461).

31 Am bezeichnendsten ist wohl die durchgehend ironische Reaktion Guinguénés, mit dem Chateaubriand noch in der Zeit des *Essai* befreundet war, in der *Décade philosophique*, die eine anhaltende Feindschaft mit Chateaubriand auslöste: "Est-ce un livre dogmatique, ou une poétique, un traité de philosophie morale?" (Artikel vom 19. Juni 1802, im Auszug zit. bei Regard, "Accueil de la critique", in Chateaubriand, *Essai sur les révolutions – Génie du christianisme* S. 1646)

32 Allerdings waren 'Konversionen' reuiger 'Philosophen' an der Tagesordnung: Man denke nur an den besonderes Aufsehen erregenden Fall La Harpes.

Stelle eine Überlegung über die Nützlichkeit religiöser 'Illusionen', die sich durchaus im Rahmen eines aufklärerischen Diskurses hält:

> Vous renversez la religion de votre pays, vous plongez le peuple dans l'impiété, et vous ne proposez aucun autre palladium de la morale. Cessez cette cruelle philosophie; ne ravissez point à l'infortuné sa dernière espérance: qu'importe qu'elle soit une illusion, si cette illusion le soulage d'une partie du fardeau de l'existence (...) (II, 48, S. 410)

1826 kommentierte Chateaubriand die Passage mit der Bemerkung, sie zeige, daß er kein "véritable philosophe" gewesen sei, sondern ein "esprit incertain" ("Préface", S. 20), der nur noch der Belehrung bedurfte, um zum künftigen Autor des *Génie du Christianisme* zu werden. Ein heutiger Leser wird in der Tat mehr Kontinuität als Diskontinuität zwischen *Essai* und *Génie* feststellen, sich aber freilich auch fragen, ob das Stichwort der 'lebensnotwendigen Illusion' nicht auch noch für die Religionsschrift und ihre implizite Skepsis zutrifft.

Biographisches und theologisches Mißverständnis

Es war freilich nicht nur die affichierte programmatische Wendung gegen die 'philosophes', zu denen er sich gerade noch gerechnet hatte, die dem Ruf des ambitionierten Schriftstellers nachhaltig geschadet hat. Die melodramatische Inszenierung seiner demonstrativen Bekehrung[33] tat ein übriges, ihn bei einem Teil der Zeitgenossen zu diskreditieren, zumal Chateaubriands galanter Lebenswandel – die Endredaktion des *Génie* fand gleichsam in den Armen Pauline de Beaumonts statt – keine besondere Neigung zu 'christlichem Lebenswandel' erkennen ließ. Sainte-Beuve hat in seinen bekannten

[33] Die Nachricht vom kurz aufeinander folgenden Tod der Mutter und Schwester als indirekte Opfer der Revolution und ihre Mahnungen, zum Christentum zurückzukehren, gelten Chateaubriand als Anlaß seiner 'Bekehrung': "Ces deux voix sorties du tombeau, cette mort qui servait d'interprète à la mort m'ont frappé. Je suis devenu chrétien. Je n'ai point cédé, j'en conviens, à de grandes lumières surnaturelles, ma conviction est sortie du cœur: j'ai pleuré, et j'ai cru." (Vorwort von 1802, S. 1282; Bd 2, S. 398)

und folgenreichen Lütticher Vorlesungen von 1848/1849[34] keine Gelegenheit versäumt, die Aufrichtigkeit des gefeierten Literaten und Apologeten nachhaltig in Zweifel zu ziehen. Die biographischen Rekonstruktionen des einflußreichen Kritikers verkannten freilich bei aller Scharfsichtigkeit die von Chateaubriand durchaus zu Recht hervorgehobene, verdeckte Kontinuität der beiden Schriften von 1797 und 1802 und lenkten die Aufmerksamkeit der Forschung, die weitgehend prosopographisch orientiert blieb, auf das unfruchtbare Nebengleis einer Debatte über die 'Aufrichtigkeit' ihres Autors[35]. Der 'politische' Sinn der Religionsschrift, die gerade nicht eine individuelle 'réforme', sondern eine kulturpolitische Absicht verfolgte, ging mehr und mehr verloren. Ein weiteres Vorurteil hat die Rezeptionsgeschichte des *Génie du Christianisme* ebenso nachhaltig beeinflußt. Obwohl Chateaubriand wiederholt darauf hingewiesen hatte, daß er sich mit seiner Religionsschrift dezidiert auf ein Gebiet jenseits der "haute théologie" und der "philosophie" begebe und sich nur mit den "rapports purement humains"[36] der Religion beschäftige[37], wurde das *Génie du Christianisme* allzu häufig als theologischer oder doch paratheologischer Traktat gelesen: Gerade dadurch mußten seine primären Fragestellungen ebenso übersehen werden wie seine innovativen Aspekte[38]. Chateaubriand selbst hat diesem Mißverständnis dadurch Vorschub geleistet, daß er die alt-

---

[34] *Chateaubriand et son groupe littéraire sous l'Empire – Cours professé à Liège en 1848–1849*, hg. M. Allem, 2 Bde (Classiques Garnier), Paris 1948.

[35] In den *Mémoires d'outre-tombe* hat Chateaubriand wohl die bündigste Aussage über seine persönliche Haltung zur überlieferten Religion gefunden: "Si mon imagination était naturellement religieuse, mon esprit était sceptique (...)" (So die nach 1834 ausgeschiedene "Digression philosophique", in *Mémoires d'outre-tombe* Bd 1, S. 1070)

[36] *Défense du Génie du Christianisme* (1803), in *Essai sur les révolutions – Génie du Christianisme* S. 1097; Bd 2, S. 263.

[37] "Qui est-ce qui lirait maintenant un ouvrage de théologie?" (*Génie du Christianisme* I, 1, 1, S. 470; Bd 1, S. 57)

[38] "Der Dogmatismus dieser eher religionssoziologisch zu nennenden, alle gesellschaftlichen Bereiche – von der Landwirtschaft bis zu den Naturwissenschaften – umfassenden Perspektive ist immer wieder theologisch mißverstanden worden." (Steinwachs, *Epochenbewußtsein und Kunsterfahrung* S. 125)

ehrwürdige Gattung der Apologie[39] wählte, die den Autor unvermeidlich theologischen Nachfragen aussetzten mußte, auch wenn sie in seinen Augen unangebracht waren. Unter dem Eindruck des von seinem Autor diagnostizierten politischen Scheiterns der Aufklärung schien das *Génie du Christianisme* auf den ersten Blick nichts anderes als die Restauration der überlieferten Religion zu betreiben und zu diesem Zweck die 'antiphilosophische' Apologetik des 18. Jahrhunderts in aktualisierter Form wieder aufzugreifen.

Das Problem der Moderne

Das biographische wie das theologische Mißverständnis des *Génie du Christianisme* verdeckt, daß die entscheidende Innovation der Religionsschrift gegenüber dem *Essai sur les révolutions* keineswegs eine veränderte persönliche Haltung zur überlieferten Religion ist. In beiden Schriften behält Chateaubriand, trotz aller gravierenden Unterschiede im einzelnen, durchaus die objektivierende Distanz bei, die die Reflexion über Religion seit der Aufklärung charakterisiert. In beiden Schriften analysiert Chateaubriand die durch die Revolutionserfahrung fragwürdig gewordene Moderne. Im *Génie du Christianisme* stellt er der aufklärerischen Grundthese, das Christentum sei ein hinderndes und verzögerndes Element in der Emanzipationsgeschichte der Menschheit, die Gegenthese gegenüber, die historische Religion sei ganz im Gegenteil der Ausdruck der modernen Kultur schlechthin. Unter Beibehaltung der geschichtsphilosophischen Konstruktion des 'Fortschritts' verändert Chateaubriand die Vorzeichen in der Bewertung der positiven Religion. Dies hatte allerdings von Chateaubriand nicht immer klar erkannte Folgen für den Religionsbegriff, die aus historischer Distanz die Faszination seiner Schrift ausmachen. Sie entwickelt aus einer geschichtsphilosophischen Reflexion über die Moderne eine Anthropologie, eine

[39] In der "Introduction" läßt Chateaubriand die Tradition der christlichen Apologeten Revue passieren, weist allerdings auch darauf hin, daß seine Religionsschrift eine neue Strategie verfolgt, die ausschließlich anthropologische Gesichtspunkte verfolgt. Die *Défense du Génie du Christianisme* unterstreicht diesen 'laikalen' Aspekt noch einmal: "En effet, une pareille apologie ne devait être entreprise que par un laïque." (S. 1097; Bd 2, S. 263)

Poetik und eine Kulturtheorie. Die entscheidenden Gesichtspunkte lassen sich zunächst thesenartig zusammenfassen, bevor sie im einzelnen behandelt werden:

1) Das *Génie du Christianisme* setzt die Moderne bekanntlich mit der christlichen Epoche gleich. "Die Moderne ist nicht ein Modus der Zeit ('Gegenwart'), sondern ein historischer Zeitraum ('christliche Ära'). Chateaubriands Konzeption weist in dieser Hinsicht weniger auf die 'Querelle des Anciens et des Modernes' zurück als vielmehr auf den romantischen Historismus des 19. Jahrhunderts und dessen methodisches Ideal der Geschichte als Epochendarstellung voraus."[40] Die Forschung ging stets davon aus, daß Chateaubriand in seiner Geschichtskonstruktion das Parallelenschema der Querelle aufgreift und es insofern zu einem radikalen Abschluß bringt, als er zum erstenmal die christlich-moderne Ära als integrale Einheit von Mittelalter und Neuzeit beschreibt und als 'Moderne'[41] bezeichnet. In Wirklichkeit nimmt Chateaubriand schon einen Standpunkt jenseits der christlichen Epoche ein und blickt insofern – gegenläufig zu seiner apologetischen Strategie – auf die 'Moderne' bereits zurück. Dieser 'nachmoderne' Standpunkt, von dem aus in der Religionsschrift implizit argumentiert wird, löst die im Aufbau der Argumentation noch beibehaltene Argumentationsstrategie der Parallele vollends auf und widerspricht im übrigen der apologetischen Absicht der Abhandlung. Der eigenartige Begriff einer 'Moderne', deren Gipfelpunkt bereits in der Vergangenheit liegt[42], erklärt sich aus diesem nicht eingestandenen, 'nachmodernen', und damit zugleich 'nachchristlichen' Standpunkt des Verfassers.

---

[40] Steinwachs, *Epochenbewußtsein und Kunsterfahrung* S. 131.

[41] Sind im folgenden die Begriffe 'modern', 'Modernität' usw. in einfache Anführungszeichen gesetzt, werden sie im Sinne Chateaubriands, d. h. zur Abgrenzung einer vom Mittelalter bis zur Neuzeit reichenden Epoche verwendet.

[42] "Das Neue und für Chateaubriand Eigentümliche ist (...) darin zu sehen, daß in seiner modernen, die Romantik einleitenden Poetik die christliche, Mittelalter und Neuzeit umgreifende Ära der Modernität (...) sogleich als ein Zeitalter erscheint, dessen Gipfel im Vergangenen liegt." (H. R. Jauß, *Literaturgeschichte als Provokation* [Edition Suhrkamp. 418], Frankfurt a. M. 1970, S. 43)

2) Religion ist für Chateaubriand die Institution, ohne deren Verständnis historische Epochen (Antike und 'Moderne') nicht beschrieben werden können. Aus diesem Programm ergibt sich die zentrale Stellung, die dem Polytheismus in der antiken, dem Christentum in der 'modernen' Gesellschaft zugeschrieben wird. Auch diese grundlegende These der Religionsschrift bleibt allerdings ambivalent. Einerseits gilt die Religion als einziges gesellschaftliches Integrationsprinzip, andererseits bleibt unbestimmt, ob Religion eine historische Epoche begründet oder ob sie nur ihr integrierender 'Ausdruck' ist. Es bleibt offen, ob das Christentum als *Fundierung* oder nur noch als *Ausdruck* der 'Moderne' in den Blick kommt. Manche schon fast (religions)soziologisch anmutende Argumentationen Chateaubriands lassen das letztere vermuten, was zur Folge hätte, daß mit der historischen Distanz zur 'Moderne' auch eine solche zum Christentum verbunden wäre.

3) Die Epoche der 'Moderne' wird bei Chateaubriand durch die Subjektivität charakterisiert[43], deren Entdeckung den weltgeschichtlichen Fortschritt des Christentums darstellt. Die "Poétique du Christianisme" ist ein beeindruckender Versuch, diese These zu belegen und als Grundlage der 'modernen' Kunst zu explizieren. Gleichzeitig entwickelt die Religionsschrift aber eine durchaus ambivalente Analyse 'moderner' Subjektivität, eine negative Anthropologie. Der 'moderne' Seelenzustand beruht auf einer unwiderruflichen Dissoziation von "imagination" und "existence", einer konstitutiven Melancholie, die ins Verhängnis führen würde, böte nicht die Religion gleichzeitig die Heilung für die von ihr selbst ausgelöste Dissonanz. Das Christentum wird einerseits als Ursache, andererseits als Therapie 'moderner' Subjektivität in Anspruch genommen. So behauptet Chateaubriand etwa, das Christentum sei die Bedingung der 'modernen' Kunst, weil es die Konflikte der Subjektivität ("une gradation de sentiments, une science de la tristesse, des angoisses et des transports de l'âme" [II, 3, 3, S. 693; Bd 1, S. 290]) erst ermöglicht

[43] "Der Fortschritt des Christentums gegenüber der Antike gründe sich auf seinen Universalismus, seine Geschichtlichkeit und die Hereinnahme von Subjektivität (...) Die ästhetischen Folgen dieses weltgeschichtlichen Fortschritts erörtert Chateaubriand in seiner "Poétique du Christianisme", in der er die Poesie der Innerlichkeit als Signum der Moderne herausstellt." (Steinwachs, *Epochenbewußtsein und Kunsterfahrung* S. 132)

habe, und bewegt sich damit in einem Zirkel, der 'Moderne', Subjektivität und Christentum gleichsetzt, die Religion aber gleichzeitig als Heilmittel für die von ihr verursachte 'Melancholie' einsetzt.

4) Die Beschreibung 'moderner' Subjektivität verselbständigt sich zu einer Welterfahrung, in der das Christentum selbst ästhetisiert wird. Daraus erklären sich die seltsamen Begründungen, mit denen die Religionsschrift dazu aufruft, zum Christentum 'zurückzukehren':

> Revenons aux idées religieuses, si nous attachons quelque prix aux œuvres du génie: la religion est la vraie philosophie des beaux-arts, parce qu'elle ne sépare point, comme la sagesse humaine, la poésie de la morale, et la tendresse de la vertu. (II, 3, 4, S. 700; Bd 1, S. 296)

Eine autonome Ästhetik kündigt sich an, die die Aufgabe übernimmt, die die Religionsschrift noch der Religion zuzuschreiben scheint: eine neue Verbindung von Subjektivität und Objektivität. Hinter der Restitution vermeintlich 'alter' Begriffe und Vorstellungswelten, wie sie Chateaubriand mit den Theoretikern und Propagandisten der Gegenrevolution verbindet, versteckt sich eine radikalere Erfassung der 'neuen' Situation, als dies auf den ersten Blick erkennbar ist.

III. Anthropologie

> (...) le sentiment est, par essence, la mesure d'un manque.
> P. Bénichou, *Le Sacre de l'écrivain*[44]

Religion und Anthropologie

Die nachrevolutionäre Restauration der historischen Religion, wie sie das *Génie du Christianisme* propagiert, scheint mit allen Konzepten der aufklärerischen Religionsphilosophie und Religionskritik zu brechen. Viele Zeitgenossen übersahen denn auch, die Religionsschrift theologisch mißverstehend, daß Chateaubriand als wesent-

---

[44] S. 146.

liche Voraussetzung seiner Argumentation von der Aufklärung die Beschränkung auf anthropologische Fragestellungen und Interessen übernahm. Religion kommt im *Génie du Christianisme* nur "sous un jour purement humain" (I,1,1, S. 470; Bd 1, S. 57) in den Blick[45].

Den verschiedenen kultur- und kunstgeschichtlichen, gesellschaftstheoretischen und ästhetischen Gesichtspunkten der Religionsschrift liegt in der Tat ein konsequenter anthropologischer Entwurf zugrunde, ohne den ihre innere Geschlossenheit und programmatische Aussage nicht verständlich wäre. Chateaubriand läßt keine Gelegenheit aus, auf diesem Gebiet gegen das Projekt der Aufklärung zu polemisieren und den "philosophes" vorzuwerfen, sie hätten den Reichtum der menschlichen Natur sträflich auf eine Vernunft reduziert, die gerade das Wesentliche vernachlässige:

> [...] nous renonçons volontiers à ces raisons, empruntées des sciences qui rendent compte de tout à l'esprit, sans rendre compte de rien au cœur. (I, 4, 4, S. 553; Bd 1, S. 145)

Das vorwiegend anthropologisch bestimmte Interesse an Religion allein konnte am Ende des Aufklärungsjahrhunderts freilich kaum Anspruch auf Originalität erheben; es war als solches längst eine Selbstverständlichkeit. Der Erfolg und die Originalität der Religionsschrift beruhte vielmehr auf einer neuen Wendung, die Chateaubriand dem Thema gab. Die mannigfach variierten Konzepte der 'natürlichen Religion' hatten im 18. Jahrhundert – von wenigen Ausnahmen abgesehen – stets eine optimistische Anthropologie, Vertrauen in die menschliche Vernunft oder doch, wie im Falle Rousseaus, in die menschliche Natur vorausgesetzt. Chateaubriand griff eine bereits in der Spätaufklärung einsetzende und durch die Revolutionserfahrung verstärkte skeptische Wendung der anthropologischen Reflexion auf, die nicht ohne Folgen für sein Konzept historischen Fortschritts[46] blieb. In Anlehnung an traditionelle theologische Topoi entwickelte er eine in sich konsequent durchgeführte negative

---

[45] Dabei bleibt hier natürlich unerörtert, ob nicht theologische Fragestellungen per se anthropologisch sind.

[46] Soweit von einem solchen überhaupt die Rede sein kann. Sein konservatives Konzept hat die paradoxe Folge, daß die christlich-moderne Ära zwar einen weltgeschichtlich entscheidenden 'Fortschritt' darstellt, aber zugleich als 'vergangen' gelten muß, während die nachrevolutionäre Gegenwart nur als defizient begrif-

Anthropologie[47], in der der christlichen Religion, auf den ersten Blick jedenfalls, die Rolle der Versöhnung in einer zerrissenen Welt zukam:

> Formée pour nos misères et pour nos besoins, la religion chrétienne nous offre sans cesse le double tableau des chagrins de la terre et des joies célestes; et, par ce moyen, elle fait dans le cœur une source de maux présents et d'espérances lointaines, d'où découlent d'inépuisables rêveries. (II, 3, 9, S. 715; Bd 1, S. 310)[48]

Das Vertrauen in eine an der Vernunft orientierte Natur und die sich daraus ableitende Zuversicht, alle Bedürfnisse der menschlichen Natur seien grundsätzlich zufriedenzustellen, wird von der Analyse

---

fen werden kann. Chateaubriand korrigierte diese Sicht freilich in den *Mémoires d'outre-tombe* und den *Études historiques* von 1831, die in mancher Hinsicht als Korollar zum *Génie du Christianisme* gelesen werden können: "J'ai commencé ma carrière littéraire par un ouvrage où j'envisageais le christianisme sous les rapports poétiques et moraux; je la finis par un ouvrage où je considère la même religion sous ses rapports philosophiques et historiques (...)" (Zit. Ausg.: *Études ou discours historiques sur la chute de l'Empire romain, la naissance et les progrès du christianisme et l' invasion des barbares*, Paris 1850, S. 2)

[47] Hier ist auf den Versuch von K. Stierle zu verweisen, eine wesentliche Strömung des "siècle classique" durch ihre "negative Anthropologie" zu charakterisieren ("Die Modernität der französischen Klassik – Negative Anthropologie und funktionaler Stil", in Hgg. F. Nies/K. Stierle, *Französische Klassik* [Romanistisches Kolloquium. 3], München 1985, S. 81–128). Es ist kein Zufall, daß sich Stierle dabei entscheidend auf Pascal und Racine beruft: Referenzen, die auch für Chateaubriand im *Génie du Christianisme* von kapitaler Bedeutung sind. Wenn Stierle zu Recht feststellt, daß das 19. Jahrhundert einen "neuen Zugang zur negativen Anthropologie des siècle classique" (S. 122) fand, so nimmt Chateaubriand in dieser Rezeption der Klassik unter neuen Vorzeichen zweifellos eine Schlüsselstellung ein. Seine 'negative Anthropologie' unterscheidet sich freilich von der des 17. Jahrhunderts durch eine radikale Historisierung, die in entscheidender Brechung das Fortschrittskonzept der Aufklärung voraussetzt, während die negative Anthropologie der Klassik wesentlich geschichtslos blieb. Hatte die negative Anthropologie des "siècle classique" nach Stierle "ein vorgängiges positives Wissen über die Natur des Menschen" (S. 119) destruiert und das "dezentrierte Subjekt" entdeckt, versuchte die Aufklärung des 18. Jahrhunderts, "eine positive Anthropologie zurückzugewinnen und dabei doch die in der negativen Anthropologie des siècle classique aufgebrochene Dynamik theoretisch zu verarbeiten" (S. 120): Es ist wohl dieser Versuch, dessen Scheitern Chateaubriands negative Anthropologie nicht ohne Zögern ratifiziert.

[48] Die Beschreibung ist vom 'Opium fürs Volk' nicht allzu weit entfernt ...

einer umfassenderen, damit aber auch nicht mehr endgültig einzulösenden anthropologischen Bedürfnisstruktur abgelöst, deren wesentliches Merkmal der Mangel ist. An die Stelle des Leitbegriffs der 'raison' tritt das 'sentiment' als anthropologischer Grundbegriff, womit bei Chateaubriand gleichzeitig die positive Anthropologie der Aufklärung von einer negativen abgelöst wird.

Dies ist nicht ganz selbstverständlich, denn Chateaubriand setzt mit dem Begriff des 'sentiment' eine Entwicklung der literarischen Spätaufklärung voraus, die selbst noch durchaus im Rahmen einer positiven Anthropologie verblieben war. P. Bénichou[49] hat nachgewiesen, daß sich die Anthropologie des *Génie du Christianisme* eng an die populärphilosophischen Schriften Bernardin de Saint-Pierres anlehnt, der in der Nachfolge Rousseaus eine "sensibilité philosophique" propagiert hatte, die bereits ein neues Verständnis der Religion und eine "naturalisation du christianisme"[50] einleitete[51]. Die späte Variante aufklärerischer Anthropologie, die Bernardin de Saint-Pierre mit anderen vertrat, blieb allerdings insofern dem Projekt der Aufklärung verpflichtet, als sie noch eine positive Anthropologie voraussetzte und das Vertrauen in die menschliche Natur, wenn schon nicht in die menschliche Vernunft beibehielt[52]. Erst Chateaubriand gab der "sensibilité philosophique" eine entschieden

---

[49] *Le Sacre de l'écrivain*, bes. das Kapitel "Le *Génie du Christianisme* ou la conversion de l'homme sensible", S. 145–149.

[50] Ebd. S. 142.

[51] Es handelt sich um eine doppelte Bewegung, die sowohl von den Vertretern der Aufklärung wie von den Verfechtern des Christentums ausging: "Les chrétiens réhabilitent la sensibilité, placent le désir des objets terrestres sur la même échelle de sentiment, quoique à un degré plus bas, que l'amour de Dieu, le seul qui puisse combler vraiment la mesure du cœur humain." – "La sensibilité laïque s'approche volontiers des régions indécises qui la séparent du sentiment religieux, et ne s'abstient pas toujours de les franchir." (Ebd. S. 141, 142 ff.)

[52] Bernardin de Saint-Pierre stellt – von seinem Lehrer Rousseau entschieden abweichend – "sentiment" und "raison" in eine radikale Opposition und rückt – wie später Chateaubriand – den religiös besetzten Begriff des "mystère" in den Mittelpunkt seiner Anthropologie. "Ainsi un schéma d'exil et de liaison sensible qui reproduit celui de la dévotion chrétienne, remplace le primat de la conscience morale, propre au déisme humaniste." (Ebd. S. 144) Die Kommunikation zwischen "humanité" und "divinité" ist jedoch nie gefährdet und der Akzent liegt wie bei Chateaubriand auf der konstitutiven Negativität der menschlichen Natur.

negative Wendung und verband sie mit der radikalen Absage an jeden anthropologischen Optimismus, zweifellos mit der Absicht, sie so der christlichen Dogmatik zu akkomodieren.

Historisierung und Subjektivierung der Anthropologie

Es sind aber nicht nur die Leitbegriffe und ihre Besetzungen, die sich verändern. Noch entscheidender war wohl, daß Chateaubriand mit der zentralen Stellung der 'raison' in der aufklärerischen Anthropologie zugleich die transhistorische Bestimmung anthropologischer Begriffe überhaupt aufgab[53]. Konnte die Aufklärung noch von der Voraussetzung ausgehen, die Vernunft (oder doch die menschliche Natur) entwickle sich zwar in der Geschichte, sei aber in ihren Grundbestimmungen unveränderlich und deshalb in jeder historischen Epoche identisch, historisiert Chateaubriand nunmehr radikal und konsequent seine anthropologischen Begriffe. Auch hier übernahm er zwar noch einmal das Parallelen-Verfahren der Querelle; der Vergleich zwischen heidnisch-polytheistischer Antike und christlicher Moderne verfolgt aber in der Argumentation der Religionsschrift eine von der Querelle durchaus verschiedene Absicht, die besonders in den kunsttheoretischen Kapiteln nicht zu übersehen ist: Chateaubriand entwickelt Elemente einer historischen Anthropologie, in der dem Epochenvergleich nur noch auf den ersten Blick die Funktion zukommt, einen historischen Fortschritt nachzuweisen. Anthropologische Aussagen sind für Chateaubriand nurmehr epochenspezifisch möglich. Er bricht in letzter Instanz mit dem Fortschrittskonzept.

Für Chateaubriand ist die historische Epoche der christlichen Moderne anthropologisch durch eine Steigerung und Verinnerlichung der Affekte gekennzeichnet, die sich als ziellose Subjektivität beschreiben läßt. Der 'modernen' Subjektivität entspricht kein mögliches Objekt mehr; sie ist "un sentiment qui ne s'applique à rien" (I, 4, 1, S. 602; Bd 1, S. 197). Die Vernunft kann schon deshalb

---

[53] "Voici à nouveau les passions, mais cette fois au niveau de l'Histoire, comme une maladie évolutive." (P. Barbéris, *Chateaubriand – une réaction au monde moderne*, Paris 1976, S. 133)

dem menschlichen Glücksbedürfnis keine adäquate Erfüllung bieten, weil ein "choc perpétuel" im Menschen ein konstitutives Ungleichgewicht von Verstand ("entendement") und Sinnlichkeit ("désir"), von Vernunft ("raison") und Herz ("cœur") bewirkt[54]. Das menschliche Glücksbedürfnis bleibt konstitutiv unerfüllbar und kann keine adäquate Erfüllung finden:

> Il est certain que notre âme demande éternellement; à peine a-t-elle obtenu l'objet de sa convoitise, qu'elle demande encore: l'univers entier ne la satisfait point. L'infini est le seul champ qui lui convienne (...) (Ebd. S. 602 f.; Bd 1, S. 197)

Der Mensch ist das einzige Lebewesen, das Bedürfnissen und Gefühlen ausgeliefert ist, denen in der Wirklichkeit ("au-dehors") ebenso wenig entspricht wie in seinem Inneren; der menschlichen Natur wird grundsätzlich das Vermögen abgesprochen, Harmonie erfahrbar zu machen oder herzustellen. Die bei Bernardin de Saint-Pierre als dem menschlichen 'sentiment' adäquater Gegenstand vorgesehene Natur entfällt im schrankenlosen Subjektivismus des *Génie du Christianisme*: Als einziges noch denkbares "contre-poids" gilt die Religion.

Anthropologische Fundierung des *Génie du Christianisme*

Die innere Einheit des *Génie du Christianisme* verdankt sich diesem anthropologischen Ansatz, der sukzessiv am Beispiel der Natur- und Geschichtserfahrung, der Poetik, aber auch des sozialen Handelns expliziert wird.

---

[54] Mit Ausnahme des Menschen ist die Welt von der Grundregel der Harmonie bestimmt: "(...) les parties intégrantes, les mouvements intérieurs ou extérieurs, et les qualités des êtres, sont en un rapport parfait." (I, 3, 3, S. 534; Bd 1, S. 124) Diese "règle des accords" gilt nicht für den Menschen: "Quand il atteint au plus haut degré de civilisation, il est au dernier échelon de la morale: s'il est libre, il est grossier; s'il polit ses mœurs, il se forge des chaînes. Brille-t-il par les sciences, son imagination s'éteint; devient-il poète, il perd sa pensée: son cœur profite au dépens de sa tête, et sa tête au dépens de son cœur. Il s'appauvrit en idées, à mesure qu'il s'enrichit en sentiments; il se resserre en sentiments, à mesure qu'il s'étend en idées. La force le rend sec et dur; la faiblesse lui amène les grâces. Toujours une vertu lui conduit un vice, et toujours, en se retirant, un vice lui dérobe une vertu." (Ebd. S. 534; Bd 1, S. 125)

Die *Naturerfahrung* verstärkt allenfalls das Gefühl der "solitude" des einzelnen Subjekts gegenüber dem "infini" der Schöpfung. Wissenschaftliche Bemühung verfehlt gerade die wesentlichen anthropologischen Bedürfnisse:

> Le voyageur s'assied sur le tronc d'un chêne, pour attendre le jour; il regarde tour à tour l'astre des nuits, les ténèbres, le fleuve; il se sent inquiet, agité, et dans l'attente de quelque chose d'inconnu; un plaisir inouï, une crainte extraordinaire, font palpiter son sein, comme s'il allait être admis à quelque secret de la Divinité: il est seul au fond des forêts; mais l'esprit de l'homme remplit aisément les espaces de la nature; et toutes les solitudes de la terre sont moins vastes qu'une seule pensée de son cœur. (II, 4, S. 720; Bd 1, S. 316)

Der Blick auf die *Geschichte* verstärkt nur den Eindruck der Verlorenheit:

> L'homme est suspendu dans le présent, entre le passé et l'avenir, comme sur un rocher entre deux gouffres; derrière lui, devant lui, tout est ténèbres: à peine aperçoit-il quelques fantômes qui, remontant du fond des deux abîmes, surnagent un instant à leur surface, et s'y replongent. (I, 4, 2, S. 546; Bd 1, S. 138)

Die *Poesie* strebt nach einem "beau idéal", das unerreichbar bleiben muß:

> Le cœur humain veut plus qu'il ne peut; il veut surtout admirer: il a en soi-même un élan vers une beauté inconnue pour laquelle il fut créé dans son origine. (II, 2, 9, S. 672; Bd 1, S. 267 f.)

Die *Gesellschaft*, wie fortgeschritten sie immer sein mag, treibt den Einzelnen in die Verzweiflung und den Rückzug:

> Ah! lorsque les maux des siècles barbares se sont évanouis, la société, si habile à tourmenter les âmes, et si ingénieuse en douleur, a bien su faire naître mille autres raisons d'adversité, qui nous jettent dans la solitude! Que de passions trompées, que de sentiments trahis, que de dégoûts amers nous entraînent chaque jour hors du monde! (IV, 3, 3, S. 956; Bd 2, S. 120)

Erst die dem *Génie du Christianisme* zugrunde liegende negative Anthropologie akkomodiert den Gedankengang der traditionellen christlichen Dogmatik. Bezeichnenderweise ist denn auch die Lehre vom Sündenfall der einzige in der Religionsschrift ausführlicher behandelte dogmatische 'locus', erlaubt er doch, die negative Wende, die Chateaubriand der 'sensibilité philosophique' gegeben hat, als Bedürfnis nach Religion zu explizieren. Die apologetische Strategie Chateaubriands beruht ganz auf dieser Voraussetzung. Gleichwohl ist die wiederholte Berufung auf Pascal[55] kaum gerechtfertigt, denn Chateaubriands Beschreibung der 'condition humaine' hat nicht, wie die metaphysische Situierung des Menschen bei Pascal, die Funktion, den Weg zu einer authentischen religiösen Erfahrung zu öffnen[56]. Sie entwirft vielmehr eine historische Analyse 'moderner' Welterfassung, die sich durchaus verselbständigt. Die Begriffe "mélancolie" und "mystère" umschreiben den 'inneren' und den 'äußeren' Aspekt des konstitutiven Mangels der 'modernen' Anthropologie, wenden ihn aber zugleich, ästhetisch umbesetzt, ins Positive.

---

[55] Am deutlichsten: "Pascal avait entrepris de donner au monde l'ouvrage dont nous publions aujourd'hui une si petite et faible partie." (III, 2, 6, S. 829 f.; Bd 1, S. 430) Freilich bereitet sich in den wiederholten Berufungen auf die Anthropologie Pascals bereits die romantische Interpretation vor: "Les sentiments de Pascal sont remarquables surtout par la profondeur de leur tristesse, et par je ne sais quelle immensité: on est suspendu au milieu de ces sentiments comme dans l'infini." (Ebd. S. 825; Bd 1, S. 426) Eine nützliche Materialsammlung bei P. Hey, *Chateaubriand und Pascal*, Diss. Bonn 1937.

[56] Zwar ist die Beobachtung Stierles richtig, daß es Pascal nicht gelungen ist, seine negative Anthropologie in eine "Theologie des religiösen Bewußtseins" überzuführen ("Die Modernität der französischen Klassik" S. 87), gleichwohl bleibt ihre Formulierung an dieses Ziel gebunden. Eine ästhetische Umbesetzung der Negativität, wie sie bei Chateaubriand (und in der Romantik) allenthalben zu finden ist, liegt Pascal natürlich ganz fern.

Ästhetische Positivierung

In zahlreichen Tableaux, deren poetischer Reiz den literarischen Erfolg der Religionsschrift vor allem begründete, läßt sich eine zum apologetischen Programm geradezu gegenläufige ästhetische Positivierung der "mélancolie" als anthropologische Grundbestimmung finden. Die Grundopposition zwischen Existenz und Imagination hat sich dort weitgehend verselbständigt:

> Pour moi, amant solitaire de la nature, et simple confesseur de la Divinité, je me suis assis sur ces ruines. Voyageur sans renom, j'ai causé avec ces débris comme moi-même ignorés. Les souvenirs confus des hommes, et les vagues rêveries du désert se mêlaient au fond de mon âme. La nuit était au milieu de sa course: tout était muet, et la lune, et les bois, et les tombeaux. Seulement, à longs intervalles, on entendait la chute de quelque arbre que la hache du temps abattait, dans la profondeur des forêts: ainsi tout tombe, tout s'anéantit. (I, 4, 2, S. 546 f.; Bd 1, S. 139)

In solchen Abschnitten des *Génie du Christianisme* dient das anthropologische Grundgefühl des Mangels bereits gleichsam als Folie einer ästhetischen Positivierung der melancholischen Grundverfassung 'moderner' Subjektivität und bereitet ein grundlegendes Verfahren der literarischen Romantik vor[57].

In vergleichbarer Weise wird der Begriff des "mystère", bei Pascal noch Anknüpfungspunkt authentischer religiöser Erfahrung, bei

---

[57] Diese ästhetische Absicht liegt den Tableaux zugrunde, in denen Chateaubriand im *Génie du Christianisme* nicht nur Natur- und Geschichtserfahrung, sondern auch 'religiöse Erfahrung' ins Poetische wendet. Die Zitate ließen sich unschwer vermehren. Nicht zufällig sind es gerade diese Abschnitte, die in der romantischen Rezeption und bis in die Auswahl der heutigen französischen Schulbücher die größte Rolle gespielt haben: "La grandeur, l'étonnante mélancolie de ce tableau ne saurait s'exprimer dans les langues humaines; les plus belles nuits en Europe ne peuvent en donner une idée. En vain, dans nos champs cultivés, l'imagination cherche à s'étendre; elle rencontre de toutes parts les habitations des hommes: mais dans ces régions sauvages, l'âme se plaît à s'enfoncer dans un océan de forêts, à planer sur le gouffre des cataractes, à méditer au bord des lacs et des fleuves, et, pour ainsi dire, à se trouver seule devant Dieu." (I, 5, 13, S. 592; Bd 1, S. 184) Gerade die Eignung solcher Tableaux für eine isolierte, gleichsam anthologische Betrachtungsweise zeigt, daß sie sich der apologetischen Strategie der Religionsschrift weitgehend entziehen.

Chateaubriand zu einer hermeneutischen Kategorie, die in Dogmen, Kult und Lebensformen der Religion, aber auch in der Natur- und Geschichtserfahrung 'moderne' Subjektivität manifest werden und gleichzeitig in poetische Erfahrung übertragen läßt. "Il n'est rien de beau, de doux, de grand dans la vie, que les choses mystérieuses" (I, 1, 2, S. 472; Bd 1, S. 60) – heißt das Leitmotiv, das im *Génie du Christianisme* eine neue, skeptische Geschichts- und Naturerfahrung mit der poetischen Umbesetzung der Religion verbindet. Eine Ästhetisierung des Weltverhältnisses deutet sich an, die auch vor der Religion nicht halt macht:

> (...) sublime par l'antiquité de ses souvenirs qui remontent au berceau du monde, ineffable dans ses mystères, adorable dans ses sacrements, intéressant dans son histoire, céleste dans sa morale, riche et charmant dans ses pompes, il (= le christianisme) réclame toutes les sortes de tableaux. (I, 1, 1, S. 471; Bd 1, S. 58)

Der Begriff des "mystère" verweist nicht mehr theologisch auf die substantielle Einheit der condition humaine vor dem Sündenfall, um das Erlösungsbedürfnis in dogmatisch korrekte Bahnen zu lenken, sondern dient dazu, die melancholische Grundverfassung 'moderner' Subjektivität poetisch zum Ausdruck zu bringen. Es geht nicht mehr, wie noch bei Pascal, um die zeitlos-metaphysische Bestimmung eines anthropologischen Defizits, sondern um die Interpretation des Christentums als Ausdruck der 'Moderne'. Die apologetische Absicht ist nur eine mögliche 'Lesart'; sie ergibt sich nicht zwingend aus der Argumentation.

Negative Anthropologie und apologetische Absicht

Chateaubriand gelingt es nur mühsam, seine anthropologischen Analysen in den apologetischen Gedankengang des *Génie du Christianisme* zu integrieren; hinter den von ihm aufgenommenen, vertrauten Begriffen christlicher Welterfahrung artikuliert sich ein unüberbrückbarer Gegensatz zwischen gesteigerter Subjektivität und sinnentleerter Welt. In der Tat hat er seine anthropologischen Aussagen bereits in Texten formuliert (und dann in die Religionsschrift übernommen), die entstehungsgeschichtlich vor die Konzeption einer

Apologie des Christentums zurückführen, in die Zeit des *Essai sur les révolutions* und, noch weiter zurückführend, bis zum berühmt-geheimnisvollen Konvolut der *Natchez*, auch wenn die Überlieferungslage den philologischen Nachweis im einzelnen nicht mehr erlaubt[58]. Es läßt sich jedenfalls nicht übersehen, daß sich die ambivalentesten Formulierungen negativer Anthropologie gerade im berühmten Kapitel "Du vague des passions" finden, das noch in der ersten Auflage des *Génie du Christianisme* zu *René* überleitete. Dort finden sich Wendungen, die den Zustand aufgeladener, aber unerfüllbarer Affekte in prägnanter Weise beschreiben:

> L'imagination est riche, abondante et merveilleuse; l'existence pauvre, sèche et désenchantée. On habite, avec un cœur plein, un monde vide; et, sans avoir usé de rien, on est désabusé de tout. (II, 3, 9, S. 714; Bd 1, S. 309)

Ganz offensichtlich sind diese Formulierungen noch nicht dem apologetischen Zusammenhang des *Génie du Christianisme* angepaßt und geben 'ungeschönt' Auskunft über Chateaubriands Konzeptionen[59] vor dem Entschluß, eine Apologie zu schreiben. Eine Position jenseits des Christentums deutet sich an, in der die Negativität möglicher Objekte die maßlos gesteigerte, aber ziellose Projektionskraft des Subjekts ins Leere laufen läßt. Diese extreme Analyse 'moderner' Subjektivität, in der die Steigerung der Innerlichkeit ineins mit ihrer Gegenstandslosigkeit in eine ausweglose Aporie führt, wird im angeführten Text gerade noch durch das (wohl nachträglich hinzugefügte) Etikett einer "coupable mélancolie" aufgefangen und in den Gedankengang der Apologie integriert[60].

---

[58] Zu konsultieren: M. Dempsey, *A Contribution to the Study of the Source of the* Génie du Christianisme, Paris 1928, und J. Mourot, *Études sur les premières œuvres de Chateaubriand: Tableaux de la nature – Essai sur les révolutions*, Paris 1962. "*Atala* et *René*, écrits avant la conversion de l'auteur, n'ont probablement été annexés au *Génie* que moyennant de laborieuses retouches." (Bénichou, *Le Sacre de l'écrivain* S. 148)

[59] Die erste Fassung des *René*, im englischen Exil begonnen, war noch als Episode der *Natchez* konzipiert. Bemerkenswerterweise findet sich die christliche Deutung erst in den Kommentaren des Père Souël auf den letzten Seiten des publizierten Textes.

[60] Beide im Roman angedeuteten Auswege aus der konstitutiven Melancholie

So kann es auch nicht überraschen, wenn Chateaubriand in dieser vielzitierten Passage ganz im Gegensatz zur sonstigen Argumentationsstrategie des *Génie* eine sozialgeschichtliche und sozialpsychologische Begründung der von ihm dargestellten Ausweglosigkeit moderner Subjektivität sucht. Er verweist einerseits auf den Verlust der substantiellen Einheit des öffentlichen Lebens, wie sie der Antike noch vertraut gewesen sei, andererseits auf den Einfluß der "société des femmes", die ein passives Element in die Sozialpsychologie der 'Moderne' eingeführt habe. Eine "impression de tristesse" und "teinte de misanthropie" bilanzieren hier noch die Erfahrung der 'Moderne', der ein "grand contre-poids" gegen die Steigerung und Verinnerlichung der Affekte fehle.

Nun ist es gerade die geläufige These des *Génie du Christianisme*, daß die christliche Religion als gleichsam notwendige Korrespondenz dieses Gegengewicht bilden kann und muß. Die vorapologetische Argumentation in "Du vague des passions" ist deshalb von entscheidender Bedeutung für das Verständnis der Anthropologie Chateaubriands, weil sich hier die epochalen Erfahrungen fassen lassen, auf deren Hintergrund der spätere Rekurs auf die Religion erst verständlich wird. Damit verbunden ist allerdings ein innerer Widerspruch oder doch zumindest eine starke Spannung in der apologetischen Strategie Chateaubriands. Die Beschreibung der 'Moderne' als Zeitalter der Subjektivität und des Verlusts substantieller Einheit geht auf eine entstehungsgeschichtliche Phase zurück, in der Chateaubriand offensichtlich durchaus noch andere Möglichkeiten sah, der von ihm diagnostizierten anthropologischen Aporie zu entrinnen. Seine Entscheidung, die Religion als "contre-poids" einzuführen, war zunächst nur eine Möglichkeit von vielen.

Es ist ihm jedenfalls nicht gelungen, die apologetische Strategie des *Génie du Christianisme* mit seiner geschichtsphilosophischen These zum Ausgleich zu bringen, die das Christentum in vager Anlehnung an die 'Querelle' mit der 'Moderne' gleichsetzt und damit auch für sie verantwortlich macht. So ergibt sich in der Religionsschrift der geradezu paradoxe Argumentationszwang, die Religion

---

laufen ins Leere, ohne die existentielle Dissonanz Renés erträglicher zu machen. Das Kloster als religiöse Lebensform ist durch die Revolution versperrt, die vergebliche Flucht nach Amerika dementiert die dem 18. Jahrhundert verpflichtete Suche nach substantieller Harmonie jenseits der 'civilisation'.

gleichzeitig als Begründung moderner Subjektivität und als Heilmittel dagegen in Anspruch zu nehmen: Das Christentum begründet einerseits die Subjektivität der 'Moderne' und damit ihre konstitutive Melancholie und bietet andererseits ein "contre-poids" gegen ihre in die Aporie führenden Widersprüche an. Gerade hierin liegt freilich der innere Widerspruch des *Génie du Christianisme*[61], das in den "mystères" der Religion noch einmal Harmonie erfahrbar machen lassen will, in Wirklichkeit aber nur eine subjektive Einheit unter die Bedingungen gesellschaftlicher Zerrissenheit gelingen läßt und deshalb der romantischen Ästhetisierung der Religion den Weg öffnen muß.

IV. Poetik des Christentums

> Le cœur humain veut plus qu'il ne peut; il veut surtout admirer: il a en soi-même un élan vers une beauté inconnue, pour laquelle il fut créé dans son origine.
>
> Chateaubriand, *Le Génie du Christianisme* II, 2, 9[62]

Zentrale Stellung der Kunsttheorie

Das *Génie du Christianisme* führt den Untertitel *Beautés de la Religion chrétienne* und kündigt damit seine Absicht einer 'poetischen' Verteidigung der überlieferten Religion deutlich genug an. In der

---

[61] M. Milner hat die Grundstruktur der anthropologischen Reflexion Chateaubriands – ohne Bezug auf den religiösen Hintergrund – in einer Weise beschrieben, die ihren Modellcharakter für die französische Romantik verdeutlicht: "Amour de la vie, aspiration au néant. Ce ne sont pas là, comme chez certains, les deux phases successives d'une existence, mais les deux faces d'une expérience unique, qui est peut-être l'expérience-clef du romantisme: fonder la plénitude de l'art sur le vide que creuse la blessure d'exister." (Hg. C. Pichois, *Littérature française*, 16 Bde, Paris 1968–1979, Bd 12: M. Milner, *Le Romantisme I – 1820–1843*, S. 326)

[62] S. 672; Bd 1, S. 267 f.

Wirkungsgeschichte der Religionsschrift haben denn auch stets die poetologischen Abschnitte eine entscheidende Rolle[63] gespielt. Ihre Überschrift – "Poetik des Christentums" – umschreibt schon prägnant die Ambivalenz der apologetischen Argumentation Chateaubriands: "(...) on devait (...) chercher à prouver (...) que de toutes les religions qui ont jamais existé la religion chrétienne est la plus poétique, (...) la plus favorable (...) aux arts et aux lettres (...)" (I, 1, 1, S. 469; Bd 1, S. 57) Es bleibt offen, ob der Akzent auf der Verteidigung des poetischen Nutzens des Christentums gegen die Vorurteile der Aufklärung liegt oder ob Chateaubriand eine ästhetische Interpretation des Christentums intendiert, die bereits eine 'objektive Distanz' zur überlieferten Religion impliziert. Für beide Thesen lassen sich hinreichend Textbelege finden.

Der Kunst wird im *Génie du Christianisme* ein privilegierter Modus 'moderner' Welterfahrung zugeschrieben; ihre Untersuchung bietet deshalb im systematischen Aufbau der Religionsschrift die unentbehrliche Möglichkeit, die zugrunde liegenden anthropologischen Thesen zu überprüfen. Die Gleichsetzung von Subjektivität und 'Moderne' und die sich daraus ergebenden Konsequenzen müssen sich an 'moderner' Kunst und Poesie bewähren lassen; schon daraus ergibt sich die zentrale Bedeutung ästhetischer Reflexion für Chateaubriand. Die Darstellung überschreitet in entscheidenden Punkten die klassizistischen Schranken der traditionellen Poetik und entwickelt ein Modell ästhetischer Erfahrung, das nicht mehr an die engen (Gattungs-)Grenzen von Poesie und Kunst gebunden bleibt, sondern Geschichts- und Naturerfahrung, aber auch den Umgang mit Institutionen und soziales Handeln einbezieht. Chateaubriand wird damit nicht nur einer der Gründungsväter der französischen Romantik, sondern entdeckt auch die grundlegende Bedeutung der Poetik für eine historische Anthropologie.

Allerdings kann ein flüchtiger Leser diese brisanten Konsequenzen der ästhetischen Reflexion im *Génie du Christianisme* nicht auf den ersten Blick erkennen, da die äußere Präsentation der kunsttheoretischen Kapitel zahlreiche 'Versatzstücke' des Klassizismus

---

[63] "(...) Chateaubriand explore le christianisme en technicien lucide et concerné de la poésie." (M. de Diéguez, *Essai sur l'avenir poétique de Dieu – Bossuet – Pascal – Chateaubriand – Claudel*, Paris 1965, S. 101)

übernimmt; die "Poétique du Christianisme" ist zumindest auf den ersten Blick ein wenig durchsichtiger und einigermaßen verwirrender Text. Er trägt zwar eine Konstruktion poetischer Epochen vor, die entscheidend zur Historisierung der ästhetischen Reflexion beigetragen hat, führt sie aber gleichwohl noch nicht konsequent durch. Chateaubriand behält nämlich auch dort die Begrifflichkeit der traditionellen Poetik bei, wo sich daraus innere Widersprüche in seiner Argumentation ergeben. Seine Ausführungen wechseln zwischen deskriptiv-analytischen und präskriptiv-normativen Überlegungen, obwohl dieser seit Aristoteles in der Poetik übliche Expositionsmodus mit den geschichtsphilosophischen Vorgaben der Religionsschrift nicht mehr vereinbar ist. So werden auf der einen Seite klassizistische Normen der Kunsttheorie beibehalten, auf der anderen Seite Thesen vertreten, die ganz im Gegensatz dazu das Klassische "im Prinzip der Subjektivität" auflösen[64].

'Poetik des Christentums'

Schon der Begriff einer 'Poetik des Christentums' ist vieldeutig genug und umfaßt ein ganzes semantisches Spektrum:
1) Er evoziert zunächst, an die Ergebnisse der Querelle anknüpfend, die Konstruktion einer poetischen Epoche der 'christlichen Moderne', die vom Mittelalter bis zur Neuzeit reicht.
2) Er beschreibt des weiteren eine christlich vermittelte Ästhetik der Natur- und Geschichtserfahrung, wie sie erst unter den Voraussetzungen der so verstandenen 'Moderne' möglich geworden ist.
3) Er bezeichnet schließlich die poetischen Qualitäten der christlichen Religion in Dogma, Kult und Lebensformen und leitet daraus das Recht ihrer ästhetischen Rezeption ab[65].
Die Vieldeutigkeit des Begriffs reflektiert die Unentschiedenheit des Verfassers, der gleichzeitig eine christlich-moderne Ästhetik entwerfen und im Rückblick eine vergangene Periode der Poesie rekon-

[64] Steinwachs, *Epochenbewußtsein und Kunsterfahrung* S. 143.

[65] Die Ambivalenz der 'christlichen Moderne' Chateaubriands wird hier besonders deutlich: sein Religionsbegriff schwankt zwischen theologischen, soziologischen und ästhetischen Konnotationen.

struieren will. Insofern die "Poétique du Christianisme", eine abgeschlossene Epoche der Poesie beschreibend, die anthropologischen Voraussetzungen der 'modernen' Poesie bestimmt, hat sie die Aufgabe, Chateaubriands geschichtsphilosophische Thesen zu verifizieren. Deshalb beschreibt Chateaubriand in immer neu aufgenommenen Vergleichen zwischen Antike und Neuzeit die "Poesie der Innerlichkeit" als "Signum der (christlichen) Moderne"[66] und versucht, daraus die Überlegenheit des 'christlichen' Zeitalters abzuleiten.

Zweifellos hat in diesen Abschnitten das in der 'Querelle des anciens et des modernes' entwickelte Verfahren der Parallele seine deutlichsten Spuren im Aufbau der Argumentation hinterlassen. Das Beweisziel hat sich aber entscheidend verändert: Ging es in der 'Querelle' noch um die Ebenbürtigkeit (oder Überlegenheit) einer (wie auch immer definierten) Moderne gegenüber dem Vorbild der Antike, hebt Chateaubriand nunmehr den "weltgeschichtlichen Fortschritt des Christentums" gegenüber der "Dekadenz der Gegenwart"[67] hervor. Nicht mehr die Inferiorität der Antike, sondern die der sich abzeichnenden unmittelbaren Gegenwart ist apologetisch zu beweisen. An die Stelle der Dualität von Antike und Moderne ist unter der Hand implizit[68] ein dreigliedriger Vergleich getreten: Die christlich umgedeutete These der "modernes" wendet sich nicht mehr gegen klassizistische Verteidiger der Antike, sondern gegen die nachmoderne, unchristliche Dekadenz der Gegenwart und den unreflektierten Klassizismus der Aufklärer und 'Ideologen'.

Da die apologetische Argumentation auf der Voraussetzung beruht, die entscheidende Bestimmung einer kulturellen Epoche sei ihre Religion, muß sich der Fortschritt der Künste in der 'Moderne' auf die Verbindung von Christentum und Kunst, die Dekadenz der 'nachmodernen' Gegenwart auf den Verlust oder doch das Zurücktreten dieses wesentlichen Zusammenhangs zurückführen lassen. Chateaubriand verteidigt also gleichzeitig eine historische These und ein kulturpolitisches Programm: Aus dem entscheiden-

---

66 Steinwachs, *Epochenbewußtsein und Kunsterfahrung* S. 132.

67 Ebd. S. 131.

68 Nur gelegentlich wird dies auch explizit 'zugegeben': etwa dann, wenn Chateaubriand von den "siècles tout à fait modernes" (II, 2, 11, S. 681; Bd 1, S. 276) spricht.

den Einfluß des Christentums auf die nachantike Kunst und aus der Überlegenheit der christlich-modernen Kunstepoche über antike und dekadente Gegenwart ergibt sich, folgt man seiner Argumentation, zwingend die Unersetzbarkeit des Christentums auch für eine 'nachmoderne' Kunst.

Das paradoxe Ergebnis der so umschriebenen apologetischen Absichten der 'Poetik des Christentums' ist freilich ein ganz anderes: Chateaubriand weitet seine poetologischen Analysen über den engeren Bereich der Künste aus, ästhetisiert religiöse Erfahrung, poetisiert Natur- und Geschichtserfahrung und entwickelt damit die Voraussetzungen einer romantischen Poetik, in der aus heutiger Sicht – wohl gegen die Intentionen des Autors – religiöse durch ästhetische Erfahrung ersetzt wird.

Christliche Hermeneutik

Blieb im antiken Polytheismus der Einfluß der Religion auf Literatur und bildende Künste akzidentell[69], postuliert Chateaubriand für die christliche Moderne einen wesentlichen Bezug zwischen Religion und Kunst: Religion ist in der so verstandenen 'Moderne' nicht mehr nur Dekor und formaler Rahmen, sondern wesentliche Voraussetzung poetischer Produktion. Wiederum ist es der anthropologische Aspekt[70] der 'modernen' Subjektivität, der zwischen Kunst und Religion vermittelt: Das Christentum brachte eine neue, komplexere Auffassung der menschlichen Natur ("nature humaine sous un jour nouveau" [II, 3, 1, S. 687; Bd 1, S. 283]), die in der Kunst am deutlichsten zum Ausdruck kommt.

Diese anthropologischen Voraussetzungen der 'Poetik des Christentums' müssen freilich universelle Geltung haben, soll die Epo-

---

69 "(...) influence qui a, pour ainsi dire, changé l'esprit humain, et créé, dans l'Europe moderne, des peuples tout différents des peuples antiques." (II, 1, 1, S. 627; Bd 1, S. 224)

70 "Le christianisme est une religion pour ainsi dire double: s'il s'occupe de la nature de l'être intellectuel, il s'occupe aussi de notre propre nature: il fait marcher de front les mystères de la Divinité et les mystères du cœur humain: en dévoilant le véritable Dieu, il dévoile le véritable homme." (II, 2, 2, S. 648; Bd 1, S. 245)

chenkonstruktion Geltung und Plausibilität beanspruchen können. Chateaubriand muß also nachweisen, daß Kunst und Literatur der 'Moderne' auch dort entscheidend vom Christentum geprägt wurden, wo sich die Autoren darüber keine Rechenschaft ablegen oder eine solche Verbindung geradezu entschieden von sich weisen würden. Das *Génie du Christianisme* entwickelt deshalb eine Hermeneutik, die den Einfluß des Christentums in der 'Moderne' auch dort nachweisen will, wo er auf den ersten Blick am wenigsten zu erwarten wäre.

Die Argumentation Chateaubriands verliert allerdings dadurch an Stringenz, daß sie nicht zwischen christlich-moderner Subjektivität als formaler Rahmenbedingung poetischer Produktion und inhaltlich-thematischen Einflüssen des Christentums unterscheidet. In diesem Zusammenhang ist die Beurteilung Voltaires bemerkenswert. Das Schulhaupt der Aufklärung gilt Chateaubriand zunächst als Kronzeuge dafür, daß in der christlichen Moderne auch ein 'philosophe' den Bedingungen der 'christlichen Poetik' unterliegt; so heißt es etwa zu *Zaïre*:

> Une religion qui fournit de pareilles beautés à son ennemi mériterait pourtant d'être entendue avant d'être condamnée. L'antiquité ne présente rien de cet intérêt, parce qu'elle n'avait pas un pareil culte. (II, 2, 5, S. 663; Bd 1, S. 259)

Liegt diese Überlegung in der Logik eines systematischen Ansatzes, der die Identität von Christentum und 'Moderne' vertritt und deshalb eine interpretatio christiana auch dort postulieren muß, wo die Autoren dies keinesfalls beabsichtigten[71], läßt sich Chateaubriand dennoch nicht davon abhalten, Voltaire im gleichen Atemzug vorzuwerfen, er habe durch die Ablehnung des Christentums seine schönsten Möglichkeiten verschenkt:

---

[71] "Telle est néanmoins la puissance des idées religieuses, que l'auteur de la *Henriade* doit au culte même qu'il a persécuté les morceaux les plus frappants de son poème épique, comme il lui doit les plus belles scènes de ses tragédies." (II, 1, 5, S. 642; Bd 1, S. 238)

Voltaire n'a flotté parmi tant d'erreurs, tant d'inégalités de style et de jugement, que parce qu'il a manqué du grand contre-poids de la religion (...) (II, 1, 5, S. 646 f.; Bd 1, S. 242)[72]

Der Widerspruch zeigt die Ambivalenz der Begriffsbildung und die Schwierigkeiten Chateaubriands, eine seinem Ansatz entsprechende Hermeneutik zu entwickeln. Die Analyse geht unvermittelt in einen retrospektiven Appell über:

> Voilà donc un avantage incalculable que les poètes auraient dû remarquer dans la religion chrétienne, au lieu de s'obstiner à la décrier. (II, 2, 1, S. 649; Bd 1, S. 246)

Chateaubriand selbst hat den hermeneutischen Ansatz seiner literaturgeschichtlichen Interpretationen wohl am deutlichsten in der Auseinandersetzung mit seiner wichtigsten Konkurrentin auf diesem Gebiet, Mme de Staël, expliziert. Im Zusammenhang der groß angelegten Pressekampagne, die die Publikation der Religionsschrift vorbereitete, veröffentlichte Chateaubriand eine *Lettre à M. de Fontanes* (datiert auf den 22. Dezember 1800[73]), in der er seine Position zu Mme de Staëls Schrift *De la littérature* vom April 1800, die eben in zweiter Auflage erschienen war, polemisch verdeutlichte. Er hatte allen Anlaß, entschieden die grundsätzliche hermeneutische Differenz zwischen seiner 'Poetik des Christentums' und der Literaturtheorie Mme de Staëls hervorzuheben, die deutlicher der Tradition der Aufklärung verpflichtet blieb, aber in vielem zu vergleichbaren Wertungen kam. Sieht man von der tagespolitischen Konkurrenz einmal ab, stehen sich die beiden poetologischen Positionen in ihren Ergebnissen näher, als auf den ersten Blick deutlich wird.

> Il sera divertissant pour vous de voir comment deux esprits partant de deux points opposés sont quelquefois arrivés aux mêmes résultats. Mme de Staël donne à la philosophie ce que j'attribue à la religion (...) (S. 1266)

---

[72] "Nous avons déjà montré combien Voltaire eût gagné à être chrétien: il disputerait aujourd'hui la palme des Muses à Racine." (III, 4, 5, S. 868; Bd 2, S. 26)

[73] Abgedruckt in der Ausgabe von Regard S. 1265–1280.

Chateaubriand teilt mit seiner Konkurrentin das von der Aufklärung übernommene Prinzip der "perfectibilité" – sofern es sich auf den Vergleich von heidnischer Antike und christlicher Moderne bezieht – und die Überzeugung, die Überlegenheit der Neuzeit verdanke sich einer "plus profonde étude du cœur humain" (ebd.). Den Vordenker der Restauration und die streitbare Liberale unterscheidet hingegen grundsätzlich ihr hermeneutischer Ansatz. Mme de Staël führt die gemeinsam diagnostizierte moderne Subjektivität auf die Philosophie, Chateaubriand auf die Religion zurück:

> Je suis fâché que Mme de Staël ne nous ait pas développé *religieusement* le système des passions. La *perfectibilité* n'était pas, du moins selon moi, l'instrument dont il fallait se servir pour mesurer des faiblesses. (S. 1268)

Der Unterschied ist natürlich kapital, denn je nachdem, ob die philosophische "perfectibilité" oder die Religion als hermeneutisches Prinzip zur Rekonstruktion poetischer Epochen eingesetzt wurde, war der Beginn (und das 'Ende'[74]) der Moderne völlig verschieden anzusetzen. Wenn Chateaubriand die Subjektivität der Moderne auf den Einfluß des Christentums zurückführen will, ist er genötigt, die 'Moderne' zurückzudatieren und auch das Mittelalter miteinzubeziehen[75].

Historisierung der Imitationsästhetik

In der klassizistischen Poetik spielt bekanntlich die imitatio naturae eine entscheidende Rolle. Obwohl Chateaubriand den Be-

---

[74] Ein Ende der Moderne ist für Mme de Staël natürlich gar nicht abzusehen, während Chateaubriand skeptisch von dieser Möglichkeit jedenfalls implizit ausgeht.

[75] Erst in den *Mémoires d'outre-tombe* revoziert Chateaubriand den retrospektiven Blick des *Génie du Christianisme* und entwickelt – wohl unter dem Einfluß Lammenais' – eine andere, diesmal auf die Zukunft gerichtete Perspektive: "(...) je ferais voir que le christianisme est la pensée de l'avenir et de la liberté humaine; que cette pensée rédemptrice et messie est le seul fondement de l'égalité sociale; qu'elle seule la peut établir, parce qu'elle place auprès de cette égalité la nécessité du devoir, correctif et régulateur de l'instinct démocratique." (XIII, 11, Bd 1, S. 468)

griff übernommen und in vielen Passagen den Ansatz der Imitationsästhetik beibehalten hat, läßt sich die Historisierung zentraler Begriffe der klassizistischen Ästhetik an seiner Umdeutung des Natur-Begriffs besonders eindrücklich aufzeigen. Denn unter der Hand ersetzt Chateaubriand den systematischen Sinn des Natur-Begriffs durch eine historische Interpretation und 'verdoppelt' ihn damit gleichsam. Die 'antike' Natur unterscheidet sich wesentlich von der 'christlich-modernen' Natur, denn die Verinnerlichung, Vertiefung und Subjektivierung der Affekte in der Kunst der christlichen Moderne setzt einen reflexiven Natur-Begriff voraus, der sich von der 'einfachen', unmittelbar evidenten Natur[76] der antiken Kunst abhebt. Allein die gesteigerte, korrigierte "nature chrétienne"[77] kann zur "beauté absolue" (II, 2, 7, S. 669; Bd 1, S. 265) führen. Die 'Poetik des Christentums' versucht deshalb nachzuweisen, daß der christlich-modernen Kunst ein gänzlich neues "système des passions" (S. 1268) zugrunde liegt, das gleichsam zu einer zweiten, vermittelt-reflexiven Natur geworden ist.

Ein großer Teil der affektiven Konstellationen ("rapports des passions" [II, 3, 1, S. 686; Bd 1, S. 283]) der 'modernen' Literaturen mußte der Antike schon deshalb unbekannt bleiben, weil ihr Kult keinen Einfluß auf das "secret des passions"[78], auf die "délits du cœur"[79] nahm. Der Polytheismus manifestiert sich in der antiken Poesie nur äußerlich: Seine "scènes extérieures" beeinflussen die handelnden Personen des antiken Dramas oder des antiken Epos nicht in ihrem Inneren. Die dramatischen Konflikte der 'moder-

---

[76] In Anlehnung an H. Blumenbergs Begriff der 'momentanen Evidenz': "Wirklichkeitsbegriff und Möglichkeit des Romans", in Hg. H. R. Jauß, *Nachahmung und Illusion* (Poetik und Hermeneutik. 1), München 1969, S. 9–27, hier: S. 10.

[77] Eine andere Formulierung: "(...) la nature corrigée, la nature plus belle, la nature évangélique." (II, 2, 7, S. 666; Bd 1, S. 262) – Die Unsicherheit in der Begriffsbildung zeigt sich, wenn Chateaubriand gelegentlich noch von einem 'einfachen' Natur-Begriff ausgeht: "Ici le christianisme va plus loin que la nature, et par conséquent est plus d'accord avec la belle poésie, qui agrandit les objets et aime un peu l'exagération." (II, 2, 8, S. 672; Bd 1, S. 267)

[78] "(...) un culte qui n'entre point dans le secret des passions." (II, 2, 2, S. 648; Bd 1, S. 245)

[79] Für Chateaubriand kann der Polytheismus als "institution religieuse" nur durch "scènes extérieures" in der Kunst in Erscheinung treten, da er keine inneren Konflikte ("délits du cœur") kennt (II, 3, 1, S. 686; Bd 1, S. 283).

nen' Literatur setzen demgegenüber direkt oder indirekt den verinnerlichten, zur neuen 'Natur' gewordenen Einfluß des Christentums voraus:

> L'antiquité ne présente rien de cet intérêt, parce qu'elle n'avait pas un pareil culte. Le polythéisme, ne s'opposant point aux passions, ne pouvait amener ces combats intérieurs de l'âme (...) d'où naissent les situations les plus touchantes. (II, 2, 5, S. 663; Bd 1, S. 259)

Die Charaktere der christlich-modernen Literatur sind, folgt man der 'Poetik des Christentums', sensibler und bewegender. Sie sind schon deshalb mit ihren antiken Vorbildern nicht zu vergleichen, weil sich in ihnen eine bereits wieder zum Affekt und damit zu einer komplexeren 'Natur' gewordene moralisch-religiöse Institution ausdrückt. Auf diesem Umweg prägt das Christentum die Kultur seiner Epoche auch dort, wo es sich nicht direkt bemerkbar macht:

> Pour démontrer l'influence d'une institution morale ou religieuse sur le cœur de l'homme, il n'est pas nécessaire que l'exemple rapporté soit pris à la racine même de cette institution; il suffit qu'il en décèle le génie (...) (II, 2, 6, S. 664; Bd 1, S. 260)

Der hermeneutische Ansatz Chateaubriands erinnert an wissenssoziologische Verfahren unserer Tage: Jedes Teilgebiet einer Kultur reflektiert das systemprägende Strukturprinzip. Was 'unmittelbare Natur' scheint, ist bei genauerer Analyse 'institutionell vermittelt'.

Das moderne "système des passions"

Chateaubriand versucht, diese weitreichende These dadurch zu belegen, daß er die natürlich-objektiven Konflikte des antiken Dramas und die christlich-subjektiven Konflikte des französischen Theaters der Klassik und der Aufklärung einander gegenüberstellt. Seine Analysen heben dabei auf die von Grund auf veränderten Charaktere und die neuen dramatischen Konflikte ab, die die christlich-moderne Literatur von der antiken[80] unterscheiden. Ein besonderes

[80] "(...) nous devons découvrir dans les passions des rapports que les anciens n'y voyaient pas." (II, 3, 1, S. 687; Bd 1, S. 283)

Gewicht haben daher in Chateaubriands Argumentation christlich-moderne Bearbeitungen antiker Dramenstoffe. In ihnen treten neben die (aus der Antike übernommenen) 'natürlichen' Primäraffekte 'soziale' Sekundäraffekte, die sowohl die tragischen Konflikte wie die Wirkungsabsichten entscheidend verändern. Racine etwa gibt – über seine antiken Vorlagen hinausgehend – der sozialen Rolle Andromaques als Mutter ein neues Gewicht und vertieft damit im Konflikt zwischen Gatten- und Mutterliebe ihren Charakter so, daß er über die antik verstandene 'Natur' hinausführt:

> (...) nous chercherons dans les sentiments d'une mère *paiënne*, peinte par un auteur *moderne*, les traits *chrétiens* que cet auteur a pu répandre dans son tableau, sans s'en apercevoir lui-même. (Ebd.)

Neben den Stolz der Gattin Hectors tritt die Fürsorge und Demut der Mutter des Astyanax. Vergleichbares gilt für die Rolle der "fille chrétienne" in der Interpretation Iphigénies durch Racine: Die 'moderne' Tragödie bietet dem Zuschauer Identifikationsmöglichkeiten, die die Antike nicht kannte, da ihr die "délits du cœur" (II, 3, 1, S. 686; Bd 1, S. 283) unbekannt blieben. Das "sentiment" des Publikums wird so über alle gesellschaftlichen Rangunterschiede hinweg durch die verinnerlichten Aspekte der 'modernen' Subjektivität angesprochen[81]. Der resignative Grundzug der Racineschen Iphigénie spiegelt das neue Zeitalter:

> Racine n'a donné ce courage à son héroïne que par l'impulsion secrète d'une institution religieuse qui a changé le fond des idées et de la morale. (...) La fille d'Agamemnon, étouffant sa passion et l'amour de la vie, intéresse bien davantage qu'Iphigénie pleurant son trépas. (II, 2, 9, S. 672; Bd 1, S. 267)

Verinnerlichte religiöse Normen verknüpfen im christlich-modernen "système des passions" in neuer Weise Subjektivität und Objektivität und lassen in der nachantiken Poesie als 'Natur' und damit als

[81] Es versteht sich von selbst, daß Chateaubriand hier der romantischen Racine-Rezeption wichtige Anregungen lieferte.

(subjektiven) Affekt erscheinen, was sich in Wirklichkeit der Institution des Christentums verdankt. Die "caractères naturels" der 'modernen' Dichtung repräsentieren neue Tugenden und neue Konflikte, die im apologetischen Zusammenhang der 'Poétique du Christianisme' deshalb von Bedeutung sind, weil für Chateaubriand Subjektivierung und Poetisierung identische Umschreibungen 'moderner' Anthropologie sind. Die Darstellung kann daher unvermerkt von den anthropologischen Prämissen der christlich-modernen Poetik in die Beschreibung einer poetisierten 'christlichen Lebenswelt' übergehen und in den sozialen Rollen der Ritter, Priester und Missionare[82] halbpoetische Lebensformen ("caractères sociaux") entdecken, die erst in der 'Moderne' möglich wurden und in denen sich der "caractère pathétique du christianisme" (II, 2, 5, S. 663; Bd 1, S. 259) ausdrückt[83].

Die neue, durch das Christentum bewirkte Verbindung von Subjektivität der Affekte und Objektivität der Normen, hat in der Anthropologie der Moderne verinnerlichte, zum Affekt und damit zur Natur gewordene Tugenden[84] wie Demut, Großherzigkeit und Freundschaft möglich gemacht, die Chateaubriand an Beispielen aus der 'modernen' Literatur und Lebenswelt entwickelt. Dabei ist es

---

[82] Diese sozialen Rollen werden im vierten Teil des *Génie du Christianisme* unter dem Stichwort "culte" dargestellt.

[83] Die Begriffsbildungen "caractères naturels" und "caractères sociaux" sind freilich mißverständlich und verdecken die Radikalität der These. Die Pointe der Argumentation besteht gerade darin, daß die "caractères naturels" bereits durch das Christentum vermittelte subjektivierte Normen manifestieren, auf ihre Weise also auch 'sozial' sind. Die "caractères sociaux" hingegen werden in der 'Poétique du Christianisme' eingeführt, um soziale Rollen einer poetisierten Lebenswelt vorzustellen, die erst in der Moderne möglich wurden und wiederum Vorwurf für Poesie werden können. In der christlichen Moderne sind auch die "caractères sociaux" 'natürlich': die (von der Religion vermittelten) Tugenden werden zu 'Affekten'.

[84] Es sei hier immerhin angemerkt, daß Chateaubriand den anthropologischen Ansatz seiner Apologie der Religion bis in die *Mémoires d'outre-tombe* durchhielt, in denen sich der bezeichnende Satz findet: "Les *gouvernements*, les *nations* peuvent être athées et matérialistes; les *individus* jamais." ("Digression philosophique", in *Mémoires d'outre-tombe*, Bd 1, S. 1071) Auch seine Reflexion über die gesellschaftliche Rolle der Religion geht stets von der (in seinen Augen: christlich-modernen) Subjektivität aus, die erst vermittelt über "culte" und Tradition institutionelle Auswirkungen haben kann. Der Tugend-Begriff des *Génie du Christianisme* entfernt sich in dieser Hinsicht weit von Rousseau...

vor allem die "passion demi-chrétienne" (II, 3, 2, S. 689; Bd 1, S. 286) der Liebe[85], an der sich die Passionierung der Affekte und damit der anthropologische Einfluß des Christentums nachweisen läßt: ein "sentiment perfectionné", dessen Wirkung auf einer poetischen Mischung sinnlicher und seelischer, objektiver und subjektiver Affekte beruht.

An der Grenze zwischen Poesie und poetisierter Lebenswelt steht denn auch der "amour-passion", von dem Chateaubriand lange vor Stendhals *De l'amour* (1822) behauptet hat, er sei eine christlich-moderne 'Erfindung'[86]. Der "amour-passion" repräsentiert auf der einen Seite die radikale Subjektivierung des Affekts, entgrenzt auf der anderen Seite aber jedes mögliche Objekt: "il est à soi-même sa propre illusion, sa propre folie, sa propre substance." (Ebd.) Damit wird der "amour-passion" als absolut gesetzter Affekt ohne Gegenstand zum prägnantesten Ausdruck 'moderner' Subjektivität.

Die Beschreibung dieser seltsamen, 'modernen' "maladie de l'âme" schwankt nun bezeichnenderweise zwischen ästhetischer Positivierung und fast klinischer Analyse. Denn Chateaubriand verwickelt sich mit der Deutung des "amour-passion" als 'halbchristliche Leidenschaft' in eine Dialektik, die auf sein 'ästhetisches' Verhältnis zur Religion und die darin implizierte objektive Distanz ein bezeichnendes Licht wirft. Der Subjektivismus der christlich-modernen Epoche provoziert auf der einen Seite verheerende Gefühle und einen Affekt, für den sich in der Wirklichkeit kein adäquater Gegenstand finden läßt: Religion wird zur "science de la tristesse" (II, 3, 3, S. 693; Bd 1, S. 296) und entwickelt anthropologische Bedürfnisstrukturen, die notwendigerweise defizitär bleiben müssen. Gerade diesen unlösbaren anthropologischen Konflikt wendet Chateaubriand auf

85 "Ce que nous appelons proprement amour parmi nous, est un sentiment dont l'antiquité a ignoré jusqu'au nom. Ce n'est que dans les siècles modernes qu'on a vu se forger ce mélange des sens et de l'âme, cette espèce d'amour, dont l'amitié est la partie morale. C'est encore au christianisme que l'on doit ce sentiment perfectionné (...)" (II, 3, 2, S. 689; Bd 1, S. 285 f.)

86 "Ne s'appuyant point sur la gravité du mariage, ou sur l'innocence des mœurs champêtres, ne mêlant aucun autre prestige au sien, il est à soi-même sa propre illusion, sa propre folie, sa propre substance. Ignorée de l'artisan trop occupé, et du laboureur trop simple, cette passion n'existe que dans ces rangs de la société où l'oisiveté nous laisse surchargés du poids de notre cœur, avec son immense amour-propre et ses éternelles inquiétudes." (Ebd. S. 689; Bd 1, S. 286)

der anderen Seite ästhetisch ins Positive und begründet damit die Unentbehrlichkeit des Christentums für die Poesie:

> Il faudrait être insensé pour repousser un culte qui fait sortir du cœur des accents si tendres, et qui a, pour ainsi dire, ajouté de nouvelles cordes à l'âme. (II, 3, 4, S. 695; Bd 1, S. 292)

Es mag überraschen, daß sich Chateaubriand gerade hier auf die Homiletik eines Bourdaloue und eines Massillon[87] beruft, denen er die treffendsten Schilderungen der "désordres du cœur humain" (II, 3, 2, S. 690; Bd 1, S. 286) zuschreibt. Was freilich im Kontext der Homiletik als verwerflich und verabscheuenswert gelten muß, gilt im apologetischen Zusammenhang des *Génie du Christianisme* als poetische Errungenschaft der christlichen Moderne, als positiver Wesenszug und Fortschritt christlicher Sensibilität. Fast scheint es, als stürzte die 'moderne' und damit christliche Subjektivität den Menschen in eine Ausweglosigkeit, der nur noch die Poesie adäquaten Ausdruck verleihen kann.

Allerdings findet Chateaubriand insofern noch einen Ausweg, als er auf das Christentum nicht nur die maßlose Steigerung der 'modernen' Subjektivität zurückführt, sondern ihm gleichzeitig die Fähigkeit zuschreibt, ein Gegengewicht ("contre-poids") gegen die von

---

[87] In seiner Analyse des "système des passions" greift der Apologet auf Erfahrungen aus der eigenen Pubertät zurück, in der die Lektüre Massillons eine wichtige Rolle spielte, auf die Chateaubriand in den *Mémoires d'outre-tombe* zu sprechen kommt: "Si j'ai, dans la suite, peint avec quelque vérité les entraînements du cœur mêlés aux syndérèses chrétiennes, je suis persuadé que j'ai dû ce succès au hasard qui me fit connaître au même moment deux empires ennemis. Les ravages que porta dans mon imagination un mauvais livre, eurent leur correctif dans les frayeurs qu'un autre livre m'inspira, et celles-ci furent comme alanguies par les molles pensées que m'avaient laissées des tableaux sans voile." (II, 3, Bd 1, S. 57 f.) Die erotischen Phantasien des kaum Zwölfjährigen werden einerseits durch die Lektüre klassischer Texte (unter denen sich nur der *Télémaque* als moderner Text findet) in Bewegung gesetzt, während zugleich die Lektüre Massillons Ängste auslöst, die ihrerseits nicht ohne erotische Konnotation bleiben: "Je m'endormais en balbutiant des phrases incohérentes, où je tâchais de mettre la douceur, le nombre et la grâce de l'écrivain (= Massillon) qui a le mieux transporté dans la prose l'euphonie racinienne." (Ebd. S. 57) Die Passage ist schon deshalb von größter Bedeutung, weil sich hier ein biographischer Zugang zu Chateaubriands ästhetischer Deutung des Christentums eröffnet, dessen Untersuchung unter psychoanalytischen Gesichtspunkten vielversprechend wäre.

ihm entfesselten Leidenschaften zu bieten: "la religion combat et subjugue les penchants." (II, 2, 7, S. 667; Bd 1, S. 263). Nur vor diesem Hintergrund wird verständlich, warum Chateaubriand ausgerechnet in Racines Phèdre einigermaßen überraschend das Muster einer "épouse chrétienne" entdecken kann, deren Verbrechen erst durch die Angst vor den drohenden ewigen Strafen ("la crainte des flammes vengeresses et de l'éternité formidable de notre Enfer"[II, 3, 3, S. 692; Bd 1, S. 289]) zu einem "sentiment achevé"[88] werden. Die Verzweiflung der "chrétienne réprouvée" gewinnt im übrigen gerade dadurch für den Zuschauer an Pathos, daß soviel Leidenschaft nicht einmal vorübergehend zum erstrebten ehebrecherischen Glück führt. Der in das Innere des Subjekts verlegte dramatische Konflikt führt zu einem "nouveau langage des passions, inconnu sous le polythéisme" (II, 3, 4, S. 695; Bd 1, S. 292), dessen poetische Effekte nicht nur im 'modernen' Drama zu finden sind. Die unvermeidliche Resignation, die sich aus der konstitutiven Unerfüllbarkeit 'moderner' Subjektivität ergibt, entfaltet etwa in Abaelards Héloïse[89] oder Rousseaus Julie einen ästhetischen Reiz, in dem sich die enge Verbindung von Religion und Liebe in "mélodieux soupirs" (II, 3, 4, S. 694; Bd 1, S. 290) aushaucht[90]. Dem Christentum verdankt die 'moderne' Poesie die Verinnerlichung und Steigerung der Konflikte und damit ihre schönsten 'Effekte':

> (...) la religion chrétienne est un vent céleste qui enfle les voiles de la vertu, et multiplie les orages de la conscience autour du vice. (II, 3, 1, S. 686; Bd 1, S. 283)

---

[88] "Il y a là-dedans un mélange des sens et de l'âme, de désespoir et de fureur amoureuse, qui passe toute expression." (II, 3, 4, S. 694; Bd 1, S. 290)

[89] "(...) ce combat entre la chair et l'esprit qui fait le merveilleux de la position d'Héloïse, et qui appartient au dogme et à la morale du christianisme." (II, 3, 5, S. 698; Bd 1, S. 294)

[90] "(...) c'est une voix troublée, qui sort d'un sanctuaire de paix, un cri d'amour que prolonge, en l'adoucissant, l'écho religieux des tabernacles." (II, 3, 4, S. 694; Bd 1, S. 290 f.)

Poetisierung des Christentums

Eine Argumentation, die in dieser Weise auf die poetischen Konsequenzen des Christentums aufmerksam machen will, kommt nicht umhin, in eine poetische Interpretation der Religion selbst und ihrer Lebensformen überzugleiten. Neben den christlich adaptierten "amour-passion" tritt so das Christentum selbst, als Affekt betrachtet:

> (...) la religion chrétienne est elle-même une sorte de passion qui a ses transports, ses ardeurs, ses soupirs, ses joies, ses larmes, ses amours du monde et du désert. (II, 3, 8, S. 707; Bd 1, S. 302 f.)

Wieder unterscheidet Chateaubriand nicht zwischen Poesie und Lebenswelt, wenn er Racines Polyeucte, aber auch die heroischen Leistungen der Missionare, das soziale Ideal des Rittertums oder die Einsamkeit der Klöster anführt, um die 'Poetizität' des Christentums zu belegen. Die Grenzen zwischen Imagination und Lebenswelt, religiös inspirierter Poesie und poetisierter Religion werden von einer ästhetisierenden Welteinstellung aufgehoben.

> La religion chrétienne est si heureusement formée, qu'elle est elle-même une sorte de poésie, puisqu'elle place les caractères dans le beau idéal: c'est ce que prouvent les martyrs chez nos peintres, les chevaliers chez nos poètes, etc. (II, 2, 9, S. 672; Bd 1, S. 268)

Die 'Poetik des Christentums' hebt ganz auf den anthropologischen Aspekt von Literatur und Kunst ab und richtet ihr Augenmerk – in heutiger Terminologie – auf soziale Rollen, in denen sich die 'moderne' Subjektivität Ausdruck verschafft. Es ist deshalb nur konsequent, wenn Chateaubriand seine Beispiele nicht nur in der Poesie, sondern auch in den halb-poetischen Lebensformen der Märtyrer, Priester, Missionare und Ritter sucht. Wenn zwischen Fiktion und Wirklichkeit, Poesie und Lebenswelt nicht mehr geschieden, die 'Poesie des Christentums' vielmehr zum Ausdruck eines ästhetischen Weltverhältnisses schlechthin erweitert wird, zeichnet sich eine neue Relevanz der Imagination ab, eine gleichsam 'ästhetische Politik': Die "enchantements de l'imagination" und "intérêts du cœur" entfalten in der dramatischen Dichtung wie in den neu gefundenen lebensweltlichen Rollen der christlichen Moderne eine zugleich ästhetische und soziale Dimension.

V. Die gesellschaftliche Rolle des Kults

> **Il n'y a pas un beau souvenir, pas une belle institution dans les siècles modernes, que le christianisme ne réclame.**
> **Chateaubriand, *Le Génie du Christianisme*, IV, 5, 1**[91]

Soziale Funktion des Kults

Die enge Verschränkung von ästhetischen und sozialen Aspekten kennzeichnet nicht nur die kunsttheoretischen Kapitel des *Génie du Christianisme*, sondern auch die Darstellung und Interpretation des christlichen Kults und der christlichen Institutionen. Schon im Revolutionsessay hatte Chateaubriand die gesellschaftliche Notwendigkeit eines "culte composé" gegen die Konzeption einer natürlichen Religion verteidigt, ihn allerdings dort noch mit der Notwendigkeit begründet, das einfache Volk zu erreichen, dem abstrakte Gedankengänge nicht zuzumuten seien. In der Religionsschrift wird nun dem christlichen Kult geradezu die Aufgabe zugewiesen, im 'modernen' Dissens zwischen "homme moral" und "homme civil", zwischen Subjektivität und Objektivität, zwischen dem Einzelnen und der Gesellschaft zu vermitteln, so wie dies die Poesie im Konflikt zwischen "morale" und "nature" leistete. In einer Reihe von Tableaus evoziert Chateaubriand die im Kult versinnlichte Verbindung von Vergangenheit und Gegenwart, die das vereinzelte Subjekt der 'Moderne' in eine halbpoetische historische Kontinuität einbindet und ihm eine objektive gesellschaftliche Rolle zuweist. In seiner Darstellung des Kults tritt ästhetische Emotion[92] an die Stelle ra-

---

[91] S. 1012; Bd 2, S. 177.

[92] "(...) pour n'employer que les raisons poétiques et les raisons de sentiment, c'est-à-dire les merveilles de la nature et les évidences morales." (I, 5, 1, S. 557; Bd 1, S. 151)

tionaler oder gar theologischer Interpretationselemente. Wie die 'moderne' Poesie erhält auch der poetisch interpretierte Kult die Aufgabe übertragen, defizitäre anthropologische Bedürfnisstrukturen ins Positive zu wenden:

> (...) sublime par l'antiquité de ses souvenirs qui remontent au berceau du monde, ineffable dans ses mystères, adorable dans ses sacrements, intéressant dans son histoire, céleste dans sa morale, riche et charmant dans ses pompes, (= le christianisme, d. Verf.) réclame toutes les sortes de tableaux. (I, 1, 1, S. 471; Bd 1, S. 58)

Tauf-Tableau

Am sinnfälligsten wird die gesellschaftliche Funktion der poetisierenden Beschreibung des christlichen Kults vielleicht in der Darstellung der Sakramente, denen Chateaubriand ein umfangreiches Tableau gewidmet hat, das gleichzeitig auf die anthropologische und die gesellschaftliche Relevanz des "culte" abhebt:

> Transportez le raisonnement de l'individuel au collectif, de l'homme au peuple, et vous verrez (...) une législation tout entière. (I, 1, 7, S. 492; Bd 1, S. 79)

Es schildert einen Lebenslauf, der von der Taufe bis zur Letzten Ölung durch kirchliche "pompes" begleitet wird, die zwischen Gegenwart und Vergangenheit, Subjektivem und Objektivem, Individuellem und Kollektivem vermitteln.

> Voyez le néophyte debout au milieu des ondes du Jourdain: le solitaire du rocher verse l'eau lustrale sur sa tête; le fleuve des patriarches, les chameaux de ses rives, le temple de Jérusalem, les cèdres du Liban paraissent attentifs; ou plutôt regardez ce jeune enfant sur les fontaines sacrées. Une famille pleine de joie l'environne; elle renonce pour lui au péché, elle lui donne le nom de son aïeul, qui devient immortel dans cette renaissance perpétuée par l'amour de race en race. Déjà le père s'empresse de reprendre son fils, pour le reporter à son épouse impatiente, qui compte, sous ses rideaux,

> tous les coups de la cloche baptismale. On entoure le lit maternel: des pleurs d'attendrissement et de religion coulent de tous les yeux; le nouveau nom de l'enfant, l'antique nom de son ancêtre, est répété de bouche en bouche; et chacun, mêlant les souvenirs du passé aux joies présentes, croit reconnaître le vieillard dans le nouveau-né qui fait revivre sa mémoire. (I, 1, 6, S. 488; Bd 1, S. 75)

Die Schilderung der Taufe im Familienkreis endet in einer Genreszene, die als Vorwurf eines Bildes von Greuze dienen könnte. Sie ist der Mittelteil eines Tableaus, in dem sich Subjektivität und Objektivität, Erinnerung und Gegenwart, Vergangenheit und Zukunft in einem "mélange divin de théologie et de morale, de mystères et de simplicité" (ebd. S. 490; Bd 1, S. 77) verbinden. Die Kontinuität der Familientradition, vom erinnerten Ahnen zum neugeborenen Kind, wird durch die Kontinuität des Kults überhöht; in die Beschreibung des sakramentalen Akts werden alttestamentarische und urchristliche Szenen integriert. Der Jordan, die Patriarchen und die Zedern des Libanon evozieren die poetischen Anfänge der christlich-jüdischen Tradition und überhöhen sie zugleich durch die assoziierte urzeitliche Harmonie von Mensch und Tier. Der so eingestimmte Blick wird unvermittelt erneut auf die Gegenwart der Taufszene gelenkt: "ou plutôt regardez ce jeune enfant". Die poetisch evozierte halbfiktive Vergangenheit bildet den Hintergrund der "joies présentes", deren "pleurs d'attendrissement et de religion" die emotive Funktion des Bildes verdeutlichen.

Identitätsstiftung und gesellschaftliches Handeln

Es wäre allzu vereinfacht, in dergleichen Tableaus nur den Versuch Chateaubriands zu sehen, die im Kult repräsentierte Tradition und ihre 'historische Tiefe' darzustellen, auch wenn er zweifellos auf eine Restitution der von den Umwälzungen der Revolution gefährdeten Erfahrung historischer Kontinuität abhebt. Das Tauf-Tableau hat zwar in der Tat die Funktion, in der unmittelbaren Gegenwart 'historische Tiefe' zu entdecken und zugleich die Vereinzelung des Subjekts in der Gesellschaft zu überwinden, aber es fehlt jede ungebrochene Unmittelbarkeit. Gerade dadurch, daß die Szene eine emotive Ganzheit poetisch zu erneuern sucht, macht sie den uneinholbaren Verlust ursprünglicher Einheit von Individuum und kultisch-historischer Tradition erfahrbar. Schon deshalb bleibt das Tableau von der Melancholie verlorener Selbstverständlichkeit gezeichnet.

Es gehört zu den geläufigen Strategien des *Génie du Christianisme*, wenn dem Tauf-Tableau unmittelbar ein Abschnitt historischer Gelehrsamkeit folgt, der unter Berufung auf den Kirchenvater Ambrosius die Taufsitten der Alten Kirche schildert; die historische Erinnerung wird dergestalt zu einem weiteren Tableau verdichtet. Die Funktion solch rhetorischer Gelehrsamkeit läßt sich deutlich ablesen: Der poetische Zauber der Vergangenheit ("sublime par l'antiquité de ses souvenirs") ist die unverzichtbare Voraussetzung einer ästhetischen Interpretation des gegenwärtigen Kults und ermöglicht die emotive Vermittlung einer auf Dauer abhebenden sozialen Erfahrung.

> Si le monde n'eût été à la fois jeune et vieux, le grand, le sérieux, le moral disparaissaient de la nature, car ces sentiments tiennent par essence aux choses antiques. (I, 4, 5, S. 556; Bd 1, S. 148)

Kann die 'historische Tiefe' des gegenwärtigen Kults auf solche Weise traditionsstiftend wirken, indiziert sie doch zugleich in der Abwesenheit des Objekts die Distanz des Betrachters und die Erfahrung des Verlusts:

> On ne peut se rappeler sans regret la beauté des anciens jours, alors que les forêts n'avaient pas assez de silence, les grottes pas assez de profondeurs, pour les fidèles qui venaient y méditer les mystères. (I, 1, 6, S. 490; Bd 1, S. 77)

Die hier evozierten Wälder und Grotten finden sich natürlich nicht beim zitierten Kirchenvater, sie artikulieren vielmehr, den zahlreichen 'scènes de la nature' im *Génie du Christianisme* vergleichbar, die Subjektivität des Betrachters, dem die Kultszene Anlaß zu 'méditation', 'mémoire' und 'regrets" gibt. Historische Gelehrsamkeit wird dergestalt in eine poetische Geschichtserfahrung überführt, deren emotives Potential die Gegenwart kirchlicher Riten erschließt, aber zugleich den Verlust hervorhebt, den es in Erinnerung bringt.

Der Kult wird zum poetischen Objekt, zum "beau spectacle" (I, 1, 9, S. 511; Bd 1, S. 97). Seine gesellschaftliche Funktion erhält er gerade dadurch, daß er nicht auf die rationale Abstraktion philosophischer und staatsrechtlicher Spekulationen angewiesen ist, mit deren Hilfe die Aufklärer gesellschaftliche und historische Identität herstellen wollten. Insofern fügt sich Chateaubriands Argumentation vortrefflich in die Konjunktur gesellschaftlicher Skepsis ein, die in der Religion das einzig verbleibende Paradigma sozialen Handelns erblickte. An die Stelle politischer Gesetze sollen moralische treten, allerdings solche, die nicht auf die 'raison' bauen, sondern als 'moralische Affekte' der skeptischen Anthropologie Chateaubriands Genüge leisten: "De la foi vont naître les vertus de la société (...)" (I, 2, 2, S. 515; Bd 1, S. 104)

Fast unvermerkt und beiläufig zeichnet sich im *Génie du Christianisme* eine neue Begründung gesellschaftlichen Handelns ab, in der ästhetische und 'theologische' Aspekte interferieren und die gerade in dieser Hinsicht für die politische Romantik des 19. Jahrhunderts kapitale Auswirkungen haben sollte. Eine 'Ästhetisierung der Politik' deutet sich an, wenn Chateaubriand in der Konsequenz seiner Poetik die Motive gesellschaftlichen Handelns auf 'passionierte Tugenden' zurückführt und das aufklärerische Konzept rational begründeter Institutionen durch die poetische Vorstellung 'schöner' Institutionen ablöst: "Il n'y a de puissance que dans la conviction." (Ebd. S. 514; Bd 1, S. 103) Ohne eine der Vernunft nicht zugängliche "vérité cachée" ist uneigennütziges Handeln nach Chateaubriand nicht denkbar[93]; ein religiös begründetes affektives Engagement, eine innere Überzeugung ("conviction") ist dem "raisonnement" philosophischer Moralität allemal überlegen[94].

---

[93] Vgl. zum Begriff "mystère" o. S. (27 f.)

[94] "C'est une prodigieuse raison, sans doute, que celle qui nous a montré dans la *foi* la source des vertus. Il n'y a de puissance que dans la conviction (...) C'est parce qu'ils ont *cru* que les Codrus, les Pylade, les Régulus, les Arie, ont fait des prodiges. Et voilà pourquoi ces cœurs qui ne *croient* rien, qui traitent d'illusions les attachements de l'âme, et de folie les belles actions, qui regardent en pitié l'imagination et la tendresse du génie; voilà pourquoi ces cœurs n'achèveront jamais rien de grand, de généreux: ils n'ont de foi que dans la matière et dans la mort, et ils sont déjà insensibles comme l'une, et glacés comme l'autre." (Ebd. S. 514 f.; Bd 1, S. 104)

Natürlich findet sich auch bei Chateaubriand die zum Topos der Restauration gewordene Argumentation, die christlichen Tugenden seien von unverzichtbarem gesellschaftlichem und politischem Nutzen[95]. Der Sinnbezirk des theologischen Begriffs "foi" wird unvermerkt in den Bereich gesellschaftlichen Handelns erweitert: "L'amitié, le patriotisme, l'amour, tous les sentiments nobles, sont aussi une espèce de foi." (Ebd.) Die Distanz zur Aufklärung mag hier am größten sein, lassen sich doch dergleichen Überlegungen wohl mit der 'Poetik des Christentums', nicht aber mit der aufklärerischen Rationalität verbinden, die gesellschaftliches Handeln aus dem wohlverstandenen und begründbaren Eigeninteresse des Handelnden ableitete. Chateaubriand propagiert gegen diesen 'philosophischen Egoismus' und seine kalte Tugendlehre eine 'passionierte Tugend', in der "passion" und "vertu" eine unauflösliche Verbindung eingehen:

> Le christianisme, au contraire, toujours d'accord avec les cœurs, ne commande point des vertus abstraites et solitaires, mais des vertus tirées de nos besoins et utiles à tous. (I, 2, 3, S. 518; Bd 1, S. 107)

Eine Theorie der Emotionalisierung des gesellschaftlichen Handelns zeichnet sich ab, deren Akzent bei Chateaubriand zwar noch auf der Konkretheit und subjektiven Vermittlung christlicher Tugenden liegt, aber für Umbesetzungen offen ist.

Die christliche Institution des Rittertums

Im letzten Teil des *Génie du Christianisme* kommt Chateaubriand ausführlich auf die gesellschaftlichen und institutionellen Folgen des Christentums zurück und stellt unter dem zunächst überraschenden Stichwort des "culte" historische Modelle 'passionierter Tugend' vor. Ihre am Gegenbild der Antike entwickelte anthropologische Begründung hatte er bereits zu Beginn der Religionsschrift im grundlegenden Abschnitt über "Vertus et lois morales" (I, 2, S. 512 ff.; Bd 1,

---

[95] "De la foi vont naître les vertus de la société, puisqu'il est vrai, du consentement unanime des sages, que le dogme qui commande de croire en un Dieu rémunérateur et vengeur, est le plus ferme soutien de la morale et de la politique." (Ebd. S. 515; Bd 1, S. 104)

S. 99 ff.) gegeben. Die anthropologische Fundierung gesellschaftlichen Handelns bedarf freilich für Chateaubriand auch im Zeitalter des christlich-modernen Subjektivismus – im Gegensatz zu Späteren – noch einer Institution, um die so freigesetzte Emotionalität zu kanalisieren.

Das in der Religionsschrift entwickelte Modell sozialen Handelns läßt sich wohl am prägnantesten an der 'schönen Institution' des Rittertums demonstrieren, die Chateaubriand immerhin so wichtig war, daß er in dreifachem Zusammenhang[96] auf sie zu sprechen kommt, wobei moralische, ästhetische und gesellschaftliche Aspekte ineinander übergehen. Alle "attachements de l'âme", alle "belles actions" (I, 2, 2, S. 514; Bd 1, S. 103) müssen Illusion bleiben, wenn sie (wie im Polytheismus der Antike und der Moralität der Aufklärung[97]) nur auf natürlichem Egoismus beruhen. Die Lebensform des christlichen Ritters verkörpert hingegen einen vollkommenen "caractère social", das "beau idéal moral", weil in ihr "passions" und "vertu" nicht mehr zu unterscheiden sind. Die vom christlichen Ritter vertretene 'passionierte Tugend' unterscheidet sich von philosophischer Moralität dadurch, daß sie nicht mehr auf Rationalität gründet, sondern durch die Religion 'moralisierte' Affekte ins Spiel bringt:

> Les vertus purement morales sont froides par essence: ce n'est pas quelque chose d'ajouté à l'âme, c'est quelque chose de retranché de la nature; c'est l'absence du vice, plutôt que la présence de la vertu.
>
> Les vertus religieuses ont des ailes, elles sont passionnées. Non contentes de s'abstenir du mal, elles veulent faire le bien (...) Telles étaient les vertus des chevaliers. (II, 2, 12, S. 682; Bd 1, S. 277)

---

[96] In der Darstellung der "Vertus et lois morales" repräsentieren die Ritter das Modell 'passionierter Tugend' (I, 2, 2, S. 514 ff.; Bd 1, S. 103 ff.); in der 'Poetik des Christentums' (II, 2, 11 f., S. 679 ff.; Bd 1, S. 274 ff.) verkörpern sie in vollkommener Weise das "beau idéal moral"; im Zusammenhang des culte schließlich werden die Ritterorden geradezu zum historischen Paradigma einer christlichen Institution (IV, 5, 1 ff., S. 1012 ff.; Bd 2, S. 177 ff.).

[97] Gerade dieser für die hintergründige Argumentation Chateaubriands unvermeidliche 'Systemzwang', aufklärerische Moralität mit der 'unmittelbaren Natur' der Antike in eins setzen zu müssen, zeigt auf der einen Seite einen entscheidenden inneren Widerspruch seiner apologetischen Strategie und dokumentiert auf der anderen Seite, daß die Religionsschrift das aus der 'Querelle' übernommene Denkmuster der Parallele längst hinter sich läßt.

Die Religionsschrift entwickelt deshalb eine zugleich poetologische und sozialgeschichtliche Perspektive auf die Institution des mittelalterlichen Rittertums. Beides läßt sich schon deshalb nicht voneinander trennen, weil historisch belegbare Wahrheit und poetische Fiktion in der literarischen Überlieferung der ritterlichen Lebenswelt selbst nicht zu scheiden sind und aus der historischen Distanz der späten Neuzeit ohnehin ineinander verschwimmen. Chateaubriand machte sich gerade diesen Umstand bewußt zunutze und konstruierte eine die romantische Vorstellung vom mittelalterlichen Rittertum prägende halbpoetische 'schöne Institution', an der sich geradezu paradigmatisch die soziale Relevanz der Poesie vorstellen ließ[98].

Das *Génie du Christianisme* hat auf diesem Weg das Rittertum als 'christliche Institution' entdeckt, auch wenn Chateaubriand dem Material, das er bei seinem Gewährsmann, Lacurne de Sainte-Palaye[99], vorfand, einige Gewalt antat. Schon dieser hatte für seine historischen Rekonstruktionen der mittelalterlichen Welt vorzugsweise literarische Quellen herangezogen. Chateaubriand übernahm die Materialien Lacurnes oft wörtlich, ergänzte sie aber durch poetische Einschübe und entwickelte so aus seiner Vorlage die Deskription einer halbpoetischen christlichen Lebensform. Sein Tableau der "vie et mœurs des chevaliers" erreicht durch die Mischung von historischen und poetischen Dokumenten des Rittertums die ästhetische Wirkung einer gewissen 'Unbestimmtheit', die die Vorstellungskraft der Leser in Bewegung setzt[100]. Wie so oft bei Chateaubriand

---

98 Zum Begriff des "beau idéal" vgl. Steinwachs, *Epochenbewußtsein und Kunsterfahrung* S. 136 f.

99 Vgl. Verf., "Rezeptionsweisen des Ritterromans in der Neuzeit", in Hg. H. U. Gumbrecht, *Literatur in der Gesellschaft des Spätmittelalters* (Begleitreihe zum Grundriß der romanischen Literaturen des Mittelalters. 1), Heidelberg 1980, S. 315–334, hier: S. 327 ff. Zur Mittelalterrezeption des 18. und 19. Jahrhunderts demnächst: Hg. R. R. Grimm, *Rezeptionsgeschichte der mittelalterlichen Literatur* (Begleitreihe zum Grundriß der romanischen Literaturen des Mittelalters. 2), Heidelberg 1990. Im Anmerkungsteil der Ausgabe von Regard lassen sich die Übernahmen von Lacurne de Sainte-Palaye im einzelnen verfolgen.

100 "Les sujets qui parlent le plus à l'imagination ne sont pas les plus faciles à peindre; soit qu'ils aient dans leur ensemble un certain vague plus charmant que les descriptions qu'on en peut faire, soit que l'esprit du lecteur aille toujours au-delà de vos tableaux. Le seul mot de 'chevalerie', le seul nom d'un illustre 'cheva-

wird eine die historische Distanz voraussetzende Poesie[101] ihrerseits in die Vergangenheit zurückprojiziert. Deshalb kann es auch nicht überraschen, daß Chateaubriand in seine poetisierte Darstellung des christlichen Ritters ganz im Gegensatz zu Lacurne die neuzeitliche Subjektivität einträgt:

> De vastes architectures gothiques, de vieilles forêts, de grands étangs solitaires, nourissaient, par leur aspect romanesque, ces passions que rien ne pouvait détruire, et qui devenaient des espèces de sort ou d'enchantement. (IV, 5, 4, S. 1020; Bd 2, S. 185)

Wie immer in seinen historischen Betrachtungen entfernt sich Chateaubriand ganz bewußt von der "vérité si stérile"[102] historiographischer Recherchen. Seine Darstellung hebt vielmehr auf den gesellschaftlichen und 'zivilisatorischen' Nutzen des Rittertums[103] ab. Chateaubriands historisch-poetischer Cento entwickelt ein Tableau

---

lier' est proprement une merveille, que les détails les plus intéressants ne peuvent surpasser; tout est là-dedans, depuis les fables de l'Arioste, jusqu'aux exploits des véritables paladins, depuis les palais d'Alcine et d'Armide, jusqu'aux tourelles de Cœuvres et d'Anet." (IV, 5, 4, S. 1019 f.; Bd 1, S. 184)

[101] "Sans doute ils étaient merveilleux ces temps, mais ils sont passés." (IV, 2, 8, S. 936; Bd 2, S. 99)

[102] "Il n'est guère possible de parler, même historiquement, de la chevalerie, sans avoir recours aux Troubadours qui l'ont chantée, comme on s'appuie de l'autorité d'Homère en ce qui concerne les anciens héros: c'est ce que les critiques les plus sévères ont reconnu. Mais alors on a l'air de ne s'occuper que de fictions. Nous sommes accoutumés à une vérité si stérile, que tout ce qui n'a pas la même sécheresse, nous paraît mensonge (...)" (Ebd. S. 1020; Bd 2, S. 184)

[103] Hier nimmt Chateaubriand, wie immer Religion und Kultur gleichsetzend, die zivilisationstheoretische Begründung des europäischen Imperialismus vorweg; etwa wenn er den Mauren, oder vielmehr ihrer Religion, vorwirft, den Fortschritt zu behindern ("un obstacle invincible aux lumières et au bonheur de l'humanité" [IV, 5, 3, S. 1018; Bd 2, S. 183]), oder wenn er in simplem Dualismus terminologisch Barbaren (=Polytheisten) und Zivilisierte (=Christen) unterscheidet. Daß dies gerade beim Islam, im Gegensatz vielleicht zu Preußen und Slawen nicht angeht, nimmt der Apologet des Christentums, der hier zum Apologeten des zivilisierten Europa wird, nicht zur Kenntnis. Auch sei immerhin angemerkt, daß gerade in den Abschnitten über das Rittertum sich bereits eine patriotisch-nationalistische Inanspruchnahme abzeichnet, die im Verlauf des 19. Jahrhunderts zahlreiche Nachfolger gefunden hat.

uneigennützigen gesellschaftlichen Engagements[104] des christlichen Ritters, das schon deshalb in seinen historischen Teilen bei den geistlichen Ritterorden einsetzen und aus ihnen die Institution des Rittertums hervorgehen lassen muß[105], weil nur so der entscheidende Einfluß des Christentums nachzuweisen war. Zugleich ermöglichte es dieser Kunstgriff, die sozialgeschichtlichen und poetischen Aspekte der Darstellung in Übereinstimmung zu bringen:

> Les seuls temps poétiques de notre histoire, les temps chevaleresques lui (= au christianisme) appartiennent encore: la vraie religion a le singulier mérite d'avoir créé parmi nous l'âge de la féerie et des enchantements. (IV, 5, 1, S. 1012; Bd 2, S. 177)

Eröffnet Chateaubriand damit eine neue Phase der Rezeption mittelalterlicher Literatur und mittelalterlicher Lebensformen, so ist es doch in gleicher Weise bezeichnend, daß sein Modell einer 'schönen' christlichen Institution in einer poetisch verklärten Vergangenheit der 'Moderne' zu suchen ist, deren Evokation bereits als sentimentalischer Rückblick zu verstehen ist. Den "siècles tout à fait modernes" (II, 2, 11, S. 681; Bd 1, S. 276) ist das "beau idéal" des Rittertums bereits fremd geworden. Zwar sieht Chateaubriand im christlichen Ritter als "parfait guerrier" ein noch gültiges emotives Paradigma gesellschaftlichen Handelns, doch taucht am Horizont bereits ein 'nachmodernes' Säkulum jenseits der 'christlichen Moderne' vom Mittelalter zur Neuzeit auf, dessen künftige Einheit freilich als Durchgangsstadium die poetische und melancholische Rezeption des Christentums voraussetzt.

---

104 "(...) les importants services qu[e la chevalerie religieuse] a rendus à la société (...)" (Ebd. S. 1018; Bd 2, S. 182)

105 Die historische Konstruktion Chateaubriands ist auf die enge Verbindung von weltlichem und geistlichem Rittertum angewiesen. Deshalb muß er Sainte-Palaye vorwerfen, er habe ohne Grund "chevalerie militaire" und "chevalerie religieuse" voneinander geschieden (IV, 5, 1, S. 1012; Bd 2, S. 177).

VI. Religion als 'schöne Ruine'

> **Ainsi l'anthropocentrisme propre à l'époque est finement remanié dans le sens d'une dépossession de la raison; ce qui semble rationnellement illusoire est justement ce qui nous signale un besoin profond et une vérité: "L'illusion est une partie intégrante de la réalité."**
> **P. Benichou, *Le Sacre de l'écrivain*[106]**

Apologetische Strategie

Es wäre müßig, am Ende des 20. Jahrhunderts einen verspäteten und ohnehin längst geführten ideologiekritischen Prozeß gegen das *Génie du Christianisme* zu eröffnen. Auch die politischen Intentionen und die restaurativen Interessen der facettenreichen Gegenrevolution, die sich in der ambivalenten Religionskonzeption des 'romantischen Christentums' abzeichnen, sind hinlänglich bekannt. Die historische Distanz erlaubt uns aber eine den Zeitgenossen kaum mögliche 'doppelte Lektüre', die im 'romantischen Christentum' eine vielleicht entschiedenere Verabschiedung der überlieferten Religion erkennen läßt, als sie selbst die aufklärerische Religionskritik beabsichtigte. Diese ging immerhin von der mächtigen Präsenz einer Institution aus, deren Ende Chateaubriands Religionsschrift geradezu als historisches Verdikt voraussetzt und stillschweigend akzeptiert. "Damit gerät Chateaubriand in das konservative Paradox, daß die Bemühung um geschichtliche Kontinuität den Verlust fraglos geltender Tradition dennoch voraussetzt."[107] Chateaubriands Apologie des Christentums leitete eine Entwicklung ein, die – ganz gegen die 'offiziellen' Absichten ihres Autors – von der umdeutenden Restitution altvertrauter christlicher Begriffe zu einer Poetisierung des Christentums und schließlich zum Konzept der ästhetischen Autonomie führte, womit der Weg der französischen Romantik umschrieben ist.

---

[106] S. 116.

[107] Steinwachs, *Epochenbewußtsein und Kunsterfahrung* S. 130.

Die apologetische Strategie des *Génie du Christianisme* beruht auf der geschichtsphilosophischen These, das Christentum sei nicht nur die historische Voraussetzung, sondern auch die einzige gesellschaftsbildende und den zivilisatorischen Fortschritt befördernde Instanz der 'Moderne'[108]. Diese Grundkonzeption, die Chateaubriand mit vielen Konservativen des beginnenden Jahrhunderts teilte, sieht im emotiven Potential der überlieferten Religion den einzigen pragmatischen Ansatzpunkt[109], um die Erfahrung der gesellschaftlichen Auflösung und die diagnostizierte chaotische Dissoziierung der Gesellschaft in einzelne Sinnbezirke zu überwinden. Die Argumentation der Aufklärung wird unter zögernder Beibehaltung ihres Fortschrittsgedankens gleichsam umbesetzt: ein zivilisatorischer Fortschritt ist nur durch die Religion und nicht gegen sie möglich.

Geschichtsphilosophische Diagnose und politische Therapie lassen sich im *Génie du Christianisme* allerdings nicht voneinander trennen. Auf der einen Seite wird die christliche Religion, "résultat nécéssaire de la vieillesse de la société" (IV, 1, 5, S. 907; Bd 2, S. 68), mit der 'Moderne' gleichgesetzt und gilt als Ausdruck des 'modernen' Subjektivismus und seiner Folgen; auf der anderen Seite wird es als unentbehrliches "contre-poids" 'moderner' Subjektivität in Anspruch genommen. Im Gegenzug zum aufklärerischen Rationalismus entwirft Chateaubriands Religionsschrift eine Anthropologie, die den Subjektivismus der 'Moderne' voraussetzend an die Stelle rational begründeter Moralität affektive Bedürfnisstrukturen setzt. Die "*Raison*, qui n'a jamais séché une larme" (I, 1, 5, S. 486; Bd 1, S. 73) wird von einem 'sentimentalisme' abgelöst, der pragmatische Ansprüche erhebt, die sich in den kulturhistorischen Kapiteln des *Génie du Christianisme* niedergeschlagen haben und die versuchen,

[108] "Ceux qui représentent le christianisme comme arrêtant le progrès des lumières, contredisent manifestement les témoignages historiques. Partout la civilisation a marché sur les pas de l'Évangile, au contraire des religions de Mahomet, de Brahma et de Confucius, qui ont borné les progrès de la société, et forcé l'homme à vieillir dans son enfance." (IV, 6, 6, S. 1049; Bd 2, S. 214)

[109] "Le christianisme nous a indubitablement apporté de nouvelles lumières: c'est le culte qui convient à un peuple mûri par le temps; c'est, si nous osons parler ainsi, la religion naturelle à l'âge présent du monde (...)" (IV, 6, 13, S. 1087; Bd 2, S. 250)

die Subjektivität in der Tradition und im romantischen Entwurf 'schöner Institutionen' wieder aufzufangen.

Romantische Ästhetik

Gerade die 'Poetik des Christentums' beweist jedoch, daß die noch einmal angestrebte einheitliche Welterfahrung unter religiösen Vorzeichen den Durchgang der 'Moderne' durch die Aufklärung stets voraussetzt. Die aufklärerische Religionskritik ist geradezu die stets gegenwärtige Vorbedingung der 'romantischen Religion', die allenfalls noch eine subjektive Einheit erreicht und den objektiven Zerfall der Lebenswelt in autonome Sinnbezirke auf ihre Weise ratifiziert. Das angestrebte Ziel einer einheitlichen Welterfahrung in Geschichte, Natur und Gesellschaft ist nur noch durch die Ästhetisierung des zugrundeliegenden Paradigmas der Religion zu vermitteln. Diese Ästhetisierung ist aber bereits der Ausdruck einer objektiven Distanz zur überlieferten Religion.

Es gelingt ihr zwar noch einmal, die diagnostizierten anthropologischen Defizite ins Positive zu wenden und an die Stelle von objektivierter Naturerfahrung, sinnentleerter Historiographie, und gesellschaftlichem Egoismus die "raisons poétiques", die "raisons de sentiment" (I, 5, 1, S. 557; Bd 1, S. 151) einer einheitlichen Welterfahrung zu setzen. Dies ist allerdings um den Preis erkauft, daß religiöse Kategorien wie "foi" und "mystère" poetisiert und damit frei verfügbar werden. Gewiß scheinen romantische Schlüsselbegriffe wie "méditation", "mélancolie", "sentiment", "vertu", "tendresse" oder "passion" die Trennung von Lebenswelt und Poesie, von sozialen und ästhetischen Relevanzen zu überspringen. Was zunächst als Erweiterung des religiösen Paradigmas über die enge aufklärerische Moralität hinaus auftrat, löste freilich die schon fast nicht mehr latente Transformation religiöser in ästhetische Erfahrung aus. Die Einheit der Welterfahrung im *Génie du Christianisme* wird von poetischen Tableaus hergestellt, die Religion im Zustand einer 'schönen Ruine' darstellen, aber eben deshalb dem subjektiven Zugriff zugänglich machen.

Während noch einmal der Totalitätsanspruch der Religion proklamiert wird, vollzieht sich bereits ihre Ablösung durch die romantische Ästhetik und die romantische Kunstreligion. Diese beschränkt sich nicht mehr auf den Bereich der Poesie, sondern weitet sich zu einer alle Sinnbezirke umfassenden, gleichwohl subjektiven Erfahrung aus, die der Religion nur noch als 'schönen Denkmals' bedarf. Allein dieser unentbehrliche Rückbezug trennt Chateaubriand noch vom Konzept ästhetischer Autonomie. Da für Chateaubriand die Einheit ästhetischer Welterfahrung 'passioniertes Handeln' implizierte, deutet sich auch bereits eine im 19. Jahrhundert folgenreiche Verbindung von Ästhetik und Politik an, sobald der Rückbezug auf die Religion wegfallen konnte*.

*Für Ratschläge danke ich Peter Antes, Kurt Meist und Frank Wanning.

Ilse Nolting-Hauff

Die fantastische Erzählung als Transformation religiöser Erzählgattungen (am Beispiel von Th. Gautier, *La Morte amoureuse*)

Obgleich die fantastische Erzählung ein literaturwissenschaftliches Lieblingsthema der letzten Jahrzehnte gewesen ist, scheint die Beschreibung ihrer Gattungsstruktur[1] noch immer einige Lücken aufzuweisen. Jedenfalls fällt auf, daß die kanonischen Definitionen des Fantastischen meistens von allgemeinen Grundmerkmalen des Sujets ausgehen:

> Dans un monde qui est bien le nôtre, celui que nous connaissons, sans diables, sylphides, ni vampires, se produit un événement qui ne peut s'expliquer par les lois de ce même monde familier.(T. Todorov[2])

> (...) le fantastique (...) manifeste un scandale, une déchirure, une irruption insolite, presque insupportable dans le monde réel. (R. Caillois[3])

Derartigen Charakterisierungen folgt aber dann keine systematische Beschreibung von Handlungsstrukturen. Autoren der fünfziger und sechziger Jahre wie Penzoldt und Caillois begnügen sich hier mit Themenkatalogen[4], und auch die von Todorov vorgeschla-

---

[1] Der Status der fantastischen Erzählung ("conte fantastique") als historische Gattung ist in der französischen Literatur als Ergebnis der Hoffmann-Rezeption seit etwa 1830 etabliert. Vgl. P.-G. Castex, *Le Conte fantastique en France de Nodier à Maupassant*, Paris [5]1974, S. 7 f., 60–80.

[2] *Introduction à la littérature fantastique*, Paris 1970, S. 29.

[3] *Images, images...*, Paris 1966, S. 15. – Die beiden Definitionen sind übrigens nicht originell, sie finden sich in ähnlicher Form fast überall in der älteren und neueren Forschungsliteratur zur Fantastik und auch schon bei einigen Autoren des 19. Jahrhunderts.

[4] Vgl. P. Penzoldt, *The Supernatural in Fiction*, London [2]1965, S. 32 ff., und Caillois, *Images* S. 36 ff.

gene Aufteilung in Ich- und Du-Themen[5] führt nicht sehr viel weiter. Im übrigen untersuchen die drei Autoren hauptsächlich die Vermittlungsformen fantastischer Literatur. Speziell Todorov sieht bekanntlich in der Ambiguierung der dargestellten Fakten und den damit verbundenen Leserlenkungsstrategien das zentrale Differenzmerkmal des Fantastischen im Verhältnis zu den verwandten Phänomenen des Wunderbaren und des Unheimlichen[6]. Neuere Darstellungen befassen sich mit der Diskussion und Weiterentwicklung dieses vielversprechenden, aber überspitzt formulierten Ansatzes, etwa in Form einer Analyse der Explikationsstruktur fantastischer Erzählungen (J. Finné[7]), oder einer epistemologischen Klärung des Realitätsbegriffs, auf den alle fantastische Literatur per definitionem oppositiv bezogen ist (M. Wünsch[8]). Die Klärung dieser allgemeinen genrepoetologischen Probleme sollte aber nicht ganz die Frage vergessen lassen, welche Art von Geschichten in der fantastischen Literatur überhaupt erzählt werden, zumal es offenbar vor allem diese Geschichten sind, auf denen die Faszination beruht, die die fantastische Literatur immer ausgeübt hat und noch ausübt[9].

Hier soll nun versucht werden, das Problem von den 'einfachen Formen' der Volkserzählung her anzugehen, die in der fantastischen Erzählung verarbeitet worden sind. Wie H. J. Neuschäfer in seinem Boccaccio-Buch gezeigt hat, geht die Gattungsentwicklung der Frührenaissancenovelle von verschiedenen einfacher strukturierten älteren Erzählgattungen aus, die bestimmten homogenen Elabo-

---

[5] *Introduction* S. 113–147.

[6] Ebd. S. 29, 46 ff.

[7] Finné hat gezeigt, daß der Explikationscharakter, d. h. das Angebot einer oder mehrerer Erklärungen des übernatürlichen oder vermeintlich übernatürlichen Ereignisses, ebenso zur Gattungsstruktur der fantastischen Erzählung gehört wie das Ereignis selbst. Die Erklärung bzw. die Erklärungen können nach Finné sowohl rationalen als auch übernatürlichen Charakter haben. Vgl. *La Littérature fantastique – Essai sur l'organisation surnaturelle*, Bruxelles 1980, S. 36–40 und passim.

[8] Vgl. *Die fantastische Literatur der Frühen Moderne (1890–1939)*, ungedruckte Habilitationsschrift, München 1984, vor allem S. 13–24.

[9] Zur Korrelation des Fantastischen mit der Strukturebene der histoire vgl. die oben zitierten Definitionen sowie Wünsch, *Die fantastische Literatur* S. 9 ff.

rations- und Literarisierungsverfahren unterworfen werden[10]. Die primäre Gattungsbasis ist also heterogen, die Gattungseinheit der Novelle ergibt sich aus einer sekundären Bearbeitung dieser heterogenen Strukturen[11].

Ein ähnliches Verhältnis von einfachen Erzähl- bzw. Handlungsschemata und sekundärer Bearbeitung zeigt sich auch – oder wieder – bei der fantastischen Erzählung. Dies bedarf zunächst kaum einer genaueren Erörterung, da die romantischen Autoren selbst mehrfach auf das enge Abhängigkeitsverhältnis ihrer Werke zu volkstümlichen Erzählformen und -traditionen hingewiesen haben und ihre Hinweise in der Forschungsliteratur immer wieder aufgenommen worden sind. Schwerer ist allerdings die Frage zu beantworten, auf *welche* volkstümlichen Gattungen die fantastische Erzählung rekurriert. Als Vorläufer wird immer noch recht häufig das Märchen genannt, daneben finden sich Hinweise auf Legende und 'Volksaberglauben'[12]. Die Nennung des Märchens ist u. E. wenig begründet, da fantastische Erzählungen nur in den seltensten Fällen märchenhafte Strukturen aufweisen. Das zeigt sich, trivial gesagt, schon daran, daß sie häufig schlecht ausgehen. Die Erwähnung des Märchens in diesem Zusammenhang dürfte vor allem assoziativ bedingt sein: durch das gemeinsame Merkmal des Wunderbaren, durch die bekannte Vorliebe speziell der deutschen Romantik für das Märchen als Form der Volks- und Kunstdichtung und durch die Tatsache, daß zumindest in der deutschen romantischen Literatur selbst nicht[13] immer klar unterschieden wird zwischen Kunstmärchen und fantastischer

---

10 *Boccaccio und der Beginn der Novelle – Strukturen der Kurzerzählung auf der Schwelle zwischen Mittelalter und Neuzeit*, München 1969.

11 Zum Status der 'einfachen Formen' als Vorformen von Literatur und allgemeinen Modellen elementarer Handlungs- und Erzählstrukturen vgl. u. a. A. Jolles, *Einfache Formen*, Halle 1930, passim; K. Stierle, "Die Struktur narrativer Texte", in *Funkkolleg Literatur – Studienbegleitbrief 4*, Weinheim/Basel 1976, S. 11–35, hier: S. 23 f.; Verf., "Zur Psychoanalyse der Heldendichtung – Das Rolandslied und die einfache Form Sage", in *Poetica* 10 (1978) S. 429–468, hier: S. 430–432. S. auch u. S. 77.

12 Zu den "superstitions populaires" vgl. u. a. L. Vax, *L'Art et la littérature fantastique*, Paris 1974, S. 6–9.

13 Zur Aufnahme von Strukturmerkmalen der Novelle und des Romans in das romantische Kunstmärchen vgl. J. Tismar, *Kunstmärchen*, Stuttgart 1977, S. 31, 53, und V. Klotz, *Das europäische Kunstmärchen*, Stuttgart 1985, S. 208 f.

Erzählung. Vor allem Tieck hat in dieser Hinsicht für Verwirrung gesorgt, indem er in den Rahmengesprächen seines *Phantasus* ganz unmärchenhafte Erzählungen wie *Der blonde Eckbert* und *Der Runenberg* als "Mährchen" apostrophieren ließ[14]. Auch in der einschlägigen Forschungsliteratur scheint dieser Sprachgebrauch sich fortzusetzen[15].

Es gibt jedoch eine andere 'einfache Form' der Volkserzählung, die wirklich als einer der Vorläufer der fantastischen Erzählung in Frage kommt, und zwar die Volkssage[16]. Dies ist bisher offenbar nur von L. Vax gesehen worden[17]. Bei der Volkssage handelt es sich um eine der verbreitetsten Gattungen der volkstümlichen Erzähltradition und zugleich um diejenige Form der Volkserzählung, in

---

[14] L. Tieck, *Schriften*, 28 Bde, Berlin 1828–1854, Bd 4, S. 119, 128 f., 169 f., 283 f., 417 f.

[15] V. Klotz behandelt z. B. in seinem Buch *Das europäische Kunstmärchen* sowohl den *Blonden Eckbert* und den *Runenberg* als auch *Undine* von La Motte-Fouqué als "Märchen" (S. 153 ff., 162 ff.), wobei er allerdings die Verfremdung der "gängige(n) Muster" bei Tieck betont. Vgl. auch Tismar, *Kunstmärchen* S. 31, 33 ff. sowie die Kurzcharakterisierungen der beiden Tieck-Novellen in *Kindlers Literatur-Lexikon*, 25 Bde, Zürich 1965–1974, Bd 1, Sp. 1698 f. und Bd 6, Sp. 592 f. mit den dortigen Literaturangaben. Bei den Vergleichen zwischen Fantastik und Märchen, die vor allem in der französischen Forschungsliteratur gängig sind ("[une] marotte de chercheurs", vgl. Finné, *La Littérature fantastique* S. 21), wird häufig implizit auch ein genetischer Zusammenhang angenommen.

[16] Es spricht einiges dafür, die Volkssage und auch das Mirakel, von dem noch die Rede sein wird, als autonome 'einfache Formen' anzusehen, obgleich sie in der Typologie von Jolles nicht enthalten sind (die "Sage" bei Jolles entspricht der Heldensage und ist mit der Volkssage nicht identisch). Vgl. die entsprechenden Plädoyers bei M. Schrader, *Epische Kurzformen – Theorie und Didaktik*, Königstein i. Ts. 1980, S. 37, und U. Ebel, *Das altromanische Mirakel*, Heidelberg 1965, S. 16 f.

[17] "Le conte fantastique procède moins du *conte* que de la *légende populaire*", *Les Chefs-d'œuvre de la littérature fantastique*, Paris 1979, S. 49. Vax stützt sich bei dieser Feststellung auf mehrere der unten (Anm. 19) genannten Untersuchungen zur Volkssage. – Die früheren französisch- und englischsprachigen Untersuchungen weisen zwar häufig auf volkstümliche Vorformen des conte fantastique hin, die Nomenklaturen ("légende" bzw. "legend") lassen aber nicht klar erkennen, an welche einfache Form – Legende oder Volkssage – dabei gedacht ist. Vgl. u. a. M. Rudwin, *The Devil in Legend and Literature*, London 1931, passim, und M. Milner, *Le Diable dans la littérature française de Cazotte à Baudelaire – 1772–1861*, 2 Bde, Paris 1960, Bd 1, S. 485 ff.

der sich der 'Volks(aber)glauben' am deutlichsten und ausschließlichsten artikuliert. Speziell gilt das von einem ihrer wichtigsten Subgenres: Die sogenannten dämonologischen Sagen, die der Romantik aus zahlreichen Kompilationen und Sammeleditionen des 18. und vor allem des frühen 19. Jahrhunderts geläufig waren[18], sind volkstümliche Gespenstergeschichten im weitesten Sinne, die sich vom Märchen u. a. dadurch unterscheiden, daß sie Alltags- und Jenseitswelt nicht unmerklich ineinander übergehen lassen, sondern einander als konträre Bereiche gegenüberstellen, die miteinander in Konflikt treten[19]. Sie beschreiben den "Einbruch eines Unfaßbaren in unsere geordnete Welt" bzw. die "Begegnung von Diesseitigem und Jenseitigem"[20] unter bereits recht intensivem Einsatz primitiver Beglaubigungsverfahren, und sie enden häufig mit dem Untergang des Helden oder mit seiner nachhaltigen Bestrafung für einen Fehler, den er bei der Begegnung mit einem oder mehreren Jenseitsbewohnern gemacht hat.

Mit anderen Worten: die Definitionen der Volkssage, wie sie in den einschlägigen volkskundlichen Darstellungen gegeben werden, koinzidieren fast wörtlich mit den oben zitierten geläufigen Definitionen der fantastischen Erzählung. Auch charakteristische Sujets der Volkssage wie der Untergang einer adligen Familie finden sich in der fantastischen Erzählung wieder. Gleiches gilt von dem prototypischen Sujet der dämonologischen Sage: 'Die Rache eines

[18] Die Kompilationen zum Thema der Geistererscheinungen, die Dom Augustin Calmet und der Abbé Nicolas Lenglet-Dufresnoy um 1750 mit pseudo-aufklärerischer Tendenz publizierten, stehen in der Tradition der Prodigienliteratur des 16. und 17. Jahrhunderts und enthalten zahlreiche Geschichten, die dem Handlungsschema nach Volkssagen sind. Ähnliches gilt von den Sammlungen vom Typ der *Spectriana* (Paris 1817) und den von Nodier zusammengestellten *Infernaliana* (Paris 1822). Zur Popularität der Teufels- und Gespenstergeschichten speziell im Frankreich des frühen 19. Jahrhunderts vgl. Milner, *Le Diable dans la littérature française* Bd 1, S. 252–255, zu Dom Calmet und Lenglet-Dufresnoy s. S. 57–60.

[19] Zur Typologie der Volkssage vgl. L. Röhrich, *Sage*, Stuttgart 1971, S. 15 ff., und H. Bausinger, *Formen der Volkspoesie*, Berlin 1968, S. 176 ff. Zur Verarbeitung von "kollektiven Glaubensinhalten" vgl. Röhrich, *Sage* S. 7, und Bausinger, *Volkspoesie* S. 172 f., außerdem auch Schrader, *Epische Kurzformen* S. 30.

[20] M. Lüthi, "Gehalt und Erzählweise der Volkssage", in Hg. W. Peuckert, *Sagen und ihre Deutung*, Göttingen 1965, S. 11–27, hier: S. 12, 17.

Jenseitswesens' ist ein Nenner, auf den man die Sujets der Mehrheit aller fantastischen Erzählungen des 19. Jahrhunderts von E. T. A. Hoffmanns *Sandmann* über *Le Secret de Javotte* von Musset[21] und *La Vénus d'Ille* von Mérimée bis zu Maupassants *Horla* bringen kann, wenn man von den genrespezifischen Ambiguierungsverfahren absehen will.

Gegenstand dieser Untersuchung soll jedoch nicht das Verhältnis der fantastischen Erzählung zur Volkssage sein, sondern das zu den Vorformen des Fantastischen im Bereich der religiösen Erzählung des Mittelalters. Soweit sie nicht auf die Volkssage rekurriert, ist die Fantastik des früheren 19. Jahrhunderts nämlich zum großen Teil ein transformiertes und weiterentwickeltes merveilleux chrétien[22]. Als Lieferant dieses merveilleux kommen vor allem Heiligenvita und Mirakel in Frage (wir vermeiden hier die zu umfassende und daher irreführende Bezeichnung "Legende"), wobei das Mirakel im Vordergrund steht. Die Frage der Vermittlung ist in diesem Fall nicht weiter problematisch, da die deutschen Romantiker sich bekanntlich sowohl für die Literatur des Mittelalters als auch für die verschiedenen Formen der Volkspoesie interessierten und zu beiden direkten Zugang hatten. Natürlich lebten beide Formen der religiösen Erzählung über das Mittelalter hinaus in der religiösen Gebrauchsliteratur weiter. Auch in den dämonologischen Traktaten des 18. Jahrhunderts und in den zahlreichen Sammlungen volkstümlicher und literarischer Teufels- und Gespenstergeschichten[23], die im frühen

---

[21] Zum fantastischen Charakter dieser Erzählung vgl. J. Schulze, "Wiederkehr der Venus bei Musset?" in *Poetica* 1 (1967) S. 205–213.

[22] Auf diesen Zusammenhang weist schon Nodier in seinem bekannten Aufsatz *Du fantastique en littérature* von 1830 in allgemeiner Form hin (*Œuvres*, 12 Bde, Paris 1832–1837; Nachdruck: Genève 1968, Bd 5, S. 67–112, hier: S. 70–74). Der Fantastikbegriff Nodiers ist allerdings noch sehr extensiv, er reicht von Homers *Ilias* und *Odyssee* über die *Offenbarung des Johannes*, Dantes *Divina Commedia* und Shakespeares *A Midsummernight's Dream* bis zu Perrault und E. T. A. Hoffmann (vgl. S. 75–108). Zum allgemeinen Phänomen der Verfremdung religiöser Diskurstypen in der fantastischen Literatur vgl. auch I. Bessière in *Le Récit fantastique – La Poétique de l'incertain*, Paris 1974, S. 13, 50–54, 70–93, 110–115.

[23] Der *Traité historique et dogmatique sur les Apparitions, les Visions et les Révélations particulières* des Abbé Lenglet-Dufresnoy enthält u.a. die bekannten mittelalterlichen Mirakelerzählungen von der Nonne Béatris und vom er-

19. Jahrhundert florierten, kommen einige Mirakelerzählungen vor. Möglicherweise haben auch die hochelaborierten Formen des barocken Mirakel- und Heiligendramas als Vorbilder eine Rolle gespielt (bekanntlich haben die spanischen Barockdramen, speziell die religiösen Dramen Calderóns, die deutsche Romantik nachhaltig beeindruckt). Säkularisierte Varianten des Mirakels scheinen darüber hinaus auch ziemlich früh Eingang in die Novellenliteratur gefunden zu haben[24]. Dort kommen sie auch noch im 18. Jahrhundert vor, etwa in den *Contes moraux* von Marmontel[25].

Die erneute Aktualität, die die alten religiösen Erzählmuster durch die Romantik gewinnen, zeigt sich nun daran, daß sie in repräsentativen Texten der Epoche auftreten, also sozusagen von der literarischen Peripherie auf den 'Höhenkamm' überwechseln. Speziell das Mirakelschema kommt auch außerhalb des récit fantastique in den verschiedensten Gattungen vor: Drama (*Faust*), Operntext (*Der Freischütz, Tannhäuser*), Roman (*Die Elixiere des Teufels*). Dabei fällt auf, daß verstärkt auf die nichtsäkularisierte Grundform zurückgegriffen wird: Bevorzugt werden Teufelspaktgeschichten[26], damit treten Himmel und Hölle wieder direkt in Opposition und nicht mehr mittelbar über irdische Repräsentanten des guten und

---

trunkenen Glöckner (2 Bde, Paris 1751, Bd 1, S. 63–65, 65–68). Vgl. auch die Geschichte des Michel Louis im *Traité sur les Apparitions des Esprits et sur les Vampires ou les Revenans* von Dom Calmet, 2 Bde, Paris 1751, Bd 1, S. 39–41, den ersten Teil der Geschichte der Nonne Alis in N. Lenglet-Dufresnoy, *Recueil de Dissertations anciennes et nouvelles sur les Apparitions, les Visions et les Songes*, 2 Bde, Paris/Avignon 1751, Bd 1, 1, S. 8–90, hier: S. 8–17, und die Geschichte von Thibaud de la Jacquière und Orlandine in den *Spectriana* S. 137–155 und in den *Infernaliana* S. 95–111. – Nach Ansicht von Bessière kommen die dämonographischen Traktate des 18. Jahrhunderts dem Prinzip der fantastischen Erzählung bereits sehr nahe, da sie das Übernatürliche sowohl (in der Beispielerzählung) darstellen als auch (im Kommentar) problematisieren. Vgl. *Le Récit fantastique* S. 70–75.

[24] Hierzu vgl. Neuschäfer, *Boccaccio* S. 90 ff., und Ebel, *Mirakel* S. 130 ff.

[25] Vgl. z. B. die Bekehrungsgeschichten *La Mauvaise Mère*, '*LÉcole des pères* und *Laurette* in *Œuvres complètes de Marmontel*, 19 Bde, Paris 1818–1820, Bd 3, S. 289–307, 334–360, 398–443.

[26] Zur "Wiederbelebung des Motivs in der Goethezeit" und danach vgl. E. Frenzel, "Teufelsbündner", in *Motive der Weltliteratur*, Stuttgart 1976, S. 644–657, hier: S. 652 ff.; zur Rolle des Teufelspakts in der fantastischen Erzählung (vor allem bei Cazotte) s. Bessière, *Le Récit fantastique* S. 19 f., 70–93.

des bösen Prinzips wie in den Bekehrungsgeschichten von Marmontel[27]. Auch am Anfang der fantastischen Erzählung in Deutschland stehen zwei mirakulöse Teufelspaktgeschichten: *Peter Schlemihls wundersame Geschichte* von Chamisso (1814) und die Schlemihl-Replik *Die Abenteuer der Silvester-Nacht* von E. T. A. Hoffmann (1815)[28]. Weitere fantastische Erzählungen mit Mirakelschema sind z. B. *Das Sanctus* (1816) und *Der Kampf der Sänger* (1819) von Hoffmann. Auch mehrere Erzählungen von Th. Gautier, von denen *La Morte amoureuse* (1836) die bekannteste ist, sind hier zu nennen[29].

---

[27] Natürlich sind auch die teil- und ganzsäkularisierten Varianten in der Literatur des 19. Jahrhunderts weiterhin häufig, vor allem der Populärroman tendiert zu mirakulösen Bekehrungsgeschichten und quasi-legendenhaften Schlußbildungen (Beispiele: die Bekehrungen von Rodolphe in *Les Mystères de Paris* und von Jean Valjean in *Les Misérables, La Dame aux Camélias* als Quasi-Märtyrerlegende).

[28] Zum Teufelspaktmotiv beider Erzählungen und zu ihrer intertextuellen Verflechtung vgl. u. a. E. F. Hoffmann, "Spiegelbild und Schatten – Zur Behandlung ähnlicher Motive bei Brentano, Hoffmann und Chamisso", in Hgg. J. L. Sammons/E. Schürer, *Lebendige Form – Interpretationen zur deutschen Literatur – Festschrift für Heinrich E. K. Henel*, München 1970, S. 167–188, hier: S. 176–185, und W. R. Berger, "Drei phantastische Erzählungen – Chamissos *Peter Schlemihl*, E. T. A. Hoffmanns *Die Abenteuer der Silvester-Nacht* und Gogols *Die Nase*", in *Arcadia – Sonderheft Horst Rüdiger zum 70. Geburtstag*, Berlin/New York 1978, S. 106–138, hier: S. 108–116. S. auch J. Nagel, *Der Teufelspakt in der literarischen Kommunikation der Berliner Romantik*, ungedruckte Magisterarbeit, München 1987, S. 134–208.

[29] Zum gemeinsamen Sujettyp der fantastischen Erzählungen Gautiers vgl. das Gautier-Kapitel in G. Poulet, *Études sur le temps humain*, Edinburgh 1949, S. 291–317, hier: S. 292, sowie, in psychoanalytischer Perspektive, J. Bellemin-Noël, "Notes sur le fantastique (Textes de Théophile Gautier)", in *Littérature* H. 8, (1972) S. 3–23, hier: S. 12. S. auch J. Gaudon, "Préface" zu Th. Gautier, *La Morte amoureuse, Avatar et autres récits fantastiques*, hg. J. G., Paris 1981, S. 7–43, hier: S. 28. – Zum literarischen Standort Gautiers zwischen (Spät-)Romantik einerseits und neoklassischen und ästhetisierenden Tendenzen andererseits vgl. u. a. H. van der Tuin, *L'Évolution psychologique, esthétique et littéraire de Théophile Gautier – Étude de caractérologie "littéraire"*, Amsterdam/Paris 1933, S. 67–75, 123 ff., sowie M. Bouvier-Ajam, "Le Romantisme de Théophile Gautier", in *Europe* 57 (1979), H. 601, S. 22–31; J. Steinmetz, "Ombelles sur tombeaux: Gautier, poète frénétique?", ebd. S. 32–41; und M. Voisin, *Le Soleil et la nuit – L'Imaginaire dans l'œuvre de Théophile Gautier*, Paris 1981, S. 22–38. S. auch Baudelaires bekannten Essay, in dem Gautier nicht nur als Begründer des "l'art pour l'art"-Prinzips, sondern auch als Fortsetzer der "grande école de la mélancholie, créée par Chauteaubriand" hingestellt wird

Im folgenden soll nun anhand dieses letzten Textes das Verhältnis der fantastischen Erzählung zum Mirakelschema und zum merveilleux chrétien analysiert werden. Dabei soll auch versucht werden, genauer zu bestimmen, welcher Stellenwert dieser Rezeption alter religiöser Erzählgattungen im Rahmen des Gesamtphänomens einer 'Wiederkehr des Religiösen' in den romantischen und nachromantischen Literaturen zukommt.

Als 'einfache Form' repräsentiert das Mirakel ebenso wie Märchen, Sage und Legende vor allem ein spezifisches Handlungsschema, eine Grundform der 'Geschichte' im Sinne von "story", die verschiedene semantische Besetzungen zuläßt und in mehr oder weniger expandierter Form literarisch realisiert werden kann. Das typische Handlungsschema des Mirakels läßt sich aus folgenden Beispielen entnehmen (die Pikanterie vor allem des letzten Beispiels ist ebenfalls charakteristisch; sie steht offenbar nicht im Widerspruch zum Ziel religiöser Belehrung):

In Kilikien lebt ein gottesfürchtiger Geistlicher namens Theophilus, der eifrig auf das Wohl seiner Gemeinde bedacht ist. Nach dem Tod des Bischofs wird er von der Gemeinde für das freigewordene Amt nominiert. Die Wahl wird vom Metropolitanus bestätigt. Theophilus weigert sich jedoch, die Wahl anzunehmen, da er glaubt, dieser Ehre nicht würdig zu sein. Als er seine Weigerung auch nach einer Bedenkzeit von drei Tagen aufrechterhält, wird ein anderer Bischof. Nunmehr tritt der Teufel in Aktion und macht Theophilus neidisch auf seinen Rivalen. Um doch noch Bischof zu werden, wendet Theophilus sich durch die Vermittlung eines Juden, der in der schwarzen Kunst erfahren ist, an den Teufel und schließt mit ihm einen Pakt, in dem er ihm seine Seele vermacht. Unmittelbar darauf wird der neue Bischof abgesetzt, und Theophilus tritt an seine Stelle. Nach einiger Zeit beginnt er jedoch, durch göttliche Eingebung veranlaßt, seine Tat zu bereuen. Er erlegt sich strenge Bußübungen auf und ruft die Jungfrau Maria um Hilfe an. Diese legt Fürsprache für ihn ein, nimmt dem Teufel den Pakt wieder ab und bringt ihn Theophilus zurück. Theophilus verbrennt das Papier, vermacht seine ganze Habe den

(*Œuvres complètes*, hg. C. Pichois, 2 Bde [Bibliothèque de la Pléiade 1. 7.], Paris 1975–1976, Bd 2, S. 103–128, hier: S. 125).

Armen und nimmt bald danach ein seliges Ende. ("Theophiluslegende", Adgar, *Miracles* 17)

In einem Kloster lebt ein Mönch, der das Amt des Sakristan innehat. Er führt ein sehr ausschweifendes Leben, ist jedoch zugleich der Jungfrau Maria treu ergeben und versäumt nie, sie zu grüßen, wenn er an ihrem Altar vorbeigeht. Bei seinen nächtlichen Ausflügen muß er einen Fluß in der Nähe des Klosters überqueren. Dabei wird er eines Nachts vom Teufel ins Wasser gestoßen und ertrinkt. Eine Schar von Teufeln stürzt sich auf seine Seele, um sie in die Hölle zu bringen. Einige Engel versuchen zunächst vergeblich, sie daran zu hindern. Da erscheint die Jungfrau Maria, verweist auf den Eifer, mit dem der Mönch ihr immer gedient hat, und schlägt vor, den Fall Gott als dem höchsten Richter zur Entscheidung vorzulegen. In diesem Augenblick wird der tote Mönch durch göttliche Fügung wieder zum Leben erweckt, damit er seine Sünden büßen kann. Er wird von seinen Ordensbrüdern, die morgens nach ihm suchen, lebend im Wasser gefunden. Er berichtet, was ihm widerfahren ist, dient danach Gott und der Jungfrau Maria mit noch größerem Eifer, vollbringt viele gute Werke und findet schließlich ein seliges Ende. ("D'un moigne qui fu ou fleuve", Gautier de Coinci, *Miracles de Nostre Dame* I, 42)

Eine Äbtissin ist der Mutter Gottes sehr ergeben und hält ihr Kloster zum Mißvergnügen der Nonnen in strenger Ordnung. Da ihr Lebenswandel untadelig ist, finden die Nonnen keine Möglichkeit, sich zu rächen. Aber eines Tages verliebt sich die Äbtissin in einen der Hausverwalter und läßt sich mit ihm ein. Sie wird schwanger und die Nonnen denunzieren sie beim Bischof. Inzwischen bereut die Äbtissin, die kurz vor der Niederkunft steht, ihren Fehltritt und bittet die Jungfrau Maria um Hilfe. Die Jungfrau Maria erscheint ihr, tröstet sie und verhilft ihr zu einer unauffälligen Geburt, das Kind wird von Engeln zu einem Eremiten in der Nachbarschaft gebracht. Danach ermahnt die Jungfrau Maria die Äbtissin, ihrem Bräutigam Jesus Christus künftig besser die Treue zu halten, und verspricht ihr, daß sie ihr helfen würde, sich vor dem Bischof zu rechtfertigen. Der Bischof erscheint im Kloster, läßt die Äbtissin holen, beschimpft sie wegen ihres Lebenswandels und läßt sie von zwei Mönchen untersuchen. Die Mönche finden jedoch keine Zeichen einer Schwangerschaft, und der Bischof, der sich selbst durch den Augenschein überzeugen will, ebenfalls nicht. Der Bischof bittet die Äbtissin um Verzeihung und will alle ihre Anklägerinnen mit Schimpf und Schande aus dem Kloster jagen lassen. Um ihre Nonnen zu retten, gesteht die Äbtissin daraufhin dem Bischof den wahren Hergang. Der Bischof dankt Gott und der Jungfrau Maria für das Wunder. Nach dem Tod des Eremiten nimmt er sich des Sohnes der Äbtissin an und läßt ihm Unterricht erteilen und ihn später Theologie studieren. Als er seinen Tod herannahen fühlt, bestimmt er ihn zu seinem Nachfolger. Der neue Bischof führt ein heiliges Leben, ehrt die Jungfrau Maria von ganzer Seele und findet ein seliges Ende. ("De l'abeesse que Nostre Dame delivra de grant angoisse", Gautier de Coinci, *Miracles de Nostre Dame* I, 20)

Das Handlungsschema des Mirakels sieht also so aus, daß der Protagonist, der häufig (nicht immer!) dem geistlichen Stand angehört, eine Sünde begeht und daraufhin in eine Situation äußerster Bedrängnis gerät, die sein Leben und sein Seelenheil gefährdet. In höchster Not ruft er einen Heiligen an, den er schon früher verehrt hat (oder eine Heilige: die meisten Mirakel sind Marienmirakel). Der Heilige hilft ihm aufgrund seiner früheren Verdienste, der Gerettete führt danach ein frommes Leben und bleibt von weiteren Anfechtungen verschont.

Die wichtigsten Handlungselemente des Mirakels sind demnach: Verdienste des Protagonisten, Sünde, Gefährdung des Seelenheils, Reue, Anrufung des Heiligen, Kampf des Heiligen mit dem Teufel, Rettung durch den Heiligen ("Wunder"), tugendhaftes Leben des Protagonisten[30]. Das Mirakel ist also nicht nur einfach eine Wundergeschichte, sondern kann auch als eine der Grundformen der literarischen Bekehrungsgeschichte angesehen werden. Der Protagonist ist ambivalent charakterisiert, er erscheint sowohl zur Tugend als auch zum Laster disponiert, wobei die lasterhaften Neigungen zunächst überwiegen; ein heilsamer Schock ermöglicht ihm dann die moralische Umkehr.

Der Ansatzpunkt für eine mögliche fantastische Bearbeitung des Mirakels liegt aber vor allem darin, daß das einfache didaktische Schema mit christlichem merveilleux angereichert wird. Es scheint dabei für die romantische Rezeption des Mirakels nicht in erster Li-

---

[30] Zum Handlungsschema des Mirakels vgl. die Analyse bei Ebel, *Mirakel* S. 27 ff.

nie wichtig gewesen zu sein, daß ein Wunder den Höhepunkt der Handlung bildet: Entscheidend war offenbar, daß der moralische Konflikt des Protagonisten die guten und vor allem die bösen Jenseitsmächte auf den Plan ruft. Wie zu erwarten, zeigt sich die fantastische Erzählung nämlich vor allem an der dämonologischen Seite des merveilleux chrétien interessiert: in allen Mirakelerzählungen der Romantik kommt eine profilierte Teufelsfigur vor, während die Intervention der himmlischen Seite eher diskret gehandhabt wird.

Die Erzählung *La Morte amoureuse* präsentiert sich als in Ich-Form erzählte Lebensbeichte eines Priesters namens Romuald.

Die Erzählung beginnt damit, daß der Protagonist am Tag seiner Ordinierung zum Priester in der Kirche die schöne Courtisane Clarimonde erblickt und ihr rettungslos verfällt. Nachdem er Landpfarrer geworden ist, wird er eines Nachts unter unheimlichen Umständen zu einer Sterbenden geholt. Er findet Clarimonde scheinbar tot auf ihrem Lager, erliegt der Faszination ihres Anblicks und küßt sie. Clarimonde öffnet noch einmal die Augen und erklärt Romuald, daß sie durch den Kuß seine Verlobte geworden sei und ihn nunmehr besuchen könne. Sie stirbt mit den Worten "à bientôt" (S. 280)[31]. Einige Zeit darauf erfährt Romuald von seinem Mentor, dem Abbé Sérapion, Clarimondes Tod sei durch eine achttägige Orgie verursacht worden. Im Volk gelte sie als Vampir, er selbst allerdings, Sérapion, halte sie für den Teufel persönlich ("Belzébuth en personne", S. 282). Im übrigen sei sie nicht zum ersten Mal gestorben. In der Tat erscheint Clarimonde bald darauf dem Protagonisten zur Nachtzeit im Traum, in ein Leichentuch gehüllt und mit einer Grablampe in der Hand. Es kommt zu einer makabren Liebesszene, in deren Verlauf Romuald Clarimonde versichert, daß seine Liebe zu ihr nicht geringer sei als seine Liebe zu Gott. Von da an führt Romuald ein Doppelleben: Tagsüber erfüllt er seine Pflichten als Landpfarrer, nachts führt er als junger Edelmann mit Clarimonde ein ausschweifendes Leben in Venedig. Dabei weiß er schließlich selbst nicht mehr, welche dieser beiden Existenzen geträumt und welche wirklich ist. In Venedig verfällt

[31] Zitiert nach Th. Gautier, *Œuvres complètes*, 33 Bde, Paris 1853–1891; Nachdruck: 11 Bde, Genève 1978, Bd 4: *Romans et Contes*, S. 261–295 (der Band entspricht den Bänden *Nouvelles, Romans et Contes* und *Spirite – Nouvelle fantastique* der Pariser Ausgabe).

Clarimonde nach einiger Zeit in Siechtum, sie wird aber wieder gesund, als Romuald sich eine leichte Verletzung zugezogen und sie ihm das Blut aus der Wunde gesogen hat. Romuald ist von der Entdeckung, daß Clarimonde ein Vampir ist, nicht allzusehr schockiert, macht aber doch einige halbherzige Versuche, sich von seiner Obsession zu befreien. Schließlich folgt er dem Vorschlag Sérapions, das Grab Clarimondes zu öffnen. Sie finden die bleiche, aber noch unverweste Clarimonde mit einem Blutstropfen im Mundwinkel. Als Sérapion sie mit Weihwasser besprengt und das Kreuzzeichen über sie macht, zerfällt sie zu Staub und Asche. In der folgenden Nacht erscheint sie Romuald noch einmal im Traum, macht ihm Vorwürfe und verabschiedet sich mit der Ankündigung, daß er seine Handlungsweise bereuen würde. Der Erzähler bestätigt, daß diese Prophezeihung eingetroffen sei: "(...) je l'ai regrettée plus d'une fois et je la regrette encore. La paix de mon âme a été bien chèrement achetée (...)"(S. 295)

Wie man sieht, entspricht der Handlungskern von *La Morte amoureuse* in wesentlichen Punkten dem oben definierten Mirakelschema: Verdienste des Protagonisten (Romualds Frömmigkeit, seine Berufung zum geistlichen Amt) – Begehen einer Sünde, die sein Seelenheil gefährdet (Liebesverhältnis Romualds mit Clarimonde) – Anrufung des Helfers (Romuald wendet sich an Sérapion) – der Helfer kämpft mit dem Teufel und besiegt ihn (Exorzisierung Clarimondes) – Rettung – tugendhaftes Leben des Protagonisten.

Sogar bei der semantischen Aktualisierung des Schemas ergeben sich recht große Ähnlichkeiten, vor allem mit dem Mirakel vom ertrunkenen Sakristan und mit dem Theophilusmirakel, da der Protagonist ebenfalls Geistlicher ist und seine Liebschaft mit einer femme fatale mehr oder weniger diabolischen Charakters zumindest andeutungsweise als eine Art Teufelspakt präsentiert wird[32]. In der älteren Tradition des Mirakels besteht die Sünde des Protagonisten allerdings in der Regel nicht aus einer Liaison mit dem Teufel selbst[33]. Obgleich die Vorstellung eines 'teuflischen' Wesens

---

[32] Hierzu vgl. den eindrucksvollen Aufsatz von J. Schulze, "'Frau Welt' oder die Faszination der Chimäre – Ein christliches Thema in romantischer Akzentuierung", in *Poetica* 3 (1970) S. 127–164, hier: S. 142.

[33] Es gibt jedoch Ausnahmen, z.B. eine Mirakelerzählung aus den *Praemia christianarum virtutum* des Mathaeus Tympius (in *Theatrum historicum*,

der Frau dem Mittelalter keineswegs fernliegt, dürften hier vor allem Vorbilder aus der Frühzeit der fantastischen Literatur (Cazotte, Lewis) eingewirkt haben. Insgesamt zeigt sich jedoch das Motivmaterial von *La Morte amoureuse* als stark mittelalterlich geprägt. Der Text scheint daher in besonderem Maß geeignet zu sein, die *Unterschiede* zwischen mittelalterlicher und romantischer Erzählung zu demonstrieren und damit zu veranschaulichen, wie die sekundäre literarische Elaboration, die das Mirakelschema in der fantastischen Erzählung erfährt, im einzelnen aussieht.

Die Umformung beginnt bereits auf der histoire-Ebene, und zwar mit der Doppelnatur der Clarimonde, die die im Mirakelschema vorgesehenen Rollen der irdischen Geliebten und des dämonischen Versuchers kumuliert[34]. Als Courtisane scheint Clarimonde zunächst durchaus dem diesseitigen Bereich anzugehören. Ihre dämonische Natur enthüllt sich erst nach und nach und nimmt dabei recht komposite Formen an (Frau Welt[35], Vampir, Teufel in Frauengestalt).

Das mittelalterliche Mirakel ist zwar, ebenso wie die Volkssage, eine Erzählgattung, in der sich ein Einbruch des Jenseits "in die unidealisierte alltägliche Wirklichkeit" vollzieht[36]. Daß eine Figur gleichzeitig sowohl dem diesseitigen als auch dem jenseitigen Bereich angehört, ist dort jedoch noch nicht üblich. Andererseits sind derartige Doppelcharaktere auch nicht von E. T. A. Hoffmann erfunden worden, der das Verfahren bekanntlich mit besonderer Virtuosität handhabt[37]: Voll entwickelt ist es u. a. auch schon bei Cazotte und in Chamissos *Peter Schlemihl*, Ansätze finden sich im spanischen

---

Köln 1614, S. 248–251; vgl. auch das Mirakel 3.8 des Caesarius von Heisterbach, *Illustrium miraculorum et historiarum memorabilium lib. XII*, Köln 1591, S. 153 f.). Bei der o. Anm. 23 erwähnten Erzählung von Thibaut de la Jacquière und Orlandine aus den *Spectriana* dürfte es sich um einen Text jüngeren Datums handeln.

[34] Vgl. Gaudon, "Préface" S. 17.

[35] Zur Wiederaufnahme der Frau Welt-Allegorie in *La Morte amoureuse* vgl. Schulze, "'Frau Welt' " S. 149.

[36] Ebel, *Mirakel* S. 103.

[37] Vgl. u. a. H. Mayer, "Die Wirklichkeit E. T. A. Hoffmanns" in Hg. R. Brinkmann, *Begriffsbestimmung des literarischen Realismus*, Darmstadt 1969, S. 259–300, hier: S. 263, 266 f., und W. Nehring, "E. T. A. Hoffmanns Erzählwerk – Ein Modell und seine Variationen", in *Zeitschrift für Deutsche Philologie* 95 (1976), Sonderheft "E. T. A. Hoffmann", S. 3–24, hier: S. 6 f.

Barockdrama, z. B. in *El mágico prodigioso* von Calderón. In allen diesen Fällen ist das Doppelwesen ebenfalls eine Teufelsfigur.

Die Doppelung scheint dem Bedürfnis zu entspringen, die Mirakelhandlung, insbesondere ihren wichtigsten Teil, den Kampf zwischen den Jenseitsmächten, dem Diesseitsbereich anzunähern und in einem fantastischen Zwischenbereich zu verankern[38]. Auch der Protagonist von *La Morte amoureuse* wird durch seine Doppelexistenz als Priester und als Libertin in diesen Zwischenbereich hineingezogen[39]. Dagegen scheint der Abbé Sérapion, der als Gegenspieler des Teufels strukturell die Position des bzw. der Heiligen im Mirakel innehat, trotz seines hoffmanesken Namens[40] zunächst als eine durchaus irdische Figur angelegt zu sein und über keinerlei Beziehungen zum Jenseits zu verfügen, die über seine geistlichen Funktionen und über sein offenbar profundes dämonologisches Wis-

---

[38] Daß das eigentlich Fantastische in einem Zwischenbereich ("monde intermédiaire") zwischen der materiellen und der geistigen Welt anzusiedeln sei, postuliert bereits Nodier in seinem Essay *Du fantastique en littérature* (S. 72 f.). Zu der entsprechenden Praxis bei Gautier vgl. auch R. Chambers, "*Spirite* de Théophile Gautier; une lecture", in *Archives des Lettres Modernes* H. 153 (1974) S. 3–62, hier: S. 59.

[39] Zu dem hier nur angedeuteten Doppelgängermotiv und seinem Status in den fantastischen Erzählungen Gautiers vgl. B. Payr, *Théophile Gautier und E. T. A. Hoffmann – Ein Beitrag zur Geistesgeschichte der europäischen Romantik*, Berlin 1932, S. 47–53. S. auch Bellemin-Noël, "Notes sur le fantastique" S. 13; M. Eigeldinger, "Introduction" zu Th. Gautier, *Récits fantastiques*, Paris 1981, S. 19–42, hier: S. 30 f.; und Gaudon, "Préface" S. 29. – Nach Meinung van der Tuins nimmt das Doppelgängermotiv in *La Morte amoureuse* eine zentrale Stellung ein, vgl. seine psychoanalytisch orientierte Interpretation der Erzählung in *Évolution psychologique* S. 172–177.

[40] Vgl. Gaudon, "Préface" S. 24. – Die Reminiszenz scheint eher spielerisch gemeint zu sein; jedenfalls läßt die Figur des Abbé nichts von den poetologischen Implikationen erkennen, die der Name bei Hoffmann besitzt (vgl. die Diskussion im Rahmengespräch des ersten Bandes der *Serapionsbrüder*, die zur Namengebung des Gesprächskreises und zur Formulierung des "Serapiontischen Prinzips" führt, in *Ernst Theodor Amadeus Hoffmanns sämtliche Werke*, 14 Bde, Berlin und Leipzig 1922, Bd 1, S. 12–28, 49–54, vor allem S. 54). – Zur Vorbildlichkeit Hoffmanns für Gautier und zu den zahlreichen Hoffmann-Zitaten seines Werks vgl. vor allem Payr, *Théophile Gautier und E. T. A. Hoffmann* passim, und E. Teichmann, *La Fortune d'Hoffmann en France*, Paris 1961, S. 63 f., 92–95. S. auch M. Rudwin, "Satanism and Spiritism in Gautier", in *The Open Court* 27 (1923) S. 385–395, hier: S. 385 f.; Bellemin-Noël, "Notes sur le fantastique" S. 21 f.; M. Eigeldinger, "Introduction" S. 18 f.; und Gaudon, "Préface" S. 28.

sen hinausgehen. Auch das eigentliche 'Wunder', die Exorzisierung und der Zerfall des Vampirs, entspricht zunächst nur dem, was im Volksglauben der Wirkung von Kreuz und Weihwasser zugeschrieben wird, und läßt keine direkte Intervention des Jenseits erkennen. Das 'Wunder', das dem Mirakel den Namen gibt, erscheint also im récit fantastique eher als reduziert[41]. Aber natürlich wird dem Abbé Sérapion, der den Exorzismus vornimmt, damit doch eine gewisse Verfügungsgewalt über jenseitige Erscheinungen zugeschrieben, die ihn letztlich ebenfalls als jemand ausweist, der zu dem erwähnten Zwischenbereich Zugang hat.

Schon die elementaren, auf histoire-Ebene angesiedelten Modifikationen des Mirakelschemas in *La Morte amoureuse* gehen also in Richtung einer fantastischen Ambiguierung der dargestellten Ereignisse. Von der mirakulösen Vorlage her stellt diese Ambiguierung sich jedoch nicht, wie es allgemeiner Anschauung entspricht, als Anreicherung der Alltagswelt durch dämonologische Vorstellungen dar, sondern vielmehr als Teilsäkularisierung der naiven Jenseitigkeit des Mirakels.

Die 'fantastische' Elaboration des Mirakelschemas beschränkt sich natürlich nicht auf die Ebene der histoire, sie ist in noch höherem Maß ein Ergebnis von Techniken der literarischen Vermittlung, die teils schon zum Repertoire der Novellistik seit der Frührenaissance gehören, teils als mehr oder weniger 'fantastikspezifische' Verfahren in der Romantik neu entwickelt werden. Im einzelnen geht es um
1) die Paradigmatisierung der Handlung,
2) die deskriptive Expandierung des dämonologischen merveilleux,
3) die Psychologisierung und moralische Ambiguierung der Figuren,
4) die Anwendung komplexer Vermittlungsstrategien (hier: Ich-Erzählung mit subjektivierender Verengung des point de vue und Unzuverlässigkeit des auktorialen Erzählers).

---

[41] Eigenartig ist, daß der Erzähler Romuald in den Einleitungssätzen der Erzählung seine Rettung 'der Hilfe Gottes und seines Schutzheiligen' zuschreibt (S. 261). Die Mirakel-Reminiszenz ist um so auffälliger, als der Schutzheilige später nie wieder erwähnt wird.

1) Die Erscheinungen der Teufelsfigur Clarimonde oder, mit Penzoldt zu reden, die Erscheinungen des 'Gespensts'[42] sind in *La Morte amoureuse* im Vergleich zu den Teufelserscheinungen im Mirakel auffällig vermehrt. Die Vermehrung betrifft vor allem die Anfangsphase der Handlung: Nachdem Romuald Clarimonde in der Kirche gesehen und sich in sie verliebt hat, erblickt er sie einmal aus großer Entfernung auf der Terrasse ihres Palastes, danach findet er unter unerklärlichen Umständen ihre Spur in seinem von hohen Mauern umgebenen Garten. Es folgt die Szene der nächtlichen 'Verlobung' am Totenbett und die 'Wiederkehr' der in ein Leichentuch gehüllten Clarimonde. Erst bei diesem fünften Auftreten beginnt die eigentliche Liebesaffäre mit Romuald.

Der dämonische Charakter Clarimondes wird zwar in der ersten und dritten Begegnung schon diskret angedeutet und durch die unheimlichen Begleiterscheinungen der Todesszene massiv unterstrichen, explizit gemacht wird er aber erst durch den Kommentar Sérapions nach Clarimondes 'Tod'. Dieser Kommentar erhält eine zusätzliche Bestätigung durch die Umstände von Clarimondes 'Wiederkehr' in der fünften Szene. Daß Clarimonde auch ein Vampir[43] ist, stellt sich erst während ihres Zusammenlebens mit Romuald heraus.

Die Vermehrung der Teufels- bzw. Gespenstererscheinungen ist charakteristisch für die literarische Fantastik, im Unterschied zu den entsprechenden Kurzformen der mündlichen Erzähltradition[44]. Zu den vielfältigen Wirkungen dieses Verfahrens dürfte also u.a. die Ausweitung einer 'einfachen' Geschichte zur Novellenhandlung gehören. Zugleich geht es jedoch darum, durch die Vermehrung der 'Gespenstererscheinungen' und die Hinauszögerung der Katastrophe den Übergang vom diesseitigen zum jenseitigen Bereich für den skep-

---

[42] *The Supernatural in Fiction* S. 16.

[43] Das Vampirmotiv wird in *La Morte amoureuse*, ähnlich wie das Doppelgängermotiv, mehr anzitiert als ausgespielt.

[44] Penzoldt stellt dies für die literarische 'Gespenstergeschichte' ("ghost story") fest, seine Befunde (vgl. *The Supernatural in Fiction* S. 15–17) gelten jedoch auch für die fantastische Erzählung im ganzen. Zum terminologischen Problem vgl. die etwas überakzentuierte Kritik bei Finné, *La Littérature fantastique* S. 29 f.

tischen Leser akzeptabler zu machen[45]. Daneben ermöglicht diese Technik natürlich auch ein größeres Raffinement des Spannungsaufbaus, als ihn die 'einfachen' Vorformen der fantastischen Erzählung besitzen, und sie verstärkt die Akzentverlagerung auf den diabolischen Aspekt des merveilleux, von der schon die Rede war. In *La Morte amoureuse* betrifft die Paradigmatisierung zwar nicht nur die Erscheinungen des 'bösen', sondern auch die des 'guten' Prinzips, jedoch sind die Auftritte des Abbé Sérapion in dieser frühen Handlungsphase, in der er nur als Warner fungiert, weit kürzer und weniger wirkungsvoll als die der Clarimonde.

2) Die Einbeziehung der "gewöhnlich(en)" Alltagswelt in die Darstellung übernatürlicher Ereignisse war bereits von Tieck anvisiert und von Hoffmann zu einer systematischen Kontrastierung von Alltags- und Jenseitsbereich[46] ausgebaut worden, die einen Teil der Faszinationswirkung seines Werkes begründete. Das Prinzip einer "réalité dans le fantastique" wurde von Gautier und der französischen Hoffmann-Nachfolge programmatisch aufgenommen[47]. In der erzählerischen Umsetzung des Prinzips bleibt Gautier jedoch hinter Hoffmann und seinen eigenen theoretischen Forderungen eher zurück, das 'realistische' Potential fantastischer Erzählungen, das schon vom allgemeinen Konzept des Fantastischen her notwendigerweise begrenzt ist, wird bei ihm keineswegs ausgeschöpft[48]. Das

---

[45] Vgl. Penzoldt, *The Supernatural in Fiction* S. 18.

[46] Zu diesem vielbehandelten Aspekt von Hoffmanns Erzählwerk vgl. vor allem H. Mayer, "Die Wirklichkeit E. T. A. Hoffmanns" S. 259–300, hier: S. 265–271 und passim. Der von M. Thalmann geprägte und seither vielzitierte Begriff "Wirklichkeitsmärchen" wird von der Verf. selbst nur auf Erzählungen wie *Der goldene Topf, Prinzessin Brambilla* und *Die Königsbraut* bezogen, die in der Tat von der Struktur her märchenhaft und insofern im Sinne der später etablierten Gattungstradition der fantastischen Erzählung nicht typisch sind ("E. T. A. Hoffmanns Wirklichkeitsmärchen", in *The Journal of English and Germanic Philology* 51 (1952) S. 473–491, hier vor allem S. 479–489).

[47] Gautier, "Contes d'Hoffmann" (1836), abgedruckt in Gautier, *La Morte amoureuse, Avatar et autres récits fantastiques* S. 456–461, hier: S. 458. Vgl. auch van der Tuin, *Évolution pyschologique* S. 157 f., und A. Smith, *Théophile Gautier and the Fantastic*, Mississippi 1977, S. 28 f., 32.

[48] Die geläufige Kennzeichnung fantastischer Texte als "realistisch" verbietet sich schon dadurch, daß der 'reale' Bereich alltagsweltlicher Vorgänge immer ein mit der Jenseitswelt kontrastierender Teilbereich bleibt. Eine exakte hi-

zeigt sich schon daran, daß seine Erzählungen meistens in einem wenig spezifizierten aristokratischen Milieu spielen. Konkrete Detailangaben finden sich vor allem in Porträts und Ortsbeschreibungen, sind also in traditioneller Weise motiviert und wirken daher nur begrenzt wirklichkeitsillusionierend.

Die zahlreichen deskriptiven Partien der fantastischen Erzählungen Gautiers und speziell der *Morte amoureuse* dienen also nicht in erster Linie einer realitätsnahen Situierung des Übernatürlichen. Für die fantastische Elaboration des Ereignisschemas spielen sie trotzdem eine nicht unbedeutende Rolle. Es fällt nämlich auf, daß die entsprechenden Passagen in *La Morte amoureuse* ausschließlich die verschiedenen Erscheinungen der Clarimonde betreffen. Sie laufen also der Paradigmatisierung im wesentlichen parallel und sind wie diese primär dem irrealen Bereich der Handlung zugeordnet.

Bereits in der Kirchenszene zu Beginn der Erzählung wird ein eindrucksvolles, mit einer Reihe von Kunstreminiszenzen[49] angereichertes Bild der überirdischen Schönheit Clarimondes entworfen (S. 263 ff.). Ihre Schönheit bleibt auch in allen späteren Szenen ein zentrales Motiv der Beschreibung, diese wird aber zunehmend mit unheimlichen Assoziationen[50] angereichert. Besonders die Todesszene

---

storische Situierung des Dargestellten wird dabei – im Gegensatz etwa zu den Romanen Balzacs – konsequent vermieden. Die wirklichkeitsillusionierenden Verfahren können daher auch nie zur "Stilisierungsdominante" des Textes werden (zu diesem Kriterium realistischer Texte vgl. J. Küpper, *Balzac und der effet de réel – Eine Untersuchung anhand der Textstufen des* Colonel Chabert *und des* Curé de village [Beihefte zu *Poetica.* 17], Amsterdam 1986, S. 20 f. und passim).

[49] S. 264: "Les plus grands peintres, lorsque, poursuivant dans le ciel la beauté idéale, ils ont rapporté sur la terre le divin portrait de la Madone, n'approchent même pas de cette fabuleuse réalité." S. auch die Angaben zur Kleidung der Clarimonde (S. 264 f.), die Bilddarstellungen des späten 16. Jahrhunderts entsprechen dürften, sowie, in späteren Phasen der Erzählung, den Vergleich der toten Clarimonde mit einer Grabstatue aus Alabaster (S. 277 f.) und die Schilderung der Palastarchitektur (S. 272, 276). – Zum Ästhetizismus Gautiers vgl. u. a. M. C. Spencer, *The Art Criticism of Théophile Gautier* (Histoire des idées et critique littéraire), Genève 1969, S. 11 f., zum Status der Kunstbeschreibungen und -thematisierungen in den fantastischen Erzählungen Gautiers und zu ihren möglichen metapoetischen Implikationen s. Bellemin-Nöel, "Notes sur le fantastique" S. 8, 20.

[50] Die Affinitäten Gautiers zur schwarzen Romantik behandelt vor allem Steinmetz, "Ombelles sur tombeaux" passim.

(S. 275–280) arbeitet massiv mit Schauerroman-Requisiten: Die schwarzen Pferde, die den Priester zu der Sterbenden bringen sollen, galoppieren pfeilschnell durch die Dunkelheit, wobei die Funken, die ihre Hufe schlagen, eine 'Feuerschleppe' bilden, dazu schreien Käuzchen, und Irrlichter und die phosphoreszierenden Augen von wilden Katzen leuchten in der Dunkelheit auf; nach dem Tod Clarimondes fegt ein gewaltiger Windstoß durch das Zimmer und entblättert die welke Rose, die in einer Vase auf dem Tisch steht usw. Hinzu kommen Reminiszenzen des 'unheimlichen Italien' wie der Palast, den Clarimonde vom Fürsten Concini als Geschenk erhalten hat und in dem sie ihre Orgien feiert (S. 272 f., 276), das Paradebett mit rotgoldenen Damastvorhängen und die im Schlafzimmer verstreuten Karnevalsrequisiten (S. 277)[51].

Weitere Schauerroman-Elemente finden in der Szene der Wiederkehr Clarimondes und vor allem in der Exorzismusszene Verwendung (S. 283–286, 293–295). Letztere ist als nächtliche Friedhofsszene ausgestaltet, die Totengräbertätigkeit Sérapions wird von den Flügelschlägen aufgestöberter Eulen, dem Kläffen von Füchsen und tausend weiteren "unheilvollen Geräuschen" begleitet, die die Präsenz des teuflischen Elements markieren. Die Friedhofszene ist zwar die erste Teufelsszene von *La Morte amoureuse*, in der der Abbé Sérapion als Vertreter des guten Prinzips präsent ist. Jedoch ist bemerkenswert, daß in dieser Szene das Repertoire der unheimlichen Motive auch auf Sérapion abzufärben scheint (ein Befund, auf den wir noch zurückkommen müssen):

> Moi, je le regardais faire, plus noir et plus silencieux que la nuit elle-même; (...) Le zèle de Sérapion avait quelque chose de dur et de sauvage qui le faisait ressembler à un démon plutôt qu'à un apôtre ou à un ange (...) (S. 294)

Von dieser Ausnahme abgesehen scheinen aber die deskriptiven Partien des Textes im wesentlichen dazu da zu sein, die dämonologischen Aspekte der Geschichte hervorzuheben und ihre Faszinationskraft zu verstärken. Das geschieht in recht ambivalenter Weise:

---

51 Zum unheimlichen Italien und speziell zu Venedig als "Stadt der Götter und Dämonen" s. W. Pabst, "Satan und die alten Götter in Venedig", in *Euphorion* 49 (1955) S. 335–359, hier: S. 343 und passim.

durch Anleihen bei der Schauerliteratur, aber auch durch Verweise auf Italien und die Kunst der Renaissance, die bei Gautier positiv besetzt sind[52].

3) Schon der Übergang von der 'einfachen Form' zur Novelle ist nach Neuschäfer mit einer Psychologisierung der Figuren in dem Sinne verbunden, daß der Figur ein breiteres Spektrum an zum Teil auch widersprüchlichen handlungsrelevanten semantischen Merkmalen zugewiesen wird[53]. Für die romantische Erzählung ist außer der semantischen Differenzierung vor allem auch kennzeichnend, daß die Hauptfigur als Ich-Erzähler oder Perspektiventräger zum privilegierten Träger der Reflexion über sich selbst und ihre Stellung in der Welt gemacht wird. Die Psychologisierung ist also in besonderer Weise an die Form der erzählerischen Vermittlung gebunden und kann daher nicht von dieser getrennt behandelt werden.

4) Erzähltechnisch zeigt die fantastische Erzählung des 19. Jahrhunderts eine auffällige Verwandtschaft mit der Romanform des 18. Jahrhunderts, die sowohl die Bevorzugung der Ich-Form als auch die Komplizierung der Vermittlungsebene durch Rahmenerzählungen und Herausgeberfiktionen aller Art betrifft. Die Anlehnung an benachbarte pragmatische Gattungen diente im 18. Jahrhundert zunächst der Beglaubigung des Erzählten und damit der Legitimierung des Romans als einer Erzählgattung von zweifelhaftem poetologischen Status, sie wurde aber auch zur ironischen Bloßlegung der Fiktionalität benutzt. Die Möglichkeit, figurenperspektivische Darstellung mit reflektierender Distanz zu verbinden, bewährte sich in der fantastischen Erzählung (und zum Teil auch im Schauerroman) in besonderer Weise, weil es hier ebenfalls um Beglaubigung ging, vor allem aber darum, den Konflikt zwischen Faszination durch das Irrationale und rationalistisch fundiertem Unglauben in den Text

---

[52] Zu der Bewunderung, die Gautier vor allem der venezianischen Malerei des 16. Jahrhunderts entgegenbrachte, vgl. Spencer, *Art Criticism* S. 70–72. S. auch o. Anm. 49.

[53] Neuschäfer spricht von der "Doppelpoligkeit" der Novellenfigur, die bei Boccaccio an die Stelle der "einpoligen" Figurenkonzeption der mittelalterlichen Erzählung tritt, vgl. *Boccaccio* S. 12–32.

selbst hineinzuverlegen[54]. Auch die fiktionsironische Relativierung des Erzählten ist der fantastischen Literatur keineswegs fremd. Jedenfalls wurden die alten Pragmatisierungstechniken in der fantastischen Erzählung durch das ganze 19. Jahrhundert hindurch beibehalten, auch zu einer Zeit, zu der sie bei den führenden Romanautoren ihre Aktualität bereits verloren hatten.

La Morte amoureuse scheint zunächst von den traditionellen Techniken der Pseudopragmatisierung recht sparsamen Gebrauch zu machen: Die Erzählung präsentiert sich als schriftlicher Lebensbericht in Ich-Form, den der altgewordene Romuald einem jüngeren Kollegen gibt, d. h. als einfache Ich-Erzählung, die nur ansatzweise als Brief an einen Bekannten pragmatisch motiviert wird[55]. Der Konfessionshabitus und die stark emotionalisierte Sprache erinnern an den romantischen Bekenntnisroman, von dem die Erzählung Gautiers sich jedoch sowohl durch ihre Kürze als auch ihre stärkere Faktenorientiertheit (und natürlich auch die Art der dargestellten Fakten) unterscheidet: Das monologische Sich-Aussprechen des Subjekts nimmt im Vergleich etwa zu *René* einen relativ geringen Raum ein. Dem Erzähltyp nach handelt es sich um eine gemäßigt auktoriale Ich-Erzählung: Die Kernszenen der Handlung, d. h. vor allem die Begegnungen mit Clarimonde, werden figurenperspektivisch wiedergegeben, sogar mit Ansätzen zur erlebten Rede (S. 263 f., 271 ff.), während der Erzähler die Übergänge zwischen den Szenen herstellt und in gelegentlichen Reflexionen die Ereignisse zusammenfassend kommentiert. Die Auktorialität dieser Eingriffe wird jedoch dadurch gemildert, daß Erzähler- und Figurenreflexionen einander qualitativ sehr ähnlich sind. Der Erzähler besitzt kaum einen Wissensvorsprung im Verhältnis zu seinem früheren Ich, er zeigt sich

---

54 Zur Vorliebe Hoffmanns für "Rahmenhandlungen und epische Einkleidungen" vgl. H. Mayer, "Die Wirklichkeit E. T. A. Hoffmanns" S. 207 f. Zu der gleichen Erscheinung in der fantastischen Erzählung allgemein s. auch Vax, *Chefs-d'œuvre* S. 3 f., sowie Verf., "Die Irrfahrten Homers – Abenteuer der Intertextualität in *El Inmortal* von Jorge Luis Borges", in Hgg. I. Nolting-Hauff/J. Schulze, *Das fremde Wort – Studien zur Interdependenz von Texten – Festschrift für Karl Maurer zum 60. Geburtstag*, Amsterdam 1988, S. 411–431, hier: S. 426 f.

55 Auch in den anderen fantastischen Erzählungen Gautiers ist die Erzählsituation relativ unkompliziert. Vgl. die Angaben bei Bellemin-Noël, "Notes sur le fantastique" S. 14 und Eigeldinger, "Introduction" S. 26 ff.

emotional kaum weniger engagiert ("j'ose à peine remuer la cendre de ce souvenir", S. 261; "je la regrette encore", S. 295, vgl. auch S. 284), und er hat immer noch Schwierigkeiten zu unterscheiden, was an seinen Erlebnissen Traum und was Wirklichkeit gewesen ist (S. 261, 281, 288 f.). Entsprechend verzichtet er auch – im Gegensatz zu dem Moralprediger Sérapion – weitgehend darauf, diese Erfahrungen moralisch zu bewerten und einzuordnen. Es unterliegt zwar für ihn keinem Zweifel, daß seine Obsession ein Werk des Teufels gewesen ist und sein Seelenheil in Gefahr gebracht hat ("la fascination que l'esprit malin exerçait sur moi", S. 288, vgl. auch S. 261, 271, 274 f., 295). In den meisten Erzählerkommentaren wird die Geschichte jedoch als "einzigartig", "schrecklich" oder "bizarr" hingestellt, also als 'unerhörte Begebenheit', ohne jede moralische Qualifikation (S. 261, 284 f., 289, 293). In der Figurendarstellung kommt es sogar beinahe zu einer Umwertung der Werte: die Teufelsfigur Clarimonde wird nämlich durchweg mit positiven Epitheta bedacht, die keineswegs nur ihrer Schönheit und ihrem Charme gelten, sondern auch der Aufrichtigkeit und Ausdauer ihrer Gefühle für Romuald ("Elle me rendait mon amour au centuple", S. 289). Ihr Gegenspieler Sérapion erscheint dagegen, wie schon erwähnt, mehrmals in eher negativem Licht (S. 281, 294). Diese Bewertungen entspringen natürlich dem Seelenzustand des Protagonisten, sind also figurenperspektivisch bedingt, sie werden jedoch vom Erzähler, wenn überhaupt, nur ansatzweise desavouiert.

Zu der figurennahen Stilisierung der Erzählerinstanz gehört es auch, daß ironische Relativierungen, mit denen Gautiers fantastische Erzählungen sonst in sehr massiver Weise arbeiten, in der Erzähler- und Protagonistenrede von *La Morte amoureuse* völlig fehlen. Anders liegt der Fall bei der Teufelsfigur Clarimonde, die sich durchaus als der Ironie fähig erweist, wenn sie z. B. bei ihrem ersten Besuch ihr Grabtuch als eine "toilette (...) un peu succincte" bezeichnet (S. 286).

Der Erzählerkommentar von *La Morte amoureuse* ist also in mehrfacher Hinsicht 'unzuverlässig', zunächst insofern, als der Realitätsstatus der Ereignisse offenbleibt, vor allem aber auch in dem Sinne, daß zwischen der Position christlicher Moral und der hedonistischen Gegenposition keine klare Entscheidung getroffen wird. Eine übergeordnete normative Perspektive, die dem Leser eine eindeutige Bewertung der Ereignisse ermöglichen würde, wird verweigert.

Die erzählerische Vermittlung der Mirakelhandlung in *La Morte amoureuse* ist demnach durch die deskriptive Akzentuierung der dämonologischen Aspekte der Handlung, durch die Psychologisierung der Hauptfigur und durch die geringe Distanz zwischen Erzähler- und Figurenperspektive gekennzeichnet, die ihrerseits zu einer Ambiguierung des Realitätsstatus und der moralischen Bewertung von Ereignissen und Figuren und zu einer entdidaktisierung des Mirakelschemas führt. Einige dieser Transformationen können historisch der Tradition novellistischer Bearbeitung 'einfacher Formen' zugewiesen werden (dies gilt vor allem für die Psychologisierung und Entdidaktisierung); was die geringe Distanz zwischen Erzähler- und Figurenperspektive angeht, so ist sie auch für den romantischen Bekenntnisroman charakteristisch.

Entscheidend für die hier verfolgte Fragestellung ist jedoch, in welcher Weise diese mehr oder weniger traditionellen Verfahren in *La Morte amoureuse* 'fantastikspezifisch' eingesetzt und funktionalisiert werden. In diesem Zusammenhang ist zunächst wichtig, daß die Erzählung weder einseitig für christliche Askese noch für ein uneingeschränktes Ausleben der Triebsphäre plädiert. Offenbar ist die ambivalente Position *zwischen* Lustprinzip und Moral dem fantastischen Effekt besonders günstig: Das Lustprinzip wird einerseits 'verteufelt'[56], kann aber andererseits gerade durch seinen teuflischen Charakter wieder die ästhetische Faszinationskraft entwickeln, von der die literarische Fantastik lebt.

Noch wesentlicher für die fantastische Transformation des Mirakels ist, daß die Realität der Jenseitserscheinungen sowohl im Figuren- als auch im Erzählerkommentar in Zweifel gezogen wird. Damit wird das fantastikspezifische 'Zögern' des impliziten Lesers im Text selbst vorweggenommen. Wenn schon der Protagonist die Erscheinungen seiner Geliebten als Traumvisionen ansieht bzw. später selbst nicht mehr weiß, welche seiner beiden Existenzen geträumt und welche wirklich ist, und die entsprechenden Zweifel auch vom

[56] Zum Satanismus als Alibi für die Darstellung exzessiver Formen der Sexualität in der fantastischen Literatur vgl. Todorov, *Introduction* S. 146.

Erzähler geteilt werden (s. o.), so wird dadurch die Möglichkeit nahegelegt, alle jenseitigen Ereignisse der Erzählung als halluzinatorische Symptome einer 'ekklesiogenen Neurose' zu deuten[57]. Diese 'rationale' Erklärungsmöglichkeit der Ereignisse, die die Ereignisse selbst irrealisiert, wird ihrerseits, wie meistens in der fantastischen Erzählung, durch besonders handfeste Indizien konterkariert (z. B. werden der nächtliche Besuch in Clarimondes Schloß und die Exorzismusszene durch die Gegenwart unverdächtiger Zeugen beglaubigt). Natürliche und übernatürliche Erklärung der Ereignisse bleiben also zunächst in der Schwebe; am Ende scheint die übernatürliche Version durch die Exorzismusszene sogar das Übergewicht zu erhalten[58].

Die Unzuverlässigkeit des Erzählers ist also in mehrfacher Hinsicht Vorbedingung für den Aufbau des fantastikspezifischen Ambivalenzeffekts in *La Morte amoureuse.* Sie erfüllt damit eine ähnliche Aufgabe wie die komplizierten Einkleidungsformen anderer fantastischer Erzählungen: Auch dort wird eine definitive Objektivierung der übernatürlichen Vorgänge vermieden, zugleich wird die kritische Energie des Lesers durch die ihm zugemutete Erschließungs- und Bewertungsarbeit weitgehend aufgebraucht und zusätzlich dadurch gebremst, daß etwaige besonders naheliegende Einwände rationalistischer Art schon in den Text selbst eingegangen sind.

Wir haben uns zwar nur mit dem Mirakel und seinen Transformationen auf dem Weg zur fantastischen Erzählung befaßt, und dies im wesentlichen anhand eines einzigen Textes, die Ergebnisse der Untersuchung dürften aber für die romantische Mirakelerzählung allgemein und auch für die fantastische Bearbeitung anderer einfa-

---

[57] Zu dieser Deutungsmöglichkeit vgl. vor allem Schulze, "'Frau Welt'" S. 145. S. auch van der Tuin, *Évolution psychologique* S. 173, und J. Decottignies, "A propos de *La Morte amoureuse* de Théophile Gautier – Fiction et idéologie dans le conte fantastique", in *Revue d'Histoire Littéraire de la France* 72 (1972) S. 616–625, hier: S. 618 f.

[58] Finné meint sogar, daß dieser Schluß die fantastische Ambiguität völlig aufhebt: *La Morte amoureuse* müsse danach eigentlich dem "merveilleux" im Sinne Todorovs zugewiesen werden – für ihn allerdings ein Argument *gegen* die von Todorov aufgestellte Typologie (vgl. *La Littérature fantastique* S. 34). U. E. berücksichtigt Finné bei seiner Argumentation jedoch nicht genügend, daß auch die Exorzismusszene in der 'unzuverlässigen' Perspektive Romualds erzählt wird.

cher Formen repräsentativ sein. Leider müssen wir es uns versagen, dies mit weiteren Textbeispielen zu belegen. Stattdessen sollen noch einige kurze Bemerkungen zur 'Wiederkehr des Religiösen' in der romantischen und nachromantischen Literatur angeschlossen werden.

Die Wiederaufnahme des Mirakelschemas in der fantastischen Erzählung ist nur als ein Teilphänomen des massiven Eindringens religiöser Diskurse in die weltliche Literatur anzusehen, das die romantische Epoche allgemein kennzeichnet, und auf das auch in mehreren Beiträgen dieses Bandes Bezug genommen wird[59]. Dabei kann man nur in beschränktem Umfang von einer anti-aufklärerischen Rechristianisierung der Literatur sprechen. Das Phänomen insgesamt umfaßt bekanntlich die 'christliche Poetik' Chateaubriands und die Rückkehr zu mehr oder weniger orthodoxen Formen des Katholizismus ebenso wie die 'titanistische' Bibeldichtung der zweiten romantischen Generation, die synkretistische Rezeption theosophischer Geheimlehren und altorientalischer Religionen bei Nerval und den Satanismus Baudelaires und der schwarzen Romantik. Die Rückkehr zur Orthodoxie erscheint in diesem Zusammenhang eher als untypisches Extrem[60]. Im übrigen wird die Religionskritik der Aufklärung keineswegs völlig ignoriert. Die Säkularisierung bildet vielmehr die Voraussetzung dafür, daß Religion unabhängig von den Problemen der Dogmatik und Moral als Medium einer irrationalistischen Weltsicht und als ästhetisches Faszinosum[61] begriffen werden

---

[59] Vgl. vor allem die Beiträge von K. Dirscherl, R. Grimm und K. Maurer.

[60] Das paradoxe Verhältnis von Dechristianisierung und der Ausbildung zahlreicher 'Pseudoreligionen' in der Romantik wird in mehreren Beiträgen des Kolloquiums *Romantisme et religion* von 1978 beschrieben. Vgl. vor allem H. G. Schenk, "Le Romantisme et la déchristianisation de l'Europe", und P. Viallaneix, "Le Christ dans la fable romantique", in Hgg. M. Baude/M. M. Münch, *Romantisme et religion – Théologie des théologiens et théologie des écrivains*, Paris 1980, S. 113–116, 97–111. – Zur Synthese "gegenrevolutionärer" und liberaler Positionen in der französischen Romantik vgl. P. Bénichou, *Le Sacre de l'écrivain – 1750–1830*, Paris 1973, S. 467 ff.

[61] Zur Ästhetisierung der Religion und zur "Interpretation des Christentums als Ausdruck der Moderne" bei Chateaubriand vgl. insbesondere R. Grimm "Romantisches Christentum – Chateaubriands nachrevolutionäre Apologie der Religion", o. S. 13–72, hier: S. 28 und passim. In älteren Darstellungen wird die romantische Ästhetisierung religiöser Vorstellungen meistens mit polemischen Akzenten beschrieben, vgl. z. B. A. Viatte, *Le Catholicisme chez les romantiques*, Paris 1922, S. 25 ff., 147.

kann, und daß religiöse Diskurse einer "Analyse moderner Subjektivität" dienstbar gemacht werden. Um es mit C. Schmitt zu sagen: Das Subjekt rückt in der Romantik an die Stelle Gottes im Zentrum der Welt und zelebriert sich selbst als sein eigener Priester[62]. Dies gilt auch für die oben analysierte Mirakelerzählung, auch wenn sie zweifellos nicht zu den weltanschaulich und literarisch emanzipiertesten Beispielen dieser Art gehört.

In diskurstheoretischer Perspektive wäre der Befund etwa folgendermaßen zu formulieren: Religiöse Diskurstypen werden deshalb in der romantischen Literatur so intensiv rezipiert, weil die Opposition von Diesseits- und Jenseitswelt einer tiefendimensionalen Modellierung der Wirklichkeit, wie sie der von Foucault definierten romantischen Episteme entspricht[63], in besonderer Weise entgegenkommt. Die oben beschriebenen Transformationsverfahren, die den Übergang vom Mirakel zur fantastischen Erzählung bewirken, lassen sich unschwer auf den Nenner einer tiefendimensionalen Umstrukturierung der Diesseits-Jenseits-Opposition und der Figuren bringen: Die Jenseitswelt erhält dadurch eine Aura des 'Geheimnisses', die sie in der 'naiven' Mirakelerzählung noch nicht besaß und die auf die Figuren, die mit dem Jenseits in Berührung kommen, gleichsam abfärbt.

Wenn man sich fragt, wie weit die hier beobachteten Phänomene der Reaktivierung religiöser Diskurse auch für die moderne Literatur gelten, so ist zunächst festzustellen, daß es in dieser Hinsicht einen Bruch zwischen romantischer und moderner Literatur, der etwa der Epochengrenze des späten 18. Jahrhunderts vergleichbar wäre, nicht gibt[64]. Nachdem die Décadence-Literatur die Ästhetisierung religiöser Themen wesentlich weiter getrieben hatte als die Romantik, kommt es im 20. Jahrhundert sogar zu einer Erneuerung teils re-

---

[62] Vgl. *Politische Romantik*, München/Leipzig ^{2}1925, S. 24–27.

[63] Wir beziehen uns vor allem auf M. Foucault, *Les Mots et les choses – Une Archéologie des sciences humaines*, Paris 1966, S. 251 ff. Zum Verhältnis von religiöser Fundierung der Subjektivität und Tiefendiskurs in der romantischen Literatur vgl. auch W. Matzat, *Sprache und Leidenschaft – Diskurstheoretische Analysen zum französischen Roman zwischen Klassik und Moderne*, ungedruckte Habilitationsschrift München 1985, S. 145 f.

[64] Bekanntlich ordnet auch Foucault das 19. und das 20. Jahrhundert dem gleichen Epochendiskurs zu.

ligiöser, teils philosophisch geprägter Weltanschauungsliteratur, die keineswegs auf den sogenannten "renouveau catholique" beschränkt ist. Auch Autoren weniger orthodoxer und sogar konsequent nihilistischer Observanz von Giraudoux und Anouilh bis Sartre und Beckett greifen Themen und Formen der älteren religiösen Literatur auf. Die fantastische Literatur des 20. Jahrhunderts hat sich ebenfalls nicht gänzlich von den religiösen Grundlagen des Fantastischen entfernt, auch wenn die christlichen Jenseitsvorstellungen in diesem Bereich am Ende des 19. Jahrhunderts an Aktualität verlieren[65]. Der sogenannte "realismo mágico" der zeitgenössischen lateinamerikanischen Literatur lebt von den volkstümlichen Synkretismen der Karibik und des Andenraums, während der vor allem livresk orientierte 'Neofantastiker' J. L. Borges[66] sich durch gnostische Spekulationen und – wie Kafka, wenn auch aus größerer Distanz – durch die jüdische Mystik fasziniert zeigt. Wenn Borges in einer seiner zahlreichen Äußerungen zur fantastischen Literatur neben einigen Philosophen von Parmenides und Platon bis Kant auch die Theologen Johannes Eriugena und Albertus Magnus als die eigentlichen Meister des fantastischen Genres bezeichnet ("los insospechados y mayores maestros del género")[67], so ist das keineswegs nur als Witz gemeint. Die sehr pointierte Formulierung verweist u.a. auch darauf, daß das Bewußtsein einer Verwandtschaft von fantastischem und religiösem Diskurs auch in der Mitte des 20. Jahrhunderts noch nicht erloschen ist.

---

[65] Hierzu vgl. Wünsch, *Fantastische Literatur der frühen Moderne* S. 67 f.

[66] Zur Neofantastik als einem vor allem durch Borges repräsentierten Grenzfall fantastischer Literatur vgl. Finné, *La Littérature fantastique* S. 15 f.

[67] *Discusión*, Madrid 1976, S. 145 f.

Wolfgang Preisendanz

Das Prinzip Ironie in Mérimées Erzählprosa

> **Or, je me demande pourquoi, dans nos éléments constitutifs, on a mis l'instinct de destruction.**
> **(Mérimée am 18. 7. 1854 an Mme de Rochejaquelin)**

I

Prosper Mérimée ist mit seinen 18 Novellen oder Erzählungen (contes) seit 1829 ein vielgelesener Autor geblieben; darauf lassen Kontinuität und Vielzahl der Editionen schließen. Aber in vornehmlich literaturgeschichtlicher Hinsicht ist er zunehmend ins Abseits geraten, steht er mindestens nicht mehr in erster Linie. Literarhistorisch gilt er nicht als Markstein; sein Werk hat allem Anschein nach keinen kapitalen Stellenwert für die Diskussion literarischer Epochen, für Periodisierungsversuche, für die Thematisierung geschichtlicher Prozesse und Entwicklungen. Als "un solitaire"[1], als "singularité historique"[2] qualifiziert, scheint Literaturgeschichtsschreibung, wo es um die großen Linien geht, bequem ohne ihn auszukommen.

Eher ist er als Novellist unübergehbar, beim Blick auf die Gattungsgeschichte und insbesondere auf die moderne französische Novelle. Man hat sie mit ihm beginnen lassen; aber nicht nur Baudelaires Vorstellung von der modernen Novelle beruht auf der Bewunderung Poes. Und für Gobineau profiliert die Höhe der deutschen Novellistik deren Inferiorität in der französischen Literatur, aus der

[1] A. Fonyi in der Einleitung zu *La Vénus d'Ille et autres nouvelles* (Garnier-Flammarion), Paris 1982, S. 20.

[2] Dies., Einleitung zu *Tamango, Mateo Falcone et autres nouvelles* (Garnier-Flammarion), Paris 1983, S. 5.

allerdings allein Mérimée mit *Colomba* oder *La Double Méprise* herausrage[3]. Gleichwohl hat eben die ab 1829 ausschließliche Produktion von Novellen Mérimées literarhistorische Bedeutung depotenziert, weil im Blick auf die französische Literatur das Interesse für den Roman übermächtig dominierte. Was aber diesen französischen Roman und besonders seine drei oder vier 'Klassiker' auszeichnet, der 'Aktualismus', der Zeitbezug, die Vermittlung und Verschränkung von Selbst- und Zeiterfahrung, liegt Mérimée fern. Keines der auf dieses Kriterium abhebenden Realismuskonzepte entspricht seiner Erzählprosa, obwohl die letzten Erzählungen zeitlich mit der Ouvertüre des Naturalismus zusammenfallen. Die "ernste Darstellung der zeitgenössischen alltäglichen gesellschaftlichen Realität auf dem Grunde der ständigen geschichtlichen Bewegung" (E. Auerbach[4]) oder auch nur "die objektive Darstellung der zeitgenössischen sozialen Wirklichkeit" (R. Wellek[5]) war seine Sache nicht. Im Gegenteil läßt er an die Novellendefinition der Brüder Schlegel denken: "etwas zu erzählen, was in der eigentlichen Historie keinen Platz findet"[6], eine Geschichte, "die streng genommen, nicht zur Geschichte gehört"[7].

Was ihn für eine dezidiert literarhistorische Optik nicht eben ergiebig scheinen läßt, ist ferner, daß eine geschichtliche Bewegung, Entwicklung, ein geschichtlicher Prozeß in der Reihe seiner Novellen kaum zu entdecken ist, wenn man bedenkt, daß etwa *Lokis* – 1869, zwei Jahre nach *Thérèse Raquin*, publiziert – als 'Dekonstruk-

---

[3] "Œuvres de M. Alfred de Musset – Prose", in *Le Commerce* vom 24. September und 1. Oktober 1844; abgedruckt in A. Gobineau, *Études critiques – 1842–1847*, hg. R. Béziau (Bibliothèque du XIXe siècle. 11), Paris 1984, S. 73–89.

[4] *Mimesis – Dargestellte Wirklichkeit in der abendländischen Literatur*, Bern 1946, S. 460.

[5] "Der Realismusbegriff in der Literaturwissenschaft" (1961), wiederabgedruckt in Hg. R. Brinkmann, *Begriffsbestimmung des literarischen Realismus* (Wege der Forschung. 212), Darmstadt 1969, S. 400–433, hier: S. 419.

[6] A.W. Schlegel, *Vorlesungen über schöne Literatur und Kunst*, 3 Teile, hg. J. Minor (Deutsche Literaturdenkmäler des 18. und 19. Jahrhunderts. 17. 18. 19), Heilbronn 1884, T. 3, S. 242.

[7] F. Schlegel, "Nachricht von den poetischen Werken des Johannes Boccaccio", in *Kritische Friedrich-Schlegel-Ausgabe*, hg. E. Behler u. a., München 1958 ff., Bd 2, S. 395.

tion' hoffmannesken Erzählens fast am Ende des Werkes steht, Jahrzehnte nach dem Höhepunkt der französischen Hoffmannrezeption.

Schließlich ließe sich zeigen, daß Mérimée in historischer Sicht vielfach in einer solchen Affinität zu Stendhal gesehen wurde, daß ihn dieser gleichsam mitvertreten konnte, daß er historiographisch als unter Stendhal subsumierbar erschien – kein Wunder angesichts der engen persönlichen Beziehung, gewisser psychischer und mentaler Verwandtschaften, ideologischer Konvergenzen und biographischer Parallelen (z.B. das extensive Reisen), auch angesichts einer ähnlich vielfältigen Beziehung zwischen der fiktionalen Prosa und einem breiten Spektrum expositorischer und essayistischer Schriften.

Gewiß gibt es einzelne Aspekte, unter denen Mérimées literarhistorische Signifikanz reflektiert wurde: die romantische Tendenz zum historischen Roman (*Chronique du règne de Charles IX*), der romantische Trend zum Exotismus, zu fremdweltlichen Milieus und Mentalitäten, der Dandysmus als Nachbar von Weltschmerz, ennui, maladie du siècle und Boden einer selbstgenügsamen Artistik, als Komplementärerscheinung des l'art pour l'art (ich komme darauf zurück); schließlich Mérimées – freilich angesichts von eigentlich nur vier einschlägigen Texten (*Vision de Charles XI, La Vénus d'Ille, Lokis, Djoûmane*) ziemlich sporadischer – Beitrag zur Geschichte des conte fantastique. Aber in einem gemeinsamen Fluchtpunkt laufen diese dispersen Aspekte literarhistorischer Relationierbarkeit nicht zusammen.

Der Romantik wurde Mérimée schon immer, wenn auch nur als Grenzfall, zugeordnet. Begriffe wie "Traum und Revolte", mit denen sich im Blick auf Hugo, Gérard de Nerval oder Baudelaire die französische Romantik umschreiben läßt, sind aber schwerlich auf ihn zu beziehen. Revolte mag noch im *Théâtre de Clara Gazul* stecken, wenn man es mit Stendhals *Racine et Shakespeare* und den anderen Manifesten der Abwendung vom klassizistischen Erbe zusammen sieht. Aber auf sein narratives Werk wollen solche Begriffe nicht passen – auf ein Werk, hinter dem kein Programm, keine Theorie, keine Doktrin, kein expliziter Anspruch auf Umbruch oder Neuorientierung steht. Sie passen nicht zu einem Autor, der sich, was seine Erzählprosa betrifft, so wenig als 'Profi' empfand und gerierte, der das Dichten leicht und für lange Intervalle bleiben lassen konnte, der nur mit understatement davon sprach und eine lange Pause einlegte, weil das Interesse fürs Erzählen mit dem Abschied der – impliziten und faktischen – Adressatin Mme Delessert erloschen sei[8]. Die Formel "un faiseur de contes comme moi"[9] spricht nicht für eine existentielle Motivation des Schreibens, und die Frage nach dem geschichtlichen Ort und Horizont seiner Produktion hat ihn allem nach kaum umgetrieben. Also doch ein "solitaire", eine "singularité historique"?

II

Im Gespräch vom 14. März 1830 beklagt Eckermann, daß Mérimée, der doch zu Goethes Lieblingen gehöre, durch "die abenteuerlichen Gegenstände" seiner *Guzla* nun auch jene von Goethe perhorreszierte "ultraromantische Richtung" der neuesten französischen Literatur eingeschlagen habe. Mérimée, erwiderte Goethe (der übrigens auf den ersten Blick die anagrammatische Identität von Guzla und Gazul erfaßt und mithin die Mystifikation des Autors durchschaut hatte), "Mérimée hat diese Dinge ganz anders traktiert als seine Mitgesellen". Es fehle diesen Gedichten freilich nicht an dem ultraromantischen Zug zum Schreck- und Schauerlichen,

> allein alle diese Widerwärtigkeiten berühren nicht das Innerste des Dichters, er behandelt sie vielmehr aus einer gewissen objektiven Ferne und gleichsam mit Ironie. Er geht dabei ganz zu Werke wie ein Künstler, dem es Spaß macht, auch einmal so etwas zu versuchen. Er hat sein eignes Inneres, wie gesagt, dabei gänzlich verleugnet.

---

[8] "Ce qui m'a surtout empêché de travailler est un motif un peu bête. Lorsque j'écrivais, c'était pour amuser une belle dame. Lorsque elle ne s'est plus amusée de moi, je n'ai plus rien fait." (Brief vom 27. Januar 1865 an I. Turgenev; zit. Ausg.: P. Mérimée, *Correspondance générale*, hgg. M. Parturier, P. Josserand und J. Mallion, 2 Reihen, 15 Bde, 1 Suppl.-Bd, Paris 1943–1961, R. 2, Bd 6, S. 346)

[9] *Chronique du règne de Charles IX*; zit. Ausg.: Mérimée, *Théâtre de Clara Gazul, romans et nouvelles*, hgg. J. Mallion und P. Salomon (Bibliothèque de la Pléiade. 21), Paris 1978, S. 253. Die Seitenangaben im Text verweisen durchweg auf diese Ausgabe.

Dieser hier so frühzeitig konstatierte Zug der Selbstverhüllung und der Selbstverleugnung ist in der Folge *der* topische Aspekt geblieben, wo immer von Mérimée die Rede war – freilich ohne daß dabei der Goethesche Hinweis auf das in solcher Selbstausklammerung des "Innersten des Dichters" wirksame Moment der Ironie als literarisches Faktum, als ästhetisches Vermittlungsprinzip konkretisiert worden wäre, einer Ironie, so darf man Goethes Einsicht paraphrasieren, die damit zusammenhängt, daß die Abkehr von einer sich im Werk mit sich selbst vermittelnden Subjektivität zu einer entromantisierten Romantik und mithin nicht so sehr von psychologischem als von literarisch-literarhistorischem Belang ist. Dagegen hat Nietzsche, fast im selben Grad Stendhal- wie Mérimée-Fan, in der Spur Taines die Ironie beider Vorzugsautoren auf das Bedürfnis der Selbstverbergung, der Tarnung, der "Verletzlichkeit des Herzens" zurückgeführt; wenigstens gelegentlich[10]. Denn an einigen Stellen zielt er doch auf den literarischen Aspekt. So wenn er, wiederum als Echo Taines, notiert, Flauberts Aversion gegen Stendhal und Mérimée rühre daher, daß diese beiden von Voltaire stammten, Flaubert aber von Hugo herkomme[11] – eine Sicht, die in Valérys Stendhal-Essay wiederkehrt. Oder wenn von Mérimée doch im Sinn einer literarhistorischen Ortsbestimmung die Rede ist:

> Mérimée, supérieur joaillier en vices, et comme ciseleur en difformités, gehört zur Bewegung von 1830 nicht durch die passion (sie fehlt ihm –), sondern durch die Neuheit des calculirten procédé und die kühne Wahl der Stoffe.[12]

Der Name Taine ist schon gefallen. Beide Deutschen erwähnen wenigstens eine historische Dimension. Taines brillanter Essay über Mérimée (1874 als Einleitung zu den *Lettres à une inconnue* publiziert) hat das Bild des Autors maßgeblich bestimmt; aber eben literarhistorische Aspekte sind – vielleicht weil ja eine Briefedition eingeleitet wird – gänzlich ausgeklammert:

---

[10] Fragment von 1885/1886, in F. Nietzsche, *Sämtliche Werke – Kritische Studienausgabe in 15 Bänden*, hgg. G. Colli und M. Montinari, München/Berlin/New York 1980, Bd 12, S. 156 f.

[11] Fragment von 1887/1888, ebd. Bd 13, S. 19.

[12] Fragment von 1887/1888, ebd. S. 32.

> il avait cet air froid, distant, qui écarte d'avance toute familiarité (...) Être en garde contre l'expansion, l'entraînement et l'enthousiasme, ne jamais se livrer tout entier, réserver toujours une part de soi-même, n'être dupe ni d'autrui ni de soi, agir et écrire comme en la présence perpétuelle d'un spectateur indifférent et railleur, être soi-même ce spectateur, voilà le trait de plus en plus fort qui s'est gravé dans son caractère, pour laisser une empreinte dans toutes les parties de sa vie, de son œuvre et de son talent (...) Il a écrit et étudié en amateur, passant d'un sujet à un autre, selon l'occasion et sa fantaisie, sans se donner à une science, sans se mettre au service d'une idée (...) Presque toujours, il semble qu'il ait écrit par occasion, pour s'amuser, pour s'occuper, sans subir l'empire d'une idée, sans concevoir un grand ensemble, sans se subordonner à une œuvre.[13]

Ich kann hier nicht demonstrieren, wie merklich die seitherige wissenschaftliche Sicht im Kern mit Taines Essay übereinstimmt. "(...) die Subjektivität des Verfassers (ist) von viel mehr Interesse als der Gegenstand oder die Gegenstände, mit denen sich derselbe zufällig abgibt", heißt es 1874 zur Begründung des Blickpunkts in dem Mérimée-Essay[14] des bedeutenden Publizisten und Sainte-Beuve-Jüngers K. Hillebrand (vormals Literaturprofessor in Douai und Mitarbeiter des *Journal des Débats* und der *Revue des Deux Mondes*). Ein Beleg sind auch die immer noch beachtenswerten Mérimée-Kapitel in der Vorlesung *Die romantische Schule in Frankreich* des Taine-Adepten G. Brandes[15], den man ebenso wie Hillebrand selbst in kompletten Literaturverzeichnissen zu Mérimée kaum einmal entdeckt. Für die Gegenwart sei nur ein Passus von A. Fonyi zitiert, der unverkennbar in dieselbe Kerbe schlägt, um die Distanz Mérimées zur "confrérie romantique" wie zu allen folgenden Richtungen und Gruppierungen zu markieren:

---

[13] In Mérimée, *Lettres à une inconnue*, 2 Bde, Paris 1874, Bd 1, S. I–XXXII, hier: S. I, II f., XV f., XXX.

[14] In K. Hillebrand, *Französischer Geistesspiegel*, hg. J. Heyderhoff, Düsseldorf 1974, S. 105; zit. bei F. Martini, *Deutsche Literatur im bürgerlichen Realismus 1848–1898*, Stuttgart [2]1964 ([1]1962), S. 97.

[15] In G. Brandes, *Die Hauptströmungen der Literatur des 19. Jahrhunderts*, 6 Bde, Charlottenburg [8]1900 (Leipzig [1]1894–1896), Bd 5: *Die Romantische Schule in Frankreich*, S. 220–265.

Pas de sentiment, pas d'emphase; pas d'une âme rêveuse qui fouille ses replis pour n'y trouver que des incertitudes, pas de moi qui exagère l'importance des choses pour aggrandir la sienne propre. Pas de doute ontologique ou épistémologique, source des romantismes et des réalismes, mais des certitudes, jetées comme un défi insolent à un siècle timoré auquel répugnent les évidences. Une autre pensée, une autre visée, une autre écriture.[16]

Allerdings sind nun die für Taine Person und Werk verbindenden Züge doch auf ein überindividuelles, epochales Phänomen bezogen worden: auf den dandysme als eine sich biographisch-existentiell wie literarisch manifestierende Erscheinung des von der Bourgeoisie bestimmten Zeitalters. J.-P. Saïdah hat unter dem Titel "Mérimée et le dandysme" (in der Mérimée-Sondernummer von *Europe*) die Subsumierbarkeit des Autors unter den Dandysmus (als "comportement" und als literarischer Gestus) eindrucksvoll zu erweisen gesucht, wobei die spätestens seit Taine geläufigen Charakteristika allesamt als Merkmale dieses kollektiven Phänomens erscheinen. "Désinvolture", "frivolité", "cynisme", "un ton dégagé, presque goguenard", "l'air narquois", "la force de la raillerie et du sarcasme", "le culte de la différence", obsessive Ironie und Selbstironie – "une ironie, qui préserve comme une armure" – prägen demnach "le dandysme vécu et le dandysme littéraire":

Tous les dandys (...) sont froids, apparemment insensibles, flégmatiques; ils bannissent le geste brusque; leur voix ne s'élève jamais; ils semblent imperméables à toute émotion, à tout sentiment. Tous les dandys sans exception ont le culte de la différence; ils se veulent autres, perpétuellement autres, et manifestent le souci de la singularité et le goût de la supériorité (...)

Und, als erste und letzte Konsequenz dieses Habitus und seiner literarischen Manifestation:

(...) le dandy est le grand prêtre de l'ironie (...)[17]

---

16 Einleitung zu *Tamango* S. 7.

17 *Europe* 53 (1975), H. 557, S. 92–103, hier: S. 93 f., 99.

Damit ist Mérimée nun doch positiv in einen historischen Bezugsrahmen gerückt worden. Aber so einleuchtend die Argumentation – auch durch die Verknüpfung von dandysme und l'art pour l'art-Prinzip – sein mag: der Begriff des Dandysmus ist an sich prekär, sofern er im Bereich der Literaturwissenschaft bald als typologischer, bald als historischer gefaßt ist, für synchrone wie für diachrone Affinitäten gelten soll – für eine Reihe von Autoren, die von Mérimée und bestimmten Zeitgenossen bis hin zu Gide, E. Jünger oder Th. Bernhard reicht. Vor allem aber scheint es ein aussichtsloses Unterfangen zu sein, einen dandysme littéraire als ein sich in allem literarischen Wandel seit anderthalb Jahrhunderten durchhaltendes literarästhetisches Form- und Vermittlungsprinzip zu erweisen. Der Begriff muß unvermeidlich dem l'homme et l'œuvre-Modell verhaftet bleiben.

Daß die Rede über Mérimée so beharrlich diesem Modell folgt, liegt nicht nur daran, daß es sich in Frankreich so lange konserviert hat. Es liegt auch an seinem Werk. Er schreibt nicht, wie schon Taine vermerkt hat, im Horizont einer 'Idee'; seine Erzählprosa hat weder im einzelnen noch im ganzen ein 'Thema' als "ein – relativ zu dem konkret Dargestellten – Allgemeines, das den Text motiviert bzw. unter welches seine Elemente subsumiert werden können" (G. Witting[18]). Die Erwartung, daß ein Werk, als künstlerisches Modell, "indem es ein einzelnes Ereignis abbildet (...) gleichzeitig auch ein ganzes Weltbild" abbildet (Ju. M. Lotman[19]), wird hier nicht eingelöst. Es ist dubios, diese Texte 'symbolisch' zu lesen. Und zudem scheint es vergeblich zu sein, in der bunten Reihe, in der Diversität seiner Erzählungen eine – und sei es eine Modifikationen und Entwicklungen durchlaufende – 'Erzählformel' (W. Wehle[20]) auszumachen.

Das bekannte Anagramm "M. PREMIERE PROSE" stammt vermutlich von Hugo. Man könnte es so verstehen, daß hier ein Autor

---

[18] *Literarische Sprachverwendung*, Diss. Konstanz 1975, S. 40 f.

[19] *Struktura chudožestvennogo teksta*, Moskva 1970; dt.: *Die Struktur literarischer Texte*, übers. von R.-D. Keil (UTB. 103), München 1972, S. 310.

[20] "Littérature des images – Balzacs Poetik der wissenschaftlichen Imagination", in Hgg. H.-U. Gumbrecht/K. Stierle/R. Warning, *Honoré de Balzac* (UTB. 977), München 1980, S. 57–81, hier: S. 58.

auf seine écriture reduziert wird. Faktisch lief es umgekehrt: die semantische Autonomie der Texte und vor allem ihre historische Dimension werden marginalisiert durch die Reduktion der écriture auf die Person des Autors[21]. Ich will im folgenden versuchen, die historische Dimension der Erzählprosa Mérimées wenigstens ein Stück weit herauszuarbeiten.

III

Ich gehe von drei Textausschnitten aus.

Tamango, der Held der gleichnamigen Erzählung, ist als schwarzer Sklavenlieferant selbst unter die Sklavenfracht des französischen Kapitäns und Sklavenhändlers Ledoux (!) geraten, weil er sein Weib, das er im Rausch gegen noch mehr Schnaps eingetauscht hatte, vom Schiff zurückholen wollte. Auf der Überfahrt schafft er es mit List, Heldenmut und Brutalität, daß die Sklaven die Besatzung überwältigen, abschlachten und das Schiff übernehmen; aber die Revolte führt in die Katastrophe, weil keiner der Schwarzen navigieren kann. Schließlich treibt Tamango allein mit seinem sterbenden Weib auf dem Wrack der "Espérance" (!) im Atlantik; eine englische Fregatte nimmt den Bewußtlosen auf. Der Gouverneur von Kingston widersetzt sich den Plantagenbesitzern, die den "nègre rebelle" aufknüpfen wollen, weil er letztlich in Notwehr gehandelt habe und die Opfer der Revolte Franzosen gewesen seien. Und nun der Schluß dieser hochdramatischen, wüsten und schrecklichen Geschichte:

> On lui donna la liberté, c'est-à-dire qu'on le fit travailler pour le gouvernement; mais il avait six sous par jour et la nourriture. C'était un fort bel homme. Le colonel du 75e le vit et le prit pour en faire un cymbalier dans la musique de son régiment. Il apprit un peu d'anglais; mais il ne parlait guère. En revanche, il buvait avec excès du rhum et du tafia. – Il mourut à l'hôpital d'une inflammation de poitrine. (S. 498 f.)

---

[21] Vgl. P. Ricœur, "Die Schrift als Problem der Literaturkritik und der philosophischen Hermeneutik", in Hg. J. Zimmermann, *Sprache und Welterfahrung*, München 1978, S. 71–74.

Am Ende von *Le Vase étrusque* berichtet der Oberst Beaujeu im Café-glacier Tortoni, wie der Held der Geschichte, Saint-Clair, in dem Duell gefallen ist, das er in der Aufwallung einer – wie sich noch am selben Abend herausstellt – völlig unbegründeten Eifersucht provoziert hatte und zu dem er dennoch als "le plus honteux et le plus heureux des hommes" antrat:

> – Contez-moi donc comment cela s'est passé.
>
> – Oh! fort bien. Saint-Clair a commencé par me dire qu'il avait tort, mais qu'il voulait essuyer le feu de Thémines avant de lui faire des excuses. Je ne pouvais que l'approuver. Thémines voulait que le sort décidât lequel tirerait le premier. Saint-Clair a exigé que ce fût Thémines. Thémines a tiré; j'ai vu Saint-Clair tourner une fois sur lui-même, et il est tombé raide mort. J'ai déjà remarqué dans bien des soldats frappés de coups de feu ce tournoiement étrange qui précède la mort.
>
> – C'est fort extraordinaire, dit Roquantin. Et Thémines, qu'a-t-il fait?
>
> – Oh! ce qu'il faut faire en pareille occasion. Il a jeté son pistolet à terre d'un air de regret. Il l'a jeté si fort qu'il en a cassé le chien. C'est un pistolet anglais de Manton; je ne sais s'il pourra trouver à Paris un arquebusier qui soit capable de lui en refaire un. (S. 532)

In *Les Âmes du purgatoire* wird uns die Geschichte des – neben Don Juan Tenorio – anderen legendären Don Juan Maraña erzählt, die Geschichte eines Libertin, eines bravourösen Wüstlings, der sein Leben voller Exzesse und Blasphemien nach dem fatalen Ausgang seines letzten Liebesfrevels als eben so exzessiver Büßer, "vénéré comme un saint", im Kloster abschließt. Vor seinem Tod wünscht er sich die Grabschrift "Ci-gît le pire homme qui fût au monde"; der Wunsch wird erfüllt, aber man fügt noch "un récit et un éloge de sa conversion" hinzu: Laster, Verbrechen, Gottlosigkeit bekommen ihren Ort in einer Vita, einer Legende, die das Psychopathologische dieser Vita zum Gegenstand religiöser Erbauung umfunktioniert; der in der Erzählung rekonstruierte Lebenslauf konkurriert mit der Legende als seiner Kontrafaktur. Den Schluß der Erzählung bildet aber eine Information, die für das bis dahin Erzählte nur einen Satz lang von Belang ist:

Son hôpital, et surtout la chapelle où il est enterré, sont visités par tous les étrangers qui passent à Séville. Murillo a décoré la chapelle de plusieurs de ses chefs-d'œuvre. Le Retour de l'enfant prodigue et la Piscine de Jéricho, qu'on admire maintenant dans la galerie de M. le maréchal Soult, ornaient autrefois les murailles de l'hôpital de la Charité. (S. 728)

Ich muß wohl erklären, worauf es mir in den drei Beispielen ankommt – abgesehen von dem "air froid, distant", von der Trokkenheit, dem "ton dégagé", der "limpidezza" (Nietzsche) dieses Erzählens. Am Ende der dramatischen, wenngleich durchweg zwischen Tragik und Burleske oszillierenden Geschichte des "guerrier fameux et vendeur d'hommes" Tamango steht sein Dienst als Bekkenschläger einer Regimentsmusik, der Alkohol, der Pneumonietod im Lazarett. Der Bericht über den Duell-Tod des Helden des *Vase étrusque* (nicht nur Nietzsche tippte auf das Modell Stendhal[22]) erfolgt zwar "d'un ton triste", bleibt aber fixiert auf den Körpermechanismus beim Todesschuß, auf den Comment und auf das Problem der Pistolenreparatur; die traurige Mitteilung wird gründlich entemotionalisiert. Und wenn am Ende der *Âmes du purgatoire* auf den wegen Murillos Bildern touristischen Aspekt der 'Wallfahrtsstätte' abgehoben wird, wenn gar noch vermerkt wird, daß der Marschall Soult die beiden Meisterwerke 1808 als Kriegsbeute seiner Kunstsammlung einverleibt hat, so mag man sich an Jean Pauls Bemerkung erinnern, dem Humor gefalle "jene Liebe zum leersten Ausgang, indes der Ernst mit dem Wichtigsten epigrammatisch schließet"[23].

---

[22] Brief vom 18. Juli 1880 an P. Gast, in F. Nietzsche, *Werke in drei Bänden*, hg. K. Schlechta, München 1966, Bd 3, S. 1164. – Ein anderer Grund seiner Faszination tritt dort zutage, wo Nietzsche – wiederholt – Mérimée und Lesage unter einem gemeinsamen Aspekt auszeichnet, z. B.: "Der Gil Blas, ein angenehmes Land, in dem keine Deutschen vorkommen; Prosper Mérimée, ein noch angenehmeres, – man stolpert nirgendwo über eine Tugend." (Fragment von 1888/1889, in *Sämtliche Werke* Bd 13, S. 639) So beantwortet er um die Jahreswende 1888/1889 eine Frage vom Herbst 1881: "Warum überkommt mich in fast regelmäßigen Zeiträumen ein solches Verlangen nach Gil Blas und wiederum nach den Novellen Mérimées?" (Fragment, ebd. Bd 9, S. 657)

[23] *Vorschule der Ästhetik*, § 33; zit. Ausg.: Jean Paul, *Werke*, hg. N. Miller, 6 Bde, München 1959–1962, Bd 5, S. 131.

Alle drei Beispiele konvergieren darin, daß das immanente Pathos, die innere Schwerkraft der Geschichte gebrochen, zersetzt, konterkariert wird, und zwar durchgängig, nicht nur wie hier am Schluß der Erzählungen. Eine Musterung der ganzen Texte, die ich aus Raumgründen aussparen muß, würde belegen, wie prinzipiell und kontinuierlich eine Interferenz von Pathos und Banalität, Tragischem und Trivialem, Gravierendem und Indifferentem in Erscheinung tritt. Dies ist aber ein Aspekt, den man nicht primär oder gar ausschließlich an Biographie, Mentalität und psychische Struktur des Autors zurückbinden darf, sondern als literarhistorisch signifikant reflektieren muß.

Sucht man im Umkreis der zeitgenössischen, 'romantischen' Poetik und Ästhetik einen Bezugspunkt, so darf man am ehesten an Hugos berühmte und traditionell als Programmschrift gewertete *Préface de Cromwell* denken; insbesondere natürlich an ihren Kernpunkt, die Würdigung des Grotesken als fundamentale Kategorie romantischer, moderner Poesie im Hinblick auf die für sie konstitutive Synthese des Erhabenen und des Grotesken, zweier Kategorien, die seit langem dem Schönen konfrontiert wurden aufgrund der ihnen zugehörigen Aspekte der "breakage, aporia, slippage, indeterminacy, and incoherence" (R. Paulson[24]). Konzentriert auf diese für die Geschichte der Poesie im dritten, christlichen Weltzeitalter markante Synthese, zielt die Vorrede auf ein (neues) Drama als Verwirklichung einer "poésie complète", einer dem "réel", der unverkürzten und vollständigen Darstellung des Wirklichen gewachsenen Poesie – ich darf die Vertrautheit mit dieser Schrift wie mit dem voraussetzen, was kritisch zur Konsistenz der Argumentation und zur Problematik ihrer Begriffe vorgebracht wurde[25].

---

24 "Versions of a Human Sublime", in *New Literary History* 16 (1985) S. 427–437, hier: S. 428.

25 Zur Ortsbestimmung der *Préface de Cromwell* im Prozeß geschichtsphilosophischer Ästhetik sowie zu den Schwächen der Hugoschen Modernitätskonzeption und ihrer "Verlegenheit", auf der Folie einer christlich-romantischen Ästhetik "adäquate Antworten auf die von ihr selbst emanzipierte neue Wirklichkeitserfahrung zu formulieren", vgl. B. Steinwachs, *Epochenbewußtsein und Kunsterfahrung – Studien zur geschichtsphilosophischen Ästhetik an der Wende vom 18. zum 19. Jahrhundert in Frankreich und Deutschland* (Theorie und Geschichte der Literatur und der Schönen Künste. 66 = N. F. Reihe C. 4), München 1986, S. 189–217, Zitat: S. 214.

Mit Fug hat R. Warning eingewandt, daß Hugos Apologie des Grotesken nicht eigentlich programmatischen, sondern deskriptiven Status habe: deskriptiven in Rücksicht auf eine aus dem christlichen Weltzeitalter resultierende und bereits bei Dante, Shakespeare, Milton exemplarisch verwirklichte Integration des Grotesken[26]. Aber gleichwohl ist, nicht anders als in der für Hugo wohl doch lehrreichen deutschen Diskussion um und nach 1800, immer auch eine aktuelle Verbindlichkeit gemeint, wenn es heißt: "c'est de la féconde union du type grotesque au type sublime, que naît le génie moderne (...)"[27] Gewiß sieht er schon Shakespeare "à la sommité poétique des temps modernes". Aber die Erläuterung reklamiert das Modell Shakespeare ausdrücklich für die gegenwärtige Literatur: "Shakespeare, c'est le Drame; et le drame, qui fond sous un même souffle le grotesque et le sublime, le terrible et le bouffon, la tragédie et la comédie, le drame est le caractère propre de la troisième époque de la poésie, de la littérature actuelle."[28] Hugo steht ja mit dieser Ansicht nicht allein; sie kehrt, wenn auch begrifflich modifiziert, gerade dort wieder, wo es um die Definition des Romantischen als Signatur der aktuellen Kunst und Dichtung geht, wo Romantik und Modernität im Blick auf die Jetztzeit synonym werden. So sieht wenig später Musset in den *Lettres de Dupuis et Cotonet* im "tragique fondu avec le comique" einen Grundzug des keineswegs retrospektiv gemeinten Romantischen[29], und in *Fusées* notiert Baudelaire: "Le mélange du grotesque et du tragique est agréable à l'esprit comme les discordances aux oreilles blasées"[30], wobei der Vergleichspunkt der "oreilles blasées" den Modernitätsaspekt solcher Verquickung doch zweifellos forciert.

---

26 "Victor Hugo: *Ruy Blas*", in Hg. J. v. Stackelberg, *Das französische Theater*, 2 Bde, Düsseldorf 1968, Bd 2, S. 139–164, 381–387, hier: S. 140 ff.

27 Zit. Ausg.: V. Hugo, *Théâtre complet*, hgg. J.-J. Thierry und J. Mélèze, 2 Bde (Bibliothèque de la Pléiade. 166. 170), Paris 1963–1964, Bd 1, S. 409–454, hier: S. 417.

28 Ebd. S. 422.

29 Première Lettre; zit. Ausg.: A. de Musset, *Œuvres complètes en prose*, hgg. M. Allem und Paul-Courant (Bibliothèque de la Pléiade. 49), Paris 1960, S. 820.

30 Zit. Ausg.: Baudelaire, *Œuvres complètes*, hgg. Y. G. Le Dantec und C. Pichois (Bibliothèque de la Pléiade. 1. 7.), Paris 1961, S. 1259.

Ich sehe also – im Rückblick auf die oben angeführten Beispiele obligater Brechung, Zersetzung, Konterkarierung alles Tragischen, Pathetischen, Affizierenden – eine gewisse Affinität von Mérimées narrativer Prosa und Hugos (fatalerweise ja allein auf das Drama im Sinn einer Gattung abzielender) Préface. Freilich nur unter dem Vorbehalt, daß man den bei Hugo sowieso unausgewiesenen Begriff des Sublimen als einen mit anderen, affinen Begriffen vertauschbaren versteht. Und erst recht nur, wenn man seinen undefinierten und daher begriffsgeschichtlich ziemlich freischwebenden Begriff des Grotesken nicht allzu genau beim Wort nimmt, sondern eher als expédient, die Spannweite von "le difforme et l'horrible" bis zu "le comique et le bouffon" abzudecken. Grotesk meint hier nicht, daß etwas in seinem Erscheinungsbild monströs, skurril, phantastisch verzerrt, heterogen, gestaltenmischend oder gestaltsprengend und dadurch lächerlich bzw. komisch wirkt; der Begriff hat auch nicht den Sinn, den W. Kayser statuiert, indem er das Groteske als das abgründig und unheimlich den ordnenden Kategorien der Vernunft entzogene definiert, als entfremdete Welt, als Gestaltung des 'Es', als Spiel mit dem Absurden, als Versuch, das Dämonische in der Welt zu beschwören und zu bannen[31]. Vielmehr ist das Groteske für Hugo der Aspekt der Wirklichkeit, der dort verdrängt bleibt, wo das Häßliche, Krude, Nichtige als das bloße Gegenbild des Schönen und Guten und Idealen genommen wird und nicht als selbständige Realität. Das Groteske ist der Gegenpol des Erhabenen, und weil alle natürliche und geschichtliche Wirklichkeit in der Spannung von Erhabenem und Groteskem steht, ist das Groteske unabdingbar, wenn es um die Erfassung und Darstellung des Wirklichen in seiner intensiven Vollständigkeit, in der Totalität seiner Aspekte geht. Es ist also die Funktion, der Stellenwert, den die Kategorie des Grotesken (wie auch des Erhabenen) in Hugos Konzept und Argumentationsgang gewinnt, woran man sich halten muß, und nicht so sehr die Kompatibilität mit der Begriffsgeschichte; und nur unter diesem Vorbehalt läßt sich die These einer Affinität von Hugos Préface und Mérimées Erzählprosa vertreten.

---

[31] *Das Groteske – Seine Gestaltung in Malerei und Dichtung*, Oldenburg ²1961, S. 194–203.

Ganz fern liegt aber Mérimée Hugos Zielpunkt einer "poésie complète", einer die 'Natur' als Totalität und in ihrer Totalität abbildenden Dichtung. Dazu steht schon Mérimées Bevorzugung des Anekdotischen ("Je n'aime dans l'histoire que les anecdotes [...]"[32]), steht der ostentative faits divers-Charakter seiner Erzählstoffe in genauem Gegensatz. Im "Werk der Kunst an beliebigem endlichem Seienden Verfassung und Gesetz von Seiendem schlechthin sichtbar" zu machen als "Ordnung, Stimmigkeit und Harmonie" (D. Henrich[33]) – und sei es nur wie bei Hugo in der Weise der Epideixis auf ein uneinholbares Ganzes –, diese Bahn einer platonisierenden Ästhetik liegt ihm denkbar fern. Die Wirklichkeiten, die er darstellt, können nicht als Epideixis auf *die* Wirklichkeit als universaler Zusammenhang oder als "función genérica" (Ortega y Gasset[34]) interpretiert werden.

Dennoch darf das in Hugos "mélange du sublime et du grotesque", in Mussets "tragique fondu avec le comique" als eigentlich romantisch ausgezeichnete poetische Vermittlungsprinzip als literarhistorische Folie von Mérimées Erzählprosa betrachtet werden. Denn gerade im Blick auf die oben angeschnittene Affinität zeigt sich ein entscheidender Unterschied. Trotz der Unschärfe, mit der Hugo die Verbindung der beiden Schlüsselbegriffe formuliert (union, contraste, combinaison, fusion, croisement), sind für ihn Sublimes und Groteskes letztendlich etwas Selbstidentisches, Antithetisches, Ausschließendes. Auch wo von Vereinigung, Verschmelzung, Vermischung die Rede ist, impliziert dies nicht, daß die kopräsenten Realitätsaspekte sich wechselseitig dementieren, neutralisieren, aufheben und daß mithin die Prädikate erhaben und grotesk vertauschbar, um ihre Gegensätzlichkeit gebracht würden: "Elle (la poésie)", heißt es ausdrücklich, "se mettra à faire, comme la nature, à mêler dans ses créations, *sans pourtant les confondre*, (...) le grotesque au sublime (...)" Deshalb sei das Groteske auch nur "un temps d'arrêt, un terme de comparaison, un point de départ d'où l'on s'élève vers

---

32 Préface zu *Chronique du règne de Charles IX*, *Théâtre* S. 251.

33 "Kunst und Kunstphilosophie der Gegenwart (Überlegungen mit Rücksicht auf Hegel)", in Hg. W. Iser, *Immanente Ästhetik – Ästhetische Reflexion* (Poetik und Hermeneutik. 2), München 1966, S. 11–32, hier: S. 17.

34 *Meditaciones del Quijote*, Madrid 1914, S. 168.

le beau avec une perception plus fraîche et plus excitée"[35]. Genau die hier ausgeschlossene Ambiguierung und Ambivalentisierung der gegensätzlichen Realitätsaspekte und der mit ihnen traditionell gekoppelten Auffassungskategorien prägt aber konstitutiv das Erzählen Mérimées.

Jedoch betrifft diese Ambiguierung und Ambivalentisierung, diese "Verschmelzung eines jeglichen mit den Gegenbegriffen"[36] gar nicht eigentlich welthafte Aspekte, sondern den narrativen Diskurs selbst. Hugo geht es um Wirklichkeitsadäquatheit, das Postulat der "poésie complète" steht in der Tradition der Mimesis-Diskussion. Bei Mérimée ist dagegen die narrative Präsentation als solche die Ebene, auf der die Konvertibilität und Kommutierbarkeit von Belangvollem und Banalem, Wichtigem und Nichtigem zur Geltung kommt. Und zwar dadurch, daß die erzählten oder beschriebenen Fakten invers, in umgekehrtem Sinn, in Richtung gegen sie selbst verwendet werden. Darin manifestiert sich m. E. primär die so obligat apostrophierte Ironie. Der Erzähler mobilisiert immer wieder die von Hugo aufgebotenen Oppositionen und Antithesen, und gleichzeitig hebt er sie auf; er setzt, um es in eine sicher rigorose, aber vielleicht doch akzeptable Formel zu bringen, die Opposition von poetischer und prosaischer Dimension, um sie im selben Zug zu neutralisieren.

Das führt allerdings dazu, daß sich auf der Ebene des énoncé ständig eine 'Ironie der Dinge' abzeichnet, daß – ähnlich wie bei Heine[37] – Ironie als Signatur objektiver Sachverhalte, Situationen und Vorgänge erscheint. Es bleibt mir kein Raum, die Massivität einer solchen "Ironie der Verhältnisse" (Hofmannsthal) an einem beliebigen Text (denn jeder käme in Frage) nachzuweisen. Aber anders als im Fall Heines ist bei Mérimée "cette ironie perpétuelle" nicht mimetisch begründet. Denn die ironische Zuordnung von poetischer Konsistenz und prosaischem Horizont bestimmt schon die Makrostruktur, die Tektonik und Komposition der Erzählungen.

---

[35] *Préface de Cromwell* S. 416, 419 (Hervorhebung W. P.).

[36] G. Benn, "Roman des Phänotyp", in *Das Hauptwerk*, hg. M. Schlüter, 4 Bde, Wiesbaden [5]1980, Bd 3, S. 122.

[37] Vgl. Verf., "Ironie bei Heine", in Hg. A. Schaefer, *Ironie und Dichtung*, München 1970, S. 85–112.

IV

Nur in ganz wenigen Texten findet sich ein rein funktionales Erzählsubjekt, eine implizite, unbestimmte Erzählinstanz. Größtenteils ist die Beziehung zwischen Erzähler und Geschichte auf unterschiedliche Art konkretisiert: Der Erzähler weist das Erzählte als Wiedergabe von Tatsächlichem aus, er gibt Erzählungen wieder, er stützt sich auf Dokumente bzw. Überlieferungen, er erzählt als Ich-Erzähler Selbsterlebtes oder berichtet, bei welcher Gelegenheit ihm eine Geschichte zu Ohren gekommen ist usf. Selbst dort, wo es sich um ein rein funktionales Erzählsubjekt, um ein unbestimmtes sujet d'énonciation zu handeln scheint, apostrophiert dieses eine bestimmte Erzählsituation, wendet es sich an ein Gegenüber oder verweist es auf unterschiedliche Versionen oder Interpretationen der Fakten, beruft es sich auf die Nicht-Erfundenheit der Geschichte: "Mon devoir d'historien m'oblige à déclarer (...)" (*Le Vase étrusque*, S. 513) All dies zielt auf den Anschein "de communiquer un sujet préalable" und nicht "sa propre composition" (J. Ricardou). Freilich sind dies vertraute, zu allen Zeiten praktizierte Verfahrensweisen, deren Dominanz bei Mérimée man wieder mit Biographischem bzw. mit einer von empirischen Substraten abhängigen Imagination in Verbindung brachte: "Son imagination a besoin d'un tremplin: document, détail vécu."[38] In der Tat spiegeln ja Erzählungen wie *Mateo Falcone*, *La Vénus d'Ille*, *Carmen*, *Colomba* die Reisen des Inspecteur général des Monuments historiques und dessen archäologische, geographische, ethnologische und linguistische Interessen; in der Tat ist der Autor bei seinen (zeitlich oder räumlich) 'exotischen' Stoffen sorgfältig um topographische, historische und folkloristische Information und Dokumentation bemüht, kaum anders als dann der Autor von *Salammbô* oder Zola und die Goncourt. Dennoch bleibt es vordergründig, die Vorliebe für die Anbahnung, Umrahmung oder Silhouettierung der 'eigentlichen' Geschichte durch allerlei außerhalb ihrer liegende Schilderungen und Berichte biographisch oder produktionspsychologisch zu erklären. Und erst recht kann auch bei Mérimée "der Rückgriff auf lebensweltliche Bauformen des Erzählens" nicht mehr schlicht als "Mittel zur Verschleierung von Fik-

---

[38] J. Mallion/P. Salomon, "Notice" zu der Sektion "Romans et nouvelles", in *Théâtre* S. 1216.

tionalität" verstanden werden[39]. Vielmehr setzt sich die Ironisierung der Signifikate durch die Signifikanten in der Makrostruktur fort. Auch in ihr sehe ich die Intention, das Pathos, den impact der narrativen Bedeutungsbildung auf mannigfache Weise zu brechen, zu konterkarieren: durch die Einbettung in den Kontext einer ganz prosaischen Forschungs-, Dienst- oder Seereise des Primärerzählers (*La Vénus d'Ille*, *Carmen*) oder eines vorgeschobenen Erzählers (*La Partie de trictrac*, *Lokis*); oder, in *Colomba*, dadurch daß die dramatische Geschichte einer Vendetta auch als touristisches Erlebnis zweier englischer Italienreisenden erzählt wird, eines angeödeten Vaters, der nur der Tochter zuliebe in dieses schockierende Land gekommen und nun nur an den Jagdgelegenheiten interessiert ist, und der Miß Lydia, die, "romanesque Anglaise", auf romantische, exotische und mithin poetische Eindrücke versessen ist ("[...] elle serait fâchée de quitter la Corse sans avoir vu une belle vendette." – S. 846), für die deshalb ein Stilett[40] viel poetischer ist als ein Gewehr und die den männlichen Helden Orso, den sie am Ende als Gatten nach England importieren wird, als Inkarnation eines Heros à la Byron oder Mickiewicz, genauer: als "quelque chose entre un Conrad et un dandy" (S. 802) sehen will – wobei sich der Name sowohl auf den Titelhelden von Mickiewicz' Poem *Konrad Wallenrod* als auch auf den Helden in Byrons Gedicht *The Corsair* beziehen mag. Nichts beleuchtet die Interferenz von poetischer und prosaischer Gestalt des Erzählten schärfer als die Tatsache, daß Mérimée ursprünglich einen ganz anderen Schluß im Sinne hatte: "Son (gemeint ist die Titelheldin) père vengé, je voulais la montrer occupée d'assurer la fortune de son frère, et je lui faisais organiser une espèce de guet-apens pour obliger l'héritière anglaise à l'épouser. Peut-être était-ce plus vrai de la sorte." Aber dann fügte er sich, wie noch

---

[39] K. Maurer, "Für einen neuen Fiktionsbegriff – Betrachtungen zu den historischen Voraussetzungen der Verwendung lebensweltlicher Bauformen in modernen Erzähltexten", in Hg. E. Lämmert, *Erzählforschung – Ein Symposion* (Germanistische Symposien. Berichtsbände. 4), Stuttgart 1982, S. 527–551, hier: S. 537.

[40] Auch wenn ihr "ce fer terrible" der unnachgiebigen "voceratrice" sehr zivile Dienste leistet: "Je fais grand usage de son stylet, j'en coupe les feuillets d'un roman que j'ai apporté (...)" (S. 835)

öfter, dem Einspruch von Mme Delessert[41], die ihm vorhielt, sie könne die "Heroine" nicht mehr verstehen: "L'alliance de sentiments si nobles avec des vues intéressées me semble impossible."[42] Noch nach einem Jahrhundert pflichtet ihr P. Salomon bei, indem er den Mangel einer "harmonieuse unité" beklagt: "Comment concilier l'exaltation de la voceratrice avec les calculs et la rouerie de la paysanne?"[43] Damit diskreditiert er genau jene "union" nun nicht mehr des Sublimen und des Grotesken, sondern des poetisch Konsistenten und des prosaisch Kontingenten, des Pathos und der Banalität, die ich als Mérimées 'Erzählformel' in den Blick rücken will[44]. Eine Erzählformel, die selbst einem Gide gegen den Strich ging. In bezug auf *La Partie de trictrac* schreibt er: "je retrouve cette insupportable impression de devoir réussi et de perfection inutile qui m'exaspère d'ordinaire chaque fois que je rouvre Mérimée." Was ihn interessiert hätte, was sehr *pathetisch* gewesen wäre, nämlich die

---

[41] *Lokis* habe er gemäß den Anregungen von J. Daquin und Turgenev "arrangiert", *Arsène Guillot* dem Urteil von J. Daquin, Mme Delessert und eines "docte aréopage de vieilles femmes" unterworfen (Brief an Mme de Montijo vom 6. April 1844, in *Correspondance générale* R. 1, Bd 4, S. 75).

[42] Brief vom 12. November 1840 an E. Conti, ebd. R. 1, Bd 2, S. 463.

[43] Einleitung zu *Colomba* (Garnier-Flammarion), Paris 1964, S. 16.

[44] Man könnte – unbefangen von etablierten Rezeptionsnormen – versucht sein, die Faktur der ganzen Erzählung als ein fortwährendes Umschlagen des Pathetisch-Ernsthaften ins Amüsant-Komische und umgekehrt zu beschreiben und sie deshalb (wie fast alle anderen) an jene Bestimmung des ästhetischen Humors bei Jean Paul und seiner englischen Gefolgschaft (Coleridge, Lamb, Hazlitt, Carlyle) zurückbinden, wonach die Verquickung des Pathetischen oder Erhabenen und des Komischen *das* konstitutive Moment des Humoristischen sei. Aber diese Affinität ist ganz punktuell. Nirgends bei Mérimée präsentiert sich die (oder eine) Erzählinstanz in einer humoristischen 'Anti-Rolle', indem sie ihre exzentrische Rollendistanz selbst zur Rolle macht und mit solcher Selbstinszenierung exzentrischer Position die Deformierbarkeit aller verbindlichen Einstellungen und Perspektiven thematisch werden läßt. Wenn bei Mérimée die dargestellte Wirklichkeit, wie hier in *Colomba*, stets zwischen Drama und Komödie oszilliert und wenn das Komplement solcher Zwiespältigkeit ein Diskurs ist, dessen narrative Konsistenz beständig die von ihm bereinigte Kontingenz spürbar macht, so hat das alles nichts mit der Positivierung subjektiver Exzentrik als Negativfolie der objektiv nicht mehr repräsentierbaren Totalität zu tun, worauf das romantische Humorkonzept basiert. Vgl. dazu Verf., "Humor als Rolle", in Hgg. O. Marquard/K. Stierle, *Identität* (Poetik und Hermeneutik. 8), München 1979, S. 423–434.

Konzentration auf die schreckliche Wahrheit, daß ein Ehrenmann zum Lumpen werden kann, werde in der Erzählung verschenkt, und wegen dieser Verflüchtigung des einzig interessanten Erzählmotivs sei der Großteil der Erzählung "du fait divers"[45].

Allerdings gewinnt in dieser Rahmennovelle die zentrale, die Binnengeschichte eben durch den Rahmen den Charakter einer Begebenheit wie aus der Rubrik der faits divers: Um die Monotonie, "le calme désespérant" (S. 535) einer Seereise zu brechen, läßt sich der Erzähler vom Kapitän die unselige, zwischen Tragödie und Burleske fluktuierende Geschichte seines Freundes, des Leutnant Roger erzählen; aber vor dem Höhepunkt bricht der Kapitän, "transporté de joie et laissant là son récit", ab, weil ein Wal gesichtet wurde. "Je ne pus savoir comme mourut le pauvre lieutenant Roger" (S. 550), schließt der Erzähler. Die Binnenerzählung fungiert buchstäblich als divertissement, Notbehelf gegen die Langeweile, und dies sogar nur für den Rahmenerzähler und in Maßen auch für den Kapitän; denn "quant aux officiers qui nous entouraient, comme chacun d'eux connaissait par cœur les infortunes du lieutenant Roger, ils firent aussitôt une retraite prudente" (S. 537).

Auch in der berühmtesten Novelle *Carmen* ist die Geschichte einer tödlichen Leidenschaft von einem sehr prosaischen Kontext umspannt und infiltriert; von einem Kontext, der zudem einen extrem prosaischen, distanzierten Erzähler gewärtigen läßt. Dieser war 1830, so erfährt man zu Beginn, nach Andalusien gereist, um die strittige Frage zu klären, wo der Schauplatz der Schlacht von Munda 45 v. Chr. zu lokalisieren sei; er hat dazu ein mémoire verfaßt, von dem er sich die Beseitigung der letzten Ungewißheit bei den Archäologen erhofft: "En attendant que ma dissertation résolve enfin le problème géographique qui tient toute l'Europe en suspens, je veux vous raconter une petite histoire; elle ne préjuge rien sur l'intéressante question de l'emplacement de Munda." (S. 937 f.) Die Bagatellisierung des "Geschichtchens" bedarf keines weiteren Wortes, selbst wenn man sie als Koketterie nimmt. Es wird zum Abfallprodukt einer Forschungsreise degradiert. Den Schluß aber, den ganzen Teil 4 des Texts bildet eine knapp gehaltene erudierte Ab-

---

[45] *Journal*, 2 Bde (Bibliothèque de la Pléiade. 54. 104), S. 277 (Eintragung vom 3. Dezember 1909).

handlung über die Zigeuner; sie mündet in die Coda: "Eh voilà bien assez pour donner aux lecteurs de Carmen, une idée avantageuse de mes études sur les Romanni. Je terminerai par ce proverbe qui vient à propos: *En retudi panda nasta abela macha.* En close bouche, n'entre point mouche." (S. 994) Man hat diesen Diskurswechsel, diesen 'erkältenden' Epilog einer tragischen Geschichte vielfach beklagt, hat als Lapsus kritisiert, was doch unverkennbare Intention ist: nämlich dem Pathos der Erzählung Don Josés eine ganz heterogene Folie zu unterlegen. Und übrigens interferieren auch im ganzen Verlauf der Erzählung "le bouffon et le terrible". Im Zeichen des ersten steht weitgehend die Begegnung des Erzählers mit Carmen, gipfelnd in dem Uhrendiebstahl; im Zeichen des zweiten zunehmend der Lebensbericht des Don José am Vorabend seiner Hinrichtung, dessentwegen man wohl doch zu vereindeutigend gesagt hat, Thema der ganzen Novelle sei eine Grundform weiblicher Dämonie. Für die auf Mérimée zurückgehenden Verarbeitungen des Carmenstoffs von der Oper Bizets bis zum Carmenfilm von Carlos Saura unserer Tage gilt dies sicher mehr als für die Novelle, in welcher der Erzähler-Kontext diese Dämonie doch erheblich relativiert oder gar depotenziert. Denn die selbstentfremdende, ruinöse Erfahrung einer abgründigen Identität Carmens bei Don José wird doch empfindlich gebrochen und konterkariert durch den Bericht eines kulturell gefeiten und neutralisierten Erzählers, für den dieselbe Gestalt den Reiz des folkloristisch Amüsanten und Interessanten nicht überschreiten kann. Und die Vorstellung, daß die Lebensbeichte Don Josés dem Erzähler den Blick in dämonische Abgründe eröffnet habe, wird ja gründlich desavouiert durch den brüsken Übergang von den letzten Worten des Todeskandidaten ("Pauvre enfant! Ce sont les *Calé* qui sont coupables pour l'avoir élevée ainsi." – S. 988) zum Resümee seiner Studien über die Zigeuner, die *Romanni.*

Nicht anders verhält es sich mit der vorletzten Novelle *Lokis,* die sich als – so der urspüngliche Titel – "Le Manuscrit du professeur Wittembach" präsentiert; als ein Manuskript, das dieser – mise en abyme der Bestimmung der Novelle zum Vorlesen vor der Kaiserin Eugénie und ihren Damen[46] – einer Abendgesellschaft vorträgt.

---

[46] Um der Kaiserin etwas nach ihrem Geschmack zu bieten, habe er einen so ausgefallenen Stoff gewählt ("[...] j'ai pris le sujet le plus extravagant et le plus

(Übrigens signalisiert bereits die Figur dieses Professors der vergleichenden Sprachwissenschaft an der Universität *Königsberg*, der sich zudem – erstes Wort des Texts – von einem "Théodore" sein Manuskript reichen läßt, die Dekonstruktion hoffmannesker Phantastik, auf die ich hier nicht eingehen kann; später tauchen im Text [S. 1080] die Hoffmannschen Schlüsselbegriffe "la *dualité* ou la *duplicité* de notre nature" ausdrücklich und sogar im Druck zitathaft hervorgehoben auf.) Die 'Anekdote', auf der die Novelle basiert, ist so exotisch wie ungeheuerlich, so 'romantisch' wie nur möglich: Die Mutter des litauischen Grafen Szémioth, seither geistesgestört, ist auf der Jagd von einem Bären entführt und entweder vergewaltigt oder auch nur so traumatisiert worden (um der unverheirateten Hofdamen willen bleibt der Autor in diesem Punkt zweideutig), daß sich in ihrem Sohn Menschen- und Bärennatur vermischt haben; in der Hochzeitsnacht tritt diese latente Anlage zutage, er beißt seiner schönen und frivolen Braut Ioulka die Kehle durch und bleibt fortan verschwunden. Wiederum zersetzt und konterkariert im Manuskript des deutschen Gelehrten der seine eigene Person betreffende Kontext das Pathos dieses grauenhaften und unerhörten Ereignisses: Er hat das Schloß des Grafen, seine Hochzeit mit Mlle Gertrude Weber aufschiebend, wegen des dort befindlichen einzigen Exemplars des *Catechismus Samogiticus* aufgesucht, und demgemäß umwuchert die ziemlich selbstgefällige Demonstration seiner linguistischen, philologischen und ethnologischen Kenntnisse und Interessen, seiner Belesenheit und wissenschaftlichen Kompetenzen das primäre Erzählmotiv so kraß, daß sich ein eklatant komischer Effekt ergibt; das Manuskript ist, natürlich jenseits der Intention des fiktiven Verfassers, geradezu darauf angelegt, "le terrible et le bouffon" zur Doppelstruktur des Grotesken zu verschränken.

Übrigens distanziert auch hier, ähnlich wie in *Carmen*, das Ende der Novelle das Grauenhafte und Unheimliche, das der Professor "d'une voix lugubre" zu Ende erzählt hat. Denn die Frage nach der Bedeutung des bis dahin unerklärlichen Titels "Lokis" stimuliert den Königsberger Gelehrten zu einer weitausholenden linguistischen Auslassung über "la loi de transformation du sanscrit au lituanien"

---

atroce que j'ai pu [...]" – Brief vom 20. September 1868 an Mme Delessert, in *Correspondance générale* R. 2, Bd 8, S. 245).

und über die sprachgeschichtliche Beziehung zwischen den Namen für *ours* im Sanskrit, im Griechischen, Lateinischen, Litauischen und Deutschen – ein erudierter Erguß, dem nur der Überdruß der Zuhörer ein höfliches Ende setzt: "'Je vous en citerai bien d'autres exemples ...' Mais Adélaïde remarqua qu'il était tard, et on se sépara." (S. 1090)

Fazit: durchweg werden bei Mérimée dramatische, tragische, romaneske, phantastische Geschichten im Horizont prosaischer Subjektivität erzählt, in mehr oder minder banale Kontexte eingebettet, in einem rhetorisch wie semantisch detraktiven narrativen Diskurs entfaltet. Das läßt sich nun freilich nur als aufkündigende Transgression an Hugos Postulat der Vereinigung des Sublimen und Grotesken zurückbinden. Dort ging es darum, daß "le drame", den Gesetzen der Wahrscheinlichkeit verpflichtet, der Naturwahrheit entsprechen müsse. Dieses mimetische Argument fällt bei Mérimée dahin. Die Ambivalentisierung und Ambiguierung, das gegenseitige Sich-Silhouettieren und damit Ironisieren konträrer Aspekte ist hier autoreferentiell, betrifft den Diskurs selber, der das Pathos, die poetische Valenz der jeweiligen Geschichte auf vielfältige Weise, auf der Ebene der Mikro- und Makrostruktur, bricht. R. Warning hat einmal in ganz anderem Zusammenhang von der Heterogenität, der gebrochenen Identität erzählter Geschichten gesprochen, "die erst aufgehoben wird in der Identität ihrer ironischen Vermittlung"[47]. Das läßt sich, so stark man natürlich das mutatis mutandis betonen muß, auf Mérimées Erzählprosa übertragen. Die "ironie perpétuelle", bis hin zum Prinzip "de plaisanter le plus fort de la tragédie", die nicht erst seit Taine eher etikettierend als beschreibend bei Mérimée konstatiert wird, läßt sich so wohl doch konkreter bestimmen. Diese Ironie ist nicht mehr die romantische, nicht mehr "die Macht, vernichten zu können, was sie hervorgebracht hat" (J. Starobinski[48]), nicht mehr das Vermögen, sich über die eigene Begrenztheit zu erheben und "die metaphysische Spannung zwischen dem Unbedingten und dem Bedingten, zwischen Idee und Wirklichkeit zu bestehen"

---

[47] "Formen narrativer Identitätskonstitution im höfischen Roman", in *Identität* S. 553–589, hier: S. 583.

[48] *1789 – Les Emblèmes de la raison*, hg. Y. Bonnefoy, Paris 1979; dt.: *1789 – Die Embleme der Vernunft*, Paderborn u. a. 1981, S. 147.

(H. Weinrich[49]), sie ist auch nicht mehr "Mittel der Selbstrepräsentation von Kunst" (I. Strohschneider-Kohrs[50]). Ironie betrifft bei Mérimée die Differenz von Realität und sprachlich-poetischer Referenz, 'Anweisung' auf Realität; sie hat ihren Grund in der unabdingbaren Reduktion und Determination, die das Verhältnis von narrativer Wirklichkeitsvermittlung zur textexternen (realen oder vorgestellten) Wirklichkeit als ihrem "Kontrahenten" (Ju. M. Lotman[51]) bestimmt. Ironie ist das dem Text, dem narrativen Diskurs selbst eingeprägte Bewußtsein des interpretativen und mithin 'verfügenden' Charakters aller narrativen Wirklichkeitsfiktion, aller "Fiktion der Realität von Realitäten" (H. Blumenberg[52]). Die Romantik hat diese 'transzendentale' Prämisse narrativer Wirklichkeitsmodellierung bekanntlich programmatisch und praktisch positiviert, sei es in der Weise der Mitthematisierung von Subjektivität als Gesetzlichkeit und Struktur von Wirklichkeit, sei es durch die Mitthematisierung eines Subjektivität und Welt vermittelnden 'ordre universel'. Beidem versagt sich Mérimées Erzählprosa. Doch weil der interpretatorische Charakter des Erzählens, mit seiner Integrationstendenz, letztlich unaufhebbar bleibt, signalisiert Ironie "jenes Stehenbleiben-*Wollen* vor dem Thatsächlichen, dem factum *brutum*, jene(n) Fatalismus der 'petits faits' (...), jenes Verzichtleisten auf Interpretation überhaupt (auf das Vergewaltigen, Zurechtschieben, Abkürzen, Weglassen, Ausstopfen, Umfälschen und was sonst noch zum Wesen alles Interpretirens gehört (...)" (Nietzsche[53]). Ironie ist das Komplement der Epoché, des Einhaltens am Rand des Bezeichen-, Bezieh- und Begründbaren, sie verweist auf die Grenze zwischen Kommensurablem und Inkommensurablem; ihre Matrix

---

[49] "Ironie", in Hgg. J. Ritter/K. Gründer, *Historisches Wörterbuch der Philosophie*, Basel/Stuttgart 1971 ff., Bd 4, Sp. 577–582, hier: Sp. 580.

[50] "Zur Poetik der Romantik II: Die romantische Ironie", in Hg. H. Steffen, *Die deutsche Romantik* (Kleine Vandenhoeck-Reihe. 2505), Göttingen ^{3}1978 (^{1}1967), S. 75–97, hier: S. 87.

[51] *Lekcii po struktural'noj poètike – Vvedenie, Teorija sticha*, Tartu 1964; dt.: *Vorlesungen zu einer strukturellen Ästhetik*, hg. K. Eimermacher, München 1972, S. 171.

[52] Diskussionsbeitrag (3. Sitzung) in Hg. H. R. Jauß, *Nachahmung und Illusion* (Poetik und Hermeneutik. 1), München 1964, S. 200.

[53] *Zur Genealogie der Moral*, in *Sämtliche Werke* Bd. 5, S. 399 f.

ist die Differenz von Zeichenstruktur und Identität der Signifikate in narrativer Wirklichkeitsdarstellung[54].

V

Privat, in einem Brief aus dem Jahr 1844, nennt Mérimée Nodier, seinen Vorgänger in der Akademie, einen "infâme menteur"; und zwar deshalb, weil er "parmi les créations de sa fantaisie comme au milieu des réalités" gelebt habe, anstatt sich an die "impressions extérieures" zu halten[55]. Man kann in diesem Urteil ein Verdikt über die romantische Dichtung überhaupt sehen: über eine Dichtung, in welcher sich die in Subjektivität und Objektivität auseinandertretende Wirklichkeit zwar manifestiert, die daraus folgende Entzweiung von poetischer Subjektivität und eigengesetzlicher Objektivität letztlich aber doch aufgehoben wird. Romantische Dichtung erscheint dann als Reflex und zugleich 'refus' der in Poesie und Prosa auseinandertretenden Wirklichkeit. Wenigstens für Deutschland gilt, daß erst mit der Romantik Poesie und Prosa nicht mehr

---

[54] Infolge der grundverschiedenen Bezugsrahmen berühren sich diese Befunde nur scheinbar mit der tiefschürfenden Reflexion A. Fonyis auf das, was bei Mérimée "innommable" bleibe aufgrund der Defizienz von sprachlicher und logischer Strukturierung gegenüber "quelque chose qui est réel parce que ce n'est pas nous": "Mais comme la logique qui sert à recoller les tessons des événements pour en faire une histoire, la langue, claire et pleine de résonances qui font allusion au sens inexprimable, permet de construire un récit, un réseau de significations où le non-dit prend une place centrale. Invisible, inexplicable, innommable, *cela* existe, la preuve est qu'il y a récit, qu'il y a nouvelle." (Einleitung zu *La Vénus d'Ille* S. 23) Mérimées archäologische Kompetenz wird für Fonyi zum heuristischen Prinzip ihrer Charakterisierung seiner 'écriture' (wobei ihr natürlich der breite metaphorische Verwendungsbereich des Begriffs Archäologie im wissenschaftlichen Diskurs der letzten Jahre, vor allem in Frankreich, entgegenkommt): "Cependant, à l'instar de l'archéologue qui, à partir de vieux tessons, reconstitue un morceau du passé, tout en se doutant qu'il mêle l'illusion – l'imaginaire – à la vérité, l'écrivain qui tente de rajuster à l'aide de la logique l'expérience et l'intuition, parvient à composer une histoire sur le réel. Instrument déficient de la connaissance, la logique est le ciment des mots, le moyen de créer ces structures et ce langage clairs qui nous font admettre l'existence des ténèbres." (Ebd. S. 22) Die "ironie perpétuelle" des Erzählers Mérimée muß in dieser luziden Betrachtung freilich ausgeklammert bleiben.

[55] Brief vom 16. Oktober 1844 an A. Stapfer, *Correspondance générale* R. 1, Bd 4, S. 202.

nur literarische Begriffe, auch nicht bloß Modi der Welterfahrung sind, sondern – siehe Hegel – Kategorien der objektiven Wirklichkeit und des Weltzustands. Wenn man die Bezichtigung Nodiers als infamen Lügner in diesen Bezugsrahmen rücken darf, dann verweist sie indirekt und ex contrario auf sein eigenes Erzählen, das den narrativen, 'poetischen' Bedeutungsaufbau immer wieder invers, gegen ihn selbst wendet: Seine Prosa sei ein "ununterbrochener artiger Krieg" mit der Poesie, meinte Nietzsche, "alle ihre Reize bestehen darin, daß beständig der Poesie ausgewichen und widersprochen wird"[56].

Aber man kann darüber hinaus das Verdikt über Nodier (wie ein analoges über Byron) auch so interpretieren, daß hinter ihm eine (freilich nur durch die Praxis belegbare) Wendung zu einer Poesie der Diskontinuität und Diskonformität steht, der Integrationsbrüche und -lücken; eine Kunst, die sich nicht mehr als Gegenentwurf zur Kontingenz der Empirie, zu den 'disparates' lebensweltlicher Erfahrung konstituiert. Eine Kunst auch, deren Werke bei aller immanenten Geschlossenheit partial, Fragmente ohne totalisierenden Fluchtpunkt bleiben: eine Kunst der Abstinenz von sinnbergender Gestaltung. Hofmannsthal hat einmal notiert: "Prosa des Dichters enthält ein beständiges Anderswo. Sein Objekt ist nie das vorliegende Objekt, sondern die ganze Welt. Wie evoziert er das Ganze?"[57] Es hieße Mérimée gegen ihn selbst kehren, wollte man seine Prosa nach diesem Kriterium als dichterische qualifizieren. Hofmannsthals Aufzeichnung mag – wenn auch mit Rücksicht auf noch so viele Differenzen – für die Romantik wie für ein gut Teil des Realismus im 19. Jahrhundert gelten. Aber an Mérimée darf man dabei nicht denken. In seiner Erzählkunst präsentiert sich Ironie als authentische Reflexionsweise des 'gestörten' Verhältnisses von poetischer Sinnbildung und verquerer, intransingenter Empirie – eines Verhältnisses, das Hugo in der *Préface de Cromwell*, trotz aller Entgrenzung des Darstellungsbereichs, durch das poetische Reservat einer "harmonie des contraires" noch einmal 'romantisch' zu hinterfangen suchte.

---

[56] *Die fröhliche Wissenschaft*, in *Sämtliche Werke* Bd 3, S. 447.

[57] *Aufzeichnungen*, Frankfurt a. M. 1959, S. 204.

TRAUM ALS REVOLTE
REVOLTE ALS TRAUM

Klaus Dirscherl

Traumrhetorik von Jean Paul bis Lautréamont

I. Traum als "unwillkürliche Dichtkunst"?

Das Verhältnis von Sprache und Traum ist problematisch, immer noch. Daran ändert auch der Zuwachs an Verständnis nichts, den uns Freuds metaphorische Verwendung des Begriffs der Sprache zur Analyse des Traums gebracht hat und an dessen Vermehrung seither Sprach- und Traumforscher arbeiten. Problematischer noch ist aber das Verhältnis von Traum und Literatur, von Traum und Dichtung, und dies gerade seit der Romantik. Zwar haben Novalis und Jean Paul, Chateaubriand, Hugo und Nerval oder Th. de Quincey und Coleridge, um nur einige der wichtigsten Traumpoeten des vergangenen Jahrhunderts zu nennen, wesentlich dazu beigetragen, daß man in der menschlichen Traumaktivität eine schier unerschöpfliche Quelle ästhetischen und philosophischen Reichtums (wieder-)entdeckte. Doch mit den Entdeckungen wachsen auch die Erwartungen und Enttäuschungen, wie wir spätestens bei den Surrealisten feststellen werden.

Am Ende des klassischen Zeitalters bedurfte es in der Tat einer Wiederentdeckung des Traumes. Denn der kartesianische Logozentrismus hatte ihn ja zunächst aus dem Spektrum menschlicher Erkenntnismöglichkeiten als eine Form "generalisierten Wahnsinns"[1]

---

[1] Teuber, *Sprache – Körper – Traum – Zur karnevalesken Tradition in der romanischen Literatur aus früher Neuzeit* (Mimesis. 4), Tübingen 1989, S. 236 und passim, präzisiert überzeugend die Foucaultsche These eines epistemologischen Sprungs von einer "Ordnung der Ähnlichkeiten" zu "einer Semiotik der Repräsentation" (ebd. S. 234), indem er die allmähliche Abdrängung des Traums in den allein ästhetisch relevanten Bereich der Literatur im Laufe des 17. Jahrhunderts nachweist. Wie intensiv die Beschäftigung mit dem Traum und die Produktion und Interpretation von Traumtexten auch in früheren Epochen waren, illustriert neben der ausgezeichneten Untersuchung von B. Teuber die anregende Anthologie von G. Almansi und C. Béguin, *Theatre of Sleep – An Anthology of Literary Dreams*, London 1986.

verbannt. Vorbereitet wurde die Wiederentdeckung durch Rousseau, der neben Diderot und anderen Aufklärern mit einer wahren Theorie der "rêverie" die philosophische Legitimation des Träumens als fruchtbarer Erkenntnisweg lieferte[2]. Mit Rousseau als Vordenker, oder besser Vorträumer, konnte man daran gehen, in Wissenschaft und Kunst, in Literatur und Musik die "Nachtseite"[3] des Lebens als Ort der Eigentlichkeit, der wahren Erkenntnis und des umfassenden – wenn auch durch das Wachleben stets gefährdeten – Glücks zu entdecken. "Le rêve est une seconde vie", verkündet Nerval programmatisch am Beginn von *Aurélia*[4], der Traum sei eine "Vita nuova"[5], in der "les mystères du monde se révélaient à moi dans ces heures suprêmes"[6]. Die Verwandtschaft des Traums mit dem Erleben von Kunst sucht Jean Paul zu fassen, wenn er ihn als "unwillkürliche Dichtkunst"[7] bezeichnet. Die Nähe zur Sprache, seine Zeichenhaftigkeit beschreibt Baudelaire, wenn er in *Le Poème du hachisch* den "rêve hiéroglyphique" als "un dictionnaire qu'il faut étudier, une langue dont les sages peuvent obtenir la clef"[8] versteht. Die Vertreibung des Traums aus dem heiligen Bezirk ästhetisch-philosophischer Reflexion, die Descartes mit seinen *Meditationes de prima philosophia* 1641 vollzog, womit er eine jahrtausendealte Kohabitation von träumerischem, närrischem und vernünftigem Diskurs aufkündigte[9], wurde durch die romantische Rehabilitierung des Traums (und verwandter Aktivitäten, wie der Träumerei, der

---

[2] R. J. Morrissey, *La Rêverie jusqu'à Rousseau – Recherches sur un topos littéraire*, Lexington 1984.

[3] G. H. Schubert, *Ansichten von der Nachtseite der Naturwissenschaft*, Dresden ^{2}1818 (^{1}1808)

[4] Zit. Ausg.: G. de Nerval, *Œuvres*, hg. H. Lemaitre, 2 Bde (Classiques Garnier), Paris ^{2}1966, (^{1}1958), Bd 1, S. 747-824, hier: S. 753.

[5] Ebd. S. 754.

[6] Ebd. S. 758.

[7] *Jean Pauls Briefe und bevorstehender Lebenslauf* (1799); zit. Ausg. Jean Paul *Werke*, hg. N. Miller, 9 Bde, München 1960–1977, Bd 4, S. 925-1024, hier: S. 978., Bd 7, Weimar 1927 ff., S. 405.

[8] Zit. Ausg.: Ch. Baudelaire, *Œuvres complètes*, hg. C. Pichois, 2 Bde (Bibliothèque de la Pléiade. 1.7), Paris 1975-1976, Bd 1, S. 408 f.

[9] B. Teuber, *Sprache – Körper – Traum* S. 228–237.

Imagination, der fancy u. ä.) also rückgängig gemacht[10]. Doch ist diese Rehabilitierung wirklich gelungen? Löste man das Versprechen grenzenloser Ausweitung der Erlebnis-, Handlungs- und Erkenntnismöglichkeiten in der Praxis auch ein? Verirrten sich die (pseudo-)wissenschaftlichen Versuche eines d'Hervey de Saint-Denis (*Les Rêves et moyens de les diriger* [Paris 1867]) oder A. Maury (*Le Sommeil et les rêves* [Paris 1861]) nicht auf manchmal beinahe komische Weise zwischen der Scylla der Spekulation und der Charybdis des Positivismus? Erweiterten die vielfältigen Traumtexte, Nachtstücke, récits de rêve, rêveries, fancies u. ä., wie sie Dichter, Maler und Musiker nicht müde wurden zu produzieren, tatsächlich das Lebenspotential des "rêveur définitif", wie Breton den Menschen nannte[11], oder erweiterten sie bloß das im Umbruch befindliche Gattungsspektrum der traditionellen Künste und Literatur?

Das 19. Jahrhundert war zweifelsohne von der Bedeutsamkeit seiner Wiederentdeckung des Traums überzeugt. Das bestätigt allein die bei R. J. Morrissey aufgeführte und keinesfalls vollständige Liste von insgesamt 54 Druckwerken, die im Zeitraum von 1789 bis 1900 den Begriff "rêverie" oder "rêver" im Titel führen[12]. Das bekräftigt auch Baudelaires berühmte Forderung in den *Journaux intimes*: "Il faut vouloir rêver et savoir rêver."[13] Vor allem aber bestätigen das die zahlreichen Texte, in denen Träume erzählt, erinnert oder herbeigesehnt werden und die die Traumdarstellung als eine neue und ausdrucksstarke Form künstlerischer und philosophischer Rede praktizieren. Angesichts dieser Traumeuphorie mag es einigermaßen erstaunen, daß das erste Manifest des Surrealismus

---

[10] Morrissey, *La Rêverie* S. 103–113, insbesondere S. 105, zeigt in seiner subtilen Wort- und Bedeutungsgeschichte von rêverie, rêve und songe, wie durch die Ablösung des Begriffes songe durch rêve im 17. und 18. Jahrhundert das Merkmal 'denken' im Bedeutungsspektrum sowohl von songer als auch von rêver Fuß faßt und so gleichsam die semantische Voraussetzung dafür geschaffen wird, daß der rêve, die rêverie und der songe als Modi philosophischer Erkenntnis denkbar werden.

[11] *Manifestes du surréalisme* (1924), in A. Breton, *Manifestes du surréalisme*, Paris 1962, S. 13-63, hier S. 15.

[12] *La Rêverie* S. 161–163.

[13] *Œuvres complètes* Bd 1, S. 671 f.

von 1924 so tut, als müßte man bei der 'Kunst des Träumens' ganz von vorne anfangen. In Bretons lautstarkem Plädoyer für ein neues Erleben der Wirklichkeit im Zeichen der "toute-puissance du rêve"[14] reduziert sich die Beschäftigung der Romantik mit dem Traum auf ein halbherziges Festhalten an naiven "idées préconçues"[15]. Allenfalls Nerval verdient eine lobende Erwähnung ("Il semble, en effet, que Nerval posséda à merveille *l'esprit* dont nous nous réclamons [...]"[16]). Die übrigen Romantiker hingegen werden mit einer Serie von Boutades ("Hugo est surréaliste quand il n'est pas bête."[17]) als defiziente Surrealisten und Träumer abqualifiziert.

Vieles an dieser Überheblichkeit mag man der Avantgarde-Bewegungen gleichsam angeborenen Selbstüberschätzung zuschreiben. Überraschend ist letztlich aber doch, mit welch naiver Zuversicht man sich den neuen Praktiken der écriture automatique, des récit de rêve, des cadavre exquis und anderen Verfahren hingibt: "L'esprit de l'homme qui rêve se satisfait pleinement(...)"[18] Das Ziel umfassender Wirklichkeitserfahrung jenseits aller Grenzen von Wachsein und Schlaf, das die Romantik in den Augen der Surrealisten weitgehend verfehlte, will man nun um jeden Preis erreichen. P. Reverdy, der frühe Freund der Surrealisten, hat ihn am schönsten formuliert, diesen Traum vom Traum als Allheilmittel aller ethischen, psychischen, physischen und ästhetischen Defizite des Menschen:

> Ce que j'appelle rêve d'ailleurs, ce n'est pas cette inconscience totale ou partielle, cette sorte de coma que l'on a coutume de désigner par ce terme (...)
>
> J'entends au contraire l'état où la conscience est portée à son plus haut degré de perception.
>
> L'imagination, libre de tout contrôle restrictif, l'extension sans limites convenues de la pensée, la libération de l'être au delà de

[14] *Manifeste du surréalisme* S. 40.

[15] Ebd. S. 41.

[16] Ebd. S. 39

[17] Ebd. S. 41.

[18] Ebd. S. 26.

son corps – indéfendable – la seule existence vraiment noble de l'homme, l'effusion la plus désintéressée de sa sensibilité.[19]

Radikal praktiziert, sollte der surrealistische Traum die Grenzen zwischen den Gattungen, zwischen Malerei und Literatur, ja zwischen Kunst und Leben aufheben. Als Restbestände rationaler Kontrolle zensierten diese Demarkationslinien die wahre Entfaltung des menschlichen Kreationspotentials. Auf der Strecke bleiben sollte letztlich jegliche Verbindung mit dem Kulturbetrieb in seiner elitären Selbstbeschränkung auf Kenner und Künstler; denn mit dem Rekurs auf die Traumfähigkeit des Menschen hoffte man gleichzeitig jene Poesie von und für jedermann verwirklichen zu können, die man – angeregt von Lautréamont – allenthalben forderte: "La poésie (...) faite par tous."[20].

Aber bereits auf der Höhe der surrealistischen Begeisterung für die Herstellung von récits de rêve warnte P. Éluard, ausgerechnet er, der wohl begabteste Dichter der Gruppe um Breton, Aragon und Soupault, diese 'Traumtexte' nicht mit "poèmes" zu verwechseln. Erstere, so meinte er, blieben bloß Erinnerung an eine "réalité vivante", "tout de suite usé(s)", während allein das Poem aufgrund seiner Unveränderlichkeit ("rien ne se perd, ni ne change") in der Lage sei, dem Menschen eine neue Welt zu entdecken[21]. Mit dieser Stellungnahme wird Éluard mitnichten zum Vertreter eines konservativen Traumbegriffs, der von der gegenseitigen Beeinflussung von Traum- und Wachwirklichkeit nichts wissen will. Er warnt lediglich vor einer (schon in der Romantik verbreiteten und wohl von Rousseau geerbten) Illusion, der Illusion nämlich, mittels sogenannter authentischer Traumberichte unmittelbaren Zugang zur vermeint-

---

[19] "Le Rêveur parmi les murailles", zuerst erschienen in *La Révolution surréaliste* vom 1. November 1924, jetzt in P. Reverdy, *Nord-Sud – Self Defence et autres écrits sur l'art et la poésie (1917–1926)*, Paris 1975, S. 207-213, hier: S. 207.

[20] Zitiert u. a. von P. Éluard in einer wichtigen Rede anläßlich der Exposition surréaliste 1936 in London, in der er geschickt die surrealistischen Forderungen nach einer traumgeprägten Poesie in das Postulat einer populären, von jedermann realisierbaren Dichtung umwandelte; vgl. "L'Évidence poétique", in P. É., *Œuvres complètes*, hgg. M. Dumas und L. Scheler, 2 Bde (Bibliothèque de la Pléiade. 200.201), Paris 1968, Bd 1, S. 514.

[21] In Éluard, *Œuvres poétiques*, hg. H. Juin, 6 Bde, Paris 1986, Bd 1, S. 550.

lichen Reinheit und Unberührtheit der Traumwirklichkeit erlangen zu können.

Noch deutlicher, allerdings auch sehr viel später, nämlich 1973, als der Surrealismus bereits museal geworden ist, weist der abtrünnige Surrealist R. Queneau in seiner unverkennbar ironischen Art darauf hin, wieviel Kunstfertigkeit in seinen Traumberichten, "des récits de rêve à foison", steckt:

> Naturellement aucun de ces rêves n'est vrai, non plus qu'inventé. Il s'agit simplement de menus incidents de la vie éveillée. Un minime effort de rhétorique m'a semblé suffire pour leur donner un aspect onirique.[22]

Mit diesem maliziösen Eingeständnis der nachträglichen Rhetorisierung seiner récits de rêves greift Queneau ein zentrales Problem surrealistischer und wohl auch früherer Traumdichtung auf, das der unausweichlichen *Vermitteltheit* von Traumberichten, Traumprotokollen, Dokumentationen von Tagträumereien u. ä. Der Traum als menschliche Aktivität, in der die Zwänge des rationalen Wachlebens suspendiert sind, stellt für die Surrealisten, aber auch schon für Rousseau eine Form archaischen, ursprünglichen Lebens dar, die es zu fördern und zu schützen gilt, wo das möglich ist, und die es authentisch zu dokumentieren gilt, damit man jene, die nichts vom Träumen halten, überzeugen kann von der Faszination, dem Reichtum und der Freiheit, die der Traumaktivität innewohnen. Doch diese "Vita nuova", wie sie Nerval nennt, ist schwer darzustellen. Die Traumtranskription, sei sie ästhetisch motiviert oder nicht, bedarf allemal der Sprache, dieses Ordnungsinstruments par excellence, und gerät so ständig in Gefahr, genau jene Qualität des Sinnlichen und Alogischen zu zerstören, die sie zu retten und zu dokumentieren versucht.

Aber vielleicht sollte man die Frage nach dem Gelingen von Traumberichten nicht nur mit der nach ihrer Authentizität verknüpfen. Die Geschichte der Traumtexte, die immerhin bis in biblische Zeiten zurückreicht, lehrt uns, daß durchaus auch andere Qualitäten

---

22 "Des Récits de rêves à foison", in *Les Cahiers du chemin* vom Oktober 1973, S. 14.

wichtig und realisiert werden können. Man denke nur an die karnevalesken Traumberichte eines Sorel oder Cervantes[23]. Die Art der Traumtexte, die eine Epoche hervorbringt, ist sicher nicht nur von der historisch je verschiedenen Konzeption des Traums abhängig, sondern auch und vielleicht noch mehr von den generellen Diskursidealen, die die jeweilige Epoche prägen und gegen die neue Formen der Literatur gegebenenfalls anschreiben und sie dekonstruieren. So ist m. E. die Traumbegeisterung der surrealistischen Moderne sehr viel weniger von der Sorge um eine authentische Wiedergabe von Traumerlebnissen und sehr viel mehr von der Suche nach neuen Diskurs- und Lebensformen motiviert, nach Formen, die den abendländischen Logozentrismus endgültig verabschieden helfen. Kunst- und Textpraktiken, die sich am Traum inspirieren, hält man dafür besonders geeignet. Die Traumaktivität selbst, aber mehr noch die künstlerische und sprachliche Beschäftigung mit ihr stellen ein neues, oder besser gesagt, ein wiederentdecktes Arsenal von Diskursformen bereit, das man mit Elan und Experimentierfreude nutzt. Der Traum wird so in den zwanziger und dreißiger Jahren dieses Jahrhunderts zu einem wichtigen "Modell der Kunst"[24], das bis in die siebziger Jahre, man denke bloß an J. Cortázar und J. L. Borges, Gültigkeit bewahren sollte.

Von dieser Perspektive aus wird die Traumdichtung des 19. Jahrhunderts zu einem gleichsam 'archäologischen Reservoir' moderner Traumliteratur, auch wenn die Surrealisten sich eher geringschätzig darüber äußerten. Manche Enttäuschung hätten sich Breton und seine Freunde ersparen können, wenn sie die Traumtexte eines Hugo oder Baudelaire genauer gelesen hätten. Manch überraschende Erfindung, die man bei den Surrealisten oder ihren Nachfolgern bewundert, wird man in nuce auch schon in der Traumliteratur des 19. Jahrhunderts entdecken können. Die Texte eines Nerval oder Lautréamont interessieren uns heute also als Produkte einer Epoche, die neugierig die Anregungen eines Rousseau oder Diderot aufgriff

---

[23] Die Teuber in seiner Arbeit *Sprache – Körper – Traum* erst kürzlich so überzeugend interpretierte; (S. 256–309).

[24] W. Wehle, "Die französische Lyrik im Zeitalter der Avantgarde – Die Entstehung einer 'ganz neuen Ästhetik' zu Jahrhundertbeginn", in Hg. D. Janik, *Die französische Lyrik* (Grundriß der Literaturgeschichten nach Gattungen), Darmstadt 1987, S. 408–480, hier: S. 430.

und die ihrerseits eine Fülle von Werken hervorbrachte, für die der Traum (was immer man darunter verstehen mochte) zum Modell ihrer Kunst wurde.

Der Traumbericht ist dabei eine der interessantesten Erscheinungsformen. Denn zum einen wird in ihm der fruchtbare Konflikt von (narrativer) Ordnung und (chaotischer) Traummaterie aufs anschaulichste ausgetragen. Die Attraktivität des Traums als Modell für ästhetische Arbeit läßt sich an ihm also besonders gut studieren. Zum anderen wurde, wohl aus ähnlichen Gründen, gerade dieser Texttyp für die Surrealisten zu einem Muster und Streitfall ihrer avantgardistischen Schreibpraxis, so daß man den Traumbericht durchaus als ein Paradigma bezeichnen kann, an dem Zielsetzungen und Limitationen moderner Kunst besonders augenfällig werden. Wir wollen deshalb an einer exemplarischen Reihe von récits de rêve Konstanten dieses Texttyps herausarbeiten, die erkennen lassen, welche Funktionen ästhetischer, philosophischer und sonstiger Art man den Traumtexten im 19. Jahrhundert zuwies, welche Konzeption des Traums dahintersteht und inwieweit einerseits Authentizität, d. h. Nähe zum tatsächlichen Träumen, andererseits ästhetischer Kompositionswille die Struktur und Verwendung dieser récits de rêve bestimmen.

II. Ein Traum aus Deutschland

Einer der einflußreichsten Lehrmeister der französischen Romantik in Sachen Traumdichtung ist zweifelsohne Jean Paul, und eingerichtet hat diese 'Vorschule des Träumens' Mme de Staël, als sie 1814 in *De l'Allemagne* ihre Jean-Paul-Präsentation mit einem wirkungsvollen Höhepunkt abschloß: der von Villers und ihr übersetzten und veränderten Fassung der "Rede des toten Christus" (1795). Der "Songe de Jean Paul", in der Tat ein denkwürdiges Stück französisch-deutscher Literaturbeziehung, sollte später Balzac und Hugo, Nerval, Baudelaire und viele andere beeindrucken[25]. Erst Lautréamont, der große Verweigerer, wird Jean Pauls Traum 1870, mittlerweile

---

[25] Vgl. C. Pichois, *L'Image de Jean-Paul Richter dans les lettres françaises*, Paris 1963, S. 254–293.

zum Gemeingut romantischer Bildung geworden, unter die "douleurs invraisemblables que ce siècle s'est créées à lui-même"[26] einreihen. Gerade deshalb eignet sich der "Songe de Jean Paul" sehr gut als Eingang in unsere kleine Geschichte der romantischen Traumdarstellung. C. Pichois hält den Text zwar für eine "abominable mutilation"[27]. Doch seine etwas schulmeisterliche Kritik an der Jean-Paul-Übersetzung durch Villers und Mme de Staël verkennt ein wenig die literaturhistorische Aussagekraft dieser halb faszinierten, halb zensorischen Bearbeitung des deutschen Vorbilds. Gerade die korrigierenden Eingriffe in die als genialisch eingeschätzte Vorlage – Mme de Staël spricht von der "hardiesse vagabonde"[28] Jean Pauls – sind es ja, die dem heutigen Leser verdeutlichen können, wie stark bei dieser Wegbereiterin der französischen Romantik noch klassizistische Geschmackskriterien ihre so viel gelesene Überarbeitung prägten. Zudem lassen sich an diesem 'Traum aus Deutschland' sehr gut die Grundstrukturen des romantischen Traumberichts studieren, wie sie bis hin zu Lautréamont noch zu beobachten sein werden.

Mme de Staëls "Songe" präsentiert sich als die *Erzählung* einer geträumten Geschichte. Auf einen solchen narrativen Kern werden später selbst jene Traumtexte nicht verzichten, die in ihr Zentrum das Chaos und die Rätselhaftigkeit des Traums rücken. Die ereignishafte Strukturierung geträumter Welten garantiert gleichsam ein Minimum an Ordnung. Der Erzähler ist gleichzeitig der Träumer und schildert, nach Abschluß des Traumes, seine im Wachzustand erinnerten Traumerlebnisse. Die klare Trennung zwischen Wach- und Traumwirklichkeit ist typisch für das, was wir den erkenntnisstiftenden Traum nennen wollen. Der Eintritt des Erzählers in die Traumwirklichkeit wird markiert, und auch die für sie typische Inversion der Verhältnisse wird insbesondere am Anfang des Traum-

---

[26] *Poésies I*, Ausg.: Lautréamont/Germain Nouveau, *Œuvres complètes*, hg. P.-O. Walzer (Bibliothèque de la Pléiade. 218), Paris 1970, S. 253-270, hier: S. 265.

[27] *L'Image de Jean-Paul Richter*, S. 523.

[28] *De l'Allemagne* II, 28; zit. Ausg.: Germaine de Staël, *De l'Allemagne*, hg. S. Balayé, 2 Bde (Garnier-Flammarion. 167), Paris 1968, Bd 2, S. 50.

berichts deutlich unterstrichen[29]. Vom lieblichen "soir d'été (...) sur le sommet d'une colline" gelangt der Träumer "au milieu de la nuit dans un cimetière" (St 30 f.[30]). Die Rückkehr ins Wachleben, die Mme de Staël aus noch zu erläuternden Gründen in ihrer Fassung wegläßt, wird in der Regel – und so auch bei Jean Paul – nicht minder deutlich signalisiert. Die Traumwirklichkeit ist eine klar umrissene Enklave. Ihre 'verkehrte Ordnung' strahlt zwar bedrohlich auf die Wachwirklichkeit aus, doch in der Regel infiziert die eine die andere nicht.

Bei genauerer Betrachtung ist die semantische Inversion der im "Songe de Jean Paul" präsentierten Traumwirklichkeit freilich nicht besonders irritierend. Zwar gibt es Phantome, die Wolken bewegen, Tote, die aus Gräbern steigen, und zuletzt sogar den vom Himmel herabkommenden Christus. Doch viele Elemente dieser 'verkehrten Welt' sind dem Leser Mme de Staëls vertraut aus den phantastischen und schaurigen Geschichten, die man seit Ende des 18. Jahrhunderts in zunehmendem Maße lesen konnte[31]. Nur eine einzige Figur weicht ein wenig ab vom vertrauten Menschenbild, ein Toter, der zu spät

---

[29] Dies ist einer der wichtigsten Unterschiede des Traumberichts zur phantastischen Erzählung. Beide Texttypen konfrontieren den Leser mit der Schilderung einer mehr oder weniger kuriosen Art von Unwirklichkeit oder Überwirklichkeit. Der romantische Traumbericht kündigt aber den Wechsel von einem ins andere Register der Wirklichkeit an, während der conte fantastique in der Regel den Übergang verschweigt, ihn gleitend gestaltet, den Leser also stärker beunruhigt und verwirrt. Wo der Traumbericht plakativ verkündet und damit immer schon einen didaktischen Zug besitzt, versucht die phantastische Erzählung zu überraschen und zu irritieren. Vgl. hierzu D. Penning, "Die Ordnung der Unordnung. – Eine Bilanz zur Theorie der Phantastik", in Hg. Ch. W. Thomsen/J. M. Fischer, *Phantastik in Literatur und Kunst*, Darmstadt [2]1980, S. 34–51, sowie T. Todorov, *Introduction à la littérature fantastique*, Paris 1970, und I. Bessière, *Le Récit fantastique – La Poétique de l'incertain*, Paris 1974. Die Surrealisten werden ihre récits de rêve nur mehr in Ausnahmefällen als solche deklarieren, d. h. sie nutzen z. T. die Ästhetik des conte fantastique für ihre Zwecke.

[30] Zitate aus den Texten im Anhang werden kürzelhaft nachgewiesen; z. B. St 39–41 = Mme de Staël, "Songe", Z. 39–41; H = Hugo, *La Pente de la rêverie*; N = Nerval, *Aurélia*; L = Lautréamont, *Les Chants de Maldoror.*

[31] Vgl. hierzu die einleitenden Kapitel der Geschichte des conte fantastique, die P.-G. Castex, *Le Conte fantastique en France de Nodier à Maupassant*, Paris 1951, gibt.

unter die Erde gekommen ist und der danach – in der Logik der Traumwirklichkeit – auch verspätet wieder erwacht:

> (...) il s'éveilla, cessa de sourire, ouvrit avec un pénible effort ses paupières engourdies; la place de l'œil était vide, et à celle du cœur il n'y avait qu'une profonde blessure; il souleva ses mains, les joignit pour prier; mais ses bras s'allongèrent, se détachèrent du corps, et les mains jointes tombèrent à terre. (St 50–55)

Doch diese unter dem Blick des Träumers sich verändernde Gestalt bleibt eine Ausnahme. Ansonsten geschieht Erwartbares: Die auferstandenen Toten fragen nach Gott, der vom Himmel steigende Christus wendet sich redend ('predigend', wie es Jean Paul nennt) an die toten Menschen. Skandalös, ungewöhnlich und schockierend an diesem Traum ist nicht die Wirklichkeit, in der sein Geschehen abläuft, sondern allein der Inhalt der Rede Christi: die mehrmals betonte Nichtexistenz Gottes. Selbst die in Traumberichten oft betonte Aufhebung der zeitlichen Ordnung wird hier zwar thematisiert (St 56–58). Aber in der klaren Abfolge der einzelnen Ereignisse – von der Erschütterung des Kirchhofs, dem Erwachen der Toten, ihrem Drängen in die Kirche bis zur Erscheinung Christi und seinem Bericht über die eigene und vergebliche Gottsuche – wird sie nicht spürbar. Der Erzähler und mit ihm der Leser verlieren in diesem Traumbericht nie den Überblick.

Überhaupt verdient die Rolle des Erzählers und Träumers unsere besondere Aufmerksamkeit. In ihr offenbart sich die Erkenntnisfunktion des Traumberichts am besten. Der Träumer Jean Pauls und Mme de Staëls bleibt weitgehend ein Beobachter. Als interessierter Zeuge eines außergewöhnlichen Geschehens ("Je voyais [...]", "Au-dessus de moi j'entendais [...]", [St 34, 38 f.]) berichtet er von Schau- und Hörerlebnissen, die ihn kaum involvieren, die ihn freilich ob ihrer ideologischen Brisanz erschüttern. Wie die wiedererwachten Toten wird auch er zum Adressaten der Botschaft Christi von der Nichtexistenz Gottes: "O Christ! n'est-il point de Dieu? Il répondit: – Il n'en est point." (St 61 f.)

Mit dieser Botschaft und ihrer pathetischen Wiederholung erreicht der Traumbericht bei Mme de Staël seinen Höhepunkt und Schluß. Die zweite und für Jean Paul ebenso wichtige Hälfte des ersten Blumenstücks aus dem *Siebenkäs* wird dem französischen Publikum vorenthalten. Der Traumbericht finde, so Mme de Staël (St 82 ff.), mit der knappen Verneinung der Existenz Gottes durch Gottes Sohn seinen furchterregenden, aber um so beeindruckenderen Abschluß. Alles weitere, die ausführliche Rede des toten Christus und die darauffolgende Beschreibung eines mächtigen "Gedränge(s) der Welten"[32], muß den französischen Übersetzern wie das redundante Ausmalen und Zerreden des bereits von den Worten Christi ausgehenden Schocks erschienen sein. Auch in *den* Teilen des Traumberichts, die sie übersetzen, lassen Villers und Mme de Staël immer wieder gerade die rätselhaften und besonders poetischen Bilder weg und verleihen so dem Text eine glatte Prägnanz, die die deutsche Vorlage weiß Gott nicht hat und über die sich Jean Paul in seiner Rezension von *De l'Allemagne* dann auch zu Recht beklagt[33].

Insbesondere der Verzicht auf die wortmächtigen Evokationen einer in Aufruhr und Zerfall befindlichen Welt, mit denen er seine Vision vom drohenden Weltende beinahe genüßlich, zumindest jedoch unter Aufbietung aller rhetorischen Erfindungskräfte ausmalt[34], mag den modernen Leser schmerzen. Für Mme de Staël sind es aber wohl gerade solche Passagen, die sie ästhetisch irritieren und die sie an anderer Stelle ihrer Jean-Paul-Präsentation als Zeichen der "affectation" oder "prétention à l'originalité"[35] kritisiert. Auch Bedenken bezüglich der Klarheit der Gesamtkomposition mögen sie zur Verkürzung des Blumenstücks um seine Weltuntergangsbilder bewogen haben; denn an anderer Stelle bemängelt sie: "(...) l'ordonnance et le cadre de ses tableaux sont si défecteux, que les traits de génie les plus lumineux se perdent dans la confusion de l'ensemble."[36]. Klassizistische Bedenken also, die Ordnung schaffen wollen in einem "chaos de connaissance qu'une imagination

---

[32] In *Werke* Bd 2, S. 7–565, hier: S. 269.

[33] Vgl. hierzu Pichois, *L'Image de Jean-Paul Richter* S. 259.

[34] "(...) und oben am Gipfel der unermeßlichen Natur stand Christus und schaute in das mit tausend Sonnen durchbrochne Weltgebäude herab, gleichsam in das in die ewige Nacht gewühlte Bergwerk, in dem die Sonnen wie Grubenlichter und die Milchstraßen wie Silberadern gehen." (*Siebenkäs* S. 269 f.)

[35] *De l'Allemagne*, Bd 2, S. 50.

[36] Ebd. S. 51.

indépendante et fantasque combine de mille manières"[37]! Bei aller Bewunderung für die Kühnheit des Deutschen, den sie im übrigen mit Sterne und Montaigne vergleicht, geht ihr seine Beredsamkeit denn doch etwas zu weit.

Jean Pauls Traum wird also seiner überbordenden Wortkreativität beraubt und auf einen wohlstrukturierten Traumbericht reduziert, der konsequent seinem persuasiven Schlußpunkt zustrebt. Unter den Tisch der zensierenden Übersetzer fallen die gewaltigen Bilder, mit denen Jean Paul dem Weltuntergang sinnliche Ausstrahlung verleiht. Man verzichtet auch auf die Schilderung des beglückten Aufwachens aus dem Traum, kurz bevor "ein unermeßlich ausgedehnter Glockenhammer (...) die letzte Stunde der Zeit schlagen und das Weltgebäude zersplittern"[38] sollte, wo der Träumer, dem Alptraum entkommen, an einem besonnten Abend glücklich, aber gewarnt wieder zu Gott beten kann. Während Jean Paul dem Träumenden das Ende der Welt erspart, läßt Mme de Staël das Weltgebäude vor den Augen des Träumers tatsächlich einstürzen (St 79 ff.). Gerade diese Änderung macht deutlich, daß die französische Version trotz Kürzungen auf Schockwirkung keinesfalls verzichten will. Bei ihren Modifikationen geht es vor allem um einen Verzicht auf 'affektierte' Wortkreationen, um eine Konzentration auf das Wesentliche und seine möglichst klare und wirksame Präsentation.

Der erhoffte Schockeindruck ist es wohl auch, der Mme de Staël veranlaßt, dem einleitenden Kommentar Jean Pauls, der die Kühnheit des Traumes ohnehin entschuldigt, eine weitere Warnung und Legitimation voranzuschicken:

> La vision dont il s'agit ressemble un peu au délire de la fièvre, et doit être jugée comme telle. Sous tout autre rapport que celui de l'imagination elle serait singulièrement attaquable. (St 7–9)

Hier scheint plötzlich jene zensorische Haltung wieder durch, mit der man im Zeitalter kartesianischer Ordnung den 'Auswüchsen' von Traumvisionen begegnete, die man aber nach Rousseau eigentlich für überholt gehalten hätte. Das alte Argument vom Traum als krankhafter Erscheinung wird erneut aufgerufen. Mme de Staël will

[37] Ebd.

[38] *Siebenkäs* S. 271

ihrem französischen Publikum offensichtlich nicht zuviel an ästhetischen und ideologischen Grenzüberschreitungen zumuten. Deshalb erhöht sie gleichsam den rhetorischen Schutzwall, mit dem sie die Traumenklave in ihrem Jean-Paul-Kapitel umgibt, um so ihre riskante Vermittlerrolle nicht zu gefährden.

Der Eindruck einer skandalösen Transgression, den sie dadurch erweckt, darf nicht darüber hinwegtäuschen, daß weder die französische, noch die kühnere deutsche Version das literarische Diskurssystem ernsthaft in Frage stellt. Für Jean Paul wie für Mme de Staël ist dieser Traumtext ("ce morceau", [St 82]) eine literarische Komposition, die man nach vorwiegend ästhetischen Kriterien beurteilt: "(...) *il me paraît beau* de transporter ainsi au-delà de la tombe l'horrible effroi (...)" (St 84 f.)[39] Für keinen der beiden Autoren stellt sich die Frage nach der möglichen Authentizität des geschilderten Traums. Für beide handelt es sich um 'Traumdichtung', um das Exempel einer besonderen Imaginations- und Schreibart, und entsprechend wird ihre Qualität beurteilt. Vom Traumbericht als quasi-authentischem Erlebnisprotokoll sind wir noch weit entfernt. Erst wenn ein Nerval seine persönliche Existenz durch Traumtexte zu erhellen versucht, wie das in *Aurélia* geschieht, erst wenn die Grenze zwischen dem literarisch präsentierten Träumer und dem Menschen, der existentielle Probleme schreibend als Traumtexte verarbeitet, nicht mehr so klar zu ziehen ist, gerät auch die diskursive Ordnung des Traumberichts ins Wanken. Vorerst haben wir es noch mit einer (insbesondere bei Mme de Staël unübersehbar) wohldosierten Inszenierung ungewöhnlicher und symbolisch lesbarer Ereignisse im quasi-fiktionalen Gewand des literarischen Traumberichts zu tun.

III. Hugo – der Träumer als Held

Der rhetorisch wohlgeformte Traumbericht ist auch bei Hugo die Regel, obwohl der Visionär aus Guernsey zeit seines Lebens viel Energie darauf verwendete, seine Texte als unmittelbaren Niederschlag des eigenen (Wach- und Traum-)Lebens erscheinen zu lassen.

---

[39] Unsere Hervorhebung.

La Pente de la rêverie, von Hugo zum ersten Mal 1831 veröffentlicht, nachdem er sich mit *Hernani* (1830) und *Notre-Dame de Paris* (1831), aber auch mit *Les Orientales* (1829) endgültig zur dominanten Figur seiner Generation gemacht hat, ist dafür ein gutes Beispiel. Der Autor schildert hier einen Traum[40], den er als seinen eigenen ausgibt. Die Übereinstimmung zwischen dem angegebenen Abfassungsdatum ("28 mai 1830") und der gedichtinternen Situierung des Traums im "beau mois de mai" (H 13) sind ein Indiz dafür. Auch die liebevolle Evokation eines hellen Frühlingstages im trauten Pariser Heim als Ausgangsituation der Träumerei (H 11 ff.) bemüht sich, dem Text den Stempel der Authentizität aufzudrücken. Doch der Schock des Traumerlebnisses, das den Dichter "(é)bloui, haletant, stupide, épouvanté" (H 143) zurückläßt, hat ihm gleichwohl die Sprache nicht verschlagen. Das wird schon zu Beginn des Gedichtes deutlich, wenn er die Gefährlichkeit solcher Erlebnisse zwar hervorhebt, im gleichen Atemzug dann aber die Bedeutsamkeit des Traumes in poetisierenden Metaphern preist:

> De ce voyage obscur souvent on revient pâle!
>
> (H 10)

Rätselhaftigkeit, Sinntiefe und Bedrohlichkeit zeichnen die "sphère invisible" des Traumes aus, die dem "monde réel" (H 6) gegenübersteht und die nur der mutige Explorator zu schauen vermag. Wir werden an Jean Pauls und Mme de Staëls Traumintroduktionen erinnert, in denen ebenfalls ein mutiger Beobachter schaudernd von seinem Besuch in einem (beinahe heiligen) Tabubezirk zu berichten verspricht, gleichwohl darüber aber die Redehaltung und die gehobene Stillage nicht vernachlässigt:

> Amis, ne creusez pas vos chères rêveries;
> Ne fouillez pas le sol de vos plaines fleuries;
> (...)
>
> (H 1 f.)

---

[40] Im Titel spricht Hugo von einer "rêverie", einem Tagtraum also. Der erzählte Trauminhalt wie auch die Bezeichung "ce rêve hideux" in Vers 115 machen aber deutlich, daß zumindest in diesem Gedicht die beiden Begriffe synonym verwendet werden.

Wie Mme de Staëls "Songe" markiert auch Hugos Traumbericht deutlich den Übergang von der Wach- zur Traumwirklichkeit, und wie bei ihr steht die Helligkeit des Wachens dem Dunkel des Traumerlebnisses gegenüber. Dunkelheit ist überhaupt eine Qualität dieses Traums, die Hugo von Anfang an im Motto ("Obscuritate rerum verba saepe obscurantur.") und dann vor allem im Absatz VIII thematisiert. Wie weit die obscuritas vor allem im Bereich der verba reicht, wird noch zu klären sein. Zunächst fällt auf, daß auch der Träumer Hugos ein passiver Betrachter ist. Er sieht, wie Freunde und Unbekannte, Abwesende und Tote gleichermaßen an ihm vorbeiziehen (III). Auch Landschaften, Jahreszeiten, Kontinente, ja verschiedene Epochen und Generationen nimmt er gleichzeitig wahr (IV), wird so zum Betrachter des Universums in seiner geographischen wie historischen Breite und Tiefe und zuletzt, als sich räumliches und zeitliches Schauerlebnis überlagern (VII–X), vermag er in einer letzten Anstrengung – darauf bereitet uns der Aufbau des Textes Schritt für Schritt vor – die Ewigkeit zu schauen.

Was an dieser im Traum geschauten Welt erstaunt, sind erneut weniger ihre Elemente im einzelnen als die überbordende Fülle, das In- und Übereinander von örtlich und zeitlich getrennten Bereichen, die Aufhebung geographischer und historischer Entfernungen. Dem Träumer Hugo ist die Schau des Universums in seiner Gesamtheit vergönnt, und trotz nicht enden wollender Aufzählungen sind es nicht die Dinge selbst, sondern ihre Ko-Präsenz, die beeindruckt. Erst als der Traumerzähler versucht, diese Ko-Präsenz sprachlich zu fassen, zweifelt er an seiner Beschreibungsfähigkeit:

> Or, ce que je voyais, je doute que je puisse
> Vous le peindre: c'était comme un grand édifice
> Formé d'entassements de siècles et de lieux;
> (...)
>
> (H 105–107)

Doch dieser Zweifel entpuppt sich rasch als der bekannte Unsagbarkeitstopos, der eine letzte Steigerung in der Entfaltung rhetorischer Kraft zur Erfassung des Universums einläutet.

Indirekt ist damit schon angedeutet, daß trotz des mehrmals thematisierten Chaos ("Foule sans nom! chaos! des voix, des yeux, des pas." [H 47]) der Dichter nie die Sprachgewalt über sein Traumerlebnis verliert. Im Gegenteil, die Fülle des Geschauten wird von Anfang an wohlgegliedert präsentiert. Das nicht enden wollende Schauen, zeitlich ohne besondere Struktur, wird narrativ segmentiert. Der Dichter macht aus seinem Traum eine Abfolge von Schauereignissen. Gliedernde Partikel strukturieren die Weltfülle ("Alors", [H 31]; "Quand", [H 41]; "Alors", [H 69]; "soudain", [H 73]; "Ainsi", [H 97] usw.). In variierenden Totalisierungsformeln ("Ils étaient bien là *tous*, je voyais leurs visages, / *Tous*, même les absents qui font de longs voyages. /Puis *tous* ceux qui sont morts [...]", [H 37–39] und passim[41]) beschwört Hugo seine Fähigkeit zur umfassenden Vision, so daß letztlich dieser Traumbericht beinahe wie ein Kampf zwischen seiner Formulierungskraft und der Überfülle des geträumten Universums erscheint. Am Schluß der Auseinandersetzung triumphiert der Traumerzähler, wenn er mit letzter Anstrengung jene "richesse étrange" (H 137) zu schauen vermag, die er im letzten Wort des Gedichts benennt: "l'éternité". Der krönende Höhepunkt dieser spannend geschilderten Traumschau wirkt dann beinahe etwas karg, um nicht zu sagen banal gegenüber der überbordenden Vielfalt von Dingen, die es vorher schon zu schildern gab. Hier wird denn auch spürbar, daß dem Traumerzähler Hugo die faszinierte Abschilderung der Fülle der Welt mit den Mitteln der epideiktischen Rede letztlich wichtiger ist als das Erreichen des Traumhöhepunkts im letzten Vers.

So gesehen muß auch das Motto zum Gedicht – "Obscuritate rerum verba saepe obscurantur" – mit Vorsicht interpretiert werden. Hugo scheint hier eine mögliche obscuritas im dichterischen Diskurs anzukündigen und vielleicht sogar für seine Art visionärer Dichtung in Anspruch zu nehmen[42]. Doch wie bei seinem Authentizitätsanspruch ist auch hier des Poeten Postulat weit von seiner Realisierung entfernt. Erst spätere Dichter, wie Nerval und Lautréamont, werden jene obscuritas in Gegenstand und Sprache erfahrbar machen, die Hugo hier – dunkel raunend – verspricht. Der récit de rêve im vorliegenden Gedicht besticht geradezu durch die Transparenz seines Aufbaus. Man fühlt sich erneut an den von Mme de Staël prägnant

---

41 Unsere Hervorhebungen.

42 Wie dies P. Albouy im Anschluß an andere Hugo-Interpreten tut; vgl. V. Hugo, *Œuvres poétiques*, hg. P. Albouy, 2 Bde (Bibliothèque de la Pléiade. 171. 195), Paris 1964–1967, Bd 1, S. 1374.

gemachten "Songe de Jean Paul" erinnert: Beide enden mit einer, wenn man so will, metaphysischen Pointe. Das Spannungsverhältnis von res und verba, das im Motto anklingt und das später, bei Nerval, durchaus bis zum Zerreißen der dichterischen Rede überdehnt werden sollte, steht hier eindeutig unter dem Diktat der verba. Die Traumwirklichkeit wird als eigenständige Objektwelt gedacht und im mimetischen Diskurs als solche auch vorgeführt. Eine grundlegende Änderung des Traumdiskurses wird erst dann eintreten, wenn das Traumgeschehen als Moment des sprechenden Subjekts selbst und nicht mehr als subjektexterne res gedacht wird. Erst dann wird nämlich die aristotelisch geprägte Dichotomie von Objekt und Subjekt, von res und verba aufgehoben, das Reden dem Träumen gleichgestellt, werden beide als (mehr oder weniger ursprüngliche) Formen des Lebens gesehen. Solange dies aber nicht der Fall ist, werden Traumtexte aus Träumen weiterhin dargestellte Objekte, Kunstobjekte machen, die mit anderen Kunstobjekten rivalisieren. Ihre Strukturierung wird rhetorischen Regeln zu folgen haben.

Und beides, rhetorische Struktur und ästhetische Faktur, stützen aufs beste jene andere Zielsetzung, die Jean Paul, Mme de Staël und Hugo ebenfalls verfolgen, nämlich dem Leser im Medium des Traumberichts ein Stück Instruktion zu vermitteln. Der Dichter als weiser Prophet, diese grundromantische Idee, findet eine ihrer beliebtesten Ausprägungen im Dichter als Träumer und Visionär[43]. Dementsprechend präsentiert sich der Träumer zumeist als eine Ausnahmefigur mit besonderen Qualitäten, die stellvertretend für den Leser eine Erfahrung der Welt wagt, wie sie diesem gemeinhin verschlossen bleibt. Beide, der postulierte Leser wie auch der Traumerzähler, bleiben letztlich aber auf Distanz zum geschilderten Traum, betrachten ihn als ästhetisch oder auch ideologisch interessantes Kuriosum, das im Kontrast zur vertrauten Wirklichkeit steht. Der traumberichtende Dichter schildert virtuos eine nur ihm vergönnte Ausnahmeerfahrung, und der Leser mag staunen oder auch erschrecken – seine Bewunderung gilt vor allem dem aus der Traumwelt zurückgekehrten Träumer und Erzähler.

---

[43] Vgl. u. a. P. Bénichou, *Les Mages romantiques*, Paris 1988.

IV. Nerval: "(...) retrouvons la lettre perdue"[44]

Das Verhältnis von Traumerzähler und Traum, von Sprache und Traum, aber auch von Leser und Traumbericht ändert sich grundlegend mit Gérard de Nerval. Die Tatsache, daß mit die wichtigsten seiner Texte, unter anderem *Sylvie, Les Chimères* und *Aurélia* in Zeiten seiner tiefsten Nervenkrisen entstanden und publiziert wurden (1851–1855), aber keineswegs als Niederschrift dieser Krisen, sondern als kreative Reaktion darauf, ist Hinweis genug auf die enge Verschränkung von künstlerischer Arbeit und Traumleben bei Nerval. Am deutlichsten wird dies in *Aurélia*, dieser in ihrer Abfolge heute noch Rätsel aufgebenden[45] Serie von Traumberichten, autobiographischen Erzählfragmenten und um 'Vernünftigkeit' bemühten Reflexionen über das Verhältnis von Traum, Imagination, Illusion, Wahnsinn und Wirklichkeit. Bekanntlich verfaßte Nerval die einzelnen Teile des Textes auf Drängen seines Nervenarztes in dessen Haus im Herbst 1854, und noch bevor *Aurélia* ganz erscheinen konnte (der erste Teil erschien am 1. Januar 1855 in der *Revue de Paris*, der zweite am 15. Februar 1855), erhängte sich der Autor. Nerval selbst betrachtete *Aurélia* sicher als eine Art "journal de la folie"[46], dessen Teile er mit deutlichem Kompositionswillen zusammenfügte. Er versucht, therapeutische mit literarischen Intentionen zu verknüpfen, wie man aus manchen Reflexionen im Text entnehmen kann. Eine Interpretation von *Aurélia* muß also stets die Gesamtsituation der Entstehung des Textes und nicht nur seine vom praktischen Schreibgeschehen gleichsam ablösbare literarische Gestalt beurteilen.

---

44 G. de Nerval, *Aurélia* S. 790.

45 Vgl. hierzu den anregenden, aber gerade wegen der Heterogenität der vorgeschlagenen Interpretationswege irritierenden Band *Le Rêve et la vie* – Aurélia – Sylvie – Les Chimères *de Gérard de Nerval – Actes du Colloque du 19 janvier 1986*, Paris 1986.

46 Wie H. Lemaitre in seiner Ausgabe von Nervals *Œuvres* Bd 1, S. 749, in seinem Vorwort zu *Aurélia* richtig feststellt. Die Seitenzahlen im Text verweisen im folgenden auf die Ausgabe von Lemaitre.

Trotz der engen Verknüpfung von Leben und Dichtung, wie sie in der Art wohl kaum ein romantischer Autor realisierte, indiziert aber auch die Textgestalt allein bereits, wie weit wir uns hier von dem bisher studierten Typ des Traumtextes entfernen. Die Schreibsituation des nervlich belasteten Nerval mit all ihren vom Autor nicht immer abwägbaren Pressionen ist der Struktur von *Aurélia* förmlich eingezeichnet. Spuren einer Interaktion rationaler und irrationaler Kräfte, die die Abfassung prägten, sind allenthalben sichtbar und verleihen dem Text jene 'Kohärenz des Inkohärenten', die zum Faszinosum insbesondere der Surrealisten wurde, die Sekundärliteratur heute noch vor Deutungsprobleme stellt[47] und die unmittelbaren Zeitgenossen veranlaßte, vermeintliche Lücken im Sinne einer falsch verstandenen Texteinheit mit fremden Füllseln zu beheben. So demonstriert die erste Gesamtausgabe von *Aurélia*, 1855 posthum von Th. Gautier und A. Houssaye veranstaltet, mit ihrer Ergänzung des eigentlichen Textes um Briefe, die Nerval für andere Zwecke verfaßte, deutlich, daß auch wohlmeinende Freunde die Texte Nervals nach einem Ganzheitsideal beurteilten, auf das man offenkundig um die Mitte des 19. Jahrhunderts noch nicht verzichten mochte[48].

Der lockere Verbund der einzelnen Textsegmente, die ihrerseits die Gesamtstruktur von *Aurélia* – in der Kohärenz wie der Inkohärenz – spiegelartig reflektieren, erlaubt uns im übrigen, ein Segment, quasi als pars pro toto, exemplarisch zu interpretieren, um daran die Spezifika des Nervalschen Traumtextes aufzuzeigen. Das dritte Segment im ersten Teil mit dem berühmten Einleitungssatz "Ici a commencé pour moi ce que j'appellerai l'épanchement du songe dans la vie réelle" (N 1 f.) eignet sich dazu sehr gut. Zu Beginn und am Schluß des Segments erläutert Nerval den Einfluß seines Traumlebens auf das Wachleben und erweitert dabei den Begriff des Traums auf jegliche psychische Aktivität, die sich außerhalb der rationalen Kontrolle des Traum- und Imaginationssubjekts entfaltet. Doch nicht dies ist das eigentliche Neue an Nervals Traumverständ-

---

[47] Vgl. den reichhaltigen Band von J. Richer, *Gérard de Nerval devant la critique = Œuvres et critiques* 13 (1988), H. 2.

[48] Vgl. hierzu H. Lemaitre, in Nerval, *Œuvres* Bd 1, S. 750, 827 f. M. Bercot "Nerval en 1987", in *Gérard de Nerval devant la critique* S. 39–54, hier: S. 45 weist darauf hin, daß das Problem der eingefügten Briefe auch heute noch nicht zweifelsfrei gelöst ist.

nis und seinem sprachlichen Umgang mit dem Traum. Entscheidend ist die Verkehrung des Verhältnisses von Traum- und Wachwelt. Während bei Jean Paul, Mme de Staël, Hugo und vielen anderen Dichtern der Romantik der Traum als eine wünschenswerte oder gefährliche, lehrreiche oder verwirrende Unterbrechung des Wachlebens erscheint, repräsentiert für Nerval der Traum den eigentlichen und deshalb befriedigerenden Existenzbereich. Das Leben in rationaler Wachheit hingegen erscheint als störende Unterbrechung des glücklichen oder auch beängstigenden, stets aber umfassenderen Traumlebens. "(...) l'imagination m'apportait des délices infinies", stellt er bereits zu Beginn von *Aurélia* fest und fährt bedauernd fort: "En recouvrant ce que les hommes appellent la raison, faudra-t-il regretter de les avoir perdues ...?" (S. 754)

Der Anfang des Segments I, 3 unterscheidet sich zwar zunächst nicht wesentlich von den Traumtexten Mme de Staëls und Hugos, denn auch hier reflektiert der Schreiber über das Verhältnis von Traum- und Wachwirklichkeit. Der Beginn des eigentlichen Traumberichts, ansonsten klar markiert, ist dann aber nicht leicht auszumachen. Beinahe ohne Grenzsignale geht der Kommentar in den Bericht ("Mon ami m'avait quitté, [...]", [N 11]) über. Und auch dann bleibt zunächst unklar, ob Geträumtes, Imaginiertes oder real Vorgefallenes geschildert wird. Die Trennung vom Freund, der Wiederaufbruch zum Marsch (N 12–14), das klingt zunächst wie ein gewöhnliches Wacherlebnis, wandelt sich aber unmerklich zu einem Traumgeschehen:

> (...) je quittais mes habits terrestres et je les dispersais autour de moi. La route semblait s'élever toujours et l'étoile s'agrandir. Puis je restai les bras étendus, attendant le moment où l'âme allait se séparer du corps, attirée magnétiquement dans le rayon de l'étoile. (N 17–20)

Auch die weiteren Erlebnisse des Schreibers, seine Anziehung durch "l'esprit" (N 22), seine Vergrößerung, die ihm plötzlich zugewachsene Stärke (N 24–26), sind zweifelsohne Teil eines Traumes, eines Traumes freilich, der weiterhin auch Elemente aufweist, die man der gewöhnlichen, der Wachwirklichkeit zurechnen könnte. Der Schreiber sieht sich von einer Nachtwache umstellt (verhaftet?) (N 23 f.), er liegt auf einem Feldbett (N 32, 44), das könnte sich tatsächlich – oder doch nur in seinem Kopf zugetragen haben. Als Leser werden wir laufend verunsichert, zumal sich auch später wiederholt Reflexionen eines vernünftig räsonierenden Subjekts in den Traumbericht schieben, die über die Aufgaben des Schriftstellers (N 28) und, wie so oft bei Nerval, das Zusammenwirken von Traum und Wirklichkeit (N 42 f.) nachdenken.

Einen der Höhepunkte erreicht der Traumbericht mit der Ankunft eines Double, dessen Stimme der Träumer und Erzähler in sich selbst verspürt und dessen Weggehen er gleichwohl nicht verhindern kann (N 44–53). Erneut ist es schwer, “la vision et la réalité” (N 48 f.), wie es Nerval nennt, zu unterscheiden; denn der Text vermengt genau die Referenzbereiche, um deren Trennung er sich gleichzeitig bemüht. Der Schreiber ist Erlebnissubjekt und Darstellungsobjekt in konkurrierenden Welten, ohne selbst diese Unterscheidung pragmatisch überzeugend treffen zu können. Die Interpenetration beider Bereiche ist vollkommen, und erst wenn über eben diese Interpenetration reflektiert wird, wie dies auch am Schluß des Segments I, 3 wieder geschieht, können wir einigermaßen sicher sein, worüber der Text spricht und was er meint. Der eingangs thematisierte “épanchement du songe dans la vie réelle” (N 1 f.) findet seinen Niederschlag also in einer Erzählung, die übergangslos von imaginierten in reale Erlebnisbereiche wechselt und zeitweise, so hat man den Eindruck, sich auch in mehreren Bereichen gleichzeitig bewegt.

Das Phänomen der gleitenden Übergänge zwischen unterschiedlichen Referenzbereichen findet auf der Ebene des Trauminhalts seine Entsprechung in der labilen Identität der Lebewesen, denen der Träumer Nervals in den verschiedenen Imaginationen des *Aurélia*-Textes begegnet. Da ist beispielsweise jener Vogel in I, 4, der zu ihm in der Stimme eines Vorfahren spricht und ihm kurz darauf auch als solcher gegenübertritt (S. 764), oder jene Frau in I, 6, die sich unter seinen Augen in einen Garten und dann in einen Friedhof verwandelt (S. 773). Eine besonders reizvolle Form der Metamorphose ‘realisieren’ jene in Nervals Träumen, die sich aus mehreren zu einem vereinen, oder solche, die sich in mehrere aufteilen. So schwärmt der Traumerzähler in I, 6 von drei merkwürdigen Frauen:

> Il semblait que chacune eût les traits de plusieurs de ces personnes. Les contours de leurs figures variaient comme la flamme d’une

lampe, et à tout moment quelque chose de l'une passait dans l'autre; le sourire, la voix, la teinte des yeux, de la chevelure, la taille, les gestes familiers, s'échangeaient comme si elles eussent vécu de la même vie, et chacune était ainsi un composé de toutes, pareille à ces types que les peintres imitent de plusieurs modèles pour réaliser une beauté complète. (S. 771 f.).

Gerade die Evokation dieser Frauen mit multipler Identität illustriert sehr schön jene "délices de l'imagination", die Nerval bereits zu Beginn von *Aurélia* evoziert und die sich für ihn offensichtlich auch zu 'délices de la description' wandeln. Denn auffällig ist, daß seine Sprache in diesen Glücksmomenten ("je croyais ma force et mon activité doublées; il me semblait tout savoir, tout comprendre", S. 754) eine überbordende Euphorie und Formulierungskraft ausstrahlt, die in deutlichem Kontrast steht zu seinen eher mühsam wirkenden theoretischen Differenzierungsversuchen in Sachen Traum und Wirklichkeit. Man vergleiche hierzu die sich stockend vorantastende Argumentation des Kommentars in I, 3 (N 28–32) mit der begeisterten Rekreation jener Traumvision, die sich dem erinnernden Subjekt bald darauf einstellt:

> D'immenses cercles se traçaient dans l'infini, comme les orbes que forme l'eau troublée par la chute d'un corps; chaque région, peuplée de figures radieuses, se colorait, se mouvait, et se fondait tour à tour, et une divinité, toujours la même, rejetait en souriant les masques furtifs de ses diverses incarnations, et se réfugiait enfin insaisissable dans les mystiques splendeurs du ciel d'Asie. (N 36–41)

Die hier geschilderte Vision einer sich vielfach verändernden und doch gleichbleibenden, einer sichtbaren und doch fliehenden "divinité" ist eine beeindruckende Überhöhung der sonstigen multiplen Identitäten des Nervalschen Traumlebens. Sie liefert einen jener glücklichen Ausblicke auf die als Ganzheit gedachte Welt der Imagination. Der Träumer Nerval bekommt sie zwar nur ausschnittsweise zu 'Gesicht'. Ihre Ausschnitte verweisen aber doch auf den großen, den erahnten und erhofften Zusammenhang aller Welt mit dem imaginierenden Subjekt. Seine trotz der Rätselhaftigkeit der Erscheinungen nicht verzagende Sinngewißheit ist es auch, die Nerval am

Aufbau einer eigenen, aus lebensweltlichen und literarischen Erinnerungsstücken gefügten Imaginationswelt weiterarbeiten läßt. Die wechselnden Identitäten der 'Bewohner' seiner Träume sind zwar stets eine Warnung vor der Fragilität, der Flüchtigkeit dieser Welt. Geheimnisvolle Zusammenhänge zwischen einzelnen Phänomenen, zwischen einem Vogel und seinen Vorahnen, zwischen einer Frau und einem Garten, die sich immer wieder unerwartet-erwartet einstellen, sorgen aber dafür, daß der Träumer die Zuversicht in die Verweiskraft der Traumelemente auf andere, noch nicht erschlossene Bereiche nicht zu verlieren braucht, daß er damit rechnen kann, heute noch rätselhafte oder schmerzliche Erlebnisse morgen oder später als Elemente eines großen, des großen mystischen Zusammenhangs der Welt zu erkennen.

Unter diesem Blickwinkel stellt sich auch die Frage nach dem möglichen Erkenntniswert der von Nerval geschilderten Träume für den Leser seiner Epoche völlig anders. Nervals Traumsubjekt macht sich nicht auf die Suche nach der "lettre perdue", jener berühmten Metapher für das mystische Wissen der Welt, um ihren Sinn dann in der Welt zu verkünden. Nerval ist kein Seher und Prophet wie Hugo, sondern einer, der im Traum zurückzukehren hofft in eine verlorengeglaubte Heimat geistig-sinnlicher Art. Deshalb fehlt seinen Traumberichten zumeist das persuasive Moment. Sie richten sich kaum an den Leser, beziehen ihn selten ein. "(...) retrouvons la lettre perdue" –, das ist bezeichnenderweise ein Aufruf im persuasiven "nous". Er richtet sich an jene, die wie er bereits wissen, daß es diese mystische Heimat gibt und die nicht erst weitschweifig darüber aufgeklärt werden müssen. Nervals Traumberichte sind also keine erkenntnisstiftenden Texte, die eine komplexe Welt transparenter machen, sondern Orte des existentiellen Suchens und Fixierens, der Versprachlichung dessen, was vorsprachlich und imaginär bereits als existent gedacht wird.

So gesehen bekommt auch die von der Kritik immer schon hervorgehobene Intertextualität seiner Traumliteratur eine andere Qualität. Nervals Verweise auf andere Texte dienen nicht der literarischen Nobilitierung. Sie führen auch nicht jenen rivalisierenden Dialog mit anderen Texten und Autoren, der oft das Spiel intertextueller Verweise charakterisiert. Für ihn stellen die zitierten oder erinnerten Bezugstexte Wege zum mystischen Urverständnis der Welt dar, wie er sie sich vorstellt, und insofern kommt ihnen der gleiche existentielle Wert zu wie den eigenen Imaginationen[49]. Sie sind gleichsam Vorstufen einer erhofften Existenz im "monde des esprits", den sich Nerval durchaus als wortgeprägten Existenzbereich vorstellt, Schritte auf dem Weg zur Vereinigung mit dem 'Stern' oder anderen mächtigen Instanzen dieser 'Welt der Geister'. Für Nerval ist es deshalb letztlich wichtiger, die "lettre perdue" zu *suchen* als sie ganz und gar zu *verstehen*[50]. Denn für ihn wäre sie ein Pfand des "monde des esprits" und würde, wie andere intertextuelle Verweise in seinen Traumberichten, als Versprechen auf die Rückkehr in diese geistige Heimat fungieren. Deshalb ist auch die Rätselhaftigkeit seiner Traumberichte für jene beunruhigender, die ihre Ausdeutung als literarisch-ideologisches oder als psychiatrisches Problem sehen, als für Nerval selbst. Denn als aktives Traumsubjekt hat er, anders als die Träumer Jean Paul und Hugo, selbst teil an der Gestaltung dieser rätselhaften Welt. Man beachte, daß Nervals Träumer zumeist intensiv in die imaginären Geschehen eingreift, von denen er berichtet. Von daher rührt letztlich auch die für den Leser manchmal überraschende Gewißheit, mit der momentan Unverständliches geäußert wird. Für Nerval, den Träumer, wird sich in der unermüdlichen Suche nach der "lettre perdue", so hofft er, eine existentielle Konsistenz der Bewegung einstellen, die durchaus dem mystischen Gesamtzusammenhang entspricht.

V. Lautréamont – der Traum als Provokation

"C'est un homme ou une pierre ou un arbre qui va commencer le quatrième chant."[51] Der Dichter, der sich seiner Identität nicht

---

[49] Vgl. hierzu die ausgezeichnete Interpretation von Nervals *El Desdichado* durch K. Stierle in seiner für das heutige Nervalverständnis wichtigen Dissertation *Dunkelheit und Form in Gérard de Nervals* Chimères (Theorie und Geschichte der Literatur und der Schönen Künste. 5), München 1967, S. 108–116 und passim.

[50] Stierle wendet sich in diesem Zusammenhang zu Recht gegen eine Sinnauflösung der Nervalschen Texträtsel um jeden Preis und spricht statt dessen von ihrer "Poetik der Bewegung" (ebd. S. 106).

[51] *Les Chants de Maldoror* IV, 1, in Lautréamont/Nouveau, *Œuvres complètes* S. 41–252, hier: S. 157.

mehr gewiß ist, der sie immer wieder wechselt in einer "frénésie de la métamorphose"[52], jener Isidor Ducasse alias Comte de Lautréamont alias Maldoror, benützt neben vielen anderen Textsorten, die ihn seine literarische, insbesondere romantische Kultur verwenden und verachten gelehrt hat[53], auch den Traumbericht, um seine "poésie de révolte"[54] zu formulieren. So schildert er im sechsten Segment des vierten Gesanges den Traum seiner Verwandlung in ein Schwein. Provozierend – wie in vielen anderen Metamorphosen der *Chants de Maldoror*[55] – evoziert Lautréamont damit einen Glaubenssatz romantischer Philosophie, die Seinsverbundenheit des Menschen mit der Natur und ihren Lebewesen, und macht sich gleichzeitig darüber lustig. Das Erstaunliche an seinem Umgang mit der nun schon altgedienten Form des Traumberichts ist, daß trotz der gewaltigen Zerstörungskraft, die hinter all seinem Schreiben spürbar ist, der Texttyp des Traumberichts sich gegenüber dem Lautréamontschen Veränderungsdruck ziemlich resistent erweist. Bei genauerer Betrachtung wird offenkundig, daß der Metamorphosetraum im vierten Gesang in sich die Merkmale mehrerer Traumtypen vereint und damit beinahe so etwas wie die 'Summe' romantischer Traumtexte repräsentiert, freilich eine Summe mit verkehrten Vorzeichen[56].

Auf den ersten Blick hat Lautréamonts Schweinetraum in IV, 6 einiges gemein mit den Texten eines Nerval und seinem existentiellen Umgang mit dem Traumbericht. Lautréamont erzählt einen Traum, der ihn oder seinen Helden (das Erzähler-Ich wandelt sich in den *Chants* immer wieder in den Helden Maldoror) eine Existenzweise erleben läßt, die ihm ungeahnte, immer schon ersehnte, beglückende Handlungsmöglichkeiten eröffnet. "Objet de mes vœux, je n'appartenais plus à l'humanité!" (L 22 f.) Stark, ja unbesiegbar kann

---

[52] G. Bachelard, "Le Bestiaire de Lautréamont", in *La Nouvelle Revue Française* 53 (1939) S. 711–734, hier: S. 715.

[53] Zum parodistischen Aspekt vgl. die ausgezeichnete Untersuchung von C. Bouché, *Lautréamont – Du lieu commun à la parodie*, Paris 1974.

[54] So bezeichnet Ducasse die *Chants* in einem Brief an seinen Verleger vom 23. Oktober 1869, vgl. *Œuvres complètes* S. 297.

[55] Vgl. J. M. G. Le Clézio, "Maldoror et les métamorphoses", in *La Nouvelle Revue Française* 394 (1985) S. 1–20; 395 (1985) S. 28–49; 396 (1986) S. 23–44.

[56] Vgl. hierzu J. Decottignies, "La Poétique du cauchemar en France à l'époque romantique", in *L'Information littéraire* 24 (1972) S. 62–66.

er tief-innerste Wünsche verwirklichen, die ihm das Wachleben verwehrt ("plus de contrainte", [L 49] – "J'étais le plus fort, et je remportais toutes les victoires." [L 55 f.]). Er überragt – nur im Traum freilich – alle anderen: "(…) et je restais seul dans ma resplendissante grandeur." (L 58 f.) In dieser Haltung wirkt er beinahe wie eine erneute Verkörperung des romantischen Helden, handlungsschwach und traumstark zugleich, wenn nicht, ja wenn nicht die Traumverwandlung eine so gräßliche, so genüßlich abstoßend geschilderte Degradation zum Schwein gezeitigt hätte.

Genau hier markiert denn auch Lautréamont am deutlichsten den Unterschied zu seinen romantischen Ahnen. Seine Inversion der Wirklichkeit im Traum betrifft eigentlich nicht die Logik der Handlungen wie bei Nerval. Sie stellt vielmehr das ganze ethisch-ästhetische Wertsystem in Frage, das die romantischen Autoren mehr als ein halbes Jahrhundert als utopisches Postulat für eine zunehmend degenerierende Gesellschaft entworfen und (auch) in ihren Traumtexten heraufzubeschwören getrachtet haben. Das Traumglück, als Schwein zu leben und zu töten ("un bonheur parfait, que j'attendais depuis longtemps", [L 34 f.]), stellt alles bisher in Wunschträumen Dargestellte auf den Kopf, und der Leser, der damalige wie der heutige, wird sich schwer tun, der Euphorie des Traumerzählers in seinem Bericht zu folgen. Spätestens bei der Schilderung seines Bedauerns über das Wiedererwachen und die Rückkehr zum menschlichen Normalleben (L 65–79) – ebenfalls ein Kennzeichen des Nervalschen Existenztraums – wird klar, daß hier der romantische Traumbericht parodiert wird, indem man sein Ausdruckspotential, das eingestandermaßen sehr groß ist, bis zum Platzen überstrapaziert. Die existentielle Betroffenheit, die man in Nervals Schilderung imaginierter Geschichten oft wie ein labiles Wiedererleben des nur schwer fixierbaren Traums beobachten kann, will man dem Lautréamontschen Erzähler nicht so recht glauben. Die poetische Verklärung der Erinnerung an sein Schweinedasein ("la pâle voie lactée des regrets éternels", [L 78 f.]) ist um eine Idee zu poetisch. "Il joue la comédie du poète"[57], er macht zum grausamen Spiel, was für Jean Paul und

---

[57] J. M. G. Le Clézio, "L'Autre est Lautréamont", in *Entretiens* H. 30 (1971), S. 153–158, abgedruckt bei M. Philip, *Lectures de Lautréamont* (Lectures. 184), Paris 1971, S. 213–219, hier: S. 216.

Hugo philosophische Mission und für Nerval quälende Wirklichkeit war.

Der parodistische Zug unterstreicht im übrigen, was auch eine genauere Analyse des narrativen Diskurses bestätigt: Lautréamonts Metamorphosetraum ist auch sehr viel mehr dem erkenntisstiftenden Traumbericht verpflichtet, als man zunächst annehmen möchte. Ein äußeres Indiz dafür ist die klare Trennung zwischen Wach- und Traumwelt. Der Traum als Enklave, als fest umgrenzter Ausnahmebereich, ist deutlich markiert. Zudem wird er durch eine ganze Reihe von Reflexionen und Kommentaren zu einer Art Beweisobjekt reduziert, mit dem der Träumer und Erzähler offensichtlich eher eine bestimmte Position demonstrieren als einen außergewöhnlichen Ausschnitt seiner Existenz nacherlebbar machen will: "il n'est peut-être pas sans utilité de proclamer (...)" (L 30) Reflexionen über Gott und die Welt bestimmen das eigentliche Gesicht des Traumberichts. Gedanken über den möglichen Sinn dieser Metamorphose, die ihm, dem zum Schwein gewordenen Träumer, so viel Glück bereitet, vielleicht aber von der göttlichen Vorsehung als Bestrafung gedacht war, unterbrechen die Schilderung des geträumten Schweinelebens:

> Etait-ce comme une récompense? (...) Pour moi, j'entendis l'interprétation ainsi, (...) je recherchais activement quel acte de vertu j'avais accompli pour mériter, de la part de la Providence, cette insigne faveur. (L 22–26)

In dieser Uminterpretation des vielleicht gottgewollten Alptraums in einen Wunschtraum artikuliert sich jener Gotteshaß, der sich in den *Chants* auf so vielfältige Weise manifestiert und der immer wieder zu provokativen Zelebrationen des Übels um seiner selbst willen führt. Interessanter für uns sind aber noch die vielfältigen Leseranreden. In ihnen verbindet sich Lautréamonts Gotteshaß mit einer abgrundtiefen Verachtung der Menschen seiner Zeit: "inépuisables caricatures du beau, qui prenez au sérieux le braiement risible de votre âme" (L 39 f.), so verspottet er ihre (romantische) Selbstüberschätzung. Und gleich zu Beginn seines Traumberichts ironisiert er ihre niedrigen (Lese-)Bedürfnisse als animalisches Gieren, das er, der zynische Autor, gleichwohl vorgibt zu befriedigen:

> Mais arrivons tout de suite au rêve, afin que les impatients, affamés de ces sortes de lectures, ne se mettent pas à rugir, comme un

banc de cachalots macrocéphales qui se battent entre eux pour une femelle enceinte. (L 16–19)

Hier wird der Traumbericht indirekt als Lesefutter für ereignisgierige Liebhaber romantischer Schauerliteratur charakterisiert, und das mehrmalige Hinauszögern des Kerns der Geschichte entpuppt sich aus diesem Blickwinkel als eine rhetorische Strategie, die den unheilshungrigen Lesern ("inépuisables caricatures du beau", [L 39 f.]) die erwartete Befriedigung noch eine Weile vorenthält[58]. Es ist unübersehbar, daß Lautréamont sich mehr mit dem blasphemisch apostrophierten Schöpfer und dem Leser als Repräsentanten einer sich selbst überschätzenden bürgerlichen Kultur (vgl. L 41–46) auseinandersetzt als mit dem eigentlichen Traum. Und studiert man dessen Inhalt etwas genauer, so entpuppt sich letztlich auch die euphorische Schilderung einer Schweinemetamorphose (L 49–64) mit ihrer totalen Inversion ästhetisch-ethischer Werte als ein Angriff auf den Schöpfer und seine wohlmeinenden, sich der "divinité" (L 38) nahe dünkenden Geschöpfe, sprich die Leser seiner Epoche.

So gesehen vereinigt Lautréamonts Traumbericht wesentliche Strukturen sowohl des erkenntnisstiftenden wie auch des existenzerweiternden Traumberichts. Er pervertiert aber ihren in der Romantik zumeist positiv gesehenen *Gebrauch* auf mehrfache Weise. Die Traumgeschichte schildert zwar eine Existenzerweiterung. Doch die sie tragende Metamorphose zeitigt eine Degradation von so abstoßender Art, daß letztlich für eine sympathetische oder gar admirative Rezeption keinerlei Raum bleibt. Aus dem als Wunsch bezeichneten Traum Maldorors wird ein Alptraum für den Leser und seinen gutbürgerlichen Geschmack. Der parodistische Mißbrauch der epideiktischen Rede richtet sich mit diskursdestruktiver Kraft ebenso gegen die wohletablierten Normen romantischer Ethik und Ästhetik wie gegen die Ideale der philosophischen Utopien der Zeit. Und wenn zum Schluß der Lautréamontsche Erzähler noch einmal eine süßlich romantische Sehnsuchtsklage über die verlorengegangene Schweineidentität vernehmen läßt ("Il est temps de quitter ces souvenirs glorieux, qui ne laissent, après leur suite, que la pâle voie lactée des regrets éternels." [L 77–79]), dann ist klar, daß hier

[58] Insgesamt dreimal setzt der Erzähler an, L 20 ff., 26 ff. und 35 ff., bis er endlich in L 49 die Geschichte in einem Zug zu Ende erzählt.

nicht nur Inhalte und Strukturen des romantischen Traumberichts karikiert, sondern auch der Gebrauch desselben als erkenntnisstiftende oder erlebniserweiternde Literaturform pervertiert werden. Die traumtexttypische Inversion richtet Lautréamont nicht mehr primär gegen die Wachwirklichkeit, sondern nun, nachdem andere vor ihm schaudernd ihr Geträumtes poetisch entfaltet haben, gegen die Traumliteratur selbst und ihren Gebrauch. Erstaunlich an dieser Destruktionsarbeit mag dabei bleiben, daß die karikierte Diskursform relativ intakt aus der 'Pervertierungsmaschinerie' hervorgeht, als die man die *Chants de Maldoror* ohne weiteres bezeichnen könnte. Lautréamont spielt eben nicht nur die "comédie du poète", sondern auch die "comédie de l'écriture"[59] teuflisch gut, so daß das Maskenspiel des romantischen récit de rêve in den *Chants* für uns noch einmal auf verwirrende Weise in Szene gesetzt wird.

VI. Traum und Rhetorik

Fragt man sich abschließend, wie das literarische Redesystem des frühen 19. Jahrhunderts die romantische Forderung nach einer Transposition von imaginären, speziell träumerischen Erfahrungen in Sprache überstanden hat, so erstaunt doch ein wenig, wie stabil sich die rhetorische Grundordnung der Literatur speziell in Frankreich erwies. Der um seine spekulative Ambivalenz beraubte Traum des Jean Paul in der Fassung von Mme de Staël und Villers ist hierfür ein frühes Symptom. Als ob die didaktische Grundstruktur der "Rede des toten Christus" nicht schon deutlich genug wäre, sorgen die französischen Vermittler für eine noch stärkere Straffung der Komposition im ganzen und eine von metaphorischen Schnörkeln befreiende Politur der Traumschilderung im Detail. Übrig bleibt ein glatter récit de rêve, in dem man zwar schauerromantische Unruhe verspürt, der aber wohlüberlegt, d. h. gut komponiert mit der Schockbotschaft von der Nichtexistenz Gottes endet. Die klassischen Regeln mimetischer Darstellung eines ungewöhnlichen Ereignisses geraten bei Mme de Staël jedenfalls nicht ins Wanken, und der pointenhafte Abbruch des Jean Paulschen Traumberichts mit

[59] Le Clézio, "L'Autre est Lautréamont" S. 216.

einem ideologischen Kernsatz war sicherlich für seine immense Wirkung weit mehr verantwortlich als seine letztlich unauffällige, eben klassische ästhetische Gestalt.

Hugos *Pente de la rêverie* stellt gegenüber Mme de Staëls "Songe" in puncto rhetorischer Wohlkomponiertheit sogar noch eine Steigerung dar. Baudelaire sprach einmal von der "solennité" der Hugoschen "rêveries"[60]. Sein imaginäres Hinabtauchen in das physische und zeitliche All der Welt wird mit allen Mitteln der Redekunst als ungewöhnliches, schwieriges, aber erfolgreich abgeschlossenes Visionserlebnis präsentiert. Der Träumer Hugo als Ausnahmemensch beeindruckt fast ebenso – insbesondere beim aufregend gestalteten Schlußbemühen um einen 'Blick in die Ewigkeit' – wie seine Fähigkeit, die Totalität des Geschauten in weit ausholender Sprachgestik zu fassen. Beide Traumberichte liefern dem staunenden Leser Erkenntnisse über die Welt, die ihn schaudern lassen mögen, die ihm aber letztlich als abgeschlossene Erlebnisse eines anderen, eines Mutigeren, eines Dichters präsentiert werden.

Erst bei Nerval wird die Traumerfahrung zu einer echten Herausforderung an die Stabilität literarischer Rede. Er verzichtet in seinen Traumtexten und insbesondere in *Aurélia* auf jeglichen rhetorischen Triumphalismus. Der primäre Schock, den sie spürbar machen, geht nicht vom Traumerlebnis selbst aus, sondern von der Einwirkung der Wachwirklichkeit auf die imaginierte Welt. Nervals Traumtexte versuchen, dieses In- und Gegeneinander zu klären, tragen aber letztlich mehr zur Vermengung als zur Unterscheidung realer und imaginierter Referenzbereiche bei. Erstaunlicherweise bekommen sie erst dort eine gewisse rhetorische Brillanz, wo sie Erlebnisse schildern, die sich von Erfahrungen der Wachwirklichkeit eindeutig absetzen (N 36–41). In Schwierigkeiten bringt Nerval also nicht die syntaktische und semantische Ordnung seiner Traumerfahrungen, sondern die Herstellung eines pragmatisch eindeutigen Referenzbezugs. Die Trennung von Traum, Traumerinnerung und Traumkommentar gelingt nicht immer. Dort wo Unterscheidungen gesucht werden, stellen sich Analogien ein. Die Sprache wird gleichsam infiziert von der schwierigen Segmentierbarkeit des Traumer-

---

[60] *Réflexions sur quelques-uns de mes contemporains: Victor Hugo* (1861), in *Œuvres complètes* Bd 2, S. 130.

lebnisses und seiner problematischen Referenzierbarkeit. Gerade deshalb wirken seine Texte authentischer als alle anderen Traumberichte des 19. Jahrhunderts. Gleichzeitig aber finden sie auch heute – immer noch beurteilt mit romantisch geprägten Wertmaßstäben – gerade aufgrund ihres zögerlichen, manchmal auch scheiternden Darstellens einer kaum darstellbaren Traumwirklichkeit die größte Bewunderung[61].

Lautréamont hingegen, fast ein literarischer Mythos der Moderne, dürfte seine Ausstrahlung weniger den Traumberichten in den *Chants de Maldoror* verdanken, als der rhetorischen "ruse", mit der er auch den romantischen Texttyp des récit de rêve seiner angestammten Funktionen beraubt. Die Schilderung seiner Metamorphose in ein Schwein ist dafür ein gutes Beispiel. Die Abartigkeit der geträumten Ereignisse scheint seine Formulierungskraft geradezu zu beflügeln. Der thematisierte Glückzustand des zum Schwein gewordenen Träumers wird gleichsam umgesetzt in eine triumphalistische Erfolgsberichterstattung, die mit der wortmächtigen Rhetorik des Hugoschen Traumberichts weitaus mehr Ähnlichkeiten hat als mit Nervals existentiellen Traumtexten. Lautréamont trägt also zur semantischen Ausgestaltung der Utopie von einem neuen Leben im Traum nichts bei. Vielmehr spielt er die 'Komödie des romantisch-rhetorischen Diskurses' noch einmal, auf daß er endlich, samt der bürgerlichen Gesellschaft, die ihn trägt, in sich zusammenstürzen möge. Diese Aushöhlung des Traumberichts durch ihr Idol Ducasse mag die Surrealisten zur weitgehenden Disqualifizierung der romantischen Traumliteratur verleitet haben. Irritierend und erhellend bleibt die Tatsache, daß gerade in den *Chants de Maldoror* die Grundstrukturen des romantischen Traumberichts noch so gut erhalten bleiben. Die alte Erkenntnis, daß literarische Formen sich am besten in der Parodie erhalten, wird hier erneut bestätigt. Ducasse erweist seinen Verehrern im 20. Jahrhundert mit dem Mißbrauch der mittlerweile in die Jahre gekommenen Gattung des récit de rêve einen zweifachen Dienst intertextueller Art. Er 'hebt sie auf', indem er sie bis zur Lächerlichkeit mißbraucht, und er 'hebt sie auf' indem er sie, zumindest parodistisch, tradiert und so für eine neue Nutzung im 20. Jahrhundert verfügbar macht.

---

61 Vgl. *Gérard de Nerval devant la critique.*

Anhang

I. Germaine de Staël, *De l'Allemagne*, hg. S. Balayé, 2 Bde (Garnier-Flammarion. 167), Paris 1968, Bd 2, S. 53–55.

Enfin je risquerai la traduction d'un morceau très bizarre, mais qui sert à faire connaître le génie de Jean Paul.

Bayle a dit quelque part que *l'athéisme ne devrait pas mettre à l'abri de la crainte des souffrances éternelles*: c'est une grande pensée, et sur laquelle on peut réfléchir longtemps. Le songe de J. Paul, que je vais citer, peut être considéré comme cette pensée mise en action.

La vision dont il s'agit ressemble un peu au délire de la fièvre, et doit être jugée comme telle. Sous tout autre rapport que celui de l'imagination elle serait singulièrement attaquable.

«Le but de cette fiction, dit Jean Paul, en excusera la hardiesse. Si mon cœur était jamais assez malheureux, assez desséché pour que tous les sentiments qui affirment l'existence d'un Dieu y fussent anéantis, je relirais ces pages; j'en serais ébranlé profondément, et j'y retrouverais mon salut et ma foi. Quelques hommes nient l'existence de Dieu avec autant d'indifférence que d'autres l'admettent; et tel y a cru pendant vingt années, qui n'a rencontré que dans la vingt-unième la minute solennelle où il a découvert avec ravissement le riche apanage de cette croyance, la chaleur vivifiante de cette fontaine de naphte.

Un Songe

«Lorsque, dans l'enfance, on nous raconte que, vers minuit, à l'heure où le sommeil atteint notre âme de si près, les songes deviennent plus sinistres, les morts se relèvent, et, dans les églises solitaires, contrefont les pieuses pratiques des vivants, la mort nous effraie à cause des morts. Quand l'obscurité s'approche, nous détournons nos regards de l'église et de ses noirs vitraux; les terreurs de l'enfance, plus encore que ses plaisirs, reprennent des ailes pour voltiger autour de nous pendant la nuit légère de l'âme assoupie. Ah! n'éteignez pas ces étincelles; laissez-nous nos songes, même les plus sombres. Ils sont encore plus doux que notre existence actuelle; ils nous ramènent à cet âge où le fleuve de la vie réfléchit encore le ciel.

«Un soir d'été j'étais couché sur le sommet d'une colline, je m'y endormis, et je rêvai que je me réveillais au milieu de la nuit dans un cimetière.

L'horloge sonnait onze heures. Toutes les tombes étaient entrouvertes, les portes de fer de l'église, agitées par une main invisible, s'ouvraient et se refermaient à grand bruit. Je voyais sur les murs s'enfuir des ombres, qui n'y étaient projetées par aucun corps: d'autres ombres livides s'élevaient dans les airs, et les enfants seuls reposaient encore dans les cercueils. Il y avait dans le ciel comme un nuage grisâtre, lourd, étouffant, qu'un fantôme gigantesque serrait et pressait à longs plis. Au-dessus de moi j'entendais la chute lointaine des avalanches, et sous mes pas la première commotion d'un vaste tremblement de terre. Toute l'église vacillait, et l'air était ébranlé par des sons déchirants qui cherchaient vainement à s'accorder. Quelques pâles éclairs jetaient une lueur sombre. Je me sentis poussé par la terreur même à chercher un abri dans le temple: deux basilics étincelants étaient placés devant ses portes redoutables.

«J'avançai parmi la foule des ombres inconnues, sur qui le sceau des vieux siècles était imprimé; toutes ces ombres se pressaient autour de l'autel dépouillé, et leur poitrine seule respirait et s'agitait avec violence; un mort seulement, qui depuis peu était enterré dans l'église, reposait sur son linceul; il n'y avait point encore de battement dans son sein, et un songe heureux faisait sourire son visage; mais à l'approche d'un vivant il s'éveilla, cessa de sourire, ouvrit avec un pénible effort ses paupières engourdies; la place de l'œil était vide, et à celle du cœur il n'y avait qu'une profonde blessure; il souleva ses mains, les joignit pour prier; mais ses bras s'allongèrent, se détachèrent du corps, et les mains jointes tombèrent à terre.

«Au haut de la voûte de l'église était le cadran de l'éternité; on n'y voyait ni chiffres ni aiguilles, mais une main noire en faisait le tour avec lenteur, et les morts s'efforçaient d'y lire le temps.

«Alors descendit des hauts lieux sur l'autel une figure rayonnante, noble, élevée, et qui portait l'empreinte d'une impérissable douleur; les morts s'écrièrent: – O Christ! n'est-il point de Dieu? Il répondit: – Il n'en est point. Toutes les ombres se prirent à trembler avec violence, et le Christ continua ainsi: – J'ai parcouru les mondes, je me suis élevé au-dessus des soleils, et là aussi il n'est point de Dieu; je suis descendu jusqu'aux dernières limites de l'univers, j'ai regardé dans l'abîme et je me suis écrié: – Père, où es-tu? mais je n'ai entendu que la pluie qui tombait goutte à goutte dans l'abîme, et l'éternelle tempête, que nul ordre ne régît, m'a seule répondu. Relevant ensuite mes regards vers la voûte des cieux, je n'y ai trouvé qu'une orbite vide, noire et sans fond. L'éternité reposait sur le chaos et le rongeait et se dévorait lentement elle-même: redoublez vos plaintes amères et déchirantes; que des cris aigus dispersent les ombres, car c'en est fait.

«Les ombres désolées s'évanouirent comme la vapeur blanchâtre que le froid a condensée; l'église fut bientôt déserte; mais tout à coup, spectacle affreux, les enfants morts, qui s'étaient réveillés à leur tour dans le cimetière, accoururent et se prosternèrent devant la figure majestueuse qui était sur l'autel, et dirent: – Jésus, n'avons-nous pas de père? et il répondit, avec un torrent de larmes: – Nous sommes tous orphelins, moi et vous nous n'avons point de père. A ces mots, le temple et les enfants s'abîmèrent, et tout l'édifice du monde s'écroula devant moi dans son immensité. »

Je n'ajouterai point de réflexions à ce morceau, dont l'effet dépend absolument du genre d'imagination des lecteurs. Le sombre talent qui s'y manifeste m'a frappée, et il me paraît beau de transporter ainsi au-delà de la tombe l'horrible effroi que doit éprouver la créature, privée de Dieu.

II. Victor Hugo, *Œuvres poétiques*, hg. P. Albouy, 2 Bde, (Bibliothèque de la Pléiade. 171. 195), Paris 1964–1967, Bd 1, S. 770–774.

La Pente de la rêverie

Obscuritate rerum verba saepe obscurantur.
Gervasius Tilbernensis

I

Amis, ne creusez pas vos chères rêveries;
Ne fouillez pas le sol de vos plaines fleuries;
Et quand s'offre à vos yeux un océan qui dort,
Nagez à la surface ou jouez sur le bord;
Car la pensée est sombre! Une pente insensible
Va du monde réel à la sphère invisible;
La spirale est profonde, et quand on y descend,
Sans cesse se prolonge et va s'élargissant,
Et pour avoir touché quelque énigme fatale,
De ce voyage obscur souvent on revient pâle!

II

L'autre jour, il venait de pleuvoir, car l'été,
Cette année, est de bise et de pluie attristé,

Et le beau mois de mai dont le rayon nous leurre,
Prend le masque d'avril qui sourit et qui pleure.
J'avais levé le store aux gothiques couleurs.
Je regardais au loin les arbres et les fleurs.
Le soleil se jouait sur la pelouse verte
Dans les gouttes de pluie, et ma fenêtre ouverte
Apportait du jardin à mon esprit heureux
Un bruit d'enfants joueurs et d'oiseaux amoureux.
Paris, les grands ormeaux, maison, dôme, chaumière,
Tout flottait à mes yeux dans la riche lumière
De cet astre de mai dont le rayon charmant
Au bout de tout brin d'herbe allume un diamant!
Je me laissais aller à ces trois harmonies,
Printemps, matin, enfance, en ma retraite unies;
La Seine, ainsi que moi, laissait son flot vermeil
Suivre nonchalamment sa pente, et le soleil
Faisait évaporer à la fois sur les grèves
L'eau du fleuve en brouillards et ma pensée en rêves!

III

Alors, dans mon esprit, je vis autour de moi
Mes amis, non confus, mais tels que je les voi
Quand ils viennent le soir, troupe grave et fidèle,
Vous avec vos pinceaux dont la pointe étincelle,
Vous, laissant échapper vos vers au vol ardent,
Et nous tous écoutant en cercle, ou regardant.
Ils étaient bien là tous, je voyais leurs visages,
Tous, même les absents qui font de longs voyages.
Puis tous ceux qui sont morts vinrent après ceux-ci,
Avec l'air qu'ils avaient quand ils vivaient aussi.
Quand j'eus, quelques instants, des yeux de ma pensée,
Contemplé leur famille à mon foyer pressée,
Je vis trembler leurs traits confus, et par degrés
Pâlir en s'effaçant leurs fronts décolorés,
Et tous, comme un ruisseau qui dans un lac s'écoule,
Se perdre autour de moi dans une immense foule.
Foule sans nom! chaos! des voix, des yeux, des pas.
Ceux qu'on n'a jamais vus, ceux qu'on ne connaît pas.

Tous les vivants! - cités bourdonnant aux oreilles
Plus qu'un bois d'Amérique ou des ruches d'abeilles,
Caravanes campant sur le désert en feu,
Matelots dispersés sur l'océan de Dieu,
Et, comme un pont hardi sur l'onde qui chavire,
Jetant d'un monde à l'autre un sillon de navire,
Ainsi que l'araignée entre deux chênes verts
Jette un fil argenté qui flotte dans les airs!

IV

Les deux pôles! le monde entier! la mer, la terre,
Alpes aux fronts de neige, Etnas au noir cratère,
Tout à la fois, automne, été, printemps, hiver,
Les vallons descendant de la terre à la mer
Et s'y changeant en golfe, et des mers aux campagnes
Les caps épanouis en chaînes de montagnes,
Et les grands continents, brumeux, verts ou dorés,
Par les grands océans sans cesse dévorés,
Tout, comme un paysage en une chambre noire
Se réfléchit avec ses rivières de moire,
Ses passants, ses brouillards flottant comme un duvet,
Tout dans mon esprit sombre allait, marchait, vivait!
Alors, en attachant, toujours plus attentives,
Ma pensée et ma vue aux mille perspectives
Que le souffle du vent ou le pas des saisons
M'ouvrait à tous moments dans tous les horizons,
Je vis soudain surgir, parfois du sein des ondes,
A côté des cités vivantes des deux mondes,
D'autres villes aux fronts étranges, inouïs,
Sépulcres ruinés des temps évanouis,
Pleines d'entassements, de tours, de pyramides,
Baignant leurs pieds aux mers, leur tête aux cieux humides.
Quelques-unes sortaient de dessous des cités
Où les vivants encor bruissent agités,
Et des siècles passés jusqu'à l'âge où nous sommes
Je pus compter ainsi trois étages de Romes.
Et tandis qu'élevant leurs inquiètes voix,
Les cités des vivants résonnaient à la fois
Des murmures du peuple ou du pas des armées,
Ces villes du passé, muettes et fermées,

Sans fumée à leurs toits, sans rumeurs dans leurs seins,
Se taisaient, et semblaient des ruches sans essaims.

V

J'attendais. Un grand bruit se fit. Les races mortes
De ces villes en deuil vinrent ouvrir les portes,
Et je les vis marcher ainsi que les vivants,
Et jeter seulement plus de poussière aux vents.
Alors, tours, aqueducs, pyramides, colonnes,
Je vis l'intérieur des vieilles Babylones,
Les Carthages, les Tyrs, les Thèbes, les Sions,
D'où sans cesse sortaient des générations.

VI

Ainsi j'embrassais tout: et la terre, et Cybèle;
La face antique auprès de la face nouvelle;
Le passé, le présent; les vivants et les morts;
Le genre humain complet comme au jour du remords.
Tout parlait à la fois, tout se faisait comprendre,
Le pélage d'Orphée et l'étrusque d'Évandre,
Les runes d'Irmensul, le sphinx égyptien,
La voix du nouveau monde aussi vieux que l'ancien.

VII

Or, ce que je voyais, je doute que je puisse
Vous le peindre: c'était comme un grand édifice
Formé d'entassements de siècles et de lieux;
On n'en pouvait trouver les bords ni les milieux;
A toutes les hauteurs, nations, peuples, races,
Mille ouvriers humains, laissant partout leurs traces,
Travaillaient nuit et jour, montant, croisant leurs pas,
Parlant chacun leur langue et ne s'entendant pas;
Et moi je parcourais, cherchant qui me réponde,
De degrés en degrés cette Babel du monde.

VIII

La nuit avec la foule, en ce rêve hideux,
Venait, s'épaississant ensemble toutes deux,
Et, dans ces régions que nul regard ne sonde,
Plus l'homme était nombreux, plus l'ombre était profonde.
Tout devenait douteux et vague, seulement
Un souffle qui passait de moment en moment,
Comme pour me montrer l'immense fourmilière,
Ouvrait dans l'ombre au loin des vallons de lumière,
Ainsi qu'un coup de vent fait sur les flots troublés
Blanchir l'écume, ou creuse une onde dans les blés.

IX

Bientôt autour de moi les ténèbres s'accrurent,
L'horizon se perdit, les formes disparurent,
Et l'homme avec la chose et l'être avec l'esprit
Flottèrent à mon souffle, et le frisson me prit.
J'étais seul. Tout fuyait. L'étendue était sombre.
Je voyais seulement au loin, à travers l'ombre,
Comme d'un océan les flots noirs et pressés,
Dans l'espace et le temps les nombres entassés!

X

Oh! cette double mer du temps et de l'espace
Où le navire humain toujours passe et repasse,
Je voulus la sonder, je voulus en toucher
Le sable, y regarder, y fouiller, y chercher,
Pour vous en rapporter quelque richesse étrange,
Et dire si son lit est de roche ou de fange.
Mon esprit plongea donc sous ce flot inconnu,
Au profond de l'abîme il nagea seul et nu,
Toujours de l'ineffable allant à l'invisible...
Soudain il s'en revint avec un cri terrible,
Ébloui, haletant, stupide, épouvanté,
Car il avait au fond trouvé l'éternité.

28 mai 1830.

III. Gérard de Nerval, *Aurélia*, in *Œuvres*, hg. H. Lemaitre, 2 Bde (Classiques Garnier), Paris 1966, Bd 1, S. 760-763.

Ici a commencé pour moi ce que j'appellerai l'épanchement du songe dans la vie réelle. A dater de ce moment, tout prenait parfois un aspect double, – et cela sans que le raisonnement manquât jamais de logique, sans que la mémoire perdît les plus légers détails de ce qui m'arrivait. Seulement, mes actions, insensées en apparence, étaient soumises à ce que l'on appelle illusion, selon la raison humaine ...

Cette idée m'est revenue bien des fois, que, dans certains moments graves de la vie, tel Esprit du monde extérieur s'incarnait tout à coup en la forme d'une personne ordinaire, et agissait ou tentait d'agir sur nous, sans que cette personne en eût la connaissance ou en gardât le souvenir.

Mon ami m'avait quitté, voyant ses efforts inutiles, et me croyant sans doute en proie à quelque idée fixe que la marche calmerait. Me trouvant seul, je me levai avec effort et me remis en route dans la direction de l'étoile sur laquelle je ne cessais de fixer les yeux. Je chantais en marchant un hymne mystérieux dont je croyais me souvenir comme l'ayant entendu dans quelque autre existence, et qui me remplissait d'une joie ineffable. En même temps, je quittais mes habits terrestres et je les dispersais autour de moi. La route semblait s'élever toujours et l'étoile s'agrandir. Puis je restai les bras étendus, attendant le moment où l'âme allait se séparer du corps, attirée magnétiquement dans le rayon de l'étoile. Alors, je sentis un frisson; le regret de la terre et de ceux que j'y aimais me saisit au cœur, et je suppliai si ardemment en moi-même l'esprit qui m'attirait à lui, qu'il me sembla que je redescendais parmi les hommes. Une ronde de nuit m'entourait: – j'avais alors l'idée que j'étais devenu très grand, – et que, tout inondé de forces électriques, j'allais renverser tout ce qui m'approchait. Il y avait quelque chose de comique dans le soin que je prenais de ménager les forces et la vie des soldats qui m'avaient recueilli.

Si je ne pensais que la mission d'un écrivain est d'analyser sincèrement ce qu'il éprouve dans les graves circonstances de la vie, et si je ne me proposais un but que je crois utile, je m'arrêterais ici, et je n'essayerais pas de décrire ce que j'éprouvai ensuite dans une série de visions insensées peut-être, ou vulgairement maladives ... Étendu sur un lit de camp, je crus voir le ciel se dévoiler et s'ouvrir en mille aspects de magnificences inouïes. Le destin de l'Ame délivrée semblait se révéler à moi comme pour me donner le regret d'avoir voulu reprendre pied de toutes les forces de mon esprit sur la terre que j'allais quitter... D'immenses cercles se traçaient dans l'infini, comme les orbes que forme l'eau troublée par la chute d'un corps; chaque région, peuplée de figures radieuses, se colorait, se mouvait, et se fondait tour à tour, et une divinité, toujours la même, rejetait en souriant les masques furtifs de ses diverses incarnations, et se réfugiait enfin insaisissable dans les mystiques splendeurs du ciel d'Asie.

Cette vision céleste, par un de ces phénomènes que tout le monde a pu éprouver dans certains rêves, ne me laissait pas étranger à ce qui se passait autour de moi. Couché sur un lit de camp, j'entendais que les soldats s'entretenaient d'un inconnu arrêté comme moi et dont la voix avait retenti dans la même salle. Par un singulier effet de vibration, il me semblait que cette voix résonnait dans ma poitrine et que mon âme se dédoublait pour ainsi dire, – distinctement partagée entre la vision et la réalité. Un instant, j'eus l'idée de me retourner avec effort vers celui dont il était question, puis je frémis en me rappelant une tradition bien connue en Allemagne, qui dit que chaque homme a un *double*, et que, lorsqu'il le voit, la mort est proche. – Je fermai les yeux et j'entrai dans un état d'esprit confus où les figures fantasques ou réelles qui m'entouraient se brisaient en mille apparences fugitives. Un instant, je vis près de moi deux de mes amis qui me réclamaient, les soldats me désignèrent; puis la porte s'ouvrit et quelqu'un de ma taille, dont je ne voyais pas la figure, sortit avec mes amis que je rappelais en vain. «Mais on se trompe! m'écriais-je, c'est moi qu'ils sont venus chercher et c'est un autre qui sort! »Je fis tant de bruit que l'on me mit au cachot.

J'y restai plusieurs heures dans une sorte d'abrutissement; enfin, les deux amis que j'avais cru voir déjà vinrent me chercher avec une voiture. Je leur racontai tout ce qui s'était passé, mais ils nièrent être venus dans la nuit. Je dînai avec eux assez tranquillement; mais, à mesure que la nuit approchait, il me sembla que j'avais à redouter l'heure même qui, la veille, avait risqué de m'être fatale. Je demandai à l'un d'eux une bague orientale qu'il avait au doigt et que je regardais comme un ancien talisman, et, prenant un foulard, je la nouai autour de mon cou, en ayant soin de tourner le chaton, composé d'une turquoise, sur un point de la nuque où je sentais une douleur. Selon moi, ce point était celui par où l'âme risquerait de sortir au moment où un certain rayon, parti de l'étoile que j'avais vue la veille, coïnciderait relativement à moi avec le zénith. Soit par hasard, soit par l'effet de ma forte préoccupation, je tombai comme foudroyé, à la même heure que la veille. On me mit sur un lit, et pendant longtemps je perdis le sens et la liaison des images qui s'offrirent à moi.

Cet état dura plusieurs jours. Je fus transporté dans une maison de santé. Beaucoup de parents et d'amis me visitèrent sans que j'en eusse la connaissance. La seule différence pour moi de la veille au sommeil était que, dans la première, tout se transfigurait à mes yeux; chaque personne qui m'approchait semblait changée, les objets matériels avaient comme une pénombre qui en modifiait la forme, et les jeux de la lumière, les combinaisons des couleurs se décomposaient, de manière à m'entretenir dans une série constante d'impressions qui se liaient entre elles, et dont le rêve, plus dégagé des éléments extérieurs, continuait la probabilité.

IV. Lautréamont, *Les Chants de Maldoror*, IV, 6, in Lautréamont/Germain Nouveau, *Œuvres complètes*, hg. P.-O. Walzer (Bibliothèque de la Pléiade. 218), Paris 1970, S. 175-178.

Je m'étais endormi sur la falaise. Celui qui, pendant un jour, a poursuivi l'autruche à travers le désert, sans pouvoir l'atteindre, n'a pas eu le temps de prendre de la nourriture et de fermer les yeux. Si c'est lui qui me lit, il est capable de deviner, à la rigueur, quel sommeil s'appesantit sur moi. Mais, quand la tempête a poussé verticalement un vaisseau, avec la paume de sa main, jusqu'au fond de la mer; si, sur le radeau, il ne reste plus de tout l'équipage qu'un seul homme, rompu par les fatigues et les privations de toute espèce; si la lame le ballotte, comme une épave, pendant des heures plus prolongées que la vie d'homme; et, si, une frégate, qui sillonne plus tard ces parages de désolation d'une carène fendue, aperçoit le malheureux qui promène sur l'océan sa carcasse décharnée, et lui porte un secours qui a failli être tardif, je crois que ce naufragé devinera mieux encore à quel degré fut porté l'assoupissement de mes sens. Le magnétisme et le chloroforme, quand ils s'en donnent la peine, savent quelquefois engendrer pareillement de ces catalepsies léthargiques. Elles n'ont aucune ressemblance avec la mort: ce serait un grand mensonge de le dire. Mais arrivons tout de suite au rêve, afin que les impatients, affamés de ces sortes de lectures, ne se mettent pas à rugir, comme un banc de cachalots macrocéphales qui se battent entre eux pour une femelle enceinte. Je rêvais que j'étais entré dans le corps d'un pourceau, qu'il ne m'était pas facile d'en sortir, et que je vautrais mes poils dans les marécages les plus fangeux. Était-ce comme une récompense? Objet de mes vœux, je n'appartenais plus à l'humanité! Pour moi, j'entendis l'interprétation ainsi, et j'en éprouvai une joie plus que profonde. Cependant, je recherchais activement quel acte de vertu j'avais accompli pour mériter, de la part de la Providence, cette insigne faveur. Maintenant que j'ai repassé dans ma mémoire les diverses phases de cet aplatissement épouvantable contre le ventre du granit, pendant lequel la marée, sans que je m'en aperçusse, passa, deux fois, sur ce mélange irréductible de matière morte et de chair vivante, il n'est peut-être pas sans utilité de proclamer que cette dégradation n'était probablement qu'une punition, réalisée sur moi par la justice divine. Mais, qui connaît ses besoins intimes ou la cause de ses joies pestilentielles! La métamorphose ne parut jamais à mes yeux que comme le haut et magnanime retentissement d'un bonheur parfait, que j'attendais depuis longtemps. Il était enfin venu, le jour où je fus un pourceau! J'essayai mes dents sur l'écorce des arbres; mon groin, je le contemplais avec délice. Il ne restait plus la moindre parcelle de divinité: je sus élever mon âme jusqu'à l'excessive hauteur de cette volupté ineffable. Ecoutez-moi donc, et ne rougissez pas, inépuisables caricatures du beau, qui prenez au sérieux le braiement risible de votre âme, souverainement méprisable; et qui ne comprenez pas pourquoi le Tout-Puissant, dans un rare moment de bouffonnerie excellente, qui, certainement, ne dépasse pas les grandes lois générales du grotesque, prit, un jour, le mirifique plaisir de faire habiter une planète par des êtres singuliers et microscopiques, qu'on appelle *humains*, et dont la matière ressemble à celle du corail vermeil. Certes, vous avez raison de rougir, os et graisse, mais écoutez-moi. Je n'invoque pas votre intelligence; vous la feriez rejeter du sang par l'horreur qu'elle vous témoigne: oubliez-la, et soyez conséquents avec vous-mêmes... Là, plus de contrainte. Quand je voulais tuer, je tuais; cela, même, m'arrivait souvent, et personne ne m'en empêchait. Les lois humaines me poursuivaient encore de leur vengeance, quoique je n'attaquasse pas la race que j'avais abandonnée si tranquillement; mais ma conscience ne me faisait aucun reproche. Pendant la journée, je me battais avec mes nouveaux semblables, et le sol était parsemé de nombreuses couches de sang caillé. J'étais le plus fort, et je remportais toutes les victoires. Des blessures cuisantes couvraient mon corps; je faisais semblant de ne pas m'en apercevoir. Les animaux terrestres s'éloignaient de moi, et je restais seul dans ma resplendissante grandeur. Quel ne fut pas mon étonnement, quand, après avoir traversé un fleuve à la nage, pour m'éloigner des contrées que ma rage avait dépeuplées, et gagner d'autres campagnes pour y planter mes coutumes de meurtre et de carnage, j'essayai de marcher sur cette rive fleurie. Mes pieds étaient paralysés; aucun mouvement ne venait trahir la vérité de cette immobilité forcée. Au milieu d'efforts surnaturels, pour continuer mon chemin, ce fut alors que je me réveillai, et que je sentis que je redevenais homme. La Providence me faisait ainsi comprendre, d'une manière qui n'est pas inexplicable, qu'elle ne voulait pas que, même en rêve, mes projets sublimes s'accomplissent. Revenir à ma forme primitive fut pour moi une douleur si grande, que, pendant les nuits, j'en pleure encore. Mes draps sont constamment mouillés, comme s'ils avaient été passés dans l'eau, et, chaque jour, je les fais changer. Si vous ne le croyez pas, venez me voir; vous contrôlerez, par votre propre expérience, non pas la vraisemblance, mais, en outre, la vérité même de mon assertion. Combien de fois, depuis cette nuit passée à la belle étoile, sur une falaise, ne me suis-je pas mêlé à des troupeaux de pourceaux, pour reprendre, comme un droit, ma métamorphose détruite! Il est temps de quitter ces souvenirs glorieux, qui ne laissent, après leur suite, que la pâle voie lactée des regrets éternels.

Max Milner

Rêve et révolte chez Gérard de Nerval

Nerval[1] a été longtemps dépeint sous les traits d'un doux rêveur, d'un "fol délicieux", trop sensible et trop fragile psychiquement pour affronter le choc de la dure réalité, s'absentant du monde contemporain et trouvant refuge dans l'illuminisme, dans le mythe, dans l'évocation d'un passé reconstruit à l'image de ses désirs, et durant de longues périodes, hélas, dans une démence qui le coupe de toute communication avec ses semblables. Il n'est plus nécessaire de démontrer combien cette image est partielle, sinon entièrement fausse, et combien l'œuvre de Nerval, sous des dehors enjoués, résignés ou conciliateurs, est habitée par une violence qu'il dirige non seulement contre lui-même, mais contre certaines des valeurs religieuses, politiques ou esthétiques dans lesquelles communient une grande partie de ses contemporains. Si une telle démonstration n'est plus à faire, les liens qui unissent chez lui rêve et révolte demandent à être précisés, et il faut savoir gré aux organisateurs de ce colloque d'avoir posé une question qui, appliquée à Nerval, se révèle singulièrement pertinente, et susceptible d'éclairer un aspect essentiel de sa démarche. Cet éclairage permettra peut-être, en retour, d'apporter une certaine lumière sur quelques traits de la modernité romantique.

Il faut préalablement tenter de délimiter le domaine du rêve dans l'œuvre de Nerval, et ce n'est pas chose facile. Si l'on met à part le cas d'*Aurélia*, le rêve proprement dit, celui qui est censé se dérouler durant le sommeil, occupe peu de place dans cette œuvre. Ceux que l'auteur rapporte comme ayant été l'objet d'une expérience personnelle sont, sauf erreur, au nombre de trois: un dans *Pandora* et deux dans *Les Nuits d'octobre*; encore ces deux derniers présentent-ils le

---

[1] Nos références renvoient, pour *Les Illuminés* et le *Voyage en Orient*, aux *Œuvres complètes* de Gérard de Nerval, édd. J. Guillaume et C. Pichois, t. II (Bibliothèque de la Pléiade. 117), Paris 1984, et pour les autres textes aux *Œuvres* de Nerval, édd. A. Béguin et J. Richer, 2 tomes (Bibliothèque de la Pléiade. 89. 117), Paris 1974 (1952–1956).

caractère de constructions humoristiques, dont le sens symbolique est trop clairement affiché pour qu'on puisse les considérer comme les transcriptions, même lointaines, de rêves réels[2]. Plus nombreux sont les rêves prêtés à des personnages: celui de Cazotte dans *Les Illuminés*, qui reprend à peu près exactement les termes dans lesquels le rapportait l'auteur du *Diable amoureux*; le bref rêve prémonitoire d'Eustache Bouteroue dans *La Main enchantée*[3]; ceux de Polyphile, dont il est question au début du *Voyage en Orient*; ceux qui jalonnent l'*Histoire du Calife Hakem*, mais qui sont en fait des hallucinations dues au haschisch; ceux, enfin, au cours desquels Raoul Spifame, croyant être le roi Henri II, se comporte comme le monarque: “S'il demeurait assis dans sa chaise, le jour, à se rendre compte de sa triste identité, s'il parvenait à se reconnaître, à se comprendre, à se saisir, la nuit son existence réelle lui était enlevée par des songes extraordinaires, et il en subissait une tout autre, entièrement absurde et hyperbolique (...)”[4]

Mais ce dernier exemple recèle une ambiguïté qui apparaîtra avec beaucoup plus de force dans *Aurélia*. Le dédoublement de la personnalité dont souffre Raoul Spifame se manifeste dans une suite d'états délirants qui sont loin d'obéir à l'alternance régulière du jour et de la nuit, comme ceux dans lesquels est plongé le héros de *La Morte amoureuse* de Gautier, et c'est bel et bien pendant le jour que le “roi de Bicêtre” accomplit la plupart de ses actes insensés.

---

[2] Dans le premier rêve, seules les images d'escaliers qu'on monte et qu'on descend sans fin et l'impression de coups sur la tête paraissent se rattacher à une expérience personnelle (une note conservée à la collection Lovenjoul [*Œuvres* t. I, p. 125] limite ce récit de rêve à ces deux seuls éléments). Le “chœur des gnomes” est présenté par Nerval lui-même comme “un chapitre dans le goût allemand”, et le thème du crâne dévissé et nettoyé par les gnomes provient vraisemblablement de l'*Onuphrius* de Gautier. Ce qui ne veut pas dire, bien entendu, que les autres éléments du rêve n'aient pas un contenu pulsonniel qu'il est intéressant de décrypter. Quant au second rêve, où Nerval se représente lui-même en butte aux accusations de fantaisisme, d'essayisme et de réalisme devant un tribunal composé de juges ressemblant à MM. Nisard, Cousin et Guizot, il reprend de façon trop explicite les thèmes introducteurs des *Nuits d'octobre* pour qu'on puisse croire à son authenticité.

[3] *Œuvres* t. I, p. 510.

[4] *Œuvres complètes* t. II, p. 890.

La situation est un peu analogue, mais beaucoup plus complexe, dans *Aurélia*. Les premières lignes du texte semblent indiquer que Nerval va parler essentiellement de rêves nocturnes:

> Le Rêve est une seconde vie. Je n'ai pu percer sans frémir ces portes d'ivoire ou de corne qui nous séparent du monde invisible. Les premiers instants du sommeil sont l'image de la mort; un engourdissement nébuleux saisit notre pensée, et nous ne pouvons déterminer l'instant précis où le *moi*, sous une autre forme, continue l'œuvre de l'existence.[5]

Et, de fait, un certain nombre de passages sont introduits ou encadrés par des formules qui indiquent sans ambiguïté qu'il s'agit de visions procurées par le sommeil:

> Un soir, je crus avec certitude être transporté sur les bords du Rhin.[6]
>
> (...) je n'étais plus séparé d'eux (ceux que j'aimais) que par les heures du jour. J'attendais celles de la nuit dans une douce mélancolie. Un rêve que je fis encore me confirma dans cette pensée.[7]
>
> L'idée me vint d'interroger le sommeil (...) Je n'eus d'abord que des rêves confus (...)[8]
>
> Pendant mon sommeil, j'eus une vision merveilleuse.[9]
>
> La nuit me ramena plus distinctement cette apparition chérie (...)[10]
>
> Cette nuit-là j'eus un rêve délicieux (...)[11]

Enfin, les *Mémorables* sont nettement présentés comme la relation de plusieurs rêves, à la suite de laquelle Nerval reprend: "Telles étaient les inspirations de mes nuits."

---

[5] *Œuvres* t. I, p. 359.

[6] Ibid. p. 366.

[7] Ibid. p. 372.

[8] Ibid. p. 380.

[9] Ibid. p. 399.

[10] Ibid. p. 404.

[11] Ibid. p. 408.

Toutefois la limite est difficile à tracer, dans bien des cas, entre le rêve et le délire. Il arrive que Nerval lui-même souligne cette difficulté. Sa première crise se signale par "une série de visions insensées peut-être, ou vulgairement maladives..."[12], qui se présentent à lui alors qu'il est "étendu sur un lit de camp", mais encore réceptif aux impressions du dehors. La nuit suivante, il tombe "comme foudroyé, à la même heure que la veille"[13], et ce nouvel accès ouvre une période où les images de la nuit et celles du jour s'enchaînent sans discontinuité:

> La seule différence pour moi de la veille au sommeil était que, dans la première, tout se transfigurait à mes yeux; chaque personne qui m'approchait semblait changée, les objets matériels avaient comme une pénombre qui en modifiait la forme, et les jeux de la lumière, les combinaisons des couleurs se décomposaient, de manière à m'entretenir dans une série constante d'impressions qui se liaient entre elles, et dont le rêve, plus dégagé des éléments extérieurs, continuait la probabilité.[14]

Une confusion du même genre est signalée dans la seconde partie, où il faut noter que les rêves proprement dits sont beaucoup moins nombreux, dans la mesure même où les scènes de délire diurne[15] se multiplient:

> Une nuit, je parlais et chantais dans une sorte d'extase. Un des servants de la maison vint me chercher dans ma cellule et me fit descendre à une chambre du rez-de-chaussée (...) Je continuais mon rêve, et, quoique debout, je me croyais enfermé dans une sorte de kiosque oriental.[16]

---

[12] Ibid. p. 364.

[13] Ibid. p. 365.

[14] Ibid.

[15] Par exemple, l'errance dans Paris après la rencontre d'un convoi funèbre (Ibid. p. 389–391), une seconde errance, au cours de laquelle le narrateur, place de la Concorde, croit la fin du monde imminente (p. 396 sq.), une troisième, qui se termine par l'internement à l'hospice de la Charité, puis dans la clinique du Dr. Blanche (p. 398–401), où les récits de scènes délirantes se succèdent presque sans interruption.

[16] Ibid. p. 406.

De tels passages nous font soupçonner que beaucoup de scènes qui sont données pour rêvées sont des reconstitutions dans lesquelles Nerval fait figurer, en les ordonnant, les images de son délire aussi bien que les rêves de ses nuits.

D'ailleurs, si nous revenons aux premières phrases d'*Aurélia*, nous constatons qu'aussitôt après avoir évoqué le mystérieux passage de la veille au sommeil, qui nous donne l'impression qu'il va parler essentiellement de ses rêves, Nerval nous confie son intention de décrire cette "*Vita nuova*" à laquelle l'introduisit sa "longue maladie". Celle-ci sera donc considérée, globalement, comme un de ces rêves où "le monde des Esprits s'ouvre pour nous"[17]. Aussi bien, lorsqu'il écrit à Mme Dumas à la fin de son premier internement, le 9 novembre 1841, lui dit-il, en affectant un enjouement rassurant: "Au fond, j'ai fait un rêve très amusant (...)"[18]

Les conclusions de cette rapide enquête s'imposent avec évidence. La notion de rêve couvre, chez Nerval, un champ beaucoup plus vaste que celui des "phénomènes du sommeil" explorés en 1832 par Nodier. Il faut y inclure toutes les formes de pensée dans lesquelles l'enchaînement des idées et des images cesse d'obéir à la logique et de se soumettre au principe de réalité pour répondre à des sollicitations qui échappent à la conscience claire: non seulement les descriptions d'états délirants ou hallucinatoires, mais tous les récits où la succession des événements, tous les poèmes ou la juxtaposition des images laisse entrevoir un principe d'organisation ou de désorganisation qui s'écarte des normes généralement admises. Entrent naturellement dans cette catégorie la plupart des sonnets des *Chimères*, composés, comme Nerval le dit lui-même, dans un "état de rêverie *super-naturaliste*"[19], ou *Pandora*, dont les discontinuités et les incohérences ne sont pas dues seulement à l'état d'inachèvement dans lequel cette œuvre nous est parvenue; mais les critiques ont depuis

---

[17] Ibid. p. 359. Ceci ne vaut que de manière approximative. Les rêves sont presque toujours présentés comme porteurs de messages, bénéfiques ou maléfiques, demandant à être interprétés. Les conduites aberrantes ou les hallucinations qui marquent les états de délire éveillé sont, au contraire, présentés en général comme des rechutes dans l'univers de l'incohérence et de l'absurdité.

[18] *Œuvres* t. I, p. 913.

[19] Lettre-dédicace à Alexandre Dumas, au début des *Filles du feu*, *Œuvres* t. I, p. 158.

longtemps fait remarquer que des œuvres apparemment limpides, comme *Sylvie* ou *Octavie*, ou marquées d'une fantaisie désinvolte, comme *Les Nuits d'octobre*, ne peuvent être vraiment comprises que si l'on considère leur déroulement comme apparenté à celui du rêve.

Les liens de cet univers onirique avec la révolte peuvent être saisis à deux niveaux: celui de la démarche qui leur donne naissance, impliquant l'acceptation ou la revendication d'une forme très particulière de marginalité, et celui du message, politique, religieux ou esthétique, qui nous est communiqué sous le couvert du rêve.

La marginalité nervalienne a, certes, d'autres composantes que celles qu'on peut rattacher à l'emprise du rêve sur sa vie et sur son œuvre. Son appartenance à la bohème, celle des Jeunes-France et de la rue du Doyenné, envers laquelle il n'usera jamais de l'humour un peu condescendant de Gautier[20], le range parmi une classe d'artistes qui confortent leur identité en s'écartant – d'une façon souvent plus spectaculaire que sérieuse – des modèles régnants. Ses aspirations mystiques, son intérêt pour les choses et les idées de l'Orient, son goût des livres introuvables et des écrivains excentriques, relèvent, même si le rêve vient s'y greffer ou s'y alimenter, d'une forme de mal du siècle que Nerval prend soin de rattacher, dans *Sylvie*[21], dans *Les Illuminés*[22], dans *Aurélia*[23], au malaise d'une génération dont les tendances à la marginalité sont suffisamment expliquées par les circonstances politiques et religieuses au milieu desquelles elle a grandi. Mais le rêve, dans le sens où nous l'avons défini, donne à ce décalage par rapport aux normes sociales une dimension supplémentaire.

C'est, à coup sûr, dans la lettre déjà citée à Mme Dumas, que ce décalage est assumé et même revendiqué avec le plus d'énergie. Non seulement Nerval qualifie de "rêve très amusant" l'état dans lequel il a vécu durant son premier internement, mais il proteste, en des termes qui annoncent, la véhémence en moins, la *Lettre aux médecins des hôpitaux psychiatriques* d'A. Breton, contre les prétentions de

---

[20] Voir en particulier la lettre à Sainte-Beuve du début de 1832, *Œuvres* t. I, p. 785.

[21] Voir *Œuvres* t. I, p. 242 sq.

[22] Voir *Œuvres complètes* t. II, p. 1136 sq.

[23] Voir *Œuvres* t. I, p. 393 sq.

la société et de ses représentants patentés à définir la norme du vrai et du faux, et à obliger ceux qui s'en écartent à rentrer dans le rang:

> j'en suis même à me demander s'il (ce rêve) n'était pas plus *vrai* que ce qui me semble seul explicable et naturel aujourd'hui; mais comme il y a ici des médecins et des commissaires qui veillent à ce qu'on n'étende pas le champ de la poésie aux dépens de la voie publique, on ne m'a laissé sortir et vaguer définitivement parmi les gens raisonnables que lorsque je suis convenu bien formellement d'avoir été *malade*, ce qui coûtait beaucoup à mon amour-propre et même à ma véracité. Avoue! Avoue! me criait-on, comme on faisait jadis aux sorciers et aux hérétiques (...)[24]

Cette assimilation de l'aliéné à l'hérétique et au sorcier, dans lequel Michelet verra bientôt, sous sa forme féminine, l'archétype de l'exclusion sociale, pourrait déboucher sur une révolte frontale contre les forces répressives qui exigent l'intégration du déviant. Nerval s'abstient en général d'adopter cette position, sans doute par prudence, sachant qu'à être classé définitivement parmi les fous, il perdrait vite son gagne-pain, mais surtout parce qu'il cherche moins à mettre en question les valeurs admises par l'ensemble du corps social qu'à se persuader et à persuader ses lecteurs que le rêve lui donne accès à d'autres valeurs. Très significative à cet égard est la complémentarité entre le début et la fin d'*Aurélia*. Dans les premières lignes de cette œuvre, il affirme, en termes plus modérés que ceux de la lettre à Mme Dumas, mais allant dans le même sens, le bénéfice subjectif qu'il a retiré de son passage à travers les états étranges qu'il s'apprête à décrire:

> Je vais essayer (...) de transcrire les impressions d'une longue maladie qui s'est passée tout entière dans les mystères de mon esprit; et je ne sais pourquoi je me sers de ce terme maladie, car jamais, quant à ce qui est de moi-même, je ne me suis senti mieux portant. Parfois, je croyais ma force et mon activité doublées; il me semblait tout savoir, tout comprendre; l'imagination m'apportait des délices infinies. En recouvrant ce que les hommes appellent la raison, faudra-t-il regretter de les avoir perdues? ...[25]

---

[24] *Œuvres* t. I, p. 913 sq.

[25] *Œuvres* t. I, p. 359.

C'est à cette question précise que les dernières lignes d'*Aurélia* répondent, en reconnaissant certes le caractère illusoire de ces états exaltants – auxquels se sont ajoutées des phases d'angoisse et de dépression beaucoup plus nombreuses que ne le faisait attendre cette déclaration liminaire – mais en affirmant en même temps les vertus salvatrices de la traversée qui vient d'être accomplie:

> Telles sont les idées bizarres que donnent ces sortes de maladies (...) Les soins que j'avais reçus m'avaient déjà rendu à l'affection de ma famille et de mes amis, et je pouvais juger plus sainement le monde d'illusions où j'avais quelque temps vécu. Toutefois, je me sens heureux des convictions que j'ai acquises, et je compare cette série d'épreuves que j'ai traversées à ce qui, pour les anciens, représentait l'idée d'une descente aux enfers.[26]

La lettre à Dumas qui sert d'introduction aux *Filles du feu* nous achemine vers une conclusion analogue, mais à travers un dédale de dénégations et de jeux de miroirs qui en rendent l'interprétation très délicate, et en mettant au premier plan la création littéraire, qui peut paraître (faussement, bien sûr) dans *Aurélia* ne jouer qu'un rôle secondaire, de transcription, pour ainsi dire, par rapport à l'expérience onirique. En s'adressant à Dumas en 1853, Gérard cherche toujours, comme il le faisait en s'adressant à sa femme douze ans plus tôt, à conjurer la suspicion que fait peser sur lui son passé de malade mental. Seulement, parce qu'au-delà de Dumas il vise le public de ses lecteurs, et parce que ces douze ans d'intervalle l'ont rendu prudent, au lieu de mettre en question les limites généralement admises entre maladie et normalité, il transfère sur un personnage imaginaire, le comédien Brisacier, avec lequel il se serait identifié pour des raisons en somme professionnelles, la marginalité dont il se sait lui-même suspecté, tout en la réduisant à des proportions plus rassurantes que ne le laissait soupçonner l'article de Dumas auquel il prétend répondre, et qu'il cite, mais en le débarrassant d'expressions trop compromettantes[27].

---

[26] Ibid. p. 413 sq.

[27] Article publié dans *Le Mousquetaire* du 10 décembre 1853. Dumas écrivait: "Tantôt il est le sultan Ghera-Gheraï, comte d'Abyssinie, duc d'Égypte, baron de Smyrne, et il m'écrit à moi, qu'il croit son suzerain, pour me demander de déclarer la guerre à l'empereur Nicolas..." Nerval transcrit: "(...) tantôt il est

Comme l'a trés bien montré M. Jeanneret[28], le bénéfice de l'opération est double: en décrivant un personnage dont les écarts par rapport à la réalité sont en partie les siens propres (idéalisation outrancière d'une actrice, identification teintée de mégalomanie à des héros du passé, sentiment de solitude irrémédiable), mais en prêtant à ce personnage un langage ampoulé et des gestes théâtralement outrés, Nerval prend ses distances avec cette caricature de lui-même et montre qu'il n'est pas dupe de ses propres dérèglements. D'un autre côté, il se sert de ce contre-exemple pour démontrer à Dumas qu'il est capable de produire autre chose que les divagations fantasmagoriques ou les épanchements attendrissants que celui-ci semblait attendre de la folie de son ami: ce sera non seulement les six nouvelles des *Filles du feu*, que cette lettre est destinée à introduire, et qui sont manifestement bien différentes du "livre infaisable", parce que trop soumis à l'égarement, qu'aurait été la suite des aventures de Brisacier, mais aussi *Aurélia*, et on ne peut qu'admirer l'intelligence et la virtuosité avec lesquelles Nerval glisse du cas de Brisacier, condamné à rester dans les limbes à cause de la confiance excessive qu'il accorde à ses rêves, à sa propre aventure, devenue racontable dans la mesure où il lui a découvert – ou fabriqué – un sens caché:

> Une fois persuadé que j'écrivais ma propre histoire, je me suis mis à traduire tous mes rêves, toutes mes émotions, je me suis attendri à cet amour pour une *étoile* fugitive qui m'abandonnait seul dans la nuit de ma destinée, j'ai pleuré, j'ai frémi des vaines apparitions de mon sommeil. Puis un rayon divin a lui dans mon enfer; entouré de monstres contre lesquels je luttais obscurément, j'ai saisi le fil d'Ariane, et dès lors toutes mes visions sont devenues célestes. Quelque jour j'écrirai l'histoire de cette "descente aux enfers", et

sultan de Crimée, comte d'Abyssinie, duc d'Égypte, baron de Smyrne." En supprimant le nom propre, la permission extravagante demandée à Dumas, et l'expression "qu'il croit son suzerain", il gomme les traits les plus nettement pathologiques de sa conduite passée, et il réduit son identification délirante à un personnage imaginaire aux proportions du phénomène de création littéraire qu'il se prépare à exposer.

[28] *La Lettre perdue – Écriture et folie dans l'œuvre de Nerval*, Paris 1978, p. 55 sqq.

vous verrez qu'elle n'a pas été entièrement dépourvue de raisonnement si elle a toujours manqué de raison.[29]

Ce qui est ici tout à fait remarquable, c'est ce qu'on pourrait appeler la mise en abyme par Nerval de sa propre folie. Celle-ci consiste, nous dit-il, à s'identifier à un personnage de son invention, qui, lui-même, s'identifie aux rôles qu'il est appelé à jouer, au point de croire à la réalité de ces créations imaginaires[30]. Cela revient à décrire la folie non pas comme une perversion, mais comme une limite de l'activité littéraire. G. Malandain n'a pas tort, dans ce sens, d'écrire que le *Roman tragique* (dont la lettre de Brisacier est un extrait reproduit dans cette introduction des *Filles du Feu*) "détient, sous une forme figurée et attentive, l'essentiel de la position de Nerval en littérature"[31]. Les deux figures d'écrivains les plus authentiques et les plus proches de lui-même qu'il évoque dans *Les Illuminés*, Cazotte et Restif, présentent la même tendance à adhérer aux créations de leur esprit: "(...) le poète qui croit à sa fable", écrit-il à propos du premier, "le narrateur qui croit à sa légende, l'inventeur qui prend au sérieux le rêve éclos de sa pensée, voilà ce qu'on ne s'attendait guère à rencontrer en plein XVIIIe siècle (...)"[32] Ce qui implique que les poètes du siècle suivant feront droit aux exigences de la création littéraire en adoptant cette attitude qui fait figure, en la personne de Cazotte, de phénomène isolé et prémonitoire. Quant à Restif, il explique à Sara que la confusion entre les êtres réels et les créatures de son imagination constitue à la fois le tourment de l'artiste et le prix à payer pour l'exercice de son art: "Amitié, amour, qu'est cela? Suis-je bien sûr moi-même d'avoir aimé? Les images du jour sont pour moi comme les visions de la nuit! Malheur à qui pénètre dans mon rêve éternel sans être une image impalpable! ..."[33]

---

[29] *Œuvres* t. I, p. 158.

[30] Et on peut continuer ce jeu d'emboîtements: le personnage de Néron, auquel Brisacier s'identifie, est lui-même "ce danseur, ce poète ardent, dont la seule envie était de plaire à tous" (ibid. p. 155).

[31] *Nerval ou l'Incendie du théâtre – Identité et littérature dans l'œuvre en prose de Gérard de Nerval*, Paris 1986, p. 30.

[32] *Œuvres complètes* t. II, p. 1075 sq.

[33] Ibid. p. 1020.

On voit que la marginalité de l'artiste selon le cœur de Nerval ne tient pas seulement, comme celle de la bohème qu'il fréquenta durant sa jeunesse, à une extravagance de costume, de manières ou d'opinions, affichée en guise de défi contre la société bourgeoise, dont on attend la consécration tout en la sachant impossible[34]. C'est au cœur même de l'acte créateur, dans l'acquiescement qu'il recèle à des images issues de sa fabrique de rêves et dans le besoin irrésistible de donner à ces images un statut de réalité, que réside le principe de "l'estrangement" dont l'artiste est à la fois le bénéficiaire et la victime. Qu'il en résulte chez Nerval un sentiment de fraternité envers tous ceux, non seulement écrivains mais réformateurs politiques ou religieux, qui ont cru à leurs rêves et ont vu se dresser, à cause de cela, les forces répressives du corps social, c'est là un point qu'il nous faudra bientôt aborder.

Mais je voudrais montrer auparavant que cette marginalité ayant partie liée avec le rêve affecte non seulement le contenu, mais la démarche même de la création nervalienne. Prenons au pied de la lettre ce mot de démarche. On a souvent insisté, depuis les substantielles études de J.-P. Richard[35] et de R. Chambers[36], sur la fonction matricielle de la promenade dans les années 1852–1854, durant lesquelles Gérard élabore ou met au point les œuvres où s'exprime l'essentiel de son génie. Alors que le voyage, vers l'Italie, l'Allemagne ou l'Orient, quelque capricieux qu'en soit l'itinéraire, est délimité par un départ et une arrivée, et tend vers un but, qui coïncide dans le dernier cas avec la quête d'une certaine forme de

---

[34] Contradiction très sensible dans le sonnet de jeunesse de Nerval intitulé *Le Point noir*, et qui, pour être l'adaptation d'un poème de Bürger, n'en exprime pas moins un sentiment profondément vécu. Pour avoir osé fixer les yeux sur la gloire, dit-il, il voit sans cesse, ainsi que ceux qui ont contemplé le soleil, une tache noire, "mêlée à tout comme un signe de deuil". Étendant son désespoir à toute sa génération, il conclut:

> "Quoi, toujours? Entre moi sans cesse et le bonheur!
> Oh! c'est que l'aigle seul! malheur à nous, malheur!
> Contemple impunément le Soleil et la Gloire."
>
> (*Œuvres*, t. I, p. 26)

[35] "Géographie magique de Nerval", in J.-P. R., *Poésie et profondeur* (Pierres vives), Paris, Seuil, 1955, p. 13–89.

[36] *Gérard de Nerval et la poétique du voyage*, Paris 1969.

salut, les promenades que décrivent *Promenades et souvenirs* et *Les Nuits d'octobre* se déroulent dans les marges d'une capitale, qu'il importe de quitter, mais de garder en même temps à portée, pour renouer avec des impressions et des êtres qui pourraient détenir le secret permettant au sujet écrivant de se retrouver et à l'œuvre de naître. La promenade, avec ses rencontres inopinées ou saugrenues, avec ses hasards donnant lieu à des télescopages féconds entre le présent et le passé, est une sorte de rêve éveillé, dont les associations donnent naissance à une manière particulière de sélectionner, de raconter et de donner à interpréter les événements. Il ne fait pas de doute que *Sylvie* est née des déambulations de Nerval autour de Paris et garde quelque chose, dans son rythme même, de ces *déplacements* qui ne s'opèrent pas seulement dans l'espace, mais selon un réseau complexe de coordonnées psychologiques et axiologiques[37].

Cette recherche de la vérité par l'exploration des marges, déjà sensible dans *Les Faux Saulniers* (mais y faisant alors figure de nécessité imposée par la recherche d'un livre introuvable et par l'interdiction signifiée aux journaux de publier des romans-feuilletons), occupe une place centrale dans *Les Nuits d'octobre*. Nerval y décrit, dès les premières lignes, la distance idéale pour le genre de rêverie auquel il aspire: assez loin du "centre rayonnant" de Paris pour ne pas être absorbé par les préoccupations du présent et obsédé par les messages de la modernité, mais cependant à portée de ce centre vers lequel on revient irrésistiblement lorsque s'est éteinte "la passion des grands voyages"[38]:

> J'aime assez ces petites villes qui s'écartent d'une dizaine de lieues du centre rayonnant de Paris, planètes modestes. Dix lieues, c'est assez loin pour qu'on ne soit pas tenté de revenir le soir, – pour qu'on soit sûr que la même sonnette ne vous réveillera pas le len-

---

[37] Voir à ce sujet U. Eisenzweig, *L'Espace imaginaire d'un récit* – Sylvie *de Gérard de Nerval* (Langages), Neuchâtel 1976.

[38] Cette dialectique du centre et de la périphérie – ou de la marge – domine les dernières années de Nerval. Cf. sa lettre à G. Bell du début de décembre 1853 (période où il travaille aux *Filles du feu*, aux *Chimères* et à *Pandora*): "Ce que j'écris en ce moment tourne trop dans un cercle restreint. Je me nourris de ma propre substance et ne me renouvelle pas." (*Œuvres* t. I, p. 1120)

demain, pour qu'on trouve entre deux jours affairés une matinée de calme.[39]

En fait, c'est à l'intérieur de Paris que commence la déambulation, mais d'un Paris nocturne, secret, un peu louche, dont l'évocation fait semblant d'être l'enregistrement passif et indifférencié du tout-venant, selon les principes de la jeune école réaliste, mais pour faire mieux sentir combien ce tout-venant, aimanté par le désir et allant, pour ainsi dire, à la rencontre de la subjectivité de l'observateur, diffère des plates réalités dont les émules de Dickens voudraient faire la matière privilégiée de l'œuvre d'art. Or ce qui frappe, dans ces lieux, dans ces scènes et dans ces personnages que Nerval choisit de décrire non parce qu'ils se présentent devant lui, mais parce qu'il y retrouve quelque chose de son moi le plus secret, c'est un caractère commun de marginalité, sur lequel G. Malandain insiste à très juste titre[40]. De l'extravagant baron de Saint-Cricq à la femme mérinos et à son cornac, en passant par les vagabonds qui couchent dans les carrières de Clignancourt, par les clients du *Café des Aveugles*, par les danseurs du *Bal des Chiens*, par les compagnons-poètes de la goguette et par la population interlope et haute en couleurs des Halles, tous les personnages que *Les Nuits d'octobre* font défiler devant nos yeux appartiennent à la sorte d'infra-société avec laquelle Nerval manifeste une évidente connivence. Il ne faudrait pas, en effet, prendre trop au sérieux, comme on le fait souvent, les comparaisons, appuyées de citations de Dante, de ce monde avec l'enfer, ou les lamentations sur le progrès de la langue vulgaire aux dépens de celle du grand siècle, ou la proposition de moraliser ces lieux de perdition en y envoyant des missionnaires d'un nouveau genre[41]. Le plaisir de lecture que procurent *Les Nuits d'octobre* répond à un évident plaisir d'écriture, qui tient en grande partie à la conquête, par la parole, d'un nouvel espace de liberté. Parole *déliée*, parole que sa fidélité au réel (mais à un réel intérieur autant qu'extérieur) soustrait aux préceptes comme aux sentences de l'Académie et de la Sorbonne, et pour laquelle il est juste d'invoquer le patronage de

---

[39] *Œuvres* t. I, p. 79.

[40] *Nerval ou l'Incendie du théâtre* p. 79 sq.

[41] Respectivement *Œuvres* t. I, p. 92, 88, 102.

"Lucien, Rabelais, Érasme et autres fantaisistes classiques"[42]. Ce n'est pas par hasard que cette libération, commencée certes depuis longtemps, s'affiche avec le plus d'assurance au contact d'un monde de déviants.

Ce qui me reste à dire est assez connu, et je prendrai donc la liberté d'aller plus vite que ne l'exigerait un examen approfondi de la question. Le propre du rêve est de lever ou de déjouer les censures qui empêchent les pulsions, ou leurs objets, de parvenir à la conscience. On peut donc attendre d'une écriture qui prend modèle sur le rêve et qui cherche à en restituer les images qu'elle mette au jour, jusqu'à un certain point, des tendances qui seraient autrement réprimées et réduites au silence. C'est presque toujours par le truchement de personnages qui sont eux-mêmes des rêveurs que Nerval donne issue à ces tendances, potentiellement génératrices d'une certaine forme de révolte.

Parmi celles-ci, celles qui heurtent de front les valeurs politiques dominantes occupent une place relativement restreinte, d'une part parce que les forces répressives qui s'opposent à elles agissent à un niveau conscient, et n'ont donc pas besoin d'avoir recours au détour du rêve pour s'exprimer, d'autre part et surtout parce que si Nerval peut être classé, en gros, parmi les oppositionnels en politique, il est trop soucieux de continuité avec la tradition pour adhérer à des doctrines qui font table rase du passé[43]. C'est surtout dans *Les Illuminés* que sont décrits, avec une sympathie certaine, ces esprits

---

[42] Ibid. p. 116.

[43] Le texte le plus significatif à cet égard est celui d'un carnet conservé à la collection Lovenjoul (*Œuvres* t. I, p. 438 sq.):

> "Dans le système républicain, il n'y a pas de tradition, pas d'histoire. Il faut supposer tous les hommes moraux, poétiques (artistes) capables. C'est le rêve des jeunes imaginations. On espère que les h(ommes)... acq(uerront) par l'éducation. Il faudrait de plus (assurer) une aisance qui permît à tous de vivre.
>
> C'est le point où arrivent les Saint-Simoniens et les phalanst(ériens). Ces hommes logiques qui ont mis en scène la République de Platon et ont formé des communautés modèles – comme ces couvents d'autrefois.
>
> Peut-être les couvents sont-ils possibles sous cette forme pour l'avenir. Je le désir(erais). Mais il n'embrasseront jamais l'universalité des h(ommes) quand on ne s'entend pas dans le monde.
>
> (...) la tradition conserve les plus beaux principes."

aventureux et plus ou moins déréglés, que leur marginalité amène à revendiquer la liberté contre un pouvoir despotique, ou à bâtir des systèmes utopiques en rupture complète avec l'état social existant: l'abbé de Bucquoy, auteur d'un *Antimachiavélisme, ou Réflexions métaphysiques sur l'autorité en général et sur le pouvoir arbitraire en particulier*; Restif de la Bretonne, jetant les plans d'une société communiste d'où serait banni l'usage de l'argent. C'était peu de chose pour justifier le sous-titre "Les Précurseurs du socialisme", que Nerval avait songé à donner à son livre[44], et rien n'indique, au surplus, qu'il approuve les divagations politiques de ces personnages, qui lui étaient proches (le second surtout) pour de tout autres raisons.

En revanche, les attitudes révoltées dans lesquelles il délègue des personnages issus de sa rêverie et dominés eux-mêmes par le rêve se multiplient et occupent une place centrale dans son œuvre quand on aborde le domaine religieux, métaphysique et esthétique. Trois d'entre eux se détachent avec un relief particulier: le calife Hakem et Adoniram dans le *Voyage en Orient*, et Coster, le héros de *L'Imagier de Harlem*. Les formes de révolte qu'ils incarnent sont à la fois apparentées et nettement différenciées. Celle du calife Hakem est assurément la plus radicale, puisqu'elle vise la transcendance de Dieu, auquel Hakem prétend se substituer, mais elle n'inclut pas directement l'ambition démiurgique de l'artiste, qui rivalise avec Dieu en créant des êtres que n'anime pas le souffle d'en-haut. Adoniram et Coster sont des artistes, mais alors que le premier met en question la tyrannie du Jéhovah biblique, objet d'un culte tatillon et inspirateur d'un art dégénéré, le second apparaît moins comme

---

C'est cette rupture complète avec le passé que Nerval reproche aux républicains et à la démocratie bourgeoise de Louis-Philippe dans ses articles du *Carrousel* (mars-juillet 1836), sa solution étant la relève de l'aristocratie du sang, qui a failli à sa mission, par une aristocratie de l'esprit, ouverte à la liberté et à l'invention. Voir M. Streiff-Moretti, "Nerval écrivain politique – Les Articles du *Carrousel*", in *Revue d'Histoire Littéraire de la France* 76 (1976) p. 818–834.

[44] Sous-titre qui s'explique par le projet qu'avait Nerval d'y inclure des études sur d'autres illuminés dont certaines ont été ébauchées dans l'*Almanach cabalistique pour 1850* (Buchez, Lamennais, Mickiewicz, P. Leroux, Proudhon, Considérant). Voir *Œuvres* t. II, p. 1221-1228. Ces ébauches ne permettent guère de deviner le degré de sympathie dont Nerval aurait fait preuve envers ce que leurs doctrines contenaient de subversif.

un contempteur de Dieu que comme le jouet d'illusions résultant de son amour pour une créature issue de son imagination, et comme un inventeur de génie soumis à la tentation de la puissance. Enfin, les trois ont en commun la fascination d'une figure féminine, qui est l'inspiratrice volontaire (Adoniram et Coster) ou involontaire (Hakem) de leur révolte, le leurre offert à leur appétit de dépassement (Hakem et Coster), et l'être tutélaire qui leur permet d'accomplir leur destinée (Adoniram et Coster). Cette distribution des rôles permet de définir les différentes modalités de l'identification grâce à laquelle Nerval peut vivre ses propres rêves par le truchement de ces êtres fictifs. Coster, personnage de théâtre en proie à un monde d'illusions, artiste et inventeur ballotté entre la misère ou la persécution et l'exploitation par les grands de ce monde, est celui qui incarne le mieux la condition terrestre de l'homme de génie, et en même temps l'égarement de l'artiste devenant le jouet de simulacres produits par son orgueil démiurgique. Hakem satisfait un rêve d'auto-suffisance, dont la rançon est l'obsession d'un double à la fois fraternel et persécuteur, qu'on retrouve dans *Aurélia*. Adoniram représente la révolte nervalienne contre le Dieu unique du christianisme, coupable de provoquer, par imposition de la loi du Père, l'extinction du feu originel, propagé par les dieux du paganisme et les divinités féminines, et recueilli par les artistes qui osent se soustraire à une imitation servile de la nature ou des modèles du passé.

Plutôt que d'étudier en détail les différentes formes de révolte qui se trouvent ainsi magnifiées – ce qui a été fait de façon assez approfondie pour qu'il soit inutile d'y revenir[45] – je voudrais insister sur la manière dont le rêve les introduit et les entretient, ainsi que sur la coloration particulière qu'il leur donne.

Dans l'*Histoire du calife Hakem*, le rêve se confond d'abord avec l'usage du haschisch, dont les effets sont décrits par Youssouf, le

---

[45] Outre la thèse de J. Richer, *Nerval – Expérience et création*, Paris, Hachette, 1963, ([2]1970), voir M. Jeanneret, *La Lettre perdue*, et M. Milner, *Le Diable dans la littérature francaise de Cazotte à Baudelaire – 1772-1861*, 2 tomes, Paris, Conti, 1960, t. II, p. 275-309. On n'oubliera pas que F. Constans ("Deux enfants du feu – La Reine de Saba et Gérard de Nerval", in *Mercure de France* 302 [1948], no. 1016, p. 623–632; et 303 [1948], no. 1017, p. 43–54) est le premier à avoir mis pleinement en lumière cet aspect de l'être nervalien.

compagnon et le double du calife, en des termes qui annoncent de très près la description des effets du rêve au début d'*Aurélia*:

> L'ivresse, en troublant les yeux du corps, éclaircit ceux de l'âme; l'esprit, dégagé du corps, son pesant geôlier, s'enfuit comme un prisonnier dont le gardien s'est endormi, laissant la clef à la porte du cachot. Il erre joyeux et libre dans l'espace et la lumière, causant familièrement avec les génies qu'il rencontre et qui l'éblouissent de révélations soudaines et charmantes.[46]

Mais la double vie qui s'ouvre ainsi au haschischin ne fait que confirmer et prolonger la tendance profonde au dédoublement qui habite l'âme du calife. Avant de goûter pour la première fois les délices dispensés par la confiture verte, il avait l'habitude de se mêler, sous un déguisement, au menu peuple, et c'est ainsi qu'il est entré en rapport avec Youssouf sans se faire reconnaître. Mieux encore, il pressentait en lui-même la présence d'un être divin, dont le haschisch ne fait que lui confirmer l'existence. C'est la raison qu'il donne à Youssouf de son amour monstrueux pour sa propre sœur Sétalmulc: "En m'unissant à une autre femme, je craindrais de prostituer et de dissiper l'âme du monde qui palpite en moi. Par la concentration de nos sangs divins, je voudrais obtenir une race immortelle, un dieu définitif, plus puissant que tous ceux qui se sont manifestés jusqu'à présent sous divers noms et diverses apparences[47]!" Ce dédoublement, que le haschisch met à son comble et qui lui permet de se livrer sans retenue à sa mégalomanie et à son amour incestueux, se manifeste sous des formes très proches du délire nervalien lorsque le calife assiste, comme le narrateur dans *Aurélia*, au mariage de sa sœur avec son propre double, et lorsque, enfermé dans l'asile des fous, le Moristan, il se met à douter non seulement de sa divinité, mais de son identité même: "Il resta seul, abandonné aux impressions les plus contraires, doutant qu'il fût dieu, doutant même

---

[46] *Œuvres complètes* t. II, p. 529. Cf. *Aurélia*: "C'est un souterrain vague qui s'éclaire peu à peu, et où se dégagent de l'ombre et de la nuit les pâles figures gravement immobiles qui habitent le séjour des limbes. Puis le tableau se forme, une clarté nouvelle illumine et fait jouer ces apparitions bizarres; le monde des Esprits s'ouvre pour nous." (*Œuvres* t. I, p. 359)

[47] *Œuvres complètes* t. II, p. 531.

parfois qu'il fût calife, ayant peine à réunir les fragments épars de ses pensées."[48]

On pourrait croire qu'en soumettant la révolte de son personnage à un tel facteur d'illusion, Nerval prend ses distances avec elle, et cherche à dénoncer, dans le rêve ou son équivalent, un principe d'égarement qui jette la suspicion sur tout ce qui en découle. Ce serait d'abord méconnaître tout ce qui apparente le rêve d'inceste, tel que nous venons de le voir formulé, avec la hantise nervalienne de la pureté de la race et de la dissémination d'un principe vital menacé d'appauvrissement[49], et plus généralement avec tout un univers de rêveries fortement narcissiques autour d'une figure féminine toujours identique, parce que liée depuis l'origine à la vie de celui qui la poursuit à travers ses diverses incarnations[50]. En outre, les prétentions de Hakem à la divinité, même si elles semblent un trait de folie avec lequel Nerval tient à prendre ses distances[51], sont loin d'être présentées sous un jour totalement négatif. Racontée par un cheik de la religion druse, qui a divinisé Hakem (ce que le vrai calife n'avait d'ailleurs pas fait de son vivant), et qui vénère en lui son fondateur, la légende n'est évidemment pas mise en doute par celui qui en est l'interprète, et Nerval lui conserve ainsi toute son ambiguïté. Hakem se croit Dieu sous l'effet du haschisch et se proclame tel, mais dans la maison de fous, il est "seul maître de sa raison au milieu de ces intelligences égarées". Son passage par le Moristan semble être l'occasion d'une véritable conversion au respect des humbles et

---

[48] Ibid. p. 547.

[49] Voir en particulier Richard, "Géographie magique de Nerval" p. 78 sq.

[50] C'est ici Youssouf qui exprime, en la faisant dériver du haschisch, cette hantise nervalienne de la femme

> "Que dans une autre existence peut-être
> J'ai déjà vue... et dont je me souviens!"

Il dit en effet, à propos de celle qui lui est apparue dans ses extases et en présence de laquelle il s'est mystérieusement trouvé: "le hachich n'avait fait que développer un souvenir enfoui au plus profond de mon âme, car ce visage divin m'était connu. Par exemple, où l'avais-je vu déjà? dans quel monde nous étions-nous rencontrés? quelle existence antérieure nous avait mis en rapport? c'est ce que je ne saurais dire (...)" (*Œuvres complètes* t. II, p. 529 sq.)

[51] Il ressort de sa lettre à Mme Dumas du 9 novembre 1841 que son affection portait, pour les médecins, l'étiquette de "Théomanie" ou de "Démonomanie".

à l'ouverture à autrui, qui préfigure celle que Nerval décrira dans *Aurélia*, et qui amène une comparaison significative de la figure de Hakem avec celle du Christ. Après la visite de sa sœur, qui a refusé de le reconnaître,

> il reprit sa manière de vivre, ne démentant pas la douceur et la patience dont il avait fait preuve jusque là. Seulement il s'entretenait longuement avec ceux de ses compagnons d'infortune qui avaient des instants lucides, et aussi avec des habitants de l'autre partie du Moristan qui venaient souvent aux grilles formant la séparation des cours, pour s'amuser des extravagances de leurs voisins. Hakem les accueillait avec des paroles telles, que ces malheureux se pressaient là des heures entières, le regardant comme un inspiré (*melbous*). N'est-ce pas une chose étrange que la parole divine trouve toujours ses premiers fidèles parmi les misérables? Ainsi mille ans auparavant le Messie voyait son auditoire composé surtout de gens de mauvaise vie, de péagers et de publicains.[52]

La comparaison avec le Christ, reprise à propos des doutes du calife sur sa propre divinité, la revêt d'un pathétique qui n'a plus rien de pathologique:

> Si les mortels ne peuvent concevoir par eux-mêmes ce qui se passe dans l'âme d'un homme qui tout à coup se sent prophète, ou d'un mortel qui se sent dieu, la Fable et l'histoire du moins leur ont permis de supposer quels doutes, quelles angoisses doivent se produire dans ces divines natures à l'époque indécise où leur intelligence se dégage des liens passagers de l'incarnation. Hakem arrivait par instants à douter de lui-même, comme le Fils de l'homme au mont des Oliviers (...)[53]

Cette comparaison de Hakem avec le Christ, Nerval la fait sienne après le récit du cheik druse, dont on peut dire d'ailleurs – l'allusion au *Christ aux Oliviers* le montre suffisamment – que la voix se confondait avec la sienne dans le passage qui vient d'être cité:

> J'étais ému moi-même au récit de cette *passion*, moins douloureuse sans doute que celle du Golgotha, mais dont j'avais vu récemment

---

52 *Œuvres complètes* t. II, p. 550.

53 Ibid. p. 548.

> le théâtre (...) Je me disais que, dieu ou homme, ce calife Hakem, si calomnié par les historiens cophtes et musulmans, avait voulu sans doute amener le règne de la raison et de la justice; (...) et je déplorais ce destin qui condamne les prophètes, les réformateurs, les messies, quels qu'ils soient, à la mort violente, et plus tard à l'ingratitude humaine.[54]

On retrouve ici la sympathie de Nerval pour les Illuminés qui ont "voulu sans doute amener le règne de la raison et de la justice", mais avec une dimension supplémentaire, qui rend le calife Hakem plus proche de son cœur. Non seulement celui-ci, après son passage par le Moristan, achève sa "conversion" en introduisant dans son gouvernement des réformes dont ses conversations avec les humbles lui ont révélé la nécessité, mais il est crédité, tout à fait gratuitement[55], par Nerval d'un esprit de tolérance, que l'auteur du *Voyage en Orient* se plaira à reconnaître dans le syncrétisme de la religion des Druses. Ce n'est pas là le moindre bénéfice de sa révolte contre le Dieu unique, auquel les rêves procurés par le haschisch l'ont poussé à se substituer[56].

La révolte d'Adoniram contre le Jéhovah de la Bible ne présente pas les mêmes caractères de décision arbitraire et immotivée. Le récit du conteur arabe par la bouche duquel nous apprenons l'"Histoire de la Reine du Matin et de Soliman, prince des Génies", nous révèle peu à peu ses mobiles profonds, dans lesquels nous reconnaissons bien des thèmes obsessionnels de l'univers mental nervalien: sentiment d'appartenir à une race réprouvée, mais liée aux puissances souterraines et aux forces créatrices de l'univers, que le

[54] Ibid. p. 563.

[55] Voir à ce sujet C. Auriant, "Sur les prétendues légendes orientales contées par Gérard de Nerval", in *Nouvelle Revue des traditions populaires*, nov.-déc 1949.

[56] En faisant dériver de l'usage du haschisch un état de dépersonnalisation figurant parmi les délires dûment catalogués par les aliénistes, Nerval semble prendre à son compte les idées exposées dans le livre du docteur Moreau de Tours, *Du Hachich et de l'aliénation mentale* (1845), qu'il avait sans doute lu. Mais le cheik druse prend bien soin de spécifier que le calife n'est pas fou.. On remarquera d'autre part que la réflexion de Hakem après avoir goûté à la pâte verte: "Le hachich rend pareil à Dieu", annonce l'un des titres de chapitres ("L'Homme-Dieu") que Baudelaire introduira dans la partie des *Paradis artificiels* (1860) consacrée au haschisch.

monothéisme et les institutions religieuses qu'il secrète ont réduite à l'impuissance ou à la clandestinité; conviction d'être appelé à s'unir – comme Hakem à Sétalmulc – à une femme de cette race, qui serait à la fois sa sœur et son épouse; angoisse d'une dégénérescence du monde, d'un dépérissement du feu originel, résultant de la victoire du Dieu d'en-haut; révélation de la puissance libératrice de l'art et du génie humain abreuvés aux vraies sources de vie. Les prestiges ambigus des paradis artificiels ne sont pas nécessaires à Adoniram pour prendre conscience de sa vraie parenté, mais sa révolte n'en est pas moins tributaire du rêve. Le portrait qui nous est donné au premier chapitre le présente comme un homme solitaire, sans ascendance connue et sans attaches avec ses semblables, aspirant à retrouver le secret des créations monstrueuses où des races disparues ont laissé la marque de leur imagination affranchie des limites du réel. Au reproche de son disciple Bénoni: "Ta pensée rêve toujours l'impossible", il répond:

> Quand tu dessines un de ces ornements qui serpentent le long des frises, te bornes-tu à copier les fleurs et les feuillages qui rampent sur le sol? Non: tu inventes, tu laisses courir le stylet au caprice de l'imagination, entremêlant les fantaisies les plus bizarres. Eh bien, à côté de l'homme et des animaux existants, que ne cherches-tu de même des formes inconnues, des êtres innommés, des incarnations devant lesquelles l'homme a reculé, des accouplements terribles, des figures propres à répandre le respect, la gaieté, la stupeur ou l'effroi![57]

De cet art à la fois cyclopéen et fantasmagorique il a eu, dit-il à Balkis, la révélation dans une grotte où il a découvert "les merveilles du génie primitif":

> À travers les arcades de cette forêt de pierres, se tenaient dispersées, immobiles et souriantes depuis des millions d'années, des légions de figures colossales, diverses, et dont l'aspect me pénétra d'une terreur enivrante; des hommes, des géants disparus de notre monde,

---

[57] *Œuvres complètes* t. II, p. 675. Il ne fait guère de doute, à notre avis, que Nerval s'est inspiré ici du sculpteur Stell, le héros du *Magicien*, de son ami Esquiros. Celui-ci rêvait de tailler dans une montagne "le profil cyclopéen de Marie", la femme qu'il aimait.

> des animaux symboliques appartenant à des espèces évanouies; en un mot, tout ce que le rêve de l'imagination en délire oserait à peine concevoir de magnificences!...[58]

Si c'est la contemplation de cet univers onirique qui a révélé à Adoniram son affinité avec les races primitives, dont les créations frappent d'un sceau de mesquinerie l'art ordonné au culte d'Adonaï et à l'imitation de ses créatures, il lui reste à apprendre les raisons de cette dégradation et le secret de la parenté au nom de laquelle il la refuse. C'est dans une vision, présentant nombre d'éléments communs avec certains rêves d'*Aurélia*, que cette nouvelle révélation lui est donnée. L'introduction de la scène évoque clairement la pénétration dans le rêve. Adoniram, désespéré par le désastre sur lequel s'est terminée la coulée de la mer d'airain, qui devait être son chef-d'œuvre, contemple le fleuve de métal fondu:

> Certaines formes étranges, fugitives, flamboyantes se dessinaient parfois parmi les jeux brillants et lugubres de la vapeur ignée. Les yeux éblouis d'Adoniram entrevoyaient, au travers des membres de géants, des blocs d'or, des gnomes qui se dissipaient en fumée ou se pulvérisaient en étincelles. Ces fantaisies ne parvenaient point à distraire son désespoir et sa douleur. Bientôt, cependant, elles s'emparèrent de son imagination en délire, et il lui sembla que du sein des flammes s'élevait une voix retentissante et grave qui prononcait son nom.
>
> (...)
>
> Sans détourner la vue, il se soulève sur un genou, étend la main, et distingue au centre des fumées rouges une forme humaine indistincte, colossale, qui semble s'épaissir dans les flammes, s'assembler, puis se désunir et se confondre.[59]

Ce personnage, qui est son ancêtre Tubal Kaïn, l'entraîne au centre de la terre, où lui sont révélés les méfaits d'Adonaï, et les vertus de la race de Kaïn, dont il est le dernier rejeton.

Parmi les grands révoltés nervaliens, Coster, ai-je dit, est celui qui incarne de la façon la plus proche la condition terrestre de l'artiste et de l'inventeur. C'est aussi celui chez lequel rêve et révolte s'unissent

---

[58] Ibid. p. 695.

[59] Ibid. p. 717 sq.

de la manière à la fois la plus constante et la plus convaincante. A partir du moment où, pour sauver son invention, l'imprimerie, il accorde sa confiance au comte de Blocksberg, qui n'est autre que le diable, Coster entre dans un monde d'illusions qui font de sa vie une sorte de rêve éveillé. Transporté tour à tour à la cour de Louis XI, au château de Beauté, dans les cachots de l'Inquisition, et finalement à Rome, à la cour des Borgia, il affronte, sous les traits de cinq personnages différents, le même ennemi protéiforme, et aime une femme unique, incarnation du Féminin éternel, qui lui apparaît sous des formes également variées. A l'acte III, le Ballet des Heures l'entraîne dans un songe envoûtant qui suspend pour lui la conscience du temps, si bien qu'à son réveil il a vieilli de onze années. Mais même si son orgueil d'inventeur l'a poussé à accepter une aide compromettante et revient le tenter aux moments de réussite, même s'il se prend de passion, tel Pygmalion, pour la femme issue de son imagination d'artiste, que Satan suscite du néant pour le perdre, il apparaît beaucoup plus, tout au long de la pièce, comme une victime que comme un révolté actif, comme le jouet d'un rêve imposé de l'extérieur que comme le foyer du désir qui donne au rêve son impulsion et sa force.

Cela tient en grande partie à ce que *L'Imagier de Harlem* est une pièce de théâtre. D'une part, la présentation scénique permet beaucoup moins que le récit à la première ou à la troisième personne – ou que le cinéma – de faire pénétrer le public dans l'univers fantasmatique d'un personnage. D'autre part, l'auteur était tenu par les conventions du genre de donner à la destinée de Coster une fin optimiste et morale, et cela d'autant plus que celui-ci incarnait, dans des conditions en fin de compte proches de la réalité, la fonction libératrice de l'artiste et de l'inventeur, que Nerval avait à cœur d'exalter contre l'obscurantisme des pouvoirs religieux, politiques et financiers[60]. Alors que la défense des mêmes valeurs se trouvait, dans l'histoire d'Adoniram, mise en péril par la démesure sacrilège du personnage, et par l'incertitude du destin de ses idées après sa mort tragique, le combat entre le bien et le mal se présente moins, dans le cas de Coster, comme un débat intérieur que comme

[60] En plein accord, en cela, avec l'idéologie 'progressiste' de son collaborateur . Méry.

l'affrontement d'un héros faible, mais finalement porteur des espoirs de l'humanité, avec les forces de régression, se servant du rêve et de l'illusion pour le jeter dans l'égarement.

C'est sur l'ambiguïté inhérente au rêve que je voudrais insister pour finir, en réflechissant à ses liens avec la révolte dans *Aurélia*. Le propre du rêve est de représenter non seulement les pulsions du moi, qui alimentent en sous-main sa révolte, mais aussi les instances répressives, qui interdisent à cette révolte de trouver une issue dans la réalité. On s'accorde généralement à considérer que l'œuvre de Nerval, jusqu'à *Aurélia*, met en scène des conflits dont l'issue demeure incertaine et angoissante, dans la mesure où le moi, faute d'avoir accès à une garantie transcendante, reste partagé entre un désir d'auto-suffisance, représenté par l'amour d'une femme unique qui est à l'image de la mère perdue, par une compénétration parfaite entre le présent et le passé, abolissant l'action du temps destructeur, par une réanimation des traditions religieuses et des forces vitales de l'univers, menacées de déperdition, et, d'autre part, les démentis que la réalité apporte à ce désir, ainsi que les interdits qui pèsent sur sa réalisation. *Aurélia* apporte à ces conflits au moins l'ébauche d'une solution, en faisant du rêve lui-même, facteur ou reflet d'une dissociation du moi, le moyen d'une reconquête de l'unité et d'une réintégration dans un ordre transcendant. Certes, cette réintégration demeure sujette à caution, puisque c'est encore le rêve qui donne accès à cette transcendance. Mais l'écriture ouvre, dans et par le rêve, un espace de communication où le sens circule, instaurant ainsi une forme originale de transcendance où se reconnaît notre modernité[61].

Je voudrais dire qu'en ce qui concerne la révolte, ce schéma me paraît s'appliquer parfaitement, et que cette application me laisse pourtant insatisfait. Il s'applique parfaitement, car on retrouve dans *Aurélia* tous les grands thèmes de la révolte nervalienne tels qu'ils nous sont apparus jusqu'ici, mais les instances répressives sont prises en compte dans ce qu'elles ont de positif, et, au lieu de provoquer

---

[61] Je résume ici les conclusions de M. Jeanneret (*La Lettre perdue* p. 223 sq.) tout à fait en accord avec celles de G. Malandain, qui insiste davantage, cependant, sur les procédures d'énonciation et sur ce qu'elles apportent de nouveau dans une société représentée, à l'arrière-plan du texte, comme ce qui rend la communication impossible.

un blocage, facteur d'incertitude et de dissociation, invitent à un dépassement. Ainsi du rêve d'auto-suffisance et de déification, qui caractérise entre autres le personnage du calife Hakem. Les délires du narrateur d'*Aurélia* lui font jusqu'à la fin une large place, lorsque, par exemple, il se représente accordant sa confiance à des formules magiques, ou lorsqu'il s'imagine, tel "un héros vivant sous le regard des dieux", que le cosmos tout entier participe à sa vie intime: "Captif en ce moment sur la terre, je m'entretiens avec le chœur des astres, qui prend part à mes joies et à mes douleurs!"[62] Mais cette tendance à se considérer comme le centre du monde est équilibré par un désir d'ouverture à autrui, qui se manifeste d'abord dans ses rêves de retour parmi ses ancêtres, puis, d'une façon de plus en plus excentrée, par des gestes de charité envers des inconnus, et en fin de compte par l'aide apporté à l'Autre absolu, au soldat anorexique et mutique qu'il s'efforce de faire sortir de sa solitude. Le double demeure pour une part la rançon d'une valorisation narcissique du moi du narrateur, et celui-ci assiste, comme le calife Hakem, à son mariage avec la bien-aimée; mais le double n'est pas seulement celui qui est heureux et sauvé à sa place: c'est aussi le "frère mystique", dont la pensée l'invite à s'examiner et à implorer le pardon divin. Un dernier exemple, pour ne pas les multiplier. Nerval rêve, comme Adoniram, qu'il pénètre au centre de la terre, où l'on conserve "le feu primitif qui anima les premiers êtres". Mais lorsqu'il leur demande s'ils peuvent créer des hommes, les détenteurs de ce feu, loin de chercher orgueilleusement à se substituer au Créateur, définissent en toute modestie les limites de leur art:

> Les hommes viennent d'en haut et non d'en bas: pouvons-nous nous créer nous-mêmes? Ici l'on ne fait que formuler par les progrès successifs de nos industries une matière plus subtile que celle qui compose la croûte terrestre. Ces fleurs qui vous paraissent naturelles, cet animal qui semblera vivre, ne seront que les produits de de l'art élévé au plus haut point de nos connaissances, et chacun les jugera ainsi.[63]

[62] *Œuvres* t. I, p. 403.

[63] Ibid. p. 383.

Donc le rêve, loin d'exacerber la révolte et d'en accentuer le caractère désintégrateur (ce qui se produit encore, et de façon particulièrement désespérante, dans *Pandora*), l'intègre dans un univers où elle fait sens et où s'émousse sa pointe destructrice, redoutable pour le sujet qui la porte en lui-même bien plus encore que pour les objets vers lesquels elle se dirige. L'aboutissement de ce retour à l'unité, c'est, bien entendu, l'hymne des "Mémorables", où les divinités rebelles reçoivent le pardon du Christ, et où le serpent, symbole du monde souterrain et de la haine qui sépare les hommes[64], s'ouvre au rayonnement apaisant du monde solaire:

> Malheur à toi, dieu-forgeron, qui as voulu briser un monde!
> Cependant, le pardon du Christ a été aussi prononcé pour toi!
> (...)
> Le serpent qui entoure le Monde est béni lui-même, car il relâche ses anneaux, et sa gueule béante aspire la fleur d'anxoka, la fleur soufrée, – la fleur éclatante du soleil![65]

On ne saurait, certes, sous-estimer la valeur testamentaire que prennent ces lignes, composées par Nerval peu de temps avant sa mort[66]. Même si l'on considère que la transcendance vers laquelle elles pointent pouvait être remise en question, comment ne pas être sensible au travail unificateur d'une écriture dont toute la force de subversion se concentre dans l'acte même par lequel elle défait les

---

[64] "Combien d'années encore le monde aura-t-il à souffrir, car il faut que la vengeance de ces éternels ennemis se renouvelle sous d'autres cieux! Ce sont les tronçons divisés du serpent qui entoure la terre... Séparés par le fer, ils se rejoignent dans un hideux baiser cimenté par le sang des hommes." (Ibid. p. 379)

[65] Ibid. p. 411.

[66] L'insertion des "Mémorables" dans *Aurélia* pose un problème sur lequel les nervaliens ne sont pas d'accord. Une première ébauche du texte se trouve sur des feuillets qui paraissent contemporains de la rédaction de *Pandora* (novembre 1853). Mais la version définitive du passage que nous citons est beaucoup plus significative du rêve de réconciliation que cette version primitive. On lit simplement dans celle-ci, à la suite de la description de la Reine du Midi: "L'une de ses mains est posée sur le roc le plus élevé des montagnes de l'Yemen, l'autre dirigée vers le ciel balance la fleur d'anxoka, que les profanes appellent fleur du feu. Le serpent céleste ouvre sa gueule pour la saisir, mais une seule graine ornée d'une aigrette lumineuse s'engloutit dans le gouffre ouvert." (*Œuvres* t. I p. 422 sq.) Image d'agression impuissante, donc, beaucoup plus que d'union de deux principes opposés.

codes auxquels se soumettait encore le contenu du rêve, et crée ainsi un objet d'une absolue nouveauté? Faut-il en conclure que la vérité de la révolte de Nerval est dans son langage, et que la rupture qu'elle instaure est de l'ordre du dire? Ce serait bien aller dans le sens d'une époque qui a appris de Mallarmé que le monde existe pour aboutir à un livre, et pour laquelle tout énoncé se replie en fin de compte sur son énonciation. Il me semble pourtant que cette révolte et le rêve dont elle est issue interpellent les hommes du livre que nous sommes. La principale vertu du romantisme et des forces obscures auxquelles il donne une voix et une forme est peut-être de nous dire, de l'intérieur du langage, qu'il y a, au-delà du langage, un informe et un innommable qui ne doivent pas laisser en repos notre esprit, et qui nous empêchent de dire à l'instant: "Tu es si beau!"

Friedrich Wolfzettel

Der Traum der Revolte und "El desengaño en un sueño" Überlegungen zu einem tiefenpsychologischen Paradigma des romantischen Dramas in Spanien

I

Die spanische Romantik hat bekanntlich einen literarhistorisch prekären Status. Zwar hat sich der Begriff aus praktischen und faktischen Gründen inzwischen allgemein durchgesetzt; doch genau mit den organologischen Argumenten, die Anfang des 19. Jahrhunderts beispielsweise in Frankreich zur Rechtfertigung des antiklassischen Paradigmas herangezogen wurden, konnte auch die historische Konsequenz der Bewegung auf der iberischen Halbinsel bestritten werden. Die angeblich fehlenden epistemologischen und sozialen Voraussetzungen ließen die spanische Romantik als importierte Modeerscheinung zu einem weiteren Beleg der insgesamt festgestellten kulturellen Verspätung werden – mit allen interpretatorischen Folgen, die sich aus der impliziten Abwertung des Gegenstandes ergaben. Charakteristisch – und einflußreich – war diesbezüglich das monumentale Standardwerk des englischen Hispanisten E. Allison Peers[1], dessen negative These durch zahlreiche Einfluß- und Rezeptionsstudien und durch genetische Untersuchungen zumindest teilweise gestützt zu werden schien. So etwa in der sehr differenzierten Darstellung von H. Juretschke[2] über die "Ursprünge der spa-

---

[1] *A History of the Romantic Movement in Spain*, 2 Bde, Cambridge 1940; spanisch: *Historia del movimiento romántico español*, übers. von J. M. Gimeno, 2 Bde, Madrid 1954.

[2] "Die Ursprünge der spanischen Romantik und ihre Darstellung in der Literaturgeschichte. Eine Untersuchung über den Einfluß August Wilhelm Schlegels in Spanien", in *Gesammelte Aufsätze zur Kulturgeschichte Spaniens* (Spanische Forschungen der Görresgesellschaft. Reihe 1. 9), München 1954, S. 224–242.

nischen Romantik" im Zusammenhang mit dem ganz entscheidenden Einfluß A. W. Schlegels (1954) oder in der historisch-politischen Analyse von G. Díaz-Plaja[3] (1936), der die Romantik in Spanien als unmittelbare Folge des napoleonischen Fiaskos und der politischen Erschütterungen des Landes begriff. Auch die Rückführung der literarischen Bewegung auf die sogenannte liberale Emigration unter Ferdinand VII. bei V. Llorens[4] (1968) geht in die genannte Richtung und scheint geeignet, die geläufige Ableitung aus französischen Anregungen und Vorbildern durch die genauere Ausleuchtung der gleichzeitigen englischen Einflüsse und besonders der Rolle des Emigranten und Wahlengländers Blanco White zu differenzieren und zu ergänzen. Die spanische Romantik ist, wie noch 1967 F. Ruiz Ramón ausgehend vom Drama der Epoche definierte, "mimética elección, no destino natural"[5], oberflächliche Mode mangels einer "auténtica transcendencia" und "auténtica problemática"[6]. Als ob sich die entwicklungsgeschichtliche Verspätung ironischerweise auch in einem entwicklungsgeschichtlich verspäteten, literarhistorischen Diskurstypus niederschlüge, wie er über ein Jahrhundert auch für weite Bereiche der innerfranzösischen Romantikdiskussion charakteristisch gewesen war.

Mit neueren Arbeiten von W. Krömer (1968) oder J. L. McClelland (1975), die beide die geistesgeschichtliche Kontinuität von der spanischen Empfindsamkeit zur Romantik betonen[7], und be-

---

[3] *Introducción al estudio del romanticismo español* (Colección Austral), Madrid ^{4}1972 (^{1}1936), S. 17: "El romanticismo surge de las reacciones militares que se oponen al cuño imperial unificador(...)" Freilich kommt den politischen Ereignissen mehr die Rolle eines auslösenden Moments zu, da Díaz-Plaja an anderer Stelle unter dem Einfluß der geistesgeschichtlichen Arbeiten eines P. Hazard oder P. van Tieghem die gemeineuropäischen Züge der Romantik betont.

[4] *Liberales y románticos – Una emigración española en Inglaterra (1823–1834)*, Madrid 1968.

[5] *Historia del teatro español*, 2 Bde, Madrid ^{2}1971 (^{1}1967–1971), Bd 1: *Desde los orígines hasta 1900*, S. 382.

[6] Ebd. S. 365.

[7] W. Krömer, *Zur Weltanschauung, Ästhetik und Poetik des Neoklassizismus und der Romantik in Spanien* (Spanische Forschungen der Görresgesellschaft), Münster 1968; J. L. McClelland, *The Origins of the Romantic Movement in Spain*, Liverpool 1975.

sonders der großen Synthese von J. L. Alborg[8] (1980), wäre demgegenüber davon auszugehen, daß Verspätung und Beeinflussung von außen nicht a priori als negative Beurteilungskriterien für die Qualität und historische Notwendigkeit einer literarischen Bewegung taugen, zumal die Charakterisierung als Modephänomen wohl kaum mehr als eine Tautologie darstellt. Im Gegenteil, Verspätung kann ebenso eine Intensivierung der angestauten und plötzlich freigesetzten Kräfte und Tendenzen mit sich bringen, und insofern ließe sich gerade in der nachklassischen spanischen Literatur von einem eigenen Paradigma kreativer Kumulation sprechen, die jeweils die Originalität der gesamteuropäisch verspäteten Literaturepochen begründet. Beispiele wären der realistische Roman, die Lyrik der 27er Generation, der spanische Neorealismus der Nachkriegszeit. Tatsächlich zeichnet ja ein zeitgenössischer Beobachter wie E. Quinet in seinem Reise- und Literaturbericht *Mes vacances en Espagne* von 1846 das überaus anschauliche Bild eines umfassenden geistigen und ästhetischen Aufbruchs und der noch tastenden Suche nach neuen Ausdrucksformen und spricht dabei von einer Vielzahl von Autoren, die noch wenige Jahre zuvor beinahe unbekannt gewesen seien[9]. Die Plötzlichkeit und die dadurch bedingte Intensität des politischen und ästhetischen Umbruchs wird auch in einer Besprechung deutlich, die M. J. de Larra 1836 von der Aufführung des Dramas *Catalina Howard* in Madrid verfaßte und die J. Sarrailh in diesem Zusammenhang zitiert[10]:

> Fuerza es confesar, sin embargo, que en España la transición es un poco fuerte y rápida. La Francia puede contar medio siglo de revolución, cuando nuestras revueltas no tienen siquiera la mitad de esa fecha, (...) Ella, sin embargo, ha tardado medio siglo en hacer su revolución literaria, y la ha hecho gradualmente: (...) y

---

[8] *Historia de la literatura española*, Madrid 1972 ff., Bd 4: *El romanticismo*. Alborg spricht von einer "adecuada reivindicación" und betont, "que en nuestro menospreciado romanticismo hay mucho que salvar" (S. 71).

[9] Vgl. Verf., *"Ce désir de vagabondage cosmopolite" – Wege und Entwicklung des französischen Reiseberichts im 19. Jahrhundert*, Tübingen 1986, S. 196 ff.

[10] "L'Histoire et le drame romantique", in *Bulletin Hispanique* 38 (1936) S. 19–40, hier: S. 21.

> entre nosotros en un año sólo hemos pasado en política de Fernando VII a las próximas Constituyentes, y en literatura, de Moratín a Alejandro Dumas (...)[11]

Nicht zufällig geht es dabei vor allem um das Drama; denn daß gerade diese Gattung in ihrer erstaunlich kurzen und intensiven 'Blüte' in kaum mehr als einem Jahrzehnt zwischen 1830 und 1844 in dem angedeuteten Prozeß der "reivindicación nacional", als welchen Díaz-Plaja die romantische Bewegung definiert hat[12], eine zentrale, ja funktionsgeschichtlich symbolische Rolle spielen konnte, dürfte kaum überraschen. Wenn die Romantik allgemein mit R. Navas Ruiz[13] als eine der Renaissance vergleichbare, epochale Revolution der Sehgewohnheiten und als Durchbruch der Subjektivität (in der Umkehrung der bisher gültigen Welthaltung nicht mehr von außen nach innen, sondern von innen nach außen) begriffen werden kann, dann kommt dem allgemein unterbewerteten Drama der Romantik – nicht nur in Spanien – eine mentalitäts- und gattungsgeschichtliche Schlüsselfunktion zu, die auch die Überschätzung des Mediums durch die romantischen Autoren selbst, etwa in der Dreistufentheorie Hugos, erklären hilft. Offensichtlich konnte nur hier die antagonistische Welterfahrung des romantischen Subjekts zugleich individuell in der Personenkonstellation der Bühne und kollektiv-repräsentativ in der chorischen Rezeptionssituation zum Ausdruck gelangen. Darüber hinaus wird aber in Spanien das hauptstädtische Theater zu dem Ort, an dem sich die ebenso verspätete wie plötzliche Revolte des romantischen Subjekts paradigmatisch darzustellen vermag, da nur in diesem Medium spezifische Formen paroxystischer Gewaltsamkeit vermittelbar scheinen. Die verzögerte Bewußtwerdung der gemeineuropäischen "metaphysical crisis at the end of the eighteenth century" ließ nach der These von D. L. Shaw nur die dilemmatische Wahl "between orthodoxy and the void"[14] und sorgte möglicherweise in erhöhtem Maße für jene "qualitative Potenzierung",

---

[11] In *Artículos completos*, Madrid 1961, S. 676.

[12] *Introducción* S. 201.

[13] *El romanticismo español*, Madrid [3]1982 ([1]1971), S. 84 ff.

[14] "Towards an Understanding of Spanish Romanticism", in *The Modern Language Review* 58 (1963) S. 190–195, hier: S. 191.

welche nach K. Mannheim[15] Ausdruck romantischen Lebensgefühls ist. Ein grundsätzlicher Makel des spanischen romantischen Dramas, schreibt Díaz-Plaja[16], sei die Übertreibung, mit der der romantische Held aus einer als Gefängnis empfundenen Welt – auf die Häufigkeit der Gefängnismetaphorik hat Shaw hingewiesen[17] – auszubrechen versucht. J. M. Díez Taboada zögert daher in einem neueren Beitrag nicht, von einer aus den Fugen geratenen Welt zu sprechen, die das romantische Drama gerade in Spanien als 'Theater des Absurden in seinen Anfängen' ausweist[18].

Komparatistisch und einflußgeschichtlich orientierte Studien haben zur Genüge die Abhängigkeit der spanischen Dramatiker von ihren zumeist französischen Vorbildern gezeigt. N. B. Adams etwa gibt in seiner immer noch nützlichen Gutiérrez-Monographie von 1922[19] ganze Listen wahrscheinlicher Übernahmen vor allem von Dumas père, aber auch von Hugo, Scribe, Ducange und Frédéric; ja, ein spätes Stück des Autors wie *El paje* erscheint fast als réécriture von Dumas' *La Tour de Nesle*[20]. Die Zorilla-Forschung[21]

---

[15] "Das konservative Denken", in K. M., *Wissenssoziologie – Auswahl aus dem Werk*, hg. K. H. Wolff (Soziologische Texte. 28), Neuwied/Berlin ^{2}1970 (^{1}1964), S. 459. Die Formel geht bekanntlich auf Novalis zurück.

[16] "Perfil del teatro romántico", in Hg. I. M. Zavala, *Romanticismo y realismo* (Historia y crítica de la literatura española. 5), Barcelona 1982, S. 200–204 (gekürzte Fassung eines Artikels von 1963).

[17] "Towards an Understanding of Spanish Romanticism" S. 194 und *A Literary History of Spain – The Nineteenth Century*, London/New York 1972, S. 12: "(...) the attraction of the prison for Romantic writers. It symbolises existence." Zu ergänzen wäre V. Brombert, *La Prison romantique – Essai sur l'imaginaire*, Paris 1975.

[18] "Das spanische Drama des 19. Jahrhunderts", in Hg. K. Pörtl, *Das spanische Theater – Von den Anfängen bis zum Ausgang des 19. Jahrhunderts* (Grundriß der Literaturgeschichten nach Gattungen), Darmstadt 1985, S. 392–463, hier: S. 402.

[19] *The Romantic Dramas of García Gutiérrez*, New York 1922.

[20] S. ebd. S. 103 ff.

[21] S. namentlich N. Alonso Cortés, *Zorilla – Su vida y sus obras*, Valladolid ^{2}1943 (^{1}1916), bes. S. 185 ff., wo die spanische Romantik als kindliche Nachahmung fremder Quellen charakterisiert wird: "El romanticismo español tuvo mucho de juego de niños." Ferner: J. A. Thompson, "Alexandre Dumas Père and Spanish Romantic Drama", in *Louisiana State University Studies* 37 (1938)

betont immer wieder die Bedeutung von Mérimée, Blaze de Bury und Dumas. Bei J. E. Hartzenbusch hat A. S. Corbière[22] in seiner Dissertation von 1927 eine regelrechte propädeutische Phase der Übersetzung, Adaptation und Verarbeitung französischer Quellen nachgewiesen; A. Piron, Régnard, Dancourt und natürlich Dumas stehen neben spanischen Stoffen und Autoren, ähnlich wie M. J. de Larra mit Adaptationen von Scribe und Delavigne begann, bevor er im Rückgriff auf die Tradition sein Troubadourstück *Macías* schrieb. Und außer Zweifel ist die führende Rolle der französischen Romantik (abgesehen von Byron) bei den Vertretern der ersten Generation, dem Duque de Rivas, seinem Freund und Begleiter A. Galiano und bei F. Martínez de la Rosa. Für die Wahl des Untersuchungsgegenstands spricht also weniger eine hypothetische Hispanität der Stoffe als die zeitliche und thematische Verdichtung der "coyuntura generacional"[23] des romantischen Dramas in Spanien. Eine beschränkte Anzahl von Autoren und Werken gewährleistet einen in jeder Hinsicht repräsentativen Querschnitt und erlaubt überhaupt erst, in relativ engem Rahmen auf paradigmatische Ergebnisse hinzuarbeiten. Zwischen *La conjuración de Venecia* (1834) von Martínez de la Rosa und *Don Juan Tenorio* (1844) von J. Zorilla entwickelt sich eine Dramatik, die – wie gezeigt werden soll – in vieler Hinsicht als fortschreitende Auseinandersetzung mit dem romantischen Weltbild verstanden werden kann. Insofern aber kommt ihr emblematische, über die spanische Literaturgeschichte hinausgehende Bedeutung zu.

Enger als etwa in Frankreich, wo mehrere "Romantikschübe" einander ablösen, die trotz Hugos berühmter Gleichsetzung von Romantik und Liberalismus eine politische Differenzierung im Sinne von P. Barbéris ("romantisme de droite" – "romantisme de gauche") notwendig erscheinen lassen, sind in Spanien liberaler Aufbruch und die Durchsetzung sogenannter romantischer Tendenzen

---

S. 160–177, und J. K. Leslie, "Towards the Vindication of Zorilla – The Dumas-Zorilla Question Again", in *The Hispanic Review* 13 (1945) S. 288–293.

[22] *Juan Eugenio Hartzenbusch and the French Theatre* (Publications of the University of Pennsylvania. Series in Romanic Languages and Literatures. 20), Philadelphia 1927.

[23] S. die Einleitung von J. Alcina Franch zu der Anthologie *Teatro romántico* (Bruguera. Libro clásico), Barcelona 1984, S. 22 f.

weitgehend konkomitant. Sieht man von dem konservativen Mystizismus des Wahlspaniers deutscher Herkunft, J. N. Böhl von Faber (1770–1836) und der von Juretschke untersuchten frühen Schlegel-Rezeption ab, sind die führenden Vertreter der Literatur seit 1830 der liberalen Bewegung zuzurechnen. Erst nachdem sich jene in der Folge des gescheiterten Aufstands von 1820 in der Emigration neu formiert und an aktuelle literarische Bewegungen in den damaligen 'Hauptstädten der Welt' angeschlossen hat, wird Romantik als epochale Erscheinung auch in Spanien möglich, und dies charakteristischerweise nur in der ersten Phase der Regierungszeit Isabellas II. (1833–1868), die von Karlistenaufständen, spontanen Landrevolten, der Veräußerung der Kirchengüter und dem Linksputsch 1837 geprägt ist und in der Militärdiktatur der Progressisten unter Espartero 1840–1843 gipfelt. Das genannte Jahr 1844, das allgemein das Versiegen nicht nur des romantischen Dramas, sondern der romantischen 'Mode' insgesamt bezeichnet, leitet nach J. Vicens Vives auch die über zwanzigjährige "gemäßigte Periode"[24] konservativ liberalen Zuschnitts ein, die mit der Konsolidierung der politischen Verhältnisse zugleich das Bündnis der Besitzenden aus Großbürgertum und Großgrundbesitz zementiert. Die Literatur dieser Epoche ersetzt das Pathos der Revolte und der demonstrativen Geste durch die – kritische – Beschreibung: Sittendrama und "novela de costumbres".

Nun geht es im folgenden nicht nur um eine sozialgeschichtliche Situierung des romantischen spanischen Dramas. Hierzu wäre eine sehr viel genauere Erhebung des Materials notwendig, als es die hier vorgelegte, eher stichprobenartige Analyse eines Epochendiskurses leisten kann. Trifft die oben geäußerte Hypothese eines politischen, ästhetischen und mentalitätsgeschichtlichen Bruchs, der durch eben die politisch bedingten Verzögerungsfaktoren verstärkt wurde, auf die romantische Periode zu, so müßte sich eine solche Problematik – dies ist hier die These – der Personalisierungstendenz des Dramas entsprechend vor allem in den verschiedenen Formen des Generationskonflikts niederschlagen. Und in der Tat gehören die

[24] *Aproximación a la historia de España* (Centro de Estudios Históricos Internacionales. Universidad de Barcelona. Serie A 1); dt.: *Geschichte Spaniens*, übers. von G. Dieterich (Urban-Taschenbücher. 122), Stuttgart/Berlin/Köln/Mainz 1969, S. 114.

familienstrukturellen Parallelen zwischen äußerlich scheinbar völlig verschiedenen Stoffen und Handlungen und die Rekurrenz ähnlicher, typisierter Situationen und Konstellationen zu den auffälligsten Eigenarten der Theaterproduktion im Spanien der dreißiger Jahre. Die Versuchung liegt nahe, unter Umgehung des Einflußproblems von einem intertextuellen Paradigma zu sprechen, das durch seine archetypischen und obsessionellen Züge gekennzeichnet ist. Am Beispiel des englischen Melodrams der Romantik hat kürzlich J. N. Schmidt[25] die "traumhaften" Züge der Gattung hervorgehoben und diesen "Tagtraum"-Charakter zum Anlaß genommen, die bekannten Freudschen Kategorien zur Bestimmung des Gattungsdiskurses heranzuziehen. Nun sind Melodram und romantisches Drama sicher nicht ohne weiteres gleichzusetzen[26]. Gemeinsam scheint beiden jedoch die melodramatische Neigung zur Familialisierung der Konflikte und zur wahnhaften Steigerung des Helden in einer nicht mehr rational durchschaubaren, schicksalhaft wahrgenommenen Umwelt. Ist das romantische Drama tatsächlich, wie schon A. Le Breton betonte, Ausdruck einer jugendlichen Revolte und eines Lebensgefühls "à l'état d'incandescence"[27], so dürfte die jeweilige Behandlung der aus den Familialisierungstendenzen notwendig resultierenden, ödipalen Problematik als Indiz für Gelingen und Mißlingen des liberalen Aufbruchs interpretierbar werden. Als – durchaus widersprüchliche – Bedeutungsachse eines so verstandenen, epochalen Paradigmas wäre das Verhältnis zur Vätergeneration[28] für das romantische

[25] *Ästhetik des Melodramas – Studien zu einem Genre des populären Theaters im England des 19. Jahrhunderts* (Britannica et Americana. 3. F. 7), Heidelberg 1986, S. 336 ff., 355.

[26] In seiner bescheidenen, doch noch immer nützlichen Dissertation *Die Melodramatik und das romantische Drama in Frankreich*, Breslau 1936, stellt H. Sacher den schlichten Dualismus und den Providenzgedanken des volkstümlichen Melodrams der Charakterzeichnung und weltanschaulich geprägten Fatalität des romantischen Schicksalsdramas gegenüber (S. 72 f.).

[27] *Le Théâtre romantique*, Paris o. J., S. 9.

[28] Die allgemeine Fruchtbarkeit einer solchen Fragestellung zeigt auch das von H. Tellenbach herausgegebene Werk *Das Vaterbild im Abendland*, 2 Bde, Stuttgart/Berlin/Köln/Mainz 1978, Bd 2: *Literatur und Dichtung Europas*; hier sei – in verwandter Perspektive – besonders auf die psychokritische "Symbolanalyse" (S. 20) von A. Rothe verwiesen, "Vater und Familie in der spanischen Literatur des Goldenen Zeitalters", S. 106–126.

Drama konstitutiv. Selbstsituierung und Selbstgewinnung des jugendlichen Protagonisten sind unablösbar von der problematischen Funktionalisierung der Vatergestalten; diese verkörpern symbolisch – mit D. L. Shaw zu sprechen – "the whole pattern of religious, national, and moral absolutes on which the coherence of society and the welfare of the individual had hitherto been thought to depend"[29], und lassen in dieser Funktion die Emanzipation der Söhne immer schon zu einem tendenziell tragischen Bruch und Akt der Verweigerung werden. Die von Shaw angesprochene Ambivalenz von Widerstand und Nostalgie im Verhältnis zur väterlichen Instanz dürfte auch die eigentümliche Ich-Problematik und Ich-Schwäche des romantischen Helden erklären, der nicht wie der klassische Held aus einer gegebenen gesellschaftlichen Position heraus in den tragischen Konflikt stürzt, sondern als Fremder und Ausgestoßener Revolte und Ringen um Reintegration in paradoxer Weise miteinander verbindet und sein Scheitern als vorgängigen Fluch der 'Macht des Schicksals' empfindet.

Weil Familienbeziehungen und Psychologie weniger realistisch als vielmehr chiffrenhaft-symbolisch verstanden werden müssen, wäre auch das zu existentieller Bedeutung gesteigerte Motiv der romantischen Liebe in seiner Funktion als Ersatz für verlorengegangene Bindungen und Sinninstanzen und zugleich als Garantie der Individuation zu begreifen. Auch hier sind Weltverlust und Reintegrationsversuch eng aufeinander bezogen; als Moment der Entfremdung verheißt die Liebe Versöhnung. Den Aspekt der Aufwertung der Liebe "als Steigerung *aller* Relevanzen durch Bezug auf *einen* anderen Menschen" hat bekanntlich N. Luhmann im Zusammenhang mit der Geschichte der Intimität und Individualität behandelt[30]. Für unseren Gegenstand von Bedeutung ist aber die Tatsache, daß die Erlösungshoffnung des romantischen Ich an eben dem väterlichen Widerstand scheitert, gegen den sich auch die Revolte richtet, daß also die Geliebte als 'Objekt' des Vaters Unverfügbarkeit und Tabuisierung signalisiert und den letzten, entscheidenden Schritt der Selbstwerdung und Autonomisierung des

---

29 *A Literary History of Spain* S. 6.

30 *Liebe als Passion – Zur Codierung von Intimität* (Suhrkamp Wissenschaft), Frankfurt a. M. [4]1984 ([1]1982), S. 167.

Helden verunmöglicht. "The non-consummation of love affairs in the Romantic theatre and narrative" ist von Shaw mit der auffälligen Entsinnlichung und Verklärung der Liebe in Verbindung gebracht worden[31]; und weitergehend können wir in dieser Eigenart einen Tabumechanismus sehen, durch den die Liebesbeziehung im Ansatz ödipalisiert wird. Die inzestuösen Töne, die in dem Vater-Tochter-Verhältnis einer Reihe von Dramen deutlich werden, sind in solcher Perspektive kein Zufall. Die romantische Formel: "love thwarted by fate leading to death"[32] erweist sich als psychologische Umsetzung eines unlösbaren epochalen Konflikts zwischen Tradition und Moderne; der Tod – nicht selten der Freitod – deutet die latente Kulpabilisierung des versuchten Ausbruchs an und zeigt, wie etwa im *Don Álvaro* des Duque de Rivas oder im *Don Juan Tenorio* Zorillas, die satanischen Ursprünge der Revolte.

Die obigen Überlegungen sind an sich im Kontext romantischer Familienproblematik nicht auf die spanische Literatur beschränkt; und genau dies verbürgt ja auch die allgemeinere Relevanz und Übertragbarkeit des interpretatorischen Vorgehens. Das spanische Drama der Romantik legt jedoch eine außerordentlich symptomatische Entwicklungslinie nahe, die sich zudem in weitgehender Übereinstimmung mit der politisch-sozialen Entwicklung des Landes befindet und so den angedeuteten Chiffrencharakter der literarischen Verarbeitungen lebensweltlicher Problematik unterstreicht. Quinet fragt sich in seinen Reiseaufzeichnungen aus Madrid, ob die verheißungsvollen Anfänge einer Wiederbelebung der spanischen Literatur, die für ihn gleichbedeutend mit romantischer und liberaler Neubesinnung ist, zur vollen Entfaltung gelangen würden; ob die literarische und politische "révolution" zur kollektiven Bewußtwerdung und Selbstbestimmung eines Landes führen würde, das ihm noch immer mit dem 'Leichentuch' der Tradition bedeckt und wie erstarrt erscheint[33]. Das romantische Drama oder genauer: die romantische Tragödie scheint unter dem Paradigma der psychologisch familialisierten Revolte die Antwort auf diese entscheidende Frage

[31] *A Literary History of Spain* S. 28.

[32] Ebd. S. 19.

[33] *Mes vacances en Espagne*, in E. Q., *Œuvres complètes*, 10 Bde, Paris 1857-1858, Bd 9, S. 39.

geben zu wollen. Problematisierung und endlich Zurücknahme des Motivs bei Zorilla und im Spätwerk des führenden Wegbereiters der Romantik, des Duque de Rivas, signalisieren in dieser Perspektive den Sieg des desengaño und lassen im Rückblick aus den mittleren vierziger Jahren den Aufbruch als das erscheinen, was in der ödipalen Struktur der entsprechenden Werke bereits angelegt gewesen war: als Traum der Revolte. Weil in Spanien der Konflikt zwischen Tradition und Moderne deutlicher wird als in den übrigen westeuropäischen Ländern, kann die literarische Entwicklung hier auch prägnanter reagieren und auf den von Quinet begrüßten "grand choc de la démocratie moderne"[34] die jeweils repräsentative Antwort geben. Die ödipale Problematik wird zum Gradmesser der Moderne.

II

Auch bei einem bewußt kursorischen, diachronen Überblick scheint zunächst die Tendenz zur Privatisierung der genannten Konfliktkonstellation auffallend: Das historische Drama wird zum historisierenden Drama. Gerade deshalb kommt dem Werk von Martínez de la Rosa und besonders dem 1830 im Pariser Exil verfaßten und 1834 aufgeführten Drama *La conjuración de Venecia* eine spezifische Bedeutung zu. Anders als in der Folge bleiben politisch-historische und individuelle Problematik noch mittelbar aufeinander bezogen, dient das Werk – unmittelbar vor der politischen Amnestie von 1835 und dem partiellen Sieg liberaler Ideen – als Mittel der Auseinandersetzung mit der geschichtlichen Wirklichkeit, ähnlich wie es A. Saavedra, der spätere Duque de Rivas, in seiner historischen Tragödie *Lanuza* von 1812 versucht hatte. Derselbe Autor wird 1842 in *El desengaño en un sueño* die Überwindung der romantischen Revolte ineins mit der Stigmatisierung der Geschichte vorführen und so eine Epoche symbolisch abschließen, die im Zeichen historischer Bewußtwerdung und umfassender Historisierung begonnen hatte. Freilich ist *La conjuración* auch insofern symptomatisch, als bereits

34 Ebd. S. 138.

geschichtliches Handeln und persönliche Erfahrung auseinandertreten. Das eigentliche Thema – das Verschwörungsmotiv fungiert als Metapher der Revolution – ist die mißglückte Revolte einer kleinen Gruppe liberaler Verschwörer gegen die Gewaltherrschaft des Tribunal de los Diez, doch ist dieses politische Thema in sehr charakteristischer Weise scheinbar grundlos mit dem privaten Thema der Liebe und heimlichen Ehe zwischen dem führenden Verschwörer Ruggiero und der Tochter des Richters Morosini, Laura, verbunden oder genauer: das politische Thema wird durch das private gestört und in den Hintergrund gerückt. In der doppelten Bindung Lauras einmal an den geliebten Vater und die von ihm repräsentierte, hergebrachte Ordnung, zum anderen an den Geliebten, konkretisiert sich mithin über den einfachen politischen Antagonismus hinaus der zentrale Konflikt des spanischen Dramas der Romantik, der in Varianten bei Larra, dem Duque de Rivas, Hartzenbusch, Zorilla u. a. zu finden ist; insbesondere zur Tochter-Vater-Beziehung im *Don Álvaro* des Duque de Rivas sind die Parallelen offensichtlich. Die Dreierkonstellation – bezeichnend ist auch das häufige Fehlen der Mutterfigur – begründet einen fast ausweglosen Verstrickungszusammenhang, da das notwendige Sicheinlassen des 'Sohnes' in eine Beziehung politisch gesehen zugleich das Gelingen der Revolution aufs Spiel setzt, welche ihrerseits die Eliminierung der Vaterfigur erfordert, ohne deren Segen die private Beziehung unfruchtbar bleibt. Die Vorstellung des jungen Paares, die geplante Revolte in die Versöhnung münden zu lassen, den Vater zu entmachten und zugleich symbolisch erneut zu bestätigen, erweist sich als tragischer Traum und dokumentiert nur die Abhängigkeit von der alten Ordnung, deren Überwindung gefordert wird.

Deshalb überschattet nach der heimlichen Trauung die Furcht vor dem Fluch des Vaters das Glück des Paares; der Traditionsbruch schafft eine unbestimmte Atmosphäre der "tristeza" und "angustia", die nicht nur Laura in einen Zustand melancholischer Selbstentfremdung ("que ni soy dueña de mí misma") versetzt[35]. Auch der Protagonist ist aufgrund seiner ihm selbst unbekannten Herkunft al

[35] *La conjuración de Venecia*, in *Obras de D. Francisco Martínez de la Ros*, hg. C. Seco Serrano, 8 Bde (Biblioteca de autores españoles. 148–155), Madri 1960–1962, Bd 1, S. 266 (II, 3). Siehe jetzt auch die Ausgabe von José Paulin in den Taurus Ediciones, Madrid 1988 (mit ausführlicher Einleitung).

hilflos und entwurzelt dargestellt: "Solo, huérfano, sin amparo ni abrigo (...), sin saber a quienes debo el ser, ni siquiera la tierra en que nací (...)"[36] Natürlich verweist das romantische Waisenkindmotiv hier in den von M. Robert untersuchten Kontext des Freudschen Familienromanschemas und der phantasierten Selbstüberhöhung des Ich[37]. Andererseits ist jedoch nicht zu übersehen, daß – anders als etwa im Fall der obsessionellen Selbsterhöhungsstrategie eines Don Álvaro – in diesem Fall die Konnotationen der Angst und Hilflosigkeit überwiegen und damit von vornherein Traditionsverlust mit Selbstverlust korreliert ist. So erscheint denn Ruggiero weniger als Verschwörer denn als virtuelles Opfer der von ihm mitgetragenen Revolte, als zwiespältiger, anfangs noch naiv optimistischer Revolutionär, der bei Laura Trost und Heilung sucht; das petrarkistische Echo ist unüberhörbar: "Tú no eres una mujer; eres un ángel; el cielo te ha enviado para hacerme sobrellevar la vida."[38] In dieser quasi-maternalen Erlösungsfunktion übernimmt die romantische Heldin die charakteristische Aufgabe, ein nicht näher erklärbares Sinndefizit aufzufüllen und die fehlende Vielfalt realer lebensweltlicher Bezüge in der eigenen idealisierten Person insgeheim zu ersetzen – die heimliche Eheschließung symbolisiert auch die Gegensätzlichkeit der beiden Bereiche und die Überlastung des privaten Bereichs. Gleichzeitig partizipiert Laura jedoch an der Problematik Ruggieros; wie bei den Protagonistinnen des Duque de Rivas, von Zorilla oder A. García Gutiérrez signalisiert der Mutterverlust ein fundamentales familiäres Ungleichgewicht, das indirekt auch den Status der Vaterfigur problematisch erscheinen läßt. Latent inzestuöse Töne werden vor allem in *Don Álvaro* auffallen. Die Mutter als Fürsprecherin und Heilige – "¡Mi madre!... ¡Mi pobre madre!... ¿Qué diría la infeliz si viviese!"[39] – bleibt gegen das drohende Unheil hilflos.

---

36 Ebd. S. 267.

37 *Roman des origines et origines du roman*, Paris 1972. Das unter den Stichpunkten "fatalidad" und "misterio" bei E. Caldera mitbehandelte Motiv ("Los temas del teatro romántico", in *Romanticismo y realismo*, S. 204–215) würde eine eigene funktions- und nicht allein motivgeschichtliche Untersuchung verdienen.

38 *La conjuración* II, 3, S. 267.

39 Ebd. Vgl. auch III, 2, S. 272.

So werden schon im ersten Akt alle notwendigen symbolischen Aspekte angedeutet, die das politische Scheitern in der Folge erklären. Wenn auch im Fall Ruggieros "no es culpa suya haber nacido tan desgraciado"[40], so bleibt doch ein unbestimmtes Gefühl der Schuldhaftigkeit, das auch die Rechtfertigung der revolutionären Tat zu tangieren scheint. Dem Fehlen des Vaters entspricht symbolisch die Abschaffung des Vaters, doch gerade dieser Autonomisierungs- und Selbstgewinnungsstrategie steht bei Laura eine tiefe Abhängigkeit vom Vater gegenüber. Die implizite Schuld kann daher nur durch die "Gnade" des Vaters getilgt werden: "¡Si, hija, si!... ¡Cuando un padre perdona, el cielo echa su bendición!"[41] Die Revolte gegen den Vater dient mithin der Aufwertung des Vaters, die die Vaterrettungsphantasien des jugendlichen Helden in einem fast lächerlichen Licht erscheinen läßt. Das romantische Verschwörer- und Revolutionsdrama wäre dann zu verstehen als Bestätigung des Status quo, wenn es denn so ist, wie der Herausgeber meint: "El padre representa siempre el equilibrio, la comprensión y, en definitiva, la visión justa de la vida."[42] Doch bei genauerem Hinsehen erweist sich gerade dieses angesprochene Gleichgewicht als tragisches Patt, denn dem Scheitern der Revolte und der Opferung der Jungen entspricht die Hoffnungslosigkeit eines Alters ohne Zukunft. Wenn Ruggiero vor den Richtern gesteht, daß er in seinem Leben keinen einzigen Tag des Glücks gehabt habe ("[...] para que no tuviera en esta vida ni un solo día feliz"[43]), so ist damit auch das Lebensglück der Väter vernichtet. Daher die Umkehrung der Situation – in typisch melodramatischer Manier – gegen Ende des Stücks: Ruggiero erfährt, daß er in Wahrheit der Sohn von Lauras Onkel und Morosinis Bruder ist und daß sein eigener Vater ihn soeben zum Tode verurteilt hat; aber nicht seine Lage, sondern die seines Vaters steht im Vordergrund, und das hilflose: "¡No, hijo, no!... ¡Ten piedad de tu padre!"[44] klingt wie die Verneinung des optimistischen "¡Si, hija, si!" Morosinis gegenüber seiner Tochter. Das Drama zeigt ein-

---

[40] Ebd. III, 2, S. 273.

[41] Ebd. S. 272.

[42] Alcina Franch, *Teatro romántico* S. 58.

[43] *La conjuración* V, 9, S. 287.

[44] Ebd.

hilflos in das Räderwerk der Staatsmaschinerie eingebundene Vaterfigur, die nicht mehr autonom handeln kann. Der Fehlschlag der romantischen Revolte besiegelt auch das Schicksal der Väter, deren Sieg sich als sinnlos erweist. "¡Tu padre!...", sagt Ruggiero vor seiner Hinrichtung zu Laura, "¡Dile al mío que ya no tiene hijo!..."[45] Das historische Dilemma, das gewisse paroxystische Züge in der Folge erst zu erklären scheint, hebt die Geschichte auf.

Gerade in dem Augenblick, da mit dem Tod Ferdinands VII. eine offene Zukunft wieder möglich erscheint und sich die exilierte Romantik mit der Rückkehr der liberalen Gründergeneration in der einheimischen Literatur endgültig durchsetzt, privatisiert sich der Vater-Sohn-Konflikt zu einem obsessionellen Paradigma ungelöster Konflikte und unbewußter Ängste. Dem scheinbaren Sieg der Revolte des Sohnes steht die Angst vor der 'Rückkehr des Vaters' gegenüber, die in dem 1835 aufgeführten Melodram *Manfredo* von J. F. Pacheco ihren bündigen Ausdruck findet. Die unübersehbar ödipale Grundstruktur der Handlung veranschaulicht den Illusionscharakter einer Befreiung, deren libidinöse Züge die schuldhafte Übertretung eines Tabus konnotieren. Während in *La conjuración de Venecia* und auch in dem ebenfalls 1835 uraufgeführten Drama *Don Álvaro* die erwähnte Vater-Tochter-Konstellation die ödipalen Strukturen eher kaschiert, ist hier die leidenschaftliche Liebe des Protagonisten zur Witwe des angeblich verstorbenen Vaters, Bertha, unmittelbarer Ausdruck einer nicht gelungenen Verdrängung. Die symbolische Vatertötung wird unterstrichen durch die reale Ermordung des eigenen Bruders und Nebenbuhlers, den Alfredo mit Bertha überrascht. Als das Paar vor der Hochzeit steht, erscheint der Geist des ermordeten Bruders und teilt Alfredo mit, daß der Vater nicht tot sei. Aber eine Selbstabdankung des Sohnes, wie sie Martínez de la Rosa vorgeführt hatte, scheint unter den neuen Bedingungen nicht mehr möglich zu sein; zu weit ist der romantische Held bereits auf dem Weg der Bemächtigung der Mutter und damit einer – tiefenpsychologisch gesprochen – zukunftslosen und illusionären Selbstgewinnung gegangen, die später in *El desengaño en un sueño* ad absurdum geführt wird. Vatermord und Selbstmord am Schluß des Dramas symbolisieren in ihrer wahnhaften Übersteigerung den Fluch der

---

[45] Ebd. V, 13, S. 289.

Vergangenheit, den der Held wie Don Álvaro auf sich herabruft. Die mythisch objektivierte Macht des toten Vaters, die "fuerza del sino", scheint aber nichts anderes als der Ausdruck nicht gelungener Emanzipation.

Wie "El Trovador" in dem gleichnamigen Stück von García Gutiérrez (1836) bewegt sich der romantische Held in einem nicht durchschauten und durchschaubaren "mundo de maldición", im Angesicht eines den Vater potenzierenden "Dios terrible"[46], der dementsprechend auch die Funktion des rächenden Vaters übernimmt. Öffentliche Geschichte wird zum Familiendrama, "cierta historia triste, horrible"[47], unbestimmt, inkohärent und gerade darum erschreckend und zwingend. Die Zeit selbst – E. Caldera hat auf die große Bedeutung des Motivs der Frist (plazo) im spanischen romantischen Drama aufmerksam gemacht[48] – wird über dramatische Erfordernisse hinaus zum Uhrwerk eines regressiven Verhängnisses, das den häufig guten Willen des Helden buchstäblich ins Gegenteil verkehrt. "Mi objeto era el de haceros feliz (...)", versichert der Troubadour Manrique; aber: "Las montañas de Vizcaya no podían suministrar a mi ambición recursos para elevarme a la altura de mis ilusiones."[49] Es ist bezeichnend, daß der hier thematisierte Hiatus zwischen Realität und Illusion wiederum exakt nach dem Freudschen Schema des Familienromanphantasmas dargestellt ist: Die Selbstgewinnung des Findelkinds Manrique gleicht einem Traum, der in dem Augenblick abgebrochen wird, als die Erfüllung des phantasierten Aufstiegs greifbar scheint. Hier wie andernorts wird die Zeit als eigentliche Instanz von Entwicklung und Geschichtlichkeit zum Medium einer Illusion, welche Selbstverwirklichung nur als Traum vorgaukelt:

> No hay nadie, nadie ...
> Fantástica ilusión.[50]

---

[46] *El Trovador*, hg. A. Rey Hazas, Barcelona 1984, S. 161 (IV, 5).

[47] Ebd. IV, 6, S. 163.

[48] "Los temas del teatro romántico" S. 205 ff.

[49] *El Trovador* III, 1, S. 136.

[50] Ebd. III, 5, S. 147.

Diese eigentlich aufmunternd gemeinten Worte Manriques an die Geliebte wirken wie eine dramatische Ironie, die den wahren Charakter des romantischen Weltbezugs zum Ausdruck bringt. Daher die Häufigkeit der Bilder des Abgrunds und des Stürzens: Der träumende Held ist ständig vom Absturz bedroht:

Mira el abismo
bajo mis pies abierto...[51]

antwortet Leonor auf die Worte des Geliebten. Die Angstvision wird Wirklichkeit am Schluß des *Don Álvaro*, als sich der verzweifelte Held in den Abgrund stürzt; der Sturz wird gerade noch verhindert durch die Fürbitte der Geliebten am Schluß von *Don Juan Tenorio*. Es ist, als ob die Mädchen- und Frauengestalten keine andere Aufgabe hätten, als figural den Illusionscharakter der Zeit und die Tagträume der Helden zu veranschaulichen. Als unerreichbares Ziel verheißen sie eine unmögliche Erlösung und Selbstwerdung und tragen gerade dadurch zum Sturz des Helden bei. Dessen anfänglicher Zuversicht setzen sie daher wie Laura oder wie Leonor die wissende Melancholie derer entgegen, die zugleich Opfer und Verkörperung der Nemesis sind:

Llorando, sí;
yo para llorar nací;
mi negra estrella enemiga,
mi suerte lo quiere así.[52]

Denn der Held hofft noch, wenn es längst zu spät ist und obwohl es im Grunde von Anfang an zu spät gewesen ist; das "ya es tarde" in Hartzenbuschs *Los amantes de Teruel*[53] klingt wie ein Echo des "ya es tarde" am Ende des *Macías*.

Macías und Manrique, der Troubadour, erfüllen zweifellos in besonderer Weise die Bedingungen des romantischen Dichter-Helden[54].

---

51 Ebd. S. 148. Zu den melodramatischen Aspekten s. J. C. Ruiz Silva, "*El Trovador* de García Gutiérrez – Drama y melodrama", in *Cuadernos hispanoamericanos* 335 (1978) S. 251–272, sowie die Einleitung zu der von ihm besorgten Ausgabe des Stücks in der Reihe Letras hispánicas, Madrid 1985, bes. S. 65 ff.

52 *El Trovador* I, 3, S. 105.

53 *Los amantes de Teruel*, hg. C. Iranzo (Letras hispánicas. 126), Madrid 1983, S. 142 (IV, 6).

54 Vgl. B. Varela Jácome, *Prólogo a* Macías, Madrid 1967.

El Trovador von García Gutiérrez wurde nachweislich nicht nur von Dumas' *Henri III et sa cour* (1829)[55], sondern auch von Larras Neuinterpretation des klassischen Macías-Stoffes in dem gleichnamigen Drama von 1834 beeinflußt, welches seinerseits als Inbegriff romantischer "mythology of love" von R. G. Sánchez mit *Los amantes de Teruel* und dem Tristan-Stoff verglichen worden ist[56]. Die konsequente Zuspitzung – man ist versucht zu sagen: Romantisierung – des angedeuteten "mythic pattern"[57] betrifft nicht allein die Qualität der Gefühle, sondern erweist sich auch als eine Funktion der Zeitproblematik. Geht es in dem Macías-Stück Lope de Vegas (*Porfiar hasta morir, o Macías el enamorado*) um eine höfische Liebestragödie im Stil der zeitgenössischen historischen Novellen und um die gleichsam emblematisierte Apotheose der "Liebe selbst", so verwandelt der Romantiker – mit J. Casalduero gesprochen – "la tormenta de la vida en una tempestad de pasión"[58], deren sinnliche Züge zugleich die innere Unfreiheit des Helden zum Ausdruck bringen. Der bekanntlich autobiographisch unterlegte Konflikt der Liebenden zwischen dem Vater der Geliebten, Elvira, und deren eilig angetrautem Ehemann Fernán Pérez geht wie in *Los amantes* von dem Motiv der Fristüberschreitung des abwesenden Liebenden und der sozialen Erpressung des Vaters der Geliebten durch den Nebenbuhler aus. Die Zeit arbeitet mithin von Anfang an für den nicht-romantischen Rivalen und seine standesgemäß-gesellschaftlich begründeten Ansprüche und gegen den romantischen Aufsteiger-Helden, der alles sich selbst verdanken will. Das Schicksal

descompuso el reloj,
que es el único de España

---

[55] Hierzu Adams, *The Romantic Dramas of García Gutiérrez* S. 78. Zu den gemeinromantischen Motiven vgl. A. Ruiz Díaz, "Motivos románticos europeos en *El Trovador* de García Gutiérrez", in *Revista de literatura moderna* 13 (1973) S. 151–190.

[56] "Between Macías and Don Juan – Spanish Romantic Drama and the Mythology of Love", in *The Hispanic Review* 44 (1976) S. 27–44.

[57] Ebd. S. 43.

[58] "La sensualidad en el romanticismo – Sobre el *Macías*" (1962), wiederabgedruckt in Hg. R. Benítez, *Mariano José de Larra* (El escritor y la crítica) Madrid 1979, S. 197–213, hier: S. 201.

und begünstigt Fernán Pérez, denn

no hay tiempo que perder...[59].

Formal ist das Recht damit auf der Seite des Realisten, der gesellschaftliche Konventionen zu nützen weiß und der sich mittels Erpressung – in *Macías* gegenüber dem Vater, in *Los amantes* gegenüber der Mutter – der Verstrickungen der Vergangenheit zu bedienen versteht, während umgekehrt die reine Liebe als "pasión tirana, inextinguible"[60] kulpabilisiert wird.

Im Hinblick auf die zentrale ödipale Thematik fällt bei einem Vergleich der drei genannten Dramen auf, daß sich die Rivalität des Helden in *Macías* und *Los amantes de Teruel* nur mittelbar gegen den den Nebenbuhler der Geliebten begünstigenden Vater richtet, während es in *El Trovador* um einen Bruderkonflikt geht, die Vaterinstanz mithin eliminiert erscheint, als ob man ihrer nicht mehr bedürfte. Der "grito de rebeldía", als welchen J. R. Lomba y Pedraya den *Macías* definiert hat[61], gilt nur insofern der väterlichen Macht, als sie, Unrecht perennierend, den Vertreter von Besitz und Konvention unterstützt. Daher kündigt Macías – anders als in dem klassischen Stück – seinem Herrn Don Enrique de Villena den schuldigen Respekt und Gehorsam auf und löst sich damit symbolisch von seiner feudalrechtlich begründeten Sohnesrolle; ausdrücklich verweist er darauf, daß jener seiner sozialen Verpflichtung nicht nachgekommen sei. Der Nebenbuhler, Fernán Pérez de Vadilla, partizipiert hingegen an der väterlichen Macht, ja identifiziert sich mit ihr, während Elviras Vater, selbst ursprünglich niederen Standes ("Vos y vuestra gente toda/ villanos sois, con lo que algo/ se os ha de pegar de hidalgo/ y de noble en esta boda."[62]), das Opfer einer sozialen Erpressung von seiten der Mächtigen wird. Hartzenbusch vertieft die psychologische Problematik dieser Konstellation, indem er das Erpressungsmotiv auf einen früheren Fehltritt der Mutter bezieht und diese dazu zwingt, die eigene Tochter um der Ehre der Familie und ihres Vaters willen als Objekt eines Tauschhandels zu

---

59 *Macías*, in *Obras de D. Mariano José de Lana*, hg. C. Seco Serrano, 4 Bde (Biblioteca de autores españoles. 127–130), Madrid 1960, Bd 3, S. 260 (I,1).

60 Ebd. I, 4, S. 262.

61 *Cuatro estudios en torno a Larra*, Madrid 1936, S. 372.

62 *Macías* I, 1, S. 258.

mißbrauchen[63]. In jedem Fall unterminiert das Erpressungsmotiv die moralische Legitimation der Elterngeneration und läßt die Liebenden als Opfer einer sie nicht betreffenden, aber sie vergewaltigenden Vergangenheit erscheinen. Offensichtlich geht Hartzenbusch bewußt weiter als Larra, der seinen Helden einleitend lediglich als "un hombre que ama, y nada más"[64] definiert, während sich in *Los amantes* unter der fortdauernden Herrschaft der Ehrenrücksicht ("la tiranía/de las leyes del honor")[65] die moralische Eindeutigkeit der Person allmählich auflöst. Was C. Iranzo[66] und andere Kritiker als Unstimmigkeiten der psychologischen Motivation des Stücks bezeichnet haben, wäre so vielleicht auch als Ausdruck einer Ambiguität zu interpretieren, die die Elternrolle ebenso erfaßt wie die des Nebenbuhlers und sogar das zentrale Liebesmotiv selbst. Nicht nur, daß der Rivale Rodrigo zwischen schurkischen und edlen Zügen unvermittelt hin- und herschwankt und daß die Mutter der Protagonistin einmal zärtlich entgegenkommend, dann wieder egoistisch tyrannisch handelt, auch der tödliche Charakter der Liebe bezieht sich sowohl auf das Liebespaar wie auf die eifersüchtige, um den Helden werbende Zulima:

¡Amor desastrado!
Pero es amor...[67]

Nicht allein die Mutter, die sich der Tochter im zweiten Akt plötzlich offenbart, trägt eine gesellschaftlich vermittelte Maske:

---

[63] Vgl. die Einleitung von J. Hesse zu *Los amantes de Teruel* (Biblioteca de iniciación hispánica), Madrid 1967, S. 31 f.

[64] "Dos palabras", in *Teatro romántico* S. 303.

[65] *Los amantes de Teruel* II, 13, S. 130. Hier wie im Zusammenhang mit *El Trovador* (vgl. Ruiz Silva in seiner Ausgabe, S. 71 f.) auf die tragende Rolle des Ehrbegriffs und seiner Verbindung zum Theater Calderóns und des Siglo de Oro zu verweisen, heißt über der geistesgeschichtlichen Filiation die typisch romantische Problematik verwischen: Gesellschaftlicher (traditionaler) und individueller (subjektiver) Ehrbegriff treten auseinander.

[66] Einleitung zur Ausgabe von *Los amantes de Teruel* S. 68 f.

[67] *Los amantes* IV, S. 157. Das Unheimliche und Doppelbödige dieser Liebe untersucht K. Engler, "Amor, muerte y destino – La psicología de 'eros' en *Los amantes de Teruel*", in *Hispania* 70 (1980) S. 1–15.

Conóceme, y no te ahuyente
la faz severa que ves;
máscara forzosa es
que dio el pesar a mi frente;
pero tras ella te espera,
para templar tu dolor,
el tierno, indulgente amor,
de una madre verdadera.[68]

Das auf Mißverständnissen und Trug geradezu aufgebaute Stück idealer Liebe, wie sie im Rekurs auf den platonischen Androgynmythos gegen Ende des ersten Akts fast hymnisch gefeiert wird, vermittelt bis in das tragische Ende hinein den Eindruck der fundamentalen Einsamkeit aller Personen und entzieht damit auch dem Revoltemotiv den Boden. Als "drama de la incomunicación" hat Caldera das Stück im Gegensatz zu den zahlreichen früheren Bearbeitungen bei Tirso de Molina, Pérez de Montalbán u.a. gekennzeichnet[69].

Sowohl in *Macías* und in *Los amantes* wie in *El Trovador*[70] gelingt es nur noch bedingt, eine romantische Gegenwelt aufzubauen, da sie an den mit den Vätern verbündeten Rivalen scheitert und ihre moralische Eindeutigkeit zu verlieren droht. Die unromantischen Vertreter der Generation der Söhne repräsentieren die Kontinuität der Konvention, die nicht gelungene Revolution. Wenn Graf Luna in *El Trovador* unwissentlich den eigenen Bruder hinrichten läßt, so darf dies als symptomatisch für den tragischen Konflikt zwischen Restauration und romantischer Revolte gelten. Manrique, der seinem Stand entfremdete Troubadour, ist durch die Gestalt seiner Ziehmutter, der Zigeunerin Azucena, zusätzlich mit den wesentlichen Aspekten des romantischen Paradigmas – Ausbruch aus der Gesellschaft, Volkstümlichkeit, Leben in den Bergen usw. – verbunden. Sein Tod erscheint daher als symbolische Opferung des romantischen Teils der Söhnegeneration. Die in *Macías* angedeutete Problematik wird hier gleichsam zu Ende gedacht. Andererseits kann das Drama von Hartzenbusch auch als Weiterführung des *Macías* verstanden

[68] *Los amantes* II, 6, S. 117.

[69] "Los temas del teatro romántico" S. 213. Zur Stoffgeschichte J.-L. Picoche im "Estudio preliminar" seiner Ausgabe, Madrid 1980.

[70] Zu einem Vergleich s. J.-L. Picoche, "*El Trovador* y *Los amantes de Teruel*", in *Romanticismo y realismo* S. 226–232.

werden, da – wie schon angedeutet – in beiden Fällen die "rápida fuga"[71] der Zeit nicht allein drameninternes Mittel tragischer Beschleunigung ist, sondern vor allem das Zuspätkommen des romantischen Helden in epochalem Sinn beleuchtet. Macías und Marsilla – die Klangähnlichkeit ist auffällig – sind Opfer weniger der Zeit an sich als ihrer historischen Zeit, von ihr überrollte, zu spät gekommene Söhne, die von ihren gleichaltrigen Bruderrivalen zur hilflosen Außenseiterrolle verurteilt sind:

¡Tanta mudanza en un año!
¿Tan amargo desengaño
me guardabáis, cielos, hoy?[72]

In allen Fällen dient die Liebesproblematik als Vehikel, um die Überholtheit des romantischen Weltbilds und die Rückkehr zu einer Normalität zu verdeutlichen, in der die Geschichte als Kategorie getilgt und auf das bloße Fließen der Zeit reduziert erscheint. Fast von tragischer Ironie ist, daß Marsilla am Ende, indem er die Worte der Geliebten "¡Te aborrezco!"[73] fehlinterpretiert, an diesem Mißverständnis zugrundegeht, also gleichsam an sich selbst scheitert. Tatsächlich scheint das verdrängte Ideal zuweilen in zerstörerische und selbstzerstörerische Dämonie umzuschlagen, als ob die tragische Auflösung eines Konflikts nurmehr äußerliche Ratifizierung heimlicher Selbstbestrafung wäre.

Yo bien quisiera
en mi encerrado pecho sepultando
tanto culpable amor, que nada el mundo
del volcán que me abrasa trasluciera;
(...)[74]

– so klagt Elvira in *Macías*. Die reine Liebe des Protagonisten verwandelt sich in ein "delirio espantoso"[75]; er selbst sieht sich als Dämon in die Ehe des Rivalen eindringen:

---

71 *Los amantes* II, 6, S. 118.

72 *Macías* II, 11, S. 275.

73 *Los amantes* IV, 7, S. 164.

74 *Macías* I, 4, S. 263.

75 Ebd. III, 4, S. 281.

Cuando olvidarme quieras en sus brazos,
entre tu esposo y entre ti mi sombra
airada se alzará, para tu espanto,
de sangre salpicando todavía
tu profanado seno; (...)[76]

Die Selbstaufhebung romantischer Erneuerungs- und Emanzipationshoffnung läßt sich vielleicht am deutlichsten am dramatischen Werk von A. Saavedra, Duque de Rivas veranschaulichen. *Don Álvaro o la fuerza del sino*, 1835 in Madrid im Teatro del Príncipe uraufgeführt, gilt gemeinhin als Höhe- und Schnittpunkt romantischer Tendenzen in Spanien. Díez Taboada sieht dessen Bedeutung in dem "nahtlosen Ineinandergehen von Altem und Neuem" und begreift die Funktion der Titelgestalt als 'Zeichen' romantischer Welthaltung, insofern sie "für die handelnden Personen im Stück wie ein verhängnisvoller Sturm wirkt, der über sie hinwegfegt und wieder verschwindet"[77]. Álvaro ist auf diese Weise nicht nur Opfer des Schicksals, sondern – in typisch romantischer Manier – zugleich Vertreter von dessen geheimnisvoller Macht. Als Drama der romantischen Gebärde hat Ruiz Ramón das Stück definiert[78], und R. G. Sánchez[79] und R. A. Cardwell[80] haben weitergehend die Parallelen zwischen dem sich selbst auf der Bühne spielenden Don Juan Tenorio Zorillas und dem den romantischen Mythos spielenden Álvaro gezogen. Wir werden auf diesen Punkt noch zurückkommen. In unserem Zusammenhang fällt zunächst die schon von Allison Peers[81] erwähnte Verbindung des Schicksalsmotivs mit dem des Exils auf, die natürlich auch autobiographische Wurzeln hat. Freilich erklärt dies kaum die Faszination, welche die melodramatisch überzogene Vorstellung des ewig Ausgestoßenen und Geächteten für den nach G.

---

76 Ebd. III, 6, S. 285.

77 "Das spanische Drama des 19. Jahrhunderts" S. 401, 404.

78 Ruiz Ramón, *Historia del teatro español*, S. 365 ff.

79 "Cara y cruz de la teatralidad romántica" (*Don Álvaro* y *Don Juan Tenorio*", in *Insula* 336 (1974) S. 21–23.

80 R. G. Sánchez/R. A. Cardwell, "*Don Álvaro* – Escenografía y visión del mundo", in *Romanticismo y realismo* S. 214–226.

81 *Angel de Saavedra, Duque de Rivas – A Critical Study*, 2 Bde = *Revue Hispanique* 58 (1923); Nachdruck: Vaduz 1965, S. 384 ff.

Boussagol[82] durchaus liebenswürdig gemäßigten, liberal-konservativen Autor hatte. In dieser Hinsicht aufschlußreich scheint ein Hinweis von Cardwell auf Ähnlichkeiten mit der Gefängnismetapher bei Alfred de Vigny und mit dessen absurdistischer Welt- und Geschichtsauffassung[83]. Politische und metaphysische Dimension des desterrado-Motivs würden sich mithin bedingen und das Handeln des entwurzelten Helden als hoffnungslose Flucht nach vorn und letztlich als Beweis für die Unmöglichkeit progressiven Handelns überhaupt erscheinen lassen. Denn Álvaro ist der Ausgestoßene schlechthin, "un ente misterioso"[84], das Opfer einer "negra suerte"[85] nicht wie der zeitweilig exilierte Macías, der Troubadour Manrique oder Ruggiero in *La conjuración de Venecia*. Er ist Inbegriff des "réprobo" und "irregular"[86], der am Ende sein Schicksal auf sich nimmt und sich als "un enviado del infierno"[87] selbst verflucht und bestraft.

Don Álvaro ist daher weniger ein Drama der Revolte als der sukzessiven Anagnorisis der von Anfang an gegebenen Erbarmungslosigkeit des Schicksals, welches indessen nichts anderes als die Mythisierung gesellschaftlicher Zwänge darstellt. Und insofern möchte man von der Thematisierung mißglückter Anpassung sprechen. In seinem Titelhelden gestaltet der Autor die unmögliche Integration und Reintegration eines sich selbst überschätzenden Außenseiters auf der Suche nach triumphaler Anerkennung. Jeder seiner Anläufe bewirkt das Gegenteil des Gewollten. Die Entführung Leonors, die ähnlich wie in *La conjuración* in der Versöhnung mit dem Vater der Braut, der Anerkennung durch die Gesellschaft gipfeln sollte macht den Helden zum versehentlichen Mörder; die spätere Waf-

---

[82] *Angel de Saavedra duc de Rivas – Sa vie, son œuvre poétique*, Toulouse/Paris 1926, bes. S. 90–93. Vgl. auch L. López Anglada, *El Duque de Rivas* (Grandes escritores contemporáneos), Madrid 1972.

[83] "*Don Álvaro* and the Force of Cosmic Injustice", in *Studies in Romanticism* 12 (1973) S. 559–562, 566 f., 578.

[84] *Don Álvaro o la fuerza del sino*, hg. A. Sánchez (Letras hispánicas. 33) Madrid 1984, S. 55 (I, 2).

[85] *Don Álvaro* I, 2, S. 57.

[86] Ebd. V, 9, S. 167.

[87] Ebd. V, 11, S. 169.

fenbruderschaft mit Leonors Bruder Alfonso verläuft nach demselben Schema und endet mit einem für Alfonso tödlichen Zweikampf. Die wachsende Fremdheit des Helden thematisiert der Autor nicht in dem häufigen Waisenkindmotiv, sondern in dem des Bastards und Mestizen, der der Verbindung zwischen einem spanischen Granden und der letzten Inkaprinzessin sein Leben verdankt und hilflos zwischen luziferischer Selbstüberhöhung und Selbsterniedrigung (Sonnen- und Höllenmotiv) hin- und herschwankt[88]. Der vertikale Dualismus unterstreicht nur die Ortlosigkeit einer Existenz, die keine wirkliche zeitliche Entwicklung kennt und namenlos, als ob das Geheimis der eigenen Herkunft nicht mitteilbar wäre, verschiedene Stationen durcheilt.

Diese Problematik mit W. T. Pattison[89] psychologisch als Dialektik der Verdrängung und Überkompensierung unbewußter oder uneingestandener Minderwertigkeitsgefühle zu interpretieren, scheint so lange wenig erhellend, als damit die drameninterne Konsequenz des "psychologically well-constructed character" nur gegen den traditionellen Vorwurf widersprüchlicher Motivation ausgespielt wird, während die Frage nach der historischen Funktion des Bastardmotivs ausgeklammert bleibt. Warum macht der altadlige Autor den Helden zum Sohn eines spanischen Adligen und der Tochter des Inkakönigs? Warum steht weniger die Revolte gegen die Väter als die Vaterrettungsphantasie des Helden "sin nombre en extraña tierra"[90] ("restaurar su nombre y brillo/y rescatar sus míseras cabezas"[91]) im Vordergrund der mythischen Konstruktion? Wenn oben von den Parallelen zur Geschichtskonzeption Vignys die Rede war, so drängt sich hier der Vergleich mit Chateaubriand auf, dessen ganz ähnliche Mythisierung des Mestizentums von P. Barbéris[92] als Ausdruck einer historisch-soziologischen "impasse" zwischen überwundenem Ancien Régime und abgelehntem bürgerlichem Liberalismus gedeu-

---

[88] Hierzu E. Grey, "Satanism in *Don Alvaro*", in *Romanische Forschungen* 80 (1968) S. 292–302.

[89] "The Secret of Don Álvaro", in *Symposium* 21 (1967) S. 67–81.

[90] *Don Álvaro* III, 3, S. 107.

[91] Ebd. IV, 5, S. 142.

[92] "Les Réalités d'un ailleurs – Chateaubriand et le *Voyage en Amérique*", in *Littérature* 21 (1976) S. 91–104.

tet worden ist. Die unbekannte Herkunft des Helden in *La conjuración de Venecia* dient dazu, diesen letztlich als legitimen Sohn der Vätergeneration auszuweisen und seinen Tod zum Symbol der Verstrickung und Zukunftslosigkeit eben dieser Väter zu machen. Die halbmythische Zwischenstellung Álvaros scheint dagegen umgekehrt eher die unmögliche Legitimierung des Sohnes vor dem Hintergrund einer zwiespältigen Legitimierung der Väter zum Ausdruck zu bringen. Der romantische Held malgré lui revoltiert, um sich zu integrieren, und zerstört mit eben diesem seinem Handeln jede Chance zur Reintegration. Der Traum von der quasi-mythischen Mutter scheitert am realen Widerstand der Vätergesellschaft, deren einzelne Vertreter der Rebell zwar töten, die er aber insgesamt nicht überzeugen und nicht überwinden kann. Die paroxystische Gebärde verschleiert also die Ohnmacht des Helden, dessen Blick nach rückwärts gewandt bleibt und der daher mit eben den Maßstäben der rückwärts gerichteten Gesellschaft gemessen wird. Am Ende steht deshalb auch nicht wie sonst meist die tragische Vereinigung mit der Geliebten im Tod – ein letzter Akt des symbolischen Widerstands –, sondern die einsame Selbstvernichtung eines Mannes, der die Geliebte bereits zu Beginn unwiederbringlich verloren hat. An die Stelle dramatischer Verwicklung und Peripetie tritt das epische Schema einer ausweglosen Suche.

III

Die romantische Gebärde im Dienste einer problematischen und problematisierenden Restauration: Das späte Drama *El desengaño en un sueño* von 1842 kann als nachträglicher Kommentar des Autors zu seinem früheren *Don Álvaro* begriffen werden. Denn das Thema ist das Erwachen des Sohnes aus dem Traum der Selbstüberhöhung und Emanzipation vom Vater. Was das Bühnengeschehen von *Don Álvaro* als quasi real darstellt, ist also hier in die Unwirklichkeit des Traums als einer illusionären Wirklichkeit zweiten Grades zurückgenommen, eine Eigenart, die im übrigen den episch-didaktischen Charakter des Saavedraschen Theaters unterstreicht. Der junge Lisardo lebt unter dem Schutz seines überängstlichen und dominierenden Zauberer-Vaters Marcolán völlig isoliert auf einer einsamen Insel. Die Ruhe des zeitlosen Zustands außerhalb jeder Geschichte endet jedoch eines Morgens mit der Unruhe des jugendlichen Protagonisten, der sich in seinem unbestimmten Lebenshunger durch den weisen Vater beengt fühlt und die Unmöglichkeit, sein "ardiente brío", "esta insaciable llama", in dem "ancho mundo"der kleinen Alltagswelt auszuleben, als grausames "destino impío"empfindet[93]. Wie um die Lukácssche These der "Unangemessenheit von Seele und Werk, von Innerlichkeit und Abenteuer"[94] beim romantischen Subjekt zu beweisen, vergleicht sich der Junge mit einem Adler, der nicht fliegen darf, und lehnt sich in ikarischem Stolz gegen den – eigentlich geliebten – Vater auf:

Padre no, tirano fiero,
que eres de un infelice carcelero,
maldito sea tu saber insano
y ese tu afán prolijo,
que te hace ver de un desdichado hijo
inexorable y pertinaz tirano.[95]

Die Antwort des väterlichen Zauberers auf die Revolte des Sohnes ist ein lapidares "No volarás", das freilich nur mit Hilfe einer "grave lección" ("que calme en tu corazón/ese ciego desatino"[96]) verwirklicht werden kann. In einem vom Vater bewirkten Zaubertraum durchlebt Lisardo alle Phasen menschlicher Entfaltung ("amores, riquezas/poder y dominio") bis hin zum ödipalen Königsmord, um schließlich unmittelbar vor der im Traum drohenden Hinrichtung beim Erwachen erleichtert und geheilt in die Arme des Vaters zu sinken:

que para tí solo hay paz
entre los brazos de un padre
que idolatrándote está.[97]

---

93 *El desengaño en un sueño*, in *Obras completas del Duque de Rivas*, hg. J. Campos, 3 Bde (Biblioteca de autores españoles. 100–102), Madrid 1957, Bd 3, S. 62 (I, 1).

94 G. Lukács, *Die Theorie des Romans*, Neuwied/Berlin 1963, S. 96.

95 *El desengaño* I, 1, S. 62.

96 Ebd.

97 Ebd. S. 63.

Im Gegensatz zu *La conjuración de Venecia* also ein gelungenes Lehrstück über die heilsame Macht der regressiven Vaterinstanz, welche die eigentliche Wahrheit des Lebens verkörpert. Ihr gegenüber verkümmert die reale Geschichte zu einem lockend bunten, aber auch blutigen Traum, aus dem nur der Vater Erlösung verheißt.

In einer an der Neumannschen Tiefenpsychologie orientierten, aufschlußreichen Studie hat R. C. Allen das Binnendrama als nicht gelungene Individuation des Sohnes interpretiert und dabei auf die "profound similarity between Lisardo and Don Álvaro" hingewiesen[98]. Das psychologische Grundproblem, die Selbstwerdung des Sohnes durch die harmonische Verbindung des väterlichen Ich-Prinzips und des mütterlichen Unbewußten, bleibt nach Meinung des amerikanischen Gelehrten ungelöst und erklärt das Umschlagen des Traums in den Albtraum ödipaler Selbstüberhöhung, Revolte und Selbstvernichtung. In den einzelnen Entwicklungsstufen seines geträumten Weges wird er zunächst aus Ehrgeiz seiner ersten, idyllisch-reinen Liebe untreu, lehnt sich dann als siegreicher "vencedor" des königlichen Heeres und angeblicher Retter des Vaterlands gegen den König selbst auf und bemächtigt sich der Mutter-Königin, nachdem er den Vater-König zum lächerlichen Prinzgemahl erniedrigt und schließlich ermordet hat. Zwischen dem Extrem der vorgegaukelten Vatertötung und der bedingungslosen Rückkehr in den vorpubertär geschlechts- und geschichtslosen Frieden des Vaters ("El conjuro está cumplido./ Vuelva a gozar el dormido/de paz y reposo aquí."[99]) gibt es keinen Mittelweg organischen Reifens, und so schwört denn Lisardo auch dem Vater, für immer bei ihm zu bleiben. Das Drama endet mit der Danksagung des Vaters für die gelungene geistige Kastration des Sohnes, der das in Don Álvaro angelegte Sonnenprinzip nur in dem Adlergleichnis der anfänglichen Revolte andeutet und im übrigen die entscheidenden Lebensstationen Álvaros, Brautwerbung und Krieg, unter veränderten Vorzeichen potenziert nachvollzieht. Der Selbstbestrafung Álvaros entspricht jedoch die Selbstabdankung Lisardos, der sich durch seine Maßlosigkeit höherer, kreativer Männ-

[98] "An Archetypal Analysis of Rivas' *El desengaño en un sueño*", in *Bulletin of Hispanic Studies* 45 (1968) S. 205–215, hier: S. 213.

[99] *El desengaño* IV, 2, S. 115.

lichkeit beraubt und anders als der vaterlose Álvaro auch noch die illusionären ödipalen Verirrungen seinem Vater verdankt.

Die Väter haben damit nicht nur die Macht bewahrt oder zurückgewonnen. Ihre Einsicht in die psychosozialen Mechanismen der romantischen Revolte der Söhne macht sie darüber hinaus zu desillusionierten "Zauberern", die über die Söhne beliebig verfügen und auch noch deren Revolte zu manipulieren verstehen. In Fortführung der wertvollen Anregungen Allens kann *El desengaño en un sueño*, ein Stück, mit dem die traditionelle Literaturkritik kaum zufällig wenig anzufangen wußte, als symbolischer Abschluß des spanischen romantischen Dramas, ja der spanischen Romantik insgesamt betrachtet werden, als die didaktisch vermittelte und theatralisch inszenierte Zurücknahme des Traums der Revolte, deren zugleich gefährlicher und imaginärer Charakter dem entmündigten Helden und seinem Publikum konkret vor Augen geführt wird. Daß die Väter recht behalten, wie eingangs in bezug auf Martínez de la Rosa formuliert wurde, ist die eigentliche Moral des Stückes. Die epochale romantische Revolte erscheint als beliebig inszenierbarer und wiederholbarer, böser Traum, durch den die Problematik einer ganzen Epoche auf die vergleichsweise harmlosen Dimensionen pubertärer Psychologie reduziert wird. Das ursprüngliche Verhältnis von Freiheit und Versklavung wird dadurch buchstäblich auf den Kopf gestellt: Der wache Lisardo, der auf seine Freiheit verzichtet, erscheint als geheilt und frei, während die geträumte Revolte und Selbstbefreiung als dämonische Wunscherfüllungsphantasien dargestellt werden, durch die der Held – man beachte das Motiv der dämonischen Einflüsterungen – sich selbst entfremdet wird ("¡Desdichado! Aún el ensueño/es de sus sentidos dueño."[100]). Der romantische Held hat ausgeträumt, aber er hat sich noch einmal selbst gespielt oder besser: spielen dürfen. Die Dialektik der Geschichte erweist sich freilich darin, daß die Vatergestalt, die ihm dies ermöglichte und zugleich austrieb, selbst durch die romantische Schule gegangen ist und als radikaler Vertreter eines der Geschichte entfremdeten, solipsistischen desengaño selbst romantische Züge trägt. Die anfänglich erwähnte Zukunftslosigkeit der Väter nach der mißlungenen Revol-

100 Ebd.

te der Söhne ist hier zur letzten Konsequenz gesteigert, indem sic die gealterte Romantik selbst begegnet. Die überwundene Romanti offenbart ihre Unausweichlichkeit.

Damit scheint aber auch der literarhistorische Ort des ebenfal 1844 aufgeführten *Don Juan Tenorio* von Zorilla bezeichnet. Wenr wie schon angedeutet, der romantische Don Juan sich selbst spiel und gleichsam theatralisch aus der Bühne heraustritt, dann lasse sich geträumtes Spiel im Spiel und aufgesetzte Theatralik als zw Varianten didaktischer Bewußtmachung begreifen, durch die sic der romantische Held selbst ad absurdum führt. In der umfangre chen *Don Juan*- und Zorilla-Forschung hat einzig D. Thatcher Gie zumindest indirekt auf dieses Problem aufmerksam gemacht[101]. Di Rettung Don Juans, der dem eigenen Vater die Maske vom Gesich reißt, ihn mithin symbolisch kastriert und den Vater der Geliebte tötet, durch eben diese Geliebte selbst – das vielbehandelte Pr blem orthodoxer Katholizität soll hier außer Betracht bleiben – wir von dem Kritiker bündig als 'Verrat an der spanischen Romantil ("betrayal of Spanish Romanticism") gedeutet. Gemessen an de Aufrührerhelden der großen romantischen Dramen, ihrer "startlin rebellion against both the forces of society and those of Nature, em bodied in the dichotomous and antagonistic relationship betwee God and Satan" erscheinen Don Juans Beweggründe nicht nur "an tithetical to those of Don Alvaro, Macías, or the troubadour" ir Hinblick auf die Zweckfreiheit des Verführungsmotivs, sondern auc auf der Ebene des existentiell herausgeforderten Schicksals[102]. Do Juans Entwicklung "from sinner to saint"[103], seine Erlösung von Re voltewunsch und Aufruhrzwang bedingen eine erbaulich-untragisch Lösung, mit der sich Zorilla implizit gegen das Wesen der spanische Romantik richtete. Was bei Saavedra der Traum ist, ist bei Zorill der erste Teil des zweiteiligen Dramas, in dem Don Juan die traditic nelle aufrührerische Schurkenrolle spielen darf, bevor er am Schluß freilich weniger spektakulär, durch die Frau mit den Vaterinstanze

---

101 "José Zorilla and the Betrayal of Spanish Romanticism", in *Romanistisch Jahrbuch* 31 (1980) S. 339–346.

102 Ebd. S. 340 f.

103 Ebd. S. 344.

Gottes und des Komturs versöhnt wird. Die Selbstkastration des jugendlichen Lisardo (im Sinn Allens) unterstreicht das Rückzugsmotiv des konservativ adligen Romantikers; die Rettung des romantischen Helden durch die mütterlich umgedeutete Geliebte gibt sich als volkstümlich-plebejische Umdeutung romantischer Werte und als kleinbürgerliche Bestätigung der väterlichen Richter- und Gnadenfreiheit zu erkennen. Denn der steinerne Gast bezeichnet ja nichts anderes als die eingangs bei Pacheco konstatierte 'Wiederkehr der Väter'; dem rächenden Vater steht freilich der "clemente Dios" gegenüber, der die 'Rettung' Don Juans "al pie de la sepultura"[104] beglaubigt. Wie der Zauberer Marcolán sich in den gütigen Vater zurückverwandelt bzw. sich als solcher offenbart, weicht die rächende Instanz des Don Gonzalo der Güte des väterlichen Gottes, der das Don Juan-Drama zum Drama des verlorenen Sohnes 'umfunktioniert' und dabei – wie Marcolán – noch auf das innere Einverständnis des Sohnes zählen darf:

Mas es justo: quede aquí
al universo notorio
que, pues me abre el purgatorio
un punto de penitencia,
es el Dios de la clemencia
el Dios de Don Juan Tenorio.[105]

Es ist freilich wie beim Duque de Rivas eine Überwindung der Romantik mit romantischen Mitteln. Dem melancholischen Rückzug aus der Geschichte als dem eigentlichen Ort der Verführung zur Revolte in *El desengaño en un sueño* steht in Zorillas Version eines "Don Juan romántico-sentimental" (J. Casalduero[106]) eine religiöse Form der Entrealisierung gegenüber. Die religiösen Konnotationen verweisen in einen Bereich der Innerlichkeit, der nicht zufällig in dem durch die europäische Postromantik vulgarisierten Bild der Frau als

---

[104] *Don Juan Tenorio*, hg. A. Peña (Letras hispánicas. 114), Madrid 1980, S. 225 (Parte segunda, III, 3).

[105] Ebd. Escena última, S. 226.

[106] *Contribución al estudio del tema de Don Juan en el teatro español*, Madrid 1975 (Northampton, Mass. [1]1938), S. 133 f.

Engel und Erlöserin deutlich wird. Die handlungsbestimmende Rolle der mütterlichen Frau und Geliebten signalisiert angesichts der auffallenden Leerstelle der Mutterfigur in zahlreichen Dramen der Romantik die Überwindung des Vater-Sohn-Konflikts in der Zurücknahme der romantischen Revolte.

ABBAU
DES IDYLLISCHEN

WINFRIED WEHLE

Italienische Modernität
Foscolos *Ultime lettere di Jacopo Ortis* (1802)
Abschied von der Ästhetik der Nachahmung

I

Die Moderne ist ins Gerede gekommen. Postmoderne Provokateure sehen sie bereits katastrophal enden. Selbst für die verbliebenen Befürworter entspricht ihr gegenwärtiger Zustand keineswegs den optimistischen Prognosen, die ihr vor zweihundert Jahren in die Wiege gelegt wurden[1]. Doch wenn es eine Krise der Moderne gibt, dann vornehmlich eine Krise der Erwartungen, die sich an ihr Weltbildungsgesetz geknüpft hatten. War ein Fortschreiten in der Zeit nicht als ein Fortschritt in Menschlichkeit vorgesehen? Wer daher heute das Ende der Menschheit kommen sieht, hat ein vernichtendes Urteil über die Humanität der Moderne gesprochen. Selbst wer dem angebotenen Katastrophenkult nicht anhängen mag, hat Grund, das Walten der Moderne selbstkritisch zu verfolgen. Kann sie wirklich halten, was sie versprochen hat? Hat sie den Menschen aus selbstverschuldeter Unmündigkeit befreit? Wo Zweifel auftreten, stellt sich ihre Hypothese auf eine moderne Welt in Frage. Ist sie etwa an eine Grenze ihrer welterschließenden Kapazität gelangt?

Ein Urteil darüber hängt entscheidend von ihrem Begriff ab. Doch gibt es diesen schlüssigen Begriff von Moderne? Gehen ihre Anfänge nicht gerade auf eine Art erkenntnistheoretische Gewaltenteilung zurück? Als Philosophie (und Wissenschaft), Moral und Recht sowie die Künste zu autonomen Wertsphären erklärt wurden, schickte sich jede an, Welt und Sinn von Welt und die Besprechung von Sinn von Welt in je eigenen Systemen auszuarbeiten: die eine gestützt auf die Begabung des Verstandes, die andere auf die

[1] Zur Auseinandersetzung damit vgl. Verf., "Endspiel der Moderne? Katastrophenkult und Lebens-Kunst im postmodernen Fin-de-siècle", in *Neue Zürcher Zeitung* vom 10./11. Juni 1989, S. 67 f.

Weisheit der Erfahrung, die dritte mit Rücksicht auf die Macht der Phantasie (imaginatio). So hatte d'Alembert in der Einleitung zur Enzyklopädie argumentiert[2]; so auch hatte Kant[3] die Moderne mit seinen drei Kritiken theoretisch auf den Weg gebracht. Damit war ihr jedoch zugleich eine strukturelle Falle gestellt. Jedes der drei menschlichen Erkenntnisvermögen macht sich ein eigenes Bild von Welt. Wer aber garantiert, daß das Miteinander ihrer Einsichten nicht in ein Ohneeinander oder Gegeneinander zerfällt? Die dem innewohnende Gefahr ist 'Partialität'[4]: daß die einzelne Wahrheit sich für die einzige hält. Sie steht und fällt mit der Frage, ob es gelingt, das Vernunfturteil der Philosophie, das Empfindungsurteil von Moral und Recht und das Geschmacksurteil der Künste so aufeinander bezogen zu halten, daß das eine als Reflexionsform des anderen einsteht[5].

In diesem Horizont hat die Kunst der Moderne ihre funktionsgeschichtliche Heimat. Gleichberechtigt wird sie als eines der drei großen menschlichen Sinnbildungsverfahren zugelassen. Doch wor-

---

[2] "Discours préliminaire" der *Encyclopédie, ou Dictionnaire raisonné des sciences, des arts et des métiers*, 35 Bde, Neufchastel 1751–1780; Nachdruck: Stuttgart/Bad Cannstatt 1966–1967, Bd 1, S. XVI.

[3] Vgl. (Erste) "Einleitung in die Kritik der Urteilskraft", in *Kritik der Urteilskraft*, hg. W. Weischedel (Suhrkamp Taschenbuch Wissenschaft. 57), Frankfurt a. M. 1974, Kap. XI, S. 56 ff.

[4] In diesem Sinne hatte D. Henrich für den Bereich der Kunst eine ihre Modernität bestimmende 'Partialität' behauptet. Im Prinzip gilt sie auch für die anderen Erkenntnisvermögen, denn d'Alembert konnte ihren Verbund nur dadurch sicherstellen, daß er die raison doppelt in Anspruch nahm: als Teil, der zugleich fürs Ganze des Erkennens garantieren sollte – eine kompensatorische Partialität des aufklärerischen Rationalismus! – Vgl. D. Henrich, "Kunst und Kunstphilosophie der Gegenwart (Überlegungen mit Rücksicht auf Hegel)", in Hg. W. Iser, *Immanente Ästhetik/Ästhetische Reflexion – Lyrik als Paradigma der Moderne* (Poetik und Hermeneutik. 2), München 1966, S. 11–32. – Vgl. d'Alembert, "Discours préliminaire", in *Encyclopédie* Bd 1, S. XVII.

[5] Victor Cousin war unter dem Einfluß des deutschen Idealismus noch überzeugt, daß die Idee des Wahren, des Guten und des Schönen Töchter eines ewigen Vaters sind und deshalb alle zu Gott hinführen. Vgl. "Huitième leçon", in V. C., *Du vrai, du beau et du bien*, Paris [10]1863 ([1]1853), S. 187 f. Fällt diese metaphysische Rückbindung weg, müssen sich die einzelnen Wertsphären als autonome begründen. Ihre Ausdifferenzierung zieht dann allerdings das – modernistische – Folgeproblem nach sich, wie sie ihr Sonderwissen wieder harmonisieren.

auf gründet dieses Vertrauen in eine im Imaginativen angesiedelte Wahrheit? Diese Frage hängt unlösbar von der anderen ab: wie vermag das menschliche Vorstellungsvermögen, häufig als das Reich der Phantasie umschrieben, seinen flüchtigen Bildern gleichwohl eine Gültigkeit zu verleihen, die dem Vergleich mit philosophischen Aussagen standhält? Anders gesagt: Wie wird moderne Kunst zu einer kulturellen Ordnungshandlung? Diese Aufgabe geht unmittelbar ihren Diskurs an. Während es im Bereich von Moral und Recht um die Herstellung von normativer Wahrheit geht, Philosophie und Wissenschaft sich um 'positive', d. h. objektive Wahrheit bemühen, bleibt den Künsten das delikateste Amt: etwas verbindlich zu machen, das in der Unverbindlichkeit des Subjektiven gründet[6]. Die ästhetische Moderne hat dafür, so soll die im folgenden auszuführende These lauten, ein poiëtisches Darstellungsprinzip aufgeboten.

Sein systematischer Grundriß läßt sich freilich nicht in einem Anlauf auseinanderlegen. Wenn die Moderne jedoch ästhetisch eine Einheit bildet, ein Bildungsgesetz hat, dann muß sich die Frage nach ihrem Konzept schon an ihren Ursprung richten lassen – dorthin also, wo das heute weitgehend Selbstverständliche noch im Zeichen des Umbruchs auftrat. Dort kann es anschaulich werden an einem Text, dessen literarhistorischer Rang außer Zweifel steht, der als ein Schwellentext der ästhetischen Moderne jedoch weitgehend unerkannt geblieben ist: U. Foscolos *Ultime lettere di Jacopo Ortis* (1798/1802/1817)[7].

---

[6] Anknüpfend an Max Webers *Protestantische Ethik* (1905) hat vor allem J. Habermas diese Tradition der differenten Erkenntnisgewinnung kommunikationstheoretisch erweitert. Allerdings fällt es ihm immer schwerer, hinter den im 20. Jahrhundert sich ausdifferenzierenden Wissenswelten noch ein Paradigma der Verständigung zu sichern (*Der philosophische Diskurs der Moderne*, Frankfurt a. M. 1985, S. 344 ff).

[7] Zit. Ausg.: *Ultime lettere di Jacopo Ortis*, hg. G. Gambarin (Edizione nazionale delle opere di Ugo Foscolo. 4), Firenze [2]1970 ([1]1955). Die im Text in Klammern angegebenen Seitenzahlen beziehen sich auf diese Ausgabe. Sie enthält alle Versionen des Romans. Wegen ihrer Nähe zur Revolution bildet die Version von 1802 den vorrangigen Bezugstext. – Zur Entwicklungsgeschichte der drei Fassungen vgl. die noch immer gültige literarische Deutung M. Fubinis, *Lettura dell'Ortis*, Milano 1947. Eher editionsgeschichtlich orientiert ist die fundierte Einleitung des Herausgebers des vierten Bandes der Edizione Nazionale, G. Gambarin (S. XI–LXXXIV).

Dieser 'erste moderne Roman Italiens'[8] wurde sogleich von zeitgenössischen Zugangsangeboten in Beschlag genommen[9]. Einer der maßgeblichen Gründe dafür ist seine offenkundige Verwurzelung in der Romantradition des 18. Jahrhunderts. Wer ihn von dem demonstrativen Leiden und Sterben seines Helden her las, der mußte in ihm einen Jünger Rousseaus und seiner *Nouvelle Héloïse* und einen italienischen *Werther* sehen[10], auch wenn er mit dem heroischen Pathos V. Alfieris versetzt ist[11]. Wer hingegen durch den Helden hindurch seinen Autor suchte, dem konnte die Verwandtschaft der Charaktere unverkennbar und eine autobiographische Erschließung des Textes folglich geboten erscheinen: von daher die verbreitete Praxis, den Roman als literarische Lebensbeichte Foscolos auszulegen. Kaum in Betracht gezogen wird dabei eine bereits bei Rousseau zu beobachtende rückläufige Determination: mindestens im selben Maße, wie der Autor sein Leben literarisiert, hat er umgekehrt auch seine Literatur zu leben versucht.

Wer den Text von romantischer Seite her betritt, wählt zweifellos einen literarhistorischen Haupteingang[12]. Dennoch wurde er auch

---

[8] L. Carretti, "Ugo Foscolo", in Hgg. E. Cecchi/N. Sapegno, *Storia della letteratura italiana*, 9 Bde, Milano 1965; Nachdruck: Milano 1979, Bd 8, S. 91–180, hier: S. 119.

[9] Dazu maßgeblich (bis 1966): W. Binni, *Foscolo e la critica – Storia e antologia della critica*, Firenze [3]1967. Unter marxistischer Prämisse nimmt diese Kritik der Kritik wieder auf und führt sie weiter M. T. Lanza, *Foscolo*, Palermo 1977 (mit Anthologieteil S. 101–211).

[10] Mit guten Gründen entwickelt die psychologisch und poetologisch bedingte Affinität G. Nicoletti, *Il Metodo dell'Ortis*, Firenze 1978, S. 44 ff. Zur Problematik der Vergleichbarkeit vgl. H. L. Scheel, "Ortis und Werther: Vergleichbar oder unvergleichbar?" in Hgg. K. R. Bausch/ H. M. Gauger, *Interlinguistica – Festschrift zum 60. Geburtstag von M. Wandruszka*, Tübingen 1971, S. 312–325.

[11] Zumindest in der späteren Selbstdeutung (*Notizia bibliografica* zu den *Ultime lettere* S. 487 ff.) widerlegt Foscolo die Auffassung M. Fubinis, daß die bestimmende Inspiration des Ortis Alfieris Stücke gewesen seien (*Ugo Foscolo – Saggio critico*, Torino [1]1928, S. 29 ff.).

[12] Gegenüber einer eher klassizistischen Zuordnung entschieden vertreten von M. Puppo in der Einleitung seiner Ausgabe der *Ultime lettere* (Grande universale Mursia. Nuova serie. 3), Milano [4]1979 ([1]1965), S. 5 ff. Er resümiert darin wichtige Ergebnisse seiner Forschungen zur Romantik (vgl. seine *Studi sul romanticismo* [Lettere italiane. Saggi. 13], Firenze 1969, sowie zuletzt *Romanticismo italiano e romanticismo europeo*, Milano 1985).

von hier aus umgehend vereinnahmt[13]. Die Gründe sind tief in der italienischen Spielart von Romantik verwurzelt; sie wirken bis heute fort[14]. Für die eine – die politische Romantik im Geiste G. Mazzinis – war Foscolos Roman ein Manifest der nationalen Einigungsbewegung, des Risorgimento, Fanal einer Giovine Italia. Den anderen, der Romantik A. Manzonis, war sein Jakobinismus zuwider: sie waren zwar nicht restaurativ, aber anti-revolutionär. Sie waren für das Volk, aber gegen die aufrührerische Menge. Foscolo selbst tat ein übriges: Als Dichter distanzierte er sich einmal mehr, einmal minder von beiden Seiten[15]. Am ehesten hielt er es mit der großen italienischen Literatur. Deshalb wird er bis heute, wie sein jüngerer Zeitgenosse Leopardi, der bedeutenden neoklassizistischen Tendenz von Parini, Pindemonte, Alfieri oder Monti angenähert[16]. Spätere Werke und die Literaturkritik Foscolos bezeugen jedoch, daß seine Formbewußtheit, Stilbemühung und Bildungshöhe ein anderes, zukunftsweisendes poetisches Prinzip anging. Der enttäuschte Patriot Foscolo zog darin eine für seine Generation beispielhafte Konsequenz: Er brachte seinen Idealismus auf einem Feld in Stellung, wo er ihn für unangreifbar hielt – in der Dichtung. Ihre neoklassizistische Attitüde ist, wie zuletzt in den *Grazien*, wesentlich nur historisches Zitat. Ästhetisch gesehen steht Foscolo bereits deutlich auf der Seite der Modernität. Was behelfsweise mit 'romantischem Neoklas-

---

[13] Vgl. W. Binni, *Foscolo e la critica*, Kap. 2, S. 14 ff.

[14] Zur kulturkritischen Situierung der italienischen Romantik vgl. A. Marinari, "Classicismo, romanticismo e liberalismo nell'età della restaurazione", in N. Mineo/A. M., *Da Foscolo all'età della restaurazione* (Letteratura Italiana Laterza. 40), Roma/Bari 1977, §18 – §31.

[15] Vgl. M. Puppo, *Studi* S. 39 ff. Seine distanzierte Position zur (italienischen) Romantik hat Foscolo selbst klargestellt (*Della nuova scuola drammatica italiana*, hg. C. Foligno [Edizione nazionale delle Opere di Ugo Foscolo. 11), Firenze 1958, S. 557–618]). Er wendet sich namentlich gegen Manzonis Geschichtsbezogenheit und unterstellt die Kunst dem Recht der Imagination, Welt zu erschaffen, in der sie einer (ethischen) "universale secreta armonia" dient. Vgl. dazu M. Aurigemma, "Il Foscolo, il legame letteratura–storia e le dottrine tedesche", in *Letterature comparate: problemi e metodo – Studi in onore di Ettore Paratore*, 4 Bde, Bologna 1981, Bd 4, S. 1707–1720.

[16] Diese Einschätzung geht maßgeblich auf G. Carducci zurück ("Adolescenza e gioventù poetica di Ugo Foscolo", in *Opere*, 30 Bde [Edizione nazionale delle Opere di Giosuè Carducci], Bologna 1943–1944, Bd 18, S. 151–183), allerdings vornehmlich an Foscolos Lyrik entwickelt.

sizismus' umschrieben wird[17], kommt in maßgeblichen Merkmalen schon dem Ästhetizismus des l'Art pour l'Art nahe.

Daß am Œuvre dieses Autors vieles offenblieb, führt letztlich stets auf dieselbe, durchaus triftige Ursache zurück. Zwar hat auch die italienische Kultur eine Romantik ausgebildet, doch war sie theoretisch weder so radikal wie in Deutschland, noch programmatisch so revolutionär wie in Frankreich[18]. Verglichen mit ihnen hieß es: "Il Romanticismo italiano non esiste."[19] Sein Charakteristikum ist gerade der ausgebliebene Bruch. Was Foscolo auch an Neuem wagt, es ist ständig auf die kulturelle Vergangenheit bedacht[20]; was woanders als Zeitenwende begangen wird, versucht er in einem – historischen – Kompromiß zu vermitteln. Diesem Begriff von Romantik fehlt damit die markante Orientierung am Trennenden, eine Identität der negierten Tradition. Umgekehrt läßt dies nur einen mäßigen Sinn für das Poetische zu, das im Augenblickshaften, Flüchtigen, Akzidenziellen des Lebens – mit einem Wort: in seiner Modernität liegt. Nicht zuletzt deshalb auch konnte sich in Italien, zumindest im 19. Jahrhundert, kein ausgeprägtes Bewußtsein dafür entwickeln, daß der Aufbruch der Künste um 1800 doppelt Geschichte gemacht hat: er begriff sich sowohl romantisch, als auch modern. Genau besehen entfaltet die *Epoche* der Romantik nur das erste Projekt eines weit über sie hinausreichenden *Systems* ästhetischer Modernität.

---

[17] Mit Nachdruck in die Debatte gebracht von M. Marcazzan, *Romanticismo neoclassico e neoclassicismo romantico*, Venezia 1958. Dazu die Kritik der Kritik bei W. Binni/R. Scrivano, *Introduzione ai problemi critici della letteratura italiana*, Messina/Firenze 1967, hier: S. 257. Variiert wieder aufgenommen und im Blick auf Hölderlin, Chénier und Foscolo unterstrichen von V. Bulla *Il Romanticismo: genesi, caratteri e sviluppo con particolare riguardo a quello italiano*, Catania 1973, S. 24.

[18] Mit bemerkenswertem Unterscheidungsvermögen bereits von F. de Sanctis betont (*Storia della letteratura italiana*, hg. N. Gallo, 2 Bde, Torino 1958, Bd 2, S. 959 f.), allerdings ohne Bezug auf den von der Revolution geprägten Begriff von neuer Kultur. Zur Wirkungsgeschichte der deutschen Romantik auf Italien vgl. M. Puppo, "La Scoperta del romanticismo tedesco", in *Studi* S. 119–174.

[19] So der Titel einer Studie von G. Martegiani (Firenze 1908).

[20] Vgl. dazu den Abriß der italienischen "classicoromanticomachia" bei K. Heitmann, "Klassiker und Romantiker sich heftig bekämpfend", in Hg. K. H., *Europäische Romantik II* (Neues Handbuch der Literaturwissenschaft. 15), Wiesbaden 1982, S. 1–24, hier: S. 10 ff.

Genau in dieser Konstellation stehen Foscolos *Ultime lettere*. Sie sind einerseits Schauplatz der romantischen 'Querelle de l'Ancien et du Moderne', andererseits zugleich ästhetische Systemveränderung. Sofern nicht alles täuscht, ist dieser Roman eines der kostbaren Zeugnisse, das den Schritt über die literarische Schwelle der Moderne selbst zum literarischen Ereignis werden läßt[21]. Er stellt sich nicht nur in eine literarhistorische Reihe mit Rousseau, Goethe und Alfieri. Unter dem Gesichtspunkt seiner Modernität gehört er auch in eine synchrone Reihe mit Chateaubriands *Essai sur les révolutions*, Nodiers Frühwerken, Senancours *Oberman*, Hölderlins *Hyperion* oder F. Schlegels Aufsatz *Über das Studium der griechischen Poesie*.

II

Eine Erschließung ihrer Modernität kann sich dabei auf eine andere – selten genug in Anschlag gebrachte – Ausnahmestellung der *Ultime lettere* berufen. Sie müssen als einer der allerersten literarischen Versuche angesehen werden, die den Schock thematisieren, den die Französische Revolution – auch in Italien – ausgelöst hat. Er war zumal bei den Schriftstellern offenbar so groß, daß sie allenfalls tabuisiert, in Substitutionsformen wie dem Melodrama oder dem Schauerroman darüber sprechen konnten. Die *Ultime lettere* brechen dieses Verschweigen, um im direkten sprachlichen Zugang der Bewußtseinsveränderungen Herr zu werden, die die geschichtliche Umwälzung erzwungen hat. Foscolo betreibt in seinem Roman insoweit Gegenwartsbewältigung mit literarischen Mitteln.

Dazu einige Gegebenheiten. Bereits mit 17 gehörte der junge Literat jakobinischen Zirkeln in Venedig an. Vom gleichaltrigen Ortis heißt es, er habe einen Kommentar zu einer (republikanischen) Verfassung Venedigs geschrieben (S. 276). Für beide hatte eine Revolution die Aufgabe, Italien als Land und Nation so wiederherzustellen, wie es nur noch in Literatur, Kunst und Geschichte anzutreffen

---

21 Es kann sich damit an die Seite der begrifflich nachvollziehbaren Übergänge stellen, die H. R. Jauß in seinen Erarbeitungen zur Schwelle der Modernität gesichert hat (*Literaturgeschichte als Provokation* [Edition Suhrkamp. 418], Frankfurt a. M. 1970 sowie *Studien zum Epochenwandel der ästhetischen Moderne* [Suhrkamp-Taschenbuch Wissenschaft. 864]).

war. Die Revolution in Frankreich wurde dem Autor daher zum Modell des geschichtlichen, Napoleon zum Vorbild des persönlichen Handelns[22]. Als dieser jedoch 1796/1797 kam und Italien in seinem Sinne befreite, hatte das Land seine Revolution verwirkt, bevor sie stattgefunden hatte. Sie war oktroyiert, wie alle bisherigen Formen der Fremdherrschaft auch. Die Patrioten konnten sich zwar ihre Idee, nicht aber ihre napoleonische Realität zu eigen machen. Für die junge, intellektuelle Elite wurde dieses Dilemma zu einer italienischen Spielart des 'Mal du siècle'. Jacopo Ortis ist seine Verkörperung. Er wollte, wie viele seinesgleichen, die Revolution als Mittel zur Restauration der großen politisch-kulturellen Vergangenheit des Landes. Um 1800 bedeutete dies freilich, die Revolution Napoleons zu bekämpfen. Auch Foscolo selbst ist ein lebendes Spiegelbild dieser zeitgenössischen Zerrissenheit[23]. Er beschwört in einer Ode an Napoleon die Ideale der Revolution, die dieser im Vertrag von Campoformio (1797) verraten hatte. Gleichzeitig kämpft er militärisch gegen ihre Feinde, wo er sie zu stellen vermag. Für sie wird er zum politischen Flüchtling; aber nicht ohne seine Wirrungen zum romantischen Paria zu stilisieren. Er ist im Leben mehr als in seinem Roman ein romantischer Held. Gleichwohl hat er viel von seinem problematischen Bewußtsein seinem 'alter ego' Ortis mitgeteilt. Doch dieses Defizit zwischen den Erwartungen an die Revolution und ihrer geschichtlichen Realität wird in den *Ultime lettere*, und das macht ihre modernistische Kompetenz aus, in der Perspektive von Literatur ausgetragen. Foscolo *und* Ortis sind Sprachmenschen. Leben bedeutet für sie vor allem anderen schreiben. Zwar greift der eine zu der Waffe; denkt der andere in politischen Doktrinen. Aber nur, weil sie an der Ohnmacht ihres – literarischen – Sprechens lei-

---

[22] Dieser Aspekt ist materiell erarbeitet bei E. A. Millar, *Napoleon in Italian Literature (1796–1821)* (Quaderni di cultura francese. 16), Roma 1977.

[23] N. Mineo geht einerseits angemessen auf diese zeitgeschichtliche Bedingtheit Foscolos ein; andererseits wird sie allzu schematisch einer tiefenpsychologisch-literarsoziologischen Erklärung unterworfen ("Ugo Foscolo", in *Da Foscolo all'età della restaurazione* §13–17). Zum größeren Zusammenhang vgl. ders., *Cultura e letteratura dell'Ottocento e l'età napoleonica* (Letteratura Italiana Laterza. 39), Roma/Bari 1977. Ihm voraus ging die historisch-soziologische "Interpretazione dell'Ortis" von L. Derla (in *Convivium* 35 [1967] S. 556–576) der mit Lukács auf eine – unhaltbare – "apologia di quella realtà" (S. 576) schließt.

den. Denn hinter der unglücklichen Liebesgeschichte, die zugleich die Geschichte einer unglücklichen Vaterlandsliebe ist, findet der wahre Konflikt eher lautlos statt: Kampf zweier Dichtungssysteme. Der Held geht auf eine revolutionär umgestoßene Lebenswelt mit einer überkommenen klassizistischen Sprechweise ein. Er macht dabei die 'moderne' Erfahrung, daß er nicht mehr so schreiben kann wie bisher; und noch nicht so, wie er müßte[24]. Sein Fall weitet sich zur historischen Parabel, insofern seine literarische Darstellung der Revolution eine Revolution der literarischen Darstellung auslöst. Auf höherer Ebene erzählen die *Ultime lettere* also die Geschichte vom literarischen Diskurswechsel der Moderne. Sie sind eines der seltenen Dokumente, wo der Umschlag von der Spätzeit normativer Ästhetik zur Frühzeit der Autonomieästhetik dargestelltes Ereignis wird.

Daß dieses Werk bisher nicht systematisch in dieser Verbindung gewürdigt wurde, hat nicht nur mit seinen früh verfestigten Zugangstraditionen zu tun. Die Gründe liegen auch im Text selber: Seine literarischen Entfaltungsmuster werden zugleich angewandt und aufgehoben. So konnten sie weitgehend verdeckt bleiben. Genau besehen folgt der Roman, obwohl so kunstvoll auf seine Kunstlosigkeit bedacht, einer erstaunlich stimmigen Doppelinszenierung. Er hat zwei deutlich markierte Teile. Der erste befaßt sich mit der Suche nach dem persönlichen Glück (felicità), personifiziert in Teresa, jener Frau, die Ortis liebt. Der zweite gilt der Suche nach dem öffentlichen Glück, gebunden an den Begriff des Vaterlandes (patria). Um diese Themen literarisch durchzuführen, zieht Foscolo genau die diskursiven Register, die eine am Vorbild der Antike sich schulende Stilordnung dafür bereithält: für Liebesdinge und ihren empfindsamen Blick ins Innenleben ein im weitesten Sinn pastorales bzw. idyllisches Schema[25], für den Einsatz eines Mannes im Namen

---

[24] Daß dabei dennoch Literatur entsteht – die *Ultime lettere* –, bleibt hier ausgeklammert. Es bedarf einer eigenen Untersuchung, inwieweit die *Ultime lettere* im Rahmen des Briefromans eine gattungspoetische Erneuerung darstellen. Hilfreiche Ansätze dazu bei P. Fasano, *L'Utile e il bello – Le Transizioni delle forme letterarie alle soglie dell'era borghese* (Teorie e oggetti. 22), Napoli 1984.

[25] Dieses auf die 'Arcadia' sich stützende Fundament hat G. Carducci, aus zeitlicher Nähe, noch sehr bestimmt bezeichnet: " (...) i quali modi tutti erano la

hehrer Ideale hingegen ein episch-heroisches Schema. Der Autor zeigt, daß er die Grammatik klassizistischer Diskurse beherrscht. Sie bestätigen ihm zugleich seine Verbundenheit mit der bedeutendsten literarischen 'Schule' Italiens, der Akademie der Arcadia[26], die diese Tradition als eine Art Nationalitätsersatz pflegt.

Erst wenn diese Modellvorgaben des Textes aufgenommen und damit seine zugrundeliegenden Ideographien aufgedeckt werden, lassen sich Gründe angeben, warum sie ins Modellversagen geführt haben – darauf vor allem kommt es an. Denn wesentlich nur als ein Gescheiterter nimmt der Schriftsteller Ortis schon erste Konfigurationen eines 'modernen' Ausdrucks wahr.

Der erste Teil des Romans also steht in der Tradition pastoraler bzw. idyllischer Literatur. Bereits der unmittelbare Beginn kommt einem arkadischen Initiationsritus gleich: Wer ins Land der Schäfer will, muß aus der Stadt fliehen. Ortis verläßt Venedig und sucht Zuflucht in der Idylle der Euganeischen Hügel, südlich von Padua. Foscolo hat die Ideallandschaft Arkadiens historisch und geographisch konkretisiert. Anders war sie wohl nicht mehr mit dem zeitgenössischen Kunstgeschmack eines "vero reale" (S. 510) zu vereinbaren. Genauestens auch wendet er die arkadische Opposition von Stadt und Land an, um darin Natur und Kultur, Empfindung und Berechnung einander gegenüberzustellen. Ein Besuch in der Universitätsstadt Padua wird zur Bilanz dessen, was raffinierte Lebenskunst unterdrückt. Um seine besten, genialischen Anlagen zu aktivieren, muß der Mensch zur unverfälschten Natur zurückkehren (S. 165). Besonders anschaulich macht dies die literarische Wallfahrt der arkadischen Gemeinde zum Petrarca-Haus im benachbarten Arquà (S. 146 ff.).

Traditionsgerecht auch leidet Ortis an 'gekränktem Herzen' ("anima esulcerata", S. 332). Und so erhofft er sich auch von seinem Arkadien die Heilung seiner inneren Wunden. Dessen Lebensbedingungen kommen dem bestens entgegen. All die Verwicklungen, die dem Einzelnen in Gesellschaft erwachsen, sind dort weitgehend

---

moda poetica dell'Arcadia tramutantesi al filosofismo sentimentale." ("Adolescenza" S. 157)

[26] Vgl. dazu A. Franceschetti, "Foscolo e l'Arcadia", in *Quaderni d'Italianistica* 4 (1983) S. 1–25.

suspendiert. Ortis und Teresa, ihre Schwester Isabellina, deren Vater sowie Teresas Pflichtverlobter Odoardo sind im Grund müßige Einzelgänger. Zu ihrer Freiheit trägt maßgeblich ihre Freiheit von Arbeit bei. Wenn sie sich dann treffen, können sie sich ganz ihren Herzensangelegenheiten widmen und ihre Wünsche zur wichtigsten Sache der Welt erheben.

Arkadische Natürlichkeit geht aber vor allem im Liebenden und Künstler auf. 'Amor', ruft Ortis, einer uralten Verbindung folgend, aus: 'die schönen Künste sind deine Töchter' (S. 201). Entsprechend hat der Autor seine Hauptfiguren ausgestattet. Jacopo ist sensibler Stürmer und Dränger und Poeta doctus in einem. Teresa, empfindsame Natur wie er, malt Selbstportraits, singt, spielt Harfe. Sogar Odoardo, der Verlobte Teresas, wurde in der ersten Fassung noch als Maler geboren (S. 10). Allen eignet jene ästhetische Identität, wie sie in Arkadien seit Sannazaro heimisch ist. Doch ihr ureigenstes Handlungsmotiv ist, bis hin zur Gartenlaube des 20. Jahrhunderts, die innige Liebe. Und Jacopo erliegt, nach allen Regeln pastoraler Liebeskunst, diesem genius loci. Bereits im siebten Brief (S. 141) sieht er Teresa, und sein Gemüt ist enthusiastisch erhoben. "(...) lo spettacolo della bellezza (= Teresa) basta forse ad addormentare a' mortali tutti i dolori?" (S. 142) Jacopo hat sie, nach Art des Landes, sofort als Seelenverwandte erkannt. Die Liebe zwischen den beiden nimmt ihren arkadischen Lauf. Teresas Geständnis "Non sono felice" (S. 148, vgl. S. 306) verwandelt sich auch noch bei Foscolo in eine Liebeserklärung an die erste, göttliche Natur im Menschen: 'Du (= der 'Eterno Iddio') hast sie mir zugedacht, weil du mich mit einem Herzen begabt hast, das sie ewig und unermeßlich zu lieben vermag.' (S. 195) Und das arkadische Wunder geschieht. Die von Natur aus füreinander bestimmt sind, finden sich in einer Umarmung, mit der in Arkadien gewöhnlich der Vorhang über das Glück der Liebe fällt. Selbst Nymphen, Najaden, Amor und die Musen kommen dem Arkadier noch einmal in den Sinn und erinnern diskursgerecht an das Goldene Zeitalter (S. 202). Es scheint, als ob dem ursprünglich Liebenden der Sprung aus der sentimentalischen Zerrüttung zurück in naive Naturidentität noch gelingt – Kultur noch auf Natur rückführbar ist.

Genau dieses naturrechtliche Glück aber löst hier eine Katastrophe aus: Seinetwegen wird Ortis aus Arkadien vertrieben! Was jahrhundertelang als Fluchtort aller Weltmüden gegolten hatte, wi jetzt seinerseits zum Anlaß einer Flucht. Krasser konnte der Z sammenbruch des arkadischen Lebensideals nicht vor Augen gefüh werden. Das Ende des ersten Teiles kommt einer endgültigen Ve treibung aus dem vormodernen Paradies gleich. Jacopo und Tere hatten eine arkadische Gemeinschaft des Gefühls gegründet. D Vater Teresas aber, obwohl selbst Teil dieser Idylle, investiert sei Tochter in eine Ehe mit Odoardo, um seiner Familie Wohlstand u adligen Namen zu erhalten. Das Recht des wahren Gefühls wird v der Berechnung der Zivilisation gebeugt. Jacopo muß gehen, we seine natürliche Vernunft des Herzens die gesellschaftliche Vernun der Interessen durchkreuzt. Eine Aussöhnung der beiden Ansprüc scheint nicht mehr möglich. Am Ende sind alle unglücklich: Jaco – er bringt sich um; Teresa – sie geht daran zugrunde (zumindest den frühen Fassungen); ihre Mutter – sie hatte ihren Mann sch zuvor verlassen; der Vater selbst, der seine Tochter abgöttisch lieb aber ihr dennoch Liebe nicht zugestehen will. Die Frage nach de Glück kann zu Beginn des 19. Jahrhunderts definitiv nicht mehr a kadisch, auch nicht mehr im aufklärerisch erneuerten Vertrauen die gute Natur des Menschen gestellt werden.

Warum aber akzeptiert Ortis seine Vertreibung überhaupt? Wa re Hirten hätten, gegen jede Vernunft, bis in den Liebestod auf ihre Naturrecht beharrt. Und die Ritter im angrenzenden Raum würde unerschütterlich versucht haben, um ihre Geliebte zu kämpfen, g gebenenfalls heroisch-galant mit ihr zu fliehen. Ortis erwägt beid (S. 211), verwirft aber beide Lösungen. Er stößt dabei auf zwei stil schweigende Reduktionen der arkadischen Wunschwelt. Zum eine wenn er seine Liebe hätte behaupten können, wovon hätte das Pa leben sollen? Jacopo verzehrte das letzte Vermögen seiner Mu ter; Teresa hatte kein eigenes. Im 'locus amoenus' hingegen lebt eine vergleichsweise klassenlose Gesellschaft. Alle waren am selbe Gemeinsinn ausgerichtet: Jeder sollte nur verlangen, was die N tur ihm gab; und die Natur bot ihm, wonach er verlangte. Wer d Kunstwelt Arkadiens jedoch für eine geschichtliche Verheißung hiel der mußte, wie Ortis, erfahren, daß sie nur Wünsche, nicht Wirk lichkeiten vorbrachte. Ortis' Naturglück lebt wie selbstverständlic von einem Landhaus, von Gütern, Bediensteten, Gärtnern, Ku scher und Landarbeitern. Sein Dilemma ist, daß er, um ein arkad sches Ideal zu realisieren, ganz von der Realität absehen muß; daß es ohne sie aber ganz unrealistisch bleibt. Seine Vertreibung trägt daher zurecht Züge einer Flucht: Natur und Wirklichkeit haben sich ihm unüberbrückbar entzweit. Es hat ihn auf der Rückkehr nach Arkadien in die Moderne verschlagen.

Diese Erfahrung bleibt nicht einmalig. Zwar war Ortis, als er sich an die Natur wandte, in bester pastoraler Manier unglücklich verliebt – aber in sein Vaterland. Er brachte dadurch ein Problem mit, für das dieser Ort und der Briefroman nicht eingerichtet war[27]. Der Held mochte wohl persönlich-sentimental leiden; aber sein Unglück war öffentlich-politisch verursacht. Selbst wenn seine heilige Liebe gegen alle Widerstände gesiegt hätte, sie müßte gleichwohl eine private und in diesem Sinne privative Lösung bleiben. Die beiden wären zwar füreinander da, aber gegen die Gesellschaft. Ortis mußte sich dies selbst eingestehen. Seine politischen und gesellschaftlichen Ideale sind dort also nicht zu befriedigen. Im Gegenteil: Der sentimentale Unfrieden potenziert den politischen soweit, daß sein jugendlicher Idealismus in gotteslästerlichen Nihilismus umschlägt. Abermals sah er sein arkadisches Modell bis auf den Grund entkräftet. Dessen letztlich ausschlaggebende Demontage findet jedoch an und in ihm selbst statt. Die Liebe zu Teresa zeigt ihm, daß in der Tiefe des menschlichen Gemüts noch ein Weg zurück über die Gräben der Kultur bekannt, eine Einswerdung des Menschen mit der Natur noch möglich ist ("[...] tutta la natura mi sembra mia." – S. 201). Doch gerade diese 'ingenuità', diese Naivität, auf der alle rousseauistischen Hoffnungen des Ortis ruhten, läßt sich nicht in den Grenzen halten, die ihr Arkadien gesetzt hatte.

In der ersten Fassung von 1798 wird Ortis durch dieses unbedingte Gefühl zu einem fatalen Versuch der Vergewaltigung fortgerissen (S. 84). Fassungslos lernt er am eigenen Leibe eine menschliche Triebnatur kennen, die jede arkadische Idealität zuschanden

---

[27] Vgl. P. Fasano, *L'Utile e il bello* S. 106 ff. Der Einbruch des Öffentlichen in eine Form der Intimität erzwinge eine neue – bürgerliche – Funktion des Romans, der nicht mehr eine allen gemeinsame Moral didaktisiert, sondern sich aus der Zeugenschaft des Autors beglaubige. Vgl. dazu bes. W. Theile, "Poetologisches Erzählen. Foscolos *Ultime lettere di Jacopo Ortis* zwischen 'romanzo' und 'vero'", in *Romanistisches Jahrbuch* 39 (1988) S. 99-113.

macht. Zwar vermeiden die späteren Fassungen diese krasse Peripetie. Aber das – für ihn tödliche – Erschrecken über sich selbst bleibt. Ortis macht die abgründige Erfahrung, daß Gutes und Böses aus der *einen* Quelle der menschlichen Natur kommen. Ein Begriff des Menschen nach dem Bilde Arkadiens ist danach nicht mehr denkbar. Zahlreich sind die Stellen, wo der Held diesen Bruch gedanklich einzuholen versucht. Der Landgeistliche nennt ihn ein 'edles und zugleich wildes Tier' (S. 298). Er selbst sieht seine 'Seele ständigen Stürmen ausgesetzt', in der ein 'Dämon brennt, der sie schüttelt und zerreißt' (S. 300). *So* und nicht arkadisch anders ist er aus den Händen der Natur hervorgegangen (S. 324). Am Ende erzwingt dies die Einsicht, daß der Mensch eine Doppelnatur ist. Er besitzt einerseits einen "cieco istinto prepotente" (S. 331), einen urwüchsigen Instinkt brutaler Selbstbehauptung. Dem steht andererseits ein "istinto ispirato dall'alto" (S. 325), eine Bestrebung zu apollinischer Selbstüberschreitung gegenüber. Natur ist, aus menschlicher Sicht, lediglich ein Spielraum von Möglichkeiten. Es hängt von uns selbst ab, ob wir sie gut oder schlecht ausüben. Ortis erhebt diese Einsicht zu einem Weltprinzip. So wie er den Menschen als zugleich sublim ("generoso") und grotesk ("vile") erkennt, ist auch die ganze Naturordnung disponiert: "madre" *und* "madrigna", anders gesagt, nach Art Rousseaus *und* nach Art von Hobbes[28]. Gegen Ende des Romans verfestigt sich schließlich der Verdacht, daß der Mensch zwar im Plan der Natur vorgesehen ist, ohne jedoch ihren und damit von ihr her seinen Zweck ausmachen zu können (S. 263). Ein Aufgehen des Helden in der Natur als einem bergenden Ideal ist damit unwiderruflich vereitelt.

Für Ortis bricht eine Welt zusammen. Und er zögert nicht, seinen persönlichen Fall als eine geradezu mythische 'Aussetzung des Menschen aus der Natur' zu verallgemeinern ("L'uomo destituto

[28] Vgl. F.-R. Hausmann, der diese 'bipolare Struktur' der *Ultime lettere* (und ihres Naturbegriffs) "aus dem Sosein des Melancholikers resultieren" läßt. Diese Erschließung nach der Temperamentenlehre hat den Vorteil, daß sie das Künstlertum des Ortis integral miterfaßt. Die historischen Modi seiner künstlerischen Selbstverwirklichung bleiben davon allerdings unberührt ("Jacopo Ortis, Teresa T^{xxx} und die Melancholie – Themen und Strukturen der *Ultime lettere di Jacopo Ortis* von Ugo Foscolo", in Hgg. P. Wunderli/W. Müller, *Romania historica et Romania hodierna – Festschrift für Olaf Deutschmann*, Frankfurt a. M./Bern 1982, S. 369–383, hier: S. 374 und passim).

da tutta natura (...) " – S. 263). Menschliche Vollkommenheit ist fortan in ihrem Begriff nicht mehr zu denken; sie hat den Rang eines Ideals verloren. "Tutto, tutto quello ch'esiste per gli uomini non è che la lor fantasia" (S. 372). Das Glück, das wir aus ihrer Betrachtung ziehen, beruhe nur auf dem hohlen Anschein der Dinge. Wenn die Welt einen Sinn hat, hängt er nicht von der Natur, sondern vom Menschen ab! "Ci fabbrichiamo la realtà a nostro modo (...)" (S. 205) Denn "Io sono un mondo in me stesso" (S. 432), ruft Ortis fast wortgleich mit Werther aus (Brief vom 22. Mai). Was dort jedoch als Befreiung zu einer 'paradiesischen Natur' gefeiert werden konnte – bei ihm bedeutet es den endgültigen Zusammenbruch eines idyllischen Glücksversprechens[29]. Er erzwingt die – epochale – Entdeckung, daß das Subjekt der Moderne subjektiv ist. Die Natur hat die Bedeutung, die dieses in sie hineinsieht. Glück ist nicht länger im Bezug auf die Natur, also naturidentisch, sondern allein im Bezug auf das Subjekt, selbstidentisch zu haben. Für Ortis kommt dies einer erkenntnistheoretischen Vertreibung aus dem Paradies natürlichen Glücks gleich[30].

Dessen ideelle Haltlosigkeit zieht jedoch einen nicht minder spektakulären literarischen Zusammenbruch nach sich. Denn Ortis war nicht nur Liebender, sondern, nach bester bukolischer Tradition, auch Künstler. Wie die Beschäftigung der Hirten sich erst in ihren Hirtengesängen erfüllte, so auch das Leben des Ortis erst im Schreiben. Beides bildet eine Wechseleinheit. Durchgehend bezeugt ihm der Text einen schriftstellerischen 'ingenio' (S. 211), allem voran in dem in den Roman selbst integrierten Auszug aus seinem sentimentalen Roman *Storia di Lauretta* (S. 185 ff.). Außerdem übersetzt er für Teresa Lieder der Sappho, studiert Plutarch, Alfieri, zitiert vielfach die großen Autoren der italienischen Vergangenheit. Im übrigen sind die *Ultime lettere* ein 'Mosaik' (S. 249) in dem ganz materiel-

[29] Diese destruktive Inanspruchnahme des idyllischen Kulturmodells hat nicht verhindert, daß spätere Autoren des Ottocento es zur Identifizierung moderner Lebensverhältnisse eingesetzt haben. Vgl. R. Schwaderer, *Idillio campestre – Ein Kulturmodell in der italienischen Erzählliteratur des 19. Jahrhunderts*, München 1987, S. 78 f.

[30] Mineo sieht darin zugleich das Ende des geschichtsphilosophischen Fortschrittsprinzips. Die poetologischen Konsequenzen zieht er allerdings nicht ("Ugo Foscolo ", S. 36).

len Sinne, daß sie aus unzähligen Zitaten und Wendungen fremder und eigener Schriften zusammengesetzt sind[31]. Diese üppige Intertextualität ließ sich offenbar ohne weiteres noch mit der Ehre eines genialischen Autors vereinbaren. Dieser Widerspruch löst sich in Foscolos Literaturbegriff. Er hat seine literarische Bildung im bedeutendsten Kulturkreis seiner Zeit, der Akademie der Arcadia erhalten. Sie vertrat zwar einen aufgeklärten Klassizismus, blieb aber einer normativen Stillehre verpflichtet[32]. Der Verkehr mit Vorbildern und Gattungsmustern blieb ihr nach wie vor verbindlich, weil er durch die Nachahmungslehre theoretisch gedeckt war. Sie konnte die Dichtkunst noch immer für eine Regelkunst halten, weil ihr das Ziel unangefochten schien 'il bello', 'la belle nature'[33]. Sie wußte, wie die Natur, namentlich die des Menschen sein sollte. Ihre ästhetische Schönheit stand im Bewußtsein, ein anschauliches Korrelat ihres moralisch guten Prinzips zu schaffen. Diese schöne, weil gute Natur aber gab der Kunst nicht zuletzt deshalb ein Vorbild, weil die Kunst ihrerseits bereits große Vorbilder in der Darstellung einer solchen Natur hervorgebracht hatte: die klassischen Musterautoren[34].

Dies bildet den ästhetischen Horizont des Autors Foscolo ebenso wie seines Helden Ortis. Als dieser sich zur Flucht gedrängt sah, war sein Arkadien deshalb doppelt zerstört: dem Liebenden als poetisches Lebensideal und dem Schreibenden als akademisches Dichtungsideal. Das naturrechtlich entworfene Individuum der Aufklärung wurde in der Revolution von der geschichtlichen Natur des Menschen eines schlechteren belehrt – auch in Italien. Dort war

---

[31] Anschaulich gemacht in der minutiösen quellengeschichtlichen Untersuchung von M. Martello, "La Parte del Sassoli", in *Studi di filologia italiana* 28 (1970) S. 177–250 sowie in zahlreichen Beiträgen, die den Textaustausch zwischen der Korrespondenz Foscolos und den Briefen des Ortis nachvollziehen.

[32] Exemplarisch dafür C. Beccaria, *Ricerche intorno alla natura dello stile* (1770), in *Opere*, hg. S. Romagnoli, 2 Bde (I Classici italiani. Superbiblioteca Sansoni), Firenze 1971, Bd 1, S. 193 ff.

[33] Eine gedrängte Zusammenschau der ästhetischen Entwicklung vom 18. zum 19. Jahrhundert in Italien gibt C. Calcaterra in der Einleitung der von ihm herausgegebenen *Manifesti romantici e altri scritti della polemica* (Classici italiani 79), Torino [2]1979 ([1]1951), S. 9–61, hier: S. 20 ff.

[34] Vgl. dazu den Überblick von E. Leube, "Die italienische Literatur in der Wende vom Sette- zum Ottocento", in Hg. K. Heitmann, *Europäische Romantik II* S. 265–290, hier: S. 265–269.

die von den Intellektuellen erhoffte Erneuerung unterblieben. Ortis warf deshalb seinen Zeitgenossen Feigheit, Käuflichkeit und Eigennutz vor (S. 239 f.). Wo aber die von der Idee her gute Natur moralisch so versagt, ist das Ideal von einer 'belle nature' auch ästhetisch nicht mehr haltbar. Sie hatte den Anspruch verspielt, nachahmenswert zu sein. Dies mußte eine klassizistische Mimesis im Kern treffen. Sie kann nicht halten, was ihr Diderot emphatisch noch zugesprochen hatte: 'Natur, alles was gut ist, ist in dir beschlossen. Du bist der Quell aller Wahrheiten'[35]. Ihre Objektivität ist nur Leihgabe des betrachtenden Subjekts und insofern lediglich dessen Objektivation. Einer mimetisch begründeten Kunst war damit ein Gegenhalt im Realen entzogen. Die Flucht des Ortis hat daher ein starkes Motiv in der Vertreibung des Schriftstellers Ortis aus seiner dichtungstheoretischen Heimat.

Ortis also geht. Was aber geschieht mit dem, der gedanklich und sprachlich Arkadien verläßt? Er betritt ein Draußen. Dort herrschen freilich ganz andere moralische und diskursive Gesetze. Sie erschließen sich vornehmlich jedoch nur dem, der es wie Ortis von Arkadien aus angeht. Ihm zufolge gerät, wer aus seiner friedlichen Natur heraustritt, in ihr feindliches Gegenbild. Reißende Tiere und der geile Satyr sind seine konventionellen Repräsentanten. Der Ort ist unwegsam, verwildert, zerklüftet, von schroffen Felsen überragt. Um es mit der klassizistischen Landschaftsrhetorik zu sagen: Der sympathische 'locus amoenus' da ist eine Insel in einem aggressiven 'locus horribilis' dort. Seine Welt ist chaotisch aufgebracht. Sie gesteht dem Menschen nur zu, was er ihr im Kampf abringt. Mit arkadischer Naturfrömmigkeit, pietà, käme man hier nicht weit. Dennoch kennt auch sie ein Glücksversprechen: das Glück des Siegers; und ein eigenständiges Tugendprogramm: die virtù, die Religiosität des Helden. Der Aufenthalt des Menschen in dieser romanesken

---

[35] D. Diderot, *Œuvres esthétiques* (Classiques Garnier), Paris 1965, S. 98. – Obwohl er ästhetische Fragen von der nationalen Frage nicht trennt, ist dieser erkenntistheoretische Primat der Natur auch der späten Aufklärung in Italien noch verbindlicher Fluchtpunkt. Vgl. etwa M. Cesarotti, *Ragionamento sopra l'origine e i progressi dell'arte poetica* (1762), in *Opere scelte*, hg. G. Ortolani, Firenze 1945–1946, Bd 1, S. 243.

Kampfwelt gibt ihm Gelegenheit, seine idealen Lebensvorstellungen heroisch zu behaupten[36].

Genau nach diesem heroischen Modell aber wird der zweite Teil der *Ultime lettere* entfaltet. Die erste, noch halbfertige Fassung des Romans kündigt diesen Diskurswechsel eigens mit der berühmten epischen Formel aus Ariosts *Orlando furioso* an: 'cantare l'arme e gli amori' (S. 94). Auffällig verändert zeigt sich zunächst die Blicknahme des Helden. Mit der Flucht aus seiner Idylle geht sein Interesse von der intimen Natur des Menschen auf seine öffentliche Natur über. Zwei neue Leitbegriffe beherrschen nun sein Denken und Handeln: *virtù* und *patria*. Sein Irrweg draußen verwandelt sich dadurch in eine Art Quête. Sie erlaubt ihm, seine Leiden, Verfolgungen und Empörungen als Herausforderungen an sein hochgemutes Menschentum anzunehmen. Dementsprechend mißt er alles an den von Alfieri bekräftigten Kriterien von "gloria", "eroismo", "valore", "forza", "coraggio" und "onore"[37]. Doch er wird darüber zum 'modernen' Ritter: Er tritt mit heldenepischem Eros gegen die 'Konvulsionen' der Revolutionsära an (S. 492). Wie schon sein arkadisches Selbstverständnis ist auch dieses heroische literarisch gestiftet. Wieder will er seine problematische Natur im Lichte eines traditionsreichen literarischen Diskurses aufklären. Das Ende dieser Quête ist vorhersehbar. "Lorenzo", fragt Ortis seinen Briefpartner gegen Ende, "sai tu dove vive ancora la vera virtù?" Seine Antwort kommt einem zweiten ideellen Zusammenbruch gleich: "in noi deboli e sventurati (...) Tu, o compassione, sei la sola virtù!" (S. 262) Sie aber ist geradezu eine Perversion des heroischen Ausnahmemenschen. Die Tugend der Moderne nimmt an Verlierern, an Verlorenen Maß. Der zweite Teil des Romans vertieft damit den Konflikt des ersten unter anderer Perspektive: Ortis tritt als epischer Held an und endet als moderner Anti-Held. Wieder bricht angesichts neuer Lebensverhältnisse ein alter Diskurs über ihm zusammen. Doch an seinem Scheitern treten die Ursachen heraus, die den Klassizismus

---

[36] Mit Blick auf den Autor, und meist ununterschieden von seinen Helden Ortis, vollzieht Mineo diese Wendung nach; allerdings sozial- bzw. tiefenpsychologisch orientiert als "Vatermord" ("Ugo Foscolo" S. 12).

[37] Im Stile dieses neoklassizistischen Sturm und Drang geht auch Foscolos Jugenddrama *Tieste* (1797) vor.

endgültig entmachtet und eine ästhetische Moderne erzwungen haben.

Den wohl verhängnisvollsten Ordnungsverlust erleidet der Begriff von 'virtù', weil für Ortis das Draußen mit 'patria' zusammenfällt. Als er sein Arkadien hinter sich ließ, betrat er, literarisch gesehen, Feindesland. Politisch gesehen war es jedoch sein Vaterland. Das gefährliche Draußen nahm dadurch zwei Gesichter an. Es verlangte von ihm, es gleichermaßen zu bekämpfen und zu verteidigen. Das ist das bewegende Dilemma des zweiten Teils der *Ultime lettere*. Die Idee des Vaterlandes lieben konnte um 1800 in Italien jedoch nur heißen, seine geschichtlichen Zustände hassen. Napoleon hatte dem Land zwar die Revolution gebracht; aber sie wurde ihm mit Feuer und Schwert aufgezwungen. Den Italienern war damit jede Initiative zu einer eigenen Volkserhebung erstickt, bevor sie sich noch hatte bilden können. Der zweite Teil des Romans ist in dieser Hinsicht eine einzige Suche nach den Gründen für diese ausgebliebene, nationale 'virtù'. Gewiß, Napoleon und die Habsburger hatten im Vertrag von Campoformio die Identität Italiens abermals machtpolitisch gedemütigt. Den entscheidenden Grund sieht Ortis allerdings bei den eigenen Landsleuten[38]: Vaterlandsliebe ist eine Kollektivtugend. Italien kann sich darin nur finden, wenn alle eines Sinnes sind. Warum aber wollen sie nicht? Ortis kommt zu der Einsicht, daß nicht nur der Einzelne, sondern auch die menschliche Gemeinschaft eine Doppelnatur hat. Auf der einen Seite die vulgäre Masse (S. 323). In ihren niederen, käuflichen Instinkten verkörpert sich die chthonisch böse Natur des Menschen, die keine Ideale kennt. Ihr gegenüber stehen die 'schönen Seelen' (S. 321) wie Ortis. Ihr idealistisches Bestreben bringt sie in einen 'natürlichen' Gegensatz zur Menge[39], die sie an die Kette ihrer gemeinen Denkungsart legen

---

[38] Vgl. ergänzend die Litanei der nationalen Untugenden in seiner *Orazione a Bonaparte* (1802), hg. G. Gambarin (Edizione nazionale delle opere di Ugo Foscolo. 6), Firenze 1972, S. 207–237.

[39] Zugleich eines der Felder, auf dem sich der Unterschied zwischen Foscolo und der Romantik Manzonis besonders anschaulich machen läßt. Foscolo zeigt sich noch ganz dem Individualismus des 18. Jahrhunderts verpflichtet – auch erzähltechnisch. Der zweite Teil des Romans spielt nicht selten inmitten volkreicher Städte. Ortis spricht dann zwar von der Masse, kann sie aber nicht darstellen. Den innovativen Fortschritt Manzonis hat W. Hempel typologisch zur Geltung

oder als Paria aus sich ausgrenzen will. In solchen Verhältnissen heroisch sein zu wollen kann nur heißen, dem Gemeinen zu widerstehen, sich selbst treu zu bleiben – notfalls bis zum Einsatz des Lebens. Der Selbsttod erscheint Ortis deshalb als einzig authentische Heldentat in einer unheroischen Zeit. Im Grunde hat aber auch dieses Leiden an der Gegenwart die Literatur verursacht. Ortis hat die Rolle eines 'Paladins aus dem Romanzo' eingenommen. Im Gegensatz zu Don Quijote wird er sich jedoch seiner Fehlanpassung schmerzlich bewußt ("la nullità di potere"[40]).

So auch wird verständlich, wenn er sich seiner ohnmächtigen virtù dort zu vergewissern sucht, wo sie sich rein erhalten hat: bei den Heroen des Denkens und Dichtens, bei den Klassikern des italienischen Geisteslebens. Wenn überhaupt, dann sind sie es, allen voran die *Viten* des Plutarch, die seinen Irrweg durch die 'Wüste' Italiens in die Ordnung einer 'Pilgerreise' ("pellegrinaggio", S. 253) umzudenken erlauben. An den Gedenkstätten Galileis, Machiavellis und Michelangelos, aus der *Vita* Cellinis erhofft er sich Mut zur Größe – doch mit den Augen Ossians und Youngs sieht er nur ihre Gräber. Als einzigen unter den Sterblichen will er den damals noch lebenden Alfieri, Italiens bedeutendsten – klassizistischen – Dramatiker besuchen. Doch dieser hat den Kontakt mit seiner Gegenwart abgebrochen. Dann Bertòla, Aufklärer, Dichter und Mentor Foscolos: Er ist inzwischen tot. Schließlich G. Parini, ein Vorkämpfer des Risorgimento. Das fingierte Gespräch endet in schwärzestem, geschichtsphilosophischem Nihilismus. Mit virtù meint die Welt von heute, so Parini, das nützliche Verbrechen (S. 242). Am Grab Dantes bricht Ortis seine sinnlos gewordene Suche nach dem Heroischen ab und kehrt in sein enteignetes Paradies der Euganeischen Hügel zurück – aber nur, um zu sterben.

Ortis wollte seiner in Unordnung geratenen Gegenwart als Held entgegentreten. Doch die Revolutionsära war mit der Beschwörung der alten virtù nicht mehr zu kulturieren. Indem er an sie das Tugendmaß der Vergangenheit anlegen will, kommt ihm diese selbst als

gebracht in *Manzoni und die Darstellung der Menschenmenge als erzähltechnisches Problem in den* Promessi sposi, *bei Scott und in den historischen Romanen der französischen Romantik* (Schriften und Vorträge des Petrarca-Instituts Köln. 26), Krefeld 1974.

[40] So in der Ausgabe von 1817 (in der Ausgabe von Gambarin: S. 338).

fatal vergangen zu Bewußtsein. Die Antworten der Tradition haben aufgehört, Fragen der Gegenwart zu beantworten. Fortan müßte Ortis seine ohnehin subjektive Identität allein am historischen Moment ausrichten – für ihn eine häßliche, verlogene, flüchtige Welt der Uneigentlichkeit: Der Held hat abermals eine Grunderfahrung von Modernität erlitten.

Als Dichter aber trägt Ortis an dieser Pathogenese des modernen Bewußtseins doppelt. Mit der Enteignung seiner rückwärts gewandten Ideale ist auch ihre poetische Besprechungsordnung entwertet. In einer Welt ohne virtù kann man nicht mehr episch dichten[41]. Die Besuche des Ortis bei lebenden und toten Leitbildern seines Schreibens verkehren sich dadurch in einen Abschied von seiner eigenen literarischen Herkunft. Literarhistorisch gesprochen: Sie entziehen ihm die zweite Stütze der Nachahmungsästhetik. Sie hatten die Übertragung von ontologischem Sein in ästhetischen Schein vorbildlich ins Werk gesetzt. Wer sich bisher einerseits an die stetige Natur, andererseits an die überzeitlichen Werke der Kunst hielt, konnte sein Dichten im Dienst am Zeitlos-Gültigen der Schöpfung wissen. In letzter Konsequenz geht dem Dichter Ortis deshalb diese ästhetische Definiertheit verloren.

Darin aber liegt der historische Aufschlußwert seines Falles. Er steht vor den Ruinen des mimetischen Dichtungsgebäudes. Dessen Voraussetzung: die prinzipielle Wesenseinheit von Natur und 'belle nature' wird von der 'Natur' der Revolution eklatant zum 'hohlen Schein' (S. 170) degradiert. Damit war einer Kunst der Boden entzogen, die sich als Nachschöpfung und insofern als *Re*-Präsentation eines Sinnes verstand, der in der Natur als der Urschöpfung stets präsent ist. Ortis hat dieses Ende einer ästhetischen Ära geradezu rituell begangen: Kurz vor seinem Tod vernichtet er alle seine schriftstellerischen Arbeiten (S. 276 ff.). Dazu zählte u. a. ein Kommentar zu einer – republikanischen – Verfassung Venedigs sowie seine 'Geschichte der Lauretta', eine Art 'mise en abyme'

---

[41] Gedrängt hat U. Schulz-Buschhaus eine Verfallsgeschichte für das Settecento und Italiens Sonderweg abgesteckt ("Parinis *Giorno* und das Epos im Settecento", in Hgg. S. Knaller/E. Mara, *Das Epos in der Romania – Festschrift für D. Kremers zum 65. Geburtstag*, Tübingen 1986, S. 357–372).

seiner eigenen Liebesgeschichte[42]. "Non perdonò nè a questi nè a verun altro suo scritto" (S. 277). Demonstrativer hätte er kaum sagen können, daß sein traditionsgebundenes Schreiben seine Existenz authentisch nicht mehr zur Rede zu stellen vermochte. Schreibpraxis und Lebenswelt sind unvereinbar geworden. Dieser diskursive Zusammenbruch hat ihn elementar sprachlos gemacht[43]. Doch im Ansatz enthalten seine Briefe bereits die rettende Reflexion der Späteren. Schon sie machen im Grunde das Nicht-schreiben-Können zu einem Gegenstand des Schreibens, wenn Ortis nicht nur sich, sondern auch sein Werk, das Projekt seiner selbst, vernichtet.

III

Diese zugleich moralische und diskursive Entwurzelung könnte das Ende dieser wie so vieler anderer Geschichten der Zeit sein. Ihr Held geriet, wie der René Chateaubriands, wie Senancours Oberman, wie Hölderlins Hyperion zwischen zwei vorderhand unversöhnliche Lesarten von Natur. Sie alle wollten ihren idealen Möglichkeiten dienen, hatten als Unterpfand aber nur deren Entstellungen in der Geschichte zur Hand. Dadurch bedeuteten sie jedoch mehr als nur Verkörperungen der 'noia', des 'Mal du siècle', von Weltschmerz. Im Grunde sind sie Grenzgänger zwischen zwei ästhetischen Systemen. Die Verfallsgeschichte der imitatio naturae in den *Ultime lettere* ist nicht zuletzt so bedeutsam, weil sie zumindest in Hohlform schon etwas von dem erfaßt, was man das 'älteste Systemprogramm einer literarischen Modernität' nennen könnte. Sterbend hinterläßt Ortis einen ersten Begriff von einer Sprachkunst jenseits der Mimesis.

---

[42] Diese *Storia di Lauretta* des Ortis soll Bezug nehmen auf eine – nicht (mehr) vorhandene – *Laura – Lettere* Foscolos, meist als 'Proto-Ortis' angesehen. Die nicht verifizierbaren textuellen und obendrein autobiographischen Wechselwirkungen sind, ohne neue Textfunde, nicht entscheidbar, trotz aller nicht enden wollender Spekulation. Zur Übersicht vgl. P. Fasano, *Stratigrafie foscolan[e]* (L'Analisi letteraria. 12), Roma 1974, S. 13–52.

[43] In der Binnenperspektive des Ortis haben seine Briefe keinen Anspruch au[f] Literarizität, höchstens auf Authentizität. Erst der fingierte Herausgeber Lorenzo Alderani macht daraus ein 'Werk'. In der Autorenperspektive Foscolos darf dies jedoch gerade als Bemühung im Hinblick auf eine neue Poetik des 'vero' verstanden werden.

Wie dichten ohne nachzuahmen, ist eine ihrer Kardinalfragen. Die *Ultime lettere* geben darauf eine Doppelantwort, die weit über ihren Fall hinausreicht.

Das Gespräch von Ortis mit dem greisen Dichter Parini hat für beide die Bedeutung eines Vermächtnisses. Wie soll sich, da virtù entrechtet ist, ein jugendlich-enthusiastisches Gemüt unter diesen Bedingungen noch unbedingt entäußern können? Ortis entwirft ein Modell, das sich geradezu als eine Grundsprechweise der Moderne bestätigen wird. Es sei, mit einer terminologischen Anleihe aus Frankreich, als ein 'Art pour la société', als eine Kunst um der Gesellschaft willen bezeichnet.

Der desillusionierte Held ruft die "sublimi animi" (S. 244), die Geistbegabten seiner Zeit auf, wenn schon nicht mit Taten, so doch wenigstens im Wort heldenhaft zu sein. Der Schriftsteller soll der Heros der Moderne sein. Das aber heißt, er muß das Verhältnis von Kunst und Natur grundlegend neu bestimmen. Heroisch kann sich das Schreiben in der Moderne vor allem dann wähnen, wenn es seine nicht mehr nachahmenswerte Lebenswelt gerade als eine nicht mehr nachahmenswerte darstellt. "Perseguitate con la verità i vostri persecutori" (ebd.), ist eine von Ortis' neuen schriftstellerischen Maximen. Kunst und Natur bilden keine Vollzugsgemeinschaft mehr. Statt sich gegenseitig zu identifizieren, schließen sie sich jetzt gegenseitig aus. Das dichterisch verfaßte Wort verkehrt nur noch im Modus der Negation mit der Natur, die ihm solange semantisches Obdach gewährt hatte. Die neue Kunst soll sagen, wie es wirklich ist. Das bedeutet historisch: sie muß zur Geschichtsschreibung der betrogenen Illusionen von 1789 werden. Statt edle virtù zu illustrieren, hat sie nun 'humana viltà' (ebd.), ihre Kehrseite, zu denunzieren. Diese Nichtübereinstimmung von Darstellendem und Dargestelltem wird zur neuen Grundlage ästhetischen Handelns. Seine Stimme soll in Zukunft literarisch nur noch erheben dürfen, wer die geschichtlich korrumpierte Natur des Menschen ästhetisch als Abstandserlebnis von den hohen Idealen erfahrbar macht, die die Öffentlichkeit bloß im Munde führt. Im Prinzip hat schon Ortis die Kunst als ein im weitesten Sinne kulturelles Gewissen der Moderne begriffen.

Die Frage ist, wie sie dieses erkenntniskritische Amt auszuüben vermag, ohne nicht ihrerseits einer bequemen Anpassungsmoral zu verfallen. Das Verhalten des Ortis ist auch hierin zukunftsweisend: Ein Tugendanspruch moderner Art läßt sich daran bemessen, ob der Schriftsteller bereit ist, die Realität, in der er lebt, das Vertraute gerade als das Fremde, Lebensfeindliche auszuweisen. Formelhaft gesprochen: wenn er das Negative negativ bespricht. Die moderne Beziehung der Kunst auf Natur ist damit gewissermaßen gegenpositiv geworden. Wer aber könnte für dieses Amt besser geeignet sein als eine dieser stürmischen Seelen wie Ortis? Die Unbedingtheit ihres Fühlens, Denkens und Wollens hat sie ohnehin schon in einen Gegensatz zu den unheiligen Interessen ihrer Zeit gebracht. Was Ortis vom modernen Dichter fordert, ist im Grunde nichts anderes als daß er seine gesellschaftliche Not in ästhetische Tugend umwandelt. Schon die *Ultime lettere* geben damit eine Rolle des Dichters in der modernen Gesellschaft zu erkennen, die die Dichter selbst wenig später als solche ausdrücklich annehmen werden: als Paria, als Bohémien, als Scapigliato, als Dandy oder poète maudit.

Dennoch: Wie soll sich Schreiben organisieren, da die Wirklichkeit, wie Ortis sagt, eine "immagine della Distruzione divoratrice di tutte le cose" (S. 206), also nur Anlaß zu ästhetischer Distanzierung bietet? Für den nachmimetischen Poeten heißt dies, daß er sozial *und* poetologisch auf sich allein gestellt ist. Gerade darin aber liegt zugleich seine Chance. Da die 'ideale Wahrheit', auf die Ortis ihn beharrlich verpflichtet (S. 515), nicht natürlich, also objektiv, vorliegt, muß er sie selbst im Kunstwerk herstellen. Bereits die *Ultime lettere* von 1802 treten damit unmittelbar in die Subjektwendung der modernen Ästhetik ein. Schon sie stehen der Einsicht nahe, daß Kunst, traditionell nur eine Welt der Uneigentlichkeit, ihr Täuschungsgeschäft in der Moderne auf den Kopf stellt, wenn sie die Realität als den wahren Ort der Uneigentlichkeit entlarvt. Keiner aber eignet sich für diese Richtigstellung besser als der Dichter. Er vor allem ist, wie Ortis, "un mondo in (sè) stesso": Wenn es noch eine Wahrhaftigkeit gibt, dann trägt er sie in sich; und wenn es noch einen Weg dahin gibt, findet ihn allenfalls sein "ingegno" und allein die Dichtkunst vermag ihn zu kartographieren.

Foscolos scharfsichtige Vorwegnahme eines 'Art pour la société' ist bemerkenswert. Um so überraschender aber ist, daß er seinen Helden diesen Weg gleichwohl *nicht* beschreiten läßt. Sein Tod ist Absage auch an diesen veristisch-realistischen Kunsttypus. Offenbar hatte er eine andere nachmimetische Sprachkunst im Blick, der er näher stand. Es ist allerdings nicht einfach, sie zu fassen, da er sie kaum konzeptualisiert hat.

Auf seine Spur führen jedoch Motive und Umstände seines Todes. Nach dem Bankrott seiner Leitideen zieht sein Tod zwar die Konsequenz aus der Unvereinbarkeit seiner Lebensideale mit seiner Lebenswirklichkeit. Aber er will ihn zugleich als einen Opfertod verstanden wissen. "Io moro incontaminato, e padrone di me stesso" (S. 243, vgl. S. 288), sagt er kurz vor seinem Ende. Wo Weiterleben sich beschmutzen, sich erniedrigen, sich bestreiten hieße, darf einzig das Sterben einen Anspruch auf authentische Selbsterfahrung erheben. Radikaler konnte er seine hohe Gesinnung nicht beweisen, als daß er sie jeglicher Berührung mit dem Realen entzog. Wo Leben zum Inbegriff des Nicht-Lebenswerten geworden ist, kann nur eine rückhaltlose Überschreitung der Natur Bedingungen herstellen, um sie sich noch vollkommen zu denken. Ortis tut diesen Schritt jedoch als Dichter. Seine Selbstvernichtung ist mithin eine am Subjekt des Dichtens vollstreckte Weise der Distanzierung von Wirklichkeit. Er selbst vermochte dies poetisch noch nicht umzusetzen. Doch sein Tod ist schon eine ästhetische Handlung der neuen Art und damit ein verschlüsseltes Projekt moderner Kunst.

Deren Grundriß hat Ortis nicht weiter ausgeführt. Aber genau besehen wird es ihm zumindest emblematisch schon ein Begriff. Als er seine Existenz abbrach, hatte er *ein* Kunstwerk ausdrücklich von der Vernichtung ausgenommen: Es ist das Portrait Teresas, das sie ihm geschenkt hatte. "(...) attaccato al mio petto verrà con me nel sepolcro" (S. 279). Im schauerromantischen Finale heißt es abermals unüberhörbar: "Gli pendeva dal collo il ritratto di Teresa tutto nero di sangue, se non che era alquanto polito nel mezzo (...)" (S. 289, vgl. S. 474) Nichts liegt ihm im Tod mehr am Herzen. Dieses Medaillon schließt mithin alles ein, was Ortis war und sein wollte. Es stiftet im höchsten Maße Identität. In ihm erkennt Ortis ein anschauliches Korrelat seiner idealen Bestrebungen.

Was er damit verband, hängt unmittelbar von dem ab, was ihm Teresa bedeutet. Vom zweiten Teil des Romans an war dem Flüchtling die reale Gegenwart Teresas versagt. Da begann er, sie sich memorial zu vergegenwärtigen. Zwischen erster Begegnung (S. 141) und letztem Gedenken (S. 288) ereignet sich so eine innere Handlung, die aus dem sinnlichen Bild der Teresa ein Sinnbild macht Ortis begreift zunehmend, daß diese Frau für ihn all das verkörpert was ihm heilig ist ("mi sono reputato persona sacra", S. 287). Da Erlebnis ihrer Person wird zur Erlebnisform seiner Ideale. Au ihrer Schönheit spricht für ihn die Vollkommenheit einer mit sic versöhnten Natur ("Il mio ingegno è tutto bellezza e armonia." – S 201). In der Umarmung mit ihr wird ursprüngliches Glück, 'felicità zum Ereignis in einer Welt, die sich ihm jeden Tag weiter kulture entfremdet. Selbst die Idee des Vaterlandes wird in ihr konkre In einem revolutionär wiedererstandenen Italien wären Jacopo un Teresa frei, um ihre Liebe in einer Heirat zu vergesellschaften[44]. I Teresa also wird die theoretische Form seiner Ideale praktische Er fahrung. Doch sie lassen sich so historisch nicht verallgemeinern Nur in ästhetischer Form, als Bildnis, sind sie überlebensfähig. "(amore! le arti belle sono tue figlie (...)"– (ebd.), kommentiert e Wahres Leben gibt es allein als Kunst.

Sollte dem Dichter Ortis die poetische Dimension von Teresa Portrait verborgen geblieben sein? Er hatte wohl noch keine Worte um deren Modernität zu sagen. Doch den Schlüssel dazu besaß e Ihr Portrait ist ein Selbstbildnis. Darauf hat der Text höchste Wert gelegt: Teresa tritt in das Leben des Ortis ein, "miniando proprio ritratto" (S. 141). Ihre Beziehung steht damit von aller Anfang an im Zeichen der Kunst. Teresa wird für ihn zur ästhe tischen Initiation, auch wenn er eine ganze Leidensgeschichte lan braucht, um dies zu begreifen. Doch welche Kunst konnte sie ihr bedeuten? Dichtungstheoretisch gesehen stellt die sich selbst Ma lende eine extreme Abbildrelation dar: Traditionelles Subjekt un Objekt der Nachahmung fallen zusammen. Dies begründet eine im tatio naturae, die ihre Vorbildlicheit nicht eigentlich mehr aus de Natur, sondern aus dem Darstellenden schöpft. Die Wahrhaftigkei die Foscolo/Ortis von einer Kunst der Moderne mehr denn je erwar ten, kann deshalb nur von einer wahrhaftigen Objektivation des sic über die Natur gerade hinwegsetzenden Subjekts herkommen. Doc dieses 'moderne', ganz auf sich selbst angewiesene Individuum – di sich malende Teresa – darf durchaus auf eine Gewißheit eigener Ar vertrauen. Ortis bestimmt sie mit einer programmatischen 'figur

[44] Wie Hausmann ("Jacopo Ortis" S. 370, 375) schlüssig interpretiert.

etymologica': das künstlerische "ingenio" habe seine Wurzeln in der "ingenuità" (S. 316), in den Tiefen des unverfälschten Gemüts. Wenn Teresa, die 'schöne Seele', sich malt, stellt ihr Bildnis – für Ortis – ästhetisch eine Verbindung zu ihrem ursprünglichen Wesen her. Diese Kunst erwirbt sich Authentizität, indem sie ihre Wahrheit gerade nicht fremdsinnig aus einer garantierten Natur ableitet, sondern eigensinnig sich an sich selbst vergewissert.

Äußert sich in dieser Selbstbezüglichkeit aber nicht bereits eines der vitalsten Grundbestimmungsmerkmale ästhetischer Modernität? Ihr liegt ein generell anderes Verhältnis von Natur und Kunst zugrunde als in klassizistischer Abbildtheorie, von der Foscolo/Ortis ausgegangen waren. Da wahre Natur auf dem normativen Wege der Nachahmung nicht mehr zu erreichen ist, bleibt ihr nur der kreative Weg einer subjektiven Hervorbringung. Nur so auch vermag sie sich von einer moralisch entarteten Welt loszusagen, in der sie gleichwohl entsteht. Nicht als ob sie mit ihr nichts mehr zu tun haben wollte. Doch was sie darüber zu sagen hat, soll eine Wirklichkeit nach ihrem Bild und Gleichnis sein. Bereits in Foscolos *Ultime lettere* von 1802, und das macht ihre dichtungsgeschichtliche Bedeutung aus, ist Kunst also ins Zeichen moderner Autonomieästhetik getreten. Von der Nachahmungsdoktrin aus gesehen läuft dies auf einen 'Art pour l'Art' hinaus. In der strikten Ablösung von Wirklichkeit als einer konsequenten Selbstzuwendung scheint sich ein neuer Ausdruck genuiner Kunst begründen zu lassen.

Je entschiedener sie sich dabei aus den Verstrickungen des geschichtlichen Alltags heraushält, desto gewisser kann sie sein, der Falle des Utilitarismus zu entgehen. Im Leiden an der Wirklichkeit verfügt sie deshalb über den härtesten Prüfstein ihrer lebensweltlichen Unangefochtenheit. Adornos ästhetische Theorie hat hierin ihre historischen Wurzeln. Solche Dichtung um der Interessen der Dichtung willen muß deswegen jedoch nicht 'zwecklos' sein. Gerade die *Ultime lettere* können belegen, daß die im 19., aber auch im 20. Jahrhundert so beharrliche Herausforderung einer 'poésie absolue' nicht eine absolute Negation der Realität meint. Sie geht zwar von der Ablehnung dessen aus, was im 19. Jahrhundert 'positiv' im Sinne der erfolgreichen positivistischen Zivilisationskünste galt. Sie bleibt jedoch zu keinem Zeitpunkt bei dieser Verweigerung stehen – nicht einmal im Dadaismus. Sie widersetzt sich hartnäckig allem

Realen, weil sie in ihrer Welt ein – und sei es auch noch so flüchtiges – Ideales beheimaten will. Man könnte das ihre ästhetische Moral nennen. Ihr liegt eine Verbesserung der Gesellschaft wie dem 'Art pour la société' fern. Wenn sie Einfluß nehmen will, dann auf den Erhalt einer Welt über der Welt.

Diese dichtungstheoretische Erschließung der *Ultime lettere* mutet dem Selbstportrait Teresas zweifellos eine große Beweislast auf. Doch hatte Ortis darüber abschließend nicht geurteilt: "mi narra tutta la storia dei nostri amori"(S. 279)? Wäre diese Liebe vollständig ("tutta") gesagt, ohne ihrer beider Liebe zur Kunst, unter deren Patronat sie sich zum ersten Mal begegnet sind (S. 141, vgl. S. 278)? Was dem Helden Ortis nur unbegrifflich aufgegangen war, hat sein Autor Foscolo jedoch später reflexiv und poetisch eingeholt[45]. Um 1814, als er den *Ultime lettere* die letzte Fassung gab, schuf er gleichzeitig wesentliche Teile seines großen, unvollendet gebliebenen Gedichts *Le Grazie*[46]. Genaugenommen handelt es sich um ein Kunstwerk über ein Kunstwerk: Es besingt die drei antiken Grazien, aber in der Gestalt einer Marmorskulptur des zeitgenössischen Bildhauers A. Canova[47]. Foscolo nimmt zwar seinerseits auf den antiken Motivvorrat Bezug. Aber er wird nicht mehr um der Gesinnung der Antike willen ergriffen. So entsteht ein Klassizismus ohne antike Klassizität, narzißtisch selbst genügsam[48]. Antikes Bildungsgut streckt nurmehr das bildbare Material für eine schöpferische Verarbeitung – im Gedicht – vor, die wiederum auf

[45] Vgl. dazu die geistesgeschichtlich orientierte Synthese von G. Marzot, "Ugo Foscolo", in *Letteratura italiana*, 5 Bde, Milano 1969–1976, Bd 2: *I Maggiori*, S. 775–927, hier: S. 820 ff.

[46] Zur Einschätzung seiner Modernität vgl. F. Flora, *Ugo Foscolo*, Milano 1940

[47] Obwohl G. Natali die historischen Beziehungsmöglichkeiten eher ungewiß läßt, "Canova e Foscolo", in *Orpheus* 5 (1950) S. 31–34.

[48] Schon F. de Sanctis hatte diesen Zug zur Künstlichkeit hervorgehoben, ohne jedoch schon seine Modernität unterscheiden zu können ("Ugo Foscolo", in *Saggi critici*, hg. L. Russo, 3 Bde [Opere di Francesco de Sanctis. 3–5], Bari 1957, Bd 3, S. 76–111). Erst B. Croce betont den besonderen Lyrismus der *Grazien (Poesia antica e moderna*, Bari 1941), und M. Fubinis grundlegende Studie würdigt Foscolos – moderne – lyrische Reflexibilität (*Ugo Foscolo*, Firenze 1928). H. Helbling hebt diese Modernität schon an den *Sepolcri* (1807) hervor ("Nachwort" zu U. Foscolo, *Letzte Briefe des Jacopo Ortis – Von den Gräbern*, hg. H. H., München 1989, S. 236).

eine schöpferische Verarbeitung – in der Skulptur – antwortet. In der ersten Hymne heißt es programmatisch vom Dichter: "Anch'io/ pingo e spiro a' fantasmi anima eterna" (V. 23 f.) – auch ich bin Maler, sagt der Poet; erst ich hauche den – mythologischen – Kunstgestalten eine ewige Seele ein. Was zählt, ist nicht mehr der 'Einklang' ("suona") der Gegenwart mit der Antike, sondern Aufhebung der Antike in der Vergegenwärtigung idealer Unbedingtheit ("anima eterna"): "sdegno il verso che suona e che non crea" (V. 25).

Etwa zur selben Zeit hat Foscolo der Sache nach den l'Art pour l'Art-Standpunkt auch als Literaturkritiker eingenommen. In seiner 114-seitigen *Notizia bibliografica intorno alle Ultime lettere* (1814), sowie später, im Essay *Della nuova scuola drammatica italiana*, hat er seine poetisch erfaßten Grundunterscheidungen begrifflich nachvollzogen. Abermals fixiert er eine dem gesellschaftlichen Wohl ergebene Auffassung von Dichtkunst – und verwirft sie, um sich ganz auf die Seite einer 'idealistischen' zu stellen (S. 509, vgl. S. 565). Seine Devise ist: hin zu einer Literatur, die sich ihrer poetischen Identität autonomistisch vergewissert; weg von der Natur und klassizistischer Schematik. Sie sind Fremdbestimmungen ästhetischen Handelns, die uns die Gabe eigenen Verstehens ruinieren ("ci logorano l'intelletto", S. 494). In der Intention berührt sich Foscolo darin auffällig mit den *Pensieri* und den *Canti* seines Zeitgenossen Leopardi. In Frankreich nähern sich V. Hugo (mit seinen *Orientales*), H. Heine oder Th. Gautier (mit seinem Manifest-Gedicht *L'Art*) einem solchen Projekt der 'poésie pure'. Die deutsche Sprache hat bedeutende Zeugnisse in Hölderlins Lyrik wie im Dinggedicht E. Mörikes oder C. F. Meyers.

IV

Nach alledem: Foscolos *Ultime lettere* sind ein Schwellenwerk der Moderne. Es dramatisiert den Abschied von 'alten', im klassizistischen Bildungshorizont aufbewahrten Lebensbegriffen. Leidend nimmt es jedoch zugleich schon die Gestalten des Neuen auf. Darin äußert sich allerdings mehr als nur kultureller Trennungsschmerz. Recht besehen hat seitdem jede 'neue' Kunstanstrengung der Moderne einen pathogenen Anfang. Stets wenn die Nichtübereinstimmung des historisch Möglichen mit dem faktisch Ermöglichten unerträglich wurde, hat sie mit ihren Mitteln die Mauern des einen einzureißen versucht, um dem anderen Platz zu schaffen. So haben schon die *Ultime lettere* gehandelt. Doch bereits sie reflektieren auf die Ablösung eines patriarchalischen durch ein paternalistisches, 'brüderliches' Modell des Zusammenlebens im Lichte *der* Macht, die Literatur auszuüben vermag. Der moralische 'Mal du siècle', den Ortis durchleidet, geht deshalb in letzter Konsequenz auf einen ästhetischen Systemübergang zurück. Er darf als der bedeutendste Horizont gelten, in dem die *Ultime lettere* stehen.

Die beiden Grundeinstellungen einer neuen Kunst, die sie zu unterscheiden wissen – ein 'realisierendes' und 'idealisierendes' Schreibprinzip –, beziehen sich auf die geschichtliche Natur nur noch, um sich von ihr zu distanzieren[49]. Die eine geht abweisend auf ihre wahren Verhältnisse ein, die andere desillusioniert über sie hinweg. Fortan ließ sich ein Wahrheitsanspruch der Kunst im Grunde nur noch an der Entgegensetzung zur vorfindlichen Natur erhärten[50]. Teresa hatte diesen Grundsatz naiv so erfaßt: 'Muß man denn, um die Tugend zu lieben, im Schmerz leben?' (S. 182) Foscolo löst ihn dichtungstheoretisch auf: "(...) invece d'imitare l'oggetto tale quale la madre natura lo ha creato per gli occhi dell'uomo, tentiamo tutti i mezzi di guastarne la forma per arrivare sino al midollo (...)"[51] 'Natur', wie wir sie wahrnehmen, zeigt sich uns von der Seite ihrer Uneigentlichkeit. Ihre natürliche Erscheinungsform ästhetisch nachzuahmen hieße daher, den Trug der Sinne im Kunstwerk nur zu verdoppeln. 'Wahre Natur' ("midollo") war damit vor allem klassizistisch nicht mehr zu erreichen. Wozu auch von ihren unwesentlichen Einzelheiten mit Hilfe der Prinzipien von Auswahl, Verdichtung und Verschönerung zu ihrem Wesen aufsteigen wollen, wenn es doch erst über eine 'Zerstörung' ("guastare")

---

[49] In der Nachfolge Croces, etwa in *Poesia e non poesia – Note sulla letteratura europea del secolo decimonono* (Scritti di storia letteraria e politica. 18), Bari [6]1955 ([1]1923), S. 72–86. In Italien erst spät als romantisches Kriterium diskutabel, so etwa bei U. Spirito, *La Vita come arte*, Firenze 1943.

[50] Mit dieser Perspektive beschließt Fasano seine gattungsgeschichtlich angelegte Studie zu Foscolo. Er sieht darin zu Recht schon einen Ansatz zur bürgerlichen Lebensordnung (*L'Utile e il bello* S. 120).

[51] *Notizia bibliografica*, in *Ultime lettere* S. 494.

ihrer Erscheinungsformen zugänglich werden kann? Foscolo dringt auf seine Weise zu einer grundlegenden Einsicht in den Charakter von Modernität vor: Wahre Natur ist nicht mehr *in* der Natur, vielmehr erst *über* sie erfahrbar. Will Kunst sich in ihren Dienst stellen, dann gerade in der Überwindung alles Natürlichen. Der klassizistischen Abbildtheorie galten die Natur der Schöpfung und die des ästhetisch Geschaffenen als gleichgesinnt. In der Moderne dagegen begegnen sie sich im Zeichen von Difformität. In diesem Sinne sagt Foscolo von seinen *Ultime lettere*, ihre Komposition werde von einer 'Harmonie der Dissonanzen' zusammengehalten (S. 496). Wo Kunst aber als Gegensatz zur Natur, modern gesprochen: zur Wirklichkeit aufgefaßt wird, ist jede traditionelle Naturebenbildlichkeit überholt. Novalis: "Ja keine Nachahmung der Natur: Poesie ist durchaus das Gegenteil."[52]

Subjekt und Objekt des Kunstschaffens haben ihre Identität in bezug auf Natur gekündigt. Beide werden dadurch aus ihrer mimetischen Wechselbezüglichkeit freigesetzt. Autonomie wird ihnen nun zur Bestimmung des ästhetischen Umgangs miteinander. Für den Dichter und Künstler heißt dies: Will er die alten Vollkommenheitsideale weitervertreten, so ist er ganz auf sich allein gestellt. Sie haben keine endgültigere Gewähr als seine unbedingte Zeugenschaft. Er kann sie nicht mehr ableiten, sondern nur hervorbringen. Deshalb auch stellt er seine Tätigkeit unter das Patronat des Genies, denn "il *Genio* coglie l'*Ideale*" (S. 509)[53]. Später wird er sein Sonderwissen in Anlehnung an den erfolgreichen Positivismus 'wissenschaftlich' beglaubigen. Das Erhabene in der Welt der Moderne erscheint dadurch in bislang unerhörter Weise als etwas, was der Mensch aus sich heraus erschafft. An die Stelle der Vorbildlichkeit

---

52 Die Debatte in Deutschland hat W. Preisendanz bestens nachvollzogen: "Zur Poetik der deutschen Romantik I: Die Abkehr vom Grundsatz der Naturnachahmung", in Hg. H. Steffen, *Die deutsche Romantik – Poetik, Formen und Motive* (Kleine Vandenhoeck-Reihe. 250), Göttingen ²1970 (¹1967), S. 54–74.

53 E. Leube hat diesem Aspekt die verdiente Aufmerksamkeit geschenkt in "Die Unüberschaubarkeit der Welt – Zur Herausbildung eines 'modernen' literarischen Selbstverständnisses bei Foscolo und di Breme", in *Gestaltung – Umgestaltung. Festschrift für Margot Kruse*, hg. B. König u. J. Lietz, Tübingen 1990, S. 151-161. Vgl. dazu ebenfalls seinen Beitrag in diesem Band u. S. 401–423.

der Natur ist die Originalität des Genies getreten ("la propria originalità", ebd.).

Für die Natur heißt dies ihrerseits, sie wird sich selbst überlassen. Wenn aber der Künstler – gleiches gälte für den Philosophen und Moralisten – an Natur sich wendet, um auszuarbeiten nicht, was in *ihr*, vielmehr was in *ihm* liegt, dann hat die beste aller Welten einen tiefen Fall getan: Solche Autonomie entblößt nicht ihr Wesen, sondern ihre Materialität. Während sie der 'alten' Kunst als das schlechthin Objektive galt, kommt sie einer modernen zunehmend als objektal zu Bewußtsein. Ihre Erfüllung kann dann nurmehr jenseits ihrer Gegebenheiten liegen: im Reich der Kunst. Gleichwohl bleibt sie, so sieht es schon Foscolo, auch künftig unumgänglich. Wenn sich der Dichter in der Natur schon nicht mehr das "vero ideale" vorzustellen vermag, auf das "vero reale", die Realität kann er doch nicht verzichten (S. 510). Zumindest als Durchgangsmedium bleibt das eine auf das andere angewiesen. Anders gesagt: das poetisch Wesentliche muß sich durch das real Unwesentliche hindurch äußern. Es bleibt also zumindest dessen Interpretament. Es kommt mithin auf das Natürliche als dem Wirklichen immerhin soweit noch an, als sich durch es hindurch ästhetisch etwas bezeichnen läßt. Der Bezug auf die Natur wird dadurch an der Schwelle zur Moderne neu aufgenommen: Stand sie bisher, klassizistisch wie empfindsam, für das Ziel poetischen Darstellens, für das Bezeichnete ein, tritt nun ihre Bezeichnungsfunktion in den Vordergrund. Sie wird immer unverkennbarer Mittel zu einem Zweck, der sich nicht mehr mit ihrem fixierten Denotat deckt[54]. Foscolos Umgang mit erzählter Landschaft, verwandt dem in Chateaubriands *René*, gibt ausschnitthaft zu erkennen, was Senancour in Obermans Briefen ausdrücklich reflektiert[55]: daß im Prinzip alle Realien unseres

---

[54] Daß bisher noch kein Versuch gemacht wurde, eine Sprachtheorie Foscolos zu entwerfen, obwohl er durchaus eine zu erkennen gibt, hängt wohl damit zusammen, daß die italienische Sprachwissenschaft erst seit Croce eine Auffassung entwickelt hat, um idealistisch-kreative Ansätze, etwa schon bei Foscolo zu würdigen. Zu diesem Zusammenhang vgl. den Problemaufriß bei H. H. Christmann, *Idealistische Philologie und moderne Sprachwissenschaft* (Internationale Bibliothek für allgemeine Linguistik. 19), München 1974, bes. S. 11 ff., 22 ff.

[55] "De l'expression romantique", in E. P. de Senancour, *Oberman – Lettres*, hg. A. Monglond, 2 Bde, Paris 1947; Nachdruck: Paris 1979, Bd 1, S. 161.

Weltwissens in ästhetischer Hinsicht nur Zeichen für den 'Maler' der Sprache sind. Die Entsubstantialisierung des Naturbegriffs hat die in ihm gebundenen Substanzen in semiotische Autonomie entlassen. Je stärker sich aber die Bezeichnungsfunktion gegen das Bezeichnete durchsetzt, desto hinfälliger wird die alte Unterscheidung von kunstfähigen und kunstfremden Gegenständen. Da alles Zeichen sein kann, darf auch alles, was in der Natur ist, in der Kunst sein[56]. Sie selbst mußte auf diesem Wege allerdings vom Zeitalter der Schönen Künste Abschied nehmen und ins philosophische der Wahren übertreten[57].

Wie aber soll sie diesem neuen Anspruch gerecht werden, da sie nicht mehr *nach* der Natur, höchstens noch *mittels* der Natur vorgehen kann? Oder: was soll einer solchermaßen entmachteten Mimesis folgen?

Die theoretische Romantik wird genauer auseinanderlegen, was die *Ultime lettere* bloß erahnt haben. Einer ihrer Wortführer in Italien ist di Breme. Mit Bezug auf den Kreis um Madame de Staël und damit im Einflußbereich der deutschen Frühromantik und der idealistischen Philosophie behauptet er, die Natur, auf die sich nachahmende Kunst beziehe, sei vom – ungenannten – Schöpfer aller Dinge aus gesehen lediglich eine 'natura naturata'[58]. Dies wiederum aber hieße: "anche tu sei la natura" – mit gleichem Recht bist auch du, der Mensch, von dieser Natur. Warum sie also nachahmen? Dies würde doch bedeuten, daß ein Abbild – der Mensch – ein anderes Abbild – die Natur – abermals abbildet. Das Ergebnis wäre der Inbegriff von platonischer Uneigentlichkeit. Etwas über die Welt an sich ist auf der Spur der geschaffenen Natur also nicht zu erfahren

---

[56] Von der programmatischen Romantik ausdrücklich gefordert. Vgl. V. Hugo, "Préface de Cromwell", in *Théâtre complet*, hgg. J.-J. Thierry und J. Mélèze, 2 Bde (Bibliothèque de la Pléiade. 166. 170), Paris 1963–1964, Bd 1, S. 425. So radikal wird in Italien erst die Scapigliatura sein. Vgl. etwa G. Rovani, "Preludio" zu *Cento anni* (1857), Milano 1948, Bd 1, S. 13.

[57] Von Foscolo eigens in den *Ultime lettere* im Kontrast von Land (Idylle) und Stadt (Padua), von Intellekt und Herz, von "ingenuità" und "bello stile" (S. 156 f.) herausgestellt.

[58] Der *Grand commentaire sur un petit article* (Genf 1817, wieder in *Manifesti romantici* S. 153 f.) nimmt wesentliche Gedanken aus *Intorno all'ingiustizia di alcuni giudizj letterarj italiani* (1816) (ebd., bes. S. 131 ff.) wieder auf.

("permette la conoscenza non dell'universo in assoluto"). Wohl aber vermögen wir, wenn wir uns auf die Welt einlassen, zu begreifen, was sie *uns* bedeutet ("ma certamente di ciò che per noi è l'universo"). Denn, wie Schopenhauer zur selben Zeit behauptet, "kein Objekt ohne Subjekt"[59]. Entsprechend bildet sich Kunst erst dann einen angemessenen Begriff von Nachahmung, wenn sie die Wirkungen der Natur auf den Menschen darstellt ("gli affetti che [gli oggetti, W. W.] hanno prodotto in noi", S. 494); wenn wir in unseren Werken uns selbst übersetzen ("che tu *traduca te stesso* nelle opere tue"[60]). Denn im Vergleich zu einer stetigen Natur ist namentlich die Künstlernatur wahrhaft eine 'natura naturans'. Hat sie dazu aber nicht, als "mondo in se stesso", wie Foscolo/Ortis betonen, die besten Voraussetzungen?

Worunter Ortis jedoch noch gelitten hatte – di Breme deutet die Autonomie des modernen Subjekts bereits in einen Akt der Befreiung um: 'Versuchen wir die Weite dieses (in uns liegenden) Horizontes zu ermessen; wir wollen uns seiner Unermeßlichkeit hingeben und mutig die Regionen des *Unendlichen* aufsuchen, die uns eingeräumt sind.'[61] Auf Literatur bezogen: Statt mimetisch das Geschaffene nachzuschaffen, hat die neue Kunst die Aufgabe, es als das Endliche hinter sich zu lassen und es selbstschaffend ins Unendliche zu entgrenzen. Über Jahrhunderte hat das Gebot der imitatio naturae – der Mensch nach dem Bilde der Natur – dem ästhetisch bewegenden Moment, der imaginatio – und d. h. die Natur nach dem Bilde des Menschen – die Flügel gebunden und sie in die Schranken schlechter Erfahrungen verwiesen. An der Schwelle der Moderne aber schlägt sich das Selbstverständnis des Menschen definitiv auf die Seite seiner schöpferischen Vorstellungskraft.

Man darf darin einen Angelpunkt der ästhetischen Systemwende zur Moderne sehen. Durch die politische, später wissenschaftliche

---

[59] *Die Welt als Wille und Vorstellung*, hg. W. Frhr. v. Löhneysen, 2 Bde (Suhrkamp Taschenbuch Wissenschaft. 661. 662), Frankfurt a. M. 1986, Bd 1, S. 586.

[60] *Intorno all'ingiustizia*, in *Manifesti romantici* S. 132. So hatte sich auch Foscolo selbst brieflich geäußert; vgl. Brief vom 10. Juni 1813, in *Epistolario IV*, hg. P. Carli (Edizione nazionale delle opere di Ugo Foscolo. 17), Firenze 1954, S. 275.

[61] *Intorno all'ingiustizia*, in *Manifesti romantici* S. 132.

und industrielle Entzauberung der Natur seit dem Ende des 18. Jahrhunderts hat eine nachahmende Kunst ihre ideelle Gewähr verloren. Ohne Garantie von außen sah sie sich vor die Aufgabe gestellt, die Welten, die sie schuf, aus sich selbst sinnvoll zu machen. Dazu blieb ihr nur das Vertrauen in die menschliche Macht zu machen. In dem Maße aber, wie das mimetische Prinzip des Darstellens entkräftet wurde, brachte es sein *poiëtisches* Pendant in Position. Es verlegt das Schwergewicht von einem zeigenden, illustrativen Nachmachen der klassizistischen Ästhetik auf das originelle Machen einer Produktionsästhetik. Die imitatio naturae konnte sich damit zufrieden geben, wenn ihre Darstellungen 'wahrscheinlich' waren, weil das Wahre ohnehin in der Natur verbürgt war. Poiëtisch bestimmtes Schreiben hingegen – Ortis bekräftigt es stets erneut – muß 'wahr' sein, weil es sich einer Wahrheit allein als ästhetisch hergestellter vergewissern kann. Wo aber das Machen solchermaßen das Darstellen regiert, hat die Moderne ein ganz neues Kapitel in der ungeschriebenen Ideengeschichte des schöpferischen Menschen begonnen[62]. Um diesen Anspruch einer neuen Kunstperiode mit den alten Begriffen zu sagen: Die Nachahmung der Natur ist von einer Nachahmung des Schöpfers der Natur abgelöst worden. Kunst geht dann nicht mehr heteronom, sondern autonom ins Werk.

Gerade das erste, das romantische Projekt der ästhetischen Moderne war von der ihm abverlangten Novität selbst am meisten betroffen. Es hat sie deshalb nicht nur poetisch und theoretisch, sondern auch mythologisch einzunehmen versucht. Solange sich die Wortkunst am Merkmal der gebundenen Sprache befestigen ließ, war Orpheus, der Sänger, ihr Sinnbild. Nun, da sie über Gegenstand und Formgesetz frei verfügen und alles dem machenden Subjekt anheimstellen soll, tritt Prometheus vor ihn[63]. Seine mäch-

---

[62] Einen bedeutenden Baustein davon gibt H. Blumenberg, "Nachahmung der Natur – Zur Vorgeschichte des schöpferischen Menschen", in *Studium generale* 10 (1957) S. 266–283. Vgl. auch Verf., "Die französische Lyrik im Zeitalter der Avantgarde – Die Entstehung einer 'ganz neuen Ästhetik' zu Jahrhundertbeginn", in Hg. D. Janik, *Grundriß der Literaturgeschichte nach Gattungen*, Darmstadt 1987, S. 408–480, bes. S. 411 ff.

[63] Motivgeschichtlich aufgearbeitet von R. Trousson, *Le Thème de Prométhée dans la littérature européenne*, 2 Bde (Histoire des idées et critique littéraire. 53), Genève 1976.

tige Wiederkehr zu Beginn des 19. Jahrhunderts identifiziert ihn als Symbolfigur dieser modernen τέχνη. Er konnte die schöpferische Selbstermächtigung des Subjekts der Moderne als etwas ihm ursprünglich Zustehendes legitimieren. Zugleich zeigt er an, daß Archaisches geschah: Der poiëtische Mensch war im Begriff, erneut vom Baume der Erkenntnis zu essen. Wer sich jedoch zum "nachahmenden Gott" (Herder)[64] erhöhte, mußte dafür die Allvernunft im selben Maße herabsetzen. Dies bedeutete vor allem: Was man tat und plante, durfte sich länger nicht vorbedacht wähnen von einer alles umschließenden Garantie des Ganzen. Wie das Handeln hatte sich damit auch das Erkennen neu zu organisieren. Denn seiner selbst gewiß werden kann sich das prometheische Subjekt im Grunde nur im Bezug auf das, was es tut. Kaum einem ist diese Bedingung von ästhetischer Erkenntnis in der Moderne so schlagartig aufgegangen wie F. Schlegel. In einigen seiner genialischen Aperçus hat er, was auf poiëtischem Wege erschlossen werden kann, als "chemische Erkenntnis" metaphorisch eingekreist. Die Moderne gilt ihm als das "chemische Zeitalter" schlechthin[65]. Er bringt sie damit in einen konstitutiven Gegensatz zu einem organologischen Modell des Erkennens. Dieses baute auf das Gesetz der langen Erfahrung und das im Wandel konstant sich Durchhaltende. 'Chemisch' behauptet dagegen: Mensch und Natur haben sich zu Subjekt und Objekt entzweit. Sinn ist dann nichts Natürliches mehr. Er muß in der Moderne aus "dem großen Übergewicht des Individuellen, Charakteristischen, Philosophischen" gewonnen werden. Dabei "zerrüttet er die Natur" und löst "ihre schöne Organisation in gleichsam elementarische Masse" auf. Diese "willkürliche Scheidung und Mischung" ergreift in Natur einen Stoff, den sie "künstlichen Zusammensetzungen" unterwerfen muß, damit er einen Sinn bekommt. Er ist synthetisch hergestellt, nicht organisch gewachsen. Er vertraut einem – experimentellen – Machen, das wissen will, was sich machen läßt. Die Einsichten, die auf diesem 'chemischen' Wege anzubahnen sind, lassen sich erst im Laufe poiëtischen Handelns selbst aufdecken.

---

64 Vgl. H. Rüfner, "Homo secundus Deus", in *Philosophisches Jahrbuch* 63 (1955) S. 248–298, hier: S. 282.

65 Athenäums-Fragmente Nr. 404, 426, in *Schriften zur Literatur*, hg. W. Rasch (Dtv. 2148), München ²1985, S. 71, 77 f., systematischer in "Über das Studium der griechischen Poesie", ebd. S. 107 f.

Solchem 'Verstehen durch Hervorbringen' kommt es, zumal ästhetisch, nicht in erster Linie darauf an, *was* der Kunstschaffende macht. Wichtiger wird, *daß* er – immer aufs Neue, immer Neues – macht. Will sich moderne Kunst aber tatsächlich zur Entgrenzung des Natürlichen verstehen – und damit meint *sie* insbesondere die kulturellen Selbstverständlichkeiten, die uns zur zweiten Natur werden – setzt auch sie sich dem Systemrisiko alles Modernen aus: daß Abrichtung, Überschreitung, Entgrenzung der Natur letztlich im Horizont von Zerstörung liegen. Schon A. Comte, einer der philosophischen Gründer moderner Zivilisationskunst, hatte in seinem *Discours sur l'esprit positif* von vornherein die erstaunliche Einsicht zu integrieren versucht, daß jeder neue Sieg des 'positiven' Denkens einer 'radikalen Zersetzung' ("décomposition") dessen abgerungen ist, was sich als Erfahrungsgut verfestigt hat[66]. Im übrigen bestätigt er darin die Fortschrittszweifel von G. B. Vicos *Scienza nuova*[67].

Daß auch 'moderne' Kunst einen latenten Gewaltkern in Kauf nahm, konnte bereits die Leidensgeschichte des Dichters Jacopo Ortis exemplarisch bezeugen. Die Avantgarden des 19. und 20. Jahrhunderts haben also nur expliziert, was von Anfang an ins Konzept von Modernität eingestellt war. Im Grunde lebt es durchgehend unter einer poiëtisch bedingten Paradoxie: daß die Interessen wahren Lebens nur *gegen* reales Leben zu verfechten sind. Dies konnte jedoch solange belanglos bleiben, wie die 'schrankenlose Produktionskraft' des modernen Subjekts (Schelling) den Mindestsinn von Natur nicht verletzte: die Erhaltung des Lebens. An der Schwelle zur Moderne war Ortis, wie viele Geistbegabte seiner Zeit, ihrer systemischen Unnatürlichkeit *noch nicht*, auch nicht ästhetisch gewachsen. Deshalb glaubte er sein Leben im Namen seiner verratenen Naturgläubigkeit auslöschen zu müssen. Hätten aber postmoderne Katastrophenängste recht, würde sich die Moderne dieser tödlichen Grenze heute von der anderen Seite nähern, weil sie der Macht ihrer poiëtischen 'Chemie' *nicht mehr* gewachsen scheint. Dann aber hätte auch 'moderne' Kunst, als dem kulturellen Gewissen dieser

---

[66] *Discours sur l'esprit positif/Rede über den Geist des Positivismus*, hg. I. Fetscher (Philosophische Bibliothek. 244), Hamburg ³1979, S. 107 ff., 120 f.

[67] Maßgebliche Würdigung durch F. Fellmann, *Das Vico-Axiom – Der Mensch macht die Geschichte*, Freiburg/München 1976.

Moderne, den dieser innewohnenden Hang zur Unnatur nicht aufhalten können. Hat Ortis diese Ohnmacht ebenfalls schon geahnt, als er seine Ideale lieber dem Tod als einem Leben in der Kunst anvertraute?

Marianne Kesting

Un Voyage imaginaire à Cythère
Der Zusammenbruch der mythischen Idylle von Watteau bis Baudelaire

Die Reise nach Kythera war immer eine mythisch initiierte und darum imaginäre Reise. Es ist jedoch denkwürdig, daß auch im Bereich des Imaginären der Gang der mythischen Desillusion zu verfolgen ist, der die Literatur des 19. Jahrhunderts prägte, daß die Phantasie also keineswegs das Reich der schrankenlosen Freiheit ist, sondern an die historischen Gegebenheiten in deren Negation gebunden bleibt. Sogar am generellen Thema der Reise, die mehr und mehr die Form einer Flucht ins Exotische, sehr Ferne und möglichst Unbekannte annahm, wird deutlich, daß die Desillusion selbst die historischen Enklaven umlauerte, so daß Gérard de Nerval, wie er in seiner Einleitung zum *Voyage en Orient* (1852) bekennt, nicht einmal wagte, auf seiner Anreise die Stadt Konstanz näher zu betrachten, die ihm von ferne wie eine orientalische Stadt erschienen war:

> C'est qu'en vérité je voudrais ne pas gâter davantage Constance dans mon imagination. (...) Aussi bien, c'est une impression douloureuse, à mesure qu'on va plus loin, de perdre, ville à ville et pays à pays, tout ce bel univers qu'on s'est créé jeune, par les lectures, par les tableaux et par les rêves. Le monde qui se compose ainsi dans la tête des enfants est si riche et si beau, qu'on ne sait s'il est le résultat exagéré d'idées apprises, ou si c'est un ressouvenir d'une existence antérieure et la géographie magique d'une planète inconnue.[1]

Der Konfrontation der u. a. durch Bücher inspirierten Imagination mit der Realität folgt wenig später die Desillusionierung auch der Imagination, für die gerade Nerval den bemerkenswerten Drehpunkt

[1] Zit. Ausg.: Gérard de Nerval, *Œuvres*, hgg. A. Béguin und J. Richer, 2 Bde (Bibliothèque de la Pléiade. 89. 117), Paris 1960–1961, Bd 2, S. 19.

bildet, der sich noch in den arabischen Ländern selbst öfters an die *Märchen aus tausendundeiner Nacht* erinnert fühlte.

Am rigorosesten hat die mythische Desillusion jedoch Baudelaire in seinem Gedicht *Un Voyage à Cythère* (1852, zuerst gedruckt 1855) in den *Fleurs du Mal* (1857) formuliert. Gerade an ihm läßt sich die Geschichte der mythischen Desillusion auf dem Weg über ihre höfische Säkularisierung verfolgen.

Der Titel von Baudelaires Gedicht nimmt Bezug auf Watteaus *Embarquement pour Cythère*, mit dem dieser 1717 die Aufnahme in die Académie Royale erreichte. Eine zweite Fassung des Bildes, um deren Verkauf und Wiederkauf jüngst viel Wirbel entstand, erwarb Friedrich der Große 1763. Sie befindet sich heute im Charlottenburger Schloß in Berlin; eine Vorfassung des Bildes erwarb 1982 das Städelsche Museum in Frankfurt am Main. Watteaus *Embarquement pour Cythère* von 1717 hängt bis heute im Louvre, und Baudelaire, ein eifriger Besucher des Louvre, hat es genau gekannt. Er erwähnt Watteau insgesamt dreizehnmal, u. a. auch das Kythera-Bild, dessen Titel er im übrigen ungenau zitiert: "*Le Départ pour l'île de Cythère*"[2]. Baudelaire zählt im *Salon de 1846* Watteau neben Ingres, Rubens und Delacroix zu den "reinsten Meistern" ("les mains les plus pures", S. 901) und, an späterer Stelle, neben Rembrandt und Rubens zu den großen Malern von Phantasielandschaften (S. 936); im *Salon de 1859* rechnet er ihn unter die "historien(s) des belles fêtes d'après-midi dans les grands parcs italiens" (S. 1026). Im Kapitel "L'Art mnémonique" des *Peintre de la vie moderne* (1859/1860, gedruckt 1863) reiht er Watteau ein unter die "bons et vrais dessinateurs (qui) dessinent d'après l'image écrite dans leur cerveau, et non d'après la nature" (S. 1167). Und endlich: In seinem Gedicht *Les Phares*, in dem er die ihm nahestehenden Maler meist der vergangenen Jahrhunderte aufzählt als sich ablösende "Leuchtfeuer" und als

> le meilleur témoignage
> Que nous puissions donner de notre dignité
> (V. 41 f.)

---

[2] *Salon de 1846*; zit. Ausg.: Baudelaire, *Œuvres complètes*, hgg. Y. G. Le Dantec und C. Pichois (Bibliothèque de la Pléiade. 1. 7), Paris 1961, S. 901 Die Seitenangaben im Text beziehen sich durchweg auf diese Ausgabe.

nimmt Watteau einen Ehrenplatz ein zwischen Rubens, Leonardo da Vinci, Rembrandt, Michelangelo, Goya und Delacroix:

> Watteau, ce carnaval où bien des cœurs illustres,
> Comme des papillons, errent en flamboyant,
> Décors frais et légers éclairés par des lustres
> Qui versent la folie à ce bal tournoyant;
> (...)
>
> (V. 21–24)

Diese mehr zusammenfassende Beschreibung der "fêtes galantes" Watteaus kann zwar auf mehrere Bilder Bezug nehmen, mit Sicherheit aber trifft sie auch auf den *Embarquement pour Cythère* zu.

Watteaus Bild umgreift und verwandelt drei große mythisch-poetische Traditionsstränge, die kurz aufgeführt seien, um die historischen Dimensionen des Themas deutlich zu machen:
1) den Mythos der Liebesinsel,
2) den Mythos des Bukolischen und Arkadischen,
3) den Mythos des Liebesgartens.

Nach der vielfältigen Überlieferung der Antike ist Aphrodite/Venus, die u. a. die Beinamen Kythereia und Cypris führte, bei der dorischen Insel Kythera aus dem Meerschaum geboren. In der Tat war der Aphrodite-Kult, sogar der Kult mehrfacher Aphroditen, auf dieser Insel besonders ausgeprägt, wenngleich auch die Insel Zypern den Anspruch erhob, Geburtsstätte der Aphrodite/Venus zu sein, die bei Paphos dem Meer entstiegen sein soll.

Für die spätere Interpretation Baudelaires ist von Belang, daß sich unter dem Einfluß der kleinasiatischen Mythentradition eine Sonderform der Aphrodite als Liebes- und Todesgottheit ergab[3], die als "Aphrodite/Urania" auch auf Kythera verehrt wurde, wie noch Nerval in seinem *Voyage en Orient* berichtet. Aus der insularen Geburts- und Kultstätte der Aphrodite/Venus wurde, durch eine leichte Rückung des Mythos, die Liebesinsel.

Den antiken Mythos belebte Francesco Colonna in seiner *Hypnerotomachia Poliphili* (1499) wieder, einem phantastisch-allegorischen Traum, in dem Poliphilo sich nicht für himmlischen Ruhm, nicht für irdische Ehren, sondern für die Liebe entscheidet, sich im Tempel der

---

[3] Vgl. K. Kerenyi, *Töchter der Sonne – Betrachtungen über griechische Gottheiten*, Zürich 1944, S. 170.

Venus mit seiner geliebten Polia verlobt und schließlich von Amor zu Schiff nach der Liebesinsel Kythera gebracht wird. Nachdem der Franziskanerpater André Thévet in seiner *Cosmographie universelle* (1575) nicht der, aber einer Liebesinsel realen Charakter zu geben versucht hatte, war es der Abbé de Tallement, der in seinem *Voyage et second voyage de l'isle d'amour* (1663) den Mythos fortführte. In La Fontaines Roman *Les Amours de Psyché et de Cupidon* (1669) fährt Venus selbst mit einem Schiff nach Kythera.

Von Bedeutung ist, daß Mythos und Literatur in höfische Feste, theatralische Selbstinszenierungen der aristokratischen Gesellschaft und Theateraufführungen übertragen wurden und damit das mythisch-poetische Genre eine Art artifizieller Realität gewann. Bereits unter Heinrich IV. gab es eine Pastorale *Le Voyage à Cythère*. Am Hofe seiner Mutter Katharina von Medici wurde ein Ballett über die *Isle enchantée* aufgeführt und bald darauf in ein Fest umgewandelt, bei dem die Hofdamen, als Nymphen und Najaden verkleidet, auf einer Insel an der königlichen Tafel saßen, von Satyrn bedient wurden und sich bäuerliche Tänze aus allen Provinzen vorführen ließen, der Mythos der Liebesinsel sich also mit dem des Arkadischen verband.

Der zweite Traditionsstrang des Arkadischen und Bukolischen durch Theokrits *Idyllen* und Vergils *Eklogen* gestiftet, führte eine mythisch-phantastische Kultur von dichtenden, singenden, liebenden und Flöte spielenden Hirten herauf, die, im Mittelalter durch die Hirtentradition des Alten und Neuen Testaments christlich umgedeutet, sich in der Renaissance seit Dante, Boccaccio, Petrarca und den Kreisen des Mediceerhofes in Florenz wiederbelebte. Die *Arcadia* von Sannazaro (1544 in französischer Übersetzung erschienen) und H. d'Urfés Schäferroman *L'Astrée* (1607) nahmen wiederum auch auf das Festgebaren der höfischen Gesellschaft unter Ludwig XIV. Einfluß, indem die Hofleute sich als Schäfer und Schäferinnen verkleideten und in Festen nachspielten, was ihnen die Dichtungen suggeriert hatten. Die antike Götterwelt erschien auf ihre bacchantischen und erotischen Verführungskünste verkürzt. Vor allem konzentrierte man sich auf die niederen Götter: Pan mit Nymphen und Satyrn. Auch hier ergab sich eine innige Verbindung höfischer Feste mit Oper, Schauspiel und Ballett, eine artifizielle Welt höfischer Selbstdarstellung.

Der dritte Traditionsstrang, der des Liebesgartens, von Gottfried von Straßburgs Schilderung der Minnegrotte im *Tristan* (nach 1215) über den Liebesgarten des *Roman de la Rose* (1212) bis hin zu Boccaccios *Decamerone* (1348–1353), in der bildenden Kunst vom "Meister der Liebesgärten" (14. Jahrhundert) und schließlich in Rubens' *Liebesfest* (um 1633) fortgeführt, fand ebenso seine höfisch-festliche Entsprechung. In der *Astrée*-Nachfolge bildete sich eine "Académie galante" mit eigenen Statuten, einem "Code de Cythère" heraus, die bis hin zur Regence-Zeit unter Philipp von Orléans fortbestand, also bis zur Zeit Watteaus, dessen Bilder sogar eine verklärte Darstellung der geheimen Liebeszirkel sein sollen. Für diese These spricht, daß der Regent Watteau zum Hofmaler ernannte und ihn beauftragte, das Schloß seiner Tochter zu dekorieren.

Die drei Traditionsstränge der Liebesinsel, Arkadiens und des Liebesgartens überblenden sich in Watteaus "Fêtes galantes", nachdem sie seit 1550 schon selten gesondert aufgetaucht waren. Sie erfahren aber eine spezifische Umdeutung.

Unmittelbarer Anstoß zu Watteaus *Embarquement pour Cythère* war das Singspiel *Les Trois Cousines* von F.-C. Dancourt (Uraufführung 1700, Wiederholung 1709), worin ein ländliches Hochzeitsfest mit Pierrots und Musikanten stattfindet und schließlich das Hochzeitspaar eine Pilgerfahrt zur Insel der Venus und ihrem Tempel unternimmt. Dancourt verband in den *Trois Cousines* den Kythera-Mythos mit dem der christlichen Pilgerfahrt und aktualisierte das Genre, indem er es in die Umgebung von Paris versetzte, wobei ihm wie Watteau bekannt gewesen sein muß, daß die jeunesse dorée zu Park und Insel St. Cloud amouröse Landpartien unternahm und der Regent Philipp von Orléans dort jeweils im September regelmäßig Volksfeste inszenierte. Im Singspiel von Dancourt ergeht die ganz unexklusive, allgemeine Aufforderung an Bühne und Theaterpublikum:

> Venez dans l'isle de Cythère
> En pèlerinage avec nous.

Watteaus Malerei wurde zum Sammelpunkt der mythischen Stränge und ihrer theatralisch-höfischen Umformung. Während er auch noch wenige rein mythische Darstellungen brachte – so in *Jupiter et Antiope* (1715) – begegnen später die mythischen Figuren als

Plastiken im Park, die in ihrer Nacktheit viel unmittelbarer und sinnlicher erscheinen als die Flanierenden. In seinem Gemälde *Les Bergers* (um 1716) wird noch die bukolisch-arkadische Tradition beschworen, da musizierende Hirten und Schafe, im Hintergrund ein Dorf zu sehen sind; aber bald verwandelt Watteau diese Ländlichkeit in weiträumige Parks, die ihren Kulissencharakter nicht verleugnen. *La Mariée de village* (um 1708/1709) scheint von der Theaterszenerie zu Dancourts *Trois Cousines* auszugehen. Die Louvre-Fassung von *L'Embarquement pour Cythère* vereinigt die Traditionen, indem galante Figuren sich langsam, tändelnd und flanierend dem Liebesnachen zubewegen, den ein Wirbel von Amoretten umschwebt. In der Ferne wird eine phantastische Felsenlandschaft sichtbar. Eine rosengeschmückte Venus-Herme weist den Weg zur Liebesinsel.

So hatte Watteau mythisch-arkadische Traditionen aufgegriffen und ins Höfisch-Theatralische umformuliert zu den "fêtes galantes" der festlichen Darstellung einer vorwiegend höfischen jeunesse dorée der Regence-Zeit, in ihrer zärtlichen Überhöhung und Verklärung eine müßiggängerische Gesellschaft im arkadischen Paradiese, deren bukolische Tradition sich allerdings auf wenige bäurische Gestalten reduziert, die entweder in mythischer Nacktheit als Schiffer sich betätigen oder als ländliche Schöne bekleidet oder auch verkleidet sind.

Watteau wurde zum Fanal der Wiederbelebung des Rokoko im 19. Jahrhundert. Offenbar war es der Doyenné-Zirkel mit Nerval A. Houssaye, Th. de Banville und Th. Gautier sowie der "Petit Cénacle" Anfang der dreißiger Jahre, dem u. a. wiederum Gautier und Nerval angehörten, Freunde Baudelaires, die Watteau und das Rokoko für sich wiederentdeckten. Gautier pries in seinem Roman *Les Jeunes-France* von 1833 Watteau und bekannte seine Vorliebe für "les petits soupers, les petites maisons, les petites marquises les petits chiens et les petits romans et toutes les petites choses de la Régence"[4]. Damit leitete er eine Rückbesinnung auf die aristokratischen Träume der Rokoko-Gesellschaft ein[5]. Sie bedeutete eine

---

[4] Bruxelles 1867, S. 184, 93.

[5] Vgl. hierzu S. Jones, "Vues sur Cythère ... – Watteau et la critique romantique du XIXe siècle", *Revue des Sciences Humaines* 40 (1975) S. 5–21, hier: S. 19 f.

antiklassische Haltung, eine Opposition zudem gegen die Aufklärung und gegen das eigene bourgeois-ernüchterte Zeitalter.

1838 erschien der *Panthéon littéraire*, der die anakreontische Dichtung des Rokoko enthielt, 1839 wurde die 1744 geschriebene Biographie Watteaus von E.-F. Gersaint wieder ediert. 1853 rekonstruierte Nerval im vierten Kapitel seines Romans *Sylvie* einen "Voyage à Cythère" nach Watteau. Am 23. November 1863 notierten die Brüder Goncourt in ihrem *Journal* einen Ausspruch Flauberts:

> Il y a deux sens de l'exotique. Le premier nous donne le goût de l'exotique dans l'espace, le goût de l'Amérique, de l'Inde, des femmes jaunes, vertes, etc. Le second, qui est le plus raffiné, une corruption plus suprême, c'est le goût de l'exotique dans le temps. Par exemple, voilà Flaubert, il voudrait baiser à Catharge; vous, vous voudriez la Parabère (...)[6]

Die Parabère war die Maitresse des Regenten Philipp von Orléans zur Watteau-Zeit.

Die Brüder Goncourt, die einerseits erste realistische Romane verfaßten, kümmerten sich andererseits um die Dokumentation des 18. Jahrhunderts. In ihrem *Art du dix-huitième siècle* (1859–1875), der zunächst in Einzelartikeln 1856 publiziert wurde und als Buch mehrere Auflagen erlebte, priesen sie Watteau überschwänglich als "le grand poète du XVIIIe siècle", aus dessen Kopf eine ganze Welt der Poesie und der Träume hervorgegangen sei und der sein Werk mit der eleganten Leichtigkeit eines übernatürlichen Lebens fülle. In der "Vermählung von Natur und Oper" ("l'hymen de la Nature et de l'Opéra") sei er der "wunderbare Utopist" eines lächelnden Arkadien aus Galanterie und Müßiggang:

> (...) ces fêtes où se tait l'émeute des sens,– caprices animés qui semblent attendre un coup de baguette pour perdre leur corps et disparaître dans la patrie du caprice comme un songe d'une nuit d'été! C'est Cythère; mais c'est la Cythère de Watteau. C'est l'amour; mais c'est l'amour moderne, avec ses aspirations et sa couronne de mélancolie.[7]

---

[6] Zit. Ausg.: E. und J. de Goncourt, *Journal – Mémoires de la vie littéraire*, hg. R. Ricatte, 4 Bde, Paris 1956, Bd 1, S. 1360.

[7] Zit. Ausg.: Th. Gautier, *L'Art du dix-huitième siècle et autres textes sur l'art*, hg. J.-P. Bouillon (Miroirs de l'art), Paris 1967, S. 65, 68, 69, 73.

Interessant ist an dieser Betrachtung, daß Watteau, Schöpfer dieser flanierenden Welt aus Aristokratie, Mythos und Utopie, als Dichter gepriesen wird und die Goncourts ihm eine Melancholie zusprechen, die offensichtlich die der späteren Betrachter ist. Schon vor der Initiation der Goncourts erschien 1854 Ch. Blancs *Les Peintres des Fêtes galantes*, worin ebenfalls von der Melancholie der "Fêtes galantes" die Rede ist. Watteau sei etwas wie "le poète-chroniqueur d'une société folle et élégante vouée à la destruction"[8] gewesen. Das wußte man später. Aber wußte es schon Watteau?

Noch Proust entdeckte in Watteau die melancholische Liebe – "la tristesse du déguisement, de l'eau et de l'heure qui passent". Er fand sogar in Watteau die eigene "éternelle insatisfaction des êtres et des choses" und resümierte: "Ce bon homme si malheureux se consolait en bon peintre."[9]

Wohl nicht ohne Kenntnis seiner Vorgänger beschwor Baudelaire im *Salon de 1846* die "grandes mélancolies" beim Anblick alter Stiche und Bilder, jener "annales de la luxure, enfouies dans les bibliothèques ou perdues dans les cartons des marchands" (S. 900 f.); er spricht sogar von einem "musée de l'amour", worin das "poëme immense de l'amour" Watteaus mit seinen "folâtres et élégantes princesses" verschwunden sei (S. 901).

Unterdes führte Gautier in zahlreichen Anspielungen auf Watteau seine Vorliebe für das Rokoko weiter, beeinflußte u. a. Houssaye, Banville und Hugo, schließlich Baudelaire, Swinburne und den Verlaine der *Fêtes galantes* (1866-1868, erschienen 1869). Es sei nur kurz darauf hingewiesen, daß auch deutsche Spätromantiker wie Eichendorff mit seinem *Prinz Rokoko* (1854) und Mörike mit seiner Erzählung *Mozart auf der Reise nach Prag* (1855) der Tradition huldigten, die dann um die Jahrhundertwende im Jugendstil, z. B. bei A. Beardsley und bei Hofmannsthal ausklang[10]. Im *Journal*

---

[8] In diesen Worten faßt Jones Blancs Watteau-Deutung zusammen ("Vues sur Cythère" S. 8).

[9] "Watteau"; zit. Ausg.: M. Proust, *Contre Sainte-Beuve précédé de Pastiches et mélanges et suivi de Essais et articles*, hgg. P. Clarac und Y. Sandre (Bibliothèque de la Pléiade. 229), Paris 1971, S. 666, 665 f.

[10] Vgl. R. Bauer, "Dernier voyage à Cythère – La Redécouverte du rococo dans la littérature européenne du 19e siècle", in Hg. B. Fabian, *Festschrift für Rainer Gruenther*, Heidelberg 1978, S. 187–200, hier: S. 200.

der Goncourts wiederum verbindet sich die Vorliebe für Watteau mit dem Hang zum Exotischen als einer Flucht vor der von Gautier heraufbeschworenen "mélancolie", dem "ennui de son temps"[11].

Diese begleitenden Themen der "mélancolie noire", des "ennui de son temps" und des Exotismus hat der unmittelbare Vorgänger der Baudelaireschen Bearbeitung des Themas, Nerval, in den Kapiteln 12–13 seines *Voyage en Orient*, worin er einen Besuch auf der Insel Kythera als eine Art Reisebeschreibung vorstellt, aufgegriffen und zu einer umstürzenden Desillusionierung geführt.

Nachdem er, zurückgehend auf die Novelle *Franciscus Columna* (1844) von Nodier, über die Schilderung der Liebesinsel in der *Hypnerotomachia Poliphili* berichtet hat, kommt Nerval auf seine durch die Dichtung mobilisierten Träume zu sprechen, endlich auf seine Enttäuschung beim Besuch der realen Insel, die er im übrigen gar nicht besucht, deren Beschreibung er vielmehr einer anderen Reisebeschreibung entnommen hat[12]. Um so bemerkenswerter ist die Auffassung seiner Besucherrolle als "le fils d'un siècle déshérité d'illusions, qui a besoin de toucher pour croire, et de rêver le passé ...sur ses débris"[13]. Alle Motive Nervals kehren bei Baudelaire wortwörtlich wieder: die hoffnungsgeschürte Schiffahrt in der "écume éclatante" und im Leuchten der Sonne, und endlich, beim Betreten der Insel unter blauem Himmel in San-Nicolo der Anblick eines Galgens, "un gibet à trois branches, dont une seule était garnie". Anstelle des einstigen Venus-Tempels gibt Nerval vor, eine venezianische Festung zu entdecken. Statt der malerischen Gestalten, die er sucht – "les bergers et les bergères de Watteau, leurs navires ornés de guirlandes abordant des rives fleuries, ces folles bande de pèlerins d'amour aux manteaux de satin changeant" –, findet er nur triste Porphyrfelsen ohne einen Baum, ohne Blumen, einige Schweine, Waldschnepfen und Soldaten, endlich den schon erwähnten Galgen mit einem Gehenkten[14].

Wenngleich Nerval sich an einer Reisebeschreibung orientiert, so ist die Desillusion des Mythos, einschließlich der höfischen Version,

---

1 Vgl. Bauer, ebd. S. 187.

2 Vgl. den Herausgeberkommentar *Œuvres* Bd 2, S. 1295, Anm. 2 zu S. 70.

3 Ebd. S. 67.

4 Ebd. S. 63, 71, 64.

Watteaus, nicht allein der Tatsache zuzuschreiben, daß die griechische Insel Kythera gegenwärtig aus einer kargen und felsigen Landschaft besteht und nur Reste der einstigen Tempel dort zu sehen sind. In der Konstatierung des Galgens scheint Nerval, der sich 1855 in der Rue de la Laterne erhängte, sein eigenes Ende vorwegzunehmen.

Die Artikel über Kythera erschienen am 30. Juni und 11. August 1844 in der Zeitschrift *L'Artiste*, dem Hauptorgan der Rokoko-Bewegung; Baudelaire hat sie gelesen und Nervals Beschreibung in seinem Gedicht *Un Voyage à Cythère* weiterverarbeitet.

Es ist auffällig, daß die Stationen von Nervals Bericht sich im Gang von Baudelaires Gedicht exakt wiederholen, wenn auch nicht in Nervals Anordnung. Der hoffnungsvollen Meerfahrt folgt der schockierende Anblick der "île triste et noire" (V. 5), der "pauvre terre" (V. 8). Dann entwickelt Baudelaire den durchaus an Watteau angelehnten Mythos der Insel:

– Ile des doux secrets et des fêtes du cœur!
De l'antique Vénus le superbe fantôme
Au-dessus de tes mers plane comme un arome,
Et charge les esprits d'amour et de langueur.

Belle île aux myrtes verts, pleine de fleurs écloses,
Vénérée à jamais par toute nation,
Où les soupirs des cœurs en adoration
Roulent comme l'encens sur un jardin de roses

Ou le roucoulement éternel d'un ramier!

(V. 9–17)

Der erinnerte Mythos wird nochmals konfrontiert mit dem desillusionierenden Anblick der Insel, deren Sagen nur noch in Negationen formuliert werden, endlich mit dem Anblick des Galgens und des Gehenkten. Was bei Nerval ein schockierender Satz ist, wird zum eigentlichen Inhalt des Gedichts: Der schon verwesende Körper des Gehenkten, an dem die Vögel ihr schauerliches Mahl vollziehen, wird in allen Einzelheiten geschildert, die Zerstörung der Augen, des Magens und, was auf der Insel der Aphrodite die äußerste Desavouierung des Mythos bedeutet, der Geschlechtsteile. Es ist kein größerer Gegensatz zu Watteau denkbar – die Indezenz der körperlichen Details widerspricht den diskret zärtlichen Gesten der Figuren Watteaus aufs Äußerste, so daß dessen nackte Venusplastiken im Park geradezu als eine Verklärung anmuten.

Nicht nur haben bei Baudelaire die Vögel den Gehenkten kastriert, ein Schwarm von Panthern mit einem besonders großen in der Mitte, der mit einem Henker, umgeben von seinen Gehilfen, verglichen wird, schweift unruhig umher und wartet wohl auf die Reste des Mahles. Wenn man bei dem Gehenkten Nervals die visionäre Vorwegnahme des eigenen Schicksals vermuten kann, so überrascht innerhalb des Gedichts – nicht innerhalb der *Fleurs du Mal* – die plötzliche Identifikation mit dem Gehenkten, der für seine fleischlichen Sünden bestraft wird, mit dem "pauvre diable" (V. 49), dessen Qualen die seinen sind, in welche Allegorie sich das eigene Herz wie in ein Schweißtuch hüllt. Der Galgen ist symbolisch, dort hängt das Bild des Dichters ("mon image", V. 58), der einen mehr aus Tradition angerufenen Gott darum bittet, daß er künftig sein Fleisch ohne Abscheu betrachten könne.

Daß die Anrufung des "Herrn" ("Seigneur!", V. 59) eine schiere Akklamation ist, zeigt die Konfrontation des schaurigen Mahles mit dem immer wieder zitierten strahlenden Himmel und seiner Sonne ("un ciel si beau", V. 43 – "Le ciel était charmant", V. 53), die nach der Entdeckung des Gehenkten die gleichgültige ungerührte Natur symbolisieren, die sich über den Schauder der Szene hinwegsetzt; der Dichter, der Leidensbruder des Gehenkten, ist der einzige mitleidsvolle Partner.

Die strahlende Natur von Meer und Himmel korrespondiert dem nicht mehr, was man sieht; der Mythos, einst Himmel und Insel vereinend, ist zerronnen. Den leuchtenden Farben des Meeres, des Himmels und der Sonne, den weißen Segeln, konfrontiert sich die schwarze Insel, der schwarze Galgen, die dunklen Augenlöcher des Gehenkten, die schwarzen Raben und Panther, die blutenden Teile seines Körpers, deren Anblick für Baudelaire plötzlich die ganze Szene zu Schwärze und Blut gerinnen läßt. Der Mythos ist hier am äußersten Punkt der Reflexion verschwunden – "désormais" (V. 54).

Es gibt indes mehrere Stationen des zusammenbrechenden und zerstobenen Mythos, deren Endpunkt erst der Gehenkte ist. Schon in der zweiten Strophe beim Anblick der "île triste et noire" wird der Mythos beschworen als "un pays fameux dans les chansons", ein Land, das aber bereits in sich herabgekommen ist zum "eldorado banal de tous les vieux garçons" (V. 5–7). Seine weitere Beschwörung gilt der Erinnerung an Watteau, ohne daß dessen Name genannt würde, um nach der nochmaligen Konstatierung des desillusionierenden Anblicks der Insel in Negierungen zu zeigen, daß nichts mehr davon geblieben ist:

Ce n'était pas un temple aux ombres bocagères,
Où la jeune prêtresse, amoureuse des fleurs,
Allait, le corps brûlé de secrètes chaleurs,
Entrebâillant sa robe aux brises passagères;
(...)

(V. 21–24)

Das Gedicht hat keine eigentliche Handlung. Dem strahlenden hoffnungsvollen Beginn der Meerfahrt folgt nur noch der Schock des Sehens, der Annäherung an die schaurigen Details, die in Wellen von Steigerungen die flüchtigen Durchbrechungen des erinnerten Mythos beiseite schiebt.

Watteau wäre für Baudelaire auch in der Imagination nicht mehr zu wiederholen. Die Imagination – und es handelt sich schließlich nicht um eine reale Reisebeschreibung – sieht sich dem gleichen Schock der Desillusion ausgesetzt, der hier zunächst als Anblick, dann als Allegorie eines inneren Zustandes enthüllt wird. Nie könnte Baudelaire, wie es noch Verlaine in den *Fêtes galantes* tat, Watteau, der bereits in der ehrenden Benennung der *Phares* als ein visionärer "carnaval" (V. 21) erscheint, noch einmal dichterisch realisieren.

Hier nun erhebt sich die Frage nach der Position des Gedichts in Baudelaires Werk. Seine Themen – der antike Mythos, die Bukolik der Natur, die Exotik, die Reise, das Leiden am Fleische und schließlich: das Bewußtsein des Todes und der Verwesung in der Liebe – sind zentrale Themen in Baudelaires Gesamtwerk.

Bekanntlich hat Baudelaire das Platonische Gute, Wahre und Schöne, ohne dessen Anspruch zu negieren, umformuliert: Das antikisch Schöne, im Sonett *La Beauté* umgewandelt in "un rêve de pierre" (V. 1), hat seine Erstarrung erfahren. Das Schöne ist für Baudelaire das Unbestimmte geworden, "quelque chose d'un peu vague, laissant carrière à la conjecture" (*Fusées*, S. 1255), es stellt sich in den Materialien des Unbestimmten dar: "l'eau, les nuages, le silence et la nuit; la mer immense et verte; l'eau informe et multiforme; le lieu où tu ne seras pas (...)" (*Les Bienfaits de la lune*,

S. 290) Mit anderen Worten: das Schöne im antikischen Sinne ist erstarrt oder es entgegenständlicht sich zum Unbestimmten. Das Wahre und Gute hat sich aus der offiziellen Moral zurückgezogen: "Le culte de la vérité (...) ne pouvait que déplaire à la foule", und: "La logique de l'œuvre suffit à toutes les postulations de la morale", heißt es in der Rezension von *Madame Bovary* (S. 649, 653). Die Platonischen Ansprüche werden aufgehoben im Postulat des "tirer l'éternel du transitoire" (*Le Peintre de la vie moderne*, S. 1163).

Unter dem Druck der Moderne ist die Vorbildlichkeit der Antike erloschen, d. h. sie greift nicht mehr für die Sujets. In seinem Aufsatz *L'École païenne* von 1852, der sich vorwiegend gegen Banville richtet, welcher die Antike wieder zum Vorbild erheben wollte und das Watteausche Rokoko als noch lebendig besang, bezeichnet Baudelaire diese Intention als Abstrusität, als "pièce de monnaie fausse" (S. 628) und "comédie dangereuse" (ebd.), und weist auf Daumiers Karikaturen der antiken Mythologie hin: "Daumier s'est abattu brutalement sur l'antiquité et la mythologie, et a craché dessus." (S. 625) In den *Fleurs du Mal* behandelt Baudelaire in dem Gedicht "J'aime le souvenir de ces époques nues ..." das Verkümmern der antiken Nacktheit unter dem Druck der Zivilisation. Im *Salon de 1846* wendet er sich generell gegen den Eklektizismus, "l'hôpital de la peinture" (S. 929).

Der Mythos der Natur und des Bukolischen ist bei Baudelaire, dem Dichter der Großstadt und ihrer Phänomene, unter dem Angriff des Zivilisatorischen ebenso erloschen. Einerseits ist für Baudelaire die ursprüngliche Natur nichts Absolutes: "Quoique le principe universel soit un, la nature ne donne rien d'absolu, ni même de complet ..." (*Salon de 1846*, S. 913) Wie Sade sieht er in der Natur das Verbrecherische: "Le mal se fait sans effort, *naturellement*, par fatalité; le bien est toujours le produit d'un art." (*Le Peintre de la vie moderne*, S. 1183) Er glaubt an die "méchanceté naturelle" (*L'Œuvre et la vie d'Eugène Delacroix*, S. 1139), aber, wenn man seine weiteren Aussprüche heranzieht, sieht man, daß es auch um die gesellschaftliche Verwandlung der Natur geht, die keine mythische Erhöhung mehr duldet. Die zur Trivialität herabgekommene "Natur" kann nicht mehr Gegenstand der Kunst sein, darum gilt für Baudelaire – und dieser Satz steht denkwürdigerweise in seiner Auseinandersetzung mit der Photographie –: "(...) le peintre naturel, comme le poëte naturel, est presque un monstre." (*Salon de 1859*, S. 1033) Überdies begreift er die imitatio naturae als Prostitution vor der äußeren Realität, weshalb er die Doktrin "copiez la nature" als Feind aller Künste proklamiert und den genialen Satz formuliert: "La nature est laide, et je préfère les monstres de ma fantaisie à la trivialité positive."(Ebd. S. 1036, 1037) Im *Rêve parisien* in den *Fleurs du Mal* haben wir denn auch die versteinerte, erträumte Natur, in der nichts Natürliches sich mehr findet.

Zum Thema der Reise wäre biographisch anzumerken, daß Baudelaires Familie Anstoß an dem Lebenswandel des jungen Mannes nahm, u. a. daran, daß er mit Dichtern wie Balzac und Nerval verkehrte, und ihn mit zwanzig Jahren auf eine Reise schickte, die er, nachdem er bis zur Mauritius-Insel und Bourbonen-Insel gekommen war, freiwillig abbrach. Zwar schildert Baudelaire in seinem berühmten Gedicht *Le Voyage* die Hoffnung des Aufbruchs und seiner Träumereien, aus denen sich auch *L'Invitation au Voyage* und *Moesta et Errabunda* rekrutiert, aber das große Gedicht über die Allegorie der Reise, der Dichter- und Lebensreise, *Le Voyage*, eine Reise ohne eigentliches Ziel in das Unbegrenzte, mündet in die Enttäuschung am Realen, nämlich an dem, was man erfährt:

> Amer savoir, celui qu'on tire du voyage!
> Le monde, monotone et petit, aujourd'hui,
> Hier, demain, toujours, nous fait voir notre image:
> Une oasis d'horreur dans un désert d'ennui!
>
> (V. 109–112)

Diese Enttäuschung, schockierend wie die des *Voyage à Cythère*, führt zum neuen Aufbruch in "la mer des Ténèbres" (V. 125), die es realiter nicht gibt, die aber in Poes Dichtung auftaucht[15], und schließlich in den Tod:

> Plonger au fond du gouffre, Enfer ou Ciel, qu'importe?
> Au fond de l'Inconnu pour trouver du nouveau!
>
> (V. 143 f.)

Die Wende gegen die Realität führt also zur Entpragmatisierung und Entgegenständlichung. Der Exotismus, auch als Flucht aus der

[15] Vgl. den der Erzählung *Mellonta Tauta* (1849) vorangestellten Brief Poes an den Herausgeber der Zeitschrift *Lady's Book* (*The Complete Works of Edgar Allan Poe*, hg. J. A. Harrison, 17 Bde, New York [2]1965 [[1]1902], Bd 6, S. 295).

Zivilisation nicht nur bei Baudelaire bekannt, begegnet bei ihm nur noch als Wunschtraum, als "parfum exotique" der Frau, die in ihm Träume exotischer Landschaften erweckt, wahrscheinlich zurückgehend auf ein Liebeserlebnis der realen Reise Baudelaires, dem er in *A une dame créole* ein Denkmal setzt und das wohl den Anstoß zu seiner lebenslangen Bindung an die Mulattin Jeanne Duval gab.

Und damit wäre das fünfte korrespondierende Thema zum *Voyage à Cythère* berührt, das man als die Überblendung von Liebe und Tod bezeichnen könnte, ein Thema, auf das vielleicht schon der antike Mythos von Aphrodite als Liebes- und Todesgöttin anspielt. Die mittelalterlichen Totentänze wie der barocke Memento mori waren von der Vorstellung begleitet; sie betrifft also keinesfalls nur eine persönliche psychopathische Veranlagung Baudelaires, sondern hat eine abendländische Tradition, die sich allerdings bei Baudelaire zu einer speziellen Komponente auswuchs. Wenngleich Baudelaire als erotischer Dichter sogar in die Mühlen der Justiz geriet, hatte doch Flaubert hellsichtig erkannt, daß Baudelaire gar nicht anstrebte, was er dauernd anpries: "Et puis vous chantez la chair sans l'aimer (...)"[16] Baudelaire seinerseits bekennt in seinem Brief vom 31. August 1857 an Madame Sabatier: "(...) j'ai horreur de la passion, – parce que je la connais, avec toutes ses ignominies (...)" Gerade die Liebe zu Madame Sabatier ist darin bezeichnend: Zunächst hielt er sie, die Unnahbare, für seine Muse, als sie sich ihm jedoch hingab, schrieb er ihr eben jenen Brief: "(...) enfin il y a quelques jours, tu étais une divinité, ce qui est si commode, ce qui est si beau, si inviolable. Te voilà femme maintenant."[17]

Kein Zweifel, daß Baudelaire, wie auch aus seinen Dichtungen hervorgeht, allen Leidenschaften gefrönt hat, aber in seelischer und geistiger Trennung von der Geliebten Jeanne Duval, die er für dumm hielt, die ihn auf keiner Ebene verstand und ihn zudem betrog; kein Zweifel überdies, daß Baudelaires starke Mutterbindung für ihn die ideale Liebe war und die Enttäuschung auf der Schwelle lauerte, sobald die ideale Muse Madame Sabatier eine konkretere werden

---

16 Brief an Baudelaire vom 13. Juni 1857; zit. Ausg.: G. Flaubert, *Correspondance*, 9 Bde und 4 Supplementbde, Paris 1926–1954, Bd 4, S. 206.

17 Zit. Ausg.: Baudelaire, *Correspondance*, hgg. C. Pichois und J. Ziegler, 2 Bde (Bibliothèque de la Pléiade. 247. 248), Paris 1973, Bd 1, S. 426, 425.

wollte. Aber das schockierende Grunderlebnis, das in *Un Voyage à Cythère* wiederkehrt, ist nicht aus diesen Implikationen zu erklären, es ist die Überblendung von Liebes- und Todeserlebnis, die übrigens ein Sonett von C. Brentano vorwegnimmt:

Verzweiflung an der Liebe in der Liebe

In Liebeskampf! In Todeskampf gesunken?
Ob Atem noch von ihren Lippen fließt?
Ob ihr der Krampf den kleinen Mund verschließt?
Kein Öl die Lampe? Oder keinen Funken?

Der Jüngling – betend? tot? in Liebe trunken?
Ob er der Jungfrau höchste Gunst genießt?
Was ist's das der gefallene Becher gießt?
Hat Gift, hat Wein, hat Balsam sie getrunken?

Des Jünglings Arme, Engelsflügel werden –
Nein Mantelsfalten – Leichentuches Falten.
Um sie strahlt Heil'genschein – zerraufte Haare.

Strahl' Himmelslicht, flamm' Hölle zu der Erde
Brich der Verzweiflung rasende Gewalten,
Enthüll' – verhüll' – das Freudenbett – die Bahre.

Dieses Sonett aus dem Jahre 1808, weit mehr und anderes als eine Wiederaufnahme des barocken Memento mori, das Brentano allerdings vertraut war, bringt in zerrissenen, wühlenden Fragen die schaudernd wahrgenommenen Todesempfindungen im Augenblick höchster Liebeserfüllung herauf, ja der Anblick der Geliebten muß totenähnlich gewesen sein.

Bezeichnenderweise erinnert Baudelaire in einem Gedicht an Madame Sabatier, *Confession*, an die zarten Versprechungen der Liebe die endlich mit einer Desillusion konfrontiert werden:

Que bâtir sur les cœurs est une chose sotte;
Que tout craque, amour et beauté.
Jusqu'à ce que l'Oubli les jette dans sa hotte
Pour les rendre à l'Éternité!

(V. 33–36)

Die Mahnung an die Vergänglichkeit von Liebe und Schönheit is eine konventionelle Andeutung. Im Vergleich zu *Les Métamorphose*

du Vampire, ein Gedicht, das zu den vom Gericht im Prozeß um die *Fleurs du Mal* ausgesonderten gehört. Nach der Umarmung heißt es:

A mes côtés, au lieu du mannequin puissant
Qui semblait avoir fait provision de sang,
Tremblaient confusément des débris de squelette,
Qui d'eux-mêmes rendaient le cri d'une girouette
Ou d'une enseigne, au bout d'une tringle de fer,
Que balance le vent pendant les nuits d'hiver.
(V. 23–28)

Die Entdeckung des Skeletts im Fleische, der ein selbst gezeichnetes Portrait Baudelaires von Jeanne Duval mit einem Totenkopf entspricht, wird noch überboten durch das berühmte Gedicht *Une Charogne.* Die Entdeckung eines von Fliegen belebten Stücks schillernden Aases, das schon, wie die Panther den Gehenkten auf Kythera, ein Hund umkreist, um den Rest der Mahlzeit zu besorgen, bringt Baudelaire zum Vergleich dieses Aases mit dem, was die Geliebte einst sein wird:

– Et pourtant vous serez semblable à cette ordure,
À cette horrible infection,
Étoile de mes yeux, soleil de ma nature,
Vous, mon ange et ma passion!

Oui! telle vous serez, ô la reine des grâces,
Après les derniers sacrements,
Quand vous irez, sous l'herbe et les floraisons grasses,
Moisir parmi les ossements.
(V. 37–44)

Die letzte Strophe enthält eine Anspielung auf die Rettung des Künstlers im Gedicht vor den Anstürmen der Verwesung und der fleischlichen Vergänglichkeit, der er jedoch die Liebe preisgegeben sieht:

Alors, ô ma beauté! dites à la vermine
Qui vous mangera de baisers,
Que j'ai gardé la forme et l'essence divine
De mes amours décomposés!

Abgesehen davon, daß die Verwesung des Körpers einfach eine Tatsache ist, deren Auftauchen aus der ständigen Verdrängung den Schock von Baudelaires Gedicht ausmacht, so scheint doch dieser Schock bei Baudelaire selbst von solcher Art gewesen zu sein, daß er ihn in *Un Voyage à Cythère* noch einmal in allen Details wiederholen mußte.

Das Gedicht *Un Voyage à Cythère* steht sowohl am Kreuzungspunkt von historischen Liquidationsmodalitäten wie am Kreuzungspunkt zentraler Themen bei Baudelaire. Der historische Liquidationspunkt betrifft den antiken Mythos, den Naturmythos und die Illusion der Emigration in der Reise, welche Modalitäten alle bereits in Watteaus *Embarquement à Cythère* ihre charakteristische Verschmelzung und Umwandlung erfahren hatten; Watteaus Gemälde enthält eigentlich ein letztes Aufleuchten des antiken Mythos in der verklärten höfischen Verwandlung kurz vor seinem historischen Untergang in der Französischen Revolution. Unter dem Druck der modernen Zivilisation und der modernen Großstadterfahrung fand so etwas wie eine zweite Liquidation Watteaus statt: Landschaft und Natur wurden zur Stadtlandschaft, "le paysage des grandes villes", wie Baudelaire schrieb (*Salon de 1859*, S. 1083); Mythos und Liebe unterlagen einer fundamentalen Desillusionierung, von der sie sich letztlich nicht mehr erholen sollten. Baudelaire macht sich zum dichterischen Historiographen der Situation. Er wurde der erste Großstadtdichter par excellence, der auch als einer der ersten über die Lebensmodalitäten der Großstadt und die ästhetischen Veränderungen, die sie in ihrer Wahrnehmung erzwang, auf bedeutende Weise nachgedacht hat. Kythera besteht bei Nerval aus nackten Felsen, die sich für Baudelaire imaginär wiederholen. Aber sie sind nur das Pendant der Städtelandschaft, die Baudelaire bei Ch. Méryon abgebildet fand und folgendermaßen beschrieben hat:

> J'ai rarement vu représentée avec plus de poésie la solennité naturelle d'une ville immense. Les majestés de la pierre accumulée les clochers *montrant du doigt le ciel*, les obélisques de l'industrie vomissant contre le firmament leurs coalitions de fumée, les prodigieux échafaudages des monuments en réparation, appliquant sur le corps solide de l'architecture leur architecture à jour d'une beauté si paradoxale, le ciel tumultueux, chargé de colère et de rancune la profondeur des perspectives augmentée par la pensée de tous les drames qui y sont contenus, aucun des éléments complexes dont se

compose le douloureux et glorieux décor de la civilisation n'était oublié. (Ebd.)

Dies der geschichtliche Hintergrund zu Baudelaires entmythisierender Replik auf Watteau. War der späte Adel der Regence-Zeit für den Künstler Watteau noch Ausläufer und Auffangsort mythischer Projektionen des Idyllischen, Arkadischen, Elyseischen, so erlebten diese Projektionen noch gesellschaftlich oppositionelle Nachspiele, waren aber nur noch als momentane Exaltationen künstlerisch zu realisieren. Die grundsätzlichen Liquidierer dieser mythischen Projektionen: Industrie, Kommerz und Verstädterung, ließen keine Totalität der mythischen Projektionen mehr zu. Die Bedeutung Baudelaires und seines Gedichts ist darin zu sehen, daß er das erkannt und in einer dichterischen Vision ausgesprochen hat.

ENTSUBSTANTIALISIERUNG DER LANDSCHAFT

RAINER WARNING

Romantische Tiefenperspektivik und moderner Perspektivismus
Chateaubriand – Flaubert – Proust

Für Wolfgang Iser
zum 65. Geburtstag

I

In Chateaubriands *Génie du christianisme* finden sich zwei Naturschilderungen, die mit zu den bekanntesten und wirkungsmächtigsten Beispielen romantischer Korrespondenzlandschaften zählen dürften: zum einen die Meereseinsamkeit anläßlich der Überfahrt nach Amerika, zum anderen die mondbeschienene Urwald- und Savannenlandschaft bei den Niagarafällen. Überschrieben sind sie mit "Deux perspectives de la nature"[1]. Perspektive bedeutet hier zunächst einmal so viel wie Ansicht, Tableau. In der Variante zweier "tableaux de la nature" wird denn auch gleich zu Beginn des Textes der Titel wiederaufgenommen. Gleichwohl macht der Titel deutlich, inwiefern diese "tableaux" nicht mehr einfach die klassisch-klassizistische Tradition des ut pictura poesis fortführen wollen, hebt er doch ab auf die Struktur eines Wahrnehmungsraums, der sich nicht einfach nach Vorder- und Hintergrund gliedert, sondern bei dem die Ferne, die perspektivische Tiefe markiert ist. Eine Stelle aus dem *René* macht diese Neuinterpretation des überkommenen 'tableau'-Begriffs ausdrücklich: "Vers l'Orient, au fond de la perspective, le soleil commençait à paraître entre les sommets brisés des Apalaches, qui se dessinaient comme des caractères d'azur

---

[1] I, 5, 12. Zit. Ausg.: Chateaubriand, *Essai sur les révolutions – Génie du christianisme*, hg. M. Regard (Bibliothèque de la Pléiade. 272), Paris 1978, S. 589–592.

dans les hauteurs dorées du ciel; à l'occident le Meschacebé roulait ses ondes dans un silence magnifique, et formait la bordure du tableau avec une inconcevable grandeur."[2] Entsprechend kulminieren auch unsere beiden Beschreibungen in der Evokation perspektivischer Tiefe. "Nos chants s'étendant au loin sur les vagues", heißt es anläßlich der Abendandacht an Bord. Und im zweiten Text sind es die Niagarafälle, die "au loin, par intervalles" die Stille der Nacht unterbrechen. Beidemal also geht es um Räume, die in ihrer perspektivischen Tiefe unabsehbar, leer und zugleich doch auch von Stimmen der Ferne erfüllt sind. Damit wird es möglich, unseren Begriff epistemologisch zu situieren. Die in perspektivischen Tiefen sich öffnenden Räume sind semantisiert im Sinne romantischer Tiefenschau, romantischer "métaphysique des fonds", um die Formel vom M. Foucault zu zitieren[3]. So erweist sich der Begriff der Perspektive am Ausgangspunkt unserer Betrachtung als der genaue Gegenpol dessen, in das sie einmünden wird: in einen antimetaphysischen Perspektivismus, wie ihn Nietzsche exemplarisch propagiert hat und wie ich ihn später an Flaubert und Proust exemplifizieren möchte.

Romantischer Tiefenmetaphysik entspricht denn auch das Verhältnis zwischen wahrnehmendem Ich und korrespondierender Natur. Nicht um Selektivität oder Partialität geht es bei dieser Wahrnehmung, sondern um das Einswerden des Subjekts mit der erhabenen Unendlichkeit des göttlichen Kosmos, um die im Schauen und Hören sich vollziehende Totalvermittlung von Ich und Welt. Und so ist es gewiß kein Zufall, daß es sich gleich um zwei Perspektiven handelt. Ihre Komplementarität entspricht bereits ganz dem, was V. Hugo wenig später in seiner *Préface de Cromwell* als "harmonie

---

[2] Zit. Ausg.: F. R. de Chateaubriand, *Atala – René – Les Aventures du Dernie[r] Abencérage*, hg. F. Letessier (Classiques Garnier), Paris 1962, S. 184.

[3] *Les Mots et les choses*, Paris 1966, S. 258. Ich führe diese Zuordnung Chateaubriands zu Foucaults Epistemologie hier nicht näher aus, da sie systematisch und umfassend vorgenommen wurde in der demnächst erscheinenden Münchne[r] Habilitationsschrift von W. Matzat, *Diskursgeschichte der Leidenschaft – Zu[r] Affektgestaltung im französischen Roman von Rousseau bis Balzac.*

des contraires"[4] fassen wird: hier das Meer, dort das Land, hier der Tag, dort die Nacht, beide verbunden über die Schwellensituation des Abends mit Sonnenunter- und Mondaufgang.

Die affektive Gestimmtheit, der der ins Unendliche sich verlierende Raum korrespondiert, ist die der Melancholie. Sprachlich manifestiert sich diese Melancholie in einer eigentümlichen Komplementärstruktur. Die beschriebene Gegenständlichkeit steht im Zeichen der Vorläufigkeit, der Unerfülltheit, der Absenz. "Solitude", vor allem aber "désert" sind Inbegriffe dessen, was Chateaubriand selbst einmal als "objets négatifs" bezeichnet hat[5]. Aber diese Negativität des Dargestellten erfährt ihre Positivierung in der Fülle einer sprachlichen Darstellungsweise, aus der das Ich die göttliche Beseelung der scheinbaren Leere sprechen läßt. Zur Illustration der wichtigsten Merkmale dieser Komplementärstruktur[6] wähle ich den Mondaufgang über Wald und Savanne, und zwar aus Gründen, die für Flaubert wichtig werden, in der Fassung nicht aus dem *Génie du christianisme*, sondern aus dem *Essai sur les révolutions*[7]:

> Il faisait clair de lune. Échauffé de mes idées, je me levai et fus m'asseoir, à quelque distance, sur une racine qui traçait au bord du ruisseau: c'était une de ces nuits américaines que le pinceau des hommes ne rendra jamais, et dont je me suis rappelé cent fois le souvenir avec délices.
>
> La lune était au plus haut point du ciel: on voyait çà et là, dans de grands intervalles épurés, scintiller mille étoiles. Tantôt la lune reposait sur un groupe de nuages, qui ressemblait à la cime de hautes montagnes couronnées de neige; peu à peu ces nues s'allongeaient, se déroulaient en zones diaphanes et onduleuses de satin blanc, ou se transformaient en légers flocons d'écume, en innombrables troupeaux errant dans les plaines bleues du firmament. Une autre fois,

---

[4] Zit. Ausg.: V. Hugo, *Théâtre complet*, hgg. J.-J. Thierry und J. Mélèze, 2 Bde (Bibliothèque de la Pléiade. 166. 170), Paris 1963–1964, Bd 1, S. 409–454, hier: S. 425.

[5] Siehe J. Mourot, *Le Génie d'un style: Chateaubriand – Rythme et sonorité dans les 'Mémoires d'outre-tombe'*, Paris 1960, S. 181 ff.

[6] Diese Komplementärstruktur wurde unter dem Stichwort eines "optimisme du signifiant" prägnant herausgearbeitet von J. P. Richard, *Paysage de Chateaubriand*, Paris 1967, S. 162 ff.

[7] Zit. Ausg. S. 445 f.

la voûte aérienne paraissait changée en une grève où l'on distinguait les couches horizontales, les rides parallèles tracées comme par le flux et reflux régulier de la mer: une bouffée de vent venait encore déchirer le voile, et partout se formaient dans les cieux de grands bancs d'une ouate éblouissante de blancheur, si doux à l'œil, qu'on croyait ressentir leur mollesse et leur élasticité. La scène sur la terre n'était pas moins ravissante: le jour céruséen et velouté de la lune, flottait silencieusement sur la cime des forêts, et descendant dans les intervalles des arbres, poussait des gerbes de lumières jusque dans l'épaisseur des plus profondes ténèbres. L'étroit ruisseau qui coulait à mes pieds, s'enfonçant tour à tour sous des fourrés de chênes-saules et d'arbres à sucre, et reparaissant un peu plus loin dans des clairières tout brillant des constellations de la nuit, ressemblait à un ruban de moire et d'azur, semé de crachats de diamants, et coupé transversalement de bandes noires. De l'autre côté de la rivière, dans une vaste prairie naturelle, la clarté de la lune dormait sans mouvement sur les gazons où elle était étendue comme des toiles. Des bouleaux dispersés çà et là dans la savane, tantôt, selon le caprice des brises, se confondaient avec le sol, en s'enveloppant de gazes pâles, tantôt se détachaient du fond de craie en se couvrant d'obscurité, et formant comme des îles d'ombres flottantes sur une mer immobile de lumière. Auprès, tout était silence et repos, hors la chute de quelques feuilles, le passage brusque d'un vent subit, les gémissements rares et interrompus de la hulotte; mais au loin, par intervalle, on entendait les roulements solennels de la cataracte de Niagara, qui, dans le calme de la nuit, se prolongeaient de désert en désert, et expiraient à travers les forêts solitaires.

Sprachliche Fülle begegnet uns bereits auf lexematischer Ebene. G. Genette hat in seiner Rezeptionsgeschichte des Platonischen Kratylismus, also jener Sprachkonzeption, die das Verhältnis von Signifikant und Signifikat nicht als arbiträr, sondern als motiviert und also wesenhaft-substantialistisch ansieht, die französische Romantik mit Ausnahme von Ch. Nodier kaum berücksichtigt[8]. Dabei hätte sich bei Autoren wie Hugo oder auch bei Chateaubriand selbst reiche Ausbeute finden lassen, und zwar nicht nur für das, was Genette als einen reflektiert-sentimentalischen "cratylisme secondaire" bezeichnet, sondern durchaus für einen naiv gläubigen primären Sprachsub-

---

[8] *Mimologiques – Voyage en Cratylie*, Paris 1976.

stantialismus. Bekannt ist die Überlieferung, nach der den Setzern bei Chateaubriands Manuskripten als erste Letter durchweg das A ausging. Die Erklärung findet sich im dritten Buch des *Génie*, das von der Geschichte menschlicher Leidenschaften handelt und wo sich mit Bezugnahme auf Theokrits Verwendung des A-Vokalismus folgende Anmerkung findet:

> On peut remarquer que la première voyelle de l'alphabet se trouve dans presque tous les mots qui peignent les scènes de la campagne, comme dans "charrue", "vache", "cheval", "labourage","vallée", "montagne", "arbre", "pâturage", "laitage", etc. et dans les épithètes qui ordinairement accompagnent ces noms, telles que "pesante", "champêtre", "laborieux", "grasse", "agreste", "frais", "délectable", etc. Cette observation tombe avec la même justesse sur tous les idiomes connus. La lettre A ayant été découverte la première, comme étant la première émmission naturelle de la voix, les hommes, alors les pasteurs, l'ont employée dans les mots qui composaient le simple dictionnaire de leur vie. L'égalité de leurs mœurs, et le peu de variété de leurs idées nécessairement teintes des images des champs, devaient aussi rappeler le retour des mêmes sons dans le langage. Le son de l'A convient au calme d'un cœur champêtre et à la paix des tableaux rustiques. L'accent d'une âme passionnée est aigu, sifflant, précipité; l'A est trop long pour elle: il faut une bouche pastorale, qui puisse prendre le temps de le prononcer avec lenteur. Mais toutefois il entre fort bien encore dans les plaintes, dans les larmes amoureuses, et dans les naïfs "hélas" d'un chevrier. Enfin, la nature fait entendre cette lettre rurale dans ses bruits, et une oreille attentive peut la reconnaître diversement accentuée, dans les murmures de certains ombrages, comme dans celui du tremble et du lierre, dans la première voix, ou dans la finale du bêlement des troupeaux, et, la nuit, dans les aboiements du chien rustique.[9]

Das liest sich heutzutage wie eine Parodie auf phonozentristisches Ursprungsdenken. Gleichwohl ist es diese konzeptionelle Naivität, die hinter den suggestiven Passagen romantischer Prosa steht. Wie willkommen mußte Chateaubriand ein Wasserfall sein, der Niagara

[9] 3, 6 – *Essai sur les révolutions* S. 702 f.

heißt und als "cataracte de Niagara" eine wahre A-Kaskade ermöglichte. Kontextuell ließ sich das weiter anreichern ("intervalles", "calme", "travers") und zudem sinnvoll kombinieren mit jenem R-Konsonantismus, der den Kratylisten von altersher besonders hoch motiviert erschien. 'Bewegung' assoziierte schon Sokrates im *Kratylos* wie später Nodier, hierin vermutlich Platon folgend, mit 'Rundheit', 'Vollkommenheit'. Ronsard und Chateaubriand hatte es offenkundig der Echoeffekt angetan, der sich aus dem vibratorischen R vor allem in Endstellung erreichen ließ. Und so wird denn das ferne Rauschen der Niagarafälle in der Schlußperiode unseres Passus nicht einfach mit onomatopoetischen Zusatzeffekten versehen, sondern diese Onomatopoesie soll das Rauschen auratisieren zum Raunen des Numinosen. Wie das fallende Blatt, der plötzliche Windstoß oder der Klageruf des Waldkauzes so wird, in krönender Aufgipfelung, auch der Niagarafall zu einer Unterbrechung der Stille, die diese Stille zugleich akzentuiert und ihr das Unheimliche, das Bedrohliche nimmt, eine Unterbrechung, die die scheinbar leere Unendlichkeit des "désert" als eine göttlich erfüllte erweisen soll: "au loin, par intervalle, on entendait les roulements solennels de la cataracte de Niagara, qui, dans le calme de la nuit, se prolongeaient de désert en désert, et expiraient à travers les forêts solitaires"(Z. 36 ff.).

Damit wird die Distanz sichtbar, die Chateaubriands Stil von der Tradition des rhetorischen Ornatus trennt. Sie ist auch dort gegeben, wo er dieser Tradition scheinbar so verbunden bleibt wie auf syntaktischer Ebene. Gewiß herrscht hier die klassische Periode, nach den Vorschriften der Rhetorik selten länger als vier Kola, meistens die ternäre Idealform wahrend, mit wachsenden Gliedern und häufig noch mit raffinierten Metrisierungen versehen. Aber all das ist nicht einfach mit der bekannten Formel von P. Moreau unter einen angeblichen "classicisme des romantiques" zu subsumieren[10], sondern wird neu funktionalisiert im Sinne der Komplementarität von 'négativité' und 'plénitude'. Der kumulative Effekt der Periodenbildung intensiviert eine essentialistisch konzipierte Lexik und harmonisiert daher auch vollkommen mit jener semantischen Figur.

[10] *Le Classicisme des romantiques*, Paris 1932.

in der dieser Sprachsubstantialismus gipfelt: in der Metapher bzw. dem Vergleich.

Auffällig ist gegenüber der Variante im *Génie*, daß unser Passus keine einzige Periphrase mehr enthält. Deutlich zugenommen haben demgegenüber Verbmetaphern, die nicht mehr, rhetorisch gesprochen, eine vorgängige res ausschmücken, sondern die die res, um die es jetzt geht, nämlich den affektiven Einklang von Ich und Natur, überhaupt erst herstellen. Und zugenommen hat schließlich auch die Strategie, an das jeweilige primum eine ganze Kette von secunda zu hängen, die ebenfalls dem Naturbereich entstammen, so daß die geschaute 'Perspektive' das erhabene Schauspiel einer totalisierenden Metamorphose bietet. Schon in der ersten Beschreibung wurden Wasser und Land, Meer und Erde analogisiert. Bald glichen die kleinen Wellenhügel unabsehbaren Friedhöfen, bald die Schaumkronen friedlich weidenden Schafherden. Unsere Szene setzt das fort: Die Wolken, auf denen der Mond ruht, werden bald zu schneebedeckten Bergen, dann zu Schaumflocken, schließlich wiederum zu unzähligen Schafherden, die weiden auf den blauen Ebenen des Firmaments. So ist alles mit allem in kosmischer Sympathie, in einer göttlichen analogia entis verbunden: Im Bilde des Himmels werden Berge, Meere und Ebenen geschaut. Entstammt das secundum ausnahmsweise einmal dem kulturellen Bereich, so fokussiert der Vergleich gerade nicht das Kulturelle, sondern ein visuelles oder taktiles Merkmal ("satin blanc", Z. 10; "ruban de moire et d'azur" Z. 26), das sich bruchlos in die affektive Korrespondenz von Ich und Landschaft einfügt. Die etwas irritierenden diamantglitzernden Orden, die "crachats de diamants" (ebd.), auf dem Moiréband des Baches verdanken ihre Aufwertung zum secundum der im Wasser sich spiegelnden Sterne wohl primär der Tatsache, daß sie wiederum eine A-Sequenz auf engstem Raum ermöglichen.

Das also ist Chateaubriands Stil: Sprache eines Ich gewiß, aber eines Ich, durch das hindurch das Numinose selbst sich vermittelt und das hierin die exemplarische Individualität eines quasi-göttlichen Schöpfers, eines auctor annimmt. Mit dieser Sprache füllt es die Unendlichkeit des perspektivisch geschauten Raums. Die Tiefe also, auf die dieser Raum sich öffnet, ist nicht abgründig, sondern erfüllt, erfüllt von einer Wahrheit, für die die Sprache immer schon als Verheißung einsteht. Das ist das Schöne an dieser

Melancholie. Sie ist, wie es bei Lamartine einmal heißt, zugleich "triste et mélodieu(se)"[11]. Aber dieses Schöne ist zugleich auch das Verführerische. Das Ästhetische usurpiert seine Legitimation vom Religiösen[12]. Eine nachrevolutionär-restaurative Leserschaft konnte sich ihm hingeben, ohne zu merken oder merken zu wollen, daß das Ästhetische hier in Wahrheit das Religiöse bereits substituiert hatte. Als einen Fluchtraum narzißtischer Subjektivität hat C. Schmitt die Romantik charakterisiert, als quasi-göttliche Selbstfeier eines Subjekts, dem alles, Natur und geschichtliche Vergangenheit, Liebe und Revolte stets nur zum Anlaß solcher Selbstinszenierung wurde:

> Die äußere Welt und die historische Wirklichkeit ist für die romantische Leistung nur insofern von Interesse, als sie, um jenen Ausdruck des Novalis zu gebrauchen, Anfang eines Romans sein kann: das gegebene Faktum wird nicht in einem politischen, historischen, rechtlichen oder moralischen Zusammmenhang sachlich betrachtet, sondern ist Gegenstand ästhetisch-gefühlsmäßigen Interesses, etwas, woran der romantische Enthusiasmus sich entzündet. Für eine derartige Produktivität liegt das, worauf es ihr ankommt, so sehr im Subjektiven, in dem, was das romantische Ich aus Eigenem hinzutut, daß, richtig betrachtet, von Objekt oder Gegenstand nicht mehr gesprochen werden kann, weil der Gegenstand zum blossen "Anlaß" wird, zum "Anfang", "elastischen Punkt", "Inzitament", "Vehikel" oder wie die Umschreibungen der occasio bei den Romantikern lauten. Wie Fr. Schlegel seinem Bruder schreibt: alles, was wir Höheres in der Geliebten finden, ist unser eigenes Werk, die Geliebte hat kein Verdienst daran, "sie war nur der Anlaß", sie ist, wie es in der Lucinde heißt, nur die "Wunderblume deiner Phantasie". Die Hingabe an diese romantische Produktivität enthält den bewußten Verzicht auf ein adäquates Verhältnis zur äußern, sichtbaren Welt. Alles Reale ist nur ein Anlaß. Das Objekt ist substanzlos, wesenlos, funktionslos, ein konkreter

---

[11] *L'Automne*, V. 32.

[12] Siehe hierzu das Chateaubriand gewidmete Kapitel bei B. Steinwachs, *Epochenbewußtsein und Kunsterfahrung – Studien zur geschichtsphilosophischen Ästhetik an der Wende vom 18. zum 19. Jahrhundert in Frankreich und Deutschland* (Theorie und Geschichte der Literatur und der Schönen Künste 4), München 1986, S. 124 ff.

Punkt, um den das romantische Phantasiespiel schwebt. Dieses Konkrete bleibt als Anknüpfungspunkt immer vorhanden, aber in keiner kommensurablen Beziehung zu der allein wesentlichen romantischen Abschweifung. Daher fehlt jede Möglichkeit, ein romantisches Objekt klar vom andern – die Königin, den Staat, die Geliebte, die Madonna – zu unterscheiden, weil eben nicht mehr Objekte, sondern nur noch occasiones vorhanden sind.[13]

Folgt man dieser kritischen Sicht – und es gibt sicherlich wenig Gründe, die dagegen sprechen –, so wird man dem Katalog der Schmittschen "occasiones" eine sicherlich noch hinzufügen müssen: das Medium selbst, in dem sich die romantischen Quasiobjekte präsentieren. Romantische Produktivität sieht sich gegründet in einer essentialistischen Sprachkonzeption, und es ist eben dieser Sprachsubstantialismus, der romantischer Perspektivik das spezifisch Perspektivische nimmt, der sie totalisiert und in dieser Totalisierung schon das Leben selbst als wesentlich poetisch erscheinen läßt. Die Autonomie des Ästhetischen vor dieser Verwechslung zu bewahren und damit dem Stil eine neue Legitimation zu verschaffen, war die Aufgabe, die sich Flaubert stellte, zugleich aber auch die Last, an der er zeitlebens getragen hat.

II

Schon die frühen Jugendwerke Flauberts, die *Mémoires d'un fou* und vor allem *Novembre*, thematisieren kritisch das wesentlich Livreske romantischen Leidenschaftskults und die Folgen einer distanzlosen Übertragung literarisch geprägter Erwartungen auf die lebensweltliche Realität. Erzählt werden sie allerdings noch in der Ich-Form, bis hin zu jener Stelle in *Novembre*, wo sich dieses Ich nach dem Verlust der Geliebten in die Einsamkeit zurückziehen will. Genau hier bricht das Manuskript – sprich die zitierte romantische Authentizitätsfiktion – ab, und ein Erzähler, der sich als Bekannter des Protagonisten ausgibt, bringt das Fragment zu einem provisorischen Abschluß. Möglich, so kommentiert er das Verstummen des Freundes, daß dieser es für ratsam hielt, nicht mehr zu klagen, "preuve

[3] *Politische Romantik*, Berlin [4]1982, S. 122 f.

peut-être qu'il commença réellement à souffrir"[14]. Die Programmatik des Bruchs ist unübersehbar. Romantische Melancholie ist in Wahrheit sich absolut setzende Subjektivität, und also muß, wer sie überwinden will, jenen Ich-Erzähler abschaffen, der diese Melancholie inkarnierte. Damit beginnen Flauberts Experimente eines Erzählens in der Er-Form, die schließlich einmündeten in jene bekannte "personale Erzählsituation"[15], die im wesentlichen auf der Dissoziierung von Wahrnehmungs- und Erzählinstanz beruht. Die romantische Perspektive wird an ein "personales Medium" delegiert und von einem in die Unpersönlichkeit, in die vielzitierte "impersonnalité" retirierenden Erzähler ironisch umspielt.

Ziel dieser Ironisierung ist es, die Wahrnehmungsperspektive als eine nur subjektive auszuweisen, also die Beschränktheit, die Selektivität des Wahrgenommenen zu thematisieren. Immer wieder werden solche Wahrnehmungseinschränkungen eigens markiert, so schon in *Madame Bovary*, vor allem dann aber in der *Éducation sentimentale*. Frédéric muß Hindernisse beseitigen, um sich einen Blick zu bahnen, er sieht jemanden, ohne ihn identifizieren zu können, kurz: Wahrnehmung und Wissen werden dissoziiert, perspektivisch beschränkte Wahrnehmung schränkt auch das Wissen um das Wahrgenommene ein. So bedeutet die Verlagerung des Blickpunkts vom Ich-Erzähler auf eine erzählte Figur die Rücknahme romantischer Totalität in Partialität und damit die Auflösung jener Raumsemantisierung, wie wir sie bei Chateaubriand kennenlernten. "Nos chants s'étendant au loin sur les vagues", so lasen wir dort anläßlich der Abendandacht an Bord. Als Frédéric Moreau auf der Heimfahrt nach Nogent ungeduldig der Kutsche vorausgeht, um sich in der herbstlich-nächtlichen Einsamkeit allein und ungestört der Erinnerung an die Schiffsbegegnung hinzugeben, heißt es: "Arnoux l'avait appelée 'Marie'! Il cria très haut: 'Marie'! Sa voix se perdit dans l'air."[16] Wieder also der heilige Name Mariens wie im Gesang der Matrosen, aber hier füllt er weniger die Einsamkeit, als daß er sich in ihr auflöst, verliert. Im Schritt von Chateaubriands "s'étendre"

---

[14] Zit. Ausg.: Flaubert, *Œuvres complètes*, 2 Bde, Paris 1964, Bd 1, S. 272 f.

[15] Nach F. K. Stanzel, *Theorie des Erzählens* (UTB. 904), Göttingen 1979.

[16] Zit. Ausg.: Flaubert, *L'Éducation sentimentale*, hg. P. M. Wetherill (Classiques Garnier), Paris 1984, S. 10.

zu diesem "se perdre" hat sich der ideologische Raum der Romantik zersetzt.

Dies zu erschließen ist Aufgabe des Lesers. Kein Erzähler ist da, der ihm das eigens sagte. Wir haben lediglich eine unpersönliche Erzählinstanz, die das, was Frédéric wahrnimmt, was er tut und sagt, versprachlicht und damit die Basis schafft für die interpretierende Aktivität des Lesers. Die Perspektivträger selbst wähnen sich noch in der Wahrheit. Überlagert aber wird diese ihre Perspektive von der des sie ironisch versprachlichenden Erzählers. Damit wird die neue Funktion absehbar, die dem Stil bei Flaubert zukommt. Der Stil ist nicht mehr vom Gegenstand her zu denken, sondern umgekehrt der Gegenstand vom Stil als Bedingung seiner Möglichkeit. Das hat Proust gemeint, wenn er von der Kantischen Wende spricht, die Flaubert herbeigeführt habe. Wie Kant die Frage nach dem Ding an sich ersetzt habe durch die nach den Bedingungen der Möglichkeit verstandesmäßiger Konstitution der Objektwelt, so habe Flaubert mit den Mitteln des Stils unsere "vision des choses" erneuert[17]. Dem entsprechen durchaus die bekannten Bestimmungen, die Flaubert selbst versucht hat: der Stil als eine "manière absolue de voir les choses" (am 16. Januar 1852 an L. Colet), "tout est affaire de style, ou plutôt de tournure, d'aspect" (am 15. Januar 1853 an L. Colet), "il n'y a de vrai que les rapports, c'est-à-dire la façon dont nous percevons les objets" (am 15. August 1878 an G. de Maupassant), und dann die wohl prägnanteste: "il n'y a pas de Vrai! Il n'y a que des manières de voir" (am 2. Februar 1880 an L. Hennique)[18]. Erst fünf Jahre später spricht Nietzsche in der Vorrede zu *Jenseits von Gut und Böse* ähnlich radikal vom Perspektivischen als der "Grundbedingung alles Lebens"[19].

Prousts Beispiele für den neuartigen "subjectivisme de Flaubert" sind bekannt: ungewohnte Verwendungen der tempora, der Präpositionen und Adverbien, Ersetzung von Handlung durch Beschrei-

---

17 "A propos du 'style' de Flaubert", in M. Proust, *Contre Sainte-Beuve*, hgg. P. Clarac und Y. Sandre (Bibliothèque de la Pléiade. 229), Paris 1971, S. 586–600, hier: S. 586.

18 Alle Zitate nach *Extraits de la Correspondance ou Préface à la vie d'écrivain*, hg. G. Bollème, Paris 1963.

19 *Werke*, hg. K. Schlechta, 3 Bde, München 1966, Bd 2, S. 566.

bung, das berühmte 'blanc' u. a. Es sind im wesentlichen Phänomene der "rupture", bezogen auf traditionelle Erwartungen wie auch auf die immanente Kontinuität der Schreibweise selbst. Flauberts Korrespondenz ist im Bezug auf solche Details wenig ergiebig. Was er in immer neuen Wendungen beklagt, ja bestöhnt, ist das generelle Problem des "bien écrire le médiocre" (am 12. September 1853 an L. Colet), die Schwierigkeit also, das Mediokre, das Triviale, ja das Vulgäre seiner Sujets sozusagen ästhetisch zu retten. Daran wird indirekt und von neuem deutlich, daß es bei diesem "bien écrire" nicht mehr um Fragen der Stilhöhe, also um ein jeweiliges stilistisches prepon gehen kann, sondern nur noch um einen Stil, der zum Medium von Hinsichten aufs Dargestellte selbst wird. In diesem Reflexivwerden des Stils, nicht in outrierter Mimesis gründet das so oft fehlinterpretierte Postulat der "précision", "justesse", mit dem Flaubert Klassiker wie Romantiker ineins überbieten wollte. Die dargestellte Gegenständlichkeit ist unerheblich, wo die Leistung der Kunst darin besteht, diese Gegenständlichkeit so zu erfassen, daß die Art der Darstellung zu ihrer eigentlichen Referenz, daß alles Sein aus seiner Mediokrität erlöst wird im schönen Scheinen des Scheins: "Je voudrais faire des livres où il n'y eût qu'à *écrire* des phrases (si l'on peut dire cela), comme pour vivre il n'y a qu'à respirer de l'air" – in diesem Sinne paraphrasiert Flaubert sein Grundaxiom, daß die Poesie "purement subjective" sei (am 25. Juni 1853 an L. Colet).

Eine Sprachkonzeption radikaler Arbitrarität ist in dieser Subjektivierung des Stils vorausgesetzt. Wenn die sommerlich heiße Luft Staub in die Küche der Rouaults trägt – "l'air passant par dessous la porte, poussait un peu de poussière sur les dalles"[20] –, dann ist dieser onomatopoetische Vokalismus und Konsonantismus kein kratylistischer Sprachsubstantialismus, wie er uns bei Chateaubriand begegnete, sondern eine ironisch-pleonastische Füllung jenes Affektvakuums[21] zwischen Charles und Emma, das die ganze Szene beherrscht. Ein bevorzugtes Stilistikum Flauberts, die von A. Thi

[20] Zit. Ausg.: Flaubert, *Madame Bovary*, hg. C. Gothot-Mersch (Classique Garnier), Paris 1971, S. 23.

[21] Begriff nach H. Friedrich, *Drei Klassiker des französischen Romans Stendhal, Balzac, Flaubert*, Frankfurt [3]1960, S. 141.

baudet so genannte "phrase imitative"[22], ist nicht etwa outrierte Mimesis, sondern ironische Scheinsolidarisierung – so z. B. jenes Geranienblütenblatt, das Emma Charles vom Fenster aus zum morgendlichenAbschied zubläst "et qui, voltigeant, se soutenant, faisant dans l'air des demi–cercles comme un oiseau, allait, avant de tomber, s'accrocher aux crins mal peignés de la vieille jument blanche, immuable à la porte"[23]. Der unpersönliche Erzähler sagt 'nein' zu jenem Glücksgefühl, das sich für Emma mit ihrer klischeehaften Geste verbindet. Was sie selbst noch nicht weiß, fördert der Stil bereits zutage: das 's'accrocher avant de tomber'.

Die Frage ist nun freilich, und H. James[24] war wohl der erste, der sie der Sache nach ansprach, ob sich dieser stilistische Perspektivismus nicht insgeheim selbst fesselt durch die Bindung an die Perspektive ironisierter personaler Medien, ironisierter Reflektorfiguren. Perspektivismus muß ja nicht ironisch sein, und wenn er es ist, zahlt er Preise, die ich an Flauberts Schwierigkeiten mit der Metapher noch illustrieren möchte. In der Korrespondenz tauchen immer wieder Stellen auf, an denen er sich eines fatalen Hangs zur Metaphorik bezichtigt, dem es zu wehren gälte: "je suis gêné par le sens métaphorique qui décidemment me domine trop. Je suis dévoré de comparaisons, comme l'on est de poux, et je ne passe mon temps qu'à les écraser (...)" (Am 27. Dezember 1852 an L. Colet) Diese Metaphernfeindschaft ist zu sehen in Zusammenhang mit dem Postulat der Unpersönlichkeit. Hier wie dort geht es um die Abwehr der romantischen Ausdrucksstilistik, der Versuchung des "s'écrire". Dem entspricht die Häufigkeit, mit der Flaubert romantische Klischeemetaphern entweder seinen Protagonisten selbst in den Mund legt oder aber vom unpersönlichen Erzähler ironisch übernehmen läßt – so Emmas Melancholie "qui, araignée silenci-

---

22 *Gustave Flaubert*, Paris 1935, S. 236.

23 *Madame Bovary* S. 34; zur Ironie bei Flaubert siehe auch Verf., "Le Discours ironique et son lecteur", in Hgg. L. Dällenbach/J. Ricardou, *Problèmes actuels de la lecture*, Paris 1982, S. 123–138, sowie "Der ironische Schein – Flaubert und die 'Ordnung der Diskurse' ", in Hg. E. Lämmert, *Erzählforschung* (DFG-Kolloquium Bad Harzburg 1979), Stuttgart 1983, S. 290–318.

24 "Gustave Flaubert", in *The Art of Fiction and other Essays*, New York 1948, S. 124–153; zur Frage der "limited reflectors" siehe S. 135 f.

euse, filait sa toile dans l'ombre de tous les coins de son cœur"[25], oder ihre Träume, "tombant dans la boue comme des hirondelles blessées"[26]. Nicht eine einzige gelungene Metapher finde sich bei Flaubert, klagt Proust: "Bien plus, ces images sont généralement si faibles qu'elles ne se lèvent guère au-dessus de celles que pourraient trouver ses personnages les plus insignifiants."[27] Mir scheint, daß Proust hier als Unvermögen brandmarkt, was Absicht war, Absicht freilich unter den Zwängen des Erzählens aus der Perspektive eben solcher "personnages insignifiants". Proust verkennt aber vor allem, daß Flaubert durchaus auch anders konnte, daß ihm durchaus auch Metaphern von außergewöhnlicher Eindringlichkeit gelangen, dies dann freilich um den Preis, daß sie sich der Identität der basalen Erzählsituation nicht mehr fügten.

Ich möchte dies illustrieren an einem Beispiel, das einerseits den Abstand erkennnen läßt, den Flaubert gegenüber der Romantik gewonnen hat, andrerseits auch das Dilemma, das sich aus der kognitiven Differenz zwischen unpersönlichem Erzähler und personalem Medium ergibt. Es handelt sich um die abendliche Begegnung Emmas mit Rodolphe zwei Tage vor der geplanten Flucht nach Italien. Man trifft sich in Bovarys Garten, läßt sich auf der Terrasse nieder und betrachtet den aufgehenden Mond:

> – Que tu es charmante! dit-il en la saisissant dans ses bras.
> – Vrai? fit-elle avec un rire de volupté. M'aimes-tu? Jure-le donc!
> – Si je t'aime! si je t'aime! mais je t'adore, mon amour!
>
> La lune, toute ronde et couleur de pourpre, se levait à ras de terre, au fond de la prairie. Elle montait vite entre les branches des peupliers, qui la cachaient de place en place, comme un rideau noir, troué. Puis elle parut, éclatante de blancheur, dans le ciel vide qu'elle éclairait; et alors, se ralentissant, elle laissa tomber sur la rivière une grande tache, qui faisait une infinité d'étoiles; et cette lueur d'argent semblait s'y tordre jusqu'au fond, à la maniére d'un serpent sans tête couvert des écailles lumineuses. Cela ressemblait aussi à quelque monstrueux candélabre, d'où ruisselaient, tout au long, des gouttes de diamant en fusion. La nuit douce s'étalait autour d'eux; des nappes d'ombre emplissaient les feuillages.

[25] *Madame Bovary* S. 46.

[26] Ebd. S. 189.

[27] "A propos du 'style' de Flaubert" S. 586 f.

Emma, les yeux à demi clos, aspirait avec des grands soupirs le vent frais qui soufflait. Ils ne se parlaient pas, trop perdus qu'ils étaient dans l'envahissement de leur rêverie. La tendresse des anciens jours leur revenait au cœur, abondante et silencieuse comme la rivière qui coulait, avec autant de mollesse qu'en apportait le parfum des seringas, et projetait dans leurs souvenirs des ombres plus démésurées et plus mélancoliques que celles des saules immobiles qui s'allongeaient sur l'herbe. Souvent quelque bête nocturne, hérisson ou belette, se mettant en chasse, dérangeait les feuilles, ou bien on entendait par moments une pêche mûre qui tombait toute seule de l'espalier.

– Ah! la belle nuit! dit Rodolphe.

– Nous en aurons d'autres! reprit Emma.

Et, comme se parlant à elle-même:

– Oui, il fera bon voyager ... Pourquoi ai-je le cœur triste, cependant? Est-ce l'appréhension de l'inconnu..., l'effet des habitudes quittées..., ou plutôt ...? Non, c'est l'excès du bonheur! Que je suis faible, n'est-ce pas? Pardonne-moi!

– Il est encore temps! s'écria-t-il. Réfléchis, tu t'en repentiras peut-être.

– Jamais! fit-elle impétueusement.[28]

Der Ausschnitt vermag das ganze Spektrum Flaubertscher Ironie zu illustrieren – von auffälligster Klischeehäufung im Dialog einerseits bis hin zum anderen Extrem einer Mondnacht, mit der auf den ersten Blick die romantische Korrespondenzlandschaft so ungebrochen fortgeschrieben scheint, daß allein der Kontrast zum umrahmenden Dialog als situatives Dementi in bezug auf Emmas Euphorie wirkt. Bei näherem Zusehen freilich weist auch die Beschreibung selbst ironische Störfaktoren auf. Sie ist deutlich gegliedert in zwei Teile, deren erster auf visuelle und deren zweiter auf olfaktorische und auditive Wahrnehmungen abhebt. Wir erfahren nicht, ob Emma von Beginn an Wahrnehmungssubjekt ist. Wo erstmals ihr Name fällt, ist von ihren halbgeschlossenen Augen die Rede (Z. 15). Aber selbst wenn man rückwirkend auch die Beschreibung des Mondaufgangs in ihre Perspektive einbinden wollte, so ist doch das die erste Periode zum krönenden Abschluß bringende Bild vom "rideau noir, troué" (Z. 6 f.) gewiß nicht mit ihrer Sicht zu verrechnen. Mit diesem Bild

[28] *Madame Bovary* S. 203 f.

schaltet sich vielmehr interpretierend ein Erzähler ein, der, zunächst nach dem Vorbild Chateaubriandscher Scherenschnitteffekte, durch die Bäume hindurch den Mond fokussiert, dann aber, in jähem Umschlag, die sichtbehindernden Bäume selbst, und dies mit einem Vergleich, der an heruntergekommenes Theater oder auch an eine Begräbniszeremonie denken, vor allem aber den Durchblick selbst mit Abgründigkeit, ja mit Tod assoziieren läßt: "troué". Als dann der Mond voll sichtbar am Himmel steht, fehlt genau das, worauf Chateaubriand so insistiert hatte: die weiche Bettung auf dem Wolkenmeer. Zwar findet sich in *Atala* auch ein Himmel ohne Wolken, aber dort heißt es dann: "la lune brillait au milieu d'un azur sans tache"[29]. Flauberts "ciel vide" (Z. 7 f.) hingegen konnotiert wiederum Leere, Kälte, Tod und leitet damit vom ersten Vergleich über zum zweiten. Erinnern wir uns, welches Bild Chateaubriand für den mondbeschienenen Fluß gewählt hatte: ein azurblaues, diamantgeschmücktes und von den Uferschatten quergestreiftes Moiréband. Bei Flaubert ist es eine sich windende Schlange, kopflos und mit dem kalten Lichtreflex der Schuppen: "un serpent sans tête couvert d'écailles lumineuses" (Z. 10 f.). Und schließlich dann jener "monstrueux candélabre" (Z. 12), von dem schmelzende Diamanten herabtropfen, also wiederum ein Theater- oder auch Begräbnisdekor, jedenfalls eine neuerliche Irritation jener melancholisch erfüllten Affektivität, die in dem Moment thematisch wird, wo Emmas Name ausdrücklich fällt. Erst von diesem Punkt an wirkt die Beschreibung geradezu wie ein Chateaubriand-Pastiche, wären da nicht die von den Zweigen sich lösenden Pfirsiche, die zwar, wie bei Chateaubriand, die Stille unterbrechen, aber doch zugleich auch den Zauber dieser Stille stören, indem sie statt Ferne Nähe evozieren, die kleinbürgerliche Nähe eines mit Spalierobst bestandenen Gartens.

Aber kehren wir zu den Bildern des ersten Teils zurück. Sie übersteigen das intellektuelle Niveau Emmas, verweisen vielmehr auf den Erzähler, der Emmas Euphorie und damit zugleich den romantischen Korrespondenzgedanken dementiert. Affektiver Einklang ist ersetzt durch affektive Dissonanz, bis hin zu wiederum kataphorisch anklingender Todessymbolik. Wenn also im zweiten

[29] *Atala – René – Le Dernier Abencérage* S. 58.

Teil Erzählinstanz und Wahrnehmungsinstanz in ironischer Scheinsolidarisierung konvergieren, so arbeiten sie im ersten Teil gegeneinander an. Wo immer Flaubert wie hier aus der zitierten romantischen Perspektive ausbricht, wird die im Prinzip immer gegebene kognitive Distanz zwischen unpersönlichem Erzähler und ironisierter Reflektorfigur besonders deutlich greifbar, und damit kommt automatisch eine Opposition von Wahrheit und Irrtum ins Spiel, auch wenn die positive Artikulation irgendeiner Wahrheit ausbleibt. Vermutlich liegt hier der Schlüssel für eine etwas rätselhafte Selbstkritik, die Flaubert anläßlich der *Éducation sentimentale* formulierte: "C'est trop vrai, et esthétiquement parlant, il y manque: *la fausseté de la perspective.*" (Im Oktober 1879, an Mme des Genettes) Das Erzählen aus der Perspektive des personalen Mediums sollte die prinzipielle "fausseté", d. h. die Auflösung metaphysischer Wahrheiten leisten. Die Überlagerung dieser Perspektive durch eine überlegene Erzählinstanz aber nun impliziert eine kognitive Hierarchie, die zwangsläufig eben diese prinzipielle "fausseté" in Frage stellen mußte. Reiner Perspektivismus kennt keine Hierarchie, auch nicht die positionslose Überlegenheit des Ironikers.

III

Ich kann hier nicht näherhin diskutieren, inwiefern H. James das an Flaubert diagnostizierte Dilemma des ironischen Modus perspektivischen Erzählens seinerseits wirklich überwunden hat. Gewiß werden die formalen Schwierigkeiten weitgehend behoben durch Abbau der kognitiven Distanz zwischen Erzähler und Reflektor. Aber bei James gehen doch in diese sozusagen 'gehobene' Reflektorfigur – wenn man etwa an Strether in *The Ambassadors* denkt – intellektuelle und moralische Wertungen eine so enge Verbindung ein, daß sich das, worum es Flaubert ging, eben der Abbau romantischer Subjektivität, nicht aufgenommen und fortgeführt findet. Gemessen an dieser nachromantischen Modernität steht James sicherlich weit hinter Proust zurück. Die Fragestellung, unter der ich mich diesem abschließend zuwenden will, ist aus dem bisher Ausgeführten vorgegeben. Proust hat den antiromantischen Perspektivismus Flauberts als einer der ersten erkannt, gewürdigt und seinerseits radikalisiert.

Als ein "instrument d'optique"[30] hat er den Roman bestimmt, als eine "question non de technique, mais de vision"[31] den Stil, vom verfremdenden Spiel mit den "illusions optiques" und den "lois de perspective"[32] ist in bezug auf den impressionistischen Maler Elstir die Rede, ja geradezu als Jungbrunnen wird die Kunst gefeiert, weil uns jedes Werk mit einer neuen "vision du monde" beschenkt: "Le seul véritable voyage, le seul bain de Jouvence, ce ne serait pas d'aller vers de nouveaux paysages, mais d'avoir d'autres yeux, de voir l'univers avec les yeux d'un autre, de cent autres, de voir les cent univers que chacun d'eux voit, que chacun d'eux est; et cela nous le pouvons avec un Elstir, avec un Vinteuil, avec leurs pareils, nous volons d'étoiles en étoiles."[33] Mit all dem stellt er sich deutlich in die Nachfolge der Kantischen Wende Flauberts, von der oben bereits die Rede war. Formal aber hat er für sein perspektivisches Erzählen nicht Flauberts Vorgabe übernommen, sondern er ist zurückgekehrt zur Ich-Erzählung. Er hat damit – gleichsam wie selbstverständlich – seine Konsequenz aus dem Dilemma gezogen, in das Flaubert sich hineinmanövriert hatte. Die Dissoziation zwischen Perspektivträger und Erzählinstanz ist in der Ich-Erzählsituation aufgehoben. Zwar kennt sie das Wechselspiel von erlebendem und erzählendem Ich, aber diese beiden Instanzen fallen hier in Personalunion zusammen. Zu zeigen ist also, inwiefern Proust mit dieser Rückkehr zur Ich-Erzählsituation nicht auch hinter Flauberts Perspektivismus in romantische Perspektivik zurückfällt, vielmehr eben diesen Perspektivismus gerade dank der Ich-Form konsequenter realisieren kann als Flaubert.

Da man sich bei einer eher systematisch-deduktiven Beantwortung dieser Frage sehr schnell in die Unabsehbarkeiten und vor allem auch die Widersprüchlichkeiten von Poetik und Praxis der *Recherche* verlieren kann, will ich hier sogleich induktiv beginnen mit der Interpretation einer Passage aus *La Prisonnière*. Sie entstammt

---

[30] Zit. Ausg.: M. Proust, *A la recherche du temps perdu*, hgg. P. Clarac und A Ferré, 3 Bde (Bibliothèque de la Pléiade. 100. 101. 102), Paris 1954, Bd 3, S 911.

[31] Ebd. S. 895.

[32] Ebd. Bd 1, S. 838.

[33] Ebd. Bd 3, S. 258.

dem dritten Tage dieses Romans, jenem Tag also, der ganz im Zeichen der Soirée Verdurin steht. Albertine hat den Besuch dieser Soirée geplant, Marcel verdächtigt sie einer ihm verheimlichten Verabredung und bringt sie von dem Plan ab. Stattdessen will er nun seinerseits und ohne Wissen Albertines an der Soirée teilnehmen, um herauszufinden, wen sie habe treffen wollen. Zuvor jedoch, am Nachmittag, kommt es noch zu einer gemeinsamen Autofahrt in den Bois de Boulogne. Diese Fahrt erweist sich insgeheim als eine Fortsetzung der Situation daheim. Das Auto ist sozusagen ein Gefängnis auf Rädern. Im Fond des Wagens kann Marcel Albertine vollkommener denn je überwachen, aber das mit dieser "possession" erfüllte Begehren läßt zugleich das Begehren selbst ersterben. Statt auf Albertine, richtet es sich nunmehr auf jene unbekannten Schönen, an denen sie vorüberfahren, von denen er aber durch die Autoscheiben getrennt bleibt. Jene Freiheit also, deren er Albertine beraubt, nimmt er für sich selbst in Anspruch, aber er kann sie nicht nutzen, da er als Gefängniswärter selbst zum Gefangenen geworden ist. In dieser Situation des Überdrusses an der "grise prisonnière"[34], die ihn anderweitiger Genüsse beraubt, verlassen beide den Wagen zu einem kleinen Spaziergang, der die Situation unverhofft in den Zauber romantischer Intimität umschlagen läßt:

A nos pieds, nos ombres parallèles, puis rapprochées et jointes, faisaient un dessin ravissant. Sans doute il me semblait déjà merveilleux, à la maison, qu'Albertine habitât avec moi, que ce fût elle qui s'étendît sur mon lit. Mais c'en était comme l'exportation au dehors, en pleine nature, que, devant ce lac du Bois que j'aimais tant, au pied des arbres, ce fût justement son ombre, l'ombre pure et simplifiée de sa jambe, de son buste, que le soleil eût à peindre au lavis à côté de la mienne sur le sable de l'allée. Et je trouvais un charme plus immatériel sans doute, mais non pas moins intime qu'au rapprochement, à la fusion de nos corps, à celle de nos ombres. Puis nous remontâmes dans la voiture. Et elle s'engagea pour le retour dans de petites allées sinueuses où les arbres d'hiver, habillés de lierre et de ronces, comme des ruines, semblaient conduire à la demeure d'un magicien. A peine sortis de leur couvert assombri, nous retrouvâmes, pour sortir du Bois, le plein jour, si clair encore que je croyais avoir le temps de faire tout ce que je voudrais

[34] Ebd. S. 173.

avant le dîner, quand, quelques instants seulement après, au moment où notre voiture approchait de l'Arc de Triomphe, ce fut avec un brusque mouvement de surprise et d'effroi que j'aperçus, au-dessus de Paris, la lune pleine et prématurée, comme le cadran d' une horloge arrêtée qui nous fait croire qu'on s'est mis en retard. Nous avions dit au cocher de rentrer. Pour elle, c'était aussi revenir chez moi. La présence des femmes, si aimées soient-elles, qui doivent nous quitter pour rentrer ne donne pas cette paix que je goûtais dans la présence d'Albertine assise au fond de la voiture à côté de moi, présence qui nous acheminait non au vide des heures où l'on est séparé, mais à la réunion plus stable encore et mieux enclose dans mon chez-moi, qui était aussi son chez-elle, symbole matériel de la possession que j'avais d'elle. Certes, pour posséder il faut avoir désiré. Nous ne possédons une ligne, une surface, un volume que si notre amour l'occupe. Mais Albertine n'avait été pour moi, pendant notre promenade, comme avait été jadis Rachel, une vaine poussière de chair et d'étoffe. L'imagination de mes yeux, de mes lèvres, de mes mains, avait, à Balbec, si solidement construit, si tendrement poli son corps que maintenant, dans cette voiture, pour toucher ce corps, pour le contenir, je n'avais pas besoin de me serrer contre Albertine, ni même de la voir, il me suffisait de l'entendre et, si elle se taisait, de la savoir auprès de moi; mes sens tressés ensemble l'enveloppaient tout entière et quand, arrivée devant la maison, tout naturellement elle descendit, je m'arrêtai un instant pour dire au chauffeur de revenir me prendre, mais mes regards l'enveloppaient encore tandis qu'elle s'enfonçait devant moi sous la voûte, et c'était toujours ce même calme inerte et domestique que je goûtais à la voir ainsi lourde, empourprée, opulente et captive, rentrer tout naturellement avec moi, comme une femme que j'avais à moi, et, protégée par les murs, disparaître dans notre maison. Malheureusement elle semblait s'y trouver en prison et être de l'avis de cette Mme de La Rochefoucauld qui, comme on lui demandait si elle n'était pas contente d'être dans une aussi belle demeure que Liancourt, répondit qu' "il n'est pas de belle prison", si j'en jugeais par l'air triste et las qu'elle eut ce soir-là pendant notre dîner en tête à tête dans sa chambre. Je ne le remarquai pas d'abord, et c'était moi qui me désolais de penser que, s'il n'y avait pas eu Albertine (car avec elle j'eusse trop souffert de la jalousie dans un hôtel où elle eût toute la journée subi le contact de tant d' êtres), je pourrais en ce moment dîner à Venise dans une de ces petites salles à manger surbaissées comme une cale de navire et où on voit le Grand Canal par de petites fenêtres cintrées qu'entourent des moulures mauresques.[35]

Der Passus ist eine der zahlreichen, aber hier zu besonderer Dichte gestalteten Engführungen des eben geschilderten double-bind des "Gefangenendilemmas" (P. Watzlawick[36]). Er beginnt mit der euphorischen Erfahrung des beide Körper vereinigenden Schattenspiels der Sonne, das die häusliche Zweisamkeit hinausverlegt "en pleine nature"(Z. 5). Nicht nächtliche, vom Mond gezauberte Schatten freilich sind es, sondern Tuschzeichnungen der Sonne. Die Natur wird zu Kunst metaphorisiert. Etwas ähnliches begegnete uns auch zu Beginn der Flaubertschen Beschreibung in den Bildern des durchlöcherten Vorhangs und des Kandelabers. Aber diese Vergleiche waren dort gleichsam von außen an Emmas Perspektive herangetragen. Hier hingegen wird dank der Ich-Erzählsituation so konsequent aus der Perspektive des Wahrnehmenden erzählt, daß selbst der Vergleich nicht etwa eine rückblickende Interpretation des erzählenden Ichs darstellt. Schon das erlebende Ich ist von dem "dessin"(Z. 2), also von dem Kunstwerk fasziniert, so daß das erzählende Ich nicht etwa eine romantische Illusion bloßlegt, sondern nur eine bereits in sich selbst gebrochene Affektivität des erlebenden Ichs versprachlicht: Die Schattenspiele der Sonne stiften eine Intimität, die nicht zurücksteht hinter der Vereinigung der Körper selbst. Die Heimfahrt führt zunächst durch enge, gewundene Alleen, vorbei an winterkahlen Bäumen, efeuumrankt, an Ruinen erinnernd, ja an den Zugang zur Hütte eines Zauberers (Z. 14). Ironischerweise werden diese romantischen Klischeevergleiche aus dem Fond eines Automobils projiziert, aber eben damit ist diese Ironie als eine situative ausgewiesen, nicht als Dementi eines desillusionierten erzählenden Ichs. Desillusion stellt sich vielmehr schon auf Erlebnisebene ein – in dem Moment, da man aus dem Dunkel des Waldes hinausgelangt ins noch helle Tageslicht, das Marcel genügend Zeit zu lassen scheint für die Vorbereitungen zur Soirée Verdurin. So schlägt der

[35] Ebd. S. 175 f.

[36] P. Watzlawick/J. H. Beavin/D. D. Jackson, *Pragmatics of Human Communication – A Study of Interactional Patterns, Pathologies and Paradoxes*, London 1968; deutsch: *Menschliche Kommunikation – Formen, Störungen, Paradoxien*, Bern/Stuttgart/Wien ⁴1974, S. 209 ff.

Zauber der Intimitätserfahrung um in trennende Eifersuchtsgedanken. Und wie die Sonne die Intimität gestiftet hatte, so ist es nun der Anblick des über der noch hellen Stadt bereits sichtbaren Mondes, der diese Eifersucht zur panischen Angst steigert, es könnte für die Soirée doch schon zu spät sein. Das also ist aus dem romantischen Mond geworden: "Effroi"(Z. 19) löst er aus, keine "rêverie", und schon gar keine Entrückung, in der beide, Marcel und Albertine, zueinander fänden. Wir wissen von anderen Stellen der *Recherche*, daß Albertine den Mond liebt[37]. Hier erfahren wir nichts über sie, weder ob der frühe Mondaufgang ihr ebenfalls auffällt, noch auch, welche Gedanken sie mit ihm verbinden mag. Wir bleiben ganz in der Perspektive Marcels, auch und erst recht mit dem in seiner Originalität faszinierenden Vergleich dieses Mondes mit dem "cadran d'une horloge arrêtée qui nous fait croire qu'on s'est mis en retard" (Z. 20 f.).

G. Genette hat in einer grundlegenden Studie zu Prousts Metaphorik auf deren häufig metonymische Motivation hingewiesen. Das secundum des Vergleichs ist über raumzeitliche oder auch psychologische Kontiguität motiviert, was gegebenfalls zu völlig verschiedenen Metaphorisierungen desselben primum führen kann: Kirchtürme inmitten einer Getreidelandschaft werden mit Ähren verglichen, an heißen Sommertagen aber, die kühlendes Wasser assoziieren lassen, auch mit in die Luft ragenden Fischen – "comme si la *justesse* d'un rapprochement analogique, c'est-à-dire le degré de ressemblance entre les deux termes, lui importait moins que son *authenticité*, entendant par là sa fidelité aux relations de voisinage spatio-temporelles"[38]. Unser Mondvergleich kann diese Beobachtung besonders eindrucksvoll illustrieren. Das Bild vom Zifferblatt einer Turmuhr ist noch über partielle Merkmalsidentität, mit Genette gesprochen also über "justesse" motiviert, aber daß diese Turmuhr stehengeblieben ist, bleibt auf der Analogieebene unmotiviert: Der Mond hat schließlich keine Zeiger. Eben diese Leerstelle in der analogischen Motivation aber wird metonymisch gefüllt durch die plötzliche Angst Marcels, sich doch verspätet zu haben. Und so wird denn der Vergleich geradezu zum Phantasma eben dieser

---

[37] *Recherche* Bd 3, S. 482 und explizit S. 511.

[38] "Métonymie chez Proust", in *Figures III*, Paris 1972, S. 41–63, hier: S. 45.

Angst. Seine Pointe, das Stehengebliebensein dieser Uhr, ist bar aller logischen "justesse" und gerade darin gründet seine psychologische "authenticité".

Man fühlt sich bei diesem letzteren Begriff Genettes erinnert an Nietzsches Formel vom "einmaligen ganz und gar individualisierten Urerlebnis", aus dem er in seinen Reflexionen *Über Wahrheit und Lüge im außermoralischen Sinn*[39] die Metapherbildung ableitet. Begriffe unterschlagen eben diese individuelle Einmaligkeit, und ihre 'Wahrheiten' sind folglich "Illusionen, von denen man vergessen hat, daß sie welche sind, Metaphern, die abgenutzt und sinnlich kraftlos geworden sind". Die "originale Anschauungsmetapher" hingegen entgeht dieser Illusion, und zwar als individuelle Wahrnehmung, als Perzeption, die sich der Opposition richtig/falsch entzieht, müßte doch eine "richtige Perzeption" an einem "nicht vorhandenen Maßstabe" gemessen werden: "denn zwischen zwei absolut verschiedenen Sphären, wie zwischen Subjekt und Objekt, gibt es keine Kausalität, keine Richtigkeit, keinen Ausdruck, sondern höchstens ein *ästhetisches* Verhalten, ich meine eine andeutende Übertragung, eine nachstammelnde Übersetzung in eine ganz fremde Sprache: wozu es aber jedenfalls einer freidichtenden und freierfindenden Mittelsphäre und Mittelkraft bedarf."[40]

Bei Proust selbst findet sich in einem anderen Kontext derselbe Gedanke. Zu Beginn der großangelegten Apologie der impressionistischen Malerei Elstirs werden die "impressions véritables" der Metapher jenen "notions de l'intelligence" entgegengesetzt, die uns zwingen, von diesen bildhaften Eindrücken all das zu eliminieren "qui ne se rapporte pas à cette notion"[41]. 'Wahrheit' kann also immer nur für eine Sehweise beansprucht werden, die ihrer Subjektivität eingedenk ist. In diesem Sinne setzt Proust in der Tat seinen Begriff der Wahrheit als einer "vérité subjective" mit der je perspektivischen "vision du monde" gleich, die er konsequent in Metapher oder Vergleich, jedenfalls im Bild kulminieren läßt. Die antiromantische Absage an eine analogia entis dieser Bildlichkeit setzt indes bereits eine Neufunktionalisierung der Ich-Erzählsitua-

---

[39] In *Werke* Bd 3, S. 313 ff.

[40] Ebd. S. 317.

[41] *Recherche* Bd 1, S. 835.

tion voraus, die noch der näheren Betrachtung bedarf. Genette bestimmt auch die metonymische Metaphorik als "imagination du narrateur"[42], bindet sie also einseitig an das erzählende Ich. Das ist insofern zutreffend, als das erzählende Ich die Instanz der Versprachlichung ist, verkürzt aber zugleich die 'Authentizität' um das Entscheidende: daß nämlich diese 'Authentizität' sich bemißt an der Wahrnehmungssituation des erlebenden Ichs. Wenn daher in der traditionellen und auch noch in der romantischen Ich-Erzählung die Metapher als quasi-auktorialer Minikommentar des erzählenden Ichs in bezug auf das erlebende Ich gelten kann, so wird bei Proust eben diese Opposition dekonstruiert. Die metonymisch motivierte Metapher ist ein hybrides Gebilde, insofern sie das Produkt zweier Instanzen zugleich ist: der erzählenden und der wahrnehmenden.

Diese Hybridisierung[43] charakterisiert über die Metapher hinaus Prousts Stil insgesamt. In ihr realisiert sich ein Erzählen aus der Perspektive des Erlebenden, das ständig beide Instanzen derart fusioniert, daß selbst das scheinbar gnomische "nous" nicht mehr einsteht für die überlegene Position eines rückschauend erzählenden Ichs. Im Zeichen eines solchen "nous" und damit einer auf den ersten Blick quasi-auktorialen Abstraktion von der Erlebnisebene stehen jene Reflexionen, die wiederum unvermittelt auf die Mondepisode folgen. Die Angst- und Eifersuchtsthematik schlägt um in die Vorfreude auf Marcels Zuhause, das auch das Zuhause Albertines geworden ist. "Certes", heißt es dann, "pour posséder il faut avoir désiré. Nous ne possédons une ligne, une surface, un volume que si notre amour l'occupe." (Z. 29 ff.) Nun hatte es schon anläßlich der ersten Begegnung in Balbec geheißen, dieser "désir" sei angesichts der unaufhebbaren Fremdheit des anderen "irréalisable". Albertine ist für Marcel daher nichts als eine offene Serie imaginärer Projektionen auf jene Silhouette, als welche sie ihm am Strand von Balbec erschienen war. Dieses Silhouettenbild wird hier mit "ligne", "surface", "volume" wiederaufgenommen und gleich darauf auch das

---

[42] "Métonymie chez Proust" S. 43.

[43] Ich beziehe mich mit diesem Begriff auf M. Bachtins Beschreibung der verschiedenen Formen immanenter Dialogizität der Sprache (*Die Ästhetik des Wortes*, hg. R. Grübel, Frankfurt a. M. 1979, S. 244 f.).

Motiv einer immer nur supplementären[44] Füllung dieser Leerformen durch die "imagination de mes yeux, de mes lèvres, de mes mains" (Z. 33 f.). Irritierend ist indes, daß das, was das erlebende Ich nicht als bloß supplementär durchschaut, auch vom erzählenden Ich nicht als solches kommentiert, sondern quasi-gnomisch übernommen wird: Der "désir" hat sich erfüllt in der "possession". Und so gleitet denn die mit "certes, pour posséder il faut avoir désiré" eröffnete Reflexion, die an sich im distanzierten Jetzt einer Erzählsituation zu lokalisieren wäre, unmerklich über das "maintenant"(Z. 35) der erzählten Situation in die Intimitätseuphorie im Fond des Wagens. Dieselbe Strategie verfolgt die Textbewegung, die beginnt mit "Malheureusement elle semblait s'y trouver en prison ..." (Z. 47). Auch das wirkt zunächst wieder wie eine Ironisierung des erlebenden Ichs aus der überlegenen Position eines erzählenden Ichs, das im Gegensatz zu ersterem die Intimität auf ihren wahren Begriff bringt, aber mit "si j'en jugeais par l'air triste et las qu'elle eut ce soir-là pendant notre dîner en tête à tête dans sa chambre" (Z. 51 f.) ist diese Distanz rückwirkend kassiert. Nicht ein erzählendes Ich interpretiert die Intimität als Gefängnissituation, sondern bereits das erlebende Ich ist traurig, daß Albertine sie so empfindet, und damit ist auch schon die Schlußpointe vorbereitet. Traurig ist Marcel nicht etwa angesichts von Albertines Traurigkeit, sondern angesichts einer selbstgewählten Bindung, die ihn daran hindert, das zu tun, was er viel lieber täte: allein in Venedig dinieren, durch ein maurisches Fenster hindurch den Canal Grande betrachten und – so darf man aus dem größeren Kontext unseres Passus hinzufügen – dortselbst nach hübschen Venezianerinnen Ausschau halten. Was mit romantischen Bildern begonnen hatte, mündet wiederum in ein romantisches Bild ein: ein mittelalterliches Venedig mit "petites fenêtres cintrées qu'entourent des moulures mauresques" (Z. 58 f.). Aber diese Evokation steht nicht mehr ein für romantische Sehnsucht, der hier ironisch die Ruhe des Gefängnisses korrespondiert,

[44] Ich benutze diesen Begriff im Sinne von J. Derrida, *De la grammatologie*, Paris 1967, S. 203 ff.: "Supplément" meint, im Unterschied zu "complément", eine heterogene, von außen kommende Ergänzung, die am Ergänzten etwas Abwesendes, einen Mangel substituiert. Siehe dazu ausführlicher Verf., "Supplementäre Individualität – Prousts Albertine endormie", in Hgg. M. Frank/A. Haverkamp, *Individualität* (Poetik und Hermeneutik. 13), München 1988, S. 440–468.

sondern für einen "désir", der nur lebt, solange "possession" ihm versagt bleibt.

Das Erzählen aus der Perspektive des erlebenden Ichs, wie ich es an diesem Passus aufzuzeigen suchte, findet seine eigentliche Fundierung in der Makrostruktur der *Recherche*, näherhin in dem Hiat, den Proust bestehen läßt zwischen der Matinée de Guermantes, die mit ihrer Serie von Vergangenheitsevokationen Marcel zum entscheidenden Erweckungserlebnis wird, und jenem "demain", an dem er beginnen will, seine Erinnerungen niederzuschreiben. H. R. Jauß hat als erster auf die strukturelle Bedeutung dieses Hiats hingewiesen. Da das erlebende Ich das erzählende Ich auch am Schluß der Erzählung nicht ganz einholt, erscheint die wiedergefundene Zeit nicht als Objekt der Erinnerung, sondern im wiederum offenen Horizont des 'futur du passé'. Indem Proust die *Recherche* solchermaßen zu einem Roman gestaltet, der seine eigene Genese miterzählt, eröffnet er sich die Möglichkeit, "mit der Distanz der Erinnerung ineins die epische Distanz derart aufzuheben, daß sich der Kreis vom 'nunc terminal' zum 'nunc initial' in der Immanenz der Erzählung vollendet und ein 'univers particulier' umschließt, das allein die Kunst offenbaren kann: die Welt des einzelnen im Spiegel der Zeit"[45].

Dabei bleibt von Jauß aber immer noch vorausgesetzt, daß dieses 'univers particulier' tatsächlich seine zunächst verborgene Identität findet in jener Geschichte einer "vocation", deren Entdeckung die Matinée de Guermantes herbeiführt. Diese "vocation" zum Schriftsteller aber ist zunächst einmal ein Topos, mit dem Proust sich noch ganz in romantische Tradition – explizit in die Chateaubriands – stellt. Über das epistemologische Fundament des Schreibens ist damit noch gar nichts ausgesagt, ja man kann fragen, ob nicht der Topos in Wahrheit nur über ein Legitimationsdefizit in bezug auf eben dieses epistemologische Fundament weghelfen soll. Berufung setzt Erfahrung voraus, die nach Vermittlung verlangt und diese Vermittlung zugleich legitimiert. Nun ist aber die Geschichte, die die *Recherche* erzählt, mitnichten die Geschichte eines sich akkumulierenden Erfahrungsschatzes, sondern die Geschichte eines Ichs, das sich, epistemologisch gesehen, in die Abgründe der Differenz

[45] *Zeit und Erinnerung in Marcel Prousts* A la recherche du temps perdu Frankfurt a. M. 1986 (Heidelberg [1]1955), S. 282.

der Nichtidentität verliert. Jene "negative Anthropologie", von der Adorno einmal in bezug auf Proust gesprochen hat[46], geht hinter die Romantik zurück auf die Tradition der Moralistik. Aber sie bricht selbst aus dieser Tradition dort aus, wo es um den Erfahrungsbegriff geht. "(...) ce qu'on appelle expérience", heißt es einmal in der *Fugitive*, "n'est que la révélation à nos propres yeux d'un trait de notre caractère, qui naturellement reparaît, et reparaît d'autant plus fortement que nous l'avons déjà mis en lumière pour nous-même une fois, de sorte que le mouvement spontané qui nous avait guidé la première fois se trouve renforcé par toutes les suggestions du souvenir." Und dann die Aufgipfelung: "Le plagiat humain auquel il est le plus difficile d'échapper (...), c'est le plagiat de soi-même."[47] Eine zum permanenten Selbstplagiat abgewertete Erfahrung aber vermag kein gnomisches "nous" zu tragen. Und so ist denn auch, wie ich an unserem Passus zu zeigen versuchte, dieses "nous" nicht rückschauend aus der Position einer überlegenen Erzählinstanz gesprochen. Es bleibt eingebunden in die Perspektive des erlebenden Ichs, es sucht die Ebene der übergreifenden Abstraktion, aber was es auf dieser Ebene in seinen lichtesten Momenten erfaßt, ist die Einsicht, daß es mit diesen Abstraktionen immer nur sich selbst plagiiert. Es wäre sicherlich verlockend, die nicht selten ermüdende Redundanz solcher die gesamte *Recherche* durchziehenden Abstraktionsversuche einmal näherhin unter diesem Aspekt zu untersuchen.

Das 'univers particulier' der *Recherche* jedenfalls findet keine Identität in einer dem Ich zunächst verborgenen Geschichte der Berufung zum Schriftsteller, wie uns das Prousts offizielle Poetik glauben machen möchte. Wir dürfen die *Recherche* nicht mit dieser noch idealistischen Poetik interpretieren, sondern wir müssen gerade diese Poetik lesen lernen als ein – mit Nietzsche gesprochen – bloßes Bedürfnis nach Interpretation: "Unsere Bedürfnisse sind es", so heißt es einmal im *Nachlaß der Achtziger Jahre*, "die die Welt auslegen; unsere Triebe und deren Für und Wider. Jeder Trieb ist eine Art Herrschsucht, jeder hat seine Perspektive, welche er als Norm allen übrigen Trieben aufzwingen möchte."[48] Hierin sehe ich die eigent-

---

46 *Minima Moralia*, Frankfurt a. M. 1975, S. 220.

47 *Recherche* Bd 3, S. 435 f.

48 *Werke* Bd 3, S. 903.

liche Pointe der von Jauß aufgezeigten strukturellen Neuerung, die die *Recherche* in der Geschichte der Ich-Erzählung darstellt. Wenn wir hier eine Ich-Erzählung ohne konstituierte Erzählsituation oder, mit K. Bühler gesprochen, ohne Ich-origo[49] vor uns haben, dann entfällt damit zugleich eine übergeordnete, eine hierarchisch höchste Perspektive, die die Brüche und Inkonsistenzen der dargestellten Welt aus der Rückschau einfangen und homogenisieren könnte. Erst darin vollendet sich der Perspektivismus dieser Proustschen "vision du monde": in den hierarchielos rivalisierenden Auslegungstrieben eines fragmentarisierten Ichs, das in seiner Perspektivenvergessenheit jede Erfahrung zur Norm, sein differentielles "je" überhöhen möchte zum gnomischen "nous". Das Wissen dieses "nous" aber ist nur usurpiert. In Wahrheit ist es substituiert durch ein perspektivisches Verhalten, das als solches ins Bewußtsein zu heben Aufgabe des Stils ist.

Und so müssen wir denn auch den Stil der *Recherche* zu begreifen lernen als ein Medium, das diesen Perspektivismus in sein "équivalent spirituel"[50] transformiert. Prousts Poetik selbst faßt diese Transformation bekanntlich als ein Auf-Dauer-Stellen der glück haften Zufallsgeschenke unwillkürlichen Eingedenkens. Sie unterschlägt aber, was zum frühen Zeitpunkt ihrer Abfassung auch für Proust selbst noch nicht absehbar war, fördern doch diese Erinnerungen ein Ich zutage, das nicht einfach einen noch romantischen Desillusionsprozeß durchläuft, sondern das sich der Allmacht und Allgegenwärtigkeit einer ganz unromantischen Welt sexueller Begierden, Abhängigkeiten und Versklavungen ausgesetzt sieht, die es aus jeder Beziehung hervorgehen läßt als "un homme différent, ayant d'autres désirs parce qu'il a d'autres perceptions"[51]. Grunderfahrung des erlebenden Ichs werden die Projektionen sexuellen Begehrens in ihrer ganzen Breite von der auratisierenden Belehnung der Geliebten bis hin zu den Phantasmen des Eifersuchtswahns. Und so erscheint denn das schreibende Ich vom Imaginären in einer Weise bestimmt, die leicht dazu verleiten kann, die poetische Fiktion selbst nur als letztes Glied in der Kette der imaginären Substitutionen zu

[49] *Sprachtheorie*, Stuttgart ^{2}1965 (^{1}1934), S. 102 ff.

[50] *Recherche* Bd 3, S. 879.

[51] Ebd. S. 487.

sehen, die der "désir" produziert. Dekonstruktivistischen Proust-Lektüren dieses Zuschnitts ist indes entgegenzuhalten, daß sie blind bleiben gegenüber der spezifischen Leistung der literarischen Fiktion, die genau darin besteht, den Perspektivismus des "désir" ins Bewußtsein zu heben. Gerade weil die *Recherche* wie kaum ein anderer Text der Moderne mit der Affinität des Imaginären und der literarischen Fiktion spielt, wird sie zum eindringlichen Beleg für die Notwendigkeit, eben diese Fiktion nicht schlicht mit dem Imaginären gleichzusetzen, sondern sie, wie dies W. Iser vorgeschlagen hat, als performativen Akt zu begreifen, der zwischen dem Realen und dem Imaginären vermittelt[52]. Das Medium aber, in dem sich dieser Akt des Fingierens vollzieht, ist der Stil. Wie immer Proust selbst die stilistische Transformation des Sinnlichen in ein "équivalent spirituel" verstanden haben mag, in praxi leistet sie eine reflexive Brechung des Imaginären, eine Versprachlichung, die dessen Bildlichkeit überhaupt erst zu perspektivischer Anschauung gelangen läßt.

So wird der Stil Prousts in impliziter Aufnahme und Fortführung der programmatischen Bestimmungen Flauberts zu einer großangelegten Absage an den Substantialismus romantischer Ausdrucksstilistik. Kulminierte jene in einer essentialistischen Metaphorik, so ist die metonymische Metaphorik Prousts die wohl deutlichste Illustration einer Umpolung des Schönen vom Vorschein der Wahrheit auf ein Scheinen des Scheins, der auf kein Sein mehr beziehbar ist und darin allen Essentialismus in Perspektivismus überführt: "Die 'Essenz', die 'Wesenheit' ist etwas Perspektivisches und setzt eine Vielheit schon voraus." (Nietzsche[53]) So ist der Mond bei Proust nicht mehr schön an sich, er setzt auch nicht mehr essentialistische Metaphern frei. Aber er gewinnt, wie wir sahen, seine verlorene Schönheit zurück in einer metonymischen Metaphorik, die das Imaginäre eines Eifersuchtsphantasmas vermittelt mit der realen Situation, in der sich Marcel nach der verspäteten Rückkehr aus dem Bois de Boulogne befindet.

---

[52] "Akte des Fingierens – Oder: Was ist das Fiktive im fiktionalen Text?" in Hgg. D. Henrich/W. Iser, *Funktionen des Fiktiven* (Poetik und Hermeneutik. 10), München 1983, S. 121–151.

[53] *Werke* Bd 3, S. 487.

Flaubert kannte die metonymische Metaphorik nur im Modus ironischer Abwertung. Indem Proust demgegenüber Wahrnehmungs- und Erzählinstanz nicht mehr hierarchisiert, sondern, wie oben gezeigt, hybridisiert, gelingt ihm sozusagen 'rein', woran Flaubert noch scheiterte: die "fausseté de la perspective". Im Bild der stehengebliebenen Turmuhr hat der Mond alle Aura verloren, er ist perspektivisch geworden und setzt hierin Vielheit voraus bis in die fragmentarische Vielheit des bildnerischen Ichs selbst. Wenn Proust dieses Ich einmal als bloßes "moi de rechange"[54], als bloßes 'Ersatz-Ich' bezeichnet, so ist das nicht einfach eine Metapher für differentielle Subjektivität, sondern dann wird diese Subjektivität genau auf das gebracht, auf das allein sie noch zu bringen ist: nicht auf den Begriff, sondern auf die Metapher.

Eine Subjektivität aber, die nur noch auf Metaphern der Dezentriertheit zu bringen ist, kann auch dem Leser nicht mehr jene Beruhigung bieten, wie er sie in der identifikatorischen Hingabe an romantische Bildlichkeit finden mochte. Der inszenierte Perspektivismus der *Recherche* kommt vielmehr dort an sein Ziel, wo sich nun auch der Leser auf seine Auslegungsbedürfnisse zurückgeworfen sieht, auf die Herrschsucht einer Interpretation, die das Perspektivische dieser Auslegungen zur Norm machen möchte. Proust mag sich selbst in der Tradition Chateaubriands sehen – die Totalvermittlung von Ich und Sein, für die romantische Tiefenperspektivik einstand, hat mit seinem alle interpretative Herrschsucht brechenden Perspektivismus nichts mehr gemein. Die Sprache, der Stil, so formulierte ich im Anschluß an C. Schmitt, wird für die Romantiker zur unmerklichsten und gerade darin verführerischsten occasio subjektzentrierter Produktivität. Bei Proust ist dieser Stil reflexiv geworden, ist er Äquivalent einer Wahrnehmung, einer Projektion die in der prinzipiellen "fausseté" ihrer Perspektive die Opposition von Sein und Schein dekonstruiert: "Als ob eine Welt noch übrig bliebe", so noch einmal Nietzsche, "wenn man das Perspektivische abrechnet!"[55]

---

[54] *Recherche* Bd 3, S. 595.

[55] *Werke* Bd 3, S. 705.

Luzius Keller

Beseelte Landschaften und Landschaften der Seele Prousts Verhältnis zur Romantik am Beispiel seines Dialoges mit Chateaubriand

Prousts Verhältnis zur romantischen Philosophie ist in jüngerer Zeit in drei Untersuchungen A. Henrys ausführlich zur Sprache gekommen[1]. Das Fehlen einer eigentlichen Beweisführung mit Textbelegen schmälert zwar den praktischen Wert dieser Arbeiten, nicht aber die Bedeutung der These, wonach wesentliche Teile von Prousts Ästhetik, Thematik und Stilistik auf Schelling und Schopenhauer zurückzuführen seien.

Das Thema "Proust und Chateaubriand" wurde zuletzt von M. Mein ausführlich behandelt[2]. Weder ihre noch kaum eine der vorangehenden Studien zum Thema geht jedoch über das Aufzählen von Parallelstellen wesentlich hinaus. Eine Ausnahme bilden die Untersuchungen zum Stil Prousts von J. Mouton[3] und J. Milly[4].

Auch R. Warnings Aufsatz über "Albertine endormie"[5], wo Marcel Prousts Auseinandersetzung mit der Romantik als rhetorisches, thematisches, ideologisches und intertextuelles Problem entwickelt wird, bildet – von der Methode und der Qualität her – eine Ausnahme in der Proustforschung.

---

1 *Marcel Proust – Théories pour une esthétique*, Paris 1981; *Proust romancier – Le Tombeau égyptien* (Nouvelle bibliothèque scientifique), Paris 1983; *Proust* Phares), Paris 1986.

2 *A Foretaste of Proust – A Study of Proust and his Precursors*, Farnborough, Hants. 1974.

3 *Le Style de Marcel Proust*, Paris [2]1973 ([1]1948).

4 *La Phrase de Proust – Des Phrases de Bergotte aux phrases de Vinteuil* Collection L), Paris 1975.

5 "Supplementäre Individualität – Prousts 'Albertine endormie'", in Hgg. M. Frank/A. Haverkamp, *Individualität* (Poetik und Hermeneutik. 13), München 1988, S. 440–468.

In Anlehnung an Milly und Warning – aber mit bescheidenerer Zielsetzung – soll hier Prousts Verhältnis zu Chateaubriand und zur Romantik im allgemeinen als Problem des Schreibens, beziehungsweise des Textes aufgefaßt und dargelegt werden. Es wird dabei nicht darum gehen, eine vollständige Liste der Reminiszenzen an Chateaubriand bei Proust zu erstellen, sondern zu untersuchen, in welcher Weise Proust romantische Poetik wiederaufnimmt und in Szene setzt.

I. Intertextuelle Horizonte

Wer es unternimmt, den ideologischen und literarischen Horizont von Prousts Werk nachzuzeichnen, wird sich in erster Linie mit dem Schrifttum des ausgehenden 19. Jahrhunderts beschäftigen müssen. Von seinen ersten Texten an – den zwischen 1892 und 1895 in *Le Banquet* und *La Revue blanche* erschienenen und 1896 zum größten Teil in *Les Plaisirs et les jours* wiederaufgenommenen Studien und Erzählungen – stellt sich Proust in den Kontext nicht nur der Literatur, sondern auch der "sciences humaines" seiner Zeit. Die bald aphoristisch, bald narrativ entwickelten Studien über Liebe, Eifersucht, Gewohnheit, gesellschaftliches Verhalten usw. in *Les Plaisirs et les jours* oder in *Jean Santeuil* weisen ebenso auf die Psychologie eines J. Ravaisson, die Psychopathologie eines M.-J. Hervey de Saint-Denis, P. Janet oder A. Binet und auf die Soziologie eines J. G. de Tarde[6] wie später in *A la recherche du temps perdu* die Liebe Swanns zu Odette, Marcels Liebe zu Gilberte und zu Albertine, das Reich von Sodom und Gomorrha, die Welt der Guermantes oder der Kreis der Verdurins. In seinem psycho- oder psychopathologischen Aspekt erscheint so Prousts Bild vom Menschen und der Gesellschaft vor dem unmittelbaren Hintergrund der wissenschaftlichen Literatur seiner Zeit. In seinem moralischen bzw. metaphysischen Aspekt aber weist es – von den La Bruyère- und den La Rochefoucauld-Pastiches in *Les Plaisirs et les jours* bis zu Legrandins Snobismus, Marcels Verhältnis zu Mutter und Großmutter oder Albertines Unergründbarkeit in der *Recherche* – auf die Mo-

[6] Vgl. Henry, *Marcel Proust.*

ralistik des 17. Jahrhunderts, wobei im Laufe der Zeit die negative Anthropologie Racines, Pascals oder La Rochefoucaulds gegenüber der vernunftgläubigen Weltschau eines La Bruyère die Oberhand gewinnt[7]. Wie Proust sein Menschenbild und seine Romanfiguren vor diesem doppelten Horizont in Szene setzt, wäre beispielsweise an der Sterbeszene der Großmutter in *Le Côté de Guermantes*, an der Schlußszene von *Sodome et Gomorrhe*, an der Überlagerung mehrerer, untereinander verschiedener Bilder Albertines in *La Prisonnière* oder auch an der leitmotivischen Verwendung der Geständnisszene aus *Phèdre* aufzuzeigen.

Während in Prousts Thematik vom Menschen das 17. Jahrhundert eine wesentliche Rolle spielt, bewegt sich seine Reflexion über Literatur und im besonderen über den Roman meist im Kontext des 19. Jahrhunderts. Dies zeigt sich sowohl an den expliziten wie auch an den impliziten Formen dieser Reflexion. Was die ersteren betrifft, denke man an die Passagen aus *La Prisonnière*, wo die großen Werkzyklen[8] und die großen Romanautoren[9] des 19. Jahrhunderts innerhalb der Überlegungen über den durchkomponierten Charakter und die thematisch-stilistische Stimmigkeit des Kunstwerkes ausdrücklich genannt werden. Was die implizite Reflexion über Literatur betrifft, kann sie als wesentliches Merkmal von Prousts Roman gelten und läßt sich als solches überall nachweisen. Eine implizite Reflexion über die Gattung des Romans bestimmt nun auch den Anfang von *A la recherche du temps perdu*. Indem Proust mit der Ouverture oder der Madeleine-Episode, mit den Combray-Teilen und mit "Un Amour de Swann" der Reihe nach Sprache und Thematik der Psychologie, des Jugend- oder Provinzromans und des psychologisierenden Gesellschaftsromans anklingen läßt, erscheint ein J. Ravaisson und erscheinen George Sand, George Eliot, P. Loti, Anatole France, M. Barrès, mit den Clochers de

---

[7] Vgl. K. Stierle, "Die Modernität der französischen Klassik – Negative Anthropologie und funktionaler Stil", in Hgg. F. Nies/K. Stierle, *Französische Klassik – Theorie, Literatur, Malerei* (Romanistisches Kolloquium. 3), München 1985, S. 81–128.

[8] M. Proust, *A la recherche du temps perdu*, hgg. P. Clarac und A. Ferré, 3 Bde (Bibliothèque de la Pléiade. 100. 101. 102), Paris 1954, hier: Bd 3, S. 160. Band- und Seitenzahlen im Text verweisen im folgenden auf diese Ausgabe.

[9] Vgl. ebd. S. 376–381.

Martinville auch das symbolistische Prosagedicht, Balzac und Maupassant am Horizont, und es entsteht ein literarisches Panorama, in dessen Mittelpunkt Prousts Roman seine Gattung konstituiert. Rilke hat die Verschiedenheit der Teile in *Du côté de chez Swann* sehr genau erfaßt und trefflich beschrieben, sie allerdings negativ bewertet[10].

Dort jedoch, wo Proust neben Komposition, Stil, Thematik und Gattung seines Romans auch den Grund und den Ursprung des Schreibens reflektiert, erscheint am intertextuellen Horizont die Romantik. Der deutlichste Hinweis steht in *Le Temps retrouvé*, wo die Berufung Marcels zum Schriftsteller in der Erfahrung der "mémoire involontaire" begründet wird und Proust seine Verwendung des Themas als Kompositionselement ausdrücklich mit Chateaubriand, Nerval und Baudelaire in Verbindung bringt.

Wenn wir – wie zuvor bei Prousts Reflexion über den Roman – neben der ausdrücklichen Nennung von (positiven oder negativen) Modellen auch andere intertextuelle Ausdrucksmittel berücksichtigen, finden wir die häufigsten Romantik-Signale in den Texten über Kontemplation, Versunkenheit oder Extase, in jenen außerordentlichen Glücksmomenten also, die Marcels Geschichte begleiten und Prousts Roman strukturieren. Natur-, Erinnerungs- und Kunstextasen erscheinen gleichermaßen auf die Romantik bezogen, wobei die Signale bald in der Beschreibung der sinnlichen Wahrnehmung, bald in jenen Textteilen liegen, die diese entwickeln oder erklären: Romantische Prosadichtung (Chateaubriand) formt das Naturbild der Kirchtürme von Martinville; romantische Philosophie (Schelling, Schopenhauer) erklärt die Erfahrung der Madeleine, den Eindruck der drei Bäume von Hudimesnil, das Spiel der Berma

---

[10] Am 21. Januar 1914 schreibt er an die Fürstin Thurn und Taxis: "(...) ich empfehle Ihnen den ganzen ersten Theil und den ganzen dritten und bin gewiss, Sie werden ein vielfaches Vergnügen daran haben. Das lange Mittelstück, Swann's Liebes- und Eifersuchtsgeschichte, möchte nicht besser und nicht eben geringer sein als derartige französische Traktate zu sein pflegen (...)" Am 9. Februar 1914 an Lou Andreas-Salomé: "Schicke Dir nächster Tage ein Buch von Marcel Proust, 2. Theil meistens nur Roman, aber das Andere wundervoll, voll unerschöpflicher Einfälle und Beziehungen für die PsychAnal(yse) sehr interessant!" Für eine positive Wertung von "Un Amour de Swann" – sei es vom Romanganzen oder von Bachtinschen Einsichten her – war es 1914 noch zu früh.

oder die Musik Vinteuils[11]; romantische Erinnerungsdichtung (Chateaubriand, Nerval, Baudelaire) rechtfertigt die Verwendung der "mémoire involontaire" als Kompositionsmittel.

Ausgehend von zwei Chateaubriand-Zitaten in *Le Temps retrouvé*, wo Proust zwei Passagen aus *Les Mémoires d'outre-tombe* als Modelle hinstellt, sollen im folgenden einige Aspekte des eben umrissenen Problemkreises näher untersucht werden.

II. Proust und Chateaubriand

> N'est-ce pas à une sensation du genre de celle de la madeleine qu'est suspendue la plus belle partie des *Mémoires d'Outre-Tombe*: "Hier au soir je me promenais seul... je fus tiré de mes réflexions par le gazouillement d'une grive perchée sur la plus haute branche d'un bouleau. A l'instant, ce son magique fit reparaître à mes yeux le domaine paternel; j'oubliai les catastrophes dont je venais d'être le témoin, et, transporté subitement dans le passé, je revis ces campagnes où j'entendis si souvent siffler la grive." Et une des deux ou trois plus belles phrases de ces *Mémoires* n'est-ce pas celle-ci: "Une odeur fine et suave d'héliotrope s'exhalait d'un petit carré de fèves en fleurs; elle ne nous était point apportée par une brise de la patrie, mais par un vent sauvage de Terre-Neuve, sans relation avec la plante exilée, sans sympathie de réminiscence et de volupté. Dans ce parfum non respiré de la beauté, non épuré dans son sein, non répandu sur ses traces, dans ce parfum changé d'aurore, de culture et de monde, il y avait toutes les mélancolies des regrets, de l'absence et de la jeunesse." (Bd 3, S. 919)

Mit diesen zwei Beispielen aus Chateaubriands *Les Mémoires d'outre-tombe*, denen Nervals *Sylvie* und Gedichte Baudelaires folgen werden, beginnt die "erhabene Ahnenreihe" ("une filiation aussi noble", Bd 3, S. 920), mit der Marcel den Entschluß, sein zukünftiges Werk in der Erinnerung zu begründen – und mit der Proust die Verwendung der "mémoire involontaire" in *A la recherche du temps perdu* rechtfertigt.

---

[11] Vgl. Henry, *Marcel Proust* S. 291, 303.

Chateaubriands *Mémoires* sind allerdings schon zu Beginn der *Recherche* allgegenwärtig, wenn auch auf implizite Weise. Ihre Gegenwart ist spürbar in der Überlagerung und Verschachtelung verschiedener Lebensabschnitte, in der Auferweckung der Jugenderinnerungen durch die "mémoire involontaire", im Namen von Combray, der deutlich auf Combourg weist, in den Naturextasen des kleinen Marcel sowie in den Natur- und Landschaftsbildern mit ihrer blumigen Thematik und ihrer blumigen Stilistik.

In *Le Temps retrouvé* wird der Bezug explizit: mit dem ersten Zitat (aus dem dritten Buch) weist Proust auf Chateaubriand als strukturelles, mit dem zweiten (aus dem sechsten Buch) weist er auf ihn als stilistisches und thematisches Modell[12]. Wir beschäftigen uns im folgenden vornehmlich mit dem zweiten Zitat. In der von Proust als eine der schönsten gepriesenen Passage aus den *Mémoires* vereinigen sich tatsächlich zahlreiche Chateaubriandsche Themen und Stilmerkmale in besonders glücklicher Weise[13]. Im Übergang von binären Oppositionen (einst/jetzt, "patrie"/"Terre Neuve", "brise"/ "vent sauvage") zu ternären Gliedern ("non respiré"/"non épuré"/ "non répondu"; "d'aurore"/"de culture"/"de monde"; "des regrets"/"de l'absence"/ "de jeunesse") und in raffinierten lautlichen Fügungen (z. B. der Emanation von "fine et suave" aus "fèves") artikuliert der Text eine ganze Reihe Chateaubriandscher Schlüsselwörter: "odeur", "brise", "patrie", "vent", "exilée", "sympathie", "réminiscence", "parfum", "mélancolies", "regrets". Wie Milly gezeigt hat, verwendet Proust dieses stilistische und themati-

---

[12] Ein erster Hinweis auf die beiden Texte Chateaubriands steht in *Le Temps retrouvé* in einem Vergleich politischer und persönlicher Ereignisse im Hinblick auf ihre Bedeutung für das Kunstwerk: "(...) un chant d'oiseau dans le parc de Montboissier, ou une brise chargée de l'odeur de réséda, sont évidemment des événements de moindre conséquence que les plus grandes dates de la Révolution et de l'Empire. Ils ont cependant inspiré à Chateaubriand dans les *Mémoires d'Outre-tombe*, des pages d'une valeur infiniment plus grande." (Bd 3, S. 728) Eine Randnotiz im Manuskript sagt: "Vérifier Montboissier, le nom de l'oiseau et le nom de la fleur" (Bd 3, S. 1122), was Proust wohl im Hinblick auf den Text der Matinée Guermantes getan hat, ohne aber den Paralleltext zu korrigieren.

[13] Zum Stil der *Mémoires d'outre-tombe* vgl. J. Mourot, *Le Génie d'un style – Chateaubriand: rythme et sonorité dans les* Mémoires d'Outre-Tombe, Paris ²1960; zur Thematik Chateaubriands J.-P. Richard, *Paysage de Chateaubriand* (Pierres vives), Paris 1967.

sche Material in zweifacher Weise. Zum einen dient es ihm als Modell für Bergottes Stil, eines der imaginären Kunstwerke, die in der *Recherche* beschrieben werden; zum andern nimmt er es zum Modell seines eigenen Schreibens, indem er Passagen in Chateaubriandscher Manier – oder, wie Milly sagen würde, im "style Bergotte" – in seinen Roman einfügt[14].

Daß Prousts Auseinandersetzung mit Chateaubriand die obligatorischen Exerzitien der "classe de rhétorique" überdauert hat, läßt sich bereits an jenen Prosastücken ablesen, die in *Les Plaisirs et les jours* unter dem Titel "Les Regrets – Rêveries couleur du temps" vereinigt sind. Gewiß finden diese Texte in der symbolistischen Prosadichtung reichliche Nahrung, doch weist Proust gerade zu Beginn auch deutlich auf Chateaubriand als Modell dieser Dichtung. Er tut es mit dem anlautenden "regrets" des Titels und setzt – als untrügliches Signal – in das erste Gedicht, *Tuileries*, das Heliotrop:

> Contre le vieux palais verdissent de jeunes pousses. Le souffle du vent charmé mêle au parfum du passé la fraîche odeur des lilas.[15]
>
> Les liserons débordent follement des vases couronnés de géraniums. Ardent de soleil, l'héliotrope brûle ses parfums. Devant le Louvre s'élancent des roses trémières, légères comme des mâts, nobles et gracieuses comme des colonnes, rougissantes comme des jeunes filles. (S. 104)

Wie das folgende *Versailles* läßt sich *Tuileries* mit seinem Schloßpark und seiner Blumenpracht durchaus auf den mondän-artistischen Kontext beziehen, in dem diese Stücke entstanden sind: auf den dichtenden Aristokraten Robert de Montesquiou und auf die malende Salondame Madeleine Lemaire. Der Blumenduft, der Windhauch, das Heliotrop, die Gegenüberstellung von alt und neu oder die ternären Gliederungen zeigen jedoch deutlich, daß Proust über die literarische und mondäne Aktualität hinaus bei Chateaubriand anknüpft.

---

[14] Vgl. Henry, *Proust romancier* S. 188: "Ce personnage n'a certainement pour origine ni Bergson ni Barrès parce qu'il représente à l'état pur la définition romantique du style."

[15] M. Proust, *Jean Santeuil précédé de Les Plaisirs et les jours*, hgg. P. Clarac und Y. Sandre (Bibliothèque de la Pléiade. 228), Paris 1971, S. 104. Die Seitenangaben ohne Bandzahl im Text verweisen im folgenden auf diese Ausgabe.

Der (zusammen mit *Sonate clair de lune*, wozu unten) wohl extremste Versuch Prousts, sich Chateaubriandsche Thematik und Stilistik anzueignen, steht in einem Prosastück, das 1893 in *La Revue blanche* unter dem Titel *Avant la nuit* erschienen ist und das in *Les Plaisirs et les jours* fehlt. Die Passage beschreibt eine Abendstimmung:

> Le soleil était couché et la mer qu'on apercevait à travers les pommiers était mauve. Légers comme de claires couronnes flétries et persistants comme des regrets, de petits nuages bleus et roses flottaient à l'horizon. Une file mélancolique de peupliers plongeaient dans l'ombre, la tête résignée dans un rose d'église; les derniers rayons, sans toucher leurs troncs, teignaient leurs branches accrochant à ces balustrades d'ombre des guirlandes de lumière. La brise mêlait les trois odeurs de la mer, des feuilles humides et du lait. Jamais la campagne normande n'avait adouci de plus de volupté la mélancolie du soir (...) (S. 167 f.)

Diese Beschreibung wird durch einen Erzähler gegeben, der schon durch seinen Namen, Leslie, als Anglomane, Dandy und Dilettant charakterisiert ist. Es liegt schon deshalb nahe, die Passage als Pastiche dekadentistisch-ästhetizistischer Prosa zu verstehen. Sie kann aber auch als Chateaubriand-Pastiche gelesen werden, denn Proust trifft den aktuellen Ton der Prosadichtung unter anderem gerade auch dadurch, daß er die Charakterzüge ihres Modells verabsolutiert. Als intertextuelle Signale figurieren wiederum einige Schlüsselwörter ("regrets", "brise", "mélancolie" usw.) und eine ternäre Reihung. Dazu liefert die Landschaftsdichtung des dritten Buches der *Mémoires d'outre-tombe* die treffendsten Beispiele.

> Au nord du château s'étendait une lande semée de pierres druidiques; j'allais m'asseoir sur une de ces pierres au soleil couchant. La cime dorée des bois, la splendeur de la terre, l'étoile du soir scintillant à travers les nuages de rose, me ramenaient à mes songes (...)

> J'associais également son image à la beauté de ces nuits de printemps toutes remplies de la fraîcheur de la rosée, des soupirs du rossignol et du murmure des brises.[16]

Das hervorstechendste Merkmal von Prousts Chateaubriand- beziehungsweise Dekadenz-Pastiche ist jedoch die Übertragung menschlicher Gefühle auf die Natur. Prousts Abendbild in *Avant la nuit* ist eine beseelte Landschaft, wie sie Chateaubriand auf Grund einer einseitigen Lektüre Rousseaus – besonders der *Nouvelle Héloïse* – erarbeitet und der Romantik weitergegeben hat, eine Landschaft, in der das Subjekt seine Gefühle auf die Natur überträgt, um sich mit ihr in sympathetischer Verbindung – oft bis zur Selbstvergessenheit – zu vereinigen. Die entsprechenden Texte aus *René*, *Atala* und besonders aus dem dritten Buch der *Mémoires d'outre-tombe* haben die Bedeutung von Modellen. Als solche läßt sie denn Proust auch in *Avant la nuit*, seinen Prosagedichten und später in *Jean Santeuil* und der *Recherche* anklingen. Die folgenden drei Textauszüge sind alle dem 12. Kapitel des dritten Buches der *Mémoires*, "Mes joies de l'automne", entnommen:

> Plus la saison était triste, plus elle était en rapport avec moi (...)
>
> Un caractère moral s'attache aux scènes de l'automne: ces feuilles qui tombent comme nos ans, ces fleurs qui se fanent comme nos heures, ces nuages qui fuient comme nos illusions, cette lumière qui s'affaiblit comme notre intelligence, ce soleil qui se refroidit comme nos amours, ces fleuves qui se glacent comme notre vie, ont des rapports secrets avec nos destinées.
>
> Lorsque le soir élevait une vapeur bleuâtre au carrefour des forêts, que les complaintes ou les lais du vent gémissaient dans les mousses flétries, j'entrais en pleine possession des sympathies de ma nature.[17]

Von *Avant la nuit* scheinen in *Les Plaisirs et les jours* nur einzelne Teile auf: einige Handlungselemente in *La Confession d'une jeune*

---

[16] Zit. Ausg.: Chateaubriand, *Mémoires d'outre-tombe*, hgg. M. Levaillant und G. Moulnier, 2 Bde (Bibliothèque de la Pléiade. 67. 71), Paris 1951, Bd 1, S. 94, 95.

[17] Ebd. Bd 1, S. 96.

fille, die Brise und das Gemisch von drei Düften im Prosagedicht *Marine*, die Abendstimmung endlich – als eigentliches Selbstzitat – in *La Mort de Baldassare Silvande*[18]. Sie dient dort als Dekor für eine imaginierte Sterbeszene und charakterisiert den in Mondanität und ästhetizistischer Künstlichkeit befangenen Protagonisten. Am Ende der Erzählung stellt Proust dem imaginierten den wirklichen Tod Baldassare Silvandes gegenüber. An die Stelle des äußeren und äußerlichen Landschaftsdekors – der beseelten Landschaft Chateaubriandscher Provenienz – tritt nun eine innere Szene, der Raum der Seele, den der Sterbende in seinen letzten Momenten durchmißt, und als Modelle für diese Landschaft der Seele stehen jetzt Baudelaire, die Todesszenen Tolstojs und die psychologischen Untersuchungen über die panoramische Lebensschau der Sterbenden am intertextuellen Horizont[19].

Die in *Les Plaisirs et les jours* erarbeitete Strategie der Konfrontation verschiedener intertextueller Bezugspunkte wird ein Hauptmerkmal von Prousts Literatur bleiben. Sie bestimmt, wie wir gesehen haben, den ganzen Anfang von *Du côté de chez Swann*. Außerdem wird sie dort, wiederum in Verbindung mit dem Selbstzitat, in einer Roman-Episode, den Kirchtürmen von Martinville, exemplarisch vorgeführt. In ihrer grundlegenden Studie über Proust und die Tradition des Prosagedichts hat I. Nolting-Hauff die kontextuelle Gegenüberstellung zweier Stile in dieser Episode klar herausgearbeitet[20], und auch Milly hat deutlich gezeigt[21], wie sich das illusionistische Landschaftsbild im "style Bergotte" vom explikativen Kontext abhebt. Was im (zitierten) Text des kleinen Marcel als beseelte Landschaft erscheint, wird in der Version des Erzählers zum reinen Spiel von Licht und Schatten, Ruhe und Bewegung, Linie und Fläche. Man vergleiche den Anfang und Schluß der beiden Texte.

---

[18] Vgl. Verf., "L'Autocitation chez Proust", *Modern Language Notes* 95 (1980) S. 1033–1048.

[19] Vgl. A. Henry, "*Les Plaisirs et les jours* – Chronologie et métempsychose", in *Études proustiennes* 1 (1973) S. 69–93, und G. Poulet, *L'Espace proustien*, Paris 1963, S. 137–177: "Appendice: Bergson – Le Thème de la vision panoramique des mourants et la juxtaposition".

[20] Vgl. "Prousts *A la recherche du temps perdu* und die Tradition des Prosagedichts" in *Poetica* 1 (1967) S. 67–84.

[21] *La Phrase de Proust* S. 132–137.

Die Version des Erzählers lautet:

> Au tournant d'un chemin j'éprouvai tout à coup ce plaisir spécial qui ne ressemblait à aucun autre, à apercevoir les deux clochers de Martinville, sur lesquels donnait le soleil couchant et que le mouvement de notre voiture et les lacets du chemin avaient l'air de faire changer de place, puis celui de Vieuxvicq qui, séparé d'eux par une colline et une vallée, et situé sur un plateau plus élevé dans le lointain, semblait pourtant tout voisin d'eux.
>
> En constatant, en notant la forme de leur flèche, le déplacement de leurs lignes, l'ensoleillement de leur surface, je sentais que je n'allais pas au bout de mon impression, que quelque chose était derrière ce mouvement, derrière cette clarté, quelque chose qu'ils semblaient contenir et dérober à la fois. (Bd 1, S. 180)

Und:

> À ce moment et comme nous étions déjà loin de Martinville, en tournant la tête je les aperçus de nouveau, tout noirs cette fois, car le soleil était déjà couché. Par moments les tournants du chemin me les dérobaient, puis ils se montrèrent une dernière fois, et enfin je ne les vis plus. (Bd 1, S. 181)

Im Prosagedicht dagegen steht:

> Seuls s'élevant du niveau de la plaine et comme perdus en rase campagne, montaient vers le ciel les deux clochers de Martinville. Bientôt nous en vîmes trois: venant se placer en face d'eux par une volte hardie, un clocher retardataire, celui de Vieuxvicq, les avait rejoints. Les minutes passaient, nous allions vite et pourtant les trois clochers étaient toujours au loin devant nous, comme trois oiseaux posés sur la plaine, immobiles et qu'on distingue au soleil. Puis le clocher de Vieuxvicq s'écarta, prit ses distances, et les clochers de Martinville restèrent seuls, éclairés par la lumière du couchant que même à cette distance, sur leurs pentes, je voyais jouer et sourire. (Ebd.)

Und:

> Mais, un peu plus tard, comme nous étions déjà près de Combray, le soleil étant maintenant couché, je les aperçus une dernière fois de

> très loin, qui n'étaient plus que comme trois fleurs peintes sur le ciel au-dessus de la ligne basse des champs. Ils me faisaient penser aussi aux trois jeunes filles d'une légende, abandonnées dans une solitude où tombait déjà l'obscurité; et tandis que nous nous éloignions au galop, je les vis timidement chercher leur chemin et, après quelques gauches trébuchements de leurs nobles silhouettes, se serrer les uns contre les autres, glisser l'un derrière l'autre, ne plus faire sur le ciel encore rose qu'une seule forme noire, charmante et résignée, et s'effacer dans la nuit. (Bd 1, S. 182)

Die Auseinandersetzung mit Chateaubriand vollzieht sich hier ausschließlich auf implizite Weise. Mit den Naturextasen Marcels in der Umgebung von Combray, mit der beseelten Landschaft und mit den ternären Reihen des Prosagedichts wird Chateaubriand in den Text gebracht, präsent gemacht; durch die Gegenüberstellung mit der Version des Erzählers, einer rationalen Landschaft, wird er reflektiert und auf Distanz gesetzt.

Später im Roman wird die Diskussion über Marcels Prosagedicht weitergeführt, wobei sowohl der Bezug auf den "style Bergotte" als auch jener auf Chateaubriand explizit zum Ausdruck kommen. Ein erstes Mal innerhalb jener zentralen Szene am Anfang von *A l'ombre des jeunes filles en fleurs*, wo Monsieur de Norpois zum ersten Mal bei Marcels Eltern diniert. Nachdem ihm der Vater voller Erwartung Marcels Prosagedicht vorgelegt und Marcel ihm von Bergotte vorgeschwärmt hat, fällt der illustre Gast sein Urteil:

> Je comprends mieux maintenant, en me reportant à votre admiration tout à fait exagérée pour Bergotte, les quelques lignes que vous m'avez montrées tout à l'heure et sur lesquelles j'aurais mauvaise grâce à ne pas passer l'éponge, puisque vous avez dit vous-même en toute simplicité, que ce n'était qu'un griffonage d'enfant (je l'avais dit, en effet, mais je n'en pensais pas un mot). A tout péché miséricorde et surtout aux péchés de jeunesse. Après tout d'autres que vous en ont de pareils sur la conscience, et vous n'êtes pas le seul qui se soit cru poète à son heure. Mais on voit dans ce que vous m'avez montré la mauvaise influence de Bergotte. (Bd 1, S. 473 f.)

Ähnlich urteilt, nachdem Marcels Prosagedicht endlich in *Le Figaro* erschienen ist, Monsieur de Guermantes in *La Fugitive*:

> Quand M. de Guermantes eut terminé la lecture de mon article, il m'adressa des compliments d'ailleurs mitigés. Il regrettait la forme un peu poncive de ce style où il y avait "de l'enflure, des métaphores comme dans la prose démodée de Chateaubriand" (...) (Bd 3, S. 589)

Die Kritik an der poetischen Prosa Chateaubriandscher Prägung, die sich am Beispiel der Kirchtürme von Martinville in drei durch weite Zwischenräume getrennten Passagen der *Recherche* artikuliert, hat im Kapitel "La Première classe de M. Beulier" von *Jean Santeuil* eine bemerkenswerte Vorstufe. Es ist eine Szene, in der ein Schulaufsatz Jeans durch den Philosophielehrer, Monsieur Beulier, besprochen und kritisiert wird. Aus dem Aufsatz werden einige Stellen zitiert, wobei anzunehmen ist, daß es sich diesmal eher um Selbst-Parodien als um Selbst-Zitate Prousts handelt: "Les rouges incendies du couchant", oder: "On y respirait les senteurs enivrantes, pleines de suggestions obscures, du lilas et de l'héliotrope." Die ganze Szene kann als Parodie des Dilettantismus eines Barrès gelten, doch taucht mit dem Duft des Heliotrop hinter dem von Jean schwärmerisch verehrten Meister ein weiteres Mal Chateaubriand im Hintergrund auf, der dann auch im Kommentar Beuliers zu den "rouges incendies du couchant" ausdrücklich genannt wird:

> (...) comment osez-vous écrire cela? C'est de la couleur pour un petit journal d'où, voyons, de province, non plus même, des côlônies. Peut-être, que sais-je, le redacteur du *Fanal de Mozambique* émaille-t-il un article, peut-être, de ces verrôteries et les dames de là-bas y reconnaissent leur Chateaubriand. (S. 263)

Eher noch als Chateaubriand selbst werden hier seine Nachfolger und Nachahmer bis hin zu Proust selbst aufs Korn genommen – jene das ganze 19. Jahrhundert durchziehende Literatur, die aus der Romantik eine Handelsware gemacht hat:

> De même, vous parlez tout le temps de parfums exquis, d'odeurs embaumantes. Qu'est-ce que cela dit à l'imagination? C'est l'écœurante marchandise des petits parfumeurs de lettres. (Ebd.)

Wer es nicht lassen kann, Romanfiguren als Sprachrohr des Autors aufzufassen, wird hier Proust eher auf der Seite des Lehrers als auf jener des Schülers suchen. Ein Vergleich mit den Szenen aus der *Recherche* zeigt jedoch, daß Beulier im Grunde dieselbe Sprache spricht wie Monsieur de Norpois und Monsieur de Guermantes: eine Sprache zwar der Vernunft, aber auch des Banausentums[22].

Auch die Sprache von Jeans Schulaufsatz hat Proust in der *Recherche* sichtbar gemacht. Während in Marcels Prosagedicht eine authentische Beschäftigung mit romantischer Dichtung zum Ausdruck kommt, tritt uns deren pervertierte und banalisierte Form in der Figur Legrandins entgegen. Mit "la brise fraîche encore des dernières gelées et qui va entr'ouvrir, pour les deux papillons qui depuis ce matin attendent à la porte, la première rose de Jérusalem" (Bd 1, S. 126), mit "musique (...) que joue le clair de lune sur la flûte du silence" (Bd 1, S. 127) oder mit "un teint de fleur, d'œillet ou d'hydrangea" und "le coucher de soleil rouge et or" (Bd 1, S. 130) möchte er es Chateaubriand gleichtun – wie sein Name ironisch anzeigt, ist Legrandin ein kleiner Gernegroß –, während er (anläßlich eines Nachtessens im Mondschein) mit "aux cœurs blessés comme l'est le mien, un romancier que vous lirez plus tard prétend que conviennent seulement l'ombre et le silence" (Bd 1, S.127) eine Pose einnimmt, die gleichermaßen auf Chateaubriand und auf Balzac verweist (vgl. dessen Epigraph zu *Le Médecin de campagne*: "Aux cœurs blessés, l'ombre et le silence").

Während so seine Romanfiguren (Jean, Marcel, Legrandin, Monsieur Beulier, Monsieur de Norpois, Monsieur de Guermantes) auf Schwärmerei, Schöngeisterei oder kritische Ablehnung beziehungsweise Banausentum festgelegt sind, erscheint Proust als derjenige, der durch kunstvolle Inszenierung seines Textes und seiner Geschichte die poetische Prosa Chateaubriandscher Prägung gleichzeitig in ihrer ästhetischen Qualität und in ihrem literarhistorischen sowie autobiographischen Ort zur Darstellung bringt. Mit Zitat, Imitation, Parodie, Pastiche, mit der Konfrontation mehrerer Texte im gleichen Kontext, der Inszenierung von Kritik in Romanszenen und der Inkarnation literarischer oder ideologischer Positionen in Romanfiguren sind die wesentlichen Ausdrucksformen von Prousts

---

[22] Henry hat gezeigt, daß sich in Norpois der Geist der *Revue des Deux Mondes* und im speziellen eines ihrer Mitarbeiter, Francis Charmes, inkarniert (vgl. *Proust romancier* S. 7–22).

Dialog mit Chateaubriand genannt. Was die Themen dieses Dialogs betrifft, muß nach der Erinnerung (signalisiert durch das Schlagen der Drossel), den Blumen (mit dem Heliotrop im Zentrum) und den beseelten Landschaften noch – als wohl häufigstes Romantik-Signal – auf die Mondscheinszenen hingewiesen werden.

Wir beginnen mit einer humoristischen Version des Themas in *A l'ombre des jeunes filles en fleurs*, wo sich Marcel auf den Spazierfahrten mit Madame de Villeparisis mit ihr über die von ihm bewunderten Dichter des 19. Jahrhunderts unterhält:

> Souvent le jour était tombé avant que nous fussions de retour. Timidement je citais à Madame de Villeparisis, en lui montrant la lune dans le ciel, quelque belle expression de Chateaubriand ou de Vigny ou de Victor Hugo: "Elle répandait ce vieux secret de mélancolie" ou "pleurant comme Diane au bord de ses fontaines" ou "L'ombre était nuptiale, auguste et solennelle."
>
> – Et vous trouvez cela beau? me demandait-elle, "génial", comme vous dites? Je vous dirai que je suis toujours étonnée de voir qu'on prend maintenant très au sérieux des choses que les amis de ces messieurs, tout en rendant pleine justice à leurs qualités, étaient les premiers à plaisanter. On ne prodiguait pas le nom de génie comme aujourd'hui, où si vous dites à un écrivain qu'il n'a que du talent il prend cela pour une injure. Vous me citez une grande phrase de M. de Chateaubriand sur le clair de lune. Vous allez voir que j'ai mes raisons pour y être réfractaire. M. de Chateaubriand venait bien souvent chez mon père. (...) Quant aux phrases de celui-ci sur le clair de lune, elles étaient tout simplement devenues une charge à la maison. Chaque fois qu'il faisait clair de lune autour du château, s'il y avait quelque invité nouveau, on lui conseillait d'emmener M. de Chateaubriand prendre l'air après le dîner. Quand ils revenaient, mon père ne manquait pas de prendre à part l'invité: "M. de Chateaubriand a été bien éloquent? – Oh! oui. – Il vous a parlé du clair de lune. – Oui, comment savez-vous? – Attendez, ne vous a-t-il pas dit, et il lui citait la phrase. – Oui, mais par quel mystère? – Et il vous a parlé même du clair de lune dans la campagne romaine. – Mais vous êtes sorcier." Mon père n'était pas sorcier, mais M. de Chateaubriand se contentait de servir toujours un même morceau tout préparé. (Bd 1, S. 721 f.)

Zwar steht dieses Gespräch im unmittelbaren Zusammenhang von Prousts Auseinandersetzung mit Sainte-Beuve, als dessen Inkarnation Madame de Villeparisis gelten muß, doch fügt es sich auch in den weiteren Kontext seines Dialogs mit der Romantik. Kritisch beleuchtet – durch die Gegenüberstellung zweier Romanfiguren – werden hier allerdings weniger Chateaubriand, Vigny oder Hugo selbst als zwei Möglichkeiten ihrer Rezeption: die Impotenz des Schwärmers und die Präpotenz des Banausen. Prousts eigene Romantik-Rezeption hat, wie wir bereits gesehen haben, mit derjenigen seiner Romanfiguren wenig gemeinsam, doch finden sich partizipierende Aneignung (vgl. die Zitate Marcels) und kritische Distanzierung (vgl. die Anekdoten Madame de Villeparisis') auch bei ihm, d. h. in seinen Texten, was an zwei weiteren Mondscheinszenen, aus *Les Plaisirs et les jours* und *La Prisonnière*, gezeigt werden soll.

Sonate clair de lune ist das neunte der in "Les Regrets – Rêveries couleur du temps" zusammengefaßten Prosastücke. Wie in *Avant la nuit* folgt die Erzählung dem Ablauf der Tageszeiten, spielt die Handlung an der Küste der Normandie und treten Figuren auf, die schon mit ihren Namen (Leslie, Assunta usw.) ästhetizistisches Raffinement ausdrücken. Gleich zu Beginn zeichnet sich der literarische Horizont ab, vor dem der Text sich entwickeln wird, nämlich Chateaubriand beziehungsweise dessen Weiterleben in der Literatur des 19. Jahrhunderts:

> Plus que les fatigues du chemin, le souvenir et l'appréhension des exigences de mon père, de l'indifference de Pia, de l'acharnement de mes ennemis, m'avaient épuisé. Pendant le jour, la compagnie d'Assunta, son chant, sa douceur avec moi qu'elle connaissait si peu, sa beauté blanche, brune et rose, son parfum persistant dans les rafales du vent de mer, la plume de son chapeau, les perles à son cou, m'avaient distrait. (S. 116)

Es folgt eine Traumerzählung mit Sonnenuntergang und Abenddämmerung und schließlich, nach dem Traum, die eigentliche Mondscheinszene:

> J'ouvris les yeux. Splendide et blême, mon rêve s'étendait autour de moi. (...) Le feuillage d'un peuplier de Hollande retourné par un souffle insensible étincelait. On voyait des vagues et des voiles

blanches sur la mer, le ciel était clair, la lune s'était levée. Par moments, de légers nuages passaient sur elle, mais ils se coloraient alors de nuances bleues dont la pâleur était profonde comme la gelée d'une méduse ou le cœur d'une opale. (...) Tout d'un coup, un bruit léger s'éveilla longuement comme une inquiétude, rapidement grandit, sembla rouler sur le bois. C'était le frisson des feuilles froissées par la brise. Une à une je les entendais déferler comme des vagues sur le vaste silence de la nuit tout entière. Puis ce bruit même décrut et s'éteignit. Dans l'étroite prairie allongée devant moi entre les deux épaisses avenues de chênes, semblait couler un fleuve de clarté, contenu par ces deux quais d'ombre. (S. 117)

Jamais, en effet, les bois n'avaient dormi si profondément, on sentait que la lune en avait profité pour mener sans bruit dans le ciel et dans la mer cette grande fête pâle et douce. (S. 118 f.)

Je ne comprenais pas quelle mystérieuse ressemblance unissait mes peines aux solennels mystères qui se célébraient dans les bois, au ciel et sur la mer, mais je sentais que leur explication, leur consolation, leur pardon était proféré, et qu'il était sans importance que mon intelligence ne fût pas dans le secret, puisque mon cœur l'entendait si bien. J'appelai par son nom ma sainte mère la nuit, ma tristesse avait reconnu dans la lune sa sœur immortelle, la lune brillait sur les douleurs transfigurées de la nuit et dans mon cœur, où s'étaient dissipés les nuages, s'était levée la mélancolie. (S. 118)

Der einsamen Naturextase läßt Proust im zweiten Teil – als weiteres Romantik-Cliché – jene des Paares folgen:

Je rapprochai sa tête de la mienne. Elle sourit, je me mis à pleurer, je vis qu'elle pleurait aussi. Alors nous comprîmes que la lune pleurait et que sa tristesse était à l'unisson de la nôtre. Les accents poignants et doux de sa lumière nous allaient au cœur. Comme nous, elle pleurait, et comme nous faisons presque toujours, elle pleurait sans savoir pourquoi, mais en le sentant si profondément qu'elle entraînait dans son doux désespoir irrésistible les bois, les champs, le ciel, qui de nouveau se mirait dans la mer, et mon cœur qui voyait enfin clair dans son cœur. (Ebd.)

Daß Mondscheinszenen eine Spezialität Chateaubriands sind, daran erinnert Proust mit der von Madame de Villeparisis erzählten Anekdote. Während er dort jedoch einen Text aus *Atala* zitiert[23] und auf Szenen aus dem *Voyage en Italie* anspielt[24], rücken hier Bilder aus dem *Génie du christianisme* ins Blickfeld. Eines davon sei in Erinnerung gerufen:

> Un soir je m'étais égaré dans une forêt, à quelque distance de la cataracte de Niagara; bientôt je vis le jour s'éteindre autour de moi, et je goûtais, dans sa solitude, le beau spectacle d'une nuit dans les déserts du Nouveau-Monde.
>
> Une heure après le coucher du soleil, la lune se montra au-dessus des arbres, à l'horizon opposé. Une brise embaumée, que cette reine des nuits amenait de l'orient avec elle, semblait la précéder dans les forêts comme sa fraîche haleine. L'astre solitaire monta peu à peu dans le ciel: tantôt il suivait paisiblement sa course azurée; tantôt il reposait sur des groupes de nues qui ressemblaient à la cime de hautes montagnes couronnées de neige. Ces nues, ployant et déployant leurs voiles, se déroulaient en zones diaphanes de satin blanc, se dispersaient en légers flocons d'écume, ou formaient dans les cieux des bancs d'une ouate éblouissante, si doux à l'œil, qu'on croyait ressentir leur mollesse et leur élasticité.
>
> La scène sur la terre n'était pas moins ravissante: le jour bleuâtre et velouté de la lune descendait dans les intervalles des arbres, et poussait des gerbes de lumière jusque dans l'épaisseur des plus profondes ténèbres. La rivière qui coulait à mes pieds, tour à tour

---

[23] Der Text stammt aus der Begräbnisszene: "La lune prêta son pâle flambeau à cette veillée funèbre. Elle se leva au milieu de la nuit, comme une blanche vestale qui vient pleurer sur le cercueil d'une compagne. Bientôt elle répandit dans les bois ce grand secret de mélancolie, qu'elle aime à raconter aux vieux chênes et aux rivages antiques des mers." (Zit. Ausg.: Chateaubriand, *Œuvres romanesques et voyages*, hg. M. Regard, 2 Bde [Bibliothèque de la Pléiade. 209 210], Paris 1969, Bd 1, S. 89)

[24] Vgl. das Kapitel "Promenade dans Rome, au clair de lune" in *Voyage en Italie, Œuvres romanesques et voyages* Bd 2, S. 1457 f. Man denkt auch an das fünfte Kapitel des 39. Buches der *Mémoires d'outre-tombe*: "Qu'elle est admirable, cette nuit, dans la campagne romaine! La lune se lève derrière la Sabine pour regarder la mer; elle fait sortir des ténèbres diaphanes les sommets cendrés de bleu d'Albano, les lignes plus lointaines et moins gravées du Soracte." (Bd 2, S. 725)

> se perdait dans les bois, tour à tour reparaissait brillante des constellations de la nuit, qu'elle répétait dans son sein. Dans une savane, de l'autre côté de la rivière, la clarté de la lune dormait sans mouvement sur les gazons: des bouleaux agités par les brises, et dispersés ça et là, formaient des îles d'ombres flottantes sur cette mer immobile de lumière. Auprès, tout aurait été silence et repos, sans la chute de quelques feuilles, le passage d'un vent subit, le gémissement de la hulotte; au loin par intervalles, on entendait les sourds mugissements de la cataracte de Niagara, qui dans le calme de la nuit, se prolongeaient de désert en désert, et expiraient à travers les forêts solitaires.[25]

Eher noch als die grandiosen Landschaftsbilder aus der neuen Welt (trotz zahlreicher gemeinsamer Motive) erinnert aber *Sonate clair de lune* – wie schon *Avant la nuit* – an den Anfang der *Mémoires d'outre-tombe*: an die Mondscheinszenen in der Bretagne[26], an die beseelten Landschaften, die sympathetische Vereinigung mit der Natur; dann auch an die mysteriöse Frauenfigur aus Chateaubriands Traumwelt, die Sylphide; und immer wieder an die rhythmischen und lautlichen Eigenheiten von Chateaubriands Stil. Darüber hinaus spiegelt Prousts Text mit seinen zahlreichen Anspielungen auf die Muttergottes (mit "sainte mère", mit "Assunta", mit dem Mondsymbol usw.) Chateaubriands religiöse Thematik. Vor diesem Hintergrund scheint nun Proust alles, was das 19. Jahrhundert – von Vigny zu Verlaine, von Beethoven zu Fauré oder Debussy, von Carus zu den Präraffaeliten oder den Symbolisten – zum Thema Mondschein gesagt hat, zusammenfassen und darstellen zu wollen. Seine Assunta mutet tatsächlich wie eine präraffaelitische Illustration zu *Atala* an. Die partizipierende Aneignung romantischer und romantisierender Themen und Stilelemente erreicht hier einen Sättigungsgrad, der Prousts Text als eine Art Mondschein-Pastiche erscheinen läßt. Die bewußte und ausschließliche Verwendung charakteristischer Merkmale, wie sie für das Pastiche wesensbestimmend ist,

[25] I, 5, 12. Zit. Ausg.: Chateaubriand, *Essai sur les révolutions – Génie du christianisme*, hg. M. Regard (Bibliothèque de la Pléiade. 272), Paris 1978, S. 591 f.

[26] "Mais ce qu'il faut admirer en Bretagne, c'est la lune se levant sur la terre et se couchant sur la mer." (Bd 1, S. 42)

hebt den Autor dieses Textes über die blinde Nachahmung romantischer Mondscheinszenen hinaus[27]. Traum- und Sprachvergessenheit, d. h. die Unmittelbarkeit des Subjekts zu seinem Diskurs, die Warning als blinde Stelle der romantischen Poetik bezeichnet hat[28], werden hier, wie schon in *Avant la nuit*, durch Imitation und Pastiche überwunden.

Mit den kontextuellen Gegenüberstellungen in *La Mort de Baldassare Silvande*, in der Episode der Kirchtürme von Martinville oder in der *Recherche* im allgemeinen entwickelt Proust eine weitere Textstrategie, die es ihm erlaubt, gleichzeitig Faszination zu äußern und blinder Faszination die Augen zu öffnen. Wie H. R. Jauß[29] und Warning[30] nachgewiesen haben, bestimmt eine entsprechende Strategie die Erzählstruktur der *Recherche*. Sie besteht darin, den Hiat zwischen erzählendem und erzähltem Ich bis zum Ende nicht aufzulösen und damit der Sprachvergessenheit romantischer Autobiographie zu entgehen.

Eine Brechung romantischer Unmittelbarkeit auf der Ebene der Geschichte liegt unserem letzten Beispiel zu Grunde. Es ist jene Mondscheinszene am Ende von *La Prisonnière*, in der Marcel und Albertine ein letztes Mal gemeinsam auftreten[31]:

> Nous revînmes très tard, dans une nuit où, ça et là, au bord du chemin, un pantalon rouge à côté d'un jupon révélaient des couples amoureux. Notre voiture passa la porte Maillot pour rentrer. Aux monuments de Paris s'était substitué, pur, linéaire, sans épaisseur, le dessin des monuments de Paris, comme on eût fait pour une ville détruite dont on eût voulu relever l'image; mais, au bord de celle-ci

---

[27] Mit dem Ausdruck "critique en action" hat Proust seine Pastiches selbst als eine Art immanenter Literaturkritik bezeichnet; vgl. den Brief an Robert Dreyfus vom 17. März 1908, in M. Proust, *Correspondance*, hg. Ph. Kolb, Paris 1970 ff., Bd 8, S. 61.

[28] "Supplementäre Individualität" S. 463 f.

[29] *Zeit und Erinnerung in Marcel Prousts* A la recherche du temps perdu (Suhrkamp-Taschenbuch Wissenschaft. 587), Frankfurt a. M. ^{3}1986 (Heidelberg ^{1}1955), S. 275–282.

[30] "Supplementäre Individualität".

[31] Korrekterweise plaziert J. Milly in seiner Ausgabe (Garnier-Flammarion, Paris 1985, S. 520) den Besuch in der Konditorei, den die Pléiade-Ausgabe folgen läßt (Bd 3, S. 408–410), unmittelbar vor der Mondscheinszene.

s'élevait avec une telle douceur la bordure bleu pâle sur laquelle elle se détachait que les yeux altérés cherchaient partout encore un peu de cette nuance délicieuse qui leur était trop avarement mesurée: il y avait clair de lune. Albertine l'admira. Je n'osai lui dire que j'en aurais mieux joui si j'avais été seul ou à la recherche d'une inconnue. Je lui récitai des vers ou des phrases de prose sur le clair de lune, lui montrant comment d'argenté qu'il était autrefois, il était devenu bleu avec Chateaubriand, avec Victor Hugo d'*Eviradnus* et de la *Fête chez Thérèse*, pour redevenir jaune et métallique avec Baudelaire et Leconte de Lisle. Puis, lui rappelant l'image qui figure le croissant de la lune à la fin de *Booz endormi*, je lui récitai toute la pièce. (Bd 3, S. 406 f.)

Nach den Mondscheinszenen aus *Atala*, dem *Voyage en Italie* und den *Mémoires d'outre-tombe* wird hier ein Text aus dem *Génie du christianisme* aufgerufen[32], doch ist außer dem Thema und der blauen Färbung des Himmels in Prousts Nachtbild von Chateaubriand nicht mehr viel zu spüren. Wie in den von Warning interpretierten Szenen mit der schlafenden Albertine verwendet hier Proust romantische Thematik, um sie zu brechen und auf Distanz zu setzen. Die Distanz zur Romantik soll in der romantischen Szenerie selbst erscheinen. In den Passagen über "Albertine endormie" entsteht der Bruch durch den Gegensatz zwischen Geschichte (beziehungsweise Romanfigur) und Text: Während Marcel durchaus die Vereinigung mit Albertine sucht und mit der romantischen Metaphorik des Textes partizipiert, bricht Proust die Partizipation seiner Figur durch eine raffinierte, zugleich intra- und intertextuelle Strategie, die der verwendeten Metaphorik ihren Grund entzieht – "er läßt eine traditionelle Metaphorik weiterlaufen ohne ihr traditionelles epistemologisches Fundament."[33] In unserer Mondscheinszene fehlt romantische Partizipation schon auf der Ebene der Geschichte. Vereinigung in Liebe wird zwar zu Beginn des Textes als Farbkleckse am Straßenrand gezeigt (wobei die genannten Kleidungsstücke deutlich machen, daß es nicht primär um Vereinigung der Seelen geht), doch zwischen Marcel und Albertine herrscht völlige Entfremdung. In *Sonate clair de lune* hat Proust die sprachlose Versunkenheit

[32] S. oben S.18.

[33] "Supplementäre Individualität" S. 449.

der Liebenden im Anblick des Mondes als konstituierendes Element der romantischen Mondscheinszenen exemplarisch vorgeführt. Hier setzt er, ebenso exemplarisch, an die Stelle des Schweigens das Sprechen. Anstatt die Welt und sich selbst zu vergessen, anstatt sich der Natur und der Geliebten anzuvertrauen und hinzugeben, zitiert Marcel Literatur. Natur wird nicht mehr unmittelbar erfaßt, sondern durch Literatur reflektiert. So kann die Szene durchaus auch als mise en abyme von Prousts intertextueller Praxis und damit seines Schreibens überhaupt gelesen werden.

Intertextuelle Schreibpraxis, deren mannigfache Ausdrucksformen im vorangehenden zur Sprache gekommen sind, bildet gewiß einen Gegensatz zur romantischen Poetik der Unmittelbarkeit und ist ein Merkmal von Prousts Modernität, doch hat auch sie eine historische Dimension. Mit ihr weist Proust hinter die romantische Literatur der unmittelbaren Selbstfindung zurück auf eine moralistische Literatur des gebrochenen Bewußtseins und der Selbstsuche, in der sich das Subjekt – wie Marcel im Zitat – im Exemplum zu konstituieren sucht. Die Mondscheinszene aus Shakespeares *Merchant of Venice* (V,1) kann als Beispiel herangezogen werden. Dort feiern Lorenzo und Jessica ihre endlich erfolgte glückliche Vereinigung, indem sie sich im Anblick des Mondes an klassische Mondnächte der Weltliteratur erinnern und Troilus und Cressida, Thisbe, Dido und Medea evozieren. Während jedoch Jessicas und Lorenzos Zitieren auf die Erfüllung ihrer Liebe hinausläuft, besiegelt Marcels Zitieren das Ende seiner Beziehung zu Albertine. Es versöhnt ihn weder mit der Welt, noch mit der Geliebten, noch mit sich selbst.

Das Phänomen der Entfremdung, wie es sich – auf der Ebene der Geschichte – in Marcels Zitaten aus der Mondscheindichtung äußert, ist auf der Ebene des Textes schon in Prousts Nachtbild augenfällig, indem dieses ein romantisches Motiv in moderner Verfremdung vorführt. Anstelle einer beseelten Landschaft in Chateaubriandscher Manier zeigt Proust – wie schon in der Erzähler-Version der Kirchtürme – ein Bild, das ganz auf Linien, Umrisse und Farbtöne reduziert ist. Er nimmt den beseelten Landschaften Chateaubriands die Seele, wobei das Ziel der intertextuellen Auseinandersetzung im ersten Fall (mit dem Prosagedicht Marcels) gezeigt, im zweiten (mit "Chateaubriand") genannt wird. In Korrektur der romantischen Rousseau-Rezeption löst Proust das Subjekt von der

Natur und läßt es sich in seiner Fremdheit erfahren, gleichzeitig löst er die Natur aus ihrer Bindung an die Gefühle des Subjekts und läßt sie in Landschaftsbildern "ohne Seele" in neuer Schönheit erscheinen[34].

III. Landschaften der Seele

Im vorangehenden Kapitel wurde gezeigt, in welcher Weise sich Proust mit der Naturdichtung auseinandersetzt. Wohl läßt er in seinem Werk beseelte Landschaften erscheinen, verfremdet sie jedoch mit allen Mitteln seiner intertextuellen Praxis: von Zitat, Imitation oder Pastiche bis zur kontextuellen Gegenüberstellung und schließlich zur Erschaffung eines neuen Landschaftstyps, einer entseelten Landschaft, in dem die beseelte Landschaft der Romantik nicht mehr als solche sichtbar ist, jedoch als abwesende – wie die klassische Metrik im Prosagedicht oder im freien Vers[35] – am Horizont stehen bleibt.

Dort jedoch, wo die Romantik ihren Blick nach innen wendet, den inneren Raum erforscht und Landschaften der Seele oder des Bewußtseins entwirft, wird sie von Proust ohne Verfremdungseffekte übernommen und weiterentwickelt[36].

Mit der Schlußszene aus *La Mort de Baldassare Silvande* wurde bereits eine Passage genannt, in der sich (im Bezug auf Tolstoj, Baudelaire und auch – in der Thematik der panoramischen Lebensschau der Sterbenden – auf de Quincey) der innere Raum zur Seelenlandschaft ausformt.

Schon in der zwei Jahre vor *Baldassare Silvande* entstandenen Erzählung *Mélancolique villégiature de Mme de Breyves* (1893) hat

---

[34] Als weitere Beispiele können zwei Mondscheinszenen aus *Du côté de chez Swann* angeführt werden (Bd 1, S. 32, 114) oder dann – in einem anderen Genre – die Seestücke, die "marines" in *A l'ombre des jeunes filles en fleurs* (Bd 1, S. 802–806).

[35] Vgl. H.-J. Frey, "Verszerfall", in H.-J. F./O. Lorenz, *Kritik des freien Verses*, Heidelberg 1980, S. 9–81.

[36] Dieser Prozeß der Aneignung kann hier nur skizziert werden. Er verdient jedoch eine ausführliche Untersuchung, in der die Intuitionen und Thesen Henrys am konkreten Textbeispiel überprüft werden müßten.

Proust den Raum des Bewußtseins als eigentliches Landschaftsbild gestaltet. Die erinnernde Rückschau Madame de Breyves' auf ihre Liebe, ihr Rechenschaftsbericht, wird von Proust am Ende des vierten Kapitels als eine Katabase in die Abgründe der Seele aufgefaßt, wobei der Text mit zunehmender Deutlichkeit seinen Bezug auf Baudelaire zu erkennen gibt: mit dem anaphorisch verwendeten "elle maudissait", mit den Gipfeln, Horizonten und Abgründen, dem übernatürlichen Licht, dem Sonnenuntergang, dann auch mit der kryptisch in den Text eingeschriebenen Reminiszenz an das Gedicht *A une Madone* aus den *Fleurs du mal* und dem ausdrücklichen Zitat aus dem Prosagedicht *Le* Confiteor *de l'artiste.* Wir zitieren die zweite Hälfte des Textes:

> Elle maudissait enfin sa pensée sous ses plus divines espèces, le don suprême qu'elle avait reçu et à qui l'on a, sans avoir su lui trouver son nom véritable, donné tous les noms, – intuition du poète, extase du croyant, sentiment profond de la nature et de la musique, – qui avait mis devant son amour des sommets, des horizons infinis, les avait laissés baigner dans la surnaturelle lumière de son charme et avait en échange prêté à son amour un peu du sien, qui avait intéréssé à cet amour, solidarisé avec lui et confondu toute sa plus haute et sa plus intime vie intérieure, avait consacré à lui, comme le tresor d'une église à la Madone, tous les plus précieux joyaux de son cœur et de sa pensée, de son cœur, qu'elle écoutait gémir dans les soirées ou sur la mer dont la mélancolie et celle qu'elle avait de ne le point voir étaient maintenant sœurs: elle maudissait cet inexprimable sentiment du mystère des choses où notre esprit s'abîme dans un rayonnement de beauté, comme le soleil couchant dans la mer, pour avoir approfondi son amour, l'avoir immatérialisé, élargi, infinisé sans l'avoir rendu moins torturant, "car (comme l'a dit Baudelaire, parlant des fins d'aprés-midi d'automne) il est des sensations dont le vague n'exclut pas l'intensité et il n'est pas de pointe plus acérée que celle de l'infini". (S. 75)

Wer das abschließende Zitat auf seinen ursprünglichen Kontext erweitert, erkennt, daß auch der Bezug auf Baudelaire innerhalb von Prousts Auseinandersetzung mit den beseelten Landschaften der Romantik verstanden werden kann, indem schon bei Baudelaire die Analogie zwischen Mensch und Natur problematisiert wird und bald unter dem Zeichen der Faszination und der Partizipation, bald unter jenem der Distanz und der Ablehnung erscheint[37].

Was die Ausformung des inneren Raumes betrifft, greift Proust, wie wir gezeigt haben, im wesentlichen auf Baudelaire zurück. Unmittelbar vor der langen Sequenz von Baudelaire-Reminiszenzen wird jedoch erzählt (und mit einem Zitat unterstrichen), wie Madame de Breyves' Liebe sich in einem Motiv aus den *Meistersingern* fixiert, wie dieses Motiv sie verfolgt und – wie ein Leitmotiv Wagners – die Figur ihres Geliebten evozieren und inkarnieren kann. Die Verbindung von Baudelaire und Wagner, die schon durch Baudelaires Aufsatz *Richard Wagner et* Tannhäuser *à Paris* gegeben ist, wird für Prousts Beschreibung des inneren Raumes bestimmend bleiben, handle es sich um die Darstellung von Erinnerung, ästhetischer Erfahrung oder von Bewußtseinsvorgängen im allgemeinen.

Zu Beginn des Vorwortes von *La Bible d'Amiens*, wo Proust sein Zitieren von Parallelstellen, die dem Leser einen Gesamteindruck von Ruskin vermitteln sollen, rechtfertigt, gleichzeitig aber die Literaturkritik als solche in Frage stellt, steht der Raum der ästhetischen Erfahrung, die schon hier wesentlich an Erinnerung gebunden ist, wiederum unter dem Zeichen der Wagnerschen Leitmotive (repräsentiert durch die Parallelstellen) und erscheint wiederum als Baudelairesche Seelenlandschaft. Nach der vorangehenden Rechtfertigung sagt Proust in poetischen Bildern, was seine Methode kann und was sie nicht kann (d. h. was der Dichtung oder der Lektüre von Dichtung vorbehalten bleibt):

> Ainsi j'ai essayé de pourvoir le lecteur comme d'une mémoire improvisée où j'ai disposé des souvenirs des autres livres de Ruskin, – sorte de caisse de résonance, où les paroles de *La Bible d'Amiens* pourront prendre quelque retentissement en y éveillant des échos fraternels. Mais aux paroles de *La Bible d'Amiens* ces échos ne répondront pas sans doute, ainsi qu'il arrive dans une mémoire qui s'est faite elle-même, de ces horizons inégalement lointains, habituellement cachés à nos regards et dont notre vie elle-même a mesuré jour par jour les distances variées. Ils n'auront pas, pour venir rejoindre la parole présente dont la ressemblance les a attirés,

[37] Neben *Le* Confiteor *de l'artiste* vgl. besonders die Opposition, in den *Fleurs du mal*, von *Correspondances* und *Obsession.*

à traverser la résistante douceur de cette atmosphère interposée qui a l'étendue même de notre vie et qui est toute la poésie de la mémoire.[38]

Unter der gleichen intertextuellen Konstellation wird Proust in *A la recherche du temps perdu* seine eigene "poésie de la mémoire" verwirklichen, wobei Wagners Leitmotivtechnik besonders in der Disposition des thematischen Materials, z. B. in der Verteilung der Natur-, Erinnerungs- und Kunstextasen über den ganzen Roman, die Baudelaireschen Seelenlandschaften jedoch eher in der Ausformung des inneren Raumes zum Ausdruck kommen. Wieweit Prousts Beschreibung von Bewußtseinsvorgängen auch anderen Quellen – etwa Schelling und Schopenhauer – verpflichtet ist, bleibt auch nach den Studien A. Henrys in den meisten Fällen noch im Detail zu untersuchen. An dieser Stelle aber muß eine umfassende Untersuchung von Prousts Innenräumen und Seelenlandschaften unterbleiben. Im Anschluß an die Texte aus *Mélancolique villégiature* und *La Bible d'Amiens* sei jedoch abschließend auf drei Passagen aus *La Prisonnière* hingewiesen, in denen die Beschäftigung Prousts mit Baudelaire und Wagner eine besonders intensive ist:

Die erste – mit verschiedenen, sich überlagernden Bildern Albertines – scheint direkt am Text aus dem Vorwort zu *La Bible d'Amiens* anzuknüpfen:

> Entre les deux décors, si différents l'un de l'autre, de Balbec, il y avait l'intervalle de plusieurs années à Paris, sur le long parcours desquelles se plaçaient tant de visites d'Albertine. Je la voyais aux différentes années de ma vie, occupant par rapport à moi des positions différentes qui me faisaient sentir la beauté des espaces interférés, ce long temps révolu où j'étais resté sans la voir, et sur la diaphane profondeur duquel la rose personne que j'avais devant moi se modelait avec de mystérieuses ombres et un puissant relief. Il était dû, d'ailleurs, à la superposition non seulement des images successives qu'Albertine avait été pour moi, mais encore des gran-

[38] In den *Pastiches et mélanges* ist der buchstäblich kapitale Text leider in eine Fußnote hinuntergerutscht. Zit. Ausg.: M. Proust, *Contre Sainte-Beuve précédé de Pastiches et mélanges et suivi de Essais et articles*, hgg. P. Clarac und Y. Sandre (Bibliothèque de la Pléiade. 229), Paris 1978, S. 74, Anm. 2 auf S. 74–76, Zitat: S. 76.

des qualités d'intelligence et de cœur, des défauts de caractère, les uns et les autres insoupçonnés de moi, qu'Albertine, en une germination, une multiplication d'elle-même, une efflorescence charnue aux sombres couleurs, avait ajoutés à une nature jadis à peu près nulle, maintenant difficile à approfondir. (Bd 3, S. 68 f.)

Die zweite Passage (Bd 3, S. 158–162) expliziert die Bedeutung Wagners für Prousts Romantechnik. Sie schildert, wie Marcel auf dem Klavier die Geigensonate Vinteuils spielt, durch ein Motiv an Wagner erinnert wird, die Partitur des *Tristan* über die Sonate legt und schließlich am Beispiel der Schalmei des Hirten über die Wagnersche Wiederkehr der Motive meditiert. Mit der Partitur des *Tristan* über den Noten von Vinteuils Sonate zeigt Proust – en abyme – in einem szenischen Detail ein Kompositionsprinzip seines Romans, nämlich die Überlagerung und Inbezugsetzung von Themen, Figuren, Teilen und Texten: Swann und Marcel, Großmutter und Mutter, "Un Amour de Swann" und *La Prisonnière* oder, in unserem letzten Beispiel, die Geigensonate und das Septett Vinteuils.

Die Episode des Konzerts bei den Verdurins – unser drittes Beispiel – bildet das Zentrum von *La Prisonnière*. In ihr verbindet Proust auf kunstvolle und für seinen Roman exemplarische Weise Erzählung, Beschreibung und Meditation, d. h. er erzählt die Aufführung von Vinteuils Septett, beschreibt die Musik, wie Marcel sie erfährt, und läßt Marcel über Kunst und über sein Leben meditieren.

Im Rückblick auf Vinteuils Sonate und in der Beschreibung des Septetts nimmt Proust den Gegensatz zweier Stile und zweier Haltungen gegenüber der Kunst und der Welt wieder auf, den er in den Clochers de Martinville gezeigt hat: Dem "style Bergotte" des Prosagedichts entspricht die Sonate, den Kirchtürmen des Erzählers das Septett. Wir zitieren das Auftauchen des Sonatenmotivs (der "petite phrase") im Septett und den ersten Vergleich beider Werke:

(...) ainsi, tout d'un coup, je me reconnus, au milieu de cette musique nouvelle pour moi, en pleine sonate de Vinteuil; et, plus merveilleuse qu'une adolescente, la petite phrase, enveloppée, harnachée d'argent, toute ruisselante de sonorités brillantes, légères et douces comme des écharpes, vint à moi, reconnaissable sous ces parures nouvelles. (Bd 3, S. 249)

> Tandis que la Sonate s'ouvrait sur une aube liliale et champêtre, divisant sa candeur légère mais pour se suspendre à l'emmêlement léger et pourtant consistant d'un berceau rustique de chèvrefeuilles sur des géraniums blanc, c'était sur des surfaces unies et planes comme celles de la mer que, par un matin d'orage, commençait, au milieu d'un aigre silence, dans un vide infini, l'œuvre nouvelle, et c'est dans une rose d'aurore que, pour se construire progressivement devant moi, cet univers inconnu était tiré du silence de la nuit. Ce rouge si nouveau, si absent de la tendre, champêtre et candide Sonate, teignait tout le ciel, comme l'aurore, d'un espoir mystérieux. Et un chant perçait déjà l'air, chant de sept notes, mais le plus inconnu, le plus différent de tout ce que j'eusse jamais imaginé, à la fois ineffable et criard, non plus roucoulement de colombe comme dans la Sonate, mais déchirant l'air, aussi vif que la nuance écarlate dans laquelle le début était noyé, quelque chose comme un mystique chant du coq, un appel, ineffable mais suraigu, de l'éternel matin. L'atmosphère froide, lavée de pluie, électrique – d'une qualité si différente, à des pressions tout autres, dans un monde si éloigné de celui, virginal et meublé de végétaux, de la Sonate – changeait à tout instant, effaçant la promesse empourprée de l'Aurore. (Bd 3, S. 250)

In der nun folgenden Beschreibung des Septetts, den Einsichten Marcels in das Wesen des Kunstwerks, den Betrachtungen über Farbgebung, Akzent und Stil, über die innere Heimat des Künstlers, über das Kunstwerk als Ausdruck der Tiefendimension sowie in den Rückblicken Marcels auf sein Leben erscheinen wiederum innere Räume und Landschaften mit zahlreichen Reminiszenzen an Baudelaire, Wagner und auch an Schopenhauer. Allerdings werden nun die intertextuellen Reminiszenzen in den meisten Fällen durch Bezüge auf Prousts eigenes Werk überlagert: auf die Schopenhauersche Beschreibung der Sonate in "Un Amour de Swann"[39], auf die Baudelaireschen Erinnerungslandschaften am Ende von *Sodome et Gomorrhe*, wo sich die erinnerte Szene von Montjouvain hinter den roten Morgenhimmel Balbecs schiebt, und im eben zitierten Text oder auch auf die Betrachtungen zu Wagners Leitmotiven im vorangehenden Beispiel. Die intertextuelle Dimension wird hier durch

[39] Vgl. Henry, *Marcel Proust* S. 302 f.

intratextuelle Bezüge vermittelt. Proust setzt sich in diesem Text weniger mit Texten anderer als mit seinen eigenen Texten auseinander. Wie das Septett das ganze Schaffen Vinteuils zusammenfaßt, bildet das Konzert bei den Verdurins eine Art Summa des Proustschen Romans.

Während in der Matinée Guermantes, die *A la recherche du temps perdu* beschließt, romantische Poetik des unwillkürlichen Eingedenkens und romantische Metaphysik der Tiefenschau alles überstrahlen, steht im Konzert bei den Verdurins – mit Vinteuils Septett, mit der Gesellschaftssatire und mit der Analyse von Marcels Verhältnis zu Albertine – neben euphorischer Erfahrung von Kunst dysphorische Erfahrung von Leben. Neben der romantischen Poetik steht die negative Anthropologie der Moralistik. Prousts Roman kann jedoch auf keine der in ihm enthaltenen Poetiken oder Ideologien zurückgeführt und festgelegt werden. *A la recherche du temps perdu* ist weder die Einlösung der in der Matinée Guermantes formulierten Poetik noch die Darstellung eines pessimistischen Welt- und Menschenbildes. Was Prousts Roman und seinem Schreiben überhaupt zu Grunde liegt, was er darlegt und entwickelt, ist seine Auseinandersetzung mit Literatur, seine Reflexion über sein eigenes Schreiben im Dialog mit dem Schreiben anderer – es ist das dialogische Prinzip.

ABSAGE AN NATUR, WISSENSCHAFT UND FORTSCHRITT

Hans Robert Jauss

Ursprünge der Naturfeindschaft in der Ästhetik der Moderne

I

Mon cher Desnoyers,
vous me demandez des vers pour votre petit volume, des vers sur la *Nature*, n'est-ce pas? sur les bois, les grands chênes, la verdure, les insectes, – le soleil, sans doute? Mais, vous savez bien que je suis incapable de m'attendrir sur les végétaux et que mon âme est rebelle à cette singulière religion nouvelle, qui aura toujours, ce me semble, pour tout être *spirituel* je ne sais quoi de *shocking*. Je ne croirai jamais que *l'âme des Dieux habite dans les plantes*, et quand même elle y habiterait, je m'en soucierais médiocrement, et considérerais la mienne comme d'un bien plus haut prix que celle des légumes sanctifiés. J'ai même toujours pensé qu'il y avait dans la *Nature*, florissante et rajeunie, quelque chose d'impudent et d'affligeant.

Dans l'impossibilité de vous satisfaire complètement, suivant les termes stricts du programme, je vous envoie deux morceaux poétiques, qui représentent, à peu près la somme des rêveries dont je suis assailli aux heures crépusculaires. Dans le fond des bois, enfermé sous ces voûtes semblables à celles des sacristies et des cathédrales, je pense à nos étonnantes villes, et la prodigieuse musique qui roule sur les sommets me semble la traduction des lamentations humaines.[1]

Provokativer als in diesem Brief Baudelaires, Ende 1853 oder Anfang 1854 verfaßt, ist die Absage an das Naturverständnis der Romantik kaum jemals ausgesprochen, schroffer die Forderung, die Kunst der Moderne habe sich hinfort als Anti-Natur zu verstehen, selten formuliert worden. Der Brief ist nicht rein privat; er antwortet auf eine

---

[1] Brief an Fernand Desnoyer von Ende 1853 oder Anfang 1854; zit. Ausg.: Baudelaire, *Correspondance*, hgg. C. Pichois und J. Ziegler, 2 Bde (Bibliothèque de la Pléiade. 247. 248), Paris 1973, Bd 1, S. 248.

Umfrage, auf die Bitte um einen Beitrag zu einer Festschrift für C. F. Denecourt, einem selbsternannten Waldhüter und Verfasser eines *Guide du voyageur dans la Forêt de Fontainebleau*, um nicht zu sagen: einem heute vergessenen Pionier der Öko-Bewegung. Die Festschrift, an der sich mehr als 50 namhafte Autoren beteiligten, sollte dem verarmten Wohltäter der Menschheit aufhelfen, durch Beiträge zum Ruhme der Natur im Rahmen der damals noch beliebten, physiologischen Gattung des *Livre des Cent-et-Un*. Man könnte fast von einem kleinen literarhistorischen Ereignis sprechen, wäre es nicht unbemerkt geblieben[2]. Baudelaires Brief dokumentiert eine Wende in der Geschichte der ästhetischen Erfahrung, die zu dieser Zeit auch anderweitig, zum Beispiel in Reisebeschreibungen[3], bezeugt ist: Die Natur hat ausgedient, der ästhetische Gegenstand par excellence zu sein, als Landschaft für den empfindenden Betrachter das beseelte Ganze des entschwundenen ptolemäischen Kosmos zurückzurufen.

Gegen die obsolete, ‘merkwürdige Religion’ der pantheistischen Naturfreunde revoltierten in dieser Festschrift wenigstens noch drei ironische Beiträge: Castille, der den Wald als Vorzugsort für Dichter und Selbstmörder rühmt, Champfleury, der das Picknick eines Pariser Ausflüglers ausmalt, dem dabei ein prächtiger Kuchen gestohlen wird, Th. Gautier, der Denecourt als Waldschrat einer Götterdämmerung in der Art Heines besingt. Babous Rezension nimmt den obsoleten Naturbegriff selbst aufs Korn: “La nature est belle et bonne, j'en conviens; mais il me semble qu'il faudrait se garder de la *nature naturante* comme du Breton bretonnant. Par patriotisme, je n'aime que les Bretons francisés; par goût littéraire, je n'aime que la nature humanisée.”[4] Baudelaires ironische Kritik greift tiefer. Sie zeigt an, daß die Absage an die romantische Ästhetik der Korrespondenzen von Ich und Natur bei der organi-

---

[2] Dazu F. W. Leakey, “A Festschrift of 1855: Baudelaire and the Hommage à C. F. Denecourt”, in *Studies in French Literature, presented to H. W. Lawton*, hg. J. C. Ireson u. a., Manchester 1968, S. 175–202.

[3] Nach F. Wolfzettel, *Ce Désir de vagabondage cosmopolite – Wege und Entwicklung des französischen Reiseberichts im 19. Jahrhundert*, Tübingen 1986. Zur Entzauberung und Krise der romantischen Reisebeschreibung nach 1850 vgl. bes. S. 19.

[4] *L'Athenaeum français* vom 7. Juli 1855, S. 562 f.; zitiert bei F. W. Leakey *Baudelaire and Nature*, Manchester/New York 1969, S. 117.

schen Natur eingesetzt hat. Es ist gerade die 'grüne Natur', das beseelte Ganze des ewig sich erneuernden, wieder aufblühenden Lebens, auf das sein Spott über die 'geheiligten Gemüse' zielt. Gerade die unversiegliche, schöpferische Kraft der Natura naturans wird nunmehr als 'schamlos und widerwärtig' empfunden. Warum wohl? Offenbar weil das Wirken der Natur, das allein ihrer Selbstreproduktion dient und in der Entwicklungsgeschichte der Arten nur mehr dem blinden Gesetz der Selektion im brutalen Kampf ums Dasein folgt (wir sind im Jahrzehnt der Darwinschen Entdeckungen!), nicht länger als Paradigma des eigentlich Kreativen hingenommen wird. "La nature n'a pas d'imagination", heißt es an anderer Stelle[5]. Also kann und darf der moderne Dichter hinfort weder *nach* der Natur bilden noch *wie* die Natur sein Werk hervorbringen. Er wird in der Tiefe der Wälder, die der Romantiker als Gewölbe und Kathedrale der Natur empfand, in deren Rauschen er die Töne ihrer geheimnisvollen Sanskritta zu vernehmen glaubte, an die erstaunlichere Poesie der Städte denken. Darum hat Baudelaire dem Brief ostentativ zwei Prosagedichte beigelegt: *Le Crépuscule du matin* und *Le Crépuscule du soir*, in denen 'das große Wort Natur' schon gar nicht mehr benötigt wird, um die künstliche Schönheit einer modernen Landschaft zu entdecken – eine Landschaft nach dem *Coucher du soleil romantique*: die großstädtische Landschaft der "Tableaux parisiens" !

II

Was sich hier erst ankündigt, erfüllt der kühnste Wurf in diesem berühmten Zyklus, *Rêve parisien*, fünf Jahre später: die Vision einer poetisch verwirklichten Entmächtigung der organischen Natur. Das Gedicht kann als erster, provokativer Gipfel der Lyrik und Ästhetik

[5] Nach Leakey (ebd. S. 113), in einer spöttischen Äußerung Baudelaires zu den Landpartien der sogenannten *Bohème chantante*: "B. prenait rarement part à nos divertissements champêtres, trouvant le vert des arbres trop fade. 'Je voudrais', disait-il avec son air de pince-sans-rire, 'les prairies teintes en rouge, les rivières jaune d'or et les arbres peints en bleu. La nature n'a pas d'imagination.'".

einer Moderne gelten, die aus einer radikalen Umwertung der Natur hervorgingen. Damit ist zunächst gemeint, was die Avantgarden seit Baudelaire verneinten. Zum einen ihre Absage an die Idealität der Natur in ihrer letzten ästhetischen Gestalt: der Schwundstufe des Naturschönen im Erhabenen. Zum zweiten die Verwerfung der rousseauischen Antithese von Natur und Zivilisation mit der Prämisse, daß der Mensch von Natur aus gut und erst durch die Vergesellschaftung depraviert worden sei. Zum dritten die Preisgabe der romantisch-sentimentalistischen Korrespondenzen von Subjekt und Natur, von sinnlicher und übersinnlicher Erfahrung.

Angesichts der atemberaubend sich beschleunigenden industriellen Revolution, des Siegeszugs von Technik und Naturwissenschaft, die den Schönen Künsten das Tempo vorzuschreiben schienen, wurde der radikalen Abwertung des Natürlichen auch in der Ästhetik eine Aufwertung des Artifiziellen entgegengesetzt. Der moderne Homo faber sah die Natur als bloße Materie an; er schuf sich in ihrer Bearbeitung eine zweite Natur als sein eigenes Werk und begann zu dieser Zeit auch schon, die Produkte seiner Arbeit zur 'industriellen Kunst' zu erheben. Und in der Tat: Lag darin nicht die aktuelle Herausforderung der Künste, es der avanciertesten Bestimmung der Poiesis in der industriellen Produktion nachzutun und das rückständige Verhältnis der Ästhetik zur Natur zu revidieren? Daß diese Revision indes nicht geradezu in die vorbehaltlose Bejahung des Fortschrittsglaubens einmündete, sondern das utopische Ziel der vollendeten Herrschaft des Menschen über die Natur selbst wieder in Frage stellte, ist ein Ruhmestitel von Baudelaires Ästhetik der Moderne. Ihr Kernstück, der *Rêve parisien*, ist die poetische Vision einer erträumten, vom Bann der sich selbst reproduzierenden Natur freigesetzten, ganz nach dem Willen des poetischen Architekten entworfenen Welt – eine so großartige wie schreckliche Vision, die in die Angst vor dem 'Jenseits der Natur' umschlägt und damit im letzten Gewinn der Selbstermächtigung auch schon ihren unbedachten, hohen Preis anzeigt.

Rêve parisien

I.

De ce terrible paysage,
Tel que jamais mortel n'en vit,
Ce matin encore l'image,
Vague et lointaine, me ravit.

Le sommeil est plein de miracles!
Par un caprice singulier,
J'avais banni de ces spectacles
Le végétal irrégulier,

Et, peintre fier de mon génie,
Je savourais dans mon tableau
L'enivrante monotonie
Du métal, du marbre et de l'eau.

Babel d'escaliers et d'arcades,
C'était un palais infini,
Plein de bassins et de cascades
Tombant dans l'or mat ou bruni;

Et des cataractes pesantes,
Comme des rideaux de cristal,
Se suspendaient, éblouissantes,
À des murailles de métal.

Non d'arbres, mais de colonnades
Les étangs dormants s'entouraient,
Où de gigantesques naïades,
Comme des femmes, se miraient.

Des nappes d'eau s'épanchaient, bleues,
Entre des quais roses et verts,
Pendant des millions de lieues,
Vers les confins de l'univers;

C'étaient des pierres inouïes
Et des flots magiques; c'étaient
D'immenses glaces éblouies
Par tout ce qu'elles reflétaient!

Insouciants et taciturnes,
Des Ganges, dans le firmament,

Versaient le trésor de leurs urnes
Dans des gouffres de diamant.

Architecte de mes féeries,
Je faisais, à ma volonté,
Sous un tunnel de pierreries
Passer un océan dompté;

Et tout, même la couleur noire,
Semblait fourbi, clair, irisé;
Le liquide enchâssait sa gloire
Dans le rayon cristallisé.

Nul astre d'ailleurs, nuls vestiges
De soleil, même au bas du ciel,
Pour illuminer ces prodiges,
Qui brillaient d'un feu personnel!

Et sur ces mouvantes merveilles
Planait (terrible nouveauté!
Tout pour l'œil, rien pour les oreilles!)
Un silence d'éternité.

II

En rouvrant mes yeux pleins de flamme
J'ai vu l'horreur de mon taudis,
Et senti, rentrant dans mon âme,
La pointe des soucis maudits;

La pendule aux accents funèbres
Sonnait brutalement midi,
Et le ciel versait des ténèbres
Sur le triste monde engourdi.

Der Titel: "Rêve parisien" kündet den Traum einer Stadt in einer Stadt an, einer Phantasmagorie, die nur und gerade in Paris, der 'Hauptstadt des 19. Jahrhunderts', erträumbar war. Der Traum ist einem Akt der Poiesis, dem für Baudelaire spezifischen Paradox des 'rêver à volonté' entsprungen. Er muß darum der Bedingung einer sonderbaren Laune folgen (die indes nur die Konsequenz des Briefes an Desnoyers ist), aus der Traumlandschaft "le végétal irrégulier" (Str. 2, V. 4), das heißt alle organische Natur zu verbannen. Aus der Poesie verbannt wird mithin nicht die gesetzliche und ökonomische, sondern die anarchische und verschwenderische Natur, nicht die Materie als Objekt von Arbeit, Technik, Wissenschaft, sondern das lebendige Ganze als Inbegriff dessen, was Hegel "das Andere des Geistes" nannte. Die ästhetische Umwertung der Natur verkehrt eine überkommene Hierarchie ihrer Reiche. Die Poesie – so forderte kurz zuvor ein Zeitgenosse[6] – muß als menschliche Schöpfung die göttliche fortsetzen, indem sie das Schöne in umgekehrter Relation zum Leben verwirklicht:

> Le naturaliste classe ainsi la nature: règne animal d'abord, règne végétal ensuite, règne minéral enfin; il suit l'ordre de la vie.
>
> Le poète dira: règne minéral d'abord, règne végétal ensuite, règne animal enfin; il suivra l'ordre de la beauté.

Als ob er diese Inversion von organischem Leben und abstrahierender Schönheit hätte erproben wollen, entwirft der Dichter der *Fleurs du Mal* seine noch von keinem Sterblichen erschaute Landschaft aus Metall, Marmor und Wasser (Str. 3, V. 4), deren 'berauschende Eintönigkeit' die romantische "Musik der Natur" (E. T. A. Hoffmann) erlöschen läßt. Was alles getilgt werden muß, damit der antiromantische Traum einer Landschaft ohne organisches Leben Gestalt annehmen kann, wird im Horizont verneinter Erwartungen im Gedicht aufgerufen und verabschiedet: 'statt Bäumen nur Kolonnaden' (Str. 6, V. 1), Wasserflächen werden zu gleißenden Spiegeln (Str. 8, V. 3), wie zuvor Katarakte zu kristallischen Vorhängen (Str. 5, V. 2), ein natürlicher Strom wie der Ganges wird ins Irreale vervielfältigt (Str. 9, V. 2), ein Ozean in einen Tunnel von Edelsteinen gezwungen (Str. 10, V. 3), Farben verlieren ihre gegenständliche Identität (Str. 7, V. 2), selbst das Schwarz sogar kann hell aufglänzen (Str. 11), es gibt keinen Stern mehr, keinerlei Spur von Sonne, denn die Materie dieser künstlichen Landschaft erleuchtet sich selbst (Str. 12), und schließlich, als letzte, schreckliche Neuheit: über allem liegt ein ewiges Schweigen (Str. 13)! 'Alles fürs Auge, nichts für die Ohren' negiert die älteste Erwartung, die schon der pythagoräischen Sphärenharmonie zugrundeliegt: daß Bewegung nicht lautlos zu sein pflegt. So hat Baudelaire selbst angemerkt und hinzugefügt: "Mais

---

[6] Hello, "Du genre fantastique", erschienen in der *Revue française* vom November 1858, zitiert im Kommentar der Edition der *Fleurs du Mal* von J. Crépet, Paris 1922, S. 463.

le rêve, qui sépare et décompose, crée la nouveauté."[7] Das Unheimliche der absoluten Stille läßt das Niegesehene in Schrecken umschlagen: "terrible nouveauté!" (Str. 13, V. 2) nimmt "ce terrible paysage" des ersten Verses wieder auf, wofür zunächst "ce fastueux paysage" stand. Der Erwachende muß erkennen – so können wir diese Variante mit einem berühmten Rilkevers kommentieren –, daß dieses Schöne "nichts als des Schrecklichen Anfang" war.

Hat der erste Durchgang der Interpretation erbracht, wie das träumende Subjekt als "architecte de mes féeries" (Str. 10, V. 1) Natur als gewachsene Landschaft – das Fundament romantischer Naturerfahrung – dekomponiert, um sich einzig aus anorganischen Elementen eine künstliche Welt zu erbauen, so wäre nun zu fragen, auf welche Horizonte ihre Phantasiearchitektur zurückweist. Denn diese Gegenwelt aus Metall, Marmor und Wasser ruft gerade in ihrer 'schrecklichen Neuheit' paradoxerweise frühere, ja uralte Muster alpdruckhafter, mythischer oder apokalyptischer Weltbilder auf. Der *Rêve parisien* löst die Erinnerung an eine subversive Tradition von Phantasmagorien ein, in denen das Künstliche gegenläufig zum Naturhaften, das menschliche Werk provokativ gegen die göttliche Schöpfung aufgeboten wurde. Vorangegangen waren E. A. Poes *Domain of Arnheim* mit dem künstlichen Paradies eines labyrinthischen Landschaftsgartens, J. Martin mit der schwarzen Manier seiner Visionen vom modernen Babel, Gautiers Palastbeschreibung in *Une Nuit de Cléopâtre* und vor allem Piranesi mit *Römischer Hafen* oder seinen *Carceri*, deren steinernes Labyrinth weder Baum noch Pflanze duldet. Baudelaires Traumlandschaft ist indes gerade nicht labyrinthisch. Sie schließt – anders als seine Vorgänger – die Subjektivität nicht in ein selbsterbautes Labyrinth ein, sondern beschreibt den Traum als eine Selbstentgrenzung des Ichs, das vor unseren Augen in ständig sich übertrumpfenden Gebärden die Natur dekomponiert, um sich seine Gegenwelt des Schönen zu erbauen: ein 'Babel von Treppen, Arkaden' (Str. 4, V. 1), dann Seeflächen, die ans Ende des Weltalls ziehen (Str. 7), hernach am Firmament Riesenströme, die ihre Schätze wie aus Urnen in Abgründe von Diamant gießen (Str. 9), dazu quereinschießend der in den Edelsteintunnel gezwungene Ozean (Str. 10), schließlich als letzte Farbvision

[7] In einer Notiz an Alphonse de Calonne, zitiert bei J. Crépet, ebd.

das leuchtende Schwarz und – die 'berauschende Monotonie' (Str. 3, V. 3) vollendend – das ewige Schweigen über dem unermeßlichen Ganzen der selbsterbauten Welt.

Dabei kommt Baudelaires Gegenwelt ihrem ältesten Vorbild am nächsten: der Apokalypse des Johannes (Kap. 21 f.). "Und ich sah einen neuen Himmel und eine neue Erde..." Das Neue, Niegesehene ist dort wie im *Rêve parisien* eine Stadtlandschaft jenseits der alten, organischen Natur: "Und der Bau ihrer Mauer war von Jaspis, und die Stadt von lauterem Golde gleich reinem Glase." Die heilige Stadt, die aus dem Himmel herabkommt, braucht keinen Tempel mehr, denn der Herr ist ihr Tempel und das Lamm; statt eines Tempels stehen auf beiden Seiten des Stromes, der sie – klar wie Kristall (!) – durchfließt, Bäume des Lebens, die jeden Monat – die Natur überbietend – ihre Frucht bringen. Das neue Jerusalem kennt den Wechsel von Tag und Nacht nicht mehr; die Stadt in ihrer ewigen Helle "bedarf keiner Sonne noch des Mondes, daß sie ihr scheinen; denn die Herrlichkeit Gottes erleuchtet sie, und ihre Leuchte ist das Lamm." Baudelaires Kontrafaktur schlägt die göttliche Erleuchtung des Glaubens aus. Sie setzt allein auf die profane Erleuchtung der Poesie, muß aber am Ende erfahren, daß sich die artifizielle Schönheit einer Gegenwelt nicht auf Dauer stellen läßt. Die negierte Natur kehrt als verdrängte wieder, in sinnfremder Gewalt, die auch nicht mehr durch die "negative Lust am Erhabenen" (um Kants Formulierung zu gebrauchen) aufzufangen ist. Das Ende des Traums erneuert Pascals Schaudern vor dem 'ewigen Schweigen dieser unendlichen Räume', doch ohne Hoffnung auf einen Erlöser. Der Fall aus der Ekstase entzaubert im Erwachen zugleich die Wirklichkeit der Stadt (Str. 14 f.) und dementiert die Erfahrung ihrer eigentümlichen Poesie, deren Entdeckung ja gerade das Thema der "Tableaux parisiens" war. Insofern ist der "Rêve parisien" auch schon über die Antithese von Stadt und Land, Zivilisation und Natur hinaus. Baudelaires naturfeindliche Ästhetik der Moderne macht bewußt, wie sehr – nach einer These von G. Maag – die Euphorie des industriellen Fortschritts mit neuen Ängsten gepaart war: "Das Spezifische von Baudelaires Gegenentwurf besteht darin, daß er sein eigenes Dementi enthält und mit der Utopie des

Schönen zugleich das Entsetzen über die Möglichkeit dieser Utopie artikuliert."[8]

III

Über die im 19. Jahrhundert beginnende wissenschaftstheoretische und ästhetische Umwertung der Natur gab es vor Jahren eine Kontroverse, die es verlohnt, heute wieder aufgenommen zu werden[9]. "In dem Augenblick, in dem der Mensch seinen letzten Zweifel daran verloren hatte, daß die Natur nicht für ihn und zu seinen Diensten geschaffen worden war, konnte er sie nur noch in der Rolle des Materials ertragen" – aus dieser Prämisse, mit der die kosmische Natur zum Inbegriff möglicher Produkte der Technik nivelliert wurde, suchte H. Blumenberg zu begründen, warum das bis dahin Undenkbare eintreten konnte, "daß die Natur häßlich wird"[10]. Die neue Erfahrung ihrer Häßlichkeit entspringe nicht zufällig der Zeit des Darwinismus, als die Mitleidlosigkeit und soziale Indifferenz der Natur zum Ärgernis wurde. Sie setze primär – wie wir am *Rêve parisien* sahen – an den irregulären und verschwenderischen Formationen der organischen Natur ein, gegen die "das menschliche Selbstbewußtsein den Witz kreativer Produktivität – z. B. in der Antithese von Stadt und Natur – setzen konnte". Darum habe sich die Ästhetik der Moderne nicht etwa dem Determinismus der experimentellen Naturforschung entgegengestellt, sondern setze deren Naturbegriff mit der modernen Bestimmung der Kunst als Anti-Physis selbst schon voraus, wie ihr Weg von Baudelaire über Mallarmé zu Valéry paradigmatisch zeige. Demgegenüber hat J. Taubes die These vertreten, daß der ästhetische Prozeß des Modernismus in der Tendenz: Kunst als Anti-Natur nicht aufging, daß der Pro-

---

[8] "Zum *Rêve parisien*", in Hgg. H. Pfeiffer/H. R. Jauß/F. Gaillard, *Art social und art industriel – Funktionen der Kunst im Zeitalter des Industrialismus* (Theorie und Geschichte der Literatur und der Schönen Künste. 77), München 1987, S. 309–311, hier: S. 310.

[9] In Hg. W. Iser, *Immanente Ästhetik – Ästhetische Reflexion* (Poetik und Hermeneutik. 2), München 1966, S. 429–442 (Dritte Sitzung: "Surrealismus und Gnosis").

[10] "'Nachahmung der Natur' – Zur Vorgeschichte der Idee des schöpferischen Menschen" (1957), in *Wirklichkeiten, in denen wir leben* (Universal-Bibliothek. 7715), Stuttgart 1981, S. 55–103, hier: S. 91.

test gegen die Naturgesetzlichkeit seit De Maistre ein Topos der Gegenaufklärung war und daß von Rimbaud oder Lautréamont bis zu den Surrealisten gerade "'die tropische Irregularität der Natur, der wuchernde und verschwenderische Wahnwitz ewiger Selbstreproduktion' den Erzeugnissen der Phantasie als wahlverwandt erfahren und deshalb (...) als Gegengewicht zur Gesetzlichkeit der Natur in die Waagschale der Poesie geworfen wurde".

Über den Hauptpunkt der Kontroverse, das Verhältnis von Gnosis und neuzeitlichem Naturbegriff, zu urteilen, fehlt mir die Kompetenz. Wohl aber scheinen mir die beiden Perspektiven auf das 19. Jahrhundert im Rückblick komplementär verstehbar zu sein und gerade in den beiden gegenstrebigen Tendenzen die gewandelte Naturerfahrung in Literatur und Kunst der Moderne erst eigentlich in ihrer Ambivalenz zu erfassen. Dabei geht mit der Depotenzierung der kosmischen Natur eine fortschreitende Dezentrierung der menschlichen Natur einher, die Taubes zu Recht mit ins Feld geführt hat. Für die nachromantische Moderne gelte, daß "kein identisches Subjekt gegenüber der depotenzierten Natur durchgehalten wird, sondern die Depotenzierung sich eben auf beide: Subjekt und Objekt erstreckt". In der Tat hat derselbe Baudelaire, der die Tendenz der Naturfeindschaft in seiner Großstadtlyrik so provokativ eröffnet, in den *Fleurs du Mal* auch schon gegen das identische, autonome, seiner selbst gewisse Subjekt mit dem Rückgriff auf die von der Romantik verachtete, personifizierende Allegorie die anonymen Mächte des Unbewußten aufgerufen. Er hat damit einen neuen Weg beschritten, der über Nietzsches Postulat des "Subjekts als Vielheit" zum Surrealismus führte, der die Einheit des Ich weniger zerstörte als die der Natur[11].

Das Thema dieser Überlegungen wäre demnach im übergreifenden Zusammenhang einer Epoche der ästhetischen Erfahrung zu verorten, in der sich der doppelte Prozeß einer Depotenzierung der kosmischen Natur und einer Dezentrierung des menschlichen Subjekts abspielt. Auf der Seite des Objekts der Beziehung von Mensch und Natur verliert diese ihre exemplarische Verbindlichkeit, das

---

[11] Dazu Vf., "Baudelaires Rückgriff auf die Allegorie", in Hg. W. Haug, *Formen und Funktionen der Allegorie* (DFG–Symposion Wolfenbüttel 1978), Stuttgart 1979, S. 686–700 (zu Taubes' Diskussionsbeitrag in *Immanente Ästhetik* S. 440).

Naturschöne wird fortschreitend abgebaut, das 'Buch der Natur' zum *Dictionnaire* entwürdigt, aus dessen Material die Imagination eine neue Welt komponiert[12]. Ein neues Pathos der Arbeit begreift die entmächtigte Natur als Umwelt, als Milieu oder Ambiance, die der Roman Balzacs physiognomisch, als Niederschlag menschlicher Tätigkeit, der Roman Zolas aber schon als feindselige Macht begreifen läßt. Auf der Seite des Subjekts der Beziehung von Mensch und Welt verliert das Selbstbewußtsein seine Autonomie, die innere Natur des Menschen ihre Idealität. Die Aufkündigung der romantischen Einheit von Selbst und Natur ist von neuen Ängsten und Erfahrungen der Entfremdung in der Anonymität der industriellen Lebenswelt begleitet. Die provokative Entpersönlichung der Dichtung brachte indes auch schon den Gewinn neuer Einsichten in verdrängte oder tabuierte Seiten der physiologischen und kollektiven Natur des Menschen zutage. Die plane Oberfläche des Tagesbewußtseins gewann unerahnte Dimensionen einer Tiefe, in das 'Unedierte der menschlichen Seele'[13]. Und das im Fegefeuer der 'Blumen des Bösen' geläuterte Bewußtsein des Dichters begann, seine Identität aus der weltaneignenden Kraft der Erinnerung neu zu begründen. Dieser komplexe Prozeß der bis in unsere Gegenwart hineinreichenden ästhetischen Umwertung der Natur kann im Folgenden nur in seinen Ursprüngen aufgehellt werden.

IV

Die Rückzugslinie des Naturschönen läßt sich im 19. Jahrhundert spätestens nach dem Gipfel der Romantik Schritt für Schritt an dem wachsenden Bewußtsein markieren, daß der Widerspruch zwischen Natur als Gegenstand von Wissenschaft, Technik, Industrie und Natur als Inbegriff des Schönen und Erhabenen unaufhebbar geworden sei:

---

[12] Zu Baudelaires "La nature n'est qu'un dictionnaire" siehe Vf., "Baudelaires Rückgriff auf die Allegorie" S. 693 f.

[13] "Quelque côté inédit de l'âme", in der Formulierung Gautiers, "Notice" zur dritten Auflage der *Fleurs du mal*, Paris 1869, S. 19.

> Es ist ein schrecklich wahrer Satz: das Interesse der Kultur und das Interesse des Schönen, wenn man darunter das unmittelbar Schöne im Leben versteht, sie liegen im Krieg miteinander, und jeder Fortschritt der Kultur ist ein tödlicher Tritt auf Blumen, die im Boden des naiv Schönen erblüht sind... Diese Flut (der Kulturfortschritte) wird noch in das letzte Berg- und Waldtal die Ätzstoffe der Kultur ohne ihre Gegengifte tragen.

Mit diesen Worten gesteht F. Th. Vischer in seiner *Ästhetik* (1857) ein, daß der Versuch seiner Habilitationsschrift von 1837, die Wissenschaft des Schönen aus der immanenten Entwicklung des Erhabenen und Komischen aus dem Schönen neu zu begründen, gescheitert und das Kapitel über das Naturschöne preiszugeben sei[14]. Damit bewahrheitet sich eine Vorahnung, die Kant schon in seiner *Kritik der Urteilskraft* (1790) ausgesprochen hatte. Dort überschreitet die Bestimmung des Erhabenen das Naturschöne derart (§ 23), daß das interesselose Wohlgefallen am Schönen der Natur noch den alten Kosmosbegriff der kontemplativen Theoria bewahrt, während die negative Lust am Erhabenen angesichts der "rohen Natur"(§ 26), ihrer Unbegrenztheit und Zweckwidrigkeit, eintreten kann. Das eigentlich Erhabene hat danach seinen Grund schon nicht mehr in einem Gegenstand der Natur, sondern allein noch "in uns und der Denkungsart, die in die Vorstellung (der Natur) Erhabenheit hineinbringt" (§ 23). Am Ende glaubte Kant schon abzusehen, daß ein späteres Zeitalter "der Natur immer weniger nahe sein (werde) und sich zuletzt (...) kaum einen Begriff von der glücklichen Vereinigung des gesetzlichen Zwanges der höchsten Kultur mit der Kraft und Richtigkeit der ihren eigenen Wert fühlenden freien Natur in einem und demselben Volke zu machen im Stande sein möchte" (§ 60).

Den Widerspruch zwischen Zivilisation und Natur hatte schon Rousseau als letzten Grund der Entzweiung von bürgerlicher und natürlicher Existenz diagnostiziert und neue Wege gewiesen, das Übel der denaturierten Gesellschaft zu heilen. Am Ende der Aufklärung verfällt die für Rousseau noch integre Instanz einer Rettung, sein Evangelium der guten mütterlichen Natur, selbst der

[14] Vgl. W. Oelmüller, "Einleitung" zu F. Th. Vischer, *Über das Erhabene und das Komische*, Frankfurt a. M. 1967, S. 7–36, bes. S. 8–24.

Erfahrung einer unentrinnbaren Verfremdung. Die mit Baudelaire offen erklärte Naturfeindschaft der modernen Ästhetik hat latente Ursprünge bei Autoren der Gegenaufklärung wie Sade und J. de Maistre aber auch in der erst von der Romantik zur Geltung gebrachten 'Poetik des Christentums' und nicht zuletzt in Hegels *Ästhetik*.

In Sades Philosophie des integralen Egoismus (des "homme énergique")[15] wird der Kampf gegen Gott und Moral zunächst im Namen einer Natur geführt, die zerstören muß, um schaffen zu können. Demnach wäre das Verbrechen selbst der Geist der Natur, weshalb es kein Verbrechen gegen die Natur geben könne. Doch mit der fatalen Erkenntnis, daß der Libertin, der das Verbrechen und selbst noch seine eigene Zerstörung genießt, die Natur eben damit gegen seinen Willen zu neuer Schöpfung autorisiert, muß sie ihm am Ende selbst verabscheuenswert werden:

> O toi, force aveugle et imbécile, quand j'aurais exterminé sur la terre toutes les créatures qui la couvrent, je serais bien loin de mon but, puisque je t'aurais servi, marâtre, et que je n'aspire qu'à me venger de ta bêtise ou de la méchanceté que tu fais éprouver aux hommes, en ne leur fournissant jamais les moyens de se livrer aux affreux penchants que tu leur inspires.

Die andere Autorität, mit der Baudelaire im Bruch mit der Romantik seinen Antinaturalismus begründet und damit die ästhetische Moderne mit einer konservativen Legitimation belastet hat, ist die dogmatische Rousseaukritik De Maistres. Sie gipfelte in der erneuerten, altchristlichen Auslegung des (von Rousseau geleugneten) Sündenfalls, der nicht allein das erste Menschenpaar, sondern mit ihm die ganze Natur korrumpiert habe. Baudelaire sah darin die letzte Erklärung für die Nachtseite der menschlichen Natur, aus der folge, daß das an sich selbst schon korrumpierte Natürliche – und damit das klassische Ideal des Naiven – im Ästhetischen wie im Moralischen nur durch das Künstliche überwunden werden könne[16].

---

[15] Nach M. Blanchot, *Lautréamont et Sade*, Paris 1963, bes. S. 39 ff.

[16] J. de Maistre, *Les Soirées de Saint-Petersbourg*, Paris 1960, S. 53; vgl. dazu M. H. Abrams, "Coleridge, Baudelaire, and Modern Poetics", in *Immanente Ästhetik*, S. 113–138, bes. S. 121 ff., und den Diskussionsbeitrag von R. Herzog, in Hg. H. R. Jauß, *Die nicht mehr schönen Künste – Grenzphänomene des*

Der berühmte Vers der Schöpfungsgeschichte: "Und Gott sah alles an, was er gemacht hatte, und siehe, es war sehr gut" (*Genesis* 1, V. 31), darf bekanntlich nicht darüber hinwegtäuschen, daß das christliche Naturverständnis aus der Einsetzung des adamitischen Menschen in den Garten Eden hervorging, die (dank einer folgenreichen Kontamination zweier Textüberlieferungen) zwei verschiedene Auslegungen vorgab: den Auftrag, die Natur im Garten Eden zu bebauen und zu bewahren (*Genesis* 2, V. 15), oder aber, die Erde sich untertan zu machen und über all ihre Geschöpfe zu herrschen (*Genesis* 2, V. 26–28). Die Bibel selbst konnte den Menschen hinfort gleichermaßen legitimieren, der Hüter und Freund der Natur zu bleiben oder ihr Beherrscher, wenn nicht gar ihr Feind zu werden! Das von Anbeginn ambivalente Naturverhältnis der christlichen Welt tritt in der Melancholie der romantischen Subjektivität wieder zutage. Sie ist der Preis, der in Chateaubriands *Poétique du Christianisme* (1802) entrichtet werden muß, wo es darum geht, den in der Aufklärung verlorenen Glauben durch einen ästhetischen Gottesbeweis zu retten. Daß die christliche Religion wahrer sei als die der heidnischen Antike, weil die Schönheit dieser Erde auf den göttlichen Schöpfer verweise, kann nun aber nicht mehr am Naturschönen evident werden. Eine moderne Ästhetik, die sich als christlich behaupten will, muß den antiken wie den rousseauischen Naturbegriff hinter sich bringen, das Schöne wie das Moralische als eine 'korrigierte Natur' begreifen und damit den naiven Einklang von Selbst und Natur einer sentimentalischen Reflexion opfern. Die romantische Subjektivität ist bei Chateaubriand darauf reduziert, das Idealschöne nur in der Negation des Gegenwärtigen[17], in einer Idealisierung des Vergangenen zu suchen, der keine Zukunft mehr offensteht. Die melancholische Naturerfahrung verliert sich im Welt-

---

Ästhetischen (Poetik und Hermeneutik. 3), München 1968, S. 583–609, ("Gibt es eine 'christliche Ästhetik'?"), hier: S. 601 (die *Hamartigenie* von Prudentius als Quelle der Auslegung von *Genesis* 2, nach der sich die schöne Natur durch den Sündenfall in eine häßliche und böse Natur verwandelt).

17 "Enfin, les images favorites des poètes enclins à la rêverie sont presque toutes empruntées d'objets négatifs, tels que le silence des nuits, l'ombre des bois, la solitude des montagnes, la paix des tombeaux, qui ne sont que l'absence du bruit, de la lumière, des hommes et des inquiétudes de la vie."– *Génie du Christianisme* II, 2, 10.

schmerz Renés, des französischen Werther, in der Unbestimmbarkeit eines Ennui, der narzißtisch und erfahrungslos in sich selber kreist.

Chateaubriands Zeitgenosse Hegel hat aus den Halbheiten der christlich-romantischen Ästhetik die radikale Konsequenz gezogen. Seine *Vorlesungen über die Ästhetik* (1835 posthum erschienen) setzen sogleich damit ein, das Naturschöne – "bisher die erste Existenz des Schönen" – a limine auszuschließen[18]. Hegels provokative Frage: "Warum ist die Natur notwendig unvollkommen in ihrer Schönheit?" widerspricht einer säkularen Tradition und legt das klassische Prinzip der Imitatio naturae endgültig ad acta. Für das Bewußtsein der Moderne kann allein noch das Kunstschöne, "die aus dem Geiste geborene und wiedergeborene Schönheit", der wahre Gegenstand einer Ästhetik sein, die ihren Namen verdient: "Ja formell betrachtet ist selbst noch ein schlechter Einfall, wie er dem Menschen wohl durch den Kopf geht, höher als irgendein Naturprodukt; denn in solchem Einfall ist immer die Geistigkeit und Freiheit präsent." Schroffer könnte die Herabsetzung der Natur, die für Hegel nur mehr "das Andere des Geistes" ist, kaum erläutert werden! Ineins damit wird in Hegels Ästhetik auch schon das Erhabene historisch verabschiedet. Als "Religion der Erhabenheit" gehört es dem jüdischen Volk, als "symbolische Kunstform" dem frühesten der drei Zeitalter der Künste an, woraus folgt, daß es der Erfahrung des gegenwärtigen Bewußtseins nicht mehr angemessen sein kann. Mit der historischen Verabschiedung des Naturschönen und des Erhabenen hat Hegel aber das Kunstschöne als hinfort "erste Existenz des Schönen" nicht zugleich ermächtigt, die höchste Weise der Wahrheit zu sein. In dieser Hinsicht fällt es, "nachdem der Gedanke und die Reflexion die schöne Kunst überflügelt hat", gleichermaßen der These vom Ende der Kunstperiode anheim. Für die weitere Geschichte der Naturerfahrung scheint mir folgenreich zu sein, daß Hegels Bestimmung des Prinzips der Industrie als das "Entgegengesetzte dessen, was man von der Natur erhält", nunmehr die poietische Funktion übernimmt die der Kunst von alters her zukam[19]. Denn "in der Industrie ist

[18] *Ästhetik*, hg. F. Bassenge, Berlin 1955, S. 49, ferner S. 50, 57, 172.

[19] In seiner Kritik am Nachahmungsprinzip faßt Hegel selbst technische und ästhetische Produktion ineins: "In diesem Sinne hat die Erfindung jedes unbedeutenden technischen Werkes höheren Wert, und der Mensch kann stolzer darauf sein, den Hammer, den Nagel usf. erfunden zu haben, als Kunststücke

der Mensch sich selber Zweck und behandelt die Natur als ein Unterworfenes, dem er das Siegel seiner Tätigkeit aufdrückt."[20]

Den noch fehlenden Schritt, dem Produkt der Arbeit des Menschen – sofern sie analog zur Kunst nunmehr der Natur "das Siegel seiner Tätigkeit aufdrückt" – nun auch die Dignität des Schönen zuzusprechen, hat wohl erst der junge Marx vollzogen. In den *Ökonomisch-philosophischen Manuskripten* von 1844 wird Arbeit, im antiken Verständnis als Verrichtung der Unfreien der Theoria als Zugang zum Wahren entgegengesetzt, zum "Selbsterzeugungsakt des Menschen" erhoben und soll zugleich die "wahre Resurrektion der Natur, (den) durchgeführten Naturalismus des Menschen und (den) durchgeführten Humanismus der Natur" ermöglichen[21]. Diese enthusiastische These behauptet nichts Geringeres, als daß dieselbe Natur, die im modernen Prozeß der Industrialisierung zur bloßen Materie erniedrigt wurde, als vermenschlichte Natur wiedererstehen könne. Bedingung dieser utopischen Versöhnung ist die Erkenntnis, daß "die in der menschlichen Gesellschaft – dem Entstehungsakt der menschlichen Gesellschaft – werdende Natur (...) die *wirkliche* Natur des Menschen, wie sie durch die Industrie, – wenn auch in *entfremdeter* Gestalt wird, die wahre anthropologische Natur ist". Die Fremdheit der Natur kann indes erst wieder aufgehoben werden, wenn das menschliche Wesen der Natur (anders gesagt: das Werden der Natur zum Menschen) in der Arbeit für den gesellschaftlichen Menschen freigesetzt wird: "Das menschliche Wesen der Natur ist erst da für den gesellschaftlichen Menschen; denn erst hier ist sie für ihn da als *Band* mit dem *Menschen*, als Dasein seiner für den anderen und des anderen für ihn, wie als Lebenselement der menschlichen Wirklichkeit." Das neue Pathos der Arbeit ist für Marx demnach sowohl instrumental als auch intersubjektiv begründet: die Aneignung der Natur soll sie als des Menschen eigenes Werk und zugleich als Band der Solidarität von Mensch zu Mensch wiederkeh-

der Nachahmung zu fertigen." (Ebd. S. 86)

20 *Philosophie der Geschichte*, hgg. E. Moldenhauer und K. U. Michel, 20 Bde (Theorie-Werkausgabe), Frankfurt a. M. 1970, Bd 12, S. 237.

21 "Nationalökonomie und Philosophie", in *Die Frühschriften*, hg. S. Landshut (Kröners Taschenbuchausgabe. 209), Stuttgart 1971, S. 225–316, hier: S. 237, ferner S. 245.

ren lassen! Dabei wird das Attribut des Schönen der erstgegebenen Natur entzogen und der zweiten Natur, dem Werk des gesellschaftlichen Menschen, zugesprochen. Ebendies unterscheide den Menschen vom Tier, daß es nur nach seinem unmittelbaren Bedürfnis und Maß seiner Spezies formiere, während der Mensch frei vom physischen Bedürfnis und zugleich "nach dem Maß jeder species zu produzieren weiß und überall das inhärente Maß dem Gegenstand anzulegen weiß; der Mensch formiert daher auch nach den Gesetzen der Schönheit"[22].

Der spätere Marx hat den erst so hoch gestellten Begriff der Arbeit, den er als Teilhabe an der geschichtlich sich selbst produzierenden Menschheit an die Stelle von Rousseaus identitätsverbürgender *Volonté générale* rückte, wieder aufgegeben. Er war offenbar mit der wachsenden Einsicht in den "Widerspruch der entfremdeten Arbeit mit sich selbst" (auf die Formel gebracht: "Der Arbeiter fühlt sich daher erst außer der Arbeit bei sich und in der Arbeit außer sich.") nicht mehr aufrechtzuerhalten[23]. Gleichwohl bleibt dieser spekulative Versuch, den gesellschaftlichen Menschen mit der ausgebeuteten, fremden Natur zu versöhnen, denkwürdig, auch wenn Marx' Text bis 1932 unbekannt blieb und die Utopie einer "Resurrektion der Natur" erst von Adorno und anderen Vertretern der erneuerten marxistischen Theorie wieder aufgenommen, auf das Bedürfnis auch nach einem mimetischen Umgang mit der Natur bezogen und zu einer modernen Ästhetik ausgebaut wurde. Adorno hat dabei sogar wieder das Naturschöne – als "die Spur des Nichtidentischen an den Dingen im Bann universaler Identität" – zu retten gesucht, indem er ihm gegen seine Herkunft einen futurischen Sinn ("Die Würde der Natur ist die eines noch nicht Seienden.") zusprach[24].

Für seine eigene Zeit bezeugt der junge Marx, warum in der Mitte des 19. Jahrhunderts gegenstrebig zu den Klagen über die verstummte, fremdgewordene Natur ein neues Pathos der Arbeit

---

[22] *Ökonomisch-Philosophische Manuskripte*, in K. M./F. Engels, *Werke*, 42 Bde, 3 Erg.-Bde, Berlin 1960–1983, Erg.-Bd 1, S. 465–588, hier: 517.

[23] Ebd. S. 514. S. auch G. Buck, *Rückwege aus der Entfremdung – Studien zur Entwicklung der deutschen humanistischen Bildungsphilosophie* (Kritische Information Erziehung. 8), Paderborn/München 1984, S. 196 f.

[24] *Ästhetische Theorie = Gesammelte Schriften*, Bd 7, Frankfurt a. M. 1970 S. 114 f.

bei der Bildung einer modernen, nicht mehr mimetischen Ästhetik Pate stand. Die lyrische Klage repräsentiert Vigny in *La Maison du Berger* (1843/1844), schon im Zweifel am romantischen Einklang von Seele und Landschaft, Selbst und Natur. "La nature t'attend dans un silence austère" (V. 29) – die Natur antwortet nicht und läßt die sympathetische Sehnsucht in Haß umschlagen. Der vereinsamte Dichter erkennt im Schein ihrer Güte und ihres Friedens das wahre Gesicht der Natur: die Gleichgültigkeit und Verachtung, mit der sie ihre Geschöpfe entstehen und wieder umkommen läßt ("Je roule avec dédain, sans voir et sans entendre,/A côté des fourmis les populations;/(...)"– V. 288 f.).

Annette von Droste-Hülshoff hat in ihrem großen Gedicht *Die Mergelgrube* die für diese Zeit gewöhnliche Vision einer Natur "in der Verödung Schrecken" beschworen, ein Erschrecken, das nunmehr schon auf das lyrische Subjekt zurückschlägt. Das Bewußtsein seiner Verlorenheit angesichts des zerfallenden Kosmos macht die kontemplative Distanz der elegischen Klage zunichte.

> Vor mir, um mich der graue Mergel nur;
> Was drüber, sah ich nicht; doch die Natur
> Schien mir verödet, und ein Bild erstand
> Von einer Erde, mürbe, ausgebrannt;
> Ich selber schien ein Funken mir, der doch
> Erzittert in der toten Asche noch,
> Ein Findling im zerfallnen Weltenbau.[25]

Thomas Carlyle hingegen proklamiert in *On Heroes and Hero-Worship* (1841): "Literature (...) is an 'apocalypse of Nature', a revealing of the 'open secret'. It may well enough be named, in Fichte's style, a 'continuous revelation' of the Godlike in the Terrestrial and Common."[26] Literatur als 'Apokalypse der Natur' offenbart die thaumaturgische Tugend des Menschen – den Gedanken und die tausend Gedanken, aus denen eine Stadt wie London eine neue, vom Menschen geschaffene Welt des Schönen hervorzubringen vermag. Derart wurden nach 1850 vor allem die ersten Weltausstel-

[25] In *Werke in einem Band,* hg. C. Heselhaus, München 1984, S. 95.

[26] Im Kapitel "The Hero as Man of Letters", zit. Ausg.: *On Heroes and Hero-Worship* (The World's Classics. 62), London/New York/Toronto 1956, S. 164–166.

lungen angepriesen. Ein Augenzeuge, Alexis de Vallon, stellte auf seiner Fahrt zur Great Exhibition in London von 1851 fest:

> La poésie de la nature est morte à tout jamais (...) La poésie a changé de mobile, elle s'est déplacée (...) réunir dans une pensée commune tous les peuples de la terre, faire un appel à leur génie (...) leur ouvrir un concours universel et préparer ainsi par cette fusion générale la solidarité de toutes les races de la terre, n'est-ce pas de la poésie? Oui, c'est la grande poésie de l'ère qui commence.[27]

V

Dieses enthusiastische Wort benennt die große Poesie der neuen Ära noch nicht eigens. Sie führt sie auf das 'Genie der wetteifernden Völker', auf das neue Pathos der solidaritätstiftenden Arbeit zurück. Hier wird mit der Poesie der Natur zugleich der romantische Begriff des einsam schaffenden Genies verabschiedet. Der kosmopolitische Enthusiasmus, den die moderne Allianz von Kunst und Industrie auslöste, scheint selbst Baudelaire einmal ergriffen zu haben, seiner negativen Anthropologie und vehementen Kritik an den Illusionen des Fortschritts und der Demokratie zuwider. In seinem Bericht über die Pariser Ausstellung von 1855[28] rühmt er an der weltweiten Fülle von Produkten industrieller wie handwerklicher Kunst die so erstaunliche wie befremdende Faszination eines Schönen, das zu begreifen die Intelligenz und Begnadung des Kosmopolitismus voraussetzte, die Fähigkeit, das Neue als das von keiner Regel ableitbare Schöne allein am Verhältnis von Form und Funktion zu begreifen. Die moderne Erscheinung der "beauté universelle" erfordere einen zweiten Winckelmann, mithin eine moderne Ästhetik jenseits der akademischen Normen der Nachahmung der Natur und des Vorbilds der Antike.

---

[27] Zitiert nach G. Maag, *Kunst und Industrie im Zeitalter der ersten Weltausstellungen*, München 1986, S. 90.

[28] *Exposition universelle – 1855*, zit. Ausg.: Baudelaire, *Œuvres complètes*, 2 Bde, hg. C. Pichois (Bibliothèque de la Pléiade. 1. 7), Paris 1975–1976, Bd 2, S. 575–597.

Doch die unkanonische, artifizielle Schönheit der Produkte, in denen sich der Triumph des industriellen Fortschritts über die Natur so augenfällig materialisierte, löste in der Breitenwirkung der ersten Weltausstellungen nicht nur offene Bewunderung, sondern auch zuvor unbekannte Ängste aus. Wie G. Maag zeigen konnte[29], machte sich die verdrängte Natur in einer eigentümlichen Verschränkung von Industriekultur und Traumwelt wieder geltend. Angesichts des unermeßlichen Warenmeers suchten die Besucher ihr Erschrecken vor dem, was W. Benjamin einmal die "Urerscheinung der Technik" genannt hat[30], in imaginären Kontrasterlebnissen des Mythischen, Märchenhaften oder Exotischen aufzufangen. In anderen Stimmen der Zeitgenossen meldet sich die Sorge, ob der Materialismus der industriellen Revolution nicht durch das Schöne humanisiert werden könne. Doch wie sollte Kunst als reine Anti-Natur, die soeben erst entdeckte 'Poesie der Industrie', das Schöne als freien Entwurf des ganz auf sich selbst gestellten Menschen hervorbringen und damit zugleich sozialem Handeln die Norm vorgeben? An diesem Problem scheiden sich die Schulrichtungen der folgenden Zeit: der sogenannte Symbolismus, der die Naturfeindschaft auf die Spitze treibt, und der Naturalismus, der zum Nachahmungsprinzip zurückkehrt, die Instanz der Natur nun aber durch eine neue, gesellschaftliche Instanz ersetzen will: Natur erscheint bei Taine wie bei Zola – so bemerkte Brunetière – nicht länger als Landschaft, sondern als Milieu[31].

In der Aufnahme der *Fleurs du Mal* wurde die Naturfeindschaft Baudelaires wohl zum ersten Mal von Gautier als ein neuer, von einer letzten Stunde der Zivilisationen gezeichneter 'Stil der Dekadenz' positiv bewertet[32]. Die Entscheidung für das Artifizielle, am reinsten verwirklicht im *Rêve parisien*, sei die angemessene Haltung

---

[29] *Kunst und Industrie*, Kap. 3.

[30] *Das Passagen-Werk*, C 7 a, 4: "Die Phantasien vom Untergang von Paris sind ein Symptom davon, daß die Technik nicht rezipiert wurde. Aus ihnen spricht das dumpfe Bewußtsein, daß mit den großen Städten die Mittel heranwuchsen, sie dem Erdboden gleichzumachen." (In W. B., *Gesammelte Werke*, hgg. R. Tiedemann und H. Schweppenhäuser, Frankfurt a. M. 1974 ff., Bd 5,1, S. 152)

[31] Nach L. Spitzer, "Milieu und Ambiance", in *Essays in Historical Semantics*, New York 1948, S. 179–303, hier: S. 213.

[32] In seinem Vorwort ("Notice") zur dritten Auflage der *Fleurs du Mal* von 1869.

des Dichters zu einer Zeit, die nicht mehr zum Naiven zurückkehren könne. Der Dichter der *Fleurs du Mal* sei darum mit dem gleichen, selbstverständlichen Recht manieriert, wie man in früherer Zeit einfach und natürlich zu sein pflegte. In der Nachfolge Baudelaires hat sodann Huysmans in *A Rebours*, der Bibel der Avantgarde des Fin de siècle, Naturfeindschaft geradezu in einen ästhetischen Kult des Artifiziellen verkehrt. Der Titel 'Gegen den Strich' revoltiert gegen die physische Natur und gegen die bürgerliche Demokratie zugleich. Natur und Gesellschaft, seit Rousseau antipodisch geschieden, fallen im Haß auf das Prinzip der "égalité naturelle", der gleichen physischen Ausstattung des Menschen und seines Anspruchs auf soziale Gleichheit, in eins[33]. Dieser Haß ist die Auszeichnung und Legitimation des Dekadenten. Er verpflichtet, gegen den Strich des Gesunden und Natürlichen wie des von der Gesellschaft Geheiligten zu leben. Darum ist nicht so sehr die Raffinesse der Ausschweifung, sondern die provokative Blasphemie der letzte Triumph des Dandy über die Natur. So legt sich Des Esseintes zum Beispiel ein Gemach mit Orchideen an, um das Natürliche der Natur augenscheinlich zu widerlegen: "Après les fleurs factices singeant les véritables fleurs, il voulait des fleurs naturelles imitant des fleurs fausses."[34] Nicht die Kunst ahmt die Natur, sondern das Leben ahmt die Kunst nach, wird O. Wilde, ein Adept Huysmans, daraus folgern[35].

Die Abdankung der Natur endigt hier in ihrer schmachvollen Unterwerfung unter die Kunst. Doch hatte dieser extreme Schritt Konsequenzen, die der Mallarmé-Kreis noch nicht absah und denen Huysmans schon gar nicht gewachsen war. In seinem Fall hat sich das Urteil eines Zeitgenossen, Barbey d'Aurévillys: 'Nach einem solchen Buch bleibt dem Autor nur noch, zwischen der Mündung einer Pistole und dem Kniefall vor dem Kreuz zu wählen', buchstäblich erfüllt. Die blasphemische Naturfeindschaft Huysmans endigte in der Tat mit seinem Kniefall vor dem Kreuz, das spektakuläre Expe-

---

[33] Vgl. dazu F. Gaillard, "De l'antiphysis à la pseudophysis (L'Exemple de *A Rebours*)", in *Romantisme* 10 (1980) H. 30, S. 69–82.

[34] *A Rebours*, hg. M. Fumaroli, Paris 1977, S. 197.

[35] "The Decay of Lying", in *Intentions and the Soul of Man*, London [5]1911 ([1]1908), S. 30: "(...) that Life imitates Art, that Life in fact is the mirror and Art the reality."

riment von *A Rebours* in der Geschichte einer Neurose. Die ästhetische Konsequenz aus der Inversion des Nachahmungsprinzips hat erst Valéry im Gefolge Mallarmés gezogen, als er eine moderne "poïétique" der klassischen Poetik entgegensetzte, die in der Natur als letzter Instanz exemplarischen Sinns gegründet war.

Valérys Prinzip der poietischen Konstruktion nimmt dabei zwar den von Haus aus aristotelischen Begriff der poiesis wieder auf, kehrt ihn nun aber gegen die teleologischen Voraussetzungen der aristotelischen Physik. Dort konnte poiesis als herstellendes Handeln sowohl die Tätigkeit des Handwerkers oder Künstlers als auch das Hervorbringen der Natur – die Erschaffung natürlicher Dinge – noch übergreifen, sofern man die Poiesis des Menschen als Nachahmung der Natura naturans verstand, die selbst schon poietisch verfährt, wenn sie Dinge hervorbringt, die Ursprung und Werdeziel in sich selbst haben[36]. Doch Valérys "poïétique" bestreitet dem Werdeprozeß einer Natur, die sich in ihrer Selbstreproduktion ewig wiederholen muß, und schon gar, wenn ihre Gestalten aus dem blinden Gesetz von Mutation und Selektion hervorgehen sollen, gerade den poietischen Charakter. Erst eine nicht mehr mimetische Kunst gewinne die Auszeichnung, im eigenen Spielraum zu schaffen, was die Natur weder vorgegeben noch als Möglichkeit ergriffen hatte, und zu erkennen, daß das Wahre, das dem Menschen zugänglich ist, nur aus dem entspringen darf, was er selbst im Machen erproben kann. Moderne Poesie, auch und gerade wenn sie vermeintlich ein Stück der erstgegebenen Natur nur beschreibt, bringt ihren Gegenstand in seiner Möglichkeit erst eigentlich hervor!

Aus Baudelaires Naturfeindschaft ist bei Valéry denn auch schierer Spott geworden, Spott über den 'lächerlichen Irrtum Rousseaus', Natur als Landschaft sei an ihr selbst schön und wahr; Spott aber auch über die moderne Nostalgie nach dem verlorenen Anfänglichen, Heilen und Ganzen der Natur:

> Il n'y a pas de nature. Ou plutôt ce qu'on croit être donné est toujours une fabrication plus ou moins ancienne.

---

[36] Vgl. dazu J. Mittelstraß, "Das Wirken der Natur – Materialien zur Geschichte des Naturbegriffs", in Hg. F. Rapp, *Naturverständnis und Naturbeherrschung – Philosophiegeschichtliche Entwicklung und gegenwärtiger Kontext* (Kritische Information. 102), München 1981, S. 35–69.

> Il y a un pouvoir excitant dans l'idée de revenir en contact de la chose vierge. On imagine qu'il y a de telles virginités. Mais la mer, les arbres, les soleils – et surtout l'œil humain – tout cela est artifice.[37]

'Es gibt keine Natur' meint: sofern ihr Idealbild mit dem Vergessen seiner Entstehung erkauft ist und auf der Illusion beruht, daß Natur ohne die Vorstellung des Menschen überhaupt Natur und nicht an sich selbst unkenntlich sei[38]. Und doch kenne ich kein großartigeres Gedicht als den *Cimetière marin*, kein schöneres Baumgedicht als *Au Platane*! Rührt dies wirklich daher, daß Valérys Gedicht vom Meer oder vom Baum nur spräche, um seinen Gegenstand vergessen zu machen und uns allein sein Verfahren, das in den Text eingeschriebene Verfassen des Textes, bewundern zu lassen? Schließt die Sichtbarmachung des Verfahrens denn aus, daß es in eins damit eine neue, poetisch gesteigerte Wahrnehmung und Dingwerdung des Erscheinenden, mithin ein Wiederfinden der Natur ermöglicht – daß Auge und Ohr des Lesers Meer und Baum neu und anders erfahren können, als sie ihm in unserer hochtechnisierten Welt noch vorstellbar waren, in der das Dasein eines Einzelnen längst nicht mehr ausreicht, das immens gewachsene Wissen von Natur und Geschichte einzuholen, geschweige denn in Erfahrung umzuwandeln? Entspringt demgegenüber aus der modernen Kunst, auch wenn sie das Recht des Faktischen und den Sinn der politischen Vernunft in Frage stellt, nicht doch auch wieder eine Chance der Welterfahrung – der poetischen Erfahrung, wie Natur in der unerahnbaren Fülle ihrer Möglichkeiten sein könne?

Blumenbergs schon klassisch gewordene Studie "'Nachahmung der Natur' – Zur Vorgeschichte der Idee des schöpferischen Menschen" führte zu einer bemerkenswerten letzten Hypothese: "(...) manches deutet darauf hin, daß die Phase der gewalttätigen Selbstbetonung des Konstruktiven und Authentischen, des 'Werkes' und der 'Arbeit', nur Übergang war. Die Überwindung der 'Nachahmung der Natur' könnte in den Gewinn einer 'Vorahmung der Natur'

---

[37] "Rhumbs", in *Œuvres*, hg. J. Hytier, 2 Bde (Bibliothèque de la Pléiade. 127. 148), Paris 1959–1960, Bd 2, S. 597–650, hier: S. 618. Zu Rousseau s. S. 603.

[38] "L'oubli de l'homme, l'absence de l'homme, la non-action de l'homme, l'oubli d'anciennes conditions de l'homme – c'est de quoi sont faits le 'noble' et la 'nature', et... le soi-disant humain." (Ebd.)

einmünden."[39] Mit dieser Hypothese trifft Blumenberg wenigstens für ein Mal mit Adornos Hoffnung auf eine "Resurrektion der Natur" zusammen, der seine *Ästhetische Theorie* überraschenderweise wieder auf den Begriff des Naturschönen gründen wollte. Das Naturschöne einer Ästhetik der Moderne könne dann aber nicht mehr als ein Ursprüngliches, Unvordenkliches begriffen, sondern müsse – gegen seine Herkunft – in einen futurischen Sinn gefaßt werden, als ein noch nicht Seiendes und eben darum als Instanz gegen die mißbrauchte Herrschaft dessen, was das autonome Subjekt sich selbst verdankt: "Das Naturschöne ist die Spur des Nichtidentischen an den Dingen im Bann universaler Identität. (...) Die Scham vorm Naturschönen rührt daher, daß man das noch nicht Seiende verletze, indem man es im Seienden ergreift. Die Würde der Natur ist die eines noch nicht Seienden, das intentionale Vermenschlichung durch seinen Ausdruck von sich weist."[40]

Die beiden Prognosen können unsere Betrachtung schließen, weil sie aus verschiedener Sicht auf das Problem antworten, das die Austreibung der Natur aus der Ästhetik der Moderne ungelöst hinterließ: Wenn die freigeschaffene Kunst des Homo faber ihre Mündigkeit behaupten will, ohne sich mehr auf die Natur zu berufen, wie soll und kann sie dann der Willkür ihrer Produkte entgehen und für sich selbst exemplarische Geltung beanspruchen? Wäre dann das selbstgeschaffene Sein der Kunst am Ende nicht ebenso faktisch und beliebig wie das seiner Idealität entkleidete Sein der Natur? Valéry, der Stammvater einer Ästhetik ohne Natur, hatte zwar alles Erkennen zu einer Funktion des Könnens machen wollen. Er hatte damit die Allmacht einer Technokratie antizipiert, die glaubt, alles machen zu dürfen, was immer der Homo faber zu erdenken vermag. Doch Valéry war wohl auch der erste, der diesen Exzeß unserer Moderne selbst wieder in Frage zog. Er schrieb 1913 im Rückblick auf seine biographische Kehre:

> (...) je déplaçais, de toute une force instinctive, la *question*; et ramenais tout: poésie, analyse, language, usage du réel et du possible, – à la seule et brute notion *du pouvoir mental*. Je commettais à demi sciemment, cette erreur, de remplacer *l'être* par le *faire* –

[39] S. 93.

[40] *Ästhetische Theorie* S. 114 f.

> comme si on eût pu se fabriquer soi-même – au moyen de quoi? – Être poète, non. Pouvoir l'être.[41]

Die Erfahrung, auf die der Homo faber am Ende unseres Jahrhunderts stoßen mußte, enthält schon ihr ältester Begriff, den ihre Entmächtigung im historischen Wandel ihrer Bedeutung nie ganz aufheben konnte: Natur als Inbegriff dessen, was sich nicht machen, wohl aber – wie wir erst heute im vollen Ausmaß und hoffentlich nicht zu spät erkennen – zerstören läßt.

Daß die Selbstermächtigung des Menschen in die Selbstzerstörung der von ihm geschaffenen zweiten Natur umzuschlagen droht, ist ein Pyrrhussieg über die erste Natur, den hinzunehmen wir alle nicht mehr bereit sein sollten. Was sich dagegen aufbieten läßt, ist aus meiner Sicht weder eine Rückkehr zur alten Ästhetik der Natur, die seit der Aufklärung und nach Darwin unweigerlich einem vergangenen Weltverständnis anheimfiel, noch dürfte es die spätere Hoffnung auf eine "Resurrektion der Natur" sein, die sich Adorno oder Benjamin von einem *mimetischen* Vermögen zur Aneignung des 'Anderen der Vernunft' versprachen. Ich setze vielmehr auf ein *ästhetisches* Vermögen – auf die Freiwilligkeit ästhetischen Sinnverstehens und Sinnerprobens, das im ästhetischen Urteil seit jeher ein Band der Solidarität von Mensch und Mitmensch zu stiften und zugleich einen gewaltfreien Umgang mit den Dingen – also auch mit dem 'Anderen der Natur' – zu schaffen vermochte. Den erwartbaren Vorwurf, ein unbeirrbarer Idealist zu sein, nehme ich gelassen hin. Ist es ästhetischer Erfahrung doch von Haus aus eigen, gegen die laute Macht des Faktischen die stille Kraft des Möglichen aufzubieten, mithin: notwendigermaßen idealistisch zu sein.

---

[41] *Cahiers*, hg. J. Robinson, 2 Bde (Bibliothèque de la Pléiade. 242. 254), Paris 1973–1980, Bd 1, S. 60.

Sebastian Neumeister

Leopardi und die Moderne

I

Die literarische Karriere des jungen Leopardi hätte mit jenem Brief beginnen können, den er 1816 an die Herausgeber der *Biblioteca Italiana* richtete: *Lettera ai sigg. Compilatori della Biblioteca Italiana in risposta a quella di Mad. la Baronesse di Staël Holstein ai medesimi.* Madame de Staël hatte in dem Brief, auf den Leopardi sich bezieht, die Sterilität der italienischen Schriftsteller der Jahrhundertwende beklagt:

> La littérature italienne est partagée maintenant entre les érudits qui sassent et resassent les cendres du passé, pour tâcher d'y retrouver encore quelques paillettes d'or, et les écrivains qui se fient à l'harmonie de leur langue pour faire des accords sans idées, pour mettre ensemble des exclamations, des déclamations, des invocations où il n'y a pas un mot qui parte du cœur et qui y arrive.[1]

Um diesen Zustand zu überwinden, empfiehlt die Baronesse den Italienern den Blick über die Landesgrenzen. Sie schmeichelt ihrem Publikum durch die Bemerkung, daß die italienische Sprache sich, wie V. Monti gezeigt habe, besonders gut zur Übersetzung Homers eigne, aber sie verschreckt es durch die Aufforderung, nun auch moderne, insbesondere englische und deutsche Dichtungen ins Italienische zu übertragen:

> (...) ils feraient ainsi connaître un genre nouveau à leurs compatriotes, qui s'en tiennent, pour la plupart, aux images tirées de la mythologie ancienne: or, elles commencent à s'épuiser, et le paganisme de la poésie ne subsiste presque plus dans le reste de l'Europe.

[1] Zit. Ausg.: *Œuvres complètes de Madame la Baronne de Staël-Holstein*, 3 Bde, Paris 1861; Nachdruck: Genève 1967, Bd 2, S. 294–297, hier: S. 296 b.

Madame de Staël verkündet das Ende des Klassizismus.

> Il importe aux progrès de la pensée, dans la belle Italie, de regarder souvent au delà des Alpes, non pour emprunter, mais pour connaître; non pour imiter, mais pour s'affranchir de certaines formes convenues qui se maintiennent en littérature comme les phrases officielles dans la société, et qui en bannissent de même toute vérité naturelle.[2]

Fortschritt ("progrès de la pensée") und Naturwahrheit ("vérité naturelle"), aber auch der Hinweis auf die "formes convenues" als Ausdruck einer sterbenden Gesellschaftsordnung sind Konzepte, die dem Jahrhundert der Aufklärung entstammen. Nur der Name A. W. Schlegels, der im folgenden auftaucht, verrät, daß Madame de Staël hier auch romantisches Gedankengut weitergibt, verschärft durch das eigene Ungenügen an der nachnapoleonischen Erlebniswelt.

In seinem erst 1906 veröffentlichten Brief weist Leopardi das Ansinnen Madame de Staëls indigniert zurück. Er lobt, um das Recht der italienischen Literatur auf Autonomie begründen zu können, vielmehr überschwenglich die dichterische Inspiration und beruft sich ebenfalls auf die Natur:

> Scintilla celeste, e impulso soprumano vuolsi a fare un sommo poeta, non studio di autori e disaminamento di gusti stranieri. O noi sentiamo l'ardore di quella divina scintilla, e la forza di quel vivissimo impulso, o no lo sentiamo. Se sì, un soverchio studio delle letterature straniere non può servire ad altro che ad impedirci di pensare, e di creare di per noi stessi: se no, tutti gli scrittori del mondo non ci faranno poeti in dispetto della natura.[3]

Man könnte meinen, hier wäre das Originalgenie des Sturm und Drang oder der Romantik gefordert. Doch Leopardi weiß, daß er in litteris ein Spätgeborener ist: "Nello stato in che il mondo si trova

---

[2] Ebd. S. 296 a.

[3] Der Brief, der sich in den gängigen Leopardi-Ausgaben findet, wird hier nach der Ausgabe von E. Mazzali zitiert: *Discorso di un Italiano intorno alla poesia romantica di Giacomo Leopardi, con una antologia di testimonianze sul romanticismo*, eingel. von F. Flora, Rocca San Casciano 1957, S. 119–127, hier S. 123.

di presente, non si può scrivere senza aver letto, e quello che era possibile ai giorni d'Omero è impossibile ai nostri."[4] Das Vorbild der griechischen und römischen Klassik bleibt unangetastet. Über sie nämlich steht die italienische Literatur der Natur am nächsten, ein Privileg, auf das sich Leopardi am Schluß seines Briefes mit dankbarem Stolz beruft:

> (...) La italiana letteratura che è di tutte letterature del mondo la più affine alla greca e latina, cioè a dire (...) alla sola vera, perché la sola naturale, e in tutto vota d'affettazione.[5]

Die Polemik gegen die Neuerungen, die aus dem Norden, aus Frankreich, England und Deutschland kommen, scheint hier noch vornehmlich subjektiv und national motiviert, auch wenn sich im Bekenntnis zum Vorbild der Antike als Ort des Naturschönen schon ein theoretisches Postulat zu erkennen gibt. Diese zeigt sich als eine eigenständige ästhetische Haltung entschiedener erst im *Discorso di un Italiano intorno alla poesia romantica*[6].

Leopardi verfaßt den *Discorso* zwei Jahre nach dem Brief an die *Biblioteca Italiana* von 1816. Auch er bleibt bis 1906 unveröffentlicht und damit ebenfalls ohne Einfluß auf die literaturtheoretischen Auseinandersetzungen zur Zeit seiner Entstehung. Der junge Leopardi greift in eine Diskussion ein, die schon im Gange ist, in diesem Falle um die Dichtung *The Giaour* von Lord Byron, deren italienischer Übertragung L. di Breme, chef de file der Romantiker, umfangreiche *Osservazioni* gewidmet hatte[7]. Leopardi nimmt sie zum Anlaß, eine dezidiert antiromantische Stellung zu beziehen, er, der zu diesem

---

[4] Ebd. S. 125.

[5] Ebd. S. 127.

[6] Ebd. S. 3–114. Im folgenden werden bei Zitaten nur die Seitenzahlen dieser Ausgabe angegeben. Vgl. zum ganzen Problem den Überblick von G. Petrocchi, "Leopardi e le polemiche romantiche", in Hgg. W. Hirdt/R. Klesczewski, *Italia viva – Festschrift für Hans Ludwig Scheel*, Tübingen 1983, S. 327–334.

[7] In L. di Breme, *Polemiche*, hg. C. Calcaterra, Torino 1928, S. 79–159. Zu Breme vgl. W. Krömer, *Ludovico di Breme 1780-1820 – Der erste Theoretiker der Romantik in Italien* (Kölner Romanistische Arbeiten. N. F. 19), Genève/Paris 1961, und *Ludovico di Breme e il programma dei romantici italiani*, Torino 1984, bes. den Beitrag von G. Bàrberi Squarrotti, "Leopardi e Breme", S. 121–140.

Zeitpunkt so gut wie keine Zeugnisse der europäischen Romantik kennt. Der *Discorso* ist daher auch weit weniger das Dokument einer theoretisch-argumentativen Konfrontation als das Credo eines jungen Dichters, der im Begriff steht, das in den einsamen Lektüren seiner Jugend Gelernte in einen eigenständigen Stil zu überführen.

Das merkwürdig verzerrte Bild der Romantik, das Leopardi entwirft, könnte uns gleichgültig lassen, stießen wir dabei nicht auch auf Beschreibungen, deren historischer Wahrheitsgehalt weit über die eigentliche Romantik hinausreicht. Es kommt zudem aus der Feder eines Dichters, der in einer späteren Phase seiner Entwicklung der Romantik wie der Moderne, die sich daraus oder aber gegen sie entfaltet, eine völlig eigenständige Position gegenüberstellt.

Der poetologische Standpunkt, von dem aus Leopardi gegen die Romantik polemisiert, ist hoffnungslos antiquiert. Anders als bei der romantischen Avantgarde steht im Zentrum des *Discorso* noch immer der Grundsatz der Naturnachahmung. Der Dichter soll

> (...) anche oggidì, mantenuta l'osservanza del verisimile e gli altri dovuti rispetti, (...) scegliere le illusioni meglio conducenti al diletto derivato dalla imitazione della natura ch'è il fine della poesia; (...) (S. 57)

Leopardi fesselt die Kunst noch immer an zwei unverrückbare Vorbilder, an eine ewige Natur und an die Klassiker der Antike, einschließlich ihrer Poetik des verisimile und des delectare. Mit Maßstäben wie diesen ist die Bewegung der zeitgenössischen Kunst, die sich gerade vom Prinzip der Naturnachahmung löst[8], schlechthin nicht zu erfassen. Auch der Vorwurf des *Discorso*, die romantische Kunst sei intellektuell und mißachte die Phantasie, muß ins Leere gehen. Die Opposition von klassischer Naturnachahmung und moderner Künstlichkeit, von Phantasie und Verstand durchzieht gleichwohl den Traktat in seiner Gesamtheit. Daß hier einiges durcheinandergeht, zeigt Leopardi im übrigen auch durch seine Technik, ein und dieselbe Qualität mit einem positiven oder negativen Vorzeichen zu versehen, je nachdem, ob sie der eigenen Partei oder aber

---

[8] Vgl. dazu W. Preisendanz, "Zur Poetik der deutschen Romantik I: Die Abkehr vom Grundsatz der Naturnachahmung", in Hg. H. Steffen, *Die deutsche Romantik*, Göttingen 1967, S. 54–74.

len Romantikern zugeordnet wird. Den Vorwurf klassizistischer Regelgläubigkeit etwa ("l'osservanza cieca e servile delle regole e dei precetti", S. 63 f.) weist Leopardi zurück, hält aber im Gegenzug den Romantikern eine nicht näher erläuterte "pedanteria" vor. Das pathetisch sentimentalische Genre andererseits, dessen sich die Romantiker rühmen, windet er ihnen aus der Hand und verbucht es mit zwei Zitaten aus Homer und Vergil für die eigene Seite.

Unfruchtbare Polemik also, die im einzelnen nachzuzeichnen nicht lohnt. Der Wahrheitsgehalt der Vorwürfe, die Leopardi den Romantikern macht, um sie der Lächerlichkeit und der Verachtung auszuliefern, wird vielmehr erst da sichtbar, wo Leopardi die Ziele der neuen Ästhetik in polemischer Übertreibung weniger nach- als vorzeichnet. Leopardi charakterisiert, indem er der Romantik den Prozeß macht, weniger diese als eine Moderne, die sich aus ihr erst entfalten wird. Der Katalog der Verstöße gegen den klassischen Kanon, die hier zusammenkommen, läßt den Leser jedenfalls eher als an die Brüder Schlegel und Madame de Staël an Gérard de Nerval oder Baudelaire denken: an die Begründer der Moderne aus romantischem Geist.

Basis und zugleich bestes Beispiel dieses Vorgriffs auf eine Epoche, von der eigentlich in der italienischen Provinz Leopardis, aber auch darüber hinaus noch sehr wenig zu sehen sein konnte, ist der Vorwurf der zivilisatorischen Brechung (incivilimento) und Historisierung dessen, was bislang eine ewige Natur der Nachahmung empfahl:

> (...) i nostri cantano in genere più che possono la natura, e i romantici più che possono l'incivilimento, quelli le cose e le forme e le bellezze eterne e immutabili, e questi le transitorie e mutabili, quelli le opere di Dio, e questi le opere degli uomini. (S. 29)

Wem käme hier nicht Baudelaires Definition der modernité in den Sinn, "le transitoire, le fugitif, le contingent, la moitié de l'art, dont l'autre moitié est l'éternel et l'immuable"[9]. Leopardi allerdings verkürzt in der Polemik die Modernitätsdefinition Baudelaires

[9] *Le Peintre de la vie moderne*, Kap. 4: "La Modernité"; zit. Ausg.: Baudelaire, *Œuvres complètes*, hg. C. Pichois, 2 Bde (Bibliothèque de la Pléiade. 1. 7.), Paris 1975–1976, Bd 2, S. 695.

um genau jene Hälfte, die er für die eigene Partei beansprucht: um die Ewigkeit. Immerhin zeigen die Beispiele, die Leopardi wenige Zeilen weiter zur Abwertung der Kunst der Romantiker anführt, die "cose cittadinesche", die "costumi", "accidenti" und die "diverse condizioni della vita civile", wie hier die neue Vielfalt städtischen Lebens und der bürgerlichen Existenz zumindest in der Negation in den Blick gerät, zwanzig Jahre bevor Balzac seine *Illusions perdues* schreibt, und fast ein halbes Jahrhundert vor Baudelaires Constantin-Guys-Traktat. Mit Romantik hat das offensichtlich weit weniger zu tun als mit der Moderne. Die Suche nach den Ursprüngen tritt, so konstatiert Leopardi schon 1816, zurück hinter der Jagd auf das Zeitgemäße, auf die "modernité":

> (...) è più chiaro del sole che i nostri cercano a tutto potere il primitivo, anche trattando cose moderne, e i romantici a tutto potere il moderno, anche trattando cose primitive o antiche. (S. 29 f.)

Leopardi bleibt nicht bei den Symptomen stehen. Er, der die Schriften der französischen Aufklärung voller Zustimmung gelesen hat, ist scharfsichtig genug, auch den geistesgeschichtlichen Hintergrund der Modernität einzubeziehen, den Gedanken des Fortschritts. War dieser zunächst ein rein philosophisches oder auch politisches Konzept, so bestimmt er nun als historische "Erfahrung der Beschleunigung" (R. Koselleck[10]) mehr und mehr den Alltag.

Eine spezifische Ausdrucksform des Fortschritts ist die Mode. Sie erfaßt jetzt auch die Dichtung:

> Che andiamo noi cercando bellezze eterne e immutabili? Qualunque cosa non si muta, qualunque dura sempre, non fa per la poesia: questa vuol cose caduche, cose che si rinnuovino, cose che passino: abbia anch'ella le sue mode, diventi leggera per esser sempre gagliarda; (...)

Und, in satirischer Überspitzung:

> spero che si potranno stampare i giornaletti a posta, colle mostre di ciascheduna poesia che andrà venendo in usanza, come adesso si

[10] "Historia magistra vitae – Über die Auflösung des Topos im Horizont neuzeitlich bewegter Geschichte", in *Natur und Geschichte – Karl Löwith zum 70. Geburtstag*, Köln/Stuttgart/Berlin/Mainz 1967, S. 196–219, hier: S. 210.

stampano quelli delle altre mode colle loro figurine. Queste paiono burle, o Lettori; pur voi sapete e vedete quanto poco sieno lontane dal fatto. (S. 43)

An die Stelle der ewigen Schönheit tritt die novità. Die Mode ruiniert die Dichtung. Als Sieger bleiben allein die Zeitungen, die "giornaletti" auf dem Plan, gut für einen Tag und gerade deshalb immer frisch. Auch hier fällt es schwer, nicht an eine andere Analyse der Zeit zu denken, an A. de Tocquevilles "Physionomie littéraire des siècles démocratiques". Sie findet sich im zweiten Buch von *De la démocratie en Amérique*, geschrieben zwanzig Jahre nach dem *Discorso* und hervorgegangen aus Gesprächen mit den Bewohnern der Neuen Welt im Jahre 1831:

Ces nouveaux amateurs des plaisirs de l'esprit n'ont point tous reçu la même éducation: ils ne possèdent pas les mêmes lumières, ils ne ressemblent point à leurs pères, et à chaque instant ils diffèrent d'eux-mêmes; car ils changent sans cesse de place, de sentiments et de fortune.(...) Ils aiment les livres qu'on se procure sans peine, qui se lisent vite, qui n'exigent point de recherches savantes pour être compris. Ils demandent des beautés faciles qui se livrent d'elles-mêmes et dont on puisse jouir sur l'heure; il leur faut surtout de l'inattendu et du nouveau.[11]

Tocqueville spricht von den Männern der Praxis, von jenen business men des industriellen Zeitalters, die nur noch selten Zeit für die Genüsse des Geistes finden, "pour goûter à la dérobée les plaisirs de l'esprit" – es sind die Käufer der "giornaletti".

Was Leopardi sonst noch an Polemik gegen die Romantik ins Feld führt, die "corruzione del gusto" (S. 31), die "snaturatezza cittadinesca" (S. 35), die Ausbeutung extremer – sentimentaler, psychologischer, exotischer – Effekte, die Hinwendung zu den Gegenständen des Alltags, den "cose cittadinesche", den "usanze del tempo nostro" (S. 44), all dies zeugt von dem Gespür, mit dem hier ein Jüngling von zwanzig Jahren Entwicklungen vorausnimmt, die das Stadium der politischen Veränderungen – französische Revolution, Aufstieg und

[11] A. de Tocqueville, *Œuvres complètes – Édition définitive*, hg. J.-P. Mayer, Paris 1961 ff., Bd 1, 2, S. 63 f.

Fall Napoleons, Wiener Kongreß – noch kaum überschritten haben. Leopardi diagnostiziert als Krankheit, was sich als Metamorphose erweisen wird, er prangert im Vorhinein an, wofür 40 Jahre später Baudelaire steht: die Geburt der Moderne.

II

Leopardis Verhältnis zur eigenen Epoche ist äußerst distanziert. Geprägt durch die umfangreichen Klassiker-Lektüren seiner Jugend, bedingt auch durch die nationale Randlage, die Italien im 19. Jahrhundert einnimmt, und nicht zuletzt bedrängt von der psycho-physischen Problematik der eigenen Existenz, findet Leopardi keinen inneren Zugang zu den Bewegungen seiner Zeit. Diese Außenseiterrolle beeinflußt, wie seine theoretischen Schriften, seine Lyrik und nicht zuletzt sein intellektuelles Tagebuch, der *Zibaldone*, belegen, das Verhältnis zur europäischen Romantik, aber auch seine Auseinandersetzung mit den materiellen und kulturellen Erscheinungen des industriellen Zeitalters, das vor der Tür steht. Allerdings ist Leopardi, das hat schon der Blick auf den *Discorso* gezeigt, und das bestätigt sich noch an den späten Gedichten, in der skeptischen Frontstellung gegen eine fortschrittsbewußte Moderne wesentlich konkreter und zugleich scharfsichtiger als die Romantiker – eine Qualität übrigens, die ihn mit den Konservativen Balzac und Tocqueville verbindet. Insbesondere die Illusion des Fortschritts und der perfectibilité, deren Realisierung die Aufklärung dem 19. Jahrhundert überlassen hatte[12], während sie der Romantik höchstens als eine metaphysische Utopie in den Blick geriet, erhält in Leopardi einen erbarmungslosen Kritiker. Leopardi nimmt nicht wie Heine oder der junge Baudelaire die Mühen einer auch politisch engagierten Zeitgenossenschaft auf sich, findet aber dafür aus der Distanz des Beobachters Bilder, die sich durch um so größere Tiefenschärfe und Klarheit auszeichnen. Der Dichter aus der italienischen Provinz gerät beim Sprung über die Romantik hinweg in

12 Vgl. dazu R. Baum/Verf., Artikel "Perfektibilität I", in Hgg. J. Ritter/K Gründer, *Historisches Wörterbuch der Philosophie*, Basel/Stuttgart 1971 ff. Bd 7, Sp. 238–244.

die Moderne zwangsläufig ins Abseits der Verweigerung. Während dieses Sprungs jedoch sieht er weiter und tiefer als seine Zeitgenossen, die sich erst mühsam Schritt für Schritt auf den Weg in die eigene Gegenwart machen. Eines der letzten Gedichte Leopardis, die *Palinodia al Marchese Gino Capponi* aus dem Jahre 1835, soll diesen Vor-Sprung exemplarisch sichtbar machen. Die *Palinodia* entsteht und erscheint im übrigen, das macht sie um so bedeutender, im selben Jahr, in dem Th. Gautier seinen Roman *Mademoiselle de Maupin* und Tocqueville den ersten Band seines Buches *De la démocratie en Amérique* veröffentlicht. Die negativen Spuren, die Fortschrittsgläubigkeit und Massengesellschaft in diesen beiden Werken hinterlassen haben, finden sich auch bei Leopardi.

Eine Palinodie ist nach altgriechischem Vorbild ein "dichterischer Widerruf eines vorangegangenen kränkenden Gedichts, bei strengster Form unter Benutzung der gleichen Worte und Reime", sie "drückt die gegenteiligen Gefühle desselben aus und kann nur durch ironische Übersteigerung des Lobes zur Satire werden". Die Palinodie kann, soweit sie ernsthaft verwendet wird, ein Zeugnis echter Reue sein wie bei Stesichoros, dem angeblichen Erfinder der Gattung, oder aber "erwachsen aus antithetischem Lebensgefühl" (G. v. Wilpert[13]). Besonders letzteres könnte, so steht zu vermuten, der Gattung einen Platz auch in der Moderne verschaffen, nämlich als Produkt einer inneren Zerrissenheit, die nach Ausdruck sucht. Literaturtheoretisch wird in jedem Falle eine stark markierte und intendierte "Dialogizität" (M. Bachtin) oder Intertextualität festzustellen zu sein, die sich auf literarische Prätexte, aber auch auf widerstehende Lebenskontexte bezieht:

> Außer der vom Wortkünstler vorgefundenen Wirklichkeit von Erkennen und Handeln wird von ihm auch die Literatur vorgefunden: es gilt gegen oder für alte literarische Formen zu kämpfen, sie sind zu benutzen und zu kombinieren, ihr Widerstand ist zu überwinden oder in ihnen ist Unterstützung zu suchen. Doch all dieser Bewegung und diesem Kampf im Rahmen des rein literarischen

[13] Artikel "Palinodie", in *Sachwörterbuch der Literatur*, Stuttgart [4]1964, S. 544 f. Der scheinbare "Widerruf eines vorangegangenen Gedichts" gilt bei Leopardi der eigenen Fortschrittskritik.

Kontextes liegt der wesentlichere, bestimmende primäre Kampf mit der Wirklichkeit von Erkennen und Handeln zugrunde (...)[14]

Die Tatsache, daß wir eine Satire Leopardis auf den Fortschrittsoptimismus des 19. Jahrhunderts besitzen, kann nicht verwundern, weder was die Zeit noch was die Person betrifft – nicht ohne Grund hat Schopenhauer Leopardi, den er "mit großem *délice* im Original" liest, seinen Geistesverwandten genannt[15]. Der Marchese Capponi, Adressat des Gedichtes, ist ein florentinischer Liberaler, Verfasser einer *Storia della repubblica di Firenze* und zusammen mit dem Schweizer Kaufmann J.-P. Vieusseux Herausgeber der Zeitschrift *Antologìa*, in der 1826 drei der Dialoge Leopardis im Erstdruck erschienen sind. Capponi und Vieusseux, die das kulturelle Leben in Florenz und Italien nachhaltig förderten[16], huldigen einem ungebrochenem Fortschrittsglauben. Die Zusammenarbeit mit Leopardi, der diesen Optimismus nicht teilt, erweist sich schnell als unmöglich. Schon die Widmung hat deshalb Signalcharakter, sie läßt nicht Zuwendung, sondern Kritik erwarten.

Auch der Petrarca-Vers, den Leopardi seiner Palinodie als Motto voranstellt:

Il sempre sospirar nulla rileva.
(Canzone 105, V. 4)

dient der im Sinne Bachtins kritisch-dialogischen Einbeziehung des Gedichtes in einen im Hinblick auf die gewählte Gattung signifikanten Zusammenhang. Der Vers ist einer Scherzkanzone (canzone frottola) des *Canzoniere* entnommen, in der der Dichter sich vergeblich bemüht zeigt, Laura den Liebesdienst aufzukündigen. Auch hier also ein Widerruf, ein Zeichen der Reue, wie die Gattung der

---

[14] M. Bachtin, "Das Problem von Inhalt, Material und Form im Wortkunstschaffen", in *Die Ästhetik des Wortes*, dt. R. Grübel und S. Reese (Edition Suhrkamp. 967), Frankfurt a. M. 1979, S. 120; zit. bei M. Pfister, der die möglichen Formen von Intertextualität und ihre bisherige Deutung eingehend analysiert ("Konzepte der Intertextualität", in Hgg. U. Broich/M. Pfister, *Intertextualität*, Tübingen 1985, S. 1–30, hier: S. 2).

[15] Brief vom 30. Januar 1859 an D. Asher, in *Gesammelte Briefe*, hg. A. Hübscher, Bonn 1978, S. 440.

[16] Als späte Frucht ihrer Tätigkeit muß auf dem Felde der Dichtung vermerkt werden, daß zwischen 1929 und 1938 Eugenio Montale als Direktor Unterschlupf im Florentiner Gabinetto Vieusseux fand.

Palinodie es fordert. Selbstverständlich löst sich der Dichter bei Petrarca nur deshalb aus der Bindung an Laura, um effektvoll zu ihr zurückfinden zu können – ein rhetorischer Schachzug von sorgfältig kalkulierter Wirksamkeit. Die Art nun, wie Leopardi den Vers einsetzt, bereichert das Verfahren nun noch um ein Element, das dem Dichter des 14. Jahrhunderts in dieser Form nicht zu Gebote stehen konnte und das spezifisch modern ist: die Ironie. Allerdings ist hier nicht romantische Ironie als ein absolutes schöpferisches Prinzip am Werk. Der Dichter agiert vielmehr wie Petrarca von der Basis feststehender Überzeugungen aus, seine Ironie steht im Dienste der Satire. Leopardi kann sich für seine Palinodie im satirischen Ton außer auf die antiken Vorbilder auf das aufklärerische Pathos stützen, mit dem etwa Voltaire und in Italien Parini die Satire zur Kritik des Ancien Régime einsetzen[17]. Ein halbes Jahrhundert nach Parini aktualisiert Leopardi dessen Adelskritik im hohen Stil, indem er sie nunmehr auf die neue herrschende Klasse richtet, das fortschrittsgläubige Bürgertum.

Leopardi verlegt die Erörterung des Schicksals, das die Menschheit im Zeitalter des Fortschritts erwartet, an einen für solche Zwekke eher ungewöhnlichen Ort, dorthin, wo der Zeitgeist des 19. Jahrhunderts, sofern er nicht als Flaneur unterwegs ist, sich mit besonderer Vorliebe aufhält: in das Café.

Das Café ist seit den englischen Kaffeehäusern des frühen 18. Jahrhunderts, seit Goldonis *Bottega del caffè* (1750) und Moratíns *Comedia nueva o el café* (1792) sicherlich ein Treffpunkt für Intriganten und böse Zungen, aber zugleich durchaus auch ein Ort der Aufklärung. Für Baudelaire andererseits wäre sicherlich auch das Café ein Beispiel der "beauté moderne", ein Schauplatz des "héroïsme de la vie moderne"[18]. Leopardi hingegen spricht vom Café im heroisch-komischen Stil eines Pulci, Boiardo oder Ariost[19]. Der

---

[17] Vgl. die Aufsätze von U. Schulz-Buschhaus zu Parini, bes. "Klassische Formen und bürgerliche Literatur – Das Beispiel Parini", in Hgg. Z. Konstantinović/W. Anderson/W. Dietze, *Proceedings of the IXth Congress of the ICLA*, 4 Bde (= Innsbrucker Beiträge zur Kulturwissenschaft. Sonderheft. 46. 49. 51. 53), Innsbruck 1980–1982, Bd 1: *Classical Models in Literature* S. 71–76.

[18] Vgl. *Salon de 1846*, Kap. 18, in *Œuvres complètes* Bd 2, S. 493–496.

[19] Vgl. K. W. Hempfer, "Textkonstitution und Rezeption – Zum dominant komisch-parodistischen Charakter von Pulcis *Morgante*, Boiardos *Orlando Inna-*

Pulverdampf stammt von Zigarren, der Schlachtruf von den Gästen, gekreuzt werden nicht Schwerter, sondern Tassen, gezückt werden nicht Säbel, sondern Löffel:

Alfin per entro il fumo
De'sígari onorato, al romorio
De'crepitanti pasticcini, al grido
Militar, di gelati et di bevande
Ordinator, fra le percosse tazze
E i branditi cucciai, viva rifulse
Agli occhi miei la giornaliera luce
Delle gazzette.

(V. 13–20)

Durch das Zitat eines literarischen Verfahrens, das wie die Form der Palinodie schon konventionell vorgegeben ist, und verstärkt noch durch die zahlreich das Gedicht durchziehenden Vergil- und Petrarca-Parodien[20], verleiht Leopardi seinem Angriff ein intellektuelles Niveau, das für die Adressaten vernichtend ist: Die Kapitulation vor der Gegenwart, mit der das Gedicht einsetzt ("Errai, candido Gino; assai gran tempo,/E di gran lunga errai."), erweist sich als Ironie, sie leuchtet nur dem ein, der sich vom falschen Glanz der Kaffeehausmeinungen blenden läßt, von der "giornaliera luce/Delle gazzette". Die Presse, der Gautier in seiner *Préface* zu *Mademoiselle de Maupin* im selben Jahre 1835 eine vernichtende Attacke widmet ("Défense de déposer des ordures ici."[21]), erscheint hier als die Agentin des Zeitgeistes, sie herrscht im Café, sie beherrscht die Welt:

Da Marocco al Catai, dall'Orse al Nilo,
E da Boston a Goa, (...)

(V. 29 f.)

---

morato und Ariosts *Orlando Furioso*", in *Romanistisches Jahrbuch* 27 (1976) S. 77–99.

[20] Vergil: z. B. V. 39, 46 f., 50, 250, 271 f.; Petrarca: V. 25, 182, 242 f. Vgl. auch die Annotierung der gängigen Ausgaben.

[21] In Th. Gautier, *Mademoiselie de Maupin*, hg. A. Boschot (Classiques Garnier), Paris 1955, S. 1–38, hier: S. 37.

Die Zeitungen verkörpern in fast schon Hegelscher Manier das Jahrhundert, sie sind "anima e vita/Dell' universo"(V. 151 f.). Unter Hinweis auf ihre Informationen bringt Leopardi auch die Produkte der Industrialisierung und des Frühkapitalismus effektvoll ins Bild: Eisenbahnen (V. 43, 122–125) und Straßenbeleuchtung (V. 128–132), Wechselbriefe (V. 59) und Rohstoffmärkte (V. 66–68), Dampfmaschinen (V. 44, 84, 145) und Chemie (V. 49), Naturwissenschaften (V. 82) und Statistik (V. 139–145). Das eigentliche Thema der Palinodie wird angeschlagen, der Fortschritt.

Leopardi nimmt wie Baudelaire den Fortschritt als den zentralen Mythos des 19. Jahrhunderts ins Visier, als "la grande chimère des temps modernes, le ballon monstre de la perfectibilité et du progrès indéfinis", wie der letztere formuliert[22]. Kaum zu zählen sind die Vergil-Reminiszenzen, das "aureo secolo", die "età d'oro" (V. 38, 99), die scheinbar vor der Tür stehen. Kühn schlägt Leopardi den Bogen von Vergil zur Moderne, ja er verlängert die Adynata, die jener zur Beschreibung des Goldenen Zeitalters einsetzt, bis in die eigene Gegenwart:

Né maraviglia fia se pino o quercia
Suderà latte e mele, o s'anco al suono
D'un walser danzerà.

(V. 46–48)

Der Walzer steht wie die Bartmode (V. 259 ff.), die Federboa (V. 34), wie Kleidung überhaupt (V. 110 ff.), für die Mode. Als der "code vestimentaire" (R. Barthes) eines Zeitalters ist die Mode nur scheinbar ein Randphänomen[23]. In Wahrheit steht die Mode, der bekanntlich auch Baudelaire seine volle Aufmerksamkeit zuwendet, für die gewandelte Zeiterfahrung eines Jahrhunderts, das mit wachsender Geschwindigkeit dem Fortschritt und damit zugleich auch der Vergänglichkeit verfällt:

---

22 *L'Œuvre et la vie d'Eugène Delacroix*, in *Œuvres complètes* Bd 2, S. 759. Vgl. auch *Exposition universelle – 1855 –*, ebd. S. 580 f. , und dazu Verf., "Perfektibilität und Vollkommenheit im Zeitalter der Gleichheit – Tocqueville und Baudelaire", in Hg. W. Drost, *Fortschrittsglaube und Dekadenzbewußtsein im Europa des 19. Jahrhunderts*, Heidelberg 1986, S. 97–108.

23 Vgl. den *Dialogo della Moda e della Morte* in den *Operette morali*.

Con che constanza
Quel che ieri scherní, prosteso adora
Oggi, e domani abbatterà, per girne
Raccozzando i rottami, e per riporlo
Tra il fumo degl'incensi il dí vegnente!
(V. 213–217)

Leopardi setzt diesem hektischen Treiben den Maßstab der Ewigkeit entgegen, die Natur und das Gebot des Naturgehorsams. In der dritten und sechsten Strophe der Palinodie vertritt Leopardi diesen Standpunkt ganz unironisch. Fortschrittsverachtung, moralische Verurteilung der Menschheit und eine überaus pessimistische Naturphilosophie gehen hier eine Verbindung ein, die dem Individuum jede Glückschance verweigert und dies, obwohl die Jahrhundertgeister, die "eccelsi/Spirti del secol" (V. 198 f.), das öffentliche Glück versprechen, "una comun felicitade" (V. 202)[24]. Die Ironie, mit der Leopardi diese Prophezeiung, ein selbst den Zeitungen unerklärliches Wunder, beschreibt (V. 197–207), deckt sich mit dem eigenen Verfahren, wenngleich in umgekehrter Richtung: So wie hier das Elend zum Glück erklärt wird, verbirgt sich hinter den Lobeshymnen des Dichters wieder das Elend als der dunkle Urgrund des Lebens, literarisch wie real. Die Palinodie erweist sich gerade in der ironischen Übersteigerung ihrer Mittel als zeitadäquat und dem Thema gewachsen.

Dem fühlenden Individuum hingegen bleibt nur die Abkehr von der Welt, so wie auch umgekehrt sein Inneres nicht auf öffentliche Aufmerksamkeit rechnen darf.

Il proprio petto
Esplorar che ti val? Materia al canto
Non cercar dentro te. Canta i bisogni
Del secol nostro, e la matura speme.
(V. 235–238)

Die Tatsache, daß hier ein Freund Capponis spricht, der Gelehrte Niccolò Tommaseo (vgl. V. 227), macht hellhörig. Wiederum trifft

---

[24] Vgl. *Dialogo di Tristano e di un amico* und *Dialogo di Timandro e di Eleandro.* Leopardi hat den zweiten Dialog, "una specie di prefazione, ed un'apologia dell'opera contro i filosofi moderni", in der Mailänder Ausgabe von 1827 als Grundsatzerklärung an das Ende der *Operette morali* gestellt (Brief an A. F. Stella vom 16. Juni 1826).

Leopardis Ironie auf eine Welt, die ihre eigenen Abgründe nicht kennt. Der Dichter verabsolutiert nicht das eigene Leid, wie dies romantische Subjektivität müßte, er überläßt dem Gegner einfach das Feld.

III

Es ist an der Zeit, zurückzublicken und Bilanz zu ziehen. K. Vossler hat in seinem Leopardi-Buch von 1922 dem Dichter vorgeworfen, er sehe an seiner Zeit

> nur das Äußerliche: ihre Barttracht, ihr Zigarrenrauchen, ihr Gebaren in den Kaffeehäusern, die Zeitungswut, die chemischen Reagenzgläser, Dampfmaschinen, Straßenbeleuchtung, Statistik usw., und die philosophische Phraseologie ihrer Tagesgespräche.

"Das Innere und Echte" der Epoche dagegen sei "für ihn überhaupt nicht vorhanden"[25] – was auch immer das "Innere und Echte" sein mag. Vossler sieht, wenn er so urteilt, seinerseits nicht, daß Leopardi das Wesen seiner Zeit gerade in diesen scheinbaren Äußerlichkeiten erfaßt. Denn Leopardi kolportiert perfekt die Welt des frühen 19. Jahrhunderts, auch wenn er oder gerade weil er sich nicht mit ihr identifizieren will. Leopardis Rolle ist die des Beobachters, keines Flaneurs allerdings, sondern die des aufgeschreckten Zeitzeugen, der in seinen Gedichten, in den *Operette morali* und im intimen Tagebuch des *Zibaldone* den Beginn der neuen Zeit feststellt. Die Herkunft aus dem 18. Jahrhundert, die ausgeprägte, in Übersetzung und Imitation praktizierte Vorliebe für die klassischen Autoren und nicht zuletzt die philosophische Grundeinstellung Leopardis liefern dafür die Maßstäbe. Anders als Romantiker und Realisten, die sich der klassischen Traditionen enthoben glauben, hat Leopardi auch damals schon den heroischen Mut, einer gegenwartstrunkenen Epoche die Formen und Autoren der Antike entgegenzuhalten. Das macht ihn, wie sich an jedem seiner Gedichte zeigen läßt, zu einem Musterfall literarischer Intertextualität. Die Antike, deren Vorbild mit dem Klassizismus des 18. Jahrhunderts obsolet geworden oder

---

[25] *Leopardi*, Heidelberg ^{2}1930, S. 390 f.

zumindest auf ein antiquarisches Kümmerdasein reduziert zu sein schien, ist jedenfalls für Leopardi auch weiterhin Gesprächspartner und Maß.

Das läßt noch einmal an Baudelaire denken. W. Benjamin hat es in seinen *Zentralpark*-Aphorismen als "außerordentliche(s) Exempel heroischer Haltung"[26] bezeichnet, daß Baudelaire den veränderten Bedingungen künstlerischer Produktion, der Warenform der Kunst und der Massenform des Publikums, noch einmal ein Gedichtbuch entgegenstellt, "neben Petrarcas *Canzoniere*, Goethes *West-östlichem Divan* und Guilléns *Cántico* (...) das architektonisch strengste Buch der europäischen Lyrik" (H. Friedrich[27]). Mehr noch: Im geheimen Zentrum dieses Klassikers der Moderne stoßen wir ebenfalls auf die Antike, auf eine Antike allerdings, die modern ist. Die "beauté mystérieuse" der Moderne entsteht, so verkündet Baudelaire in seiner Kunstkritik anläßlich der Weltausstellung von 1855, aus der Verbindung des "idéal antique" mit dem "art moderne"[28]. Baudelaire spürt diese Kombination in den Bildern Ingres' auf, aber auch in den Radierungen von Ch. Méryon.

> Meryon – so schreibt Benjamin in seinem Baudelaire-Buch – trieb das antike Antlitz der Stadt heraus, ohne einen Pflasterstein von ihr preiszugeben. Diese Ansicht der Sache war es, welcher Baudelaire unabläßlich im Gedanken der modernité nachgehangen hatte (...) Von Meryon handelnd, huldigt er der Moderne; er huldigt aber dem antiken Gesicht in ihm. Denn auch bei Meryon durchdringen einander die Antike und die Moderne; auch bei Meryon tritt die Form dieser Überblendung, die Allegorie, unverkennbar auf.[29]

---

[26] In *Gesammelte Schriften*, hgg. R. Tiedemann und H. Schweppenhäuser, Frankfurt a. M. 1972 ff., Bd 1,2, S. 655–690, hier: S. 676.

[27] *Die Struktur der modernen Lyrik – Von der Mitte des neunzehnten bis zur Mitte des zwanzigsten Jahrhunderts* (Erweiterte Neuausgabe) (Rde. 25/26/26a), Reinbek 1967, S. 39.

[28] *Exposition universelle* S. 586, vgl. auch *Le Peintre de la vie moderne* S. 695. Dazu W. Benjamin, *Zentralpark* S. 678: "Die Korrespondenz zwischen Antike und Moderne ist die einzige konstruktive Geschichtskonzeption bei Baudelaire. Sie schloß eine dialektische mehr aus als sie sie beinhaltet."

[29] *Charles Baudelaire – Ein Lyriker im Zeitalter des Hochkapitalismus*, hg. R. Tiedemann, Frankfurt a. M. 1969, S. 95.

Die Formel, mit der Baudelaire im *Salon de 1859* die Korrespondenz von Antike und Moderne in den Paris-Veduten Méryons beschreibt, "la solennité naturelle d'une ville immense"[30], legt den Anspruch frei, den bei Baudelaire auch die Moderne auf das Erhabene des Naturschönen, auf das genus sublime der klassischen Gattungshierarchien erhebt. Baudelaire historisiert die Gegenwart, er, der nach Benjamin "dem modernen Leben ähnlich gegenüber stand, wie das siebzehnte Jahrhundert der Antike"[31], etabliert die Moderne als eine neue Antike[32].

Leopardi geht, so hat sich gezeigt, den umgekehrten Weg: Er bringt den Kanon der klassischen Gattungen und Autoren in die Gegenwart ein. Sein Ziel ist nicht die Nobilitierung der Moderne im Angesicht der Antike, sein Ziel ist Ernüchterung. Gerade deshalb kann Leopardi die Moderne sie selbst sein lassen. Ja, er kann sie in ihrer Eigenart besonders gut nachzeichnen. Das war allerdings auch das Ziel Baudelaires:

> Le plaisir que nous retirons de la représentation du présent tient non seulement à la beauté dont il peut être revêtu, mais aussi à sa qualité essentielle de présent.[33]

Doch Leopardi hat Baudelaire die Schärfe des Blicks voraus, die so nur dem Außenstehenden gegeben ist. Sein Blick auf das 19. Jahrhundert ist nicht der des ausdrucksuchenden Allegorikers, sondern der des Satirikers, der verurteilt. Leopardi ist der erste Satiriker der "siècles démocratiques" (Tocqueville), die vor der Tür stehen.

M. Bachtin hat gezeigt, wie bei Rabelais ein karnevalistisches Weltempfinden über Autorität und Tradition, über Mythos und

---

[30] In *Œuvres complètes* Bd 2, S. 666.

[31] *Zentralpark* S. 657.

[32] H. R. Jauß vertritt im Blick auf die hier zitierten Passagen gegen Benjamin die Ansicht, "daß *antique* und *antiquité* an den einschlägigen Stellen des (Constantin-Guys-)Essays nicht das klassische Altertum, sondern den von Baudelaire eingeführten Gegensatz, nämlich das *antik* gewordene Moderne meinen" ("Literarische Tradition und gegenwärtiges Bewußtsein der Modernität", in H. R. Jauß, *Literaturgeschichte als Provokation* [Edition Suhrkamp. 418], Frankfurt a. M. 1970, S. 57–66, hier: S. 60 f.). Demgegenüber muß jedoch festgehalten werden, daß der Maßstab der Antike, "die antike Kunst als autoritative Vergangenheit" (S. 60), auch bei einer solchen Antikisierung der Moderne bestehenbleibt.

[33] *Le Peintre de la vie moderne* S. 684.

Würde triumphiert. Seine Beobachtungen sind das Ergebnis einer Theorie der Satire, die, bei Licht betrachtet, noch dem Modell eines auch literarischen Fortschritts verpflichtet ist. In der gegenüber dem 16. Jahrhundert weit mobileren Gesellschaft des 19. Jahrhunderts sind es nun aber gerade die Werte der Tradition und der Hierarchie, die zum Ausgangspunkt einer neuen Zeitsatire werden. Nicht zufällig spielt Leopardi mit dem Gedanken, eine Zeitschrift zu gründen, die als fortlaufende Parodie der Tagespresse fungieren sollte[34] – zweifellos eine Idee von bleibender Faszination. Leopardi, der "nouveau philosophe" von 1830, stellt sich einem Modernitätskarneval in den Weg, der den eigenen Fortschrittswahn für ganz normal hält.

Nur der durchschnittliche Philosoph aber, so belehrt uns Leopardi in einer Eintragung des *Zibaldone*, bekämpft Illusionen und dies, so Leopardi, "perché appunto è illuso"[35]. Der echte Philosoph dagegen kann, weil er die Welt erkannt hat, nicht mehr enttäuscht werden. Er pflegt die Illusionen als Therapie und singt ihnen sein Lob. Leopardi spricht hier viel von sich selbst. Im schönen Schein der Kunst hebt der Mensch ohne nutzlose Polemik den Zustand der Welt auf. Die Kunst ist deshalb für den, der nicht mehr enttäuscht werden kann, ein auch philosophisch konsequenter Trost. Die Systematik, mit der B. Croce auch bei Leopardi "poesia" und "non-poesia" auseinandergehalten hat, geht daher durchaus fehl: Für Leopardi steht die Poesie nicht im Gegensatz zur Philosophie, sondern die einzig denkbare Philosophie ist die Poesie. Platon hat den Dichter zum Lügner erklärt, weil er nur das Abbild des Abbildes der Idee zustande bringe. Für Leopardi dagegen, den illusionslosen Sohn von Antike und Aufklärung, ist diese Lüge die einzig mögliche Wahrheit.

---

[34] Vgl. Vossler, *Leopardi* S. 423.

[35] Eintragung vom 16. September 1821 (in Leopardis Zählung: S. 1715).

EBERHARD LEUBE

"Le fruit de l'arbre de la science est desséché à jamais"
Zu den Ursprüngen der Wissenschaftskritik in der französischen Romantik

(...) les nomenclatures (...) que nous appelons faussement la vie.
Proust, *Le Temps retrouvé*

In Prousts Entwürfen für ein Vorwort zu *Contre Sainte-Beuve*[1] begegnet man im ostinato mehrerer Varianten einem Gedanken, an dem sich das zentrale ästhetische Credo nicht nur dieses großen Essay-Fragments, sondern auch von *A la recherche du temps perdu* kristallisiert: "Chaque jour j'attache moins de prix à l'intelligence."[2] Die weiteren Ausführungen machen dann rasch klar, wie diese eigene 'methodische' Positionsbestimmung aus der Kritik an einer im 19. Jahrhundert verbreiteten Auffassung erwächst, die Proust durch Sainte-Beuve repräsentiert sieht und die den autonomen Charakter des Kunstwerks leugnet, dieses vielmehr durch den Rückgriff auf die Persönlichkeit des produzierenden Künstlers erklären will. Dies läuft, wie Proust an Äußerungen Taines über Sainte-Beuve

[1] Die seit langem in Gang befindliche Diskussion über die Textkonstitution der Proustschen Werke allgemein und die (im Grunde bereits negativ beantwortete) Frage nach der 'Selbständigkeit' von *Contre Sainte-Beuve* kann hier außer Betracht bleiben. Vgl. dazu u. a. die Herausgebernotiz von P. Clarac in M. Proust, *Contre Sainte-Beuve, précédé de Pastiches et mélanges et suivi de Essais et articles*, hgg. P. C. und Y. Sandre (Bibliothèque de la Pléiade. 229), Paris 1978, S. 829, sowie V. Roloff, "Die Entwicklung von *A la recherche du temps perdu*", in *Romanische Forschungen* 97 (1985) S. 165–196, zudem die Angaben in der Neuauflage von *A la recherche du temps perdu* in der Bibliothèque de la Pléiade (hg. J.-Y. Tadié, 4 Bde, Paris 1987-89, Bd 1, S. XXXIV ff. und passim).

[2] *Contre Sainte-Beuve* S. 211. Vgl. auch S. 216: "Bien que chaque jour j'attache moins de prix à la critique et même, s'il faut le dire, à l'intelligence (...)" Und: "Chaque jour j'accorde moins de prix à l'intelligence (...)"

illustriert[3], auf eine Assimilation der Geistesgeschichte an die Naturwissenschaften, damit letztlich auf ein Verständnis des Kunstwerkes sub specie scientiae hinaus, das Proust für gänzlich unangemessen halten muß. Die konsequente Trennung des Wissenschaftsgedankens und des Kunstbereichs zielt zugleich – und das ist *ein*, wenn nicht *das* große Thema der *Recherche* – auf den Primat der Kunst als Erkenntnismedium.

Mit der hierin implizierten Regression auf außerrationale Tiefenschichten befindet sich Proust grosso modo in Übereinstimmung mit Tendenzen, die sich auch sonst in der französischen Literatur seit der Wende vom 19. zum 20. Jahrhundert abzeichnen. Sein antiintellektueller und antiszientistischer Impetus gewinnt seine vollen historischen Konturen erst, wenn man sich vor Augen führt, daß Proust zu einer Zeit an *Contre Sainte-Beuve* arbeitete, als die Veröffentlichung von *Paris* (1898) allenfalls zehn Jahre zurücklag. In *Paris* hatte Zola noch einmal seinen Wissenschaftsenthusiasmus plakatiert (wobei weniger bekannt ist, daß sich bekannte Rezensenten des Romans damals schon nicht mehr bereit fanden, diese Weltsicht zu akzeptieren[4]). Schon vorher hatte Zola, mit dem bescheiden-bombastischen Satz "je ne suis qu'un savant"[5] (den übrigens schon Maupassant mit dröhnendem Gelächter quittiert hatte[6]), jedenfalls in seiner literaturtheoretischen Selbstdarstellung eine Hingabe der Literatur

---

[3] Vgl. ebd. S. 218.

[4] Vgl. z. B. die Rezension von Brunetière in *La Revue des Deux Mondes* vom 15. April 1898, S. 922–934. Interessant ist auch die Meinung von L. Blum, der zwar Zolas Vertrauen in die Wissenschaft grundsätzlich teilt, aber hinzufügt: "Mais il y a bien d'illusion et une sorte de fétichisme à attendre docilement de la science le renouvellement de la société." (*La Revue Blanche* vom 1. April 1898, S. 551–554, Zitat: S. 553)

[5] "La République et la Littérature", in *Le Roman expérimental*, hg. A. Guedj, Paris 1971, S. 347.

[6] Vgl. den Brief vom 24. April 1879 an Flaubert: "Que dites-vous de Zola? Moi, je le trouve absolument fou. Avez-vous lu son article sur Hugo? Son article sur les poètes contemporains et sa brochure *La République et la Littérature*. 'La République sera naturaliste ou elle ne sera pas.' – 'Je ne suis qu'un savant.' (Rien que cela. Quelle modestie.) – 'L'enquête sociale.' – Le document humain. La série de formules. On verra maintenant sur le dos des livres: 'Grand roman selon la formule naturaliste.' Je ne suis qu'un savant! ... Cela est pyramidal! ... Et on ne rit pas (...)" (Maupassant, *Chroniques, études, correspondance*, hg. R. Dumesnil, Paris 1938, S. 267)

an die Wissenschaft formuliert, die gleichermaßen Resümee wie Klimax von seit Anfang des 19. Jahrhunderts zu beobachtenden Adaptationstendenzen der Literatur an die positiven Wissenschaften darstellt – eines vielschichtigen Prozesses, der wohlgemerkt nicht nur durch den Roman und Namen wie Balzac, Flaubert oder den Naturalismus evident wird, sondern dessen Sogwirkung beispielsweise auch bei dem Parnassien Leconte de Lisle sichtbar wird[7] und dessen Faszination selbst Baudelaire Rechnung trägt[8].

Indem Proust diesen historischen Assimilationsprozeß der Literatur an die Wissenschaften, wie er in der französischen Literatur des 19. Jahrhunderts sichtbar wird, gleichsam revoziert und den autonomen Charakter der Kunst gerade im Bereich des Nichtverstandesmäßigen ansiedelt und begründet, knüpft er an Versuche einer Definition von Wesen und Funktion des literarischen Kunstwerks an, die bereits Anfang des 19. Jahrhunderts in Frankreich zahlreich zu finden sind[9]. Anders gesagt: die Ansätze zu einer Identitätsbestimmung der Literatur in der Abgrenzung von der Wissenschaft reichen bis in diese Zeit zurück. Wenn im folgenden von dieser frühen Phase die Rede sein soll, dann geschieht das unter der Prämisse, daß es sich hier nach unserer Meinung nicht nur um eine Episode in der Geschichte des literarischen Selbstverständnisses handelt. An der Wende vom 18. zum 19. Jahrhundert artikuliert sich auch in Frankreich auf dem Gebiet der Dichtung zum ersten Mal komplementär zu anderen Strömungen ein Modernitätsbewußtsein, das aus der Reflexion der Literatur auf sich selbst ihre Bestimmung und Funktion unter der Prämisse sich wandelnder, deshalb unstabiler gesellschaftlicher Normen erwächst.

---

[7] Im Vorwort zu den *Poèmes antiques*. Vgl. dazu v. a. L. Lelleik, *Der "Parnassier" Leconte de Lisle als Theoretiker und Dichter*, Diss. Bonn 1961, S. 49 und passim.

[8] Vgl. den Brief an A. Toussenel vom 21. Januar 1856: "(...) *l'imagination* est la plus *scientifique* des facultés, parce que seule elle comprend *l'analogie universelle* (...)" (Baudelaire, *Correspondance*, hg. C. Pichois, 2 Bde [Bibliothèque de la Pléiade. 247. 248], Paris 1973, Bd 1, S. 336)

[9] Prousts Anknüpfen an ästhetische Positionen der frühen französischen Romantik ist auch Gegenstand des Beitrags von L. Keller zu diesem Band (o. S. 325-353).

Das hierin implizierte Spannungsverhältnis zwischen Literatur und Wissenschaft erwächst aus einem historischen Differenzierungsprozeß, der offenkundig erst ein Produkt der neueren Geistesgeschichte ist und seinerseits mit einer spezifischen Identitätsproblematik verknüpft ist. P. O. Kristeller[10] und nach ihm H. R. Jauß[11] haben den Ursprung dieser Trennung zwischen beiden Bereichen in den Diskussionen der französischen Querelle des Anciens et des Modernes ausgemacht und ihn an bestimmten Namen bzw. Werken kristallisieren können: namentlich Fontenelles *Digression sur les Anciens et les Modernes* und Perraults *Parallèle des Anciens et des Modernes* (beide 1688). Unter den sehr heterogenen Faktoren, die die Querelle auslösten und sie inhaltlich bestimmten, war das Bewußtsein des in der Wissenschaft im 17. Jahrhundert erreichten Fortschritts (Galilei, Descartes) einer der prägendsten und folgenreichsten, insofern als dadurch die Voraussetzungen für eine systematische Einteilung des Wissens geschaffen wurden. Fontenelle kann unter diesem Aspekt zunächst einen Vorbildcharakter der Antike in Dichtung und Rhetorik einräumen; er betont aber unter Hinweis auf die Methode Descartes' die Überlegenheit der Moderne in der Physik, Mathematik und Medizin[12].

Perrault hat in den Dialogen des genannten *Parallèle* dann offenbar als erster eine systematische Gliederung der Wissensbereiche und damit eine fast konsequente Trennung der Künste von den Wissenschaften vorgenommen[13]. In dem Maße, in dem der Fortschrittsgedanke unter den Auspizien der Aufklärung an Boden gewinnt, ist damit auch schon der Primat der Wissenschaft über die Literatur angelegt. Wenn später in der *Encyclopédie*, besonders in den Artikeln "Lettres" und "Sciences", immer wieder die unverbrüchliche

---

10 "Das moderne System der Künste" (1951/1952), jetzt in *Humanismus und Renaissance*, hg. E. Keßler, 2 Bde (UTB. 914. 915), München 1980, Bd 2, S. 164–206, bes. S. 185 f.

11 "Ästhetische Normen und geschichtliche Reflexion in der 'Querelle des Anciens et des Modernes' ", Einleitung zum Nachdruck: Perrault, *Parallèle des Anciens et des Modernes en ce qui regarde les arts et les sciences* (Theorie und Geschichte der Literatur und der Schönen Künste. 2), München 1964, S. 8–64.

12 Vgl. Kristeller, "Das moderne System der Künste" S. 299.

13 Vgl. Jauß, "Ästhetische Normen und geschichtliche Reflexion" S. 22, 42 f und passim.

Einheit, die "intime union" beider Bezirke beschworen wird, so geschieht das wohlgemerkt unter der Prämisse einer zwar beiläufig formulierten, aber gerade deswegen als selbstverständlich angesehenen Dominanz der Wissenschaften, wobei der Literatur entweder Hilfsfunktion zugewiesen wird oder, in einem weiteren substantiellen Argumentationsschritt, die "lettres" durch Integration philosophischer Denkweisen und der Ergebnisse der Wissenschaften definiert werden:

> (...) les principes des sciences seroient trop rebutans, si les *lettres* ne leur prétoient des charmes. Elles embellissent tous les sujets qu'elles touchent (...) Mais si les lettres servent de clé aux sciences, les sciences de leur côté concourent à la perfection des *lettres* (...) Pour les rendre florissantes, il faut que l'esprit philosophique, et par conséquent les sciences qui le produisent, se rencontrent dans l'homme des lettres (...)[14]

Aus einer so oder ähnlich begründeten Subsumierung der Literatur unter den Fortschrittsgedanken heraus wird auch Rousseaus pauschales Verdikt gegen beide Bereiche im *Discours sur les sciences et les arts* (1750) formuliert. In der Geschichte der Literarästhetik bezeichnet diese Streitschrift eine ambivalente Position: Während sie in der undifferenzierten Gleichbewertung von Künsten und Wissenschaften allenfalls eine Momentaufnahme aufklärerischen Kunstverständnisses einfangen konnte, hat sie bekanntlich mit ihrer Kultur- und Fortschrittsskepsis eine weit in die Literatur des 19. Jahrhunderts vorausweisende Wegmarke gesetzt.

Die "intime union" von Wissenschaft und Literatur, wie sie die *Encyclopédie* beschworen hatte, erweist sich unter dem Eindruck der schon numerisch erdrückenden, eine Fülle von Wissensgebieten revolutionierenden Entdeckungen und Entwicklungen rasch als unstabil. Die vor einigen Jahren erschienene Geschichte der französischen Literatur in der Zeit von 1778–1820 von B. Didier[15] widmet der "prose

---

[14] "Lettres", in *Encyclopédie ou Dictionnaire raisonné des sciences, des arts et des métiers*, 35 Bde, Neufchastel 1751–1780; Nachdruck: Stuttgart/Bad Cannstatt 1966–1967, Bd 9, S. 409 f., hier: S. 410. Vgl. auch den Artikel "Littérature", ebd. S. 594 f.

[15] *Le XVIIIe siècle*, Bd 3: *1778–1820*, Paris 1976, Kap. "Le Développement des Sciences", S. 65–74.

scientifique" dieser Epoche ein ganzes Kapitel – eine kaum endenwollende Aufzählung eben dieser wissenschaftshistorischen Marksteine, die sich später bei vielen Autoren des 19. Jahrhunderts widerspiegeln: bei Buffon, Cuvier, Geoffroy St.-Hilaire, Lavoisier und vielen anderen. Die konzentrierte Auflistung dessen, was allein in Frankreich innerhalb weniger Jahrzehnte auf den Gebieten von Naturkunde, Physik, Chemie, Medizin oder Archäologie geschah, beeindruckt noch heute. An der Wende vom 18. zum 19. Jahrhundert, angesichts eines im Gefolge der Aufklärung und Revolution prekär gewordenen sozialen und kulturellen Wertesystems, gewinnt eine derartige Kumulation positiv definierbarer wissenschaftlicher Fortschritte im öffentlichen Bewußtsein eine neue Qualität. Die Naturwissenschaften wachsen nicht nur in die Rolle eines gesellschaftlichen Leitbildes hinein; sie entwickeln sich nachgerade zum Surrogat einer brüchig gewordenen Transzendenz. Die Zeugnisse dafür sind vielfältig. Symptomatisch sind die unter dem Empire geförderten Erziehungsmethoden, die die Schulbildung mit dem Unterricht in den sciences naturelles beginnen lassen[16].

Innerhalb der Literatur selbst muß man nicht bis Balzac warten, um das hohe Lob der Buffon und Geoffroy St.-Hilaire und den, wie man es genannt hat, "hinreißenden Hommage der *Peau de chagrin* an Cuvier"[17] ausgedrückt zu finden. Bereits die genau im Jahr 1800 erschienene programmatische Frühschrift der Mme de Staël, *De la littérature*, läßt diese Faszination, die die 'positiven

[16] Vgl. Mme de Staël, *De l'Allemagne*, hg. Comtesse J. de Pange, 5 Bde (Les Grands Écrivains de la France), Paris 1958–1960, Bd 1, S. 253. Über die Förderung der Naturwissenschaften in Frankreich zur Jahrhundertwende auch S. Moravia, *Il tramonto dell'illuminismo – Filosofia et politica nella società francese (1770–1810)*, Bari 1968, bes. S. 370 ff.

[17] W. Wehle, "Littérature des images – Balzacs Poetik der wissenschaftlichen Imagination", in Hgg. H.-U. Gumbrecht/ K. Stierle/ R. Warning, *Honoré de Balzac* (UTB. 977), München 1980, S. 57–81, hier: S. 62. – Nicht uninteressant in diesem Zusammenhang auch eine Bemerkung von L. de Bonald aus dem Jahr 1807: "Qui de nous n'a pas été accoutumé, dès son enfance, au plus profond respect pour les noms de Buffon et de Linné? Et cependant, on apprend aujourd'hui que Buffon passe, aux yeux des savans, plutôt (sic) pour un grand écrivain que pour un profond naturaliste (...)" ("Des Sciences, des Lettres et des Arts", in *Mélanges littéraires, politiques et philosophiques*, 2 Bde, Paris 1819, Bd 2, S. 155)

Wissenschaften'[18] ausüben, immer wieder als Zustandsbeschreibung zutage treten:

> La Providence ne nous a donné aucune faculté morale dont il nous soit interdit de faire usage; et plus notre esprit a de lumières, plus il pénètre dans l'essence des choses, du moins si nous avons soumis ces lumières à la méthode qui les réunit et les dirige: cette méthode n'est elle-même que le résultat de l'ensemble des connoissances et des réflexions humaines: c'est à l'étude des sciences physiques que l'on doit cette rectitude de discussion et d'analyse qui donne la certitude d'arriver à la vérité (...) c'est donc en appliquant, autant qu'il est possible, la philosophie des sciences positives à la philosophie des idées intellectuelles, que l'on pourra faire d'utiles progrès (...) Nous possédons dans les sciences, et particulièrement dans les mathématiques, les plus grands hommes de l'Europe. Nos troubles civils (...) ont inspiré le désir de s'y réfugier. Inestimable avantage de l'époque où nous nous trouvons! Lorsque les passions intestines mettent le désordre dans toutes les idées morales, il reste encore des vérités dont la route est connue et la méthode fixée.[19]

Sicher resümieren sich in diesen Worten nicht alle Nuancen des hier entwickelten Wissenschaftskonzepts. Über das Gefälle zwischen wissenschaftlicher Methode einerseits und einem poetischen Zugriff auf die Welt andererseits bestehen für Mme de Staël in dieser Frühphase ihrer literarischen Aktivität keine Zweifel:

> L'attention et l'abstraction sont les véritables puissances de l'homme penseur; ces facultés seules peuvent servir aux progrès de l'esprit humain. L'imagination, les talens qui en dérivent ne raniment que les souvenirs (...)[20]

Ohne daß sie es explizit sagt, umschreibt die Autorin hier im Zurücktreten der Dichtung hinter der Wissenschaft einen Rangverlust der

---

[18] Der Terminus "sciences positives" ist seit 1749 belegt. Vgl. L. Tolmer, "A travers les vocabulaires scientifiques (1573–1834) – Datations nouvelles", in *Le Français moderne* 14 (1946) S. 281–300, hier: S. 296.

[19] Zit. Ausg.: A. L. G. de Staël-Holstein, *De la littérature considérée dans ses rapports avec les institutions sociales*, hg. P. van Tieghem, 2 Bde (Textes littéraires français. 82), Genève/Paris 1959, Bd 2, S. 368 f.

[20] Ebd. Bd 1, S. 143.

Literatur, die sie an anderer Stelle desselben Werkes als in einem Identitätswandel begriffen gekennzeichnet hatte: "Ce n'est plus un art seulement, c'est un moyen."[21] Seit der Jahrhundertwende setzt sich der in *De la littérature* paradigmatisch beschriebene Zustand bei einigen französischen Autoren in ein existentielles Gefährdungsbewußtsein um. "Tout annonce donc la chute prochaine de la république des lettres, et la domination universelle des sciences *exactes* et *naturelles*", bemerkt etwa L. de Bonald in seiner Schrift *Sur la guerre des sciences et des lettres*[22]. Es ist der gleiche Gedanke, den Lamartine in den *Méditations poétiques* metaphorisch fixiert hat:

Eh quoi! le lourd compas d'Euclide
Étouffe nos arts enchanteurs!

(*Ode*, V. 103 f.)

Angesichts eines so empfundenen Totalitätsanspruchs der Wissenschaft stellte sich dringlich die Frage nach Wesen und nach Funktion, nach der Identität der Literatur. Sie mußte sich wohl so grundsätzlich stellen, nachdem die Dichtung ihre soziale Orientierungsfunktion über Jahrhunderte hinweg hatte bewahren können, eine Orientierungsfunktion, die gerade in der Aufklärung einen neuen Kulminationspunkt erreicht hatte und damit leicht übersehen lassen konnte, daß es sich dabei im Sinne der letztzitierten Äußerung von Mme de Staël in Wirklichkeit um eine mediatorische, nur bedingt originäre Qualität handelte.

Gerade aber die Gefahr, Literatur hinfort nur noch in Abhängigkeit von der Wissenschaft definieren zu können, setzt neue Reflexionen auf den Eigenständigkeitscharakter der Dichtung frei. Sie vollziehen sich unter den skizzierten Prämissen fast zwangsläufig in der kritischen Abgrenzung von den positiven Wissenschaften.

Die Ursprünge dieses neuerlichen Schismas sind im Umfeld der *Encyclopédie*, mehr noch im antiaufklärerischen Potential der zweiten Hälfte des 18. Jahrhunderts zu suchen. Die Konturen begin-

---

[21] Ebd. Bd 2, S. 280. Im zehn Jahre später erschienenen *De l'Allemagne* hat die Staël die Akzente hinsichtlich der Wissenschaft als Erkenntnismittel bezeichnenderweise erheblich vorsichtiger gesetzt. Vgl. *De l'Allemagne* Bd 4, S. 106 und Anm.

[22] In *Œuvres complètes*, 16 Bde, Paris 1817–1848, Bd 10 und Bd 11, hier: Bd 11, S. 309 f.

nen sich bereits bei Marmontel abzuzeichnen[23], der im *Essai sur le goût* eine Differenzierung zwischen "sciences exactes" und den "arts d'agrémens" vornimmt: Erstere erschöpften sich im Beobachten punktueller Wahrheiten, während "la vérité, dans les arts d'agrémens, a une grande latitude"[24]. Auch wenn die Konfrontation zwischen beiden Bereichen bei Marmontel sonst meist eher indirekt und besonders in puncto Wissenschaftskritik vielfach vage ausgefallen zu sein scheint, ist sie dennoch allein in ihrer Häufung aufschlußreich: Das Streben nach Wissen sei "souvent stérile par trop d'activité"[25], über die Wissenschaft würde zuviel geredet; die "sciences abstraites" wie "la science des faits" müßten daran gehindert werden "de se répandre dans le vide des abstractions". Aufgabe bleibe es daher "de ramener les idées aux choses"[26]. Hier deutet sich ein Argument an, das in der Folgezeit noch erhebliche Bedeutung erlangen sollte – die Denunziation der Wissenschaft über die Entfremdung ihrer Sprache von den Dingen[27].

Dichter und Dichtung sind demgegenüber – gewiß vor dem Hintergrund bestimmter klassizistischer Kautelen – durch ihre "liberté naturelle" gekennzeichnet, die sich auch in der Fähigkeit des "créer"

---

[23] Zur Ästhetik Marmontels vgl. M. Cardy, *The Literary Doctrines of Jean-François Marmontel* (Studies on Voltaire and the Eighteenth Century. 210), Oxford 1982. – Einen allgemeinen Hinweis auf Marmontel verdanke ich dem Diskussionsbeitrag von K. Stierle.

[24] Zit. Ausg.: Marmontel, *Œuvres complètes*, 7 Bde, Paris 1919–1920; Nachdruck: Genève 1968, Bd 4, 1, S. 18. Zur 'Modernität' der ästhetischen Konzeptionen Marmontels vgl. A. Becq, "Les Idées esthétiques de Marmontel", in Hg. J. Ehrard, *J.-F. Marmontel (1723–1799)*, Clermond-Ferrand 1970, S. 147–174.

[25] Artikel "Critique" in *Elémens de littérature*, in *Œuvres complètes* Bd 4, 1, S. 287.

[26] Ebd. S. 288 f.

[27] Die Sprachkritik an der Wissenschaft ist ansatzweise auch in einem Artikel der *Année littéraire* über die Aufnahme Condorcets in die Académie erkennbar, der die Wissenschaften für die Verarmung der Sprache verantwortlich macht und ironisch die bei dieser Gelegenheit von einem Redner gebrauchte Formulierung von den "Hyéroglyphes sacrés" der "Sciences exactes" aufgreift, um die Entfremdung der Wissenschaft vom "commun des Lecteurs" zu illustrieren: Das sei doch ein zweifelhaftes Kompliment für den Nachfolger Fontenelles in der Académie des Sciences ("Discours prononcé dans l'Académie Française le 21 Février 1782, à la Réception de M. le Marquis de Condorcet", in *L'Année littéraire* 29 [1782], Teil 2, S. 3–34, hier: S. 34).

ausdrückt: "L'objet des arts est infini en lui-même (...)"[28] Das impliziert für Marmontel zugleich den Autonomiecharakter des Kunstwerks, als dessen eigentliche Aufgabe er die Darstellung der Bezüge zwischen dem Ich und den Dingen ansieht:

> *Le rapport des objets avec nous-mêmes*, voilà le principe de la poésie; *l'intention du poète*, voilà sa règle, et l'abrégé de toutes les règles.[29]

Damit sind auf jeden Fall bereits wesentliche Elemente des Instrumentariums vorgegeben, das in den nächsten Jahren und Jahrzehnten weiterentwickelt und verfeinert wird. In zwei Beiträgen der *Année littéraire* aus den Jahren 1779[30] und 1782[31] wird in einer Reihe von Oppositionen ("philosophe" vs "génie"; "sciences physiques" vs "sciences morales"; "sciences" vs "lettres"; "philosophie" vs "poésie") eine neue, auf distinktiven Merkmalen basierende Dignität der "lettres" im Kern ästhetisch gegründet; dem Schreckbild seiner selbst, des unsicheren "observateur stérile" tritt die "imagination riante et fleurie des poètes et de l'art"[32] gegenüber. Den anläßlich der Aufnahme Condorcets in die Académie des Sciences gehaltenen Reden bescheinigt die *Année littéraire* "monstrueuses exagérations sur l'utilité des sciences"[33].

Worauf diese Relativierung der "utilité" der Wissenschaften letzten Endes abzielt, wird spätestens um die Jahrhundertwende deutlich: Die Differenzierung von Wissenschaft und Literatur versteht sich zunehmend deutlich als Neubestimmung der sozialen Positionen beider Kulturbereiche und damit als Versuch einer Umkehrung

---

[28] Artikel "Poète", in *Elémens de littérature*, in *Œuvres complètes* Bd 5, S. 41.

[29] Artikel "Invention", ebd. Bd 4, 2, S. 663.

[30] "Discours sur l'influence de la Philosophie sur les Lettres", in *L'Année littéraire* 26 (1779), Teil 1, S. 3–35.

[31] "Discours prononcé à la Réception de M. le Marquis de Condorcet". Der Artikel von 1782 nimmt auf den von 1779 Bezug. Zum Problem der Verfasserschaft der nach dem Tode Frérons (1776) erschienenen Bände vgl. E. Hatin, *Histoire politique et littéraire de la presse française*, 8 Bde, Paris 1859–1861, Bd 2, S. 431 ff.; P. van Tieghem, *L'Année littéraire (1754–1790) comme intermédiaire en France des littératures étrangères*, Thèse Paris 1917, S. 4–6; und J. Balcou, *Fréron contre les philosophes*, Genève 1975, S. 460–463.

[32] "Discours sur l'influence de la Philosophie" S. 7.

[33] "Discours prononcé à la Réception de M. le Marquis de Condorcet" S. 21.

der bislang dominierenden Werteskala. Signifikativ sind etwa die ausführlichen Gegenüberstellungen, die sich bei J. P. F. Ancillon finden; wohl konzediert er den "sciences physiques" (im Unterschied zur "philosophie ou la science des premiers principes") vage genug eine "marche (...) progressive"[34], kennzeichnet ihre Leistung aber als im wesentlichen auf die Beobachtung von Naturvorgängen ausgerichtet und damit ausdrücklich als nicht schöpferisch:

> La perfection de la science consiste à connoître la nature (...) Il ne s'agit pas pour elle de produire ce qui n'est pas, mais d'observer ce qui est. Dans les sciences le génie tient principalement à la force de l'attention.[35]

Darauf aufbauend, kann Ancillon die Entfremdung der Naturwissenschaften von den gesellschaftlichen und humanitären Bedürfnissen als Ergebnis ihrer Methoden konstatieren:

> L'étude des sciences exactes et l'étude de la nature absorbent tellement l'esprit, et demandent un abandon si total de la part de ceux qui s'y livrent, qu'ils deviennent presque toujours indifférens au sort des sociétés humaines (...) Les savans font honneur à la nature humaine, mais dans la règle ils ne se soucient pas des hommes et ne s'en occupent pas.[36]

Das Bild, das Ancillon von den Künsten, insbesondere der Dichtung entwirft, entwickelt sich zwar zunächst folgerichtig, in Opposition zu den Charakteristika der Wissenschaft, kann sich aber schrittweise von den Fesseln eines habitualisierten antiaufklärerischen Modells freimachen. Während den schönen Künsten generell allein die Fähigkeit zuerkannt wird, für die Menschen zwischen der Welt der Ideen und der Realität ("le monde des formes") zu vermitteln, ist die Dichtung darüber hinaus als einzige durch ihre schöpferischen Qualitäten definiert:

---

[34] "Essai sur l'existence et sur les derniers systèmes de la métaphysique qui ont paru en Allemagne", in Ancillon, *Mélanges de Littérature et de philosophie*, 2 Bde, Paris 1809, Bd 2, S. 130.

[35] "Essai sur la nature de la poésie", in *Mélanges* Bd 1, S. 143.

[36] "Les Gens de lettres", in *Mélanges* Bd 2, S. 302 f.

> La poésie n'a d'autre but que de créer;[37] elle n'assujettit pas l'imagination à d'autres lois qu'à celles de l'imagination même; elle lui laisse la liberté la plus entière, et la poésie n'est jamais entravée par la réalité dans sa marche fière et hardie.[38]

Das Instrument der Sprache ist im Idealfall das perfekte Äquivalent der Natur in allen ihren Erscheinungsformen, wobei die sich im Reichtum des Ausdrucks realisierende Imagination Ausweis einer vollkommenen Autonomie der Dichtung wird – einer Autonomie, die sich als das (sozial) Inkommensurable der poésie überhaupt kennzeichnet. Die "liberté essentielle à l'art" meint

> indépendance parfaite de toute autre considération et de toute autre rapport, que des rapports d'un ouvrage avec l'imagination et le jugement. L'art n'envisage jamais son ouvrage comme un moyen d'atteindre un but quelconque, l'utile ou l'honnête; il voit son ouvrage en lui-même.[39]

Im Bereich der Literatur selbst ist die Konfrontation von Wissenschaft und Dichtung – und das bestätigt einmal mehr die existentiellen Aspekte dieser Positionsbestimmungen – inhaltlich analog, aber doch ungleich polemischer vorgenommen worden. Hier ist insbesondere Chateaubriand zu nennen, der schon 1801 in seinem Artikel *De l'Angleterre et des Anglais* die Stichworte liefert: Ausgehend von der Feststellung, daß in England eine zu intensive Beschäftigung mit der Mathematik als "très dangereuse aux bonnes mœurs" gelte, sieht er

---

37 "Essai sur la nature de la poésie" S. 145. Es ist fast überflüssig zu sagen, daß Ancillon mit "créer", wie noch die meisten Dichter des 19. Jahrhunderts, keine Schöpfung ex nihilo meinen kann. Die auffällig häufig benutzte Metapher hat denn auch in anderem Zusammenhang ihre Apologie und Klarstellung erfahren: "En effet, l'imagination paroît exercer un pouvoir créateur; mais ses créations ne sont pourtant que des combinaisons neuves, qui demandent et supposent toujours une matière préexistante. Elle ne sauroit créer de rien." ("Essai sur la différence de la poésie ancienne et la poésie moderne", in *Mélanges* Bd 1, S. 181 f.) Andererseits unterscheidet Ancillon zwischen "créer" und "reproduire" ("Essai sur la nature de la poésie" S. 174) und kennzeichnet die Naturnachahmung durch den Dichter als unbewußten Vorgang ("il l'imite à son insçu"), während die "belles formes" dieser Nachahmung allein der Imagination entsprüngen (ebd. S. 177).

38 "Essai sur la nature de la poésie" S. 145.

39 Ebd. S. 158.

in den Wissenschaften die Gefahr einer Verkümmerung des Humanen und des religiösen Sinnverlustes angelegt, während die Literatur in jeder Beziehung das Gegenmodell dazu liefert:

> Les sciences dessèchent le cœur, désenchantent la vie, mènent les esprits faibles à l'athéisme et l'athéisme à tous les crimes. Les belles-lettres au contraire rendent nos jours merveilleux, attendrissent nos âmes, nous font pleins de foi envers la Divinité et conduisent ainsi à la pratique de toutes les vertus.[40]

Schon hier ist die für Chateaubriand charakteristische Ambivalenz von Erbaulichkeit und einer letztlich auf das Soziale gerichteten ästhetischen Argumentation auszumachen. So kann es kaum überraschen, wenn sich ähnliche Formulierungen im *Génie du Christianisme* wiederfinden[41], in dem die Kritik an der Wissenschaft zu einem zentralen Thema wird. Drei Zielrichtungen lassen sich dabei unterscheiden: In der historischen Perspektive geht es zunächst kaum verhüllt um die Abrechnung mit der Aufklärung: "Quelle ample matière de réflexions sur cette histoire de *l'arbre de science qui produit la mort!* Toujours les siècles de philosophie ont touché aux siècles de destruction."[42] Formulierungen wie diese tauchen, teilweise in fast wörtlicher Übereinstimmung, mehrfach auf. Dabei wird auch bei Chateaubriand das analytische Verfahren der Naturwissenschaften als defizitär dargestellt:

> On sait que nos sciences *décomposent* et *recomposent*, mais qu'elles ne peuvent composer. C'est cette impuissance de créer qui découvre le côté faible et le néant de l'homme.[43]

Im ideologischen Argumentationsschema des *Génie* wird, wiederum mit Blick auf die zurückliegende Epoche, das Streben der Wissenschaften nach Abstraktion als Versuch einer Kompensation des Glaubensverlustes denunziert:

> Lorsque, dans un siècle impie, l'homme vient à méconnaître l'existence de Dieu, comme c'est néanmoins la seule vérité qu'il possède à

---

[40] Abgedruckt in Mme de Staël, *De l'Allemagne* Bd 1, S. 253 und Anm.

[41] III, 2, 1. Zit. Ausg.: *Le Génie du Christianisme*, hg. P. Reboul, 2 Bde (Garnier-Flammarion), Paris 1966, Bd 1, S. 409.

[42] III, 2, 2, ebd. S. 419.

[43] Ebd. S. 416.

fond, et qu'il a un besoin impérieux des vérités positives, il cherche à s'en créer de nouvelles, et croit les trouver dans les abstractions des sciences.[44]

Unter vergleichbaren Auspizien erscheinen die zeitgenössischen nomenklatorischen Verfahrensweisen der Naturwissenschaften in Anspielung auf den Untertitel des *Génie du Christianisme*[45] als Eingriff in die gottgewollte harmonische Schönheit der Natur:

> (...) il y a dans les *classifications* un danger encore plus pressant. Ne doit-on pas craindre que cette fureur de ramener nos connaissances à des signes physiques, de ne voir dans les races diverses de la création que des doigts, des dents, des becs, ne conduise insensiblement la jeunesse au matérialisme? Si pourtant il est quelque science où les inconvénients de l'incrédulité se fassent sentir dans leur plénitude, c'est en histoire naturelle. On flétrit alors ce qu'on touche: les parfums, l'éclat des couleurs, l'élégance des formes, disparaissent dans les plantes pour le botaniste qui n'y attache ni moralité ni tendresse. Lorsqu'on n'a point de religion, le cœur est insensible, et il n'y a plus de beauté (...)[46]

Solche theologischen oder pseudotheologischen Aspekte sollten aber nicht den Blick dafür verstellen, daß es Chateaubriand bei seiner Wissenschaftskritik drittens und letztens (auch) um die Etablierung einer sozialen Rangordnung geht. Deswegen verspottet er die zeitgenössische Sucht nach dem Positiven:

> Hé, grand Dieu! qu'y a-t-il de moins positif que les sciences, dont les systèmes changent plusieurs fois par siècle?[47]

Die Fortentwicklung der Gesellschaft sei naturgegeben und keineswegs von der Wissenschaft abhängig[48]. Er belegt mit Gibbon die Gleichgültigkeit der "sciences exactes" gegenüber Fragen der Moral[49] und projiziert schließlich seine Erwartungen hinsichtlich der so-

---

[44] III, 2, 1, ebd. S. 414.

[45] Die Erstausgabe 1802 trug bekanntlich den Untertitel *Beautés de la religion chrétienne*.

[46] III, 2, 2 – *Génie* S. 417.

[47] Ebd. S. 411 f. Vgl. auch S. 406.

[48] Ebd. S. 412.

[49] Ebd. S. 409.

zialen Vorrangstellung der Literatur in die Geschichte, indem er jede Form kulturellen Weiterlebens allein mit der Dichtung verknüpft[50].

Entfrachtet man die Darlegungen Chateaubriands von ihrem polemischen Ballast, so läßt sich seine Kritik auf einen Nenner bringen: Er stellt sie in einen Zusammenhang mit dem 'modernen' Phänomen des Integritäts- und Identitätsverlustes und macht damit die Frage der kulturellen Orientierungsfunktion und implizit das Postulat einer Sinnstiftung durch Kohärenz zum Thema seiner Argumentation.

Ihre Aktualität haben seine Positionsbeschreibungen auch durch das literarische Echo beglaubigt bekommen, das sie bei Zeitgenossen gefunden haben. Besonders augenfällig wird dies im Falle Nodier, bei dem die Facettierungen und die Weiterentwicklung dieses Versuchs einer 'kontrastiven' Selbstdefinition der Literatur paradigmatisch deutlich werden. So kann man die geradezu leitmotivische Frequenz, mit der Nodier die Metapher vom Baum der Erkenntnis ("l'arbre de la Science"), dessen Früchte tödlich sind, in seinem Werk aufgreift und variiert[51], durchaus als Indikator für die zentrale Rolle ansehen, die dieses Problem in seinem Werk spielt.

In dem hier behandelten Zusammenhang kann Nodier nicht zuletzt daher ein besonderes Interesse beanspruchen, weil sich seine literarisch begründete Auseinandersetzung mit der Wissenschaft nicht allein im Rahmen theoretischer Erörterungen abspielt, sondern weil er erstmals selbst explizit poetische Gegenmodelle zum Erkenntnisanspruch der Wissenschaft in seinen Erzählungen inszeniert.

Was zunächst die *theoretische* Auseinandersetzung mit den Wissenschaften anbetrifft, so scheint sie auf den ersten Blick nicht frei von gewissen Inkonsequenzen zu sein. Nodier hat durchaus Interesse an bestimmten einzelnen Wissenschaften wie zum Beispiel der Geologie, der Botanik oder der Entomologie. Dem steht aber eine grundsätzliche, sehr oft bekundete Wissenschaftsskepsis gegenüber,

---

50 Ebd. S. 413.

51 Vgl. z. B. "De la palingénésie humaine et de la résurrection", in Nodier, *Œuvres*, 12 Bde, Paris 1832–1841; Nachdruck: Genève 1968, Bd 5, S. 362; "Notions élémentaires de linguistique", ebd. Bd 12, S. 33; "Du fantastique en littérature", ebd. Bd 5, S. 105; *Jean Sbogar*, Paris 1980, S. 154; *Lydie ou la résurrection*, in Ch. N., *Contes*, hg. P.-G. Castex (Classiques Garnier), Paris 1961, S. 875.

die Teil seiner noch von fern rousseauistisch geprägten Vorstellung einer zivilisatorischen (und politischen) Dekadenz ist:

> Je ne puis me passer de quelques méthodes de botanique; maïs, comme la collection de mes espèces ne deviendra jamais fort considérable, je m'en tiens maintenant aux méthodes les plus anciennes et les plus simples. Je trouve que les hommes des temps passés avoient de la nature des idées bien plus belles et bien plus touchantes que nous, et que cette manière religieuse et intellectuelle de pénétrer dans ces mystères, qui distingue nos vieux écrivains, valoit bien les stériles avantages que nous retirons du perfectionnement de l'analyse. Les hommes des siècles éclairés ressemblent à des enfants qui rompent leurs joujoux pour savoir le secret de leur construction; l'instrument brisé, que reste-t-il? un ressort d'acier, un morceau de verre, un grelot: quant à la merveille, elle n'y est plus.[52]

Nodier, der offenkundig an die Auffassungen Chateaubriands von der Wissenschaftsgeschichte als Selbstaufhebungsprozeß angeknüpft hat, präzisiert und ergänzt diese Überlegungen in zwei entscheidenden Punkten: Ausgehend vom Selbstverständnis der Wissenschaften als System stellt er deren Anspruch auf Sinnstiftung grundsätzlich in Frage, und er formuliert seine Wissenschaftskritik als Sprachkritik.

Zum ersten Punkt: schon der eben zitierte Textausschnitt hat deutlich gemacht, daß Nodiers Polemik, ähnlich der Chateaubriands, neben der synchronischen auch eine diachronische Komponente besitzt. Es geht ihm wie vielen zeitgenössischen Autoren auch um eine Denunzierung der Aufklärung, wobei ihm das siècle philosophique aber zugleich zum Paradigma einer ganzen Reihe wissenschaftlicher Begründungsversuche einer Sinnstiftung wird, die die Menschheitsgeschichte begleitet haben, aber allesamt gescheitert sind. Dies sei hier, zugleich mit dem Hinweis, daß ähnliche Überlegungen auch von anderen Zeitgenossen (Lamartine, *Novissima verba*) angestellt worden sind, durch einen Passus aus Nodiers *Manuel du philosophe ou principes éternelles* (1820) belegt:

> Depuis que l'homme a goûté le fruit de la science, il n'y a pas une génération qui n'ait produit un système, pas un système qui ne se

[52] *Adèle*, in *Œuvres* Bd 2, S. 156 f.

> soit annoncé sous les auspices de la vérité; pas une de ces vérités, si ambitieusement prônées, qui n'ait paru absurde à son tour.[53]

Wir nähern uns damit bereits dem zentralen Punkt der Auseinandersetzung Nodiers mit den positiven Wissenschaften: Er wirft ihnen Unfähigkeit zur Synthese vor. Daß die Welt im Begriff stand, für den Menschen unüberschaubar zu werden, und daß dies paradoxerweise ein Ergebnis des Wissenszuwachses war, dieses im eigentlichen Sinne 'moderne' Phänomen, haben neben ihm auch andere, übrigens nicht nur literarische Autoren im engeren Sinn[54] und auch nicht nur französische Schriftsteller der Zeit konstatiert; L. di Breme oder Foscolo haben sich gleichfalls darüber mit erstaunlicher Hellsicht geäußert[55]. Was Nodier betrifft, so konstatiert er nicht nur jene Unfähigkeit der Wissenschaften, Ordnung zu vermitteln, sondern er macht deren systematisch-analytisches Vorgehen für den modernen Integrationsverlust schlichtweg verantwortlich. Dabei dient ihm der Umgang der Wissenschaft mit der Sprache als Kristallisationspunkt seiner Argumentation, bei der die "Sciences" als Gegenpol lebensweltlichen Reichtums und menschlicher Entfaltung überhaupt vorgestellt werden:

> C'est de s'obstiner à bâtir une Babel confuse et impie au milieu de la création du Seigneur. La philosophie du dix-neuvième siècle avoit tué le grand principe, la pensée souveraine des choses. La science du dix-huitième siècle ne s'est pas prise si haut, mais elle a frappé les sociétés humaines plus avant dans le cœur. Elle a tué le *verbe*.

---

[53] In Nodier, *Mélanges de littérature et de critique*, 2 Bde, Paris 1820; Nachdruck: Genève 1973, Bd 1, S. 8 f.

[54] Besonders eingehend äußert sich Michelet in seinem *Discours sur l'unité de la science*, in Michelet, *Œuvres*, hg. P. Viallaneix, Paris 1971 ff., Bd 1: *1798–1827*, S. 249–255. Michelet geht von einem einheitlichen System der Wissenschaften aus, warnt aber vor den Folgen einer Isolation der einzelnen Wissensgebiete und eines Traditionsverlustes: "(...) nous n'aurions réussi qu'à nous faire une énigme incompréhensible du monde moderne." (S. 251)

[55] Vgl. Verf., "Die Unüberschaubarkeit der Welt – Zur Herausbildung eines 'modernen' literarischen Selbstverständnisses bei Foscolo und Breme", in Hgg. B. König/J. Lietz u. a. , *Gestaltung – Umgestaltung – Beiträge zur Geschichte der romanischen Literaturen – Festschrift Margot Kruse*, Tübingen 1990, S. 151–161.

Die Sätze stehen in der 1835 veröffentlichten kleinen Schrift *Des nomenclatures scientifiques*[56]. Der Titel ist insofern von Bedeutung, als Nodier nicht nur hier, sondern mit geradezu leitmotivischer Insistenz auch sonst in seinem Œuvre die Nomenklatur der Naturwissenschaften als Inbegriff einer Entfremdung der Sprache von den Dingen, darüber hinaus der Wissenschaften von der Welt, schlimmer noch, als zerstörerischen Angriff auf die alte harmonische Einheit der Welt überhaupt darstellt. Auch hier ist der Bruch mit den im Schoß der Aufklärung entwickelten Vorstellungen denkbar kraß. Die *Encyclopédie* hatte das nomenklatorische Vorgehen zwar als "travail sec et pénible", zugleich aber als "très utile" und vor allem als identifikatorischen Akt bezeichnet: "établir *les vrais noms* des plantes, des poissons, des oiseaux, des quadrupèdes (...)"[57]

Es ist schwer zu sagen, ob Nodier diese oder ähnliche Definitionen gekannt hat; jedenfalls zielt seine Auffassung genau in die entgegengesetzte Richtung. In *Des nomenclatures scientifiques* greift er u. a. die These des Enzyklopädisten Duclos an, der sich auf "l'idée à jamais ridicule" kapriziert habe, daß die Wörter nur zufällig ihrer Bedeutung zugeordnet seien und daß sie keinen Eigenwert besäßen[58]. Das sei das Absurdeste, worauf ein Philosoph überhaupt verfallen könne und nichtsdestoweniger genau das Charakteristikum des Umgangs der Wissenschaften mit der Welt, den er als zutiefst entfremdet charakterisiert:

> (...) cette rêverie fantasque de Duclos, c'est le secret des nomenclatures scientifiques. Définir le fait naturel par un barbarisme révoltant de non-sens et d'étrangeté (...) sans tenir le moindre compte des harmonies, des analogies, des apparences qui rendroient cette mutation tolérable, c'est l'art du nomenclateur.[59]

Oder, an anderer Stelle: "Mais pourquoi la nomenclature s'amuse-t-elle à mentir au sens des idées et à la nature des choses par le

---

[56] (Paris), S. 3.

[57] Bd 11, S. 211, Artikel "Nomenclature".

[58] S. 4. Auf welche Stelle bei Duclos sich Nodier genau bezieht, ist nicht ganz klar; wahrscheinlich zielt seine Bemerkung auf Duclos' "Remarques sur la grammaire générale et raisonnée" (in Duclos, *Œuvres*, 3 Bde, Paris 1820–1821, Bd 1, S. 446–554).

[59] *Des nomenclatures scientifiques* S. 5.

nom qu'elle leur donne?"[60] Im Terminus "s'amuser" fixiert Nodier geradezu dramatisch den sozialen Unwert der Wissenschaften, der "vaines sciences", die er allenthalben mit Todesmetaphern begleitet – nicht nur der sogenannten positiven Wissenschaften und der Medizin etwa, sondern auch der Sprachwissenschaft: "La langue des *linguistes* et des lexicographes est aussi un cadavre."[61]

Es ist hier nicht der Ort, auf Einzelheiten der Sprachtheorien Nodiers einzugehen, die in jüngster Zeit das besondere Interesse nicht nur der Nodier-Forschung, sondern auch der Linguistik gefunden haben[62]. Sie fügen sich in den größeren Kontext romantischer Regressionsutopien ein[63]. Im Sinne der Illuminaten ist Sprache für Nodier spezifisches Geschenk Gottes an den Menschen, wobei er die Existenz einer archaischen Koine unterstellt, deren relative Armut zugleich Ausweis ihrer Poetizität ist[64].

Um aber auf die uns hier spezifisch interessierende Frage zurückzukommen: Im eingangs skizzierten zeitgenössischen Kontext der sozialen Wertehierarchie erfüllt die Abwertung der Wissenschaften durch Nodier natürlich eine Aufgabe, die durch die beiden kritisierten Aspekte – nicht funktionierender Ordnungscharakter und desintegrierende Funktion der Sprache – bereits implizit formuliert ist. Es gilt, die durch die Wissenschaft gefährdete Identität der Dinge neu zu konstituieren und die Welt wieder als eine kohärente erfahrbar zu machen. Von der Erkenntnis "les choses ont un nom véritable" ausgehend, verlangt Nodier von der Sprache, den Dingen Identität zu sichern durch "quelque beau souvenir emblématique"[65]. Für ihn werden die volkstümlichen botanischen Namensgebungen

---

[60] Ebd. S. 8.

[61] "Notions élémentaires de linguistique", *Œuvres* Bd 5, S. 11.

[62] Besonders unter den Auspizien der von R. Barthes und G. Genette in Gang gebrachten Kratylismus-Diskussion. Vgl. z. B. G. Genette, *Mimologiques – Voyage en Cratylie*, Paris 1976, S. 149–181, und H. Meschonnic in seiner Einführung zum Nachdruck von Nodiers *Dictionnaire des onomatopées françoises* (Paris 1808), Mauvezin 1984, "La Nature dans la voix", S. 11 ff.

[63] Vgl. M.-A. Grunewald, "Charles Nodier et sa prévision de la fin du monde", in *Europe* 58 (1980), H. 614–615, S. 54–59, hier: S. 56.

[64] Vgl. R. Setbon, *Libertés d'une écriture critique – Charles Nodier*, Genf 1979, S. 32.

[65] *Des nomenclatures scientifiques* S. 5 f.

Linnés, den er damit aus dem sonst pauschal attackierten Wissenschaftsbereich ausgrenzt, zur Metapher einer Dichtungssprache, die diese Identität metaphorisch über das Gedächtnis und zugleich affektivisch bewirkt:

> (Linné) n'avoit pas dédaigné ces ravissantes combinaisons de la mnémonique naturelle, qui éternisent un souvenir par une image, et qui, à chaque pas de l'observateur, éveillent un sentiment à côté d'une conquête.[66]

Es geht hier um nicht mehr und nicht weniger als die Bekämpfung des durch die Wissenschaft verursachten prosaïsme, die Wiederherstellung der "poésie des choses"[67], also die Rückkehr zur natürlichen Sprache. Sie ist mit der Poesie identisch[68], und nicht nur, wie gesagt, Geschenk Gottes an den Menschen, sondern in ihr vollzieht sich zugleich auf geheimnisvolle Art die Berührung zwischen Göttlichem und Menschlichem, denn: "Dieu (...) est la *parole* qui s'est fait *verbe* (...)"[69]

Daß es der Wissenschaft von ihrer analytischen Vorgehensweise her versagt sei, dem komplexen Wesen des Menschen gerecht zu werden und diesem irgendeine Hilfe bei der Erfassung einer immer weniger durchschaubaren Welt zu geben – dieses Axiom ist von verschiedenen Zeitgenossen Nodiers formuliert worden, besonders prägnant von dem schon erwähnten L. di Breme, der hier um so eher einmal zu Wort kommen möge, als die Äußerung seinem französisch geschriebenen *Grand commentaire* entstammt. Die Wissenschaft, so heißt es da, könne die "incontestables *faits de l'âme*" nicht erfassen; sie bewege sich insgesamt in engen Grenzen und Rechnung tragen könne sie "ni des intuitions immédiates, ni des apperceptions

---

[66] Ebd. S. 7.

[67] Nodier, *Paul ou la Ressemblance*, in *Contes* S. 644. Chauteaubriand hatte im *Génie du Christianisme* die Natur als "poésie mystérieuse" bezeichnet (III, 2, 1 – *Génie* Bd 1, S. 414).

[68] Vgl. Setbon, *Libertés* S. 21.

[69] "Notions de linguistique" S. 11. M. S. Hamenachem, *Charles Nodier – Essai sur l'imagination mythique*, Paris 1972, S. 24 f., weist allerdings darauf hin, daß Nodier von dem Konzept einer einheitlichen archaischen Koine abgerückt ist – "mais (il) persiste à préconiser les langues nationales primitives". – Vgl. auch Setbon, *Libertés* S. 29.

soudaines, ni des sentiments primitifs, ni de tout plein d'activités internes"[70].

Es sind erklärtermaßen solche Überlegungen, aus denen heraus Nodier mehrere seiner *Contes* verfaßt. Einige von ihnen (z.B. *Une Heure ou la Vision* und *La Fée aux miettes*) präsentieren sich in diesem Sinn explizit als antiwissenschaftliche Erkenntnismodelle der Literatur, in denen die Geisteskrankheit, die Wahnvorstellungen der Protagonisten in den Rang von "découvertes" erhoben werden, denen die "vaines sciences de la terre" nichts entgegenzusetzen haben:

> Que sais-je (...) si cette prétendue infirmité ne serait pas le symptôme d'une sensibilité plus énergique, d'une organisation plus complète, et si la nature, en exaltant toutes tes facultés, ne les rendit pas propres à percevoir l'inconnu?

Die extreme Regression auf die Innenwelt, die sich in der Krankheit ausdrückt, wird so zur Voraussetzung einer als vergleichbar extrem dargestellten glückhaften Wiedergeburts- und Ganzheitserfahrung:

> (...) si quelque nuage a voilé tes jours, tu t'en es affranchi comme cette étoile pour reprendre dans une nouvelle vie ta première grâce et ta première beauté.[71]

Hier wie andernorts ist es der mittelnde Gestus des personal anwesenden Ich-Erzählers, der diese Erfahrungen in der Anrede an den Helden der Erzählung kommentiert. Aus dem Versagen der Wissenschaft konstituiert sich im außerrationalen Bereich die Aufgabe der Literatur. Es ist bereits angeklungen, daß Nodier mit seinem aus der Wissenschaftskritik erwachsenden dichterischen Selbstverständnis kein Einzelfall unter den Zeitgenossen ist. Es scheint aber so, als ob er in seinen Erzählungen als erster die entsprechenden literarischen Inszenierungsmodelle dazu geliefert hätte. Deren weitere Filiation kann hier nicht verfolgt werden. Es sei aber in Erinnerung gerufen, daß es Nerval gewesen ist, der in seiner *Aurélia* die Nodiersche Antithese Wissenschaft vs Literatur aufgegriffen und als zentrales Erkenntnisproblem gesehen hat, in dem sich für ihn zugleich krisenhaft die Frage nach der *göttlichen* Ordnung der Welt stellt:

---

[70] L. di Breme, *Grand commentaire*, hg. G. Amoretti, Milano 1970, S. 149.

[71] *Une Heure ou la Vision*, in *Contes* S. 21.

> Mais pour nous, nés dans des jours de révolutions et d'orages, où toutes les croyances ont été brisées, – élevés tout au plus dans cette foi vague qui se contente de quelques pratiques extérieures (...) il est bien difficile, dès que nous en sentons le besoin, de reconstruire l'édifice mystique dont les innocents et les simples admettent dans leurs cœurs la figure toute tracée. "L'arbre de science n'est pas l'arbre de vie!" Cependant, pouvons-nous rejeter de notre esprit ce que tant de générations intelligentes y ont versé de bon ou de funeste? L'ignorance ne s'apprend pas (...) Qu'ai-je écrit là? Ce sont des blasphèmes. L'humilité chrétienne ne peut parler ainsi (...) O science! ô vanité![72]

Es mag erlaubt sein, zum Abschluß noch einmal kurz den Faden des Anfangs aufzunehmen. Wir waren von der Überlegung ausgegangen, daß das am Beispiel Proust skizzierte Verständnis der Literatur als eines prononciert antirationalistischen und a-wissenschaftlichen Erkenntnismodells seine historischen Wurzeln in einer Identitätskrise der Literatur zu Beginn des 19. Jahrhunderts habe[73].

Im einen wie im anderen Fall geht es darum, Modelle literarischer Selbstbehauptung zu entwickeln: Auch Prousts Autarkieanspruch für die Literatur erwächst sicher nicht aus dem Gefühl, einem sozialen Dekadenzprozeß der Wissenschaft beizuwohnen, sondern er gedeiht vielmehr vor dem Hintergrund eines Unbehagens über die Identität der Literatur, das J. Rivière 1924 etwas diffus unter dem Schlagwort von der "crise du concept de littérature" einzufan-

[72] Zit. Ausg.: Gérard de Nerval, *Œuvres*, hgg. A. Béguin und J. Richer, 2 Bde (Bibliothèque de la Pléiade. 89. 117), Paris 1960–1961, Bd 1, S. 386. – Eine kenntnisreiche Analyse dieses Passus findet sich jetzt bei D. Rieger, "'O science! ô vanité' – Zum Wissenschaftsverständnis von Gérard de Nerval", in Hg. B. Winklehner, *Literatur und Wissenschaft – Festschrift für R. Baehr*, Tübingen 1987, S. 69–86. Rieger, der die Wissenschaftskritik Nervals im wesentlichen als Individualphänomen begreift, kommt für diesen Autor zu Resultaten, die in die Richtung unserer eigenen Beobachtungen anläßlich Nodiers, Chauteaubriands und anderer weisen.

[73] Es war in diesem Zusammenhang nicht auf die Frage einzugehen, ob und wie weit diese Wissenschaftskritik von Fall zu Fall von einer latenten Assimilationsbereitschaft gegenüber bestimmten wissenschaftlichen Methoden überlagert wird. Daß die antiszientistische Haltung Prousts und anderer in der Literaturgeschichte des 20. Jahrhunderts noch nicht das letzte Wort in dieser Sache darstellt, hat spätestens Tel Quel deutlich gemacht.

gen versucht hat[74]. Ein indirektes Zeugnis für die Virulenz dieses Unbehagens vermag auch die französische Avantgarde im Zeitalter des Ersten Weltkrieges zu liefern, in der sich die Probleme der zeitgenössischen Kunst wie in einem Brennspiegel bündelten und dementsprechend in suggestiver Totalität artikulierten. Symptomatisch ist etwa, wie Apollinaire in seiner Erzählung *Le Poète assassiné* (1916) die zivilisatorischen Konstellationen derart radikalisiert, daß er den Dichter zusammen mit der nutzlos gewordenen Dichtung im Zeichen einer totalitär gewordenen Wissenschaft zu Tode kommen läßt. Im selben Jahr hat der Dadaist Tristan Tzara in seiner *Première aventure céleste de M. Antipyrine*[75] gleichsam das humoristische, subversive Pendant dazu geliefert, als er, den dominierenden Wertekanon verspottend, reimte:

psychologie psychologie hihi
Sciences Science Science
vive la France...

[74] "La Crise du concept de littérature", in *La Nouvelle Revue Française* 22 (1924) S. 159–170.

[75] Zit. Ausg.: T. Tzara, *Œuvres complètes*, hg. H. Béhar, 5 Bde, Paris 1975–1982, Bd 1: *1912–1924*, S. 82.

POETIK DER DISKONTINUITÄT

Karlheinz Stierle

Diskontinuität
Der Ursprung einer Kategorie des modernen Dichtens bei Nerval und Goethe

I

Victor Hugo ist der Vollender der romantischen Dichtung in Frankreich, der alles Denkbare und Vorstellbare seiner Zeit mit der stupenden Sprache seiner Verse zu erfassen suchte. Er ist der Dichter einer Totalität, die in der unerschöpflichen Dynamik immer neuer Kontinuitäten zu visionärer Anschauung kommt. Bild für diese poetische Kraft, der alle Kontinuitäten der Geschichte, der Natur und des Geistes verfügbar scheinen, ist die unerschöpfliche, ins Grenzenlose fortführende Bewegtheit des großen Meeres, die in Hugos Gedichten gleichsam den Grundton angibt. Hugos Erfahrung einer Totalität als Dynamik ihrer Kontinuitäten kommt in ihrer den Dichter bedrängenden Gewalt am unmittelbarsten zum Ausdruck in dem frühen Gedicht *La Pente de la rêverie*[1] (datiert vom 28. Mai 1830), das wie eine Summe seiner poetischen Erfahrung erscheint. Thema des Gedichts ist die Erfahrung einer ins Abgründige vorstoßenden Vision, die den Dichter überwältigt. Immer unerhörtere Wirklichkeiten erstehen in phantastischer Gleichzeitigkeit vor dem geistigen Auge des Dichters, der der "pente de la rêverie" verfallen ist:

> Ainsi j'embrassais tout: et la terre, et Cybèle;
> La face antique auprès de la face nouvelle;
> Le passé, le présent; les vivants et les morts;
> Le genre humain complet comme au jour du remords.
> Tout parlait à la fois, tout se faisait comprendre,
> Le pélage d'Orphée et l'étrusque d'Évandre,

[1] In: *Les Feuilles d'automne* (1831); zit. Ausg.: Victor Hugo, *Œuvres poétiques I: Avant l'exil 1802–1851*, hg. P. Albouy (Bibliothèque de la Pléiade. 171), Paris 1964, S. 770–774.

Les runes d'Irmensul, le sphinx égyptien,
La voix du nouveau monde aussi vieux que l'ancien.
(V. 97–104)

Was sich zuerst sukzessiv vor das Auge des Dichters drängt, dann simultan in immer weiteren Kreisen imaginärer Präsenz verharrt, verdichtet sich zum phantastischen Bauwerk, einem unausdenkbaren Turm von Babel, den der Dichter durchwandert:

Or, ce que je voyais, je doute que je puisse
Vous le peindre: c'était comme un grand édifice
Formé d'entassements de siècles et de lieux;
On n'en pouvait trouver les bords ni les milieux;
A toutes les hauteurs, nations, peuples, races,
Mille ouvriers humains, laissant partout leurs traces,
Travaillaient nuit et jour, montant, croisant leurs pas,
Parlant chacun leur langue et ne s'entendant pas;
Et moi je parcourais, cherchant qui me réponde,
De degrés en degrés cette Babel du monde.
(V. 105–114)

Was hier in einer plötzlichen Vision zur erschreckenden Überfülle der Welt im ganzen wird, hat den titanischen poetischen Arbeiter Hugo dennoch nicht zu schrecken vermocht. Er gibt dem "entassement des siècles et des lieux" poetische Gestalt in seiner *Légende des Siècles*, er dringt im einsamen Gespräch mit den Gewalten der Natur zu den tiefsten Ahnungen über das kosmische Drama unendlicher Welten vor, aber er erhebt auch seine leidenschaftliche Stimme in den politischen Wirren der Zeit.

Baudelaire hat aus bewundernder Distanz, in die nicht selten zurückgehaltene Ironie gemischt ist, den großen Dichter im Exil gewürdigt:

> Les couleurs de ses rêveries se sont teintées en solennité, et sa voix s'est approfondie en rivalisant avec celle de l'Océan. Mais là-bas comme ici, toujours il nous apparaît comme la statue de la Méditation qui marche.[2]

[2] "Réflexions sur quelques-uns de mes contemporains I: Victor Hugo", in Baudelaire, *Œuvres complètes*, hg. C. Pichois, 2 Bde (Bibliothèque de la Pléiade. 1. 7.), Paris 1975–1976, Bd 2, S. 129–141, hier: S. 130.

Hugo ist für Baudelaire das "génie sans frontières" (S. 135), dem kein Innehalten vergönnt ist. Schon Baudelaire sah, daß in dem Gedicht *La Pente de la rêverie*, diesem "poème enivrant" (S. 137), in nuce die Poetik Hugos enthalten ist. Hugos Dichtung geht aus sich hervor, drängt nach Fortgang, als sei das eigentliche, tiefste poetische Wort, das der Schlüssel sein könnte, noch immer zu erwarten, als dürften die Wogen des Gedichts kein Ende haben. Für Baudelaire ist aber dies, wie zuvor schon für Poe, eine Häresie gegen den Geist der Geschichte[3].

II

Kontinuität ist das poetische Gesetz der französischen Romantik seit Lamartines ins Offene der Landschaft hinausdringenden Meditationen. Hugo hat mit seinem dichterischen Werk dies poetische Gesetz am rückhaltlosesten erfüllt. Die Nachkommenden haben seinen Ruhm verdunkelt, und fast scheint es heute, als sei das Ungeheure seiner Leistung dem Jetzt seiner Erkennbarkeit ferner denn je. Die neue Dichtung, die nach Hugo in Frankreich einen anderen Weg ging, der für die moderne Lyrik maßgeblich werden und diese zum Paradigma der Moderne machen sollte, steht im Zeichen einer Poetik der Diskontinuität, die bis ins Innerste die lyrische Dichtung neu zentriert. Nervals Gedichtzyklus *Les Chimères* ist mit seinen wenigen Gedichten, die niemand zu Lebzeiten Hugos dessen Werk entgegenzusetzen gewagt hätte, der Anfang dieser neuen Poetik. Die Weise, wie Nerval Diskontinuität zum bestimmenden Moment des dichterischen Sprechens machen sollte, die Voraussetzungen, unter denen er dabei steht, sollen an der frühesten Einlösung dieser sich erst noch suchenden Poetik, dem Sonett *Delfica* genauer betrachtet werden.

---

[3] Vgl. "Notes nouvelles sur Edgar Poe", ebd. Bd 2, S. 319–337, hier: S. 332: "(...) mais toute *intention épique* résulte évidemment d'un sens imparfait de l'art."

Delfica

La connais-tu, Dafné, cette ancienne romance,
Au pied du sycomore, ou sous les lauriers blancs,
Sous l'olivier, le myrte, ou les saules tremblants,
Cette chanson d'amour qui toujours recommence? ...

Reconnais-tu le TEMPLE au péristyle immense,
Et les citrons amers où s'imprimaient tes dents,
Et la grotte, fatale aux hôtes imprudents,
Où du dragon vaincu dort l'antique semence? ...

Ils reviendront, ces Dieux que tu pleures toujours!
Le temps va ramener l'ordre des anciens jours;
La terre a tressailli d'un souffle prophétique ...

Cependant la sibylle au visage latin
Est endormie encor sous l'arc de Constantin
– Et rien n'a dérangé le sévère portique.[4]

"(...) il y a des années d'angoisses, de rêves, de projets qui voudraient se presser dans une phrase, dans un mot ..." So schreibt Nerval in einem seiner ergreifenden Briefe an die Schauspielerin Jenny Colon[5]. Aus solcher Erfahrung entspringen Nervals wenige Gedichte. Jedes von ihnen scheint so, als seien Bruchstücke vieler Gedichte übereinandergelegt, als sei das eine Gedicht durchscheinend auf andere, dahinterliegende Gedichte, die sich eindrängen. Im engen Kreis der Nervalschen Erinnerungen, Lektüren, Träume, Wörter und Sätze scheint sich die poetische Bewegung des Dichtens so lange zu drehen, bis aus dem Distinkten, den abgegrenzten Bruchstücken, die das poetische Bewußtsein festhält, sich eine in sich gedrungene Figur zusammenfindet, die den Verdichtungen der Traumarbeit vergleichbar ist. Das Sonett *Delfica* ist das früheste Beispiel dieser Dichtung der Diskontinuität und der textuellen Überlagerungen[6].

---

[4] Zit. Ausg.: Gérard de Nerval, *Œuvres*, hgg. A. Béguin und J. Richer, 2 Bde (Bibliothèque de la Pléiade. 89. 117), Paris 1952–1956.

[5] Lettres à Jenny Colon, 19, in *Œuvres* Bd 1, S. 740.

[6] Vgl. auch Verf., *Dunkelheit und Form in Gérard de Nervals* Chimères (Theorie und Geschichte der Literatur und der schönen Künste. 5), München 1967.

Die erste, in der Zeitschrift *L'Artiste* 1845 erschienene Fassung des Sonetts trug den Titel "Vers dorés" und war mit "Tivoli 1834" datiert. Dem Text ging als Epigraph die Weissagung aus Vergils vierter Ekloge, "Ultima Cumaei venit iam carminis aetas", voraus. In den *Petits châteaux de Bohême*, der kleinen, 1853 erschienenen Sammlung von Prosastücken und Gedichten, hat es den Titel "Daphné" und ist erneut von einer Weissagung aus der vierten Ekloge begleitet: "Iam redit et virgo". Die endgültige Fassung in dem als Teil der *Filles du feu* erschienenen Gedichtzyklus *Les Chimères* von 1854 hat ebenso wie schon die Fassung in den *Petits châteaux* keine Datierung mehr, auch fehlt ein Epigraph, und der Titel ist zu "Delfica" geworden. Betrachtet man die Veränderungen in ihrem Zusammenhang, so können sie schon in nuce einen Einblick in die Verfahrensweise von Nervals Dichtung geben. Der Wechsel des Titels gibt dem Gedicht jeweils einen neuen Fokus. "Vers dorés", in intertextueller Filiation mit einem anonymen, dem Pythagoras zugeschriebenen Gedicht verbunden, hatte nur in unbestimmter Weise einen Hintergrund antiker Weisheitslehre heraufgerufen, der freilich zum prophetischen Gestus des Gedichts selbst noch wenig paßte, sondern sich eher wie etwas grober Bricolage ausnahm. Dieser Titel wird dann, sehr viel treffender, mit jenem Gedicht verknüpft werden, das zuerst noch "Pensée antique" hieß. Mit dem Titel "Daphné" ist das angesprochene Du hervorgehoben, ohne daß zwischen Titel und Beginn des Gedichts damit eine poetische Spannung errichtet würde. Zugleich ist mit dem Wegfall der Datierung der italienische Hintergrund getilgt. Was in der ersten Fassung des Gedichts ausdrücklich artikuliert wurde, ein Anlaß, der so etwas wie einen minimalen narrativen Kontext andeutet, und die aus Vergil zitierte Weissagung vom Wechsel der Zeiten, wird in der endgültigen Fassung nicht einfach aufgehoben, sondern auf die Ebene der Konnotation gespielt. So wird der nachantike, italienische Schauplatz gleich eingangs angedeutet durch die Schreibweise "Delfica" und "Dafné", in der sich gleichsam italienische und französische sprachliche Perspektive überlagern, während Nerval in den früheren Fassungen noch "Daphné" geschrieben hatte. Der prophetische Gestus des Epigraphs wird nun in den Titel gehoben, der an die delphische Pythia erinnert. Warum aber jetzt der griechische Kontext? Hier kommt eine Assoziation ins Spiel, die die Daphne des griechischen Mythos mit ihrem Verfolger Apollo zusammenbringt und diesen indirekt in seinem Orakel gegenwärtig sein läßt. Doch wird die Verbindung zwischen Daphne und Apollo thematisch nicht 'abgerufen'. So entsteht zwischen Titel und Gedicht eine komplexe Relation von Diskontinuität und sekundärer Kontinuität, die auf einer abstrakten Ebene angelegt ist. Dafné und Delfica stehen in einer durch den gemeinsamen Anfangskonsonanten auch lautlich affirmierten Korrespondenz von griechisch-mythischer Verweisung und italienischer Aktualisierung; Delfica hält aber gleichzeitig auch den prophetischen Gestus des Gedichts präsent, der im Verweis auf die "sibylle au visage latin" im zweiten Terzett aufgenommen wird (V. 12), wodurch eine weitere meridionale Welt aufscheint. Diskontinuität wird zur Bedingung der Koexistenz komplexer, unausgesprochener und problematischer Kontinuitäten. Dies Wechselspiel wird im Gedicht selbst weiter entfaltet.

Das erste Quartett, in dem ein sprechendes Ich sich jener Dafné zuwendet, von der unklar bleibt, ob es *die* Dafné oder *eine* Dafné ist, ob die Rede sich im mythischen oder nachmythischen Horizont bewegt, steht ganz im Zeichen einer markierten, ja übermarkierten Kontinuität. Der Sprachgestus des ersten Quartetts ist der einer beschwörenden Vergegenwärtigung, als sollte im angesprochenen Du eine Erinnerung wachgerufen werden. In der gleitenden Bewegung einer traumhaften Kontinuität verfolgt die Rede im Rauschen der Bäume, aus deren Nennung eine meridionale zeitlose Landschaft entsteht, die eine Romanze, deren Klang sowohl in die Tiefe der Erinnerungen wie in die Tiefe der Zeiten und in die Tiefe der Landschaft führt. Die Kontinuität der Bewegung ist lautlich unterstrichen durch den Gleichklang "au pied du *sy*comore, ou *sous* les lauriers blancs,/*Sous* l'olivier, le myrte, ou les *sau*les tremblants" (V. 2 f.). Auch die Wiederkehr ist eine Weise der Kontinuität. Das vernommene Liebeslied, die Romanze, deren das sprechende Ich plötzlich inne ist, ist seit Vorzeiten schon immer so vernommen worden. So wird die Kontinuität mit der sich immer neu wiederholenden Romanze zur kreisenden, in sich selbst zurücklaufenden Bewegung. Das jetzt eben vernehmbare Liebeslied unter den Bäumen eröffnet die Fülle der sich überlagernden Vergangenheiten, die an die Kreisbewegung des Immergleichen zurückfallen. "Romance" (V. 1) steht in semantisch privilegierter Reimrelation zu "recommence" (V. 4), und ebenso hat sein Synonym, die “chanson d’amour”, ein Echo in dem Binnenreim “toujours” (ebd.), der erneut die Vorstellung der Kontinuität auch lautlich-semantisch mit jener der Wiederholung verbindet. Die Eingangsstrophe beschließen Auslassungszeichen, die einen Raum des Ungesagten eröffnen, in den hinein das Gesagte nachzuklingen scheint. Was ist es, was die Stimme verschweigt? Warum hält sie an dieser Stelle inne? Ist der Raum des Schweigens der Raum des stumm bleibenden Anderen? In die Stille der Erwartung hinein erfolgt keine Antwort.

Wie aus dem Schweigen auftauchend setzt das zweite Quartett ein, das den beschwörenden Sprachgestus noch steigert, der die Erinnerung des Du, der angesprochenen Dafné zu befreien sucht.

Das “Reconnais-tu ...” nimmt den Sprachgestus des ersten Quartetts auf und gibt ihm mit der Steigerung der Eindringlichkeit zugleich eine größere Bestimmtheit. Mehr als in dem “La connais-tu ...” des ersten Quartetts liegt in dem “Reconnais-tu ...” des zweiten Quartetts ein Appell an die gemeinsame Erinnerung. Wenn formal die Anknüpfung an den Gestus des ersten Quartetts die reihende Bewegung dieser Verse fortzuführen scheint, so ist diese doch inhaltlich eine Bewegung der Diskontinuität. Was das zweite Quartett an Erinnerungen weckt, scheint mit der Erinnerung des ersten Quartetts entweder in keinem oder in einem rätselhaft undurchsichtigen Zusammenhang zu stehen, in den der Leser hineingezogen wird, ohne daß er doch einen Zusammenhang erkennen könnte. Die in der Steigerung des Tons schon angedeutete Diskontinuität in der Kontinuität wird manifest in der neuen Funktion des bestimmten Artikels, der jetzt nicht mehr in unbestimmter Allgemeinheit eine Landschaft der Wiederholung und der Zeitenthobenheit vor Augen führt, sondern rätselhafte Verweisungszusammenhänge hereinbringt, die dem Leser undurchdringlich bleiben müssen. Der bestimmte Artikel gewinnt die Funktion der Verweisung auf Bruchstücke unexplizierter Kontexte und darüber hinaus eine gleichsam mythische Absolutheit, in deren Bann sich sprechendes Ich und angesprochenes Du begegnen. Solcher Absolutheit entspricht, daß der zuerst vor das Auge der Erinnerung gerufene “TEMPLE au péristyle immense” (V. 5), mit dem die Zeitlosigkeit der Landschaft in die Geschichtlichkeit griechisch-römischer Kultur tritt, durch Großschreibung in seiner konkreten Besonderheit herausgehoben ist. Die Bewegung der Reihung, in der auch dieses Quartett steht, ist von jener des ersten Quartetts wesentlich unterschieden. Sie erfaßt Einzelheiten der Erinnerung, die durch eine rätselhafte Bestimmtheit auf einen Zusammenhang verweisen, der sich entzieht. So entspricht der Kontinuierlichkeit der sprachlichen Bewegung eine tiefgreifende Diskontinuierlichkeit der aufgerufenen Erinnerungsbilder, die einen Raum der Erinnerung benennen, ohne daß in ihm die Kohärenz eines Erfahrungszusammenhangs erkennbar wäre. Die Bewegung der Erinnerung, in deren magischen Kreis das angeredete Du hineingezogen werden soll, erfaßt zuerst das Bild des Tempels mit seinem mächtigen Peristyl, dann ein Erinnerungsfragment von ebenso großer sinnlicher Vergegenwärtigungskraft wie rätselhafter Kontextlosigkeit, das nun die angeredete Dafné unmittelbar in den Erlebniszusammenhang einbezieht: "Et les citrons amers où s'imprimaient tes dents/(...)" (V. 6) Darauf folgt das Bild der Grotte mit der schlafenden Drachenbrut, die dem Eindringling verhängnisvoll werden muß: "(...)/Et la grotte fatale aux hôtes imprudents, /Où du dragon vaincu dort l'antique semence."(V. 7 f.) Nicht nur sind die drei Bilder diskontinuierlich gegeneinandergesetzt, sie sind von ganz verschiedener Natur: Der Tempel vor dem Hintergrund der meridionalen Landschaft kann noch als Moment dieser Landschaft erscheinen. Das zweite scheint eine jener kontingenten Erinnerungsverdichtungen des 'souvenir involontaire', wie sie von Baudelaire und Proust zur Grundlage einer neuen Poetik der Diskontinuität und der imaginären Kontinuität in der Diskontinuität gemacht worden sind, das dritte ist ein mythisches Bild voll konnotativer Verweisungen und Anklänge, in dem sich eine Erfahrung der Furcht zu verdichten scheint. Was an diesen drei Bildern ist das Gesetz ihres Zusammenhangs, und was bedingt jenes Gewicht, das die Eindringlichkeit des gesteigerten Sprachgestus zu rechtfertigen vermag? Bei jedem der erweckten Erinnerungsfragmente: Tempel, Zitrone und Grotte, führt die attributive Bestimmung in eine Besonderung, die sowohl der Besonderung der Erinnerung entspricht als auch den thematischen Zusammenhang sprengt. Der Fluchtpunkt der Konsistenz liegt im Geheimnis des sprechenden Subjekts und der angesprochenen Dafné, deren Name selbst ein Beziehungsgeheimnis ist. Ist Diskontinuität in Nervals Gedicht von Titel zu Gedicht, von Strophe zu Strophe das primäre poetische Baugesetz, so ist dieses im zweiten

Quartett gleichsam selbst zum Thema gemacht in der zu keiner narrativen oder deskriptiven Verknüpfung mehr zusammenkommenden Reihung des Disparaten, das als ein Beziehungsrätsel die zusammenhangsetzende Imagination des Lesers auf den Plan ruft. Dies um so mehr, als jedes der aufgerufenen Elemente einen reichen literarischen Hintergrund hat oder aber durch seine sinnliche Dichte die Imagination des Lesers beschäftigt. Ebenso wie das erste Quartett endet auch das zweite mit Auslassungszeichen, die das Ungesagte anzudeuten scheinen, dessen es bedürfte, um die Kontinuität des Gesagten in einen umgreifenden Kontext zu bringen.

Erneut sind Sprachgestus und Vorstellungswelt verschieden, wenn aus dem Ungesagten und dem Nachklingen des Gesagten das Gedicht wieder hervortritt. Der Bau des Sonetts folgt dieser Bewegung, wie diese sich dem Bau des Sonetts einschreibt. Der Übergang zum ersten Terzett markiert die Zäsur eines neuen Gestus der Sprache, der zugleich das sprechende Ich zum angesprochenen Du in ein neues Verhältnis bringt. So wie der Übergang vom ersten zum zweiten Quartett durch lautlich-semantische Rekurrenz markiert war, ist auch der Übergang zum ersten Terzett markiert durch eine klanglich-semantische Wiederholung, die selbst Wiederholung bezeichnet und ist: das "Reconnais-tu ..." findet sein Echo in dem "Ils reviendront ...", mit dem das Terzett beginnt. War in den ersten beiden Quartetten die poetische Sprache auf Weckung von Erinnerung gerichtet, so wendet sie sich nun ebenso eindringlich im Gestus der Prophezeiung, der mit dem Titel "Delfica" schon diffus angekündigt ist, auf die erwartbare nahe Zukunft einer unerhörten Rückwendung der Zeiten: "Ils reviendront, ces Dieux que tu pleures toujours!" (V. 9) Sollte zuerst die lineare Zeit subjektiv aufgehoben werden in der erkennenden und wiedererkennenden Erinnerung, so geht es jetzt um objektive Aufhebung der Linearität der Zeit in der zyklischen Umwendung, die das Vergangene zur gegenwärtigen Zukunft zu machen scheint. In solcher Vorstellung von der erwarteten und ersehnten Wiederkehr der alten Götter und vom Triumph der mythisch-zyklischen über die historisch-lineare Zeit melden sich Lieblingsvorstellungen jener Epoche, die sich als eine Epoche der Wiederkehr und der Wiedergeburt der Antike begriff, der italienischen Renaissance. Es müßte über den Rahmen dieser Überlegungen hinausführen, wollten wir Nervals Zusammenhang mit einem romantischen Selbstverständnis verfolgen, das sich selbst als Renaissance der Renaissance begriff[7]. Wesentlicher für das Gedicht selbst ist, daß nun die Redesituation des Gedichts ausdrücklich wird als eine Situation der nachantiken, 'sentimentalischen' Vergegenwärtigung der antiken Welt, etwa im Sinne von Schillers *Die Götter Griechenlands.* Erst von hier aus erhält nun auch die italienisch-französische Schreibweise des griechischen, auf einen mythischen Bezug verweisenden Namens ihren tieferen Sinn. Die Differenz von Name und erinnertem Wesen des Namens, die Spannung von gegenwärtiger Existenz und im Namen selbst angesprochenem Wesen, das einer anderen Weltzeit zuzugehören scheint, wird nun schon in der Graphie des Namens erkennbar.

Mit dem Thema der ersehnten Wiederkehr der Götter, des Umschwungs der Zeiten, tritt die vorausgehende Evokation von zeitloser Landschaft und Erinnerungsmomenten in ein neues Licht. Denn in bezug auf diese scheint das Gedicht erneut unter dem Prinzip der Diskontinuität zu stehen, das von sekundären Kontinuitäten begleitet ist. Dem insistierenden Thema der Wiederkehr und des Wiederanfangs des Selben im ersten und zweiten Quartett folgt auch das erste Terzett mit der zweimaligen Wiederkehr des die Wiederkehr anzeigenden Präfixes *re-* ("Ils reviendront ..."– "Le temps va ramener ..."[V. 10]), aber auch mit der Wiederaufnahme des Zeitadverbs "toujours" das jetzt als ein subjektiv erfahrenes "toujours" dem objektiven "toujours" der Landschaft antwortet, während andererseits die subjektive Wiederkehr in der Erinnerung sich nun zur Erwartung der Wiederkehr in der Nahzukunft objektiviert, die der prophetische Gestus gleichsam schon vorwegnimmt. Dem "souffle prophétique" des Gedichts scheint der "souffle prophétique" zu antworten, als der im Gedicht das Erdbeben angedeutet wird (V. 11), das die verborgenen Kräfte anzeigt.

Erneut bezeichnen Auslassungszeichen am Ende der Strophe einen Übergang ins Schweigen, ein Ausschwingen, aber wohl auch ein Problematischwerden des prophetischen Gestus. Mit dem Hervortreten des letzten Terzetts aus jenem Ungesagten, dem auch alle

---

[7] Vgl. Verf., "Renaissance – Die Entstehung eines Epochenbegriffs aus dem Geist des 19. Jahrhunderts", in Hgg. R. Herzog/R. Koselleck, *Epochenschwelle und Epochenbewußtsein* (Poetik und Hermeneutik. 12), München 1987, S. 453–492.

vorausgehenden Strophen entsprangen, verändert sich noch einmal tiefgreifend der Gestus des Gedichts. Auf die Beschwörung und die Prophezeiung folgt die ernüchterte Konstatation, als träte das sprechende Ich erneut in eine andere Welt ein, die weder mit der Welt der Erinnerung noch mit der Welt der Verheißung in Zusammenhang steht, sondern als das reine zusammenhanglose Jetzt sich zur Geltung bringt und so das Gedicht in einer Endgültigkeit zum Verstummen bringt, die ein nachhallendes Verschweigen nicht mehr kennt. Der letzte, durch den Gedankenstrich in seiner Endgültigkeit noch unterstrichene Vers, dessen Hauptakzent auf "rien" liegt, das sich hier den zeitaufhebenden Bestimmungen des *re-* "schroff abbrechend" (Hölderlin[8]) entgegensetzt, bringt die bloße Konstatation dieser Strophe zu Ende: "– Et rien n'a dérangé le sévère portique." (V. 14) Während alle vorhergehenden Strophen durch Rekurrenz in ihrer ersten Zeile verklammert waren, setzt die letzte Strophe sich ausdrücklich ab und markiert so auch formal eine Zäsur, die den Übergang von den Zeitekstasen des sprechenden Ich zum reinen zusammenhanglosen Jetzt bezeichnen. Die einzige Rekurrenz, die die letzte Strophe mit der vorhergehenden verbindet, liegt in dem Perfekt "endormie" (V. 13), das auf das "Où du dragon vaincu dort l'antique semence" (V. 8) antwortet. Doch hat der Schlaf an beiden Stellen eine ganz verschiedene, ja konträre Wertigkeit. Der Schlaf der Drachenbrut bedeutet imminente Gefährdung, Möglichkeit des Erwachens in jedem Augenblick, der im Perfekt artikulierte Schlaf der Sybille unter dem Konstantinsbogen bedeutet Regungslosigkeit, ja nichts anderes als bloße Metapher für die endgültige Regungslosigkeit des Steins. Im Zeichen der Diskontinuität aber steht der letzte Vers noch in anderer Hinsicht. Die soeben noch emphatisch angesprochene Dafné tritt nicht mehr in den Blick. Das Gedicht hat kein Du mehr. Es ist, als spreche das Ich der letzten Strophe, wie aus einem Traum erwacht, nur noch für sich selbst. So ist schließlich die Sprechsituation verloren, die der Ursprung des Gedichts war. Indem aber die Sprechsituation des Gedichts im Gedicht verlorenging, ist auch jenes gleichsam dialogische und ahnungsvolle Schweigen verloren, in das die poetische Rede sich verlor und aus dem es hervorging. Der Punkt am Ende des letzten Verses setzt das

[8] *Patmos*, V. 114.

prosaische Schweigen als Schwelle, über die das Ich in die poesielose Außersprachlichkeit zurückgetreten ist.

Nervals Gedicht ist wesentlich durch eine Poetik der Diskontinuität bestimmt. Damit wird aber die Natur des Textes selbst problematisch. Der Text hat keine diskursive Autonomie mehr, er wird zur Spur eines poetischen Vollzugs, der in die Textjenseitigkeit ausgreift. Er verweist damit zugleich auf eine rätselvolle, ihrer Identität ungewisse Instanz des Sprechenden. Dichtung wird zur Gestalt der sich in der Rede erst suchenden Identität. Dennoch besagt dies nicht, daß das Gedicht in zusammenhanglose Vielfalt auseinanderfallen müßte. Der neue ästhetische Raum der Diskontinuität ist nicht ein Raum selbstgenügsamer Negation, sondern des ästhetischen Experiments mit komplexen, problematischen, diffusen Kontinuitäten auf der Grundlage der Diskontinuität selbst. Die Lesbarkeit solcher Diskontinuitäten, die neue, amimetische Kontinuitäten erst ermöglichen, setzt neue Formen der Rezeption auf seiten des Lesers voraus. Der Leser muß lernen, die Linearität des Textes als Schauplatz impliziter, in semantische und semiotische Tiefendimensionen führender Kontinuitäten zu entziffern. Der Text wird so zum Palimpsest, zum Ort der Schichtungen, Überlagerungen, Verwerfungen, die sich nicht mehr der linearen Bewegung des Lesens erschließen, sondern die mehrfache, in die Geschichtetheit des Textes eindringende Lektüre voraussetzen. Im Raum solcher semantischer Schichtungen aber, der durch das Darstellungsprinzip der Diskontinuität eröffnet wird, gewinnt die Intertextualität eine besondere Funktion. Denn durch die Öffnung des Textes auf andere Texte wird der Spielraum von Diskontinuität und experimentierenden Kontinuitäten unabsehbar erweitert. Nerval hat sich die Möglichkeiten der Intertextualität für seine Poetik der Diskontinuität schon in hohem Maße erschlossen[9]. Die intertextuellen Verweise auf Vergils *Aeneis* und besonders auf seine vierte Ekloge, sind neben den durch die Namen ins Spiel gebrachten antiken Mythologemen eine wesentliche Schicht von *Delfica*. War in mittelalterlich-christlicher

---

[9] Vgl. zur Intertextualität als konstitutivem Moment des Nervalschen Gedichts und zum Problem der intertextuellen Dimension dunkler Lyrik W.-D. Stempel, "Intertextualität und Rezeption", in Hgg. W. Schmid/W.-D. St., *Dialog der Texte – Hamburger Kolloquium zur Intertextualität* (Wiener slawistischer Almanach. Sonderband 11), Wien 1983, S. 85–109, bes. S. 96 ff.

Tradition Vergils vierte Ekloge als Weissagung der anbrechenden christlichen Weltzeit verstanden worden, so wird sie jetzt zur Sprache einer Verheißung, die den zyklischen Umschwung der Weltzeit und damit die Wiederkunft der antiken Götter in die Nähe einer dramatischen Erwartung bringt.

Wesentlicher aber noch für die poetische Gestalt des Gedichts ist eine intertextuelle Relation, von der bisher noch abgesehen wurde und die ins Zentrum von Nervals neuer Poetik führt. Es ist schon immer gesehen worden, daß Nerval sich mit *Delfica* in großer thematischer Nähe zum Mignon-Gedicht in Goethes *Wilhelm Meisters Lehrjahre* (III, 1) befindet. Die Natur dieser Nähe ist freilich noch kaum näher betrachtet worden. Hier kann erst eine Betrachtungsweise, die die besonderen Voraussetzungen intertextueller Verweisung deutet, weiterführen. Es wird so zugleich möglich, einer jener literarhistorischen Filiationen nachzuspüren, die unterhalb der 'offiziellen' Epochenkontinuität verlaufen und von denen oft die Konkretheit literarhistorischer Prozesse mehr abhängt als von den großen Bewegungen an der Oberfläche. Auch die Literaturgeschichte ist ein kompliziertes Netz von Diskontinuitäten in der Kontinuität und Kontinuitäten in der Diskontinuität.

Kennst du das Land, wo die Zitronen blühn,
Im dunklen Laub die Goldorangen glühn,
Ein sanfter Wind vom blauen Himmel weht,
Die Myrte still und hoch der Lorbeer steht,
Kennst du es wohl?
Dahin! Dahin
Möcht' ich mit Dir, o mein Geliebter, ziehn!

Kennst du das Haus? auf Säulen ruht sein Dach,
Es glänzt der Saal, es schimmert das Gemach,
Und Marmorbilder stehn und sehn mich an:
Was hat man dir, du armes Kind, getan?
Kennst du es wohl?
Dahin! Dahin
Möcht' ich mit dir, o mein Beschützer, ziehn!

Kennst du den Berg und seinen Wolkensteg?
Das Maultier sucht im Nebel seinen Weg,

In Höhlen wohnt der Drachen alte Brut,
Es stürzt der Fels und über ihn die Flut:
Kennst du ihn wohl?
                    Dahin! Dahin
Geht unser Weg; o Vater, laß uns ziehn![10]

Schon in den Bildern ist die Nähe von *Delfica* zu Goethes Mignon-Gedicht evident. Auch bei Goethe weckt die Eingangsstrophe eine meridionale Landschaft, die hervorgeht aus der reihenden Benennung jener Bäume, die die italienische Landschaft bestimmen: Zitronen-/Orangenbaum, Myrte und Lorbeer. Nur die Zypresse fehlt (fast scheint es aber, als hätte Goethe in dem Vers "Die Myrte still und hoch der Lorbeer steht" den Lorbeer zum Statthalter der Zypresse gemacht).

Auch in Goethes Gedicht folgt auf poetische Elemente, die das Allgemeine einer real-imaginären Landschaft evozieren, eine Folge von Detailevokationen, die nicht mehr deskriptiver, sondern narrativer Natur sind und die in ein unausgesprochenes Geheimnis führen. Nerval hat sich dieser evokativen Reihung erinnert und sie in sein Gedicht mit Abwandlungen übernommen. Das Haus, dessen Dach "auf Säulen (ruht)", wird zum "TEMPLE au péristyle immense", die Zitronen werden zur Momenterinnerung des souvenir involontaire, die Angsterinnerung "In Höhlen wohnt der Drachen alte Brut" kehrt wieder in dem "Et la grotte, fatale aux hôtes imprudents,/Où du dragon vaincu dort l'antique semence".

Wesentlicher aber als solche thematische Übernahmen ist der beschwörende Gestus des Gedichts, der im angesprochenen Du die Erinnerung zu wecken sucht: "Kennst du ..." – "Connais-tu ..." Auch die überredende Wiederkehr der Formel am Anfang jeder neuen Strophe wird bei Nerval zumindest bis zum zweiten Quartett übernommen und durch das "Reconnais-tu" beim zweiten Mal noch gesteigert. Im Zusammenhang aber mit dem Gestus der Rede, die verschüttete, abgesunkene Erinnerung freilegen will, tut Goethe zuerst den entscheidenden Schritt zu einer poetisch gewollten Diskontinuität, zu deren Ausdrucksinstrument der absolut gesetzte bestimmte Artikel wird. Aber diese Diskontinuität wird poetisch kom-

---

[10] Zit. Ausg.: *Goethes Werke* (Hamburger Ausgabe), hg. E. Trunz, 14 Bde und 1 Registerbd, Hamburg 1948–1964, hier: Bd 7, S. 145.

pensiert in der seltsam feierlich insistierenden Rekurrenz der evozierenden Eingangsformel und der ihr korrespondierenden abschließenden Bekräftigungsformel "Kennst du es (ihn) wohl?" sowie der Sehnsuchtsgebärde "Dahin! Dahin", die Wunsch und bedrängende Aufforderung einleitet.

Wenn Mignon in ihrem Gedicht, das sie Wilhelm zur Zither vorträgt, das Land ihrer Sehnsucht benennt, so scheint dieses einfach mit dem Land der Zitronen und Orangen, der Myrten und des Lorbeers, Italien, zusammenzufallen. Dies banale Verständnis, das dem Gedicht seinen Anthologieplatz sichern sollte, ist schon das des prosaischen Wilhelm selbst:

> Nachdem sie das Gedicht zum zweitenmal geendigt hatte, hielt sie einen Augenblick inne, sah Wilhelmen scharf an und fragte: "Kennst du das Land?" – "Es muß wohl Italien gemeint sein", versetzte Wilhelm; "woher hast du das Liedchen?"– "Italien!" sagte Mignon bedeutend; "gehst du nach Italien, so nimm mich mit, es friert mich hier."(Bd 7, S. 146)

Daß aber Mignon nicht eine allgemeine sondern besondere Erfahrung, eine abgesunkene Erinnerung an einen besonderen Ort, an eine besondere mit ihrer eigenen frühen Kindheit verknüpfte Gegenwart dunkel vor Augen hat und daß der bestimmte Artikel auf dieses real-imaginäre Italien der Erinnerung verweist, geben die folgenden Strophen zu erkennen[11].

Die Frage "Kennst du das Haus?", die die zweite Strophe einleitet, verweist durch den bestimmten Artikel auf einen Bewandtniszusammenhang, der das angesprochene Du einzubeziehen und den Leser auszuschließen scheint. Auch die in der Reihung neu auftauchenden Bilder 'des' Saals, 'des' schimmernden Gemachs, 'der' Marmorbilder, machen eine Bedeutung ausdrücklich, die dem sprechen-

---

[11] O. Seidlin hat in seiner grundlegenden Deutung des Mignon-Lieds die gängige Auffassung des Lieds als Ausdruck einer "Italiensehnsucht" schon entschieden zurückgewiesen ("Zur Mignon-Ballade", in *Euphorion* 45 [1950], S. 83–99, hier: S. 90). Doch greift die Interpretation wohl etwas kurz, wenn sie statt dessen die konkreten Bezüge der sich aussprechenden Sehnsucht als Chiffren der Todessehnsucht interpretiert (vgl. S. 91: "Was Mignon hier singt, ist der schauerlich schöne Weg ins Nichts, in den Tod, in die tote Ewigkeit, in der es keine Form mehr gibt, in der 'Wolken, Nebel und Flut', alles Feste und Sichtbare überschwemmt und ausgelöscht haben.").

den Ich selbst ungreifbar geworden zu sein scheint: "Und Marmorbilder stehn und sehn mich an:/Was hat man dir, du armes Kind, getan?" Die Gegenwart dieses Bildes ist von anderer Art als die bleibende Gegenwart der Landschaft, die die erste Strophe weckte. Es ist eine Fixierung der Erinnerung, die auf eine ungesagte, dem Gedächtnis verlorene Wirklichkeit verweist. Mit dieser Erinnerung, deren Intensität im Augenblick der poetischen Rede in Gegenwart umzuschlagen scheint, scheint aber auch das sprechende Ich so sehr in ihren Bann zu treten, daß das angeredete Du zurücktritt oder genauer noch, daß das Ich sich zu seinem eigenen Du wird, die Frage zur Selbstbefragung an eine stumm gewordene Vergangenheit, die danach drängt, durch Rede befreit und gelöst zu werden. Im Bann der Erinnerung treten die Bilder zu einer Diskontinuität auseinander, die lesbar scheint und die doch in der Ferne der Unlesbarkeit und der Unlösbarkeit steht.

Auch in der folgenden Strophe ist das Du gleichsam eine Überlagerung von wirklich angeredetem und imaginärem Du und dem in die Distanz des Du gerückten rätselvollen Ich. Auch diese Strophe ist eine Folge von Erinnerungsfragmenten offensichtlich der Alpenüberquerung, die ihren Mittelpunkt haben in dem Schreckbild der von der Drachenbrut bewohnten Höhle: "In Höhlen wohnt der Drachen alte Brut,/(...)" Berg, Maultier, Höhle, Fels erscheinen erneut verbunden mit dem bestimmten Artikel, der die geschlossene Welt der eigenen Erinnerung benennt, die sich nicht in einer narrativen Kontinuität erfassen und ordnen läßt, sondern wo jede Einzelheit in ihrer diskontinuierlichen eigenen Jetztzeit verharrt. Zu der Mehrschichtigkeit des angesprochenen Du kommt die diffuse Kontinuität der bekräftigenden Formel "Kennst du es (ihn) wohl?", die in der zweiten und dritten Strophe immer mehr deiktische Referenzen gewinnt und damit die Frage selbst pluralisiert und verzweigt. So bezieht sich das "Kennst du es wohl" der zweiten Strophe gleichermaßen auf das "arme (...) Kind", das Gemach, das Dach und das Haus. Das "Kennst du ihn wohl" der Schlußstrophe auf den Fels, den Nebel, den Berg, den Wolkensteg und all dieses als Inbegriff der Erfahrung des Gebirges zusammen. Daß dieses 'Lied' mit dem Reiz des Unerklärlichen rechnet und es einer Ästhetik des

Interessanten erschließt[12], wird ausdrücklich in der Weise, wie Wilhelm das Gehörte aufnimmt:

> Melodie und Ausdruck gefielen unserem Freunde besonders, ob er gleich die Worte nicht alle verstehen konnte. Er ließ sich die Strophen wiederholen und erklären, schrieb sie auf und übersetzte sie ins Deutsche. Aber die Originalität der Wendungen konnte er nur von ferne nachahmen. Die kindliche Unschuld des Ausdrucks verschwand, indem die gebrochene Sprache übereinstimmend und das Unzusammenhängende verbunden ward. (Bd 7, S. 145 f.)

Diese Darstellung von Wilhelms Reaktion läßt erkennen, wie bewußt hier Goethe mit einer Poetik der Diskontinuität experimentiert. Ja, er legt nahe, daß der Leser in der deutschen Gestalt des Mignon-Gedichts nur eine geglättete Fassung hat, hinter der ein italienisches (?) Original von ganz anderer Inkohärenz und Ausdruckskraft steht[13]. Diese ist aber nicht Selbstzweck, sondern dient der Arti-

---

[12] "Das interessante Kind" nennt der Erzähler Mignon in dem Augenblick, als Wilhelm ihm zu Hilfe kommt (II, 4, S. 103). Damit ist ein Stichwort zum Verständnis der Mignon-Gestalt gegeben, das diese in einen Horizont spätaufklärerischen poetischen Experimentierens einrückt, für den auch sonst sowohl in Frankreich wie in Deutschland der Begriff des Interessanten eintritt, der den von Friedrich Schlegel entwickelten Begriff des Romantischen vorbereitet. (Vgl. Verf., "Diderots Begriff des 'Interessanten'", in *Archiv für Begriffsgeschichte* 23 [1979], S. 55–76, und ders., "Geschmack und Interesse – Zwei Grundbegriffe des Klassizismus", in Hgg. H. Beck/P. Bol/E. Maek-Gérard, *Ideal und Wirklichkeit der bildenden Kunst im späten 18. Jahrhundert,* Berlin 1984, S. 75–85.) Die Entdeckung des kollektiven wie des individuellen Unbewußten ist eine der großen Quellen einer neuen Kunst jenseits des Klassizismus, die sich in dieser Zeit im europäischen Kontext herausbildet.

[13] Das Lied Mignons, von dem der Leser nur die 'geglättete' Version Wilhelms erhält, steht unter den Bedingungen einer zweifachen Gebrochenheit der Sprache (Mignon spricht "ein gebrochenes, mit Französisch und Italienisch durchflochtenes Deutsch" [II, 6, S. 110]) und der Rede, in der die Diskontinuität der Erinnerungen sich niederschlägt, wobei diese zweifache Gebrochenheit, die uns in der neuen Brechung von Wilhelms Aufzeichnung entgegentritt, aufgehoben zu sein scheint durch den "Reiz" der sie begleitenden und tragenden Melodie. Auch dies ist zuerst von Seidlin bemerkt worden, der freilich seine Beobachtungen erneut allzusehr verabsolutiert, wenn er feststellt: "In irdischer Fixierung vorstellbar ist ein solches Gedicht freilich überhaupt nicht, es ist ein Un-Ding, ein ungreifbares Etwas, von dem das konkrete Phänomen nur ein ferner Abglanz ist." ("Zur Mignon-Ballade" S. 88) Von besonderem Interesse für das Verständnis des Gedichts ist schließlich ein weiterer Hinweis Seidlins,

kulation einer von narrativen Darstellungszwängen befreiten Erinnerung, die aus der Ferne des Vergessens und des Unbewußten in die Gegenwärtigkeit der poetischen Bewegung hineinspricht. Nicht Mignon spricht in ihrem Gesang, sondern es spricht aus ihr. Nicht nur bindet Goethe seine neue Poetik der Diskontinuität im Mignon-Gedicht an die Erinnerung, sondern er stellt diese zugleich unter besondere psychische Voraussetzungen. Deren Klärung verlangt die Klärung der Sprechsituation, in der das Gedicht steht und aus der heraus es sich vollzieht.

Mit dem Lied, das Mignon vor Wilhelm singt, löst sich eine psychische Spannung, die in der Sprache der Poesie ihren Ausdruck findet. Wilhelm, der das rätselhafte Kind einer Seiltänzertruppe abgekauft hatte, wollte sich von ihm und der Schauspieltruppe, der er sich angeschlossen hatte, trennen, aber Mignons wilde Verzweiflung, die von bedrohlichen Zuckungen des ganzen Körpers begleitet ist, bestimmt ihn zu bleiben und Mignon ganz bei sich aufzunehmen, die nun in ihm ihren Vater sehen will. Während das tiefverstörte Kind (an das sich Breton in *Nadja* erinnert haben mag) auf alle an es gerichteten Fragen bisher geschwiegen oder mit kurzen Sätzen von rätselhafter Zusammenhanglosigkeit geantwortet hatte, wird ihm nun, mit dem Gedicht, eine Stimme gegeben[14]. Im Raum der poetischen Rede scheinen sich Bilder zusammenzufügen, die auf

---

daß nämlich Goethe das Mignon-Lied selbst aus seinem Kontext gelöst und bei der Neuausgabe seiner Werke 1815 der Gruppe der Balladen vorangestellt hat (S. 89). Daß die Diskontinuität des Gedichts wesentlich mit der besonderen narrativen Diskontinuität der Ballade verknüpft ist (zumal in jener Form, die durch Bürgers *Lenore* in Deutschland gattungsprägend geworden ist), ist für das Verständnis der Poetik der Diskontinuität wesentlich, mit der Goethe experimentiert. Das Kollektiv-Unbewußte der Volksballade wird im Mignon-Lied exemplarisch in ein Subjektiv-Unbewußtes gewendet, dem eine neue lyrische Dominanz der Wirkung entspricht.

[14] In ihrer Untersuchung *Mignon und ihre Lieder, gespiegelt in den Wilhelm-Meister-Romanen* (Zürcher Beiträge zur deutschen Literatur- und Geistesgeschichte. 49), Zürich 1978, hat J. Lienhard den mythischen Hintergrund Mignons in ihrer Nähe zu der Wasserfee Melusine aufzuspüren gesucht: "Beide, Mignon und Melusine, sind naturhafte, ursprüngliche Wesen. Beide singen und musizieren sie aus ihrem Innersten." (S. 39) Aber in solcher mythisierender Perspektive geht die psychische Grenzsituation verloren, aus der heraus Mignon dichtet. Daß Mignon kein einfaches 'Naturwesen' ist und daß ihr Dichten dem Geist der Verstörung entspringt, hat Goethe unzweideutig nahegelegt.

eine ungewiß auftauchende, außerordentliche Geschichte verweisen. Das sprechende Kind, halb schon ein junges Mädchen, das aber wie ein Knabe gekleidet ist und gekleidet sein will, hat keinen Namen. Als es von Wilhelm zuerst nach seinem Namen gefragt wird, sagt es: "Sie heißen mich Mignon." (II, 4, Bd 7, S. 98) Was hat es mit diesem rätselhaften Namen auf sich, der im Französischen ja auch den Knaben bezeichnet, der die Stelle der Geliebten einnimmt? Bezeichnet das Wort in diesem Sinne das "Scheinmädchen", so bezeichnet Mignons Name den "Scheinknaben"[15]. Der Name führt in den Bereich der geschlechtlichen Ambiguität, der das rätselhafte Wesen zu bestimmen scheint. In der Perspektive der Ambiguität steht im Gedicht selbst das angeredete Du. Es soll zugleich Vater und Geliebter sein. Mit der Gestalt Mignons wagt Goethe sich in Grenzbereiche der psychischen Erfahrung ebenso wie er sich in Grenzbereiche der poetischen Artikulation wagt[16]. Die Situation des Gedichts, die im Gedicht selbst zu ihrer größten Verdichtung kommt, ist aber zugleich Thema der narrativen Entfaltung. So wird die lyrisch-diskontinuierliche, im Rätsel der eigenen Identität und der sich entziehenden Erinnerung befangenen Artikulation in die objektiv-kontinuierliche Darstellung des narrativen Schemas zurückübersetzt und damit die poetische Kühnheit des Experiments mit einer neuen Möglichkeit der dichterischen Pluralität der Kontexte gleichsam wieder zurückgenommen. Der Sprache der Verwirrung antwortet die Sprache der Entwirrung, ohne daß diese doch das

---

[15] Vgl. *Wilhelm Meisters Wanderjahre* II, 7 (Hamburger Ausgabe Bd 8, S. 227), wo das Bild beschrieben wird, auf dem der Maler Mignon in den Alpen dargestellt hat: "Mitten im rauhen Gebirg glänzt der anmutige Scheinknabe (...)"

[16] Zu Recht betrachtet F. A. Kittler das Lied Mignons als eine Anamnese ("Über die Sozialisation Wilhelm Meisters", in G. Kaiser/F. A. K., *Dichtung als Sozialisationsspiel – Studien zu Goethe und Gottfried Keller,* Göttingen 1978, S. 38). Wenn er freilich in der aus dem Unbewußten aufsteigenden Erinnerung Mignons die "historische Erinnerung an ein Weltalter" zu sehen glaubt, "wo Eltern das Alter, die Anzahl und das Geschlecht ihrer Kinder vergessen durften", so verfehlt diese Deutung den Konflikt von moralischer und natürlicher Welt, der im Inzest aufbricht, dessen Frucht Mignon ist, und zwar als ein Zwitterwesen, das seinen Ort weder in der moralischen noch in der natürlichen Welt hat, aber auch in seiner Geschlechtlichkeit ortlos ist.

Zentrum der Erfahrung treffen könnte, das in der Sprache der Verwirrung sich ausspricht.

Als Wilhelm nach einer Reise zu Mignon zurückkehrt, erfährt er von dem Arzt, der die immer wieder psychisch kranke Mignon behandelt hat, was er und eine Vertraute ihr allmählich entlocken konnten, daß sie aus Italien komme und in frühester Jugend von Seiltänzern entführt worden sei, sich an ihre Herkunft wohl nur noch undeutlich erinnern könne, aber auch einen Schwur getan habe, ihr Geheimnis nicht preiszugeben. So kann Wilhelm sich "nunmehr manches Lied, manches Wort dieses guten Kindes erklären" (VIII, 3, Bd 7, S. 522). Doch erst der Zufall der Begegnung mit jenem italienischen Marchese, der sich wunderbarerweise als Onkel Mignons erweist, wird ihr Geheimnis, nachdem ihr Leben zu Ende gegangen ist, aufklären. Der Abbé, dem der Marchese die sonderbare Geschichte seiner Familie erzählt, schreibt sie nieder, und so erfährt sie der Leser. Die Aufzeichnungen des Abbé entdecken, daß Mignon einer inzestuösen Verbindung zwischen dem Bruder und der Schwester des Marchese entstammt, daß das Kind, in die Obhut von Pflegeeltern gegeben, einsam aufwuchs und schließlich bei einer seiner Wanderungen ertrunken zu sein schien:

> Um das alles leichter zu üben, liebte sie, mit den Knaben die Kleider zu wechseln, und ob es gleich von ihren Pflegeeltern höchst unanständig und unzulässig gehalten wurde, so ließen wir ihr doch soviel als möglich nachsehen. Ihre wunderlichen Wege und Sprünge führten sie manchmal weit; sie verirrte sich, sie blieb aus und kam immer wieder. Meistenteils, wenn sie zurückkehrte, setzte sie sich unter die Säulen des Portals vor einem Landhause in der Nachbarschaft; man suchte sie nicht mehr, man erwartete sie. Dort schien sie auf den Stufen auszuruhen, dann lief sie in den großen Saal, besah die Statuen, und wenn man sie nicht besonders aufhielt, eilte sie nach Hause. (Bd 7, S. 587)

Noch einmal tritt die Welt Mignons in den Blick, wenn in den *Wanderjahren* (II, 7) schließlich Wilhelm, der Einladung des Marchese folgend, sich selbst an den Ort von Mignons Kindheit begibt, begleitet von einem Maler, der die dargestellten Orte mit der imaginären Gegenwart Mignons erfüllt, ja der sogar Mignon mit der Seiltänzertruppe darstellt, wie sie die Alpen durchqueren. Dabei ist auch die Höhle des Mignon-Gedichts nicht vergessen:

> Auch ließ der Künstler mit klugdichtendem Wahrheitssinne eine Höhle merklich werden, die man als Naturwerkstatt mächtiger Kristalle oder als Aufenthalt einer fabelhaft-furchtbaren Drachenbrut ansprechen konnte. (Bd 8, S. 228)

In dem Bericht des Marchese kommt auch der unglückliche Bruder zu Wort, der, ohne es zu wollen, das Lebensgesetz Mignons ausspricht: "Wenn die Natur verabscheut, so spricht sie es laut aus; das Geschöpf, das nicht sein soll, kann nicht werden, das Geschöpf, das falsch lebt, wird früh zerstört." (*Lehrjahre* VIII, 9, Bd 7, S. 584) Als ein "Geschöpf, das falsch lebt", muß gerade die Gestalt Mignons aufgefaßt werden[17]. Sie erschließt Grenzbereiche des nicht mehr Geheuren und der Überschreitung der Lebensordnung. Doch ist eben dies der Grund einer neuen, in Grenzbereiche vorstoßenden Dichtung der Transgression, die im *Wilhelm Meister* eines der wesentlichen Erfahrungszentren ausmacht. Die narrative Entfaltung des Romans wird zur Explikation der Situation, unter deren Bedingungen die dichterische Rede ihren bedrohlich-faszinierenden Ursprung hat.

Die Herauslösung des Mignon-Gedichts aus seinem narrativen Kontext, der die Distanzen der Diskontinuität zu Markierungspunkten der narrativen Kontinuität macht, seine Autonomsetzung als Anthologiestück, war möglich um den Preis einer einebnenden Verflachung, die das Gedicht zum Ausdruck einer romantisch-modischen Italiensehnsucht machte. Es konnte aber auch in der Isolierung einen neuen Bereich der poetischen Artikulationsmöglichkeiten vor Augen führen. Nerval muß das Außerordentliche[18] des Mignon-Liedes tief empfunden haben. Sein Zugang zu dem Gedicht ist

---

[17] Goethe ist fasziniert von der Möglichkeit einer verfehlten Existenz, die nicht lebensfähig ist, aber gerade in ihrer Selbstzerstörung die reine Kraft des Poetischen freisetzt. In den *Wahlverwandtschaften* muß das Kind Charlottes sterben, das einem imaginären Ehebruch entspringt. Aber auch Ottilie muß sterben, deren rätselvollem Zauber Eduard verfallen ist. Und schließlich geht in *Faust II* der Knabe Euphorion, der Verbindung Fausts mit Helena entsprungen und in vielem ein Mignon in neuer Gestalt, am eigenen Überschwang zugrunde.

[18] Nerval, der im Anhang seiner Faust-Übersetzung von 1840 die Übersetzung des Mignon-Liedes von M. Toussenel abdruckte *(Faust de Göthe, suivi du Se-*

isolierend und totalisierend. Es mag offenbleiben, ob Nerval von seinem narrativen Kontext und dessen explikativer Funktion eine zureichende Vorstellung hatte. Daß man bei ihm jedoch mit einer gewissen Kenntnis des Wilhelm-Meister-Romans selbst rechnen darf, wird durch eine Bemerkung im Kapitel "Chantilly" der *Promenades et souvenirs* nahegelegt. Von zwei jungen Mädchen, die einer Seiltänzertruppe zugehören, heißt es dort:

> En regardant les deux jeunes filles, l'une vive et brune, l'autre blonde et rieuse, je me mis à penser à Mignon et Philine dans *Wilhelm Meister*, et voilà un rêve germanique qui me revient entre la perspective des bois et l'antique profil de Senlis.[19]

Wesentlicher aber ist, daß Nerval in dem Mignon-Gedicht selbst eine neue Möglichkeit dichterischer Artikulation entdeckt und diese bewußt zur Grundlage einer neuen Poetik macht. So wird dieses Gedicht gleichsam zu einem poetologischen Paradigma, zur ins Werk gesetzten Poetik einer neuen Dichtung. Die intertextuelle Relation zwischen Nervals *Delfica* und Goethes Mignon-Gedicht ist nicht nur eine thematische Verknüpfung, sondern die Stiftung eines poetologischen Zusammenhangs. Erst indem Nerval das Gedicht isoliert und so einem Experiment Goethes das Gewicht einer poetologischen Reflexion gibt, kann er seine eigene Poetik finden. Es zeigt sich hier einer jener fruchtbaren hermeneutischen Zirkel der poetischen Produktion, die die Perspektive des auf intertextuelle Zusammenhänge achtenden Lesers wie des Literarhistorikers schärfen können. Indem wir Goethes Gedicht gleichsam mit den Augen Nervals lesen,

---

cond Faust – Choix de ballades et de poésies, traduit par Gérard, Paris 1840, S. 434 f.), hat sich bewußt den poetischen Effekt des bestimmten Artikels zu eigen gemacht, den Toussenels einebnende Übersetzung durch den unbestimmten Artikel ersetzt hatte. Vgl. besonders die dritte Strophe:

> "Connais-tu la montagne? Un sentier dans la nuit,
> Un mulet qui chemine, un orage, un torrent
> De la cime des monts une roche abattue,
> Et la sombre caverne où dort le vieux serpent:
> La connais-tu? Si tu pouvais m'entendre,
> O mon père! C'est là, c'est là qu'il faut nous rendre."

[19] *Promenades et souvenirs*, Kap. 8 – *Œuvres* Bd 1, S. 169.

wird nicht einfach der frühere Autor durch den späteren modernisiert, wir erkennen jene Potentialität einer neuen Poetik, die ohne den Blick des lesenden Dichters und seine ausdifferenzierende und akzentuierende produktive Rezeption kaum wahrnehmbar geworden wäre.

Daß Nerval freilich Goethes Mignon-Gedicht in solcher Weise zum Paradigma einer neuen Poetik machen konnte, daß er die Möglichkeiten dieses riskanten Versuchs, in dem Goethe gleichsam ein neues dichterisches Konzept ausspekuliert, erkennen konnte, ist an Voraussetzungen gebunden, die erneut zu Goethe zurückführen.

Goethes Experimente mit der poetischen Diskontinuität und mit dem, was man Phänomenologie der Erinnerung nennen könnte, haben ihren späten Höhepunkt in den poetischen Spekulationen des *Faust. Zweiter Teil.* Im Zeitalter des sich herausbildenden modernen Epochenbewußtseins und der sich herauskristallisierenden Epochenvorstellungen und -begriffe bedenkt Goethe die Natur der Geschichtlichkeit und des kulturellen Gedächtnisses, das die Gegenwart noch immer mit den fernen antiken Ursprüngen verbindet. Sein Werk ist eine ironisch-ernsthafte Aufhebung der geschichtlichen Kontinuität im Kulturgedächtnis selbst und ihre Überführung in eine Art phantastischer Kopräsenz der Zeiten und ihrer Anschauungs- und Gestaltungskreise. Faust dringt ins Vergangene und läßt es neue Gegenwart werden. Die poetisch-spekulative Aufhebung der geschichtlichen Zeit ist anders als in Hugos *La Pente de la rêverie* inszeniert als Diskontinuität und ironisch-phantastische Kontinuität in der Diskontinuität. Diesem höchst problematischen Zusammenhang gibt Goethe die Form der Phantasmagorie. Das erste Stück des *Faust. Zweiter Teil*, das Goethe im vierten Band der "Ausgabe letzter Hand" (1827) noch selbst veröffentlichte, trägt den Titel "Helena. Klassisch-romantische Phantasmagorie". Was dies bedeutet, scheint den modernen Kommentatoren des zweiten *Faust* unbekannt. Mit dem Wort "Fantasmagorie", so konturenlos es für den gegenwärtigen Leser klingen mag, der damit vor allem seine Verwendung bei W. Benjamin assoziiert, verbindet sich eine konkrete Vorstellung, von der man als sicher annehmen darf, daß sie Goethe noch bekannt war. Das Wort ist, trotz seiner griechischen Bestandteile, französischen Ursprungs. Es wurde geprägt von dem Physiker und Experimentator E.-G. Robertson, der damit eine Entdeckung bezeichnete, die er am Ausgang des 18. Jahrhunderts in Paris kommerziell ausbeutete. Robertson, aus Lüttich stammend, Inhaber eines Weltrekords im Ballonhöhenflug und späterer Direktor des Pariser Vergnügungsparks Tivoli, erfand, in Weiterentwicklung einer Erfindung von A. Kircher, ein System beweglicher Spiegel und Linsen, das es erlaubte, Schatten so auf eine Bühne zu werfen, daß der Eindruck bewegter Gestalten entstand. Diese technische Vorrichtung, das "fantascope", eine frühe Vorform des Kinematographen, wurde mit außerordentlichem Publikumserfolg in den "Soirées fantasmagoriques" kurz vor der Jahrhundertwende in Paris vorgeführt, zuerst so, daß das Publikum der Illusion der Geisterbeschwörung ausgesetzt wurde, später, nach Aufdeckung des Verfahrens, um dem Publikum den Genuß des technischen Illusionseffekts zu gewähren und es im Niemandsland zwischen technischer Rationalität und okkultistischer Illusion einen angenehmen Schauer empfinden zu lassen[20]. Fausts Begegnung mit der wiedererstandenen Helena ist gleichsam eine auf die Bühne gebrachte Phantasmagorie, in der Schein, Ironie und tiefere Bedeutung sich in beweglichen Verhältnissen dargestellter Diskontinuität und phantastischer Kontinuität berühren sollten. So wird der technische Effekt für Goethe zur Metapher eines experimentierenden Spiels mit Kontinuität und Diskontinuität des kulturellen Bewußtseins.

Nerval, der 1830 schon eine Übersetzung des ersten *Faust* veröffentlicht hatte, hat nicht nur als erster den zweiten Teil des *Faust* in seinen Hauptstücken übersetzt, er hat dieser 1840 erschienenen Übersetzung eine Einleitung vorangestellt, die für die Deutungs- und Wirkungsgeschichte des *Faust* im 19. Jahrhundert ein höchst bedeutender – längst nicht genügend geschätzter – Beitrag ist. Zugleich aber läßt diese Betrachtung die früheste Grundlage von Nervals eigenen poetologischen Reflexionen erkennen, die auch seine produktive Rezeption des Mignon-Gedichts vorbereitete. Nerval steht Goethes großem und im Kontext der Literatur seiner Zeit rätselhaftem Alterswerk in kritischer Distanz und in nur zögernd artikulierter Faszination gegenüber. Er scheint sich zum Sprachrohr des "lecteur

[20] Vgl. Verf., "Imaginäre Räume – Eisenarchitektur in der Literatur des 19. Jahrhunderts", in Hgg. H. Pfeiffer/H. R. Jauß/F. Gaillard, *Art social und art industriel – Funktionen der Kunst im Zeitalter des Industrialismus*, München 1987, S. 282, Anm. 3.

français" zu machen, wenn er als den "défaut capital" des Werks seine "pensée (...) souvent abstraite et voilée comme à dessein"[21] hervorhebt, die den Leser oft ratlos lasse. Ja es scheint ihm, als seien die Mängel des Aufbaus, die den zweiten vom ersten Teil des *Faust* so deutlich unterscheiden, Anzeichen der nachlassenden Gestaltungskraft des alternden Dichters:

> Ce complément posthume, publié seulement dans les œuvres complètes de l'auteur, ne se rattache pas directement au développement clair et précis de la première donnée, et, quelles que soient souvent la poésie et la grandeur des idées de détail, elles ne forment plus cet ensemble harmonieux et correct qui a fait de *Faust* une œuvre immortelle. On trouvera néanmoins dans certaines parties du plan un beau reflet encore de ce puissant génie dont la faculté créatrice s'était éteinte depuis bien des années, quand il essaya de lutter avec lui-même en publiant son dernier ouvrage. (S. 10)

Die metaphysische Kühnheit des Entwurfs scheint Nerval zu erschrecken und anzuziehen.

> En effet, on peut dire qu'il a fait sortir la poésie de son domaine, en la précipitant dans la métaphysique la plus aventureuse. L'art a toujours besoin d'une forme absolue et précise, au delà de laquelle tout est trouble et confusion. (Ebd.)

Indem Goethe die Zeiten des kulturellen Gedächtnisses sich begegnen läßt, die Kontinuität der Zeiten außer Kraft setzt, sucht er das Unmögliche:

> Pour une telle œuvre, si vaste, si puissante, si *impossible*, – ce mot, qui n'est plus français, est peut-être encore resté allemand, – nous l'avons dit, il eût fallu que l'auteur n'eût pas attendu ses dernières années. (S. 9)

Auch hier mischt sich die Skepsis mit der Faszination. "Den lieb ich, der Unmögliches begehrt." Das "*impossible*", dem Nerval durch Kursivierung seinen Nachdruck gibt, ist unterschwellig ein Verweis auf diesen mephistophelischen, die Kühnheit Fausts feiernden Satz

---

[21] Préface de la troisième édition (1840), zit. Ausg.: W. Goethe, *Faust et le Second Faust, suivi d'un choix de poésies allemandes,* Paris ^{2}1879 (^{1}1877), hier: S. 21.

der Seherin Manto (V. 7488). Goethes Spekulation über die Präsenz des Vergangenen trifft in Nerval einen Leser, bei dem der Gedanke des "synchronisme divin" eigenen Hoffnungen entspricht:

> Il serait consolant de penser, en effet, que rien ne meurt de ce qui a frappé l'intelligence, et que l'éternité conserve dans son sein une sorte d'histoire universelle, visible par les yeux de l'âme, synchronisme divin, qui nous ferait participer un jour à la science de Celui qui voit d'un seul coup d'œil tout l'avenir et tout le passé. (S. 11)

Schon in dieser frühen Auseinandersetzung mit Goethes "œuvre impossible" tritt die rätselvolle Natur der Erinnerung in den Blick und mit ihr die Möglichkeit einer Poetik der Erinnerung, die einer Metaphysik der Erinnerung entspringt.

> Est-ce le souvenir qui se refait *présent* ici? ou les mêmes faits qui se sont passés se reproduisent-ils une seconde fois dans les mêmes détails? C'est une de ces hallucinations effrayantes du rêve et même de certains instants de la vie (...) (S. 17)

Die Frage nach der Gegenwart werdenden Erinnerung ist ein Schlüssel sowohl für das Mignon-Gedicht wie für Nervals Gedicht *Delfica*, das im Bann dieser Frage steht. Wenn aber die Vergangenheit Gegenwart wird, dann muß die Kontinuität der Zeit in sich überlagernde Diskontinuitäten zerbrechen. So findet Nerval für Goethes Drama der Erinnerung das Bild der Uhr, deren gestörter Mechanismus die Kontinuität der Zeit in diskontinuierliche Zeitbewegungen verwandelt:

> Le cercle d'un siècle vient donc de recommencer, l'action se fixe et se précise; mais, à partir du débarquement d'Hélène, elle va franchir les temps avec la rapidité du rêve. Il semble, pour nous servir d'une comparaison triviale, mais qui exprime parfaitement cette bizarre évolution, que l'horloge éternelle, retardée par un doigt invisible, et fixée de nouveau à un certain jour passé depuis longtemps, va se détraquer, comme un mouvement dont la chaîne est brisée, et marquer ensuite peut-être un siècle pour chaque heure. (S. 18)

In dem an A. Dumas gerichteten Vorwort der *Filles du feu* (1854), Nervals letztem noch zu seinen Lebzeiten erschienenem Buch, das eine Reihe zumeist schon früher veröffentlichter Arbeiten zusammenfaßt, an deren Ende der Sonettzyklus *Les Chimères* steht, greift

Nerval auf Gedanken zurück, die sich zuerst in der Einleitung zu seiner *Faust*-Übersetzung von 1840 finden. Seinem Gönner Dumas gegenüber gibt Nerval sich als eleganter Plauderer und Literat und läßt doch erkennen, daß er im Verborgenen ehrgeizigere Pläne verfolgt als die, ein geistreicher Feuilletonist oder erfolgreicher Verfasser von Feuilletonromanen zu sein. Wenig zuvor hatte Dumas in seiner Feuilletonzeitung *Le Mousquetaire*, die vor allem dazu diente, das Organ seiner Romanmanufaktur zu sein, Nervals Gedicht *El Desdichado* abgedruckt und den Dichter in einem freundschaftlichen Portrait vorgestellt, dabei aber auch Bemerkungen über Nervals Aufenthalt in der psychiatrischen Klinik des Docteur Blanche gemacht, die man als diskreten Hinweis auf die Extravaganz von Nervals Gedicht auffassen konnte[22]. Die Imagination, "cette folle du logis", bemächtige sich immer wieder des charmanten und träumerischen Geistes und werfe ihn dann "dans les théories impossibles, dans les livres infaisables"[23]. Nerval mußte dies daran erinnern, daß er selbst einmal Goethe den Vorwurf gemacht hatte, mit dem *Faust. Zweiter Teil* eine "œuvre impossible" zu verfolgen. Die an Dumas gerichtete Vorrede, die vor allem eine Antwort auf das im *Mousquetaire* erschienene Portrait ist, nimmt die Bemerkung von Dumas auf und benutzt sie als Vorwand, mit dem Abdruck des Romanfragments *L'Illustre Brisacier* auf unterhaltsame Weise die Richtigkeit von Dumas' Behauptung unter Beweis zu stellen und sie doch zu untergraben. Wenn dies Romanfragment in der Fortsetzung des *Roman comique* von Scarron den Stilisten und romantischen Feuilletonisten Nerval illustriert, der er in den Augen von Dumas war, so gibt Nerval doch zugleich zu erkennen, daß er noch andere Interessen verfolgte als die, einen korrekt gebauten Feuilletonroman zu schreiben.

> Du moment que j'avais cru saisir la série de toutes mes existences antérieures, il ne m'en coûtait pas plus d'avoir été prince, roi, mage, génie et même Dieu, la chaîne était brisée et marquait les heures pour des minutes. Ce serait le Songe de Scipion, la Vision du Tasse ou *la Divine Comédie* du Dante, si j'étais parvenu à concentrer mes souvenirs en un chef-d'œuvre. (Bd 1, S. 175)

---

22 *Le Mousquetaire* vom 10. Dezember 1853.

23 Zitiert in "A Alexandre Dumas" – *Œuvres* Bd 1, S. 173.

Nerval nimmt hier das Bild der zerbrochenen Kette wieder auf, mit dem er die faszinierende Vision des *Faust. Zweiter Teil* beschrieben hatte. Es dient jetzt dazu, seine eigene poetische Erfahrung ebenso anzudeuten wie die Reichweite jener eigentlichen "œuvre impossible", die ihm vor Augen steht. So ist das vorgelegte Fragment des *Illustre Brisacier* Zeugnis der Resignation in einem tieferen Sinne, als es die Worte auszusprechen scheinen:

> Renonçant désormais à la renommée d'inspiré, d'illuminé ou de prophète, je n'ai à vous offrir que ce que vous appelez si justement des théories impossibles, un *livre infaisable* (...) (Ebd.)

Die auf dies unvollendete Bruchstück folgende Schlußbemerkung deutet aber an, daß er den Traum eines chef-d'œuvre noch immer nicht aufgegeben hat. Die literarische Darstellung seiner Erfahrung der Umnachtung, seiner "descente aux enfers"[24], die ihm mit seinem spätesten Werk, der Erzählung *Aurélia* gelang, ist eine späte Einlösung dieser Hoffnung, von der an dieser Stelle nur undeutlich die Rede ist. Erneut steht die eigene "descente aux enfers" vor dem Hintergrund jener "descente d'Orphée", als die Nerval Fausts Gang zu den Müttern gedeutet hatte[25].

Das letzte aber, wovon Nerval spricht, sind die Sonette der *Chimères*. Daß hier ein Zentrum von Nervals Recherchen und einsamen dichterischen Bemühungen liegt, ist kaum ausgesprochen. Wie hätte Nerval seine poetischen Entdeckungen auch Dumas erklären können, der im *Mousquetaire* das schönste und kühnste aller Nervalschen Gedichte, *El Desdichado*, mit dem Hinweis begleitet hatte, Nerval habe das rätselvolle Gedicht in der Redaktion des *Mousque-*

---

24 *Aurélia*, Schlußbemerkung – *Œuvres* Bd 1, S. 418.

25 *Faust*, Préface de la troisième édition, S. 17: "Ce sera là presque la descente d'Orphée; car il faut remarquer que Goethe n'admet guère d'idée qui n'ait pas une base dans la poésie classique, si neuves que soient, d'ailleurs, sa forme et sa pensée de détail." Vor dem Hintergrund dieser literarischen Erfahrung, die zugleich zur Chiffre für die eigene Erfahrung der Umnachtung wird, steht auch der letzte Vers des Gedichts *El Desdichado* aus den *Chimères*:

> "Et j'ai deux fois vainqueur traversé l'Achéron:
> Modulant tour à tour sur la lyre d'Orphée
> Les soupirs de la Sainte et les cris de la Fée."

taire, Dumas erwartend, eben auf ein Blatt hingekritzelt und es als Visitenkarte zurückgelassen.

> – la dernière folie qui me restera probablement, ce sera de me croire poète: c'est à la critique de m'en guérir. (Bd 1, S. 183)

Mit diesen Worten endet das Vorwort an Dumas. Mit ihnen verabschiedet sich zugleich ein Dichter, der in den wenigen Gedichten der *Chimères* eine neue Poetik gefunden hat, die weit vorausweist. Nerval hat erst eigentlich die poetischen Möglichkeiten der dichterischen Diskontinuität erschlossen, indem er die Diskontinuität zum Ort der poetischen Überlagerungen und damit der unabsehbaren Pluralität simultaner Kontexte machte.

Auch bei Baudelaire rückt die Erfahrung der Diskontinuität ins Zentrum seiner poetischen Versuche, der Modernität eine Sprache zu finden. Er begreift mit de Quincey das Gedächtnis als ein Palimpsest[26], und das heißt, als einen Ort der prinzipiellen Diskontinuitäten, zwischen denen gerade deshalb neue und unvordenkliche Kontinuitäten möglich werden. Andererseits ist für ihn die Erfahrung des Plötzlichen als einem unerwarteten und chochaften Abreißen der Kontinuität ein wesentliches Erfahrungsmoment, das immer wieder zu einem Zentrum seiner Dichtung wird[27]. Die Großstadt ist par excellence der Ort, der der "mémoire fertile" (*Le Cygne*, V. 5) in der Herstellung immer neuer Diskontinuitäten und rätselvoller Kontinuitäten in der Diskontinuität korrespondiert. Und schließlich zerfallen im Zustand des Spleen die Lebenskontinuitäten in Diskontinuitäten des reinen Jetzt[28].

---

[26] Vgl. Th. de Quincey, *Suspiria de profundis, Being a Sequel of the Confessions of an English Opium-Eater and Other Miscellaneous Writings* (= Works, Bd 16), Edinburgh 1871, S. 10–22: "The Palimpsest of the Human Brain", und Baudelaire, *Les Paradis artificiels*: "Un mangeur d'opium", Kap. 8: "Visions d'Oxford", Abschnitt "Le Palimpseste" – *Œuvres complètes* Bd 1, S. 505–507. Zur Einheit der Erinnerung in der Vielfalt des Erinnerten vgl. S. 506: "Tous les échos de la mémoire, si on pouvait les réveiller simultanément, formeraient un concert agréable ou douloureux, mais logique et sans dissonances."

[27] Vgl. K. Maurer, "Lyrik in Raum und Zeit – Unterbrochene Gedichte vom Sturm und Drang bis zur europäischen Spätromantik", u. S. 459–508; hier S. 471–489.

[28] Vgl. W. Benjamin, "Über einige Motive bei Baudelaire", in *Gesammelte Schriften*, hg. R. Tiedemann und H. Schweppenhäuser, Frankfurt a. M. 1972

Es ist hier nicht mehr der Raum, die Diskontinuität als ein zentrales Prinzip der Lyrik der Moderne und von dieser ausgehend als ein zentrales Prinzip der Ästhetik der Moderne darzustellen. Wenige Hinweise müssen genügen. Die Diskontinuität wird ein wesentliches Moment in der diktatorischen Phantasie Rimbauds, und mit besonderer Virtuosität wird sie von jenem Dichter zum Mittel der poetischen Artikulation gemacht, der, Baudelaire und Rimbaud fortführend, der dichterischen Moderne zu Beginn unseres Jahrhunderts eine Stimme gab: Apollinaire[29]. Der Zusammenhang von Poetik der Erinnerung und Poetik der Diskontinuität wird erneut fruchtbar im Roman der Erinnerung bei Proust und C. Simon, die die Diskontinuität zu einem wesentlichen Bauprinzip der Narration machen. In anderer Weise macht die kubistische Malerei sich das Prinzip der Diskontinuität in der Artikulation ihrer kategorialen Schnitte zu eigen, und auch der Surrealismus in Literatur und Malerei steht im Zeichen der Diskontinuität[30]. Aber auch in der Musik wird die Diskontinuität zum Ansatzpunkt einer neuen Ästhetik. Ja auch die Philosophie scheint neuerdings, auf dem Boden der Ästhetik der Moderne, die Erfahrung der Diskontinuität zu einem Zentrum der Reflexion zu machen. Die "insistance sur les discontinuités", die die écriture von Foucaults *Archéologie du savoir* markiert[31], und Der-

---

ff., Bd 1, 2, S. 607–653, hier: S. 642: "Im spleen ist die Zeit verdinglicht; die Minuten decken den Menschen wie Flocken zu. Diese Zeit ist geschichtslos, wie die der mémoire involontaire. Aber im spleen ist die Zeitwahrnehmung übernatürlich geschärft; jede Sekunde findet das Bewußtsein auf dem Plan, um ihren Chock abzufangen."

[29] Vgl. Verf., "Babel und Pfingsten – Zur immanenten Poetik von Apollinaires *Alcools*", in Hgg. R. Warning/W. Wehle, *Lyrik und Malerei der Avantgarde* (Romanistisches Kolloquium. 2 = UTB. 1194), München 1982, S. 61–112.

[30] Vgl. etwa Aragons surrealistische Programmschrift *Traité du style* (1928; Nachdruck: Paris 1980), wo aus der Diskontinuität der Diskurse die Kontinuität des surrealistischen Diskurses als "la synthèse inattendue de divers aspects du monde moral" (S. 198) hervorgeht. Auch Bretons Konzept der écriture automatique beruht wesentlich auf der Hervorbringung von Diskontinuitäten, aus denen die Ahnung verborgener Kontinuitäten hervorgehen soll.

[31] M. Foucault, *L'Archéologie du savoir* (1969), Paris 1972, S. 221; s. auch S. 16: "La discontinuité prend une place majeure dans les disciplines historiques." Foucault, der eng mit der Gruppe "Tel Quel" verbunden war, steht mit seiner Epistemologie in vielfältigen Zusammenhängen mit dem Surrealismus und dessen Programm der Befreiung der Diskurse. Zu seinem epistemologischen Diskon-

ridas Philosophie der Diskontinuität sind vielleicht nur eine letzte Konsequenz jener Erfahrung, die mehr und mehr die Kunst der Moderne bestimmt. Ob freilich die im Zeichen der Diskontinuität wie im Zeichen der Modernität stehende Ästhetik und die ihr entspringende philosophische Reflexion nicht selbst, an der Schwelle eines 'postmodernen' Zeitalters, im Begriff stehen, historisch zu werden, ist eine andere Frage.

---

tinuitätstheorem vgl. M. Frank, "Ein Grundelement der historischen Analyse: die Diskontinuität – Die Epochenwende von 1775 in Foucaults 'Archäologie' ", in *Epochenschwelle und Epochenbewußtsein* S. 97–130. Auch die innere Temporalität von Derridas Begriff der Dekonstruktion ist durch die Vorstellung des Bruchs, der "rupture", markiert.

Karl Maurer

Lyrik in Raum und Zeit
Unterbrochene Gedichte vom Sturm und Drang bis zur europäischen Spätromantik

I

Die letzten Worte am Kreuz nehmen unter allen in den Evangelien festgehaltenen Aussagen Christi eine Sonderstellung ein. Nicht länger der Befragung durch die Unverständigen ausgesetzt, aus einer Distanz gesagt, die nur noch letzte Weisungen des schon fast Entrückten, elementare Bekundungen kreatürlicher Befindlichkeit und die vernehmliche Hinwendung zu Gott in articulo mortis erlaubt, stehen diese wenigen, kurzen Aussprüche ganz für sich. Sie haben sich als eine fortdauernde Herausforderung sui generis an die theologische Exegese erwiesen: Schon Augustinus hat Schwierigkeiten, die auf die vier Evangelien verteilten Worte zu einem in sich stimmigen Verlaufsbericht zu reihen[1]; Spätere haben "die zutiefst verschiedene(n) Bilder des Gekreuzigten"(G. Bornkamm), wie sie die letzten Äußerungen bei Markus/Matthäus, Lukas und Johannes jeweils zeichnen, gerade in ihrer Widersprüchlichkeit als entscheidende Hilfe bei der Annäherung an "das Geheimnis der Person, der Sendung und des Todes Jesu" angesehen[2]. Und so unvermittelt, wie

---

[1] *De consensu Evangelistarum* III, 18, 55. Augustinus trifft am Ende die nachgerade unwirsche Feststellung, es komme schließlich nicht so sehr darauf an, die einzelnen Äußerungen in eine überzeugende Reihenfolge zu bringen, als die – durch das jeweilige Schweigen eines Teils der Überlieferung scheinbar in Frage gestellte – Widerspruchsfreiheit der Evangelien zu betonen: "Sed quovis ordine quilibet arbitretur dici potuisse, hoc magnopere cavendum est, ne cui videatur quisquam Evangelistarum alteri repugnare, si vel tacuit quod alius dixit, vel dixit quod alius tacuit." (*Patrologia Latina*, Bd 34, Sp. 1041–1230, hier: Sp. 1192)

[2] G. Bornkamm, *Jesus von Nazareth* (Urban Bücher. 19), Stuttgart [7]1965 ([1]1956), S. 154. Bornkamm warnt geradezu davor, diese Bilder "als Fragmente eines historischen Berichtes verstehen" und sie "zu einem Ganzen zusammenstücken" zu wollen.

diese sieben Texthöhepunkte nebeneinander und weit auseinander stehen, haben sie auch immer wieder zur liturgischen und musikalischen Gestaltung provoziert, von dem Bonaventura zugeschriebenen Hymnus "Jesu, salutis hostia..."[3] bis zu Haydns Oratorium *Die sieben letzten Worte unseres Erlösers am Kreuze* (1795–1796; gedruckt 1801[4]).

Doch auch die Geschichte der Fehldeutungen beginnt nach dem Zeugnis der Evangelien noch auf Golgatha, im Augenblick des Geschehens selbst. Dies gilt vor allem für Christi lauten "Aufschrei" (*Matthäus* 27, V. 46: ἀνεβόησεν [...] φωνῇ μεγάλῃ) in seiner Todesstunde, der sogar im ursprünglichen aramäischen Wortlaut überliefert ist (*Markus* 15, V. 34):

ελωι ελωι λεμα σαβαχθανι;

oder in der hebräischen Fassung (*Matthäus* 27, V. 46):

ηλι ηλι λεμα σαβαχθανι;

"Mein Gott, mein Gott, warum hast du mich verlassen?"[5]

Es ist ein Wort aus dem Alten Testament, der Anfang des 22. Psalms. "Einige, von denen, die dabeistanden"(*Matthäus* 27, V. 47 ≈ *Markus* 15, V. 35: τινές ... τῶν ἐκεῖ ἑστηκότων), hätten geglaubt – so heißt es weiter –, der Gekreuzigte rufe den Propheten

---

[3] In Hg. G. M. Dreves, *Hymnographi latini – Lateinische Hymnendichter des Mittelalters*, 2 Bde (Analecta hymnica medii aevi. 48. 50), Leipzig 1905–1907, Bd 2, S. 577–582, Nr. 384. Zur Frage der Autorschaft vgl. A. Wilmart, O.S.B., "Le Grand Poème bonaventurien sur les sept paroles du Christ en croix", in *Revue bénédictine* 47 (1935) S. 235–278, der auch einen Überblick über die zunehmende Bedeutung der sieben letzten Worte Christi in der Frömmigkeitsgeschichte des Mittelalters bis zu Thomas a Kempis bietet.

[4] Hoboken-Verzeichnis XX/2. Vorangegangen war eine Instrumentalfassung als Zwischenmusik für eine Karfreitagsandacht in spanischem Auftrag (1785).

[5] Deutsche Übersetzung des Alten und des Neuen Testaments, soweit nicht anders angegeben, nach der Zürcher Bibel (*Die Heilige Schrift des Alten und des Neuen Testaments*, Zürich [17]1980 [[1]1942]). Bei eigenen Wiedergaben des griechischen Texts ist das Original mitzitiert.

Elia, damit der ihm helfe[6]. Aber auch die berufenen Ausleger der Passionsgeschichte haben bis zum heutigen Tag ihre Schwierigkeiten mit diesem nicht erwarteten, ganz für sich stehenden Zeugnis tiefster Seelennot: Christus an der Schwelle des Todes von Gott verlassen[7]?

Die häufig gestellte Frage ignoriert den Umstand, daß der hinausgeschriene Psalmvers ein Textanfang ist, der nach alter Zitiergewohnheit den ganzen Text aufruft[8]. Christus 'meint' den ganzen Psalm, nicht den einzelnen Vers. Er beginnt, nach einer jüdischen liturgischen Gepflogenheit[9], mit einem lauten Schrei, den Psalm zu beten[10]. Die Zitierung des Incipit von Psalm 22 hat einen ganz an-

---

[6] Die Wahl der hebräischen Fassung in dem jüngeren Matthäus-Evangelium wird von den meisten Kommentaren als Versuch bewertet, die von den *beiden* Evangelien berichtete Mißdeutung durch die Umstehenden zu plausibilisieren; so R. Pesch, *Das Markusevangelium*, 2 Bde (Herders theologischer Kommentar zum Neuen Testament. 2), Freiburg/Basel/Wien, Bd 1: [4]1984, Bd 2: [3]1984, Bd 2, S. 495: "(...) die mt Version versucht, die Verwechslung nachträglich als Verwechslung verständlicher zu machen (...)"

[7] So spricht der Kommentar von J. Schniewind von einem "fremdartige(n) und anstößige(n) Wort" Jesu (*Das Evangelium nach Matthäus*, übers. und erkl. von J. Sch. = Hgg. P. Althaus/G. Friedrich, *Das Neue Testament Deutsch = Neues Göttinger Bibelwerk*, Bd 2, Göttingen [11]1964 [[1]1936], S. 269).

[8] Diesen Sachverhalt umschreibt schon F. Delitzsch in seinem Kommentar zu Psalm 22: "Das drittletzte der 7 Worte des Sterbenden (...) ist das erste Wort unseres Ps(alms) *und die Aneignung des ganzen.*" *(Biblischer Commentar über die Psalmen* = Hgg. C. F. Keil/F. D., *Biblischer Commentar über das Alte Testament*, 4. Teil, Bd 1, Leipzig [4]1883, S. 224; Hervorhebung von mir, K.M.)

[9] Das Alte und das Neue Testament bezeugen vielfältig den "laute(n) Schrei (...) in der Einführung eines Gebets" im Sinne eines "verstärkte(n) Gebetsausdruck(s)"; vgl. J. Gnilka, *Das Evangelium nach Markus*, 2 Teilbde (Evangelisch-Katholischer Kommentar zum Neuen Testament. 2), Zürich/Einsiedeln/Köln und Neukirchen-Vluyn 1978–1979, Teilbd 2, S. 322 mit Anm. 80.

[10] Vgl. in diesem Sinne Pesch, *Das Markusevangelium* Bd 2, S. 494: "(...) unterstellt ist wohl, daß Jesus (mit dem "'Incipit' des Psalms" [ebd.], K. M.) den ganzen Psalm zu beten beginnt." Ebendies bezweifelt namentlich A. Sand ("[...] daß Jesu den ganzen Psalm gebetet habe, ist reine Vermutung." – *Das Evangelium nach Matthäus* [Regensburger Neues Testament], Regensburg 1986, S. 564); aber er geht, im Gegensatz etwa zu Pesch, für den "der Gebetsruf Jesu (...) als sein authentisches Wort erwiesen" ist (*Das Markusevangelium* Bd 2, S. 501), überhaupt davon aus, daß der Psalmvers Interpretament des "in der ältesten Trad(ition) ohne nähere Interpretation überlieferte(n) Todesschrei(s)" ist (*Das Evangelium nach Matthäus* S. 564; ähnlich schon u. a. E. Schweizer, *Das*

dern Stellenwert als die konkreten Rückbezüge auf einzelne Passagen eben dieses Psalms, die an verschiedenen Stellen des Evangelienberichts im Sinne der beglaubigenden Einlösung einer Messiasprophetie durchschimmern[11] – im Johannesevangelium ist sogar zweimal ausdrücklich von der "Erfüllung" der "Schrift" die Rede (Kap. 19, V. 24: ἵνα ἡ γραφὴ πληρωθῇ; ähnlich V. 28). Denn es handelt sich da jedesmal um das buchstäbliche Wahrwerden vermeintlicher Ereignis-Voraussagen des Psalms 22, etwa des Verses 19, der bei Johannes im Wortlaut zitiert wird (V. 24):

Sie haben meine Kleider unter sich verteilt
und über mein Gewand das Los geworfen.

Damit aber, daß der Gekreuzigte wenig vor seinem Tode den Anfangsvers des Psalms 22 aufnimmt, 'erfüllt' sich nichts, es sei denn, man liest den Text – unhistorisch – so, wie ihn die Kirchenväter gelesen haben, als einen Psalm *Christi*[12], der lange vor der Zeit seine Passion und Erhöhung voraussieht und, als wäre seine Stunde schon da ("quasi iam uicina passione permotus" [Cassiodorus[13]]), in jene Klage ausbricht: Der Eingangsvers im Munde des Gekreuzigten wäre dann nicht nur, wie Augustinus betont, die letzte Bestätigung dafür, daß der Psalm von vornherein "ex persona crucifixi" gedichtet sei[14], sondern auch die krönende Beglaubigung aller jener von den Evangelien herausgearbeiteten Rückbezüge.

Evangelium nach Markus [= *Das Neue Testament Deutsch* = *Neues Göttinger Bibelwerk*, Teilbd 1], Göttingen [6]1983 [[1]1967], S. 193).

[11] Vgl. die Aufstellung bei H. J. Kraus in seinem Kommentar: *Psalmen*, 2 Teilbde = Hgg. S. Herrmann/H. W. Wolff, *Biblischer Kommentar: Altes Testament*, Bd 15, 1–2, Neukirchen-Vluyn [5]1978 ([1]1961), 1. Teilbd, S. 332.

[12] So noch Cassiodorus, Expositio in psalmum XXI, zu V. 1, Divisio psalmi: "Per totum quidem psalmum loquitur Dominus Christus (...)" (*Expositio psalmorum*, 2 Bde [Corpus Christianorum. Series latina. 97. 98], Turnholti 1958, Bd 1, S. 189) Vgl. auch Augustinus, Enarratio I in psalmum XXI, zu V. 1: "(...) ipse Dominus Iesus Christus loquitur." (*Enarrationes in psalmos*, 3 Bde [Corpus Christianorum. Series latina. 38–40], Turnholti 1956, Bd 1, S. 117)

[13] Expositio in psalmum XXI, zu V. 2, S. 189.

[14] Enarratio I in psalmum XXI, zu V. 1, S. 117: "Dicuntur autem ista ex persona crucifixi. Nam de capite psalmi huius sunt uerba quae ipse clamauit cum in cruce penderet (...)"

Der Gebetsruf auf Golgatha ist kein *Zitat*, er ist nicht vergleichbar mit den vielen Stellen, wo Christus sich auf bestimmte Schriftworte beruft, um seine Lehre zu verteidigen und seine Sendung zu legitimieren, oder auch schon einmal, um seinen Ermahnungen und Endzeitprophetien durch drastische, gnomenartige Sätze aus den Lehrbüchern des Alten Testaments Nachdruck zu verleihen[15]. Es ist schlechterdings nicht vorstellbar, daß der Preisgegebene am Kreuz einfach die ihm wohlvertrauten Psalmworte, aus ihrem Kontext gelöst, benutzt hätte, um seine Not hinauszuschreien. Er konnte sie sich nur im Gebet aneignen, so wie jeder Jude unabhängig von der Situation im Einzelnen in den vorgegebenen historischen Wortlaut der Psalmen als Betender eintreten kann, um ihn mit seinen Ängsten und Hoffnungen oder seiner Dankbarkeit zu besetzen[16]. Der biblische Text – in diesem Falle aus zwingenden inneren Gründen: der *ganze* Psalm 22[17] – wird damit zu einem vielfach beziehbaren Gebetsformular[18]. Eine entsprechende, vermutlich schon längst

---

[15] Etwa *Matthäus* 24, V. 28 (≈ *Lukas* 17, V. 37) mit dem freien Hiobzitat (Kap. 39, V. 30): "Wo das Aas ist, da sammeln sich die Adler."

[16] Diese Natur des liturgisch aktualisierten Psalmwortes betont schon Theodoros von Mopsoeste in seiner Kritik der christologischen Deutung des Psalms 22: "Neque enim quasi prius per profetiam dicto et tunc rebus inpleto, ita (Dominus) hoc usus est testimonio; sed cum passionem, flagilla, uerbera, clauos et patibulum suscipisset, consequenter *hac uoce usus est, quam conuenit omnes pios, cum aliquid huius modi patiuntur, emittere.*" (Zit. Ausg. : R. Devreesse, *Le Commentaire de Théodore de Mopsueste sur les psaumes [I-LXXX]* [Studi e testi. 93], Città del Vaticano 1939, S. 121, zu Psalm '21', V. 2 b) Er sieht freilich nur die Möglichkeit einer Aneignung von Vers *2 a*, weil Christus nicht von sich sagen könnte: "Longe a salute mea verba delictorum meorum" – wie der Vers 2 b damals im Anschluß an den Text der *Septuaginta* gelesen wurde –, d. h. er verkennt, daß jedes Gebetsformular einen breiten Spielraum hinsichtlich der im Text vorausgesetzten Umstände einerseits und der realen Situation des Beters anderseits voraussetzt.

[17] Nicht zufällig insistiert auch die formgeschichtlich orientierte Analyse der Passion nach Markus von D. Dormeyer darauf, daß Psalm 22, V. 2 a "nicht isoliert" gesehen werden darf, sondern "als Einleitung des gesamten Psalmes gesehen werden (muß)" (*Die Passion Jesu als Verhaltensmodell – Literarische und theologische Analyse der Traditions- und Redaktionsgeschichte der Markuspassion* [Neutestamentliche Abhandlungen. N. F. 11], Münster 1974, S. 212).

[18] Speziell zur Bedeutung von Psalm 22 als "Gebetsformular" in alttestamentlicher Zeit vgl. Kraus, Kommentar S. 325.

vollzogene[19] Umwandlung eines Psalmverses in ein liturgisches Formular bezeugt auch Christi wiederum "mit lauter Stimme" gesprochenes letztes Stoßgebet nach Lukas (Kap. 23, V. 46 ≈ Psalm 31, V. 6): "In deine Hände befehle ich meinen Geist!"

Der Psalm 22 ist Christi "Sterbegebet" (A. Deissler[20]). Dies läßt den eigenartigen Aufbau des Psalms einiger Aufmerksamkeit wert erscheinen. Der Text lautet in der Übersetzung von H. J. Kraus[21], dessen Auffassungen ich im wesentlichen folge, von V. 2 an:

2 Mein Gott, mein Gott, warum hast du mich verlassen,
bist ferne meinem <Schreien>,
den Worten meines Flehens?
3 Ich rufe bei Tage, und du antwortest nicht,
bei Nacht, und finde keine Ruhe.
4 Doch du thronst als Heiliger,
du Lobpreis Israels!
5 Auf dich vertrauten unsere Väter,
sie vertrauten, und du hast sie gerettet.
6 Zu dir schrien sie und wurden befreit,
auf dich vertrauten sie und wurden nicht zuschanden!
7 Aber ich bin ein Wurm
und kein Mensch,
der Leute Spott,
vom Volke verachtet.
8 Alle, die mich sehen, verhöhnen mich,
verziehen den Mund,
schütteln den Kopf.
9 <Er hat's gewälzt> auf Jahwe, der befreie ihn,
der rette ihn, denn er ist ihm ja wohlgesonnen!

---

[19] Vgl. H. L. Strack/P. Billerbeck, *Kommentar zum Neuen Testament aus Talmud und Midrasch*, 6 Bde, München, Bd 1–4: ^{4}1965, Bd 5–6: ^{2}1963, Bd 2: *Das Evangelium nach Markus, Lukas und Johannes und die Apostelgeschichte*, S. 269. Es ist das "Abendgebet des frommen Juden" (W. Grundmann, *Das Evangelium nach Lukas* = Hgg. E. Fascher u. a. , *Theologischer Handkommentar zum Neuen Testament*, Bd 3, Berlin ^{7}1974, S. 435).

[20] *Die Psalmen*, 3 Bde (Die Welt der Bibel. KK 1), Düsseldorf, Bd 1: ^{4}1971, Bd 2: ^{2}1967, Bd 3: ^{2}1969 (^{1}1963–1965), Bd 1, S. 91.

[21] Kommentar Bd 1, S. 321 f. Die traditionelle versetzte Schreibweise, die den parallelismus membrorum betont, ist von mir restituiert; auch die Leerzeile vor Vers 22 b β ist von mir eingefügt.

10 Du zogest mich aus dem Mutterleib,
bargst mich an der Mutterbrust.
11 Auf dich bin ich geworfen vom Mutterleibe an,
vom Mutterschoße her bist du mein Gott.
12 Sei mir nicht ferne,
denn nah ist die Not,
denn niemand hilft.–
13 Viele Stiere umgeben mich,
die Starken Basans umringen mich.
14 Ihren Rachen sperren sie gegen mich auf –
Löwen, reißend und brüllend.
15 Wie Wasser bin ich hingegossen,
gelöst haben sich alle meine Glieder.
Mein Herz ist wie Wachs geworden,
zerflossen in meinem Inneren.
16 <Meine Kehle> ist trocken wie eine Scherbe,
und meine Zunge klebt am Gaumen.
In Todesstaub legst du mich.
17 Denn <viele> Hunde umgeben mich,
eine Rotte von Frevlern umringt mich.
Sie <binden> mir Hände und Füße. –
18 Ich kann zählen alle meine Gebeine.
Sie schauen
und gaffen auf mich.
19 Sie teilen meine Kleider unter sich
und werfen über meinem Gewand das Los.
20 Doch du, Jahwe, bleibe mir nicht ferne;
meine Stärke, eile mir zur Hilfe!
21 Errette vor dem Schwert mein Leben,
vor den Hunden mein einziges Gut!
22 Entreiß mich dem Rachen des Löwen
und den Hörnern des Büffels.

– Du hast mich erhört! –
23 Ich will[22] künden deinen Namen meinen Brüdern,
dich preisen inmitten der Gemeinde.

---

[22] Kraus ergänzt: "<Nun> will ich ..." Die Verdeutlichung scheint mir entbehrlich.

24 Die ihr Jahwe fürchtet, preist ihn,
ehret ihn, alle Nachkommen Jakobs
– und betet vor ihm, aller Same Israels!
25 Denn er hat nicht verschmäht
noch verachtet die Not des Armen.
Nicht hat er sein Antlitz vor ihm verborgen,
als er schrie, hörte er auf ihn.
26 Dir verdank ich mein Lob in großer Gemeinde,
mein Gelübde erfüll' ich vor denen, die ihn fürchten.
27 Die Armen sollen essen und satt werden.
Jahwe sollen preisen, die ihn suchen.
Euer Herz soll aufleben für immer!
28 Daran sollen gedenken und umkehren alle Enden der Erde,
<vor ihm> niederfallen alle Geschlechter der Völker!
29 Denn Jahwe gebührt das Königtum
<er herrscht> über Völker.
30 <Nur ihm> sollen huldigen alle, die in der Erde <schlafen>,
vor ihm sich beugen alle, die hinabfuhren zum Staub,
(und dessen Seele nicht <am Leben blieb>).
31 <Mein> Same wird ihm dienen
<und wird erzählen> von dem Herrn
<kommendem> Geschlecht.
32 <Erzählen> werden sie seine Heilstat
dem nachgeborenen Volk,
denn er hat's vollbracht.

Die ersten 22 Verse, aus denen die Verbalreminiszenzen des Kreuzigungsberichts ausnahmslos stammen, bilden eine einzige hilfeheischende Klage aus tiefster Not; danach ändert sich der Tenor der Aussage abrupt. Die zweite, kürzere Hälfte von Vers 23 an ist ein großes feierliches Dankgebet, das zuletzt sogar die Toten auffordert, in den Preis Jahwes einzustimmen (V. 30). Dabei ist der Text aber eindeutig aus einem Guß – die zweite Hälfte dankt für die Hilfe in eben jener scheinbar ausweglosen Situation, aus der die Klage kam. Die Worte in Vers 25:

(...) er hat nicht verschmäht
noch verachtet die Not des Armen.

Nicht hat er sein Antlitz vor ihm verborgen,
als er schrie, hörte er auf ihn.

sind ein fast wörtlicher Widerruf der Klagen am Anfang des Psalms und eine Bestätigung der dort beschworenen Heilserfahrung der Altvorderen (V. 5 f.) aus eigenem Erleben. Anderseits spricht der Psalmist in den letzten zehn Versen aus einer ganz andern Situation und Verfassung heraus als zuvor[23]. Zwischen den beiden so unterschiedlich gestimmten Teilen des Psalms liegt offensichtlich ein Intervall, in das die Erhörung des Flehens um Gottes Hilfe fällt, die Aufhebung des Zustands der Gottverlassenheit und das Eintreten der "Rettung".

Die auffällige Struktur, die nicht nur diesem einen Psalm eigen ist[24], verweist auf einen liturgischen Hintergrund – auf das sogenannte "priesterliche Heilsorakel", das dem Betenden am Ende der Klage und Bitte um Errettung zugesprochen zu denken ist[25], an dessen Stelle aber, zumindest in späterer Zeit, offenbar auch die aus dem eigenen Innern kommende Gewißheit der Erhörung treten kann[26], wie eben der Einsatz des Psalms im Bericht vom Kreuzestod

---

[23] Eben dies spricht gegen alle Versuche, die befremdliche Zäsur dadurch zu eskamotieren, daß Vers 23–32 als bloßes "Lobgelübde" innerhalb der Klage und Bitte in Erwartung der Erhörung – mit wörtlichem Zitat des künftigen Lobes in Vers 24 f. – eingeordnet werden. (So etwa R. Kilian, "Ps 22 und das priesterliche Heilsorakel", in *Biblische Zeitschrift* N. F. 12 [1968] S. 172–185, vor allem S. 176 ff. ; auch die Zürcher Bibel scheint von dieser Auffassung auszugehen.)

[24] Zu nennen sind namentlich Psalm 31 und Psalm 69; vgl. H. Gunkel, *Die Psalmen* (Göttinger Handkommentar zum Alten Testament. 2. Abt., Bd 2), Göttingen [4]1926, S. 92 f., zu Psalm 22, V. 23 ff.

[25] Diese Erklärungsmöglichkeit hat vor allem J. Begrich durch den Aufweis entsprechender Prophetien und Rückblenden im Deuterojesaja erhärtet, die sich vielfach wie ein Komplement der Klage- und Danklitaneien der Psalmen mit vertauschter Ich- und Du-Rede lesen ("Das priesterliche Heilsorakel" [1934], wiedergedruckt in *Gesammelte Studien zum Alten Testament*, hg. W. Zimmerli [Theologische Bücherei. 21], München 1964, S. 217–231). Dagegen Kilian, "Ps 22 und das priesterliche Heilsorakel".

[26] Kilian weist beiläufig auf die "öfters zu beobachtende Tatsache" hin, "daß sich während des Betens mitunter eine Sicherheit einstellt, die nicht auf äußere Geschehnisse zurückzuführen ist" (S. 183, Anm. 37), er kommt aber nicht auf den Gedanken, eine solche innere "Peripetie" (S. 182) als festen Bestandteil der Struktur des Psalms zu unterstellen, wie dies vor ihm H. Gunkel, unter der Voraussetzung einer "Nachwirkung des fest geprägten Stiles", getan hatte (H. G./J.

Christi beweist. Für diese formgeschichtlich fundierte Auffassung macht es auch keinen Unterschied, ob man in Vers 22 b β mit dem überlieferten Text liest: "Du hast mich erhört!" (so Kraus), oder, wie fast alle Übersetzungen, mit einer der vorgeschlagenen Emendationen die ausdrückliche Feststellung der Erhörung tilgt und Klage und Dank unvermittelt aufeinander folgen läßt, also etwa in Vers 22 f. mit der Zürcher Bibel liest:

Hilf mir aus dem Rachen des Löwen,
den Hörnern der Büffel entreiße mich.
Verkünden will ich deinen Namen meinen Brüdern,
inmitten der Gemeinde will ich dich preisen:
(...)

Der abrupte Wechsel des Tons ohne das überleitende Wort läßt das plötzliche Eintreten der Heilsgewißheit sogar noch stärker empfinden.

Daß Christus am Kreuz den *ganzen* Psalm 22 gebetet habe, ist zweifellos nicht mehr als eine Vermutung, wenn auch nicht unbedingt eine "reine Vermutung" (A. Sand[27]). Der Kreuzigungsbericht gibt, anders als die Darstellung des Gebetskampfes im Garten Gethsemane (*Matthäus* 26, V. 36–46 ≈ *Markus* 14, V. 32–42 ≈ *Lukas* 22, V. 39–46), keine Auskunft über das, was in dem Sterbenden vorgeht, soweit dies nicht aus seinen vor aller Augen und Ohren geschehenen letzten Bekundungen erhellt. Für die Glaubensbotschaft von Christi Leiden und Sterben ist die Frage irrelevant, ja unzulässig, die die französischen Romantiker bis hin zu Baudelaire um so nachdrücklicher gestellt haben, welche wohl die letzten *Gedanken* und *Empfindungen* des Gekreuzigten waren[28]. Gerade der Umstand, daß der

---

Begrich, *Einleitung in die Psalmen – Die Gattungen der religiösen Lyrik Israels* [Göttinger Handkommentar zum Alten Testament. 2. Abt., Ergänzungsbd], Göttingen 1933, S. 247).

[27] Vgl. Anm. 10.

[28] Vgl. Baudelaire, *Le Reniement de Saint-Pierre,* Str. 4–7:

"Lorsque tu vis cracher sur ta divinité
La crapule du corps de garde et des cuisines,
Et lorsque tu sentis s'enfoncer les épines
Dans ton crâne où vivait l'immense Humanité;

Psalm in seinem zweiten Teil ein Dankgebet ist, das die zuvor artikulierte Gottverlassenheit aufhebt, läßt jedoch jener Vermutung einen mehr als beiläufigen Wert zukommen. Eröffnet doch das Psalmzitat die Perspektive, daß der sterbende Christus am Kreuz eben jene Erfahrung der Heilsvergewisserung aus tiefster Gottverlassenheit heraus gemacht hat, von der die letzten zehn Verse des Psalms zeugen. So ist der Evangelienbericht offenbar auch im Hebräerbrief verstanden, der der alten jüdischen Glaubenswelt besonders nahesteht (Kap. 5, V. 7):

> Und er hat in den Tagen seines Fleisches Gebete und flehentliche Bitten mit starkem Geschrei und Tränen vor den gebracht, der ihn vom Tod erretten konnte, *und er ist erhört worden aus seiner Angst* (...)

Die Stelle wird gemeinhin allein auf den Gethsemanebericht bezogen, wo doch, selbst in der unsicher bezeugten *Lukas*-Version mit der Erscheinung des "stärkenden" Engels (Kap. 22, V. 43 f.), von einer "Erhörung" eigentlich nicht die Rede sein kann – aber diese Interpretation greift offenbar zu kurz[29].

Quand de ton corps brisé la pesanteur horrible
Allongeait tes deux bras distendus, que ton sang
Et ta sueur coulaient de ton front pâlissant,
Quand tu fus devant tous posé comme une cible,

Rêvais-tu de ces jours si brillants et si beaux
Où tu vins pour remplir l'éternelle promesse,
Où tu foulais, monté sur une douce ânesse,
Des chemins tout jonchés de fleurs et de rameaux,

Où, le cœur tout gonflé d'espoir et de vaillance,
Tu fouettais tous ces vils marchands à tour de bras,
Où tu fus maître enfin? Le remords n'a-t-il pas
Pénétré dans ton flanc plus avant que la lance?"

(Zit. Ausg.: Baudelaire, *Œuvres complètes*, hg. C. Pichois, 2 Bde [Bibliothèque de la Pléiade. 1. 7], Paris 1975–1976) Wie viele Texte der französischen Romantik suchen auch diese Strophen (die Baudelaire eine Anklage wegen "offense à la morale religieuse" eingetragen haben) den leidenden Christus für eine Anklage *gegen* den Weltenlenker zu vereinnahmen, aber sie zeugen doch von einer lebendigen Einfühlung in den Evangelienbericht, dessen Nischen sie sichtbar machen.

[29] Auf den Widerspruch macht H. Braun aufmerksam: In Gethsemane "betet Jesus in einer Einzelsituation um Vorübergehen des Kelches und ergibt sich dann

Der Rückbezug auf Psalm 22 stellt den Gekreuzigten in die Nachfolge des alttestamentlichen "Gerechten", der in seinem Leiden nicht von seinem Gott läßt – das hat man immer gesehen. Die neutestamentliche Wissenschaft unserer Zeit geht davon aus, daß die von der Gefangennahme und dem schmählichen Tod ihres Lehrers verschreckte Urgemeinde sich diese Sichtweise zu eigen gemacht habe, um jene traumatischen Ereignisse zu bewältigen, und daß dieses ihr Bemühen den ganzen Kreuzigungsbericht geprägt habe[30]. Nichts spricht indessen gegen die Annahme, daß Christus selbst das Ende seines irdischen Weges und Wirkens – unbeschadet seiner überzeitlichen Erlöserrolle – in eben dieser von seiner angestammten Religion vorgezeichneten Weise gesehen und darum den Psalm gebetet hat. Diese Deutung aber impliziert, daß es bei der Erfahrung des Leidens und dem dabei 'gelernten' Gehorsam (*Hebräer* 5, V. 8) nicht sein Bewenden haben konnte, daß Christus nicht erst in der Auferstehung, sondern *noch in diesem Leben* jene dem Gerechten verheißene "Hilfe" erfahren hat, die über die Todesnot erhebt – eine andere Hilfe als die, über deren Ausbleiben eine verständnislose Umgebung gespottet hatte.

Nur eine Lektüre des Psalms 22 vor dem Hintergrund der altjüdischen liturgischen Tradition kann die verschüttete Botschaft vom Tode Christi in der Gewißheit der Erhörung durch "seinen" Gott wieder zu Tage fördern, mit allen theologischen Konsequenzen.

---

in Gottes Willen; im (Hebräerbrief) erbittet er während seines irdischen Lebens Errettung aus dem Tode und wird erhört." (*An die Hebräer* [= Hg. A. Lindemann, *Handbuch zum Neuen Testament*, Bd 14], Tübingen 1984, S. 140) Er zieht daraus allerdings nur die Schlußfolgerung, man dürfe "den (Hebräerbrief)" eben nicht "mit synoptischem Material", d. h. mit dem Bericht der Evangelien vom Leben und Sterben Christi "erklären".

30 Vgl. insbes. L. Ruppert, *Jesus als der leidende Gerechte? – Der Weg Jesu im Lichte eines alt- und zwischentestamentlichen Motivs* (Stuttgarter Bibel-Studien. 59), Stuttgart 1972, Kap. 4. – Für entscheidende Hinweise zu meinen Überlegungen bin ich Herrn Prälat Anton Vögtle (Freiburg i. Br.) zu großem Dank verpflichtet.

II

A. Noyer-Weidner hat vor bald dreißig Jahren in seiner exemplarischen Interpretation von Baudelaires *Chant d'automne* (1859[31]) mit dankenswerter Hartnäckigkeit auf der "Zweiteilung", oder textgeschichtlich genauer: der "nachträglichen Zweiteilung" des Gedichts insistiert[32] und auch darauf hingewiesen, daß dieses verhältnismäßig späte Gedicht in seiner "Art von äußerer Zerklüftung des Gedankenablaufs" innerhalb der *Fleurs du Mal* fast allein steht[33].

Chant d'automne

I

Bientôt nous plongerons dans les froides ténèbres;
Adieu, vive clarté de nos étés trop courts!
J'entends déjà tomber avec des chocs funèbres
Le bois retentissant sur le pavé des cours.

Tout l'hiver va rentrer dans mon être: colère,
Haine, frissons, horreur, labeur dur et forcé,
Et, comme le soleil dans son enfer polaire,
Mon cœur ne sera plus qu'un bloc rouge et glacé.

J'écoute en frémissant chaque bûche qui tombe;
L'échafaud qu'on bâtit n'a pas d'écho plus sourd.
Mon esprit est pareil à la tour qui succombe
Sous les coups du bélier infatigable et lourd.

Il me semble, bercé par ce choc monotone,
Qu'on cloue en grande hâte un cercueil quelque part.
Pour qui? – C'était hier l'été; voici l'automne!
Ce bruit mystérieux sonne comme un départ.

---

[31] Die angegebenen Jahreszahlen beziehen sich, wo nicht anders vermerkt, auf das Datum der ersten Veröffentlichung.

[32] "Aspekte der Gedichtstruktur in den *Fleurs du Mal* (Die Stellung des *Chant d'automne* in der dichterischen Entwicklung Baudelaires)", in *Romanische Forschungen* 71 (1959) S. 334–382, hier: S. 336.

[33] S. 372.

II

J'aime de vos longs yeux la lumière verdâtre,
Douce beauté, mais tout aujourd'hui m'est amer,
Et rien, ni votre amour, ni le boudoir, ni l'âtre,
Ne me vaut le soleil rayonnant sur la mer.

Et pourtant aimez-moi, tendre cœur! soyez mère,
Même pour un ingrat, même pour un méchant;
Amante ou sœur, soyez la douceur éphémère
D'un glorieux automne ou d'un soleil couchant.

Courte tâche! La tombe attend; elle est avide!
Ah! laissez-moi, mon front posé sur vos genoux,
Goûter, en regrettant l'été blanc et torride,
De l'arrière-saison le rayon jaune et doux!

Die erste Hälfte des Gedichts ist eine in sich geschlossene Herbstklage, die sich zu beklemmenden Halluzinationen einer nicht länger wärmenden "roten und eisigen" Sonne (Str. 2, V. 3 f.[34]), eines "irgendwo" eilig für 'jemanden' zusammengenagelten Sarges (Str. 4, V. 2 f.) und eines inneren winterlichen Absterbens steigert (Str. 2). Das *eine* Geräusch des Herunterpolterns der Holzscheite für die Winterfeuerung verfolgt den zwanghaft aufhorchenden Dichter (Str. 3, V. 1: "J'écoute ..."), der wechselnde Untergangsvorstellungen assoziiert: Schafott, berannter Turm[35], Sarg (Str. 3 f.). Am Ende des Teilgedichts steht das euphemistische Wort von der "Abreise" (Str. 4, V. 4: "un départ"), das in der Reiseallegorik des zu Beginn des Jahres 1859 entstandenen neuen Schlußgedichts der *Fleurs du*

[34] Baudelaires meist ganz subjektiv bezogene kosmische Schreckensbilder haben einen erheblichen Einfluß auf die Weltuntergangsvisionen des Fin-de-siècle ausgeübt; vgl. W. v. Koppenfels, "Le Coucher du soleil romantique – Die Imagination des Weltendes aus dem Geist der visionären Romantik", in *Poetica* 17 (1985) S. 255–298, bes. S. 258–260, 279–282, 294.

[35] Der von Zerstörung bedrohte oder bereits zerstörte Turm, "la tour abolie" (Gérard de Nerval, *El Desdichado*, V. 2), ist ein zentrales Symbol des romantischen Selbstwertverlusts; weitere Stellennachweise und analytische Einordnung s. bei Ch. Baudouin, *Psychanalyse de Victor Hugo* (Action et pensée. 7), Genève/Annemasse 1943, Kap. 7: "La Naissance du héros".

Mal, *Le Voyage*, steht für: Tod[36]– ein Beispiel mehr für Baudelaires Neigung zu einer brüsken Verfinsterung seiner Gedichtschlüsse.

Das zweite Teilgedicht setzt unvermittelt ein mit einer gesprächsnahen Anrede an die Geliebte, einem Preis des Dämmerlichts ihrer Augen, dem aber gleich die Einschränkung folgt, daß dem Dichter "heute" (Str. 5, V. 2) nicht nach der vertrauten, quasi-ehelichen[37] Intimität des boudoir zumute ist. Diese Eröffnung ist wiederum ein genuiner Baudelairescher Gedichtanfang, wie das in den *Fleurs du Mal* unmittelbar vorangehende, ältere Gedicht *Causerie* (1857) belegt (Str. 1):

> Vous êtes un beau ciel d'automne, clair et rose!
> Mais la tristesse en moi monte comme la mer,
> Et laisse, en refluant, sur ma lèvre morose
> Le souvenir cuisant de son limon amer.

Die beiden Anfänge lesen sich sogar wie zwei Variationen des gleichen Schemas, zum Teil über dieselben Reimwörter (*mer/amer*)[38]: Auf das einleitende Lob der Schönheit der Dame folgt ein einschränkendes "mais", das auf die eigene resignative Verfassung verweist[39].

---

[36] Diese Verbindung stellt schon Noyer-Weidner her ("Aspekte der Gedichtstruktur" S. 344).

[37] Dahin weist das Stichwort "âtre"; vgl. die grundlegende Untersuchung von H. R. Jauß, "La Douceur du foyer – Lyrik des Jahres 1857 als Muster der Vermittlung sozialer Normen" (1975; zuerst englisch, 1974), jetzt in *Ästhetische Erfahrung und literarische Hermeneutik*, Frankfurt a. M. 1982, S. 753–786, unter dem Titel: "Die ästhetische Vermittlung sozialer Normen (La Douceur du foyer)".

[38] Auf diese Nähe zu *Causerie* hat wiederum bereits Noyer-Weidner hingewiesen ("Aspekte der Gedichtstruktur" S. 372 ff.).

[39] Die unvermittelte lobende Apostrophe an die Geliebte als Gedichtanfang findet sich noch öfter, z. B. in dem madrigalartigen kurzen, titellosen Gedicht "Je t'adore à l'égal de la voûte nocturne..." (1857) oder, außerhalb der *Fleurs du Mal*, in *Les Promesses d'un visage* (1866: "J'aime, ô pâle beauté, tes sourcils surbaissés ..."). H. Peyre hat auf die Ähnlichkeit dieses Typs der Gedichteinleitung, mit manchen Shakespeareschen Sonettanfängen hingewiesen, namentlich mit dem Anfang des 18. Sonetts:

> "Shall I compare thee to a summer's day?"

("Baudelaire as a Love Poet", in Hg. L. B. Hyslop, *Baudelaire as a Love Poet and Other Essays – Commemorating the Centenary of the Death of the Poet*, University Park/London 1969, S. 3–39, hier: S. 13)

Das herbstliche Licht, das die Geliebte ausstrahlt, wird in *Causerie* von Anfang an beim Namen genannt, in *Chant d'automne* wird diese Zuordnung außer durch den Titel durch die wertende Gegenüberstellung des gleißenden (Sommer-)Sonnenlichts auf dem Meer suggeriert (Str. 5, V. 4) und durch die beiden folgenden Strophen dann explizit bestätigt. Auch im weiteren Verlauf entsprechen sich die beiden nicht zufällig hintereinander angeordneten[40] Texte insoweit, als jeweils die rückhaltlose Hinwendung zur Geliebten angesichts des unaufhaltsamen Untergangs am Ende steht, so unterschiedlich das Ethos dieser Umkehr jeweils ist. Das ältere Gedicht folgt mit barokkem Pathos dem hergebrachten petrarkistischen Gedankenmuster: Der Liebende ergibt sich in das neuerliche "Ausglühen" (*calciner*, V. 14) des längst zerfledderten Herzens, da dies der Wille der Dame ist[41]. In dem jüngeren, auf romantische Lichteffekte ("le rayon jaune et doux", Str. 7, V. 4[42]) abgestellten Teilgedicht gibt der Dichter zuletzt einer weicheren Stimmung nach und breitet vor der Umworbenen die Palette möglicher Rollen für die verbleibende kurze Zeit aus: Mutter, Geliebte, Schwester ...

---

[40] So wie hier das Thema der 'herbstlichen Liebe' gewissermaßen in Dur und Moll durchgeführt wird, variieren im Zyklus der Jeanne Duval jeweils zwei aufeinanderfolgende Gedichte die synästhetischen Halluzinationen ihres 'Dufts nach fernen Ländern' (*Parfum exotique*, 1857; *La Chevelure*, 1859) und die schillernden Effekte der 'tanzenden Schlange' ("Avec ses vêtements ondoyants et nacrés ..." und *Le Serpent qui danse*, beide 1857).

[41] Er 'verweigert' das nicht, was er 'nicht (mehr) hat', mit der Schlußpointe eines der sonetos amorosos Quevedos zu reden, dessen pathetische Spitzfindigkeit auch sonst das Modell für Baudelaires "causerie" abgegeben haben könnte ("Pierdes el tiempo, Muerte, en mi herida ..."):

"Que lo que yo no tengo, no lo niego."

(Zit. Ausg.: Francisco de Quevedo, *Obra poética*, hg. J. M. Blecua, 4 Bde, Madrid 1969–1981, Bd 1, S. 668 f., Nr. 489)

[42] Der Schluß des Gedichts ist eine kaum zu überhörende Huldigung an die Adresse Sainte-Beuves, der seinerseits seine *Rayons jaunes* (1829) nachträglich in die Nachfolge der Diderotschen Ästhetik gestellt hatte; vgl. die apologetische Anmerkung in der zweiten Auflage der *Poésies complètes* von 1845 (in der kritischen Ausgabe der *Vie, poésies et pensées de Joseph Delorme*, hg. G. Antoine, Paris 1956: S. 68 f.).

Die ungewöhnliche Anlage des *Chant d'automne* hat zu einer beträchtlichen Verunsicherung der Interpreten geführt. P. Delbouille hat aus der unbestreitbaren Tatsache, daß jedes der beiden Teilgedichte für sich gelesen werden *kann*, die Legitimation für eine "Analyse" nur des zweiten Teils in der bekannten Manier der Lütticher Schule abgeleitet[43], kommt dann allerdings doch nicht um eine Einbeziehung des ersten Teils herum, wo er die unvermittelte Feststellung "La tombe attend ..." (Str. 7, V. 1) erklären will[44]. G. Heß und nach ihm Noyer-Weidner haben ihrerseits keine Bedenken getragen, die Daten der zweiten Gedichthälfte der ersten als nachträglich skizzierten Situationsrahmen zu unterlegen.

So spricht Heß, bezogen auf das erste Teilgedicht, von "(dem) bei der Geliebten Ruhenden, der ohne den Blick zu erheben lauscht", und in dem pluralischen "Bientôt nous plongerons ..." des ersten Verses scheint sich ihm "(auf) einen Augenblick (...) eine gemeinsame Zukunft" abzuzeichnen, "so wie die Vergangenheit 'unserer allzu kurzen Sommer' gemeinsam war"[45]. Auch für Noyer-Weidner "verbindet" jenes "Wir" der ersten beiden Verse "den Sprechenden mit der Gegenwart seiner Geliebten", aber er räumt ein, daß man das Gedicht erst einmal anders versteht, ehe dann, nach seiner Deutung, "vom Beginn des zweiten Gedichtteils aus volles Licht auf die Voraussetzung schon des vorhergehenden fällt": "(...) '*nous* plongerons' und '*nos* étés'. Das schien zunächst eine allgemeingültige,

---

43 "Essai d'analyse textuelle – *Chant d'automne* (Ch. Baudelaire)", in *Le Français moderne* 26 (1958) S. 197–207; vgl. S. 198: "De toute manière, chaque partie de cette pièce peut vivre d'une vie autonome." In einer Fußnote (ebd., Anm. 3) erkennt Delbouille zumindest an, daß der Leser durch die Lektüre der ersten Gedichthälfte auf die zweite "vorbereitet" (prévenu) ist; die zum Teil ganz expliziten Rückbezüge fallen bei seiner Analyse jedoch durchweg unter den Tisch. – Die ältere Arbeit von J. D. Bennet, die stillschweigend nur das erste Teilgedicht heranzieht, führt beiläufig das Argument ein, das diese Ablösung am ehesten rechtfertigen kann. Nur für die ersten vier Strophen gilt seine Feststellung: "*Chant d'automne* has a metropolitan scene." (*Baudelaire – A Criticism*, Port Washington, N. Y. /London 1969 [Princeton, N. J. [1]1944], S. 82–86; Zitat: S. 82)

44 "Essai d'analyse textuelle" S. 204: "(...) la *tombe attend.* Ceci pourrait nous surprendre si nous n'avions pas lu la première partie du *Chant d'automne.*"

45 *Die Landschaft in Baudelaires* Fleurs du Mal (Sitzungsberichte der Heidelberger Akademie der Wissenschaften. Philosophisch-historische Klasse. Jg. 1953, H. 1), Heidelberg 1953, S. 125.

den Dichter und alle mit ihm an der Schwelle des Herbstes stehenden Menschen umschließende Aussage zu sein (...)"[46] Hier ist freilich eine Präzisierung notwendig: Mit "nous" und "nos" können natürlich nur die Menschen 'in unseren Breiten' gemeint sein, und sie sind auch gemeint, so wie im letzten Absatz des fünften Gedichts der *Fleurs du Mal*, "J'aime le souvenir de ces époques nues ...", mit "nous"– explizit – die "nations corrompues" (V. 29) der heutigen Zivilisation und mit "nos muses tardives" (V. 33) die Künste und die Literatur der Modernität angesprochen sind. Das wird ganz deutlich in dem Plural "nos étés trop courts", der den generellen klimatischen Befund einer geographischen Zone festschreibt[47]. An dieser Bedeutung ändert sich nun nichts, selbst wenn man die Wahrnehmungen und Halluzinationen des ersten Teils nachträglich in die boudoir-Szenerie des zweiten einbettet, wozu nichts außer unsern eingefahrenen Lesegewohnheiten zwingt. Denn der Dichter nimmt von dieser Szenerie jedenfalls vier Strophen lang nichts wahr, ganz anders als in *Causerie*, wo sich die Gegenwart der Geliebten immer wieder durch ihr Bild, das Tasten ihrer Hand und ihren Duft in sein Bewußtsein drängt; und seine Gedanken gehen auch in eine ganz andere Richtung. Natürlich ist es dennoch nicht sinnvoll, das zweite Teilgedicht – oder das erste – völlig getrennt vom andern zu lesen; aber die richtige Leseweise muß erst (wieder) gefunden werden.

Noyer-Weidner legitimiert seine ganzheitliche Interpretation nicht zuletzt damit, daß die Zweiteilung des Gedichts eine nachträgliche ist[48]: In der Vorveröffentlichung der *Revue Contemporaine* vom 30. November 1859 folgen die sieben Strophen des Gedichts ohne jede Zäsur aufeinander. Dieser Befund ist jedoch keineswegs einmalig in

---

[46] "Aspekte der Gedichtstruktur" S. 344.

[47] Biographisch gelesen, bedeutete der Plural: "unsere allzu kurzen gemeinsam verbrachten Sommer". Man braucht diese Deutung nur versuchsweise zu formulieren, um zu erkennen, daß sie absurd wäre und nicht in den Kontext paßt, ganz abgesehen davon, daß die Geschichte der Beziehungen Baudelaires zu Marie Daubrun für diese Auffassung keinerlei Anhaltspunkte bietet.

[48] S. 336: "Baudelaire hatte das Gedicht ja ursprünglich (...) als ungeteiltes Ganzes veröffentlicht (...)" Heß, für den die Zweiteilung "unproblematisch" ist, sieht in der nachträglichen Markierung der Eigenständigkeit der "Glieder des Ganzen" eine 'Verbesserung' des Autors (*Die Landschaft in Baudelaires* Fleurs du Mal S. 73 f. mit Anm. 20).

der Textgeschichte der *Fleurs du Mal*. Von den zehn Stücken, die in den heutigen Ausgaben eine vergleichbare Zweiteilung aufweisen, sind nur vier schon in der Erstausgabe von 1857 enthalten; der Beginn der zweiten Gedichthälfte ist dort entweder gar nicht, so in *L'Irrémédiable*, oder nur durch einen vorgesetzten Gedankenstrich bezeichnet, wie er üblicherweise den Wechsel der Sprecher im Dialog anzeigt, so in *Le Chat* ("Dans ma cervelle se promène ..."), *Abel et Caïn* und *L'Irréparable*; in *L'Irréparable* fehlte der Gedankenstrich noch in der Vorveröffentlichung in der *Revue des Deux Mondes* vom 1. Juni 1855, in *Abel et Caïn* ist er nachträglich in den Korrekturfahnen zur Erstausgabe eingesetzt[49]. Die Zweiteilung ist jeweils erst in der zweiten Auflage vorgenommen, für *L'Irréparable* sogar erst in der postumen, dritten Auflage von 1868[50]. Einen Sonderfall stellen die *Litanies de Satan* dar; sie schließen mit einem abgesetzten "Gebet" ("Prière", 1861), das in der Erstausgabe am Ende auf briefliche Anweisung Baudelaires hin ganz ohne Überschrift blieb[51]. In der zweiten Auflage kommen neben *Chant d'automne* drei weitere Stücke hinzu, die alle in die neue Sektion der "Tableaux parisiens" aufgenommen wurden und die ausnahmslos schon in den Vorveröffentlichungen die Zweiteilung haben: *Le Cygne, Le Squelette laboureur* (beide zuerst in *La Causerie* vom 22. Januar 1860) und *Rêve parisien* (zuerst in der *Revue Contemporaine* vom 15. Mai 1860); die beiden letzteren sind auch bereits im Autograph in einem Brief an den Verleger A. Poulet-Malassis vom 15. Oktober 1859 so wie in der späteren Druckfassung aufgeteilt[52]. Von vornherein zwei-

[49] Vgl. die Faksimilewiedergabe der von Baudelaire korrigierten Fahne bei P. Fuchs, "Les Autographes", in *Le Crapouillot* Noël 1930, S. 37–47, hier: S. 40.

[50] Obwohl es kaum möglich ist, den Ursprung einzelner Korrekturen in der postumen "édition définitive" von 1868 mit Sicherheit zu bestimmen, ist davon auszugehen, daß diese nachträgliche Anpassung an die Normen der Ausgabe von 1861 noch von Baudelaire herrührt.

[51] Baudelaire hatte erwogen, das Schlußgebet als "Antienne" zu überschreiben, beließ es aber für die Erstausgabe der *Fleurs du Mal* bei der Abgrenzung durch ein größeres Spatium – wohl weil er in der Wahl des liturgischen Terminus unsicher war. Vgl. die Angaben im Apparat der Ausgabe von Pichois, auf die ich mich auch sonst stütze, wo eine Autopsie nicht möglich war.

[52] Nicht ganz klar ist der Fall von *Le Squelette laboureur:* Der Abdruck in dem wenig vor der zweiten Auflage der *Fleurs du Mal* erschienenen *Almanach Parisien pour 1861* von F. Desnoyers ist wieder ohne jede Untergliederung. Es liegt

geteilt sind auch die beiden verbleibenden späten Stücke, *Madrigal triste* (zuerst in der *Revue fantaisiste* vom 15. Mai 1861, später in die dritte Auflage der *Fleurs du Mal* aufgenommen) und *Le Monstre* (zuerst in *Les Épaves*, 1866, dann im *Complément aux Fleurs du Mal*, 1869[53]). Demgegenüber gibt es andere Gedichte der *Fleurs du Mal*, deren Schlußstrophen bis zuletzt nur durch den Gedankenstrich abgetrennt blieben, obwohl auch hier eine Unterteilung des Gedichts denkbar wäre (*Une Martyre*, 1857; *Un Voyage à Cythère*, 1855).

Gerade dieses zögernde Vorgehen Baudelaires ist ein Indiz für einen formgeschichtlichen Umbruch. Bis dahin war die Gliederung in numerierte Abschnitte im wesentlichen dem episch-lyrischen Genus, einschließlich der diesem angenäherten neuen Ode in der Manier Hugos vorbehalten gewesen, wie sie in der zweiten Auflage der *Fleurs du Mal* durch die Hugos *Fantômes* (*Les Orientales*, 1829) nachempfundenen *Petites Vieilles* (1859) und das breit angelegte Schlußgedicht *Le Voyage* vertreten ist. Auch Zweiteiligkeit begegnet in diesem Kontext, etwa in Hugos Mazeppa-Ode (gleichfalls in *Les Orientales)*, deren langer erster Teil (Str. 1–17) ein Kondensat aus

---

nahe, hier an eine Eigenmächtigkeit von Herausgeber und Verlag zu denken, zumal auch *Madrigal triste* sechs Jahre später wiederum nach zwei anderweitigen Vorveröffentlichungen mit expliziter Zweiteilung (nach der *Revue fantaisiste* vom 15. Mai 1861 noch in *Le Parnasse contemporain* vom 31. März 1866) im *Almanach Parisien pour 1867* – und nur hier – als ungegliedertes Gedicht erscheint. Die andere Möglichkeit – daß Baudelaire jeweils aus wohlerwogenen Gründen hin- und hergeändert haben könnte – ist weniger überzeugend; aber gerade von dieser Annahme geht H. F. Nuiten in seiner umfassenden Untersuchung der Baudelaireschen Varianten aus: "Dans la 2e édition, Baudelaire rétablit la scission qui existait déjà dans les versions d'avant 1861." (*Les Variantes des* Fleurs du Mal *et des* Épaves *de Charles Baudelaire*, Diss. Nijmegen [gedruckt: Amsterdam] 1979, S. 92) Nuiten wird hier – wie durchweg – das Opfer seiner allzu schlichten, methodologisch spätestens seit J. Mukařovský überholten Grundannahme, daß Baudelaire zwangsläufig über die Jahre hinweg einen immer 'besseren' Text der *Fleurs du Mal* erstellt habe. Die Begründung, die er für Baudelaires Entscheidung anführt, allerdings kann man nur unterschreiben: "Le tableau brossé dans la première partie donne littéralement à réfléchir. Cette réflexion remplit le vide entre la première partie et la deuxième partie qui présente le résultat de la méditation sous la forme d'une série de questions."

[53] Auch hier liegt ein schon unterteiltes Autograph vor, offensichtlich die Druckvorlage für die Veröffentlichung in *Les Épaves* (enthalten als Faksimiledruck in *Le Manuscrit autographe*, Sondernummer: *Charles Baudelaire* [1928], S. 77–80).

Byrons Verserzählung *Mazeppa* (1819) darstellt, während der nur wenige Strophen umfassende zweite Teil (Str. 18–23) in einem noch einmal sehr bilderreichen neuerlichen Durchgang die allegorische Auslegung auf den vom “Génie” (Str. 18, V. 3) durch die “champs du possible” (Str. 20, V. 2) wehrlos dahingetragenen Seher-Dichter nachliefert – beide Teile verklammert durch die Zählung und das jeweils vorangestellte “Ainsi...”, das das ganze Gedicht formal zu einem hypertrophischen Vergleich stilisiert. Es ist möglich, einige der zweiteiligen Gedichte der *Fleurs du Mal*, etwa *L'Irréparable* und *L'Irrémédiable* mit ihren pathetischen parallelen Reihungen und den davon abgehobenen, fast nüchtern zu nennenden Schlußreflexionen in diese Tradition zu stellen, und das gilt im Ansatz auch noch für *Le Cygne*, in dem freilich im ersten Teil das alte Odenschema bis in den Strophenbau hinein atomisiert erscheint und die anschließende – explizit so genannte (Str. 8, V. 3) – “allegorische” Besetzung der Phänomene zu einer konkurrierenden zweiten Fassung wird[54]. Aber die übrigen Gedichte folgen andern Mustern, soweit überhaupt Vorbilder erkennbar werden: *Rêve parisien* (1860) mit seinem ernüchternden Schluß ließe sich noch dem Genus der *Ep*ode (vom Typ des Horazischen “Beatus ille qui procul negotiis ...” [Epode 2]) zuschlagen; *Le Squelette laboureur* reproduziert ein geläufiges emblematisches Kompositionsschema: Bild (Str. 1–3) – Auslegung (Str. 4–8)[55]; wie die *Litanies de Satan* sich liturgischer Bauformen be-

[54] Vgl. die den neusten methodologischen Entwicklungen vorgreifende, aber von Baudelaires Kunsttheorie im voraus legitimierte ‘dekonstruktivistische’ Interpretation des Gedichts durch Jauß in seinem Aufsatz “Zur Frage der ‘Struktureinheit’ älterer und moderner Lyrik (Théophile de Viau: *Ode III*, Baudelaire: *Le Cygne*)” (1960), wiedergedruckt (mit einem aktualisierten Schlußwort) in *Ästhetische Erfahrung und literarische Hermeneutik*, Bd 1: *Versuche im Feld der ästhetischen Erfahrung* (UTB. 692), München 1977, S. 295–342, hier: S. 322–333.

[55] Dem steht nicht entgegen, daß der Dichter sich im Gedicht ausdrücklich auf die Tafeln eines anatomischen Werks bezieht (Str. 1, V. 1: “Dans les planches d'anatomie...”) – dieser Hintergrund gehört mit zu den ‘Charakteren’ des “Emblems” (“emblème”, Str. 6, V. 2), das Baudelaire zunächst aus der bildlichen in die sprachliche ‘Notation’ übersetzen muß, um im zweiten Teilgedicht nach dem ‘Sinn’ des Bildes suchen zu können (Str. 6: “Voulez-vous [...]/ [...]/Montrer [...]?”). Vgl. den klärenden grundsätzlichen Aufsatz von B. F. Scholz, “Emblematisches Abbilden als Notation – Überlegungen zur Hermeneutik und Semiotik des emblematischen Bildes”, in *Poetica* 16 (1984) S. 61–90.

dienen, weist *Abel et Caïn* die elementare Struktur vieler politischer Kampflieder des 19. Jahrhunderts auf: kurzstrophige kontrastierende Zustandsschilderung – Fazit und Aufruf zur Aktion in einer als Refrain geeigneten Coda. *Le Chat* 'zerfällt' geradezu in zwei säuberlich nach akustischen und olfaktorischen/visuellen Eindrücken geschiedene Katzengedichte[56] (es ist ohnehin nicht das einzige Gedicht des Bandes mit dieser Überschrift[57]); der Zusammenhalt ist hier nur noch durch die Identität von Adressat und Kontext und die Analogie des Themas (einschließlich des – umstrittenen[58] – erotischen Hintersinns) und, dementsprechend, durch die Homogenität der Stimmung und der Schreibweise gegeben. Über dem zweiten Textstück könnte beinahe ebensogut eine neue Überschrift wie "Le Même" stehen, so wie in Goethes Werkausgaben seit 1815 auf *Wandrers Nachtlied* ("Der du von dem Himmel bist ...") *Ein Gleiches* ("Über allen Gipfeln ...") folgt[59].

Für *Chant d'automne* gibt es kein erkennbares Vorbild – außer in den *Fleurs du Mal* selbst. Das auffälligste Detail an diesem zweiteiligen Gedicht ist zweifellos der abrupte Wechsel vom herbstlichen

---

[56] Diese Trennung, wie sie auch in der Gliederung von *Chant d'automne* eingehalten ist, entspricht einem ästhetischen Grundbedürfnis Baudelaires, das sich komplementär zu seiner synästhetischen Assoziationsfähigkeit verhält; vgl. *Rêve parisien*, Str. 13, V. 3:

"Tout pour l'œil, rien pour les oreilles!"

[57] Die beiden anderen Katzengedichte der *Fleurs du Mal*, *Les Chats* (1847) und *Le Chat* ("Viens, mon beau chat, sur mon cœur amoureux ..."), sind bei der Erstveröffentlichung des letztern im *Journal d'Alençon* vom 8. Januar 1854 ihrerseits zusammengefaßt unter dem gemeinsamen Titel "Sonnets. Les Chats" und danach einfach durchnumeriert; vgl. den Apparat von Pichois in *Œuvres complètes* Bd 1, S. 895 f. Für diese Anordnung dürfte allerdings wiederum eher der Verleger der Zeitung, kein anderer als Poulet-Malassis, verantwortlich zu machen sein.

[58] Vgl. das Referat bei Pichois, Bd 1, S. 925.

[59] Weitere Beispiele bei Goethe im Kommentar von E. Trunz z. St. (*Goethes Werke* [Hamburger Ausgabe], hg. E. T., 14 Bde und 1 Registerbd, Hamburg 1948–1964, Bd 1, S. 479). Der Baudelaire der *Fleurs du Mal* kennt keine solche Praxis; er überschreibt die vier Spleen-Gedichte viermal hintereinander mit "Spleen" (zu der abweichenden Lösung in der Vorveröffentlichung der beiden älteren Katzengedichte vgl. oben, Anm. 57). Verlaine wird in den *Romances sans paroles* (1874) seine "simples fresques" zum Thema *Bruxelles* und seine "Aquarelles" englischer *Streets* ganz unbedenklich aneinanderreihen.

tableau parisien[60] zum intimen Gespräch mit der Geliebten in der Fuge zwischen den beiden Teilgedichten. Ein solches Eindringen intimer Gesprächselemente in den lyrischen Kontext findet sich in den *Fleurs du Mal* häufiger – es ist konstituierendes Merkmal einer der lyrischen "Sprechweisen" (K. Dirscherl) Baudelaires, der "Causerie"[61]. Das so betitelte Gedicht vollzieht einen entsprechenden Schwenk gleich zweimal hintereinander: Nachdem das Gedicht, ein Sonett, schon mit einer preisenden Anrede an die Geliebte eingesetzt hatte (wozu vgl. o. S...), blendet das zweite Quartett, mit einem Anredewechsel vom *vous* zum *tu*, das Bruchstück eines Liebesdialogs ein (V. 5):

> – Ta main se glisse en vain sur mon cœur qui se pâme;
> (...)

um freilich alsbald in einer pathetischen Klage zum *vous* zurückzukehren (V. 8):

> Ne cherchez plus mon cœur; les bêtes l'ont mangé.

Im elften Vers wird die Geliebte noch einmal körperlich ganz präsent, aber die neuerliche Anrede bleibt gleichwohl beim distanzierten *vous*:

> – Un parfum nage autour de votre gorge nue ...

Die Substitution des "Angesprochenen"[62], die Wendung vom Leser zu einer Figur der poetischen Welt des Dichters ist ein feststehendes Stilmittel der *Fleurs du Mal* – gewissermaßen die komplementäre Umkehrung des beiseite gesprochenen ad spectatores im

---

[60] Schon diese Gattungszugehörigkeit des ersten Teils verbietet es, der Auffassung von Heß zu folgen: Auch wenn es ganz im Akustischen fundiert ist, wird ein tableau de Paris doch niemals von einem 'bei der Geliebten Ruhenden' wahrgenommen, 'der ohne den Blick zu erheben lauscht'.

[61] Vgl. *Zur Typologie der poetischen Sprechweisen bei Baudelaire – Formen des Besprechens und Beschreibens in den* Fleurs du Mal (Romanica Monacensia. 9), München 1975, S. 41. Man bedauert, daß Dirscherl nicht mehr dazu gekommen ist, diese für den späteren Baudelaire besonders charakteristische Sprechweise in extenso zu behandeln.

[62] Ich übernehme diesen Terminus von Dirscherl (passim), obwohl er mir dem monologischen Charakter nicht weniger Passagen der *Fleurs du Mal* zu wenig Rechnung zu tragen scheint.

Drama. Das graphische Zeichen, das diesen Übergang markiert, ist der der dichterischen Rede vorangestellte Gedankenstrich. Er steht auch etwa dort, wo der Dichter mit seinem Gedicht auf eine – unter Umständen auch unausgesprochene – Frage seines Gegenübers zu replizieren vorgibt, die ihrerseits, ebenso wie die *berichteten* Dialoge des Dichters mit seinen Figuren[63], in Anführungszeichen eingebracht wird. So heißt es am Anfang von *Semper eadem* (1860):

> "D'où vous vient, disiez-vous, cette tristesse étrange,
> Montant comme la mer sur le roc noir et nu?"
> – Quand notre cœur a fait une fois sa vendange,
> Vivre est un mal. (...)

Und *Sonnet d'automne* (1859) beginnt:

> Ils me disent, tes yeux, clairs comme le cristal:
> "Pour toi, bizarre amant, quel est donc mon mérite?"
> – Sois charmante et tais-toi! (...)

In diesem Gedicht wird sogar die Schlußapostrophe an die Geliebte noch einmal mit dem redeeinleitenden Gedankenstrich abgetrennt, obwohl das bis dahin Gesagte formal noch immer an sie gerichtet ist (V. 12–14):

> – Ô pâle marguerite!
> Comme moi n'es-tu pas un soleil automnal,
> Ô ma si blanche, ô ma si froide Marguerite?

Der Gedankenstrich müßte auch vor dem Bekenntnis stehen, das das zweite Teilgedicht von *Chant d'automne* eröffnet, wäre es nicht durch die Zweiteilung des Textes zum Gedichtanfang geworden.

Markiert der vorangesetzte Gedankenstrich in den Causerie-Gedichten und, höchst pathetisch, schon am Ende von *Une Charogne* (1857; Str. 10–12) den Wechsel des Adressaten vom Leser zur Geliebten, so bezeichnet er an anderer Stelle den neuen Sprecheinsatz des Dichters überhaupt, unter anderm eben da, wo Baudelaire später ein Gedicht unterteilte, etwa am Ende von *L'Irréparable*. Dort folgt nun umgekehrt auf eine Serie verzweifelter, hilfeheischender Fragen an die zur "Zauberin" (sorcière) erhöhte Geliebte die, wie es zumindest den Anschein hat, nur mehr an den Leser gerichtete, wo nicht gänzlich monologische Reflexion (Str. 9 f.):

---

[63] Etwa in *Tout entière* (1857).

– J'ai vu parfois, au fond d'un théâtre banal
Qu'enflammait l'orchestre sonore,
Une fée allumer dans un ciel infernal
Une miraculeuse aurore;
J'ai vu parfois au fond d'un théâtre banal

Un être, qui n'était que lumière, or et gaze,
Terrasser l'énorme Satan;
Mais mon cœur, que jamais ne visite l'extase,
Est un théâtre où l'on attend
Toujours, toujours en vain, l'Être aux ailes de gaze!

Anderswo blieb es beim Gedankenstrich, so in den beiden schon genannten Fällen, am Ende von *Une Martyre*, wo auf die Beschreibung des "Opfers" die tröstliche Apostrophe aus der Ferne folgt (Str. 14 f.), oder vor den letzten beiden Strophen von *Un Voyage à Cythère*, die aus der Rückschau die Auslegung der "allégorie" bringen (Str. 14 f.).

Der Gedankenstrich als Indiz des neuen Sprecheinsatzes ist aufs Ganze gesehen nur ein Spezialfall der rigorosen Sprechpausennotierung Baudelaires, wie sie immer wieder in den *Fleurs du Mal* begegnet
– häufig am Ende als nachdrückliche, steigernde Skandierung des Satzflusses:

(...)
Heureux celui qui peut d'une aile vigoureuse
S'élancer vers les champs lumineux et sereins;

Celui dont les pensers, comme des alouettes,
Vers les cieux le matin prennent un libre essor,
– Qui plane sur la vie, et comprend sans effort
Le langage des fleurs et des choses muettes!
(*Élévation* [1857], Str. 4, V. 3–Str. 5, V. 4)

Il est des parfums frais comme des chairs d'enfants,
Doux comme les hautbois, verts comme les prairies,
– Et d'autres, corrompus, riches et triomphants,

Ayant l'expansion des choses infinies,
Comme l'ambre, le musc, le benjoin et l'encens,
Qui chantent les transports de l'esprit et des sens.
(*Correspondances* [1857], V. 9–14)

– als bedeutungsvolles Innehalten vor der überraschenden Einbeziehung des angesprochenen Lesers:

Tu le connais, lecteur, ce monstre délicat,
– Hypocrite lecteur, – mon semblable, – mon frère!
(*Au lecteur* [1855], Str. 10, V. 3 f.)

C'est que demain, hélas! il faudra vivre encore!
Demain, après-demain et toujours! – comme nous!
(*Le Masque* [1859], V. 35 f.)

– als Atempause vor dem ausladenden lyrischen Schlußwort:

Mais ces inventions de nos muses tardives
N'empêcheront jamais les races maladives
De rendre à la jeunesse un hommage profond,
– A la sainte jeunesse, à l'air simple, au doux front,
A l'œil limpide et clair ainsi qu'une eau courante,
Et qui va répandant sur tout, insouciante
Comme l'azur du ciel, les oiseaux et les fleurs,
Ses parfums, ses chansons et ses douces chaleurs!
("J'aime le souvenir de ces époques nues ...", V. 33–40)

– Et de longs corbillards, sans tambours ni musique,
Défilent lentement dans mon âme; l'Espoir,
Vaincu, pleure, et l'Angoisse atroce, despotique,
Sur mon crâne incliné plante son drapeau noir.
(*Spleen* ["Quand le ciel bas et lourd ...", 1857], Str. 5)

– aber durchaus auch als Markierung der leidenschaftlich getragenen Leseweise eines ganzen Gedichts wie in *Le Vampire* (1855). Dort folgen in zwei Anläufen die liturgieartigen Anklagen und Verwünschungen der Geliebten aufeinander, und jedesmal steht nach der Zäsur ein syntaktisch isoliertes Stichwort, auf das der ganze Nachdruck fällt:

– Infâme à qui je suis lié
Comme le forçat à la chaîne,
(...)
(Str. 2, V. 3 f.)

(...)
– Maudite, maudite sois-tu!
(Str. 3, V. 4)

Diese Figur wird in der letzten Strophe noch einmal wiederholt, aber nun mit einer Sperrung *hinter* der abweichenden Anrede an den Dichter:

> (...)
> Imbécile! – de son empire
> Si nos efforts te délivraient,
> Tes baisers ressusciteraient
> Le cadavre de ton vampire!
>
> (Str. 6)

Man kann die Bauformen der *Fleurs du Mal* nicht erörtern, ohne zu berücksichtigen, daß ihr Dichter schon während seiner Schuljahre am Collège Louis-le-Grand durch sein begeistertes Deklamieren der romantischen Lyrik seiner Zeit auffiel und daß zumindest die älteren Stücke der Sammlung lange Jahre vor ihrer Veröffentlichung im Freundeskreis vorgetragen wurden[64]. Noch in dem streckenweise recht hitzigen Briefwechsel mit seinem Verleger über die Drucklegung der Erstausgabe insistiert Baudelaire darauf, daß seine Satzzeichen nicht zuletzt Anleitungen für das Deklamieren seiner Verse seien: "Quant à ma ponctuation, rappelez-vous qu'elle sert à noter non seulement le sens, mais *la déclamation.*"[65] Bezeichnenderweise fehlen die skandierenden Gedankenstriche in dem erhaltenen, noch titellosen Autograph von *Le Vampire*; Baudelaire hat sie im Augenblick der ersten Publikation hinzugefügt, gewissermaßen als beigegebene Vortragsanweisung. Als eine solche Leseanleitung müssen zweifellos auch die von uns herausgegriffenen Zweiteilungen von Gedichten der *Fleurs du Mal* aufgefaßt werden[66]: Pausen und Neu-

---

[64] Vgl. die seither immer wieder herangezogenen Testimonia bei E. und J. Crépet, *Charles Baudelaire – Étude biographique* (...), Paris 1906 u. ö., S. 14 und S. 40–42.

[65] Brief an Poulet-Malassis vom 18. März 1857; der ganze Satz ist unterstrichen, die beiden letzten Worte sind noch einmal besonders hervorgehoben. Zit. Ausg.: Baudelaire, *Correspondance*, hgg. C. Pichois und J. Ziegler, 2 Bde (Bibliothèque de la Pléiade. 247. 248), Paris 1973, Bd 1, S. 383 f., hier: S. 384.

[66] Ähnliches gilt für die Zäsurierung der strophen*losen* Gedichte durch Leerzeilen, die uns hier nicht näher beschäftigen kann (vgl. dazu die Beispiele bei Nuiten, *Les Variantes des* Fleurs du Mal S. 90–93), und für die Einführung der Auslassungspunkte am Vers- und Satzende seit der zweiten Auflage (z. B. nach *Harmonie du soir*, V. 15; nach *Causerie*, V. 11; nach *Un Voyage à Cythère*, V. 58; erst in der dritten Auflage von 1868: nach *Chant d'automne*, V. 14).

einsatz auf einer andern Ebene oder an einem späteren Punkt der Reflexion waren Vortragsereignisse, ehe sie sich in graphischen Markierungen niederschlugen. Die Rezeptionsgeschichte von Gogol's *Mantel* (*Šinel'*, 1842) – auch dies ein Vortragsstück, das sein Autor erst nach vielen Jahren zu veröffentlichen sich bereitfand – kann lehren, welch tiefgreifende Mißverständnisse der Verlust der 'Orchestrierung' des mündlich vorgestellten Textes hervorrufen kann[67]. Insofern können die Verständnisschwierigkeiten nicht überraschen, die speziell bei der Lektüre von *Chant d'automne* entstanden sind.

Der Eindruck des intermittierend gesprochenen Textes ist am augenfälligsten bei *Le Cygne*. Beide Durchgänge verfahren erklärtermaßen assoziativ; der zweite Durchgang ordnet die Bilder des ersten, so daß nun die vorab angesprochene, weil dem klassisch gebildeten Leser vertraute Andromaque an die zweite Stelle rückt, hinter den Schwan des in der Erinnerung bewahrten tableau parisien; die auf den erste Blick befremdliche Wiederverwendung derselben Formulierung, zuerst (Str. 1, V. 1):

Andromaque, je pense à vous!

danach (Str. 9, V. 2–Str. 10, V. 1):

Je pense à mon grand cygne (...)
(...) et puis à vous,
Andromaque, (...)

unterstreicht das Bemühen der gedanklichen Rekonstruktion, ehe das jetzt beim Namen genannte Thema des 'Exils' zwangsläufig wieder eine offene Reihe der Leidensgenossen heraufbeschwört. Zwischen den beiden Teilen muß eine Phase des Nachsinnens angenommen und vom Sprechenden auch ausgespielt werden: Der Dichter muß von dem starken Erinnerungsbild des anklagend hochgereckten Schwans, das ihn weiterhin verfolgt (Str. 9, V. 2: "*mon* grand cygne") und das ja auch den Titel abgegeben hat, zurückfinden zum optischen Eindruck seiner sich verändernden Umwelt (Str. 8, V. 1:

[67] Vgl. dazu B. Ėjchenbaums berühmten Aufsatz "Wie Gogol's *Mantel* gemacht ist" ("Kak sdelana *Šinel'* Gogolja", 1918), abgedruckt in der zweisprachigen Ausgabe: Hgg. J. Striedter/W.-D. Stempel, *Texte der russischen Formalisten*, 2 Bde (Theorie und Geschichte der Literatur und der Schönen Künste. 6), München 1969–1972, Bd 1, S. 122–159.

"Paris change!") und zum Bewußtsein seines eigenen seelischen Verharrens, ehe dann die weiteren Überlegungen möglich werden.

In *L'Irréparable* muß die Deklamation genuine Verständnisschwierigkeiten überbrücken helfen. Für den unbefangenen Leser scheint das Gedicht in zwei nur lose verbundene Hälften zu zerfallen, und dieser Eindruck drängt sich um so mehr auf, als die wesentlich längere erste Hälfte (Str. 1–8) unübersehbare strukturelle Parallelen zu einem andern, in sich abgeschlossenen Gedicht der *Fleurs du Mal*, *Réversibilité* (1855)[68], aufweist. Hier wie dort werden die beklommenen Fragen eines Verlorenen an eine über solcher Not Stehende so gestellt, daß sie die entmutigende Antwort schon vorwegnehmen, die die beiden Schlußstrophen von *L'Irréparable* gleichwohl noch einmal ausdrücklich, wie es scheint: in einem ganz andern Anschauungszusammenhang, artikulieren. Nun ist es freilich für den Kenner der romantischen Mythologie in ihrer späten französischen Ausprägung nicht schwer zu erraten, daß die 'Zauberin', an die sich die Fragen der ersten acht Strophen richten, mit der Schauspielerin des Märchenstücks personalidentisch ist, die in den beiden letzten Strophen auftritt, und damit virtuell auch mit dem von dieser verkörperten 'guten Geist'[69]. Baudelaire hat diese Auffassung ausdrücklich autorisiert durch den Titel der Erstveröffentlichung, "A la Belle aux

---

[68] Auch hier hatte Baudelaire bei der Vorveröffentlichung in der *Revue des Deux Mondes* vom 1. Juni 1855 die letzten beiden Verse ("Mais de toi je n'implore, ange, que tes prières /[...]") durch einen Gedankenstrich abgesetzt, doch ist die Markierung der Atempause vor der abschließenden Bitte an die Geliebte von der ersten Auflage der *Fleurs du Mal* an auf einen Strichpunkt reduziert, zweifellos um die vom Refrain eingeschlossene Strophe nicht auseinanderzureißen.

[69] Es handelt sich um *virtuelle* Identitäten, von denen der Dichter hofft, sie möchten sich als real erweisen, ganz wie in der klassischen Behandlung des Themas in Gérard de Nervals Novelle *Sylvie* (1853): Dort geht es bis zuletzt um die Frage, ob die vom Dichter/Erzähler verehrte Pariser Schauspielerin Aurélie wohl identisch ist mit dem Schloßfräulein Adrienne, die ihm als Kind wie eine zweite Beatrice Portinari begegnet war und die er einige Jahre später, nach ihrem Eintritt ins Kloster, in der Rolle einer der Unterwelt entstiegenen, Christi Sieg über Tod und Hölle verkündenden Lichtgestalt wiedererkannt zu haben meint – ohne sicher zu sein, ob er nicht die letzte Episode nur geträumt hat. Wie schon der Name der Schauspielerin, "Aurélie", ahnen läßt, schlagen hier die Geheimnisromanstrukturen des großen Archetypus, von Goethes *Wilhelm Meister*, durch.

cheveux d'or" – *La Belle aux cheveux d'or* war das Stück, als dessen Protagonistin Marie Daubrun einst im Théâtre de la Porte-Saint-Martin aufgetreten war[70]–, er hat diesen Titel nur später, wohl als zu anekdotisch, verworfen. Allein die Vortragsweise – oder die sie rekonstruierende Leseweise – kann jetzt noch deutlich machen, daß die Klage der beiden Schlußstrophen sich an die gleiche Instanz richtet wie die Fragen des langen ersten Teils; es ist die Klage dessen, der im Verharren nach seinem Hilferuf innegeworden ist, daß er keine Erhörung zu erwarten hat.

In *Chant d'automne* liegen die beiden Gedichthälften in Ton und Stimmung am weitesten auseinander: Auf das tableau der einsamen Herbst- und Todeserwartung folgt, völlig unerwartet, die 'causerie' mit der Geliebten, in der die Zuwendung die Oberhand gewinnt. Der Stimmungsumschwung wird um so fühlbarer, als die Thematik ungebrochen vom ersten zum zweiten Teil durchläuft. Es kommt nur die – ambivalente – Beziehung zu der Geliebten hinzu, die in ihrer Ausstrahlung die Dinge buchstäblich in einem milderen Licht erscheinen läßt: den Verlust des Sommers mit seiner Helligkeit, der der Dichter immer noch nachtrauert (Str. 7, V. 3: "en regrettant l'été blanc et torride"); die Minderung der Strahlkraft der Sonne, deren Untergang am Horizont der Dichter gleichwohl eine eigene, wenn auch: flüchtige Beglückung abgewinnt (Str. 6, V. 3 f.: "[...] la douceur éphémère/[...] d'un soleil couchant"); den Einzug des Herbstes, der immer noch ein 'großer' Herbst ("un glorieux automne", Str. 6, V. 4) werden könnte; den Tod, der zwar erst jetzt beim Namen genannt wird (Str. 7, V. 1: "La tombe attend ..."), nun aber zugleich als Versöhner erscheint, um der Geliebten nur noch eine "kurze Pflicht" (ebd.: "Courte tâche!") übrigzulassen. Indem sie so nacheinander alle Motive des bedrückenden ersten Teils aufgreifen und sie in eine neue Perspektive rücken, bewegen sich die letzten drei Strophen in der Nähe der Palinodie, die nun freilich, wie schon ihr Name besagt, ein *neues* Gedicht nach dem Bauplan des alten erfordert[71]. Der Dichter der klassischen Palinodie ist stets ein an-

[70] Zu den nicht wenigen detaillierten Reminiszenzen aus dem Stück im Text des ganzen Gedichts vgl. den Kommentar von Pichois.

[71] Das bekannteste Beispiel ist Metastasios kunstvolle *Palinodia* (1746), die Zurücknahme der 13 Jahre früher geschriebenen Kanzonetta *La Libertà*. Das

derer, eines Bessern Belehrter, der zu einem spätern Zeitpunkt noch einmal zum gleichen Thema dichtet und damit, selbst wenn er sich nicht von der Stelle bewegt hat, auch in einer andern, zumindest anders wahrgenommenen Umgebung. So ist es auch hier, selbst wenn Baudelaire mit der Sprechtechnik der 'causerie' die Kluft zu überbrücken sucht, die ein älterer Dichter gerade betont hätte, so wie sich der Petrarca des Einleitungsgedichts der *Rime sparse* 'teilweise' abgrenzt von dem, der er war, als er seine Gedichte schrieb (sonetto 1, V. 3 f.),

In su 'l mio primo giovenile errore,
Quand' era in parte altr'uom da quel ch'i' sono;
(...)

III

Wie das Beispiel des Psalms 22 belegt, hat Baudelaire die Zweiteiligkeit lyrischer Gedichte nicht erfunden. Allerdings ist die Unterteilung der Psalmen in ihrer gottesdienstlichen Funktion begründet, während man bei Baudelaire geneigt sein wird, die romantische und postromantische Vorliebe für das Fragmentarische für die Aufgabe der geschlossenen Form verantwortlich zu machen.

O. Walzel hat sich an einer Stelle seines zu seiner Zeit sehr einflußreichen Werks *Gehalt und Gestalt im Kunstwerk des Dichters*

---

spätere Gedicht revoziert 13 Strophen lang Strophe für Strophe, über die gleichen Reime, das zuvor Gesagte:

La Libertà, Str. 1:

"Grazie agl'inganni tuoi,
Al fin respiro, o Nice,
Al fin d'un infelice
Ebber gli dèi pietà:
Sento da' lacci suoi,
Sento che l'alma è sciolta;
Non sogno questa volta,
Non sogno libertà."

Palinodia, Str. 1:

"Placa gli sdegni tuoi;
Perdono, amata Nice;
L'error d'un infelice
È degno di pietà.
È ver, de' lacci suoi
Vantai che l'alma è sciolta;
Ma fu l'estrema volta
Ch'io vanti libertà."

Usw.

(1923) ausdrücklich die Frage gestellt, seit wann es in der deutschen Lyrik "Gedicht(e) in Gegenwartsform" gibt, die "nicht bloß einen einzigen Augenblick (vorführen), sondern ein Nacheinander von Augenblicken"[72]. Der entscheidende Durchbruch scheint ihm, nach Ansätzen bei Klopstock (*Die Frühlingsfeier*, 1759) und zuvor schon bei Ch. E. v. Kleist, von Goethe in dem auf der Schweizer Reise 1775 geschriebenen, ursprünglich titellosen[73] Gedicht geleistet, das 1789 in der ersten Sammlung seiner Gedichte in der folgenden, endgültigen Fassung veröffentlicht wurde:

Auf dem See

Und frische Nahrung, neues Blut
Saug' ich aus freier Welt;
Wie ist Natur so hold und gut,
Die mich am Busen hält!
Die Welle wieget unsern Kahn
Im Rudertakt hinauf,
Und Berge, wolkig himmelan,
Begegnen unserm Lauf.

Aug', mein Aug' , was sinkst du nieder?
Goldne Träume, kommt ihr wieder?
Weg, du Traum, so gold du bist:
Hier auch Lieb' und Leben ist.

---

[72] Erschienen in der Reihe: Handbuch der Literaturwissenschaft, Berlin-Neubabelsberg ²1929; Nachdruck: Darmstadt 1957, hier: S. 238–240; Zitat: S. 238.

[73] Die in der Hamburger Ausgabe (Bd 1, S. 102) der frühen Fassung vorangestellte Datierung "15. Junius 1775, aufm Zürichersee." ist verkürzt (richtig: "Den 15. Junius 1775. Donnerstags morgen aufm Zürchersee."), und es fehlt auch, wie schon in den Anmerkungen der Jubiläums-Ausgabe (*Goethes Sämtliche Werke*, hg. E. von der Hellen, 40 Bde und 1 Registerbd, Stuttgart/Berlin 1902–1912, Bd 1, S. 318 f. zu S. 50), der Hinweis, daß das Gedicht im Tagebuch der (ersten) Schweizer Reise nur unter andern unter dieser Datierung steht und daß diese, die erste Eintragung des Hefts überhaupt, auch nicht von Goethes, sondern von Lavaters Hand herrührt. Zudem verwischt die ungenaue Wiedergabe "Zürichersee" die allgegenwärtige Reminiszenz an Klopstocks Ode *Der Zürchersee* (1750). Vgl. die Faksimilewiedergabe in Goethe, *Tagebuch der ersten Schweizer Reise 1775 – Mit den Zeichnungen des Autors und einem vollständigen Faksimile der Handschrift*, hg. H.-G. Dewitz (Insel Taschenbuch. 300), Frankfurt a. M. 1980, S. 8 ff. und den Kommentar, S. 144.

Auf der Welle blinken
Tausend schwebende Sterne,
Weiche Nebel trinken
Rings die türmende Ferne;
Morgenwind umflügelt
Die beschattete Bucht,
Und im See bespiegelt
Sich die reifende Frucht.[74]

Seine früheren Arbeiten resümierend kommentiert Walzel zu diesem Gedicht, es sei, “als ob während der Niederschrift der Zusammenhang des Gedichts erst entstünde”:

> (...) das Lied erweck(t) den Eindruck, als wäre die Stimmung, die am Schluß herrscht, noch nicht von Goethe erreicht, wenn er die ersten Verse aufzeichnet. Nicht nur der Inhalt des letzten, auch des zweiten Absatzes ist noch Zukunft, wenn das Lied beginnt.[75]

Diese Feststellungen sind, soweit sie die reale Genese des Goetheschen Gedichts betreffen, von unmittelbarer Evidenz. Es gilt jedoch, nicht den realen Schreibvorgang und das Bewußtsein, vor allem aber: die Selbstdarstellung des Dichters im Gedicht zu verwechseln, auch wenn diese sich, wie nicht selten beim jungen Goethe, in verwirrender Weise überschneiden.

Walzel hat nun durchaus gesehen, daß das eigentliche Thema des Gedichts nicht etwa die wechselnden Naturimpressionen sind, daß es vielmehr auf die “Wandlung” ankommt, die das “Ich des Gedichts” durchmacht, eine Wandlung, die “erraten werden (muß) aus den vielartigen Spiegelungen, die den einzelnen Augenblicken, die den verschiedenen Stufen der Gemütsstimmung des Ichs erstehen”[76]. Von dieser Charakterisierung muß freilich der mittlere Abschnitt (V. 9–12) ausgenommen werden, den Walzel als Niederschlag einer alsbald überwundenen “Störung” anzusehen scheint; denn hier spricht der Dichter ja sein Dilemma unmittelbar an, das das im Anschluß notierte zweite Gedicht *Vom Berge in die See* dann ganz explizit so artikuliert (V. 1 f.):

---

[74] Text nach: Hamburger Ausgabe Bd 1, S. 102 f.

[75] *Gehalt und Gestalt* S. 238.

[76] Ebd.

Wenn ich, liebe Lili, dich nicht liebte,
Welche Wonne gäb' mir dieser Blick![77]

Es ist Auslegungssache, ob man wie Walzel annimmt, daß die Spannung in dem ersten Gedicht nach der Mitte "sofort durch kräftigen Willensentschluß" hinwegeskamotiert wird, oder ob man ihr untergründiges Fortdauern unterstellt, während die wechselnden Eindrücke der Seelandschaft auf den Dichter eindringen (was eher auf der Linie der sonstigen Aussagen Goethes über das quälende Ende seiner Beziehung zu Lili Schönemann läge). In jedem Fall ist die Zäsur nach den ersten acht Versen die entscheidende, denn hier öffnet sich plötzlich der seelische Hintergrund, vor dem die Reise abläuft. Auch das Autograph der ersten Fassung bestätigt diesen Befund: Es bezeichnet nur hier einen Neueinsatz[78] und läßt – im Gegensatz zur Druckfassung von 1789 – den neuerlichen Rhythmuswechsel nach Vers 12 unmarkiert.

Es fällt auf, daß auch Goethe – wie nach ihm Baudelaire – nach der Zäsur mit einer Anrede fortfährt, allerdings mit einer Selbstanrede, die sich rasch in eine Anrede zwar nicht an die Geliebte, von der er sich zum Zeitpunkt der Reise ja gerade zu lösen versucht, aber an den 'goldnen' Traum von ihr, an ihr "Bild" verwandelt, wie Goethe sonst schon einmal sagt[79]. Daß in einer Situation wie dieser Selbstanrede, Anrede an das simulacrum und echte Anrede an die Geliebte austauschbar sind, verdeutlicht nicht zuletzt das bereits erwähnte zweite Gedicht *Vom Berge in die See*, das Lili wieder unmittelbar apostrophiert[80]. Es sind dies gewissermaßen Moda-

[77] Hamburger Ausgabe Bd 1, S. 103.

[78] Spatium vor V. 9; Doppelstriche am linken Rand vor V. 1 und vor V. 9 als Alinea-Markierungen.

[79] Etwa in dem lange Zeit dem Lili-Zyklus zugeordneten späteren Gedicht *Jägers Abendlied.*

[80] Wahrscheinlich ist sogar für das ganze Gedicht immer noch Lili als primär intendierte Leserin mitzudenken. Ja Goethe mag zeitweise erwogen haben, das Tagebuch mit den geselligen bouts rimés auf den ersten Seiten und mit den Rechenschaftsberichten über die täglichen Wanderungen für sie zu führen, von der er sich "ohne Abschied" getrennt hatte, in der trügerischen Meinung, sich "gar nicht von ihr zu entfernen" (*Dichtung und Wahrheit*, 18. Buch – Hamburger Ausgabe Bd 10, S. 127). Die Parallelen zu den Entstehungsbedingungen des Tagebuchs der Italienischen Reise für Frau v. Stein sind zumindest auffällig.

litäten der Selbstinszenierung des Lyrikers. Denn um situations- und zustandsangemessene Inszenierung des Ichs mit Hilfe der zu Gebote stehenden lyrischen Formen handelt es sich. L. Spitzer hat im Zusammenhang mit dem von Walzel analysierten Gedichttyp den Dichter, sofern er sich des "invozierende(n) 'du' " und des "evozierende(n) Präsens" bedient, mit einem "Sänger in der Oper" verglichen, der "dem ihm allein sichtbaren Phantom entgegen die Arme heb(t), den Blick zuwende(t) usw."[81]. Aber die unerwartete Abwendung zunächst ad se ipsum, dann zum "Traum"-Bild der abwesenden Geliebten ist nur der markanteste Punkt einer kunstvoll aufgezogenen lyrischen Szene.

Das Gedicht isoliert eine am Ende offene Sequenz der Fahrt auf dem See; die Bootsfahrt ist der bewegte Schauplatz, auf dem sich die lyrischen Stimmungsumschwünge ereignen, zu dem sich auch die Natur ringsum wie zu ihrer vorgegebenen Mitte verhält. Die Berge 'kommen' den Rudernden 'entgegen'("Begegnen unserm Lauf", V. 8), auch die abschließende Passage (V. 13–20) zeigt die Landschaft in Bewegung, und sei es um den Preis der optischen Täuschung (die "Nebel trinken/[...] die türmende Ferne", V. 15 f.), selbst der Blickfang der "reifende(n) Frucht" am Ende (V. 20) suggeriert noch ein wenn auch sehr viel weiter ausgreifendes Werden. Die Erinnerung an das Zurückgelassene bricht in dieses Kontinuum ein, die Berg- und Seelandschaft kann den Blick des beglückten Betrachters nicht länger festhalten, das Auge "sink(t) (...) nieder" (V. 9), der hierher Entflohene muß sich gegen das Ferne wehren, das ihn eingeholt hat. Danach ziehen vor dem Auge des, wie es scheint, nüchterneren, aber auch wacheren, für alles Schöne noch empfänglicheren Reisenden weiter die Eindrücke der Seelandschaft vorbei.

Die spätere Fassung, der Goethe nicht nur in seinen veröffentlichten Gedichtbänden, sondern auch in seinem Bericht über die Schweizerreise im 18. Buch von *Dichtung und Wahrheit*[82] den Vor-

---

[81] "Über zeitliche Perspektive in der neueren französischen Lyrik (Anredelyrik und evokatives Präsens)" (1923), aufgenommen in *Stilstudien*, 2 Bde, München 1928; Nachdruck: Darmstadt 1961, Bd 2: *Stilsprachen*, S. 50–83, hier: S. 53.

[82] Hamburger Ausgabe Bd 10, S. 140. Auf der folgenden Seite führt Goethe das zweite Gedicht aus dem "Gedenkheftchen" im ursprünglichen Wortlaut an und bezeichnet diese Fassung als "ausdrucksvoller". Man kann also für unser Gedicht wohl von einer echten Verwerfung der ersten Fassung sprechen.

zug gibt, überwölbt den Ablauf der Szene durch den distanzierten Eingang, dessen Sprecher schon weiß, daß hier "*frische* Nahrung, *neues* Blut" aus "*freier*" – und das heißt bei Goethe nicht zuletzt: bindungs-freier[83] – "Welt" gesogen wird. In der ursprünglichen Fassung stand von alldem nur das enthusiastisch nach rückwärts abgrenzende "nun", wie man es aus den *Römischen Elegien* kennt (7, V. 7 f.):

Nun umleuchtet der Glanz des helleren Äthers die Stirne;
Phöbus rufet, der Gott, Formen und Farben hervor.

und die "Natur", die den Dichter "am Busen hält" (V. 4), ist noch nicht ereignis- und raumübergreifend 'Natur' schlechthin, sondern die reale, "herrlich(e)" Natur, die ihn umgibt (erste Fassung, V. 1–4):

Ich saug' an meiner Nabelschnur
Nun Nahrung aus der Welt.
Und herrlich rings ist die Natur,
Die mich am Busen hält.

Eben *diese* Natur stellt sich dem Dichter wieder vor Augen, sowie er aus seinen "Träume(n)" in seine Umgebung zurückfindet, wo – wie nicht allzu zuversichtlich gesagt wird – "*auch* Lieb' und Leben ist" (V. 20).

Walzels historische Situierung des 'Gedichts in Gegenwartsform', das 'ein Nacheinander von Augenblicken vorführt', ist auf Widerspruch gestoßen. Wie W. Preisendanz gelegentlich einer "Abschiedsaria" von J. Ch. Günther (*An Leonoren bey dem andern Abschiede*, 1719/1720) vorgetragen hat[84], ist es eher so, daß erst die maßgeblich von Ch. Batteux geprägte klassizistische Kunsttheorie des europäischen 18. Jahrhunderts die lyrische Dichtungsart auf die punktuelle 'Abschilderung' der "gegenwärtige(n) Verfassung der Seele",

---

[83] Vgl. die auffällige Retusche in der letzten Strophe des Friederike-Gedichts *Mit einem gemalten Band* (Str. 4, V. 2): "Reiche *frei* mir deine Hand", statt des ursprünglichen: "Reich mir deine liebe Hand!"

[84] "Präsente Bedrängnis – Über ein Gedicht von Johann Christian Günther", in *Jahrbuch der Deutschen Schillergesellschaft* 18 (1974) S. 221–234, bes. S. 231 ff.

der "Empfindung, die sie hat", fixiert, im Gegensatz zu den auf zeitliches Weiterrücken, auf die Darstellung von "Handlung" angelegten andern beiden großen Genera Epos und Drama[85]. Das ist zweifellos richtig, nur führt kein Weg von dem "Vorganghaften"[86], wie es bei Günther, aber im Prinzip auch etwa schon in Malherbes *Consolation à Monsieur Du Périer* (1607) faßbar wird[87], zu den Abfolgen von Stimmungsumbrüchen, die bei Klopstock und Goethe aufkommen. Günthers Situationsgedicht steht noch in einer ganz anderen Tradition als Goethes fragmentierte Konfession vom Zürcher See. Die vom Anfang bis zum Ende durchgehaltene *Fiktion*, "daß der Sprecher Auge in Auge gewahr wird, wie sich das Vorgefühl ihrer Verlassenheit (der Verlassenheit der Adressatin, K. M.) im Verlauf des Abschieds steigert"[88], weist zurück auf die Techniken der *rhetorischen* Psychagogie, die in der älteren Lyrik ja vielfach zugrundeliegen. Solche in Szene gesetzte Einfühlung gehört unter anderm zu den obligaten Persuasionsstrategien sowohl des philosophisch-rhetorischen wie des poetischen Genus der consolatio, und Günthers 'Abschiedsaria' ist formgeschichtlich nichts anderes als ein in sein Gegenteil verkehrtes Trostgedicht, wobei, wie Preisendanz richtig beobachtet, das neustoizistische Ethos verschiedentlich noch durch-

---

85 Die Vermittlung für den deutschsprachigen Raum erfolgt vor allem durch J. A. Schlegels Übersetzung von Batteux' grundsätzlicher Schrift *Les Beaux Arts réduits à un même principe* (1746): *Einschränkung der Schönen Künste auf einen einzigen Grundsatz*, Leipzig 1751; Zitate: S. 217 f. und S. 215; wichtig in unserem Zusammenhang ist besonders die erstgenannte Stelle. Sie liest sich im Original so: "Tant que l'action marche dans le drame ou dans l'épopée, la poésie est épique ou dramatique; dès qu'elle s'arrête, et qu'elle ne peint que la seule situation de l'âme, le pur sentiment qu'elle éprouve, elle est de soi lyrique (...)" (III, 1, Kap. 13: "Sur la poésie lyrique"; zit. Ausg.: Batteux, *Principes de littérature*, hg. E. P. Allais, 6 Bde, Paris 1824, Bd 1: *Les Beaux Arts réduits à un même principe*, S. 269; bei Preisendanz in Schlegels Wiedergabe zitiert auf S. 233) Als Beispiele eines solchen 'Anhaltens' der Handlung als Voraussetzung lyrischen Sprechens zitiert Batteux denn auch den dramatischen Monolog.

86 Preisendanz, "Präsente Bedrängnis" S. 231.

87 Vgl. Spitzers ältere Analyse des Gedichts, die dem – sich schrittweise anbahnenden – "Sieg der Raison" das "unterirdische Wühlen des Schmerzes" gegenüberstellt ("Ehrenrettung von Malherbes *Consolation à Monsieur Du Périer*" [1926], wiedergedruckt in *Stilstudien* Bd. 2, S. 18–29, hier: S. 24).

88 Preisendanz, "Präsente Bedrängnis" S. 232.

schlägt[89]. Die Angesprochene soll 'sich' gar nicht über den Weggang des Sprechers 'trösten' – sie soll sich am Ende nicht nur selbst, auch der Sprecher soll ihr leid tun ("Du daurest mich." – V. 48, vgl. V. 1).

Wenn es somit bei Günthers Trennungsgedicht und andern vergleichbaren älteren Texten nicht notwendig ist, davon auszugehen, daß von außen "ein objektives gegenwärtiges Geschehen in die Rede dringt"[90], ist in Goethes Tagebuchgedicht ein solcher Befund geradezu protokollarisch festgehalten: Die Natur, in die der Dichter sich aus unerträglichen Zwängen aufgemacht hat, hält ihn "nun" ganz und gar umfangen, solch neue Geborgenheit wird zum Anstoß des Sprechens; die unvermeidliche Besinnung auf die zurückgelassenen Lebensverhältnisse, der Gedanke an Lili lassen die Rede verstummen, bis schließlich die vollzogene Bewußtseinsklärung ein weiteres, jetzt sehr viel nüchterneres Registrieren der auf den Dichter einströmenden Naturimpressionen erlaubt. Ein vergleichbares Abbrechen und Wiedereinsetzen der dichterischen Rede auf einer andern Bewußtseinsebene ist bei Günther nicht zu beobachten[91]. Walzel[92] und Spitzer[93] haben zu Recht auf der Neuheit der Goetheschen Dichtungsweise insistiert, die tatsächlich über ihre Zeit hinausweist.

---

[89] Ebd. S. 229 f. Preisendanz verweist vor allem auf die "unverkennbar stoizistische Formel" V. 25:

"Obgleich betrübt, jedennoch unverzagt."

Aber auch andere Stellen wären zu nennen wie die "Formel 'Ergieb dich drein!'" (S. 227), die den Übergang von der sechsten zur siebten Strophe herstellt. Alle diese sehr markanten, devisennahen Stellen liegen quer zur eigentlichen Intention des Gedichts, dessen Besonderheit eben darin besteht, daß "der Abschied, den es zum Motiv hat, (...) nicht als ein poetisch vergegenwärtigter, 'aufgehobener' und reflektierter zur Sprache gebracht (ist)" (ebd.).

[90] Ebd. S. 232.

[91] Er "läßt" sogar im Gegenteil, entsprechend der gewählten Gedichtform, dacapo-artig "Eingang und Ausklang zusammenfallen", welche Beobachtung Preisendanz eben zum Anlaß nimmt, "das eigentümliche Hervortreten des Vorganghaften" besonders herauszustellen (ebd. S. 231).

[92] Vgl. *Gehalt und Gestalt* S. 239: "... was Goethe noch zu leisten hatte."

[93] Vgl. "Über zeitliche Perspektive" S. 51 f.

Spitzer rühmt an dem Gedicht – und an andern Gedichten Goethes aus der gleichen Zeit wie *An Schwager Kronos* (1774) –, "Goethes Art" gebe "den seelischen Ablauf von aller berichtenden oder erklärenden Darlegung befreit"[94]. Mit solchen Qualitäten nähert sich das Gedicht *Auf dem See* der Rede im Drama oder auch im "lyrischen" Drama in der französischen Terminologie des ausgehenden 17. und 18. Jahrhunderts, d. h. der Oper im französischen Stil[95]. Es kann so nicht überraschen, wenn andere, spätere Belege für die hier untersuchte Erscheinung in authentischem genetischem Zusammenhang mit dem Versdrama auftreten – bis hin zu Valérys erklärtermaßen an den Übergängen in der dramatischen Rede Racines orientiertem poème *La Jeune Parque* (1917).

IV

Bei den großen Lyrikern der französischen Romantik hält man vergeblich nach Vergleichbarem Ausschau. Spitzer hat als (Gegen-) Beispiel den Lamartine der *Méditations* (1820) herausgegriffen, der "zwar die Apostrophe kennt, nicht aber die Bewegung schildernde Anrede"[96], wie sie Spitzer[97] zuvor bei A. Chénier ausgemacht hat: "Es wechselt (...) weniger die Landschaft als Punkte in ihr, die der Dichter betrachtet. Ein Nebeneinander in der Landschaft ist aufgelöst in das Nacheinander verschiedener 'Betrachtungen'."[98] Lamartines Tableaus sind statisch, auch wenn sich am Ende von *L'Iso-*

---

[94] Ebd. S. 56.

[95] Walzel spricht schon gelegentlich von Klopstocks *Frühlingsfeier* explizit von einem "Brauch des dramatischen Selbstgesprächs" (*Gehalt und Gestalt* S. 239).

[96] "Über zeitliche Perspektive" S. 75.

[97] Ebd. S. 73 f. Spitzer betont allerdings selbst, "wie unsicher" bei Chénier im Vergleich zu Späteren noch "die zeitliche Perspektive gestellt ist. Zwar wird die innere Zerrissenheit des Dichters, werden seine unzusammenhängenden Entschlüsse und Unausgeglichenheiten ausgezeichnet gemalt, aber die einzelnen Phasen seines Erlebens sind nicht deutlich abgesetzt." (S. 74) Er illustriert diese Feststellung mit Belegen aus Chéniers Elegien, aber auch bei andern, dem traditionellen elegischen Genus fernerstehenden Texten ergibt sich kein wesentlich verschiedener Befund.

[98] Ebd. S. 75 f.

lement der Herbstwind erhebt und in *Le Soir* zuletzt die Nebel aufsteigen, und die jeweils zugrundeliegende vorgegebene Befindlichkeit wird im Laufe des Gedichts nur noch entfaltet.

Lamartines berühmtes See-Gedicht, mit dem man die französische Romantik 'beginnen' zu lassen pflegt[99] (*Le Lac)*, macht da keine Ausnahme. Die Strophen des Gedichts zeichnen nach, wie aus der (Wieder-)Begegnung mit einer zum Herzen sprechenden Natur und der unvermeidlich sich einstellenden Erinnerung ein neues Bewußtsein ersteht – der übermächtige Eindruck einer grenzen- und konturlos verrinnenden Zeit[100]. Aber bei allem Anschein der Spontaneität der Blick- und Gedankenführung obsiegen doch die Ansprüche einer abgerundeten Komposition, wenn auch nicht zu verkennen ist, daß die zentrale Aussage, eben das unaufhaltsame Ineinanderfließen von Gegenwart und Vergangenheit, den Verzicht auf jede einschneidende Zäsurierung nahelegte. Selbst der Rekurs auf das Zitat der erinnerten Rede der Geliebten, der die Technik der Baudelaireschen Causerie-Gedichte vorwegnimmt (Str. 6–9), bewirkt bei Lamartine keinen Bruch in der einen großen deklamatorischen Bewegung – die Zitatstrophen führen die noch recht unspezifische Zeitklage des Anfangs fort und leiten unmittelbar über zu der immer weiter ausgreifenden lyrischen 'Meditation' über Zeit und Ewigkeit, die der Dichter nun gewissermaßen stellvertretend für die beiden Liebenden artikuliert (Str. 10 ff.).

Man kommt zu keinem grundsätzlich anderen Ergebnis, wenn man weitergeht zu Hugo, der in *Tristesse d'Olympio* zwanzig Jahre später noch einmal dasselbe Sujet behandelt, oder zu Musset, der in seiner *Lettre à M. de Lamartine* (1836) auf einer neuen Ebene die eigene trost- und lichtlose Situation, in der er sich des Lamartineschen Gedichts entsann, der strahlenden Welt seines poetischen Vorbilds gegenüberstellt. Die formale Zäsur zwischen dem einleitenden Bericht (Str. 1–8) und den elegischen Stanzen des Ich-Substituts (Str. 9–38) in Hugos Gedicht kann nicht über die Gleichförmigkeit der

---

99 So kommentiert etwa F. Rauhut: "Mit diesem Gedicht begann die Romantik in der französischen Lyrik." (*Geschichte und Anthologie der französischen Lyrik*, Bd 3: *Von Chénier bis Baudelaire*, München ^{2}1952, S. 71)

100 Vgl. R. Glassers nach wie vor kongenialste Deutung des Gedichts in seinen *Studien zur Geschichte des französischen Zeitbegriffs* (Münchner Romanistische Arbeiten. 5), München 1936, S. 208 f.

Zeitklage hinwegtäuschen, die von Anfang an die Momente der Erinnerung in immer neuen Natureindrücken aus der Perspektive des Ausgeschlossenen reiht (vgl. Str. 8, V. 3 f.: "[...]/Ainsi qu'un paria /Il erra tout le jour.")[101], und auch bei Musset ebnet der durchgehende Appell an den etablierten Vorgänger im Namen des gemeinsamen Schmerzes alle Übergänge ein. Der vermeintliche 'beau désordre' lyrischer Sprunghaftigkeit, die Überblendung von einem Schauplatz zum andern erweisen sich als Elemente einer nachgerade aufdringlichen Strategie der Gleichsetzungen. In der Konstellation der Eingangsszene, in der dem großen Byron in Venedig die Huldigung des jungen Lamartine zu Ohren kommt (V. 1–48), soll der Adressat der Versepistel sich selbst und seinen Bewunderer wiedererkennen (vgl. V. 49 ff.), der seinerseits beansprucht, in der Finsternis einer Pariser Gasse 'genau denselben' Verlust empfunden zu haben[102] wie einst der "amant d'Elvire" (V. 183) angesichts des Lac du Bourget, so unterschiedlich nicht nur die Szenerie, sondern auch die persönlichen Umstände tatsächlich waren, was wiederum dazu führt, daß er seine und Lamartines *äußere* Situation mitleidheischend miteinander vergleicht[103].

---

101 Den Hang zur Häufung vieler heterogener Momente hat G. Poulet zu Recht als charakteristisch für Hugos Zeitauffassung herausgestellt; vgl. *La Distance intérieure* (= *Études sur le temps humain II*), Paris 1952, Kap. 6.

102 Vgl. V. 84 ff.:

"Te le dirai-je, à toi, chantre de la souffrance,
Que ton glorieux mal, je l'ai souffert aussi?"

Usf. Musset schreibt gewissermaßen nur seine These von der "maladie du siècle" aus der wenig zuvor publizierten *Confession d'un enfant du siècle* fort.

103

"Ce n'etait pas au bord d'un lac au flot limpide,
Ni sur l'herbe fleurie au penchant des coteaux;
Mes yeux noyés de pleurs ne voyaient que le vide,
Mes sanglots étouffés n'éveillaient point d'échos.
C'était dans une rue obscure et tortueuse
De cet immense égout qu'on appelle Paris;
(...)"

(V. 131–136)

Bekanntlich hat diese suggestive Selbstinszenierung Mussets Taine so sehr beeindruckt, daß er sie zur Grundlage einer typologischen Gegenüberstellung, diesmal mit der Welt eines Tennyson, im Schlußkapitel (V, 6, 5) seiner *Histoire de la littérature anglaise* (1863–1864) machte.

Den ersten Schritt zur lyrischen Artikulation eines durch Bewußtseinszäsuren getrennten 'Nacheinander von Augenblicken' hat in Frankreich Gérard de Nerval in seinen *Chimères* (1854) gewagt, und es scheint, als habe dabei wiederum Goethe Pate gestanden. In jedem der besonders änigmatischen ersten sechs Sonette, von *El Desdichado* bis *Artémis*, setzt wenigstens einmal die Rede ganz neu ein, aus einer veränderten Perspektive und Bewußtseinslage heraus. Als Scharnier dient so gut wie regelmäßig der Übergang von den Quartetten zu den Terzetten, manchmal auch noch die Pause vor dem Schlußterzett; zwei Gedichte, *Myrtho* und *Delfica*, haben sogar im Lauf der Textgeschichte zeitweise ihre Terzette ausgetauscht, und das Terzett, das *Delfica* abschließt, dient in leicht abgewandelter Form auch als Schlußstrophe zweier weiterer Sonette, die nicht in die *Chimères* aufgenommen wurden, *A Madame Aguado* und *Érythréa*[104].

Am augenfälligsten ist wohl die Zäsur in der Mitte von *El Desdichado* (1853) am Anfang des Zyklus:

El Desdichado

Je suis le Ténébreux, – le Veuf, – l'Inconsolé,
Le Prince d'Aquitaine à la Tour abolie:
Ma seule *Étoile* est morte, – et mon luth constellé
Porte le *Soleil noir* de la *Mélancolie.*

Dans la nuit du Tombeau, Toi qui m'as consolé,
Rends-moi le Pausilippe et la mer d'Italie,
La *fleur* qui plaisait tant à mon cœur désolé,
Et la treille où le Pampre à la Rose s'allie.

Suis-je Amour ou Phébus? ... Lusignan ou Biron?
Mon front est rouge encor du baiser de la Reine;
J'ai rêvé dans la Grotte où nage la Sirène ...

Et j'ai deux fois vainqueur traversé l'Achéron:
Modulant tour à tour sur la lyre d'Orphée
Les soupirs de la Sainte et les cris de la Fée.

[104] Vgl. den Lesartenapparat der Ausgabe der *Œuvres*, hgg. A. Béguin und J. Richer, 2 Bde (Bibliothèque de la Pléiade. 89. 117), Paris 1952–1956, Bd 1, S. 1150 f.

Auf eine emblematisch verschlüsselte Selbstvorstellung im Zeichen des "Selbstwertverlustes" (H. Heckhausen[105]), wie sie der Titel schon ankündigt (V. 1–4), und auf die Entfaltung mindestens zweier, einander entgegengesetzter Landschaften der Erinnerung ("la nuit du tombeau" [V. 5] vs. "le Pausilippe et la mer d'Italie" [V. 6], "la treille où le Pampre à la Rose s'allie" [V. 8]), die dem sprechenden Ich eine gewisse biographische Konsistenz verleihen (vgl. V. 5 f.: "[...] Toi qui *m'as consolé/Rends-moi* [...]", und V. 7: "La *fleur qui plaisait tant à mon cœur désolé* " [bis auf "fleur" alle Hervorhebungen von mir, K. M.]), folgt hier ein plötzliches Innewerden der Ungewißheit der eigenen Identität, das die einleitende Feststellung "Je suis ..." (V. 1) geradezu in einem fragenden "Suis-je ..." aufhebt[106]:

> Suis-je Amour ou Phébus? ... Lusignan ou Biron?
> (V. 9)

Diese Frage läßt erneut ein Erinnerungsfragment aufsteigen (V. 10 f.: "Mon front *est rouge encor* du baiser de la Reine;/ *J'ai rêvé* dans la Grotte où nage la Sirène ..."), das dann nach einem neuerlichen Innehalten überleitet zu einer "Befestigung"[107] der Ich-Identität im Bericht von der sieghaften 'doppelten' Überquerung der Grenze zwischen Leben und Tod auf Orpheus' Spuren (V. 12–14: "*Et j'ai* deux fois vainqueur traversé l'Achéron" usw.).

H. Heckhausen, der das Sonett einer psychologischen Analyse unter ausdrücklicher Absehung von allen literarischen Valeurs unterzogen hat, gelangt zu diesem Fazit:

> Ohne Zweifel spiegelt es keine flüchtige Augenblicksstimmung; ja in dieser Hinsicht ist das Sonett geradezu alyrisch. Vielmehr scheint

---

[105] Vgl. H.H./Verf., "Über psychologische und literarische Analyse poetischer Texte", in *Poetica* 1 (1967) S. 253–283, hier: S. 274. Ich verweise hier insgesamt auf Heckhausens Beschreibung der Bewußtseinsverläufe des Sonetts, S. 272–278.

[106] Darauf hat schon J. P. Richard aufmerksam gemacht: "Au lieu de s'affirmer, le *je* nervalien va donc vaciller, s'interroger: au *je suis* va succéder le *suis-je?*, au *et* le *ou*, à la répétition l'alternative (...)" ("Géographie magique de Nerval", in *Poésie et profondeur*, Paris 1955, S. 13–89, hier: S. 59)

[107] So Heckhausens Analyse, S. 273 (Tabelle 1) und S. 275 f.

es der Ausdruck einer zeitlich gerafften Retrospektion auf Wandlungen des eigenen Selbstbildes zu sein. Das Durchlaufen einer Selbstwertkrise wird in einer vierteiligen Phasenabfolge ohne jede Zeitdimensionierung zum Ausdruck gebracht, genauer: zeitlich verdichtet. Die zeitliche Erstreckung des ganzen Zyklus bleibt offen.[108]

Heckhausen geht sogar davon aus, daß das Sonett einen rekurrenten – kathartischen – Zyklus abbildet[109]. Das letztere ist zumindest für die Gruppe der ersten sechs Sonette der *Chimères* im ganzen nicht von der Hand zu weisen: Immer wieder folgt auf die Bilanz des Verlorenen und auf die Beschwörung von Landschaften der Erinnerung nach einer Pause der Sprachlosigkeit ein neuer Anlauf der Selbstvergewisserung. Der zum Teil plusquamperfektische elegische Rückblick auf eine einstige 'griechische' Identität in den Quartetten von *Myrtho* (vgl. V. 5: "C'est dans ta coupe aussi que *j'avais bu* l'ivresse,/ [...]") wird nach der Sonettzäsur abgelöst vom Innewerden eines Wissens um die Zeichen der Wiederkehr des niemals ganz Versunkenen (V. 9: *"Je sais* pourquoi, là-bas, le volcan s'est rouvert ..."). *Antéros* setzt ein mit der zunächst nicht recht glaubhaften Vorstellung des Dichters als eines heimlichen Rächers der alten Götter, der beansprucht, wenigstens "manchmal" ("parfois", V. 8) "auf seinem nachgiebigen Nacken ein ungezähmtes Haupt" zu tragen ("sur un col fléxible une tête indomptée", V. 2), dann sinkt der Blick hinab zu dem in die tiefste Hölle ("[le] fond des enfers", V. 10) verbannten, als letztem besiegten "Ahn", den Göttern Baal "oder" Dagon (V. 11), ehe dann wieder, nach einer durch Auslassungspunkte markierten Pause, im letzten Terzett der dreimal in den Totenfluß Getauchte sich glorreich als der letzte Kämpe seiner "amalekitischen Mutter" (V. 13) erhebt, der zu ihren Füßen die alte Drachensaat aussät. Etwas anders sieht die Verlaufskurve von *Delfica* aus, des mit Abstand ältesten unter den ersten sechs Stücken der Sammlung (zuerst gedruckt Ende 1845 mit der Datie-

[108] Ebd. S. 277.

[109] Ebd.: "(Gesichert) scheint jedenfalls, daß der Selbstwertkrisen-Zyklus (...) erfahren, ja, mehrfach, wenn nicht immer wieder erfahren worden ist." Gérard de Nervals dichterische 'Protokolle' seiner Krankheits- und vorübergehenden Heilungsphasen erweisen sich einmal mehr als Vorboten der klinischen Methoden des 20. Jahrhunderts, hier der "sogenannten nicht-lenkenden oder patientenzentrierten Therapie" (Heckhausen, ebd., mit Literaturhinweis in Anm. 86).

rung "Tivoli, 1843" – Text o. S. 430). Hier hat schon K. Stierle in seinem Beitrag zu diesem Bande die "Über(gänge) ins Schweigen" bezeichnet, nach denen jeweils mit verändertem Sprachgestus und einer neuen Vorstellungswelt "aus dem Ungesagten und dem Nachklingen des Gesagten das Gedicht wieder hervortritt"[110] – es sind eben die mit Auslassungspunkten abgesetzten Intervalle, hier nun: zwischen *allen* Strophen des Sonetts. Auch in *Delfica* folgen die unverbundenen erinnerten Landschaften und Augenblicke in den beiden Quartetten und die Prophetie der Wiederkehr des Verlorenen im ersten Terzett aufeinander, aber mit dem letzten Terzett kommt die euphorische Bewegung abrupt zum Stillstand – es ist noch nicht soweit:

> Cependant la sibylle au visage latin
> Est endormie encor sous l'arc de Constantin
> – Et rien n'a dérangé le sévère portique.

Das auffälligste Merkmal der ersten sechs *Chimères* ist freilich, daß, wie Heckhausen im Fall des *Desdichado* mit Recht hervorhebt, mit der Einhaltung jener – innerhalb einer gewissen Marge variierenden – "vierteiligen Phasenabfolge" die Aufgabe jeglicher "Zeit-" und, wie man hinzufügen muß, auch Raum"dimensionierung" einhergeht; und das hat natürlich wiederum etwas mit der Identitätsinstabilität des sprechenden Ich zu tun, die Dumas in seiner Präsentation der Erstveröffentlichung von *El Desdichado* mit den wiederkehrenden Schüben der Krankheit seines Freundes in Verbindung bringt[111], während dieser in seiner Replik in der Widmung der *Filles du feu* vorzieht, von einem "Ergreifen der ganzen Folge meiner früheren Leben" zu sprechen:

> Du moment que j'avais cru saisir la série de toutes mes existences antérieures, il ne m'en coûtait pas plus d'avoir été prince, roi, mage, génie et même Dieu (...)[112]

---

[110] "Diskontinuität – der Ursprung einer Kategorie des modernen Dichtens bei Nerval und Goethe", o. S. 427–457.

[111] "Causeries avec mes lecteurs", in *Le Mousquetaire* vom 10. Dezember 1853; Gérard de Nerval zitiert den entscheidenden Passus in seiner Widmungsvorrede zu den *Filles du feu*, "A Alexandre Dumas" (*Œuvres* Bd 1, S. 173 f.).

[112] Ebd. S. 175.

Austauschbarkeit des Ich, der Schauplätze und der Zeiten bedingen sich wechselseitig, sie lassen aber auch die einzelnen Phasen noch stärker isoliert erscheinen. Stierle hat das am Beispiel der "Diskontinuitäten" von *Delfica* demonstriert; er spricht von "Bruchstücke(n) vieler Gedichte", die so "übereinandergelegt" zu sein schienen, "als sei das eine Gedicht durchscheinend auf andere, dahinterliegende Gedichte, die sich eindrängen"[113], mit dem Ergebnis, daß zu den Aposiopesen und Neueinsätzen an den Strophengrenzen die Brüche zwischen den sich ablösenden Schichten der erinnernden Vergegenwärtigung hinzukommen.

Gérard de Nerval hat sich die diskontinuierliche Schreibweise seiner *Chimères* bei Goethe abgesehen, wie der (von Stierle im Detail durchgeführte) Vergleich von *Delfica* mit der deutschen Vorlage, Mignons Lied "Kennst du das Land, wo die Zitronen blühn ...", deutlich macht, aber er hat diese Schreibweise fast bis zur Unentzifferbarkeit verabsolutiert. Das gilt zumal für die späteren *Chimères*, aber auch schon für das Sonett *Delfica*, das noch am ehesten die Sangbarkeit der alten "Romanze" bewahrt, als die ("cette ancienne romance") es sich selbst, oder vielmehr seine 'Quelle', Mignons in einer fremden Sprache (!) gesungenes Lied[114], gleich im ersten Vers thematisiert (Goethe stellte bekanntlich Mignons Lied bei der ersten separaten Veröffentlichung im Jahre 1815 an den Anfang seiner "Balladen", die zuvor genauer als "Balladen *und Romanzen*" betitelt waren). Zwar wird die balladentypische[115] Strophenverket-

[113] "Diskontinuität" S. 430, Vgl. S. 436 f.

[114] Der im Roman wiedergegebene Liedtext wird als eine 'Übersetzung' Wilhelm Meisters deklariert, der "die Originalität der Wendungen (...) nur von ferne nachahmen (konnte)", und Goethe fügt hinzu: "Auch konnte der Reiz der Melodie mit nichts verglichen werden." (III, 1; Hamburger Ausgabe Bd 7, S. 146) Die Vorstellung einer solchen 'verlorenen' einzigartigen Melodie mußte den Autor von *Fantaisie* ("Il est un air pour qui je donnerais ...", 1832) faszinieren. Die mehr oder weniger eindeutigen Indizien für Gérard de Nervals Vertrautheit mit Goethes *Wilhelm Meister* sind über sein Werk verstreut; außer der bereits von Stierle ("Diskontinuität", S. 447 f.) herangezogenen Stelle in den späten *Promenades et souvenirs* ist namentlich noch der enthusiastische Exkurs über das *Hamlet*-"Kapitel" (sic) in den *Acteurs anglais* von 1844/1845 (!) anzuführen (zugänglich in *Œuvres complémentaires de Gérard de Nerval*, hg. J. Richer, Paris 1959 ff., Bd 1: *La Vie des lettres*, S. 219–230, hier: S. 222 f.).

[115] Für Goethe "gibt" nach der (ziemlich späten) "Betrachtung" über die "Bal-

tung des Vorbilds zugleich apostrophiert (V. 4: "[...]/Cette *chanson* d'amour *qui toujours recommence?*") und beziehungsreich anzitiert (V. 1: *"La connais-tu,* Dafné, cette ancienne romance ..." – V. 5: "*Reconnais-tu* le TEMPLE au péristyle immense ..."), aber die Einschnitte zwischen den Strophen sind ungleich tiefer, vor allem die Pausen vor den beiden Terzetten markieren jedesmal sowohl einen ganz neuen Reflexions- und Redeeinsatz als auch ein Eintauchen in jeweils andere mythisch-historische Zusammenhänge. Gerade in dem letzten Punkt unterscheiden sich die beiden Gedichte fundamental: Zwar reiht auch schon Mignons Lied einzelne bald mit Sehnsucht, bald mit Angst besetzte Erinnerungsfragmente aneinander, die vor allem von der stoßweisen Bewegung des Gedichts zusammengehalten werden, aber man muß nicht Goethes Angebot einer fortschreitenden prosaischen Enthüllung der biographischen Hintergründe des Gedichts im Lauf der beiden Wilhelm-Meister-Romane annehmen[116], um zu bemerken, wie homogen die vom Idyllischen ins Schreckliche changierende arkadische Szenerie ist, die die

lade" gelegentlich des so betitelten Gedichts "das Wiederkehren ebendesselben Schlußklanges (...) dieser Dichtart den entschiedenen lyrischen Charakter" ("Ballade, Betrachtung und Auslegung" [1821] – Hamburger Ausgabe Bd 1, S. 400–402, hier: S. 400). In Mignons Lied korrespondiert wie in nicht wenigen Balladen mit dem Refrain ein gleichbleibender Stropheneingang ("Kennst du ..."). Diesen rekurrenten Stropheneinsatz, der sich wesentlich eher mit der Sonettstruktur vertrug als ein Refrain, variiert – und interpretiert – *Delfica* nachdrücklich: "La connais-tu ..." (V. 1) / "*Re*connais-tu ..." (V. 5), mit einem weiteren "Echo" (Stierle, "Diskontinuität" S. 435) zu Beginn des ersten Terzetts: "Ils reviendront ..."

[116] Goethe wird zum Opfer der Usancen des Schauerromans seiner Zeit, der alle geheimnisvollen Vorgänge zuletzt aufgeklärt wissen will, wenn man gegen Ende des *Wilhelm Meister* erfährt, daß Mignon 'tatsächlich' in ihrer Kindheit am Lago Maggiore gelebt hat und daß sie nach ihren Wanderungen auf den Stufen unter den "Säulen des Portals vor einem Landhause in der Nachbarschaft" auszuruhen pflegte und "dann in den großen Saal (lief)" und "die Statuen (besah)" (VIII, 9 – Hamburger Ausgabe Bd 7, S. 587). Man kommt nicht ganz um die Feststellung herum, daß Goethe durch diese abschließende buchstäbliche Verifizierung und örtliche Verankerung des im Gedicht nur Angedeuteten der weitverbreiteten banalisierenden Rezeption seiner Verse als "Ausdruck einer romantisch-modischen Italiensehnsucht" (Stierle, "Diskontinuität" S. 447) in gewisser Weise Vorschub geleistet hat, so wie er auch den "Maler", der in den *Wanderjahren* (II, 7) mit Wilhelm zu den Orten von Mignons Kindheit wallfahrtet, den künftigen Illustratoren seiner Werke mit schlechtem Beispiel vorangehen läßt.

drei Strophen evozieren[117], wie eindringlich hier "nicht eine allgemeine sondern besondere Erfahrung, eine abgesunkene Erinnerung an einen besondern Ort"[118] angesprochen ist, den Mignon allenfalls vom Hörensagen mit 'Italien' identifizieren kann. Die Sonette der *Chimères* hingegen spielen, wie auch schon ihr Titel besagt, im Nirgendwann und Nirgendwo, eben im "pays des chimères"[119], das als einziges übrigbleibt, nachdem der Dichter vergeblich seinen "amours perdues" (so der zeitweise erwogene Titel der *Filles du feu*[120]) durch die Landschaften seiner Seele nachgejagt ist: Paris mit seinen Theatern, das Valois seiner Kindheit, den wilden Westen, die vulkanische Erde von Neapel und Pompeji, schließlich das deutsch-französische Grenzgebiet.

H. Meschonnic hat in seiner Untersuchung der 'écriture' Gérard de Nervals ("Essai sur la poétique de Nerval", 1958), die in der Tendenz schon R. Jakobsons drei Jahre später erschienene Programmschrift "Poėzija grammatiki i grammatika poėzii"[121] vorwegnimmt,

---

[117] Dazu vgl. demnächst Vf., "Verlorenes Paradies, verlassenes Paradies, unbetretbares Paradies – Über Raum und Zeit in idyllischer und elegischer Dichtung", in Hgg. R. Bauer/D. Fokkema, *Proceedings of the Twelfth Congress of the ICLA*, München 1990.

[118] Stierle, "Diskontinuität" S. 441.

[119] Der bekannte Satz aus Julies letztem großem Brief – "Le pays des chimères est en ce monde le seul digne d'être habité ..." (*La Nouvelle Héloïse* VI, 8) – ist zweifellos nicht die einzige Quelle für den Titelbegriff der *Chimères*; wie schon in der antiken Überlieferung sind für Gérard de Nerval die Chimären vor allem vielgestaltige weibliche Feuerwesen, aus deren "stählernen Krallen" kein Entkommen ist, so wie er es in seinem Feuilleton über Heines *Intermezzo* formuliert – ein Passus, der einmal mehr eher eigenes Programm als Charakterisierung des Fremden ist: "voyageant, à sa fantaisie, du monde biblique au monde païen, il lui donne (= à la femme) parfois la croupe de lionne et les griffes d'airain des chimères. La femme est la chimère de l'homme, ou son démon, comme vous voudrez (...)" ("L'Intermezzo" [1848], in *Œuvres complémentaires* Bd 1, S. 84–92, hier: S. 89) Das hindert nicht, daß Rousseau, der vielfältig in den *Filles du feu* präsent ist, das Stichwort für die außerräumliche und außerzeitliche Fortschreibung der imaginären Geographie des Bandes liefern konnte. Zur Aufteilung der Schauplätze der *Filles du feu* vgl. insbes. J. Gaulmier, *Gérard de Nerval et les* Filles du feu, Paris 1956, Kap. 2.

[120] Brief an den Verleger D. Giraud von Ende November 1853, in *Œuvres* Bd 1, S. 1047.

[121] In *Poetics/Poetyka/Poėtika,* Warszawa 1961, S. 397–417; dt. H. Schmid in R. Jakobson, *Poetik – Ausgewählte Aufsätze 1921–1971*, hgg. E. Holenstein/T.

die Brüche innerhalb der Bild- und Gedankenfolge der späten Sonette ganz generell durch den Einfluß der deutschen und französischen Ballade zu erklären versucht[122]. So frappierend manche seiner Beobachtungen zur Syntax (*et*- und *ou*-Verkettungen[123], elementare Fügungen mit *c'est/c'est que*[124], Einführung von Redegegenständen mit dem bestimmten Artikel[125]) und zur Reimtechnik (refrainartige Anaphern im Reim, 'rime facile'[126]) in den *Chimères* sind, wird man nach dem Gesagten doch eher feststellen müssen, daß die eigentümliche Sonettstruktur überhaupt erst die Artikulation jener tiefgehenden Diskontinuitäten ermöglichte und daß anderseits nur die Prägnanz des Sonetts ein Auseinanderfallen der einzelnen Verlaufsphasen verhindert.

Wenn der Hinweis auf die Ballade tragen soll, dann müßte dieser Gattungsbegriff, an den sich in der europäischen Vorromantik und Romantik viele Hoffnungen knüpften, in einem wesentlich weiteren Sinne als gemeinhin üblich aufgefaßt werden – etwa so wie ihn der späte Goethe in seiner Bestimmung der "Ballade" konzipiert:

> Die Ballade hat etwas Mysterioses, ohne mystisch zu sein; (...) Das Geheimnisvolle der Ballade entspringt aus der Vortragsweise. Der Sänger nämlich hat seinen prägnanten Gegenstand, seine Figuren, deren Taten und Bewegung so tief im Sinne, daß er nicht weiß, wie er ihn ans Tageslicht fördern will. Er bedient sich daher aller drei Grundarten der Poesie, um zunächst auszudrücken, was die Einbildungskraft erregen, den Geist beschäftigen soll; er kann

---

Schelbert (Suhrkamp Taschenbuch Wissenschaft. 262), Frankfurt a. M. 1979, S. 233–263.

122 In H. M., *Pour la poétique III – Une Parole écriture*, Paris 1973, S. 15–53, s. bes. S. 39–53, hier: S. 49 f.: " (...) – discontinuité de la représentation: les changements de personnes dans *Antéros*, l'emploi de l'allusion, de la mythologie; – discontinuité des vers: c'est (...) une rupture de la succession logique de l'un (= d'un alexandrin) à l'autre, d'une strophe à l'autre. Ce rythme coupé provient de la ballade." Kritisch dazu schon K. Stierle, *Dunkelheit und Form in Gérard de Nervals* Chimères (Theorie und Geschichte der Literatur und der Schönen Künste. 5), München 1967, S. 91 f.

123 "Essai sur la poétique de Nerval" S. 40.

124 Ebd. S. 48.

125 Ebd.

126 Ebd. S. 40 f.

> lyrisch, episch, dramatisch beginnen und, nach Belieben die Form wechselnd, fortfahren (...)[127]

Die unterbrochenen Gedichte der europäischen Vorromantik und Romantik sind in der Tat ein Indiz dafür, daß der Dichter sich mittlerweile "aller drei Grundarten der Poesie" souverän "bedien(en)" und so auch in der lyrischen Aussage innehalten und 'anderswo' fortfahren kann, wie dies bislang das Vorrecht des Erzählers zu sein schien. Wenn dies dazu führte, daß die für den Roman seit Flaubert charakteristischen 'blancs' in der Lyrik schon früher als Kunstmittel auftauchen, so mag das an der dieser häufig zugeschriebenen natürlichen Neigung zum avantgardistischen Experiment liegen, vielleicht aber auch daran, daß in der auf Konzentration angelegten lyrischen Sprache eine Unterbrechung eher spürbar war.

127 "Ballade" S. 400.

NEUES PUBLIKUM
NEUE KUNST

Fritz Nies

Der Leser der Romantik
Ein ikonogaphischer Streifzug

Die von der Konstanzer Schule entwickelte Rezeptionsästhetik konzentriert ihr Interesse bekanntlich auf jenen Rezipiententyp, der seine Lese-Erfahrungen in eigene Texte umsetzt und diese publiziert – als Dichter, Schriftsteller, Kritiker, Wissenschaftler. Was Konstanzer und Konstanzianer bisher überwiegend fesselte, war einmal das Phänomen der Intertextualität insbesondere der Werke von Höhenkamm-Autoren, die sich mit Gelesenem textschöpferisch auseinandersetzten. Zum andern war es die jedem Text inhärente Rollenfigur des 'impliziten' oder 'intendierten' Lesers. Faktische Rezeption bei jener nichtschreibenden Mehrheit, für die zumindest gedruckte Literatur immer bestimmt ist, taucht im Gesichtsfeld der genannten Forschergruppe relativ selten auf. Zwar hat sich in ihrem methodischen Kielwasser eine 'empirisch' orientierte Rezeptionsforschung entwickelt, die die Aufnahme von Literatur analysieren möchte nicht nur beim vertextenden Ausnahme-Individuum, sondern auch beim breiten Publikum als einer Vielheit vergleichbar Reagierender. Vertreter solcher meist quantifizierender Empirie pflegen allerdings zu empfehlen, man solle eine Erforschung der Breiten-Rezeption auf die Gegenwart beschränken. Nur für sie könne man die Demoskopie nutzen als vorgeblich ebenso unerläßliches wie zuverlässiges Instrument. Für Aussagen über die Rezeptionsweise vergangener Zeiten sei die Beleglage einfach zu dürftig[1]. Doch auch für solche Epochen sind die Forschungschancen keineswegs so düster, wie sie gewisse Demoskopie-Freaks malen. Manche der zahlreichen Informationsquellen[2] sind allerdings Rezeptionshi-

[1] Vgl. W. Bauer u. a., *Text und Rezeption – Wirkungsanalyse zeitgenössischer Lyrik am Beispiel des Gedichts* Fadensonnen *von Paul Celan* (Ars poetica. Studien. 14), Frankfurt a. M. 1972, S. 23 f.

[2] So die Versteigerungskataloge von Privatbibliotheken (siehe dazu F. Beckmann, *Französische Privatbibliotheken – Untersuchungen zu Literatursystematik und Buchbesitz im 18. Jahrhundert*, Frankfurt/M. 1988) oder Vorworte

storikern zu wenig vertraut. Das gilt insbesondere für eine Quellenart, die Mediävisten und Alt- oder Frühhistoriker häufig nutzen, wogegen sie Spezialisten für neuzeitliche Literatur kaum kennen. Diese ungemein ergiebige Quelle ist die bildliche Darstellung von Leseakten.

Gewiß spiegeln solche Dokumente – ebensowenig wie Umfrageresultate – nicht 'objektive Wirklichkeit' früheren Lesens. Sie stehen – betonen wir einmal mehr diese Banalität – unter Gesetzen des für darstellende Künste spezifischen Transfers von Alltagsphänomenen. In ihrer Gesamtheit jedoch bündeln sie typische Leitvorstellungen der Künstler; sie werden über die Verbildlichung und Reproduktion einer Betrachter-Gemeinschaft vermittelt und bestimmen deren Vorstellungsraum. Schließlich enthalten solche künstlerischen Transpositionen – bei aller gebotenen Vorsicht – auch Hinweise auf die Sozialgeschichte und Kulturgeschichte der Rezeption. Bildbelege erlauben nicht nur die Überprüfung, Stützung oder Abrundung von Resultaten, die aus anderen Quellenkategorien gewonnen wurden – etwa über Korrelationen zwischen bestimmten Lesertypen und bestimmten Lesestoffen. Leserbilder geben auch dort noch Fingerzeige, wo gängige Auskunftsquellen der Lesergeschichte versiegen: Keine Auflagenziffer, kein Ausleih- oder Nachlaßverzeichnis, kein Privatbibliothekskatalog informiert uns über das Wie, Wann und Wo von Lektüre.

Daß in all dies gerade ikonographische Materialien wertvolle Einblicke erlauben, soll hier am Beispiel der romantischen Periode gezeigt werden. Eine Antwort auf die – wie üblich – kontroverse Frage der Epochengrenzen[3] werde ich mir dabei insofern erleichtern, als ich Belege vom Beginn des 19. Jahrhunderts bis gegen Ende seiner fünfziger Jahre berücksichtige. Dieser Zeitraum erscheint schon deshalb besonders geeignet für meine Analyse, weil für keine vorausgehende Epoche auch nur annähernd gleich viele Belege verfügbar sind. Unter den bekannten Künstlern der Zeit waren nur wenige, die nicht wiederholt Lesende zum Gegenstand der Verbildlichung gemacht

(siehe dazu U. Heyden, *Zielgruppen des Romans – Analysen französischer Romanvorworte des 19. Jahrhunderts* [Studia Romanica. 67], Heidelberg 1987).

[3] Für den Bereich der französischen Literatur siehe dazu das Kapitel "Problématique du romantisme", in M. Milner/C. Pichois, *Littérature française* Paris 1985 ff. Bd 7: *De Chateaubriand à Baudelaire* (1985) S. 7–16.

[1] C. F. Stelzner, *Damenbildnis* (1843).

[2] H. Daumier, "Quand le journal est trop intéressant" (1846).

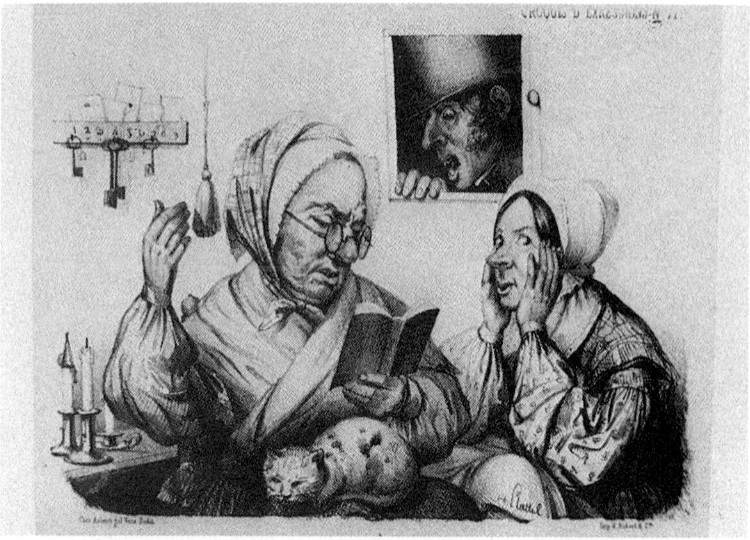

[3] H. D. Plattel, *Lisant un roman à haute voix* (1850).

[4] Anon., o. T. (Biedermeierzeit).

[5] H. Daumier, "(...) à quatre heures il revient de son bureau, il me demande son volume, et il prétend que rien ne m'amuse" (1842).

[6] H. Daumier, "La v'là qui au lieu de lait verse du cirage dans mon chocolat!" (1844).

[7] H. Daumier, *Un Intérieur Parisien* (o. D.).

[8] L. L. Boilly, *La Lecture des journaux* (um 1825).

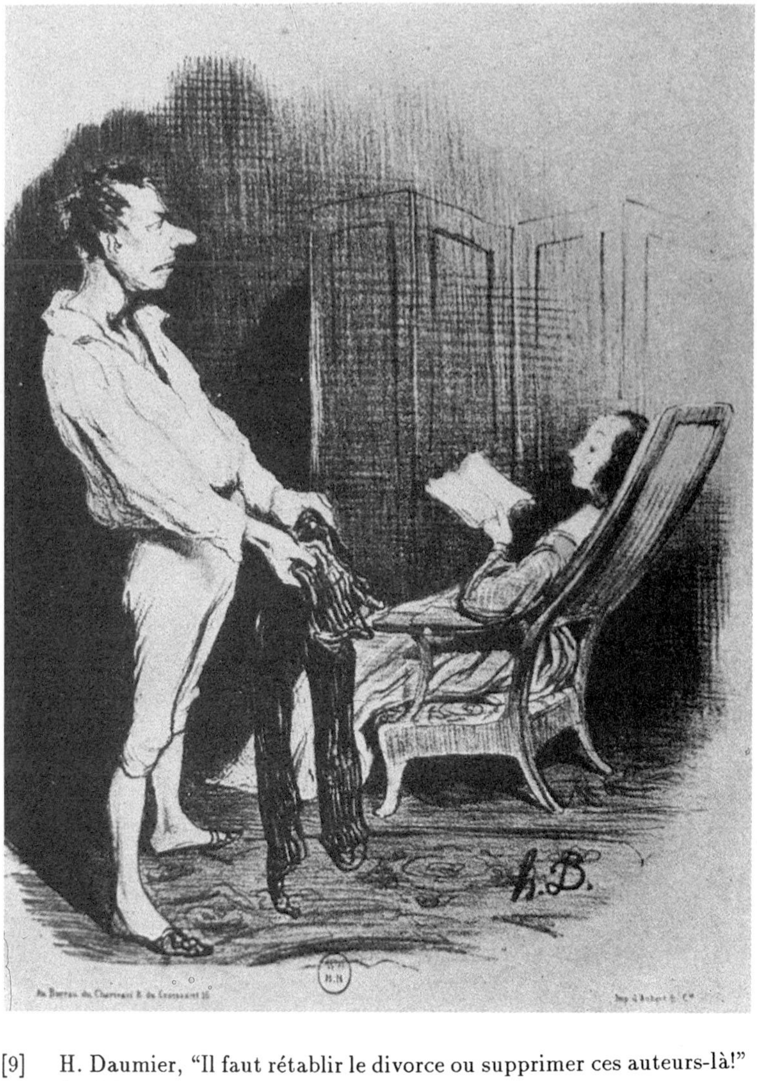

[9] H. Daumier, "Il faut rétablir le divorce ou supprimer ces auteurs-là!" (1839).

[10] Gagniet, *La Portière* (ca. 1840).

[11] Bertall, *Un mot sur les journaux* (ca. 1845).

[12] Gavarni, *Der Roman* (1835).

[13] Anon., *Luxury or the Comforts of a Rumpford* (1801).

[14] J. P Hasenclever, *Die Sentimentale* (1846).

[15] A. Pages, *Bei der Lektüre eines galanten Romanes* (um 1850).

[16] Bertall, *Une journée à l'école de natation* (o. D.).

[17] H. Daumier, "Un bon mari, qui pour distraire son épouse, la conduit régulièrement au café (...)" (1848).

[18] H. Daumier, "Il parait qu'on vient de revoir le serpent de mer (...)" (1846).

[19] H. Daumier, *Où peut conduire la lecture du Constitutionnel* (1845).

[20] H. Daumier, "(...) avoir rêvé pendant toute ma vie un époux, qui, adorât la sainte poésie, (...) cet homme-là était né pour être brochet" (1844).

hätten – von Corot und Courbet bis zu Daumier und Gavarni, von Hasenclever und A. Menzel bis zu L. Richter, von Goya bis zu Rowlandson und vielen anderen[4]. Unter den Leserdarstellungen solch namhafter Künstler befinden sich übrigens die weitaus meisten der rund 60 Porträts von Zeitgenossen. Ihnen kommt insofern ein Sonderstatus zu, als die Leserrolle auf persönlich mit dem Porträtierten bekannte Betrachter zumindest wahrscheinlich wirken mußte.

Eine Ikonographie des damaligen Lesers bleibt allerdings keineswegs angewiesen nur auf jene weit über hundert Belege, die mit berühmten Namen signiert sind. Reicht doch die Skala systematisch erschließbarer Materialien von Spielkarte und Bilderbogen bis zum Scherenschnitt und Exlibris. Solche Beispiele deuten oft schwierige Zuweisungs- und Datierungsprobleme an, auf die ich hier nicht näher eingehen kann. Einige interessante Quellentypen tauchen im Untersuchungszeitraum erstmals auf: so die Glückwunschkarte, oder das stets auf die literarische Aktualität bezogene Bildplakat von den dreißiger, der wohlfeile Bilderbogen von den vierziger Jahren an. Gleiches gilt für die neue Wiedergabetechnik der Daguerreotypie [1]. Besondere Aufmerksamkeit verdient weiter die schnell an Zahl wie Bedeutung gewinnende Textillustration und insbesondere die Karikatur, auch sie oft in Büchern oder Periodika wie *Le Charivari* oder *Journal pour rire*. Gerade die über hundert einschlägigen Karikaturen enthalten, aus einem doppelten Grund, wertvolle Informationen und Deutungen: Auch die Karikatur war damals meist stark aktualitätsbezogen, und dank überzeichnender Vereinfachung modellierte sie Typisches scharf heraus. Wie die zitierten Künstlernamen signalisieren, liegt der deutliche Schwerpunkt meiner Dokumentation in Frankreich, dem die reichliche Hälfte der rund 400 Belege entstammt. Ein weiteres knappes Drittel kommt aus dem deutschen Kulturraum, das restliche Sechstel aus anderen Ländern Europas.

Welche literaturhistorischen Erträge lassen sich aus diesem gutbestückten imaginären Museum gewinnen? Es ermöglicht vor allem einen Entwurf interferierender Typologien: von Lesern, Lektüresituationen, Lesestoffen und Lektüremodi. Beginnen wir mit einer Systematisierung augenfälliger Lesertypen. Männer sind häufiger

---

[4] Nennen wir nur Delacroix, D. G. Rossetti, C. D. Friedrich, Ph. O. Runge, Spitzweg, E. J. v. Steinle.

lesend abgebildet als Frauen, Erwachsene der mittleren Generation weit häufiger als Kinder und Jugendliche einerseits, als alte Menschen andererseits. Was die Angehörigen buch- und literaturnaher Berufe angeht, könnte man vielleicht vermuten, die Künstler hätten sie – als das Erwartbare, Normale – der Verbildlichung für unwürdig gehalten und ausschließlich jene Lesertypen ausgewählt, für die Lektüre noch als ungewöhnlich und damit 'pittoresk' zu gelten hatte. Entgegen dieser Erwartung stellt die Wiedergabe lesender Gelehrter, Literaten, Kleriker – ein scheinbar banales Sujet also – noch einen hohen Beleganteil. Für eine Sozialgeschichte der Lektüre ungleich aufschlußreicher sind natürlich Verbildlichungen von Lesern aus bescheidenen sozialen Verhältnissen, da für dieses Milieu Bildbelege nahezu die einzigen Auskunftsquellen darstellen. In die Welt der kleinen Leute gehören vereinzelte Bilder lesender Tagelöhner und Hirten, vor allem aber zwei Dutzend von Belegen für den Bereich niederer Dienstleistungsberufe: Dienstmädchen und Diener, Barbier [2] und Gewürzkrämer, Garde national und Soldat, mehrfach die Grisette[5]. Vor allem der und die französische Concierge begegnen ab 1830 – erstmals in der Leserikonographie – wieder und wieder als eifrige Leser[6] [3]. Fast alle diese Berufe verfügten – selbst während ihres Arbeitstages – wiederholt über mehr oder weniger lange Wartezeiten, deren Ausfüllung mit Lektüre sich bei fortschreitender Alphabetisierung auch dieser Schichten anbot. Derartige 'Leerzeiten' hatte auch ein recht spezieller Dienstleistungsbereich – die "biches" und "lorettes". In den vierziger und fünfziger Jahren bilden solche Pariser Spielarten von Liebesverkäuferinnen, die am Rande der Gesellschaft lebten, einen gut belegten Lesertyp[7]. All dies verdeutlicht die Fragwürdigkeit der gängigen Pauschalbe-

---

[5] Vgl. zu alle dem etwa Stiche von J. Platier (1840), Gavarni (1841) und V. Adam, zur Grisette etwa den Holzschnitt Gavarnis in L. Huart, *Physiologie de la Grisette*, Paris 1841, S. 54.

[6] Siehe etwa auch E. Bourdet (1830), in E. Fuchs, *Sozialgeschichte der Frau*, München [3]1928, S. 16; Cham, *Les Folies parisiennes* (1833); *Le Charivari* Jg. 1840; *Les Français peints par eux-mêmes*, 8 Bde, Paris 1840–1842, Bd 3, S. 54; *Le Diable à Paris – Paris et les Parisiens*, 2 Bde, Paris 1845–1846, Bd 1, S. 53; Lithographie von V. Adam.

[7] Vgl. etwa *Le Charivari* vom 26. Oktober 1857 oder Gavarnis Serie *Les Lorettes*.

hauptung, seit 1830 habe es in Frankreich "außer dem Bürgertum" kein nennenswertes "literarisches Publikum" mehr gegeben[8].

Im kleinbürgerlichen Milieu, dem mittleren Bürgertum wie der Oberschicht sind Ehefrauen weniger häufig beim Lesen abgebildet als ihre Männer. In diesen Schichten spielt die Frau, auf einem halben Hundert von Abbildungen, nur eine Statistenrolle bei der literarischen Aktivität ihres Partners [4]. Selten scheint sie sich für seine Lektüre zu interessieren. Überwiegend wirkt sie gleichgültig, oder sie versucht gar, den Lesenden zu stören. Sie überhäuft ihn mit Zärtlichkeiten oder Vorwürfen [5], zeigt sich eifersüchtig auf die Lesestoffe "non pour ce qu'ils ajoutent à nos passions, mais pour ce qu'ils en ôtent". Sie beschuldigt ihren Partner, er liebe sie weniger als seine Lektüre, er vernachlässige seine ehelichen Pflichten, oder sie plant, dem Lesesüchtigen Hörner aufzusetzen[9]. Weiter wird Frauenlektüre vom Künstler häufiger negativ gewertet als Männerlektüre. Sie gilt etwa als Krankheit der von "politicomanie" Infizierten, von abstoßenden Blaustrümpfen[10] [6] oder als Sucht von schlechten Hausfrauen, die wesentliche Pflichten ihres Geschlechts vernachlässigen [7]. Die sogar tödliche Gefahr des Lesens für beide Geschlechter verdeutlicht vor allem ein Bildvorwurf, der in unserer Untersuchungsperiode auffallend häufig thematisiert wurde: das ehebrecherische Liebespaar Paolo und Francesca aus Dantes *Inferno*[11].

Versuchen wir, als nächstes typische Wiedergaben von Lektüresituationen vorzustellen. Reichlich drei Viertel aller Belege zeigen

---

[8] So etwa bei A. Hauser, *Sozialgeschichte der Kunst und Literatur*, München ²1967, S. 753, 764.

[9] Siehe zum Vorstehenden etwa Th. Rowlandsons Karikatur *A White Serjeant* (1807); Gavarni in der Serie *Les Gens de Paris* (1845), Legende "Nini pense que les romans sont de mauvais livres..."; ders. in *Le Diable à Paris*; oder H. Daumier in *Le Charivari* vom 24. Juli 1842, Legende "En voilà un genre agréable! monsieur s'amuse à lire le soir et il s'endort; quand il se réveille il prend son livre; à quatre heures il revient de son bureau, il me demande son volume, et il prétend que rien ne m'amuse"; ders. in *Le Charivari* vom 26. August 1854, Legende "Une lecture intéressante et rafraîchissante"; eine anonyme Karikatur in *Le Charivari* vom 9. Dezember 1856.

[10] Der Hinweis auf Karikaturen Daumiers aus den Jahren 1839–1844 und besonders seine bekannte Serie *Les Bas-bleus* von 1844 mag hier genügen.

[11] Bilder von Ingres (1818), Sabatelli (1820), Pinelli (1824), Lord Leighton (ca. 1850), Grigoletti (1850), Pallaversa (1852).

Lesende im Sitzen, über fünf Dutzend von Abbildungen im bequemen Sessel oder Sofa. Recht überraschend ist, daß ungeachtet aller romantischen Naturbegeisterung über drei Viertel der Lektüreszenen in Innenräume verlegt sind. Selbst bei der Lektüre im Freien ist die von menschlichen Eingriffen unberührte Naturlandschaft – im auffälligen Unterschied zum 18. Jahrhundert – weit seltener als eine städtische oder dörfliche Szenerie oder eine Park-, Garten- und Kulturlandschaft. Nur ein knappes Drittel der Kinder und Jugendlichen, ein knappes Fünftel der Abgebildeten insgesamt liest im Gehen oder Stehen. Weit seltener noch ist das Lesen im Liegen oder im Bett thematisiert. Entgegen der romantischen Nachtschwärmerei dient als Lichtquelle in neun Zehnteln sämtlicher Fälle das Tageslicht. Und eine klare Mehrheit von Belegen verdeutlicht, daß Lesen offenbar noch als eine Aktivität galt, der man eher in Gesellschaft anderer denn allein nachging [8]. Dies ruft in Erinnerung, wie wenig die aus heutiger Perspektive übliche Mythisierung jenes "einsamen Lesers"[12], der sich von Umwelt und gesellschaftlichen Ansprüchen isoliert, historische Leitfunktion hat – nicht einmal für diejenige Epoche, deren Literatur die freiwillige oder erzwungene Vereinzelung zum Zentralthema machte. Dutzendfach evozieren Künstler die mündliche Aktualisierung des Lesestoffes, das Vorlesen, den Austausch über gerade Gelesenes – im Familien- oder Schülerkreis, mit einem einzelnen Partner (meist des andern Geschlechts oder einer anderen Generation), vor einer größeren Zuhörergruppe im Lesezirkel, im Café oder Wirtshaus, bei der Dichterlesung usf. Als Vorlesende fungieren übrigens weniger – wie man für die Romantik erwarten könnte – Mütter oder Großmütter mit Märchenbuch, sondern vorwiegend Männer. Als Szenerie dienen fast ausschließlich Innenräume, als Vorlesetexte überwiegend Bücher.

Das mag als Überleitung zur Analyse der Lesestoffe dienen. Generell gilt unverändert als beliebtestes Druckmedium, mit fast drei Vierteln aller Belege, das Buch. Das restliche Viertel entfällt auf unterschiedlichste Periodika, vom Almanach bis zur neuentstehen-

---

[12] Siehe beispielsweise H. R. Jauß, *Ästhetische Erfahrung und literarische Hermeneutik*, Frankfurt a. M. 1982, S. 751. – Zum folgenden vgl. auch R. Schenda, "Vorlesen: Zwischen Analphabetentum und Bücherwissen – Soziale und kulturelle Aspekte einer semiliterarischen Kommunikationsform", in *Bertelsmann Briefe* H. 119 (März 1986), bes. S. 6 und Anm. 16.

den Tagespresse. In einer Vielzahl von Fällen[13] erlaubt das Bild, sein Titel oder die Legende eine Bestimmung von Titel oder – erstmals in der Leseikonographie – von rezipierter Rubrik der abgebildeten Periodika, eine Identifizierung des Autors oder Werktitels von Büchern [9]. In einer Reihe weiterer Fälle gelingt zumindest die gattungsmäßige Zuordnung des Lesestoffs. Wie literaturhistorisch ergiebig solche Zuweisungen selbst für den Bereich der Presse sind, mag daraus erhellen, daß bekanntlich ein Gutteil dessen, was heute zu Spitzenautoren und Höhenkammliteratur der Zeit zählt, zuerst in Zeitungs- und Zeitschriftenfeuilletons seine Leser fand – vom Roman bis zur Theater- und Kunstkritik, vom poetischen Reisebericht bis zum Prosagedicht[14]. Unsere Belege veranschaulichen die Lektüre etwa von Blättern, in denen gleichzeitig Balzac, Dumas und E. Sue, George Sand und Lamartine publizierten[15]. Im Bereich der Buchlektüre liegt erwartungsgemäß[16] der Roman mit Abstand an der Spitze. Auch Bibel und sonstige religiöse Literatur sind ein dutzendmal evoziert. Danach erst folgt die Lektüre von Briefen, einer durch die Intimität der Adressatenansprache wohl als besonders 'romantisch' einzustufenden Gattung. Auffallend selten wird die Lektüre lyrischer und dramatischer Texte verbildlicht.

Gestatten wir uns einen kurzen Exkurs über die abgebildeten Möglichkeiten des Zugriffs auf Lesestoffe. Beim Buchkauf scheint das Antiquariat – und damit eine nicht aufgrund ihres Aktualitätswerts erworbene Spielart von Literatur – noch eine beträchtliche Rolle gespielt zu haben[17]. Daneben begegnet – wieder erstmals in der Leseikonographie – eine stattliche Anzahl von Belegen für den Konsum teils entliehener, teils zum Verleih oder unentgeltlich-öffentlicher Benutzung bestimmter Lesestoffe. Die Skala reicht von der Lektüre in Bibliotheken bis zum Concierge, der die Zeitungen seiner Mieter noch vor diesen liest [10]. Gut belegt ist seit den

[13] Drei Dutzend Periodika, etwa gleichviele Bücher.

[14] Vgl. dazu Milner/Pichois, *Littérature française* Bd 7, S. 33.

[15] *Le Commerce*, *Le Constitutionnel*, *Journal des Débats*, *La Presse* usf.

[16] Vgl. dazu das Kapitel "Essor du roman", in Milner/Pichois, *Littérature française* Bd 7.

[17] Siehe zu deren Rolle innerhalb der Buchversorgung des 18. Jahrhunderts auch Beckmann, *Französische Privatbibliotheken* passim.

vierziger Jahren jenes Cabinet de lecture, das sich während der Revolutionsperiode herausgebildet hatte und das man noch um 1850 als "établissement tout moderne" wertete[18]. In ihm versorgten sich nicht nur Frauen bis hin zur Grisette preiswert mit Büchern für die häusliche Lektüre. In ihm traf sich auch, trotz verstärkter Verbreitung leicht erschwinglicher Billigzeitungen, die Männerwelt gern zur gemeinsamen Zeitungslektüre und Diskussion. Darüber hinaus scheinen, neben dem ausgesprochenen Lesecafé, seit Mitte der vierziger Jahre auch normale Cafés Zeitungen im Klemmhalter als Service und Kundenköder offeriert zu haben.

Weit interessanter als Einzeltypologien sind deutliche Bezüge, die sich zwischen bestimmten Lesesituationen und Leseweisen, Lesertypen und Lesestoffen herausbilden. Beginnen wir mit den bereits mehrfach angedeuteten Affinitäten zwischen Leser- und Lektüreklassen. Wie schon im 18. Jahrhundert erscheint die Zeitung als ausgesprochene Männerlektüre [11], das Buch als Vorzugslektüre der Frau. Zwar demonstriert eine Reihe von Belegen weibliche Hinwendung auch zu Periodika. Doch entweder handelt es sich um ausgesprochene Frauen- oder Modezeitschriften[19], oder aber Karikaturisten glossieren, daß Leserinnen von normalen Zeitungstexten nichts verstehen oder verderbt und entweiblicht sind: Blaustrümpfe, Sozialistinnen, "divorceuses". Diese gängige Zuweisung des Buches einerseits, der Zeitung andererseits an die beiden Geschlechter insinuiert einmal Muße und Zeitüberfluß bei Frauen, Zeitmangel bei Männern. Zum andern gibt sie zu verstehen, daß Frauen sich kaum für politische oder wirtschaftliche Aktualität erwärmen – kurz für jene Lesestoffe, die sie mit den Tagesfragen der 'wirklichen' Welt konfrontieren würden. Diese Vermutung bestätigt sich, sobald man jene Buchlektüren genauer betrachtet, die von unseren Bilddokumenten als typisch weiblich hingestellt werden: vor allem Romane [12] und Erzählungen mit überwiegend galant-erotischer Dominante – vom *Lancelot* bis zu den *Amourettes* P. de Kocks, vom *Werther* bis zu H. Clausens *Mimili* und zu M. G. Lewis' *The Monk* [13]. Dann Religiöses und *Tales of Wonder*, Liebesbriefe oder die *Fleurs du*

[18] Siehe etwa L. N. Bescherelle *Dictionnaire national*, 2 Bde, Paris ^{2}1850 (^{1}1845–1847), Bd 1, Artikel "cabinet".

[19] *Moniteur de la Mode*, *Journal des Dames*, *Gazette des Femmes*, *La Mode*.

Mal[20]. Ausnahmen bilden hier nur Zeitungsleserinnen aus unteren Regionen der Sozialhierarchie: eine Concierge, die *Les Petites Affiches* liest, oder eine Grisette, die sich offenbar an Greueltaten aus der *Gazette des Tribunaux* delektiert. Männer dagegen gelten unverändert als Konsumenten vor allem historischer, juristischer, theologischer oder politischer Monographien, neuerdings auch politisch oder wirtschaftlich orientierter Zeitungen[21]. Bei Berücksichtigung des Lebensalters treten weitere geschlechtsspezifische Unterschiede zutage. Alte Männer etwa werden fast dreimal so häufig lesend dargestellt wie alte Frauen; ihr deutlich bevorzugter Lesestoff ist die Zeitung. Für Angehörige niederer Schichten gilt diese, neben Romanen besonders von P. de Kock, ab 1830 ebenfalls als klar favorisiertes Medium. In solch bildnerischer Topik spiegeln sich wohl u. a. Auffassungen von der geringen Lektürekapazität beider Gruppen – bei der einen Resultante von Zeitbudget und nur teilweiser Alphabetisierung, bei der andern von altersbedingter Sehschwäche. Auffällig ist übrigens, daß über vier Fünftel aller abgebildeten Leser, die eine Sehhilfe wie Brille oder Zwicker benutzen, dem männlichen Geschlecht angehören. Dies mag darin gründen, daß die Brille noch als Zeichen überdurchschnittlicher Bildung galt[22] und auch im Alter selbstverständlich dem Mann zugeordnet wurde.

Nun zum weitaus ergiebigsten Untersuchungsfeld, der Korrelation bestimmter Lektüresituationen mit Lesertypen, Lesestoffen und Rezeptionsweisen. Männer gelten offenbar als mobiler: Sie erschei-

---

[20] Siehe etwa die o. Anm. 11 nachgewiesenen Darstellungen von Dantes Francesca; Gavarnis Vignette in Huart, *Physiologie de la Grisette*, und den zugehörigen Text S. 53–55; Hasenclevers *Die Sentimentale* (1846); J. Gilrays *Tales of Wonder* (1802); die Farblithographie *Der verbotene Roman* (1857) in D. Larcher/Ch. Spieß, *Lesebilder – Geschichten und Gedanken zur literarischen Sozialisation* (Rororo-Sachbuch. Politische Erziehung. 7345), Reinbek 1980, S. 210; den Kupferstich nach A. Pages *Bei der Lektüre eines galanten Romanes* (ca. 1850) in E. Fuchs, *Illustrierte Sittengeschichte vom Mittelalter bis zur Gegenwart*, 3 Bde, München 1909–1912, Bd 3: *Das bürgerliche Zeitalter*, S. 88; E. Nadar/ A. D. Darjou im *Journal amusant* vom 10. Juli 1858 zu Baudelaire.

[21] Vom *Journal du Commerce* (1800) oder *Le Commerce* bis zu den *Memoirs of Norman Life* (1807), einer *Histoire des Jésuites* (1821) oder den *Biographischen Umrissen der Mitglieder der deutschen constituierenden National-Versammlung* (1848).

[22] Vgl. den Beispielsatz "Tout nez portant lunette est réputé savant" bei Bescherelle, *Dictionnaire national* Bd 1, Artikel "lunettes".

nen häufiger als Frauen lesend im Freien, häufiger auch im Gehen oder Stehen. Ihr Lesestoff ist dabei, einmal mehr, überwiegend die Zeitung. Im Liegen dagegen sind fast nur Leserinnen dargestellt, meist lässig hingestreckt im Bett oder auf dem Divan, wo sie sich räkeln zwischen weichen Kissen und Decken, in oft erotisierter Atmosphäre. Selbst sitzend provoziert die Leserin nicht selten erotische Konnotationen, ist sie doch in einer ganzen Serie von Belegen stark dekolletiert oder als Halbakt abgebildet, mehrfach im Halbdunkel oder Mondlicht [14]. Auffällig in diesem Zusammenhang ist auch ein Halbdutzend von Belegen, die Leserinnen in engem Körperkontakt zu einem Haustier zeigen: einer Katze auf dem Schoß, einem Schoßhündchen, einem Jagdhund, der sich zwischen ihre Oberschenkel drängt. Eine stattliche Reihe von Darstellungen schafft überdies ausdrückliche Bezüge zwischen solchem Ambiente von Frauenlektüre und ihrem Gegenstand, der als "galanter" oder "verbotener" Roman [15] oder als "Brief des Geliebten" identifizierbar wird[23]. Wieder und wieder suggerieren so die Künstler durch Kombination mehrerer Signale, Frauenlektüre sei entweder erotisches Stimulans oder Ersatz für sexuelle Bestätigung.

In ganz anderer Weise als Frauen werden Männer bei der Verbindung des Lesens mit unterschiedlichen Sinnengenüssen gezeigt. Männliche Leser sind es, die seit den vierziger Jahren – wohl erstmals in der Leseikonographie – Lektüre in der Badewanne demonstrieren [16]. Nicht selten rauchen sie beim Lesen, vorzugsweise bei der Buchlektüre, und zwar ausschließlich Pfeife. Auf Dutzenden von Belegen, fast dreimal so oft wie Frauen, werden Männer wiedergegeben, wie sie Lese- und Gaumengenüsse vereinen: teils rauchend beim Trinken, bei oder nach einer Mahlzeit, wobei die Zeitungslektüre schon knapp vor der Buchlektüre rangiert. Insbesondere das Lesen in Cafés oder Gaststätten erscheint als ausschließlich männ-

---

[23] Vgl. etwa die o. Anm. 20 nachgewiesenen Abbildungen *Bei der Lektüre eines galanten Romans* und *Der verbotene Roman*; den Stich *Der Brief des Geliebten* (1835) in Fuchs, *Sittengeschichte* Bd 3, S. 63, Abb. 66; Spitzwegs *Der Liebesbrief* (um 1845/1846). – Zum Folgenden: Diese Funktion von Frauenlektüre scheint eine nicht nur ikonographische Konstante bis zur Gegenwart geblieben zu sein. Vgl. dazu L. Muth, "Die Frau – Favoritin des Buchhandels – Das Buch als Erlebnisquelle und Partnerersatz – Zu einer Umfrage", in *Frankfurter Allgemeine Zeitung* vom 13. Oktober 1984.

liches Vorrecht [17]. Durch solch häufige Kombination mit dem Genuß stimulierender Drogen wird die Männerlektüre selbst zum wirkmächtigen Stimulans stilisiert. Es ließen sich noch zahlreiche weitere Bildingredienzen anführen, die offenbar dazu dienen sollen, insbesondere das Sensorium des Lesenden anzusprechen: Evoziert wird etwa Lektüre beim Schnupfen, am wohligen Ofen- oder Kaminfeuer, in sommerlicher Flußkühle oder im Baumesschatten, beim Vogelgezwitscher oder – besonders bei Leserinnen – in der Nähe starkduftender Blumen wie Lilien oder Rosen. In alle dem wird, über Geschlechtergrenzen hinweg, unverkennbar die Auffassung transparent, idealer Lektüre sei eine Atmosphäre angemessen, die den Menschen vor allem als Sinnenwesen affiziert. Diese Idealvorstellung von Lektüre kristallisiert sich eindrucksvoll in der schon gezeigten Karikatur eines "paisible bourgeois", der mit "toutes les sensualités qui lui sont chères" – lies Schnupftabaksdose und "livre bien-aimé" – in der warmen Badewanne sitzt[24]. Derart augenfälliger Sensualismus deutet – konform mit romantischer Menschen- und Weltsicht – das Lesen als eine Aktivität, die den Intellekt der Empfindungsfähigkeit unterordnet. Und Lesen erscheint in diesem Kontext auch weit häufiger als Genuß denn als Anstrengung, als deren Lohn Bildung, in Alltagspraxis umsetzbares Wissen, sozialer Aufstieg winken. Als spannungsvoller Genuß ist es stets selbst dann präsentiert, wenn es im Umfeld der Beschäftigung und Erziehung von Heranwachsenden auftaucht. Einzig Frauen werden mehrfach gezeigt, wie sie sich jenem Genuß nicht ungeteilt hingeben, sondern ihn mit einer nützlichen Tätigkeit – dem Stricken – verbinden.

Erwähnen wir kurz eine weitere atmosphärische Bildkomponente: die Beleuchtung von Leseszenen. Drei Viertel der Belege zeigen Lektüre bei natürlichem Licht – fast immer Tageslicht, nur vereinzelt im Mondschein. Beim Überwiegen der Interieurs liegt es nahe, daß Leser gerne in Fensternähe gezeigt werden, d. h. bei bestmöglichem Leselicht. Allerdings plaziert sie ein halbes Hundert von Abbildungen nicht seitlich mit dem Rücken zur Lichtquelle, d. h. in einer optimalen Lichteinfall auf den Lesestoff garantierenden Position, sondern mit Gesicht oder Seite zum Fenster. Ein Beweggrund dafür mögen jene malerischen Hell-Dunkel-Effekte gewesen sein, die

[24] *Le Diable à Paris* Bd 1, S. 128 f.

man seit Vermeer auszunutzen gelernt hatte. Doch ikonisch signalisiert diese Variante gewiß mehr. Lektüre mit Blick aus dem Fenster heißt auch, sich geschützt wissen vor den Unannehmlichkeiten einer unbekannten und von Abenteuern erfüllten Außenwelt, aber dennoch den Kontakt mit ihr beim Lesen bewahren und sie nach Belieben hereinholen zu können in die Geborgenheit des Phantasie- und Innenraums. Es mag kein Zufall sein, daß bei diesem Bildtyp die Leserinnen klar überwiegen.

Erstmals in unserer Untersuchungsperiode werden nun einer nennenswerten Zahl von Leseszenen künstliche Lichtquellen zugeordnet. War es im 18. Jahrhundert noch weniger als ein Zwölftel der zuweisbaren Belege, so ist es nun fast ein Viertel. Als klar bevorzugter Lesestoff bei künstlicher Beleuchtung erscheint das Buch. Dies mag damit zusammenhängen, daß die Leuchtkraft der wiedergegebenen Lichtquellen mit wenigen Ausnahmen stark beschränkt und so kleinformatiger Lesestoff besser ausgeleuchtet war. Hellstrahlende Deckenleuchter blieben offenbar wenigen, für die Öffentlichkeit bestimmten Örtlichkeiten vorbehalten: dem Café oder Gasthaus, dem Lesekabinett, der Großbibliothek. Im privaten Bereich dominiert klar die Tischlampe oder die meist einzelne Kerze auf Tisch oder Nachttisch; gelegentlich dient als Lichtquelle sogar das Kaminfeuer. Hinter dem so entstehenden engen Lichtkreis versinkt oft der Rest des Raumes in geheimnisvolles, entgrenzendes, die Phantasie beflügelndes Halbdunkel. Mehrere Szenen stellen explizite Bezüge her zwischen solch 'schummriger' Beleuchtung und grusligem Lesestoff – etwa beim Vorlesen der *Tales of Wonder* in verschreckter weiblicher Runde, bei einem durch Zeitungsberichte vom Auftauchen des "serpent de mer" entsetzten Ehepaar [18], bei dem von Spukgestalten umschwebten Leser von Poes *The Raven*, der Geisterbeschwörung im Zauberbuch bei Fackelschein[25].

Besonders französische Karikaturisten thematisieren wieder und wieder, daß ein Sich-Einlassen auf die Welt des Gedruckten ungemein problematisch sei. Es hindert – wie wir gesehen haben – Barbier und Concierge, Ehemann und Liebhaber an der Erfüllung

[25] Siehe Gilrays Stich *Tales of Wonder* (1802); H. Daumiers "Il paraît qu'on vient de voir le serpent de mer (...)" (1846); D. G. Rosettis *The Raven* (1846/1847); M. Giraldos *Histoire curieuse et pittoresque des Sorciers* (1846).

ihrer Pflichten und alltäglichen Aufgaben[26], die Ehefrau am Kochen, Knöpfeannähen, Putzen und Waschen. Das neuentstehende Universum der Zeitungen erscheint in sich widersprüchlich[27], ihre Lektüre führt in den Sumpf [19]. Immer wieder erkennen die Lesenden den Abgrund, der sich auftut zwischen der Traumwelt ihrer Lektüre und der sie umgebenden Alltagswelt: hier die gealterte Ehefrau, der erschreckend häßliche oder prosaisch-spießige Ehemann mit Nachtmütze oder Angel [20], die lästigen Mückenschwärme, dort die Welt der "sainte poésie", gewebt aus Naturschönheit, aus "mousse odorante" und Mondstrahlen in den vom Abendwind gewiegten Weidenzweigen, aus Trunkenheit und Liebesschwüren, Aristokratie und Reichtum, Freiheit von den Zwängen des Alltags und der Ehe[28]. Das Ungenügen, das Leiden an der ständig konstatierten Kluft zwischen einer durch Lektüre beschworenen schöneren Welt und dem eigenen Lebensraum wird, lange vor Flauberts *Madame Bovary*, überwiegend aus weiblicher Perspektive thematisiert. Vereinzelt führt es der Literatur gegenüber zur Reaktion des "Qu'est-ce que ça me fait?", häufiger zur Revolte der Blaustrümpfe, Sozialistinnen und Divorceuses gegen die schlechte Wirklichkeit. Lektürebedingte Untauglichkeit für die prosaische Lebenswelt, Unzufriedenheit und Auflehnung gegen deren Gesetze allerdings werden von bildenden Künstlern meist nicht pathetisch-verklärend, sondern ironisch-karikierend gesehen.

In keiner früheren Epoche scheint die Kulturpraxis des Lesens eine nur annähernd gleich starke Beachtung der bildenden Kunst gefunden zu haben wie in der ersten Hälfte des 19. Jahrhunderts. Einer der Gründe mag darin liegen, daß die Motivskala sich stark verbreitert hatte: Die Vermehrung, Verbilligung und bessere Beschaffbarkeit von Lesestoffen, das Auftauchen preiswerter Beleuchtungsmittel (etwa der Stearinkerze anstelle der Wachskerze) ließen nicht nur neue Leserschichten mit spezifischen Verhaltensnormen entstehen und schufen neue Möglichkeiten der Lektüre in den von der

---

[26] Belege von Gavarni (ca. 1837, 1852), zum Folgenden Daumier in *Le Charivari* vom 20. Juni 1845.

[27] Belege von Daumier (1839, 1840, 1844 [Serie *Les Bas-bleus*], 1846).

[28] Beleg Gavarni, *Les Gens de Paris*. Zum Folgenden Daumiers Serien *Les Bas-bleus*, *Mœurs conjugales* und *Les Divorceuses* (1844/1849).

Tagesfron freien Abendstunden. Verringerter materieller Einsatz bei Beschaffung und Aufnahme von Lesestoffen begünstigte auch die Herausbildung neuer Leseweisen. Die Kombination von Lektüre mit Stimulantien wie warmem Bad oder anregenden Getränken etwa beruht auf der Voraussetzung, daß man nunmehr die Gefahr geringschätzte, einen leicht ersetzbar gewordenen Lesestoff zu verderben. Andererseits erschlossen neugeschaffene Zugriffsmöglichkeiten auf Lesestoffe zusätzliche Räume für das seit altersher übliche gemeinsam-kommunikative Lesen. Dies mag genügen als kleine Demonstration jener Überfülle von Hinweisen, Fragen und Hypothesen, die sich ergeben bei der Ausdeutung von Bildquellen für die Entstehungsgeschichte des modernen Lesers und Lesens. Eines ist augenfällig: In einer ikonographischen Lesertypologie für die erste Hälfte des 19. Jahrhunderts sind 'romantische' Züge durchaus erkennbar, aber nicht dominant. Und wo Leser und Lektüre 'romantisches' Profil gewinnen, wird dieses von Zeitgenossen seltener ernsthafter Darstellung gewürdigt als zum Spottbild verfremdet. Es scheint, als habe der 'romantische' Leser, auch sozial- wie mentalitätsgeschichtlich, eher als Abweichung denn als Norm zu gelten.

Abbildungsnachweis:

[1] C. F. Stelzner, *Caroline Stelzner, Stelzners erste Ehefrau*, Daguer-. reotypie 1843 (nach Hg. K. Honnef, *Lichtbildnisse – Das Portrait in der Fotografie*, Köln 1982, S. 44)

[2] H. Daumier, "Quand le journal est trop intéressant" aus der Serie *Les Bons Bourgeois* (in *Le Charivari* vom 12. August 1846).

[3] H. D. Plattel, *Lisant un roman à haute voix*, Lithographie ca. 1850 (nach E.-M. Hanebutt-Benz, *Die Kunst des Lesens – Lesemöbel und Leseverhalten vom Mittelalter bis zur Neuzeit*, Frankfurt a. M. 1985, Abb. 181).

[4] Anonymer Scherenschnitt aus der Biedermeierzeit (nach E. Biesalski, *Scherenschnitt und Schattenrisse – Kleine Geschichte der Silhouettenkunst*, München 1967, S. 5).

[5] H. Daumier, "En voilà un genre agréable! Monsieur s'amuse à lire le soir et il s'endort; quand il se réveille il prend son livre; à quatre heures il revient de son bureau, il me demande son volume, et il prétend que rien ne m'amuse." aus der Serie *Mœurs conjugales*, Blatt Nr. (in *Le Charivari* vom 24. Juli 1842).

[6] H. Daumier, "Allons bon! La v'là qui au lieu de lait verse du cirage dans mon chocolat!" aus der Serie *Les Bas-bleus* (in *Le Charivari* vom 29.–30. Juli 1844).

[7] H. Daumier, "Un Intérieur Parisien" aus der Serie *Mœurs conjugales*, Blatt Nr. 55 (nach L. Delteil, *Le Peintre-Graveur Illustré [XIXe et XXe siècles*], 31 Bde, Paris 1906–1930, Bd 3, 20–29: – *Honoré Daumier*, hier: Bd 22, Nr. 678).

[8] L. L. Boilly, *La Lecture des journaux*, um 1825 (nach *Historia* 75 [1953] S. 168).

[9] H. Daumier, "Je me fiche bien de votre Mme SAND, qui empèche les femmes de raccommoder les pantalons et qui est cause que les dessous de pied sont décousus!... Il faut rétablir le divorce ou supprimer ces auteurs-là!" aus der Serie *Mœurs conjugales*, Blatt Nr. (in *Le Charivari* vom 30. Juni 1839).

[10] Gagniet, Textillustration zu H. Monnier: "La Portière" (in *Les Français peints par eux-mêmes*, 8 Bde, Paris 1840–1842, Bd 3, S. 34).

[11] Bertall, Textillustration zu "Un mot sur les journaux" (in *Le Diable à Paris - Paris et les Parisiens*, 2 Bde, Paris 1845–1846, Bd 1, S. 151).

[12] Gavarni, *Der Roman*, 1835 (nach E. Fuchs, *Illustrierte Sittengeschichte vom Mittelalter bis zur Gegenwart*, 3 Bde, München 1909–1912, Bd 3: *Das bürgerliche Zeitalter*, Abb. 62).

[13] Englische Karikatur *Luxury or the Comforts of a Rumpford*, 1801 (nach Hanebutt-Benz, *Die Kunst des Lesens* Abb. 174).

[14] J. P Hasenclever, *Die Sentimentale*, 1846 (nach H. Bestvater-Hasenclever, *J. P. Hasenclever – Ein wacher Zeitgenosse des Biedermeier*, Recklinghausen 1979, Abb. 66).

[15] A. Pages, *Bei der Lektüre eines galanten Romanes*, um 1850 (nach Fuchs, *Illustrierte Sittengeschichte vom Mittelalter bis zur Gegenwart* Bd 3, S. 88).

[16] Bertall, Textillustration zu "Une journée à l'école de natation" (in *Le Diable à Paris* Bd 1, S. 128).

[17] H. Daumier, "Un bon mari, qui pour distraire son épouse, la conduit régulièrement au café chaque dimanche soir." aus der Serie *Les Bons Bourgeois* (in *Le Charivari* vom 11. September 1848).

[18] H. Daumier, "Il parait qu'on vient de revoir le serpent de mer (...)" aus der Serie *Les Bons Bourgeois* (in *Le Charivari* vom 20. Oktober 1846).

[19] H. Daumier, "Où peut conduire la lecture du Constitutionnel" aus der Serie *Pastorales* (in *Le Charivari* vom 20. Juni 1845).

[20] H. Daumier, "O douleur!... avoir rêvé pendant toute ma vie de jeune fille un époux, qui, ainsi que moi, adorât la sainte poésie, et tomber sur un mari qui n'aime que des goujons...cet homme-là était né pour être brochet! ..." aus der Serie *Les Bas-bleus* (in *Le Charivari* vom 27. März 1844).

Stefan Kunze

Mythos und Modernität in Wagners Musikdrama

I

Die radikal aufstörenden Impulse der deutschen Romantik hatten ihre belebende Energie längst eingebüßt, aber zu einer neuen, nunmehr zeitlosen 'romantischen' Welterfahrung geführt, als Richard Wagner durch seinen keineswegs geradlinig verfolgten Weg von der "romantischen Oper" und der weltläufigen "großen Oper" zum Musikdrama den Anspruch einer neuartigen, wahren und zukunftsbezogenen Modernität anmeldete. Die Konzeption des Musikdramas zeigte sich in Umrissen bereits im *Fliegenden Holländer* (1841) und kulminierte in der Ringtetralogie (seit 1848), in *Tristan und Isolde* (1857–1859) und im Bühnenweihfestspiel *Parsifal* (1877–1882). Die Musikdramen bieten sich dar als großangelegte, beziehungsreiche Mythologien. Mythos bzw. Sagenstoff (zwischen Mythos und Sage zu unterscheiden ist im Blick auf Wagner nicht sinnvoll) wurde zur Signatur des Wagnerschen Musikdramas, des musikalisch-dramatischen 'Gesamtkunstwerks'. Es steht außer Zweifel, daß Wagners Hinwendung zu Stoffen aus dem Kreis vorzugsweise germanischer Mythen und Sagen an der Konzeption des Musikdramas, somit an den musikalischen, dramatischen und ideellen Innovationen, die sich in den Werken seit dem *Holländer* Bahn brachen, entscheidenden Anteil hatte. Nicht zuletzt in den Stoffen, mit denen Wagner zunächst – im *Holländer*, im *Tannhäuser* (1842–1844) und im *Lohengrin* (1845–1847) – an das kurzlebige Genre der deutschen romantischen Oper anzuknüpfen schien, manifestierte sich die Abkehr von der herrschenden, repräsentativen italienischen und französischen Oper mit ihren vornehmlich der Historie entnommenen Stoffen, in denen sich das 'historische Zeitalter' glanzvoll und bedeutend gespiegelt sah. Daß der Griff nach Mythos und Sage Wagners musikdramatische Einbildungskraft freisetzte und wesentlich mit dem emphatischen Kunstbegriff zu tun hatte, der nach seiner Vorstellung im dramatischen 'Gesamtkunstwerk' in Erscheinung treten sollte, kann nicht darüber hinwegtäuschen, daß der Schritt zur Konzeption des Musikdramas das Resultat einer tiefgehenden Krise gewesen ist – nicht etwa eine des Operntheaters, sondern die des allgemeinen Umbruchs zum bürgerlichen Zeitalter. Die Krise war schon in der ersten Generation der deutschen Romantik zutage getreten und von den frühen Romantikern reflektiert und als Krise, ja als Dilemma begriffen worden, das weiteste Bereiche in den verschiedenen Künsten erfaßte. Es entstand, als um 1800 die bis gegen Ende des 18. Jahrhunderts (des 'höfischen Zeitalters') noch allgemein gültige und als gegenwärtig empfundene Bildwelt der Antike, aber auch die Gegenstände der christlichen Kunst unglaubwürdig geworden waren. Die anhebende Romantik läutete das Ende einer Kultur ein, die nie aufgehört hatte, im weitesten Sinne Kultur der Renaissance zu sein. Im Interesse der europäischen Romantik am Mittelalter, an Sage, Märchen, am Vorzeitlichen schlechthin, bekundete sich der Wille, zu einer neuen, der neuen Zeit angemessenen Bildwelt zu gelangen, in der auch das romantische Ideenpotential transparent zu werden vermochte. Der Verlust allgemein und fraglos geltender Traditionen ("la grande tradition est perdue", sagte Baudelaire) und der Aufbruch nach neuen Ufern, die noch in unerreichbarer Ferne lagen, bestimmte die existentielle, aber auch die künstlerische Situation der angehenden Romantik. So behauptete F. Schlegel:

> Es fehlt (...) unsrer Poesie an einem Mittelpunkt, wie es die Mythologie für die der Alten war, und alles Wesentliche, worin die moderne Dichtkunst der antiken nachsteht, läßt sich in die Worte zusammenfassen: Wir haben keine Mythologie. Aber (...) wir sind nahe daran eine zu erhalten, oder vielmehr es wird Zeit, daß wir ernsthaft dazu mitwirken sollen, eine hervorzubringen.[1]

Es fällt schwer, bei diesen Worten, die einen Mangel festhalten und einen Appell enthalten, nicht an Wagners Musikdramen zu denken, wiewohl Schlegel damals kaum das Theater im Sinn hatte, schon gar nicht das musikalische, und ihm der germanische Mythen-Kreis und seine mittelalterliche Überlieferung, aus der Wagner schöpfte, noch

---

[1] *Rede über die Mythologie*, erschienen im Jahr 1800 im dritten Band der Zeitschrift *Athenäum*; zit. Ausg.: *Kritische Friedrich-Schlegel-Ausgabe*, hg. E. Behler, München/Paderborn/Zürich 1979 ff., Bd 2, S. 311–322, hier: S. 312.

fremd waren. Seine Vorstellung vom 'Mythos' war nach wie vor geprägt durch die antike Mythologie und durch ihre Ausformungen im homerischen Epos und in der attischen Tragödie.

Doch Schlegel verwies als einer der ersten auf ein Defizit der Moderne, das durch die Inanspruchnahme der Antike nicht mehr zu beheben war. "Wir haben keine Mythologie" – damit war der Verlust einer verbindlichen Sprache der Bilder und Fabeln konstatiert. Viel später und in ungleich schärferer Tonlage, sowie verallgemeinernd wiederholte Nietzsche in der provozierenden Abhandlung über die *Geburt der Tragödie aus dem Geist der Musik* (1872) die Behauptung vom "Verlust des Mythos" und stellte ihn nun als das Resultat eines Sündenfalls dar, der das moderne, das christliche Bewußtsein erfaßt habe und den er bereits mit dem Einbruch der sokratischen Rationalität heraufkommen sah. Nietzsches umfassender Entwurf über die Entstehung der attischen Tragödie ist inspiriert durch die Erfahrung der Wagnerschen Musikdramen. Er war davon überzeugt, daß in ihnen der tragische Geist "unter dem mystischen Klange der wiedererweckten Tragödienmusik" erneut erwacht sei[2]. Doch nicht nur der tragische Geist, sondern auch der Mythos.

Wollte man Schlegels Behauptung und Nietzsches Anschauung zueinander in Beziehung setzen, dann könnte man zu dem Schluß gelangen, Wagner habe in seinen musikdramatischen Mythologien eingelöst, sozusagen in die künstlerische Tat umgesetzt, was die frühen Romantiker (nicht nur Schlegel) erhofften: in einer spätzeitlichen, echtem mythischem Denken entfremdeten Epoche, die sich bald als eine zunehmend von technischer Rationalität beherrschte Welt entpuppen sollte, zu einer zeichenhaft dichten poetischen Bildersprache vorzustoßen, in der sich Modernität und jeglicher Konvention enthobener Absolutheitsanspruch versöhnten. Gewiß griffe die erwähnte These zu kurz. Doch ebensowenig kann geleugnet werden, daß romantische Ideen in Wagners Vorstellungen zu einem vom Mythos inspirierten, alle Künste umfassenden dramatischen Kunstwerk ihre Spuren hinterließen. Denn auch den Romantikern ging es um die Möglichkeit der Synthese und der Überwindung jeglicher

[2] Zit. Ausg.: Friedrich Nietzsche, *Werke in drei Bänden*, hg. K. Schlechta, München ^{3}1962 (^{1}1955), Bd 1, S. 7–134, hier: S. 112. Ohne daß Wagner an dieser Stelle erwähnt wäre, steht doch außer Zweifel, daß das Wagnersche Musikdrama gemeint ist.

von Konventionen erzwungener Trennung in einer idealen zukünftigen Kunst.

> Die neue Mythologie muß (...) aus der tiefsten Tiefe des Geistes herausgebildet werden; es muß das künstlichste aller Kunstwerke sein, denn es soll alle andern umfassen, ein neues Bette und Gefäß für den alten ewigen Urquell der Poesie und selbst das unendliche Gedicht, welches die Keime aller andern Gedichte verhüllt.[3]

Die eher vagen Vorstellungen eines 'Gesamtkunstwerks', die sich seit der frühen Romantik vielfach abzeichneten, sind nicht zuletzt an den neuen, imaginierten Mythos geknüpft. Schlegels Forderung nach der ideellen Einheit von Künsten und Wissenschaften in der Poesie (der "progressiven Universalpoesie") gründete in dem Glauben, über die einheitsstiftende Schicht des Mythischen ein universales Bewußtsein gewinnen (bzw. zurückgewinnen) zu können. Denn dies sei der Vorzug der Mythologie:

> Was sonst das Bewußtsein ewig flieht, ist hier dennoch sinnlich geistig zu schauen, und festgehalten, wie die Seele in dem umgebenden Leibe (...)[4]

Schlegel dachte auch an die Erweckung der Mythologien anderer Kulturen, "um die Entstehung der neuen Mythologie zu beschleunigen"[5]. Das Ziel aber ist eben jene "neue Mythologie", die letztlich in ein neues Kunstwerk, den Inbegriff der Poesie einmünden soll. Durch den Mythos, der *vor* der zergliedernden Verstandestätigkeit liegt, wird Ursprüngliches beschworen. Das wahre Denken ist daher "ein Divinieren, aber der Mensch fängt erst eben an, sich seiner divinatorischen Kraft bewußt zu werden"[6].

Den Neuanfang der ermatteten Kunst aus einer "neuen Mythologie" forderte auch der Philosoph Schelling, der insbesondere Schlegels Gedankengänge weiterverfolgte. Seit 1821 beschäftigte ihn die Frage der Mythologie. Die Philosophie hätte diesen Neubeginn

---

[3] F. Schlegel, *Rede über die Mythologie* S. 312.

[4] *Rede über die Mythologie* S. 318.

[5] Ebd. S. 319.

[6] Ebd. S. 322.

einzuleiten und dem Zeitgeist entsprechend zu verwandeln. Ihm schwebte eine mit dem begrifflichen Denken versöhnte und dennoch durch die Vernunft vermittelte Mythologie vor, eine "Mythologie der Vernunft"[7]. Schelling hielt folgerichtig die Mythologie für die "nothwendige Bedingung" und den "erste(n) Stoff" jeder Kunst[8], dachte dabei an die griechische, aber auch an die "christliche Mythologie" bzw. "Mythologie des Christentums" im Neuen Testament[9]. Der Mythos erschien als das Instrument, um das Kunstwerk seinen Bedingungen und Zwecken zu entheben, ihm jene "Heiligkeit und Reinheit" zurückzugeben, die man im 19. Jahrhundert nur unter der Bedingung der "Zweckfreiheit" für erreichbar hielt.

Es lag nahe, daß dort, wo solche Ideen konkrete Formen annahmen, die germanische Sagenwelt und Mythologie in den Gesichtskreis trat – lange vor Wagner. Das lebhafte Interesse, das schon die erste Generation deutscher Romantiker nicht nur dem Mittelalter, sondern auch der Überlieferung des nordischen Mythos in *Edda* und *Nibelungenlied*, sowie den Volkssagen und Märchen entgegenbrachte, war bereits durch Klopstock, Herder und Goethe angebahnt worden[10]. Die Wiederentdeckung erhielt wesentliche Impulse durch das Aufkommen eines nationalen Selbstbewußtseins und die Vergewisserung der nationalen Identität. Indiz dafür ist die Neubewertung der noch im aufklärerischen 18. Jahrhundert als barbarisch beurteilten Architektur der gotischen Kathedralen. Das Straßburger Münster, später im Zuge des romantischen Mittelalter-Kults insbesondere der Kölner Dom, wurden als Symbole der nationalen Selbstfindung empfunden.

Einzelne Vorboten gab es bereits in der Zeit des Sturm und Drang. So stößt man beispielsweise in einer 1778 anonym erschienenen Schrift des Komponisten J. M. Kraus (1756–1792) auf die überraschende Behauptung, mythologische Stoffe seien für die Oper

---

[7] Schellings Ideen zum Mythos und zur Mythologie finden sich im *System des transzendentalen Idealismus – Darstellung eines Systems der Philosophie*, veröffentlicht 1800, im selben Jahr wie Schlegels *Rede über die Mythologie*.

[8] *Philosophie der Kunst* (1802) I, B, 2), zit. nach dem Nachdruck der Ausgabe von 1859, Darmstadt 1976, S. 405, 415 ff.

[9] Ebd. S. 424 ff.

[10] Vgl. dazu allgemein F. Strich, *Die Mythologie in der deutschen Literatur von Klopstock bis Wagner*, 2 Bde, Halle a. S. 1910.

geeigneter als historische, die historische Oper (nur die Opera seria kann hier gemeint sein) sogar widernatürlich. Dagegen werde im Mythos, da hier das Wunderbare eintritt, der Gesang als natürlich empfunden. Bemerkenswert, daß hier, wenngleich unter den Bedingungen der damaligen Opernästhetik, ein Wagnersches Argument vorweggenommen wurde. Es folgt der Hinweis:

> Unsre eigne Mythologie, und das alte Norden mit seinen Zaubergeschichten, wäre für uns eine viel reichere Quelle, als die der Griechen und Römer; und – wir benutzen sie wenig.[11]

Doch wie fremd sich im Grunde genommen der germanische Sagen- und Mythenkreis für die künstlerische Praxis erwies, zeigt die Reaktion Goethes auf die nordische Mythologie in Klopstocks Oden. Aufschlußreich ist die Erklärung dafür, daß er sich nicht mir ihr befreunden wollte, obwohl er die "Fabeln der *Edda*" in Gesellschaft gern erzählte:

> Aber alle diese Dinge (...) konnte ich nicht in den Kreis meines Dichtungsvermögens aufnehmen; wie herrlich sie mir auch die Einbildungskraft anregten, entzogen sie sich doch ganz dem sinnlichen Anschaun, indessen die Mythologie der Griechen, durch die größten Künstler der Welt in sichtliche leicht einzubildende Gestalten verwandelt, noch vor unsern Augen in Menge dastand.[12]

Gestalten wie Wotan, Thor u. a. erschienen ihm wie "Nebelbilder" und "kunstwidrige Gespenster" gegen das "homerische Licht". Nichts könnte deutlicher machen, welche Kluft das 18. Jahrhundert vom romantischen Aufbruch trennt. Daß die germanischen Sagen- und Mythenstoffe sich noch nicht in künstlerisch geprägter Form darboten, der Formung alle Möglichkeiten offen ließen, dies gerade war dazu angetan, die vornehmlich kunsttheoretische Phantasie der Romantiker in Bewegung zu setzen. Dies gilt auch für Wagner.

---

[11] *Etwas von und über Musik fürs Jahr 1777*, Frankfurt a. M. 1778, Faksimile-Nachdruck: hg. F. W. Riedel (Quellschriften zur Musikästhetik des 18. und 19. Jahrhunderts. 1), München/Salzburg 1977, S. 25.

[12] *Dichtung und Wahrheit*, 12. Buch; zit. Ausg.: Johann Wolfgang Goethe, *Sämtliche Werke*, hg. E. Beutler (Artemis-Gedenkausgabe/Dtv-Dünndruck), 18 Bde, Zürich/München 1977, Bd 10, S. 587, vgl. auch S. 588 f.

Da ihm Sage und Mythos noch nicht als zu klarer, anschaulicher Gestalt verdichtete Stoffe entgegentraten, eröffnete sich ihm ein unbegrenztes Feld der Kombination, Kontamination und der Deutung. Vor allem: Niemals zuvor hatte sich die nordische Mythologie mit irgendwelchen Gattungen des Theaters, geschweige denn mit Gattungen der Oper verbunden und war dadurch in der künstlerischen Gestaltung festgelegt worden. Wagner konnte sich frei fühlen.

Die Entdeckung des 'romantischen Mittelalters' und der germanischen Vorzeit im Zeichen des nationalen Enthusiasmus und der kunsttheoretischen Reflexion führte neben der gelehrten historischen Bemühung auch zu künstlerischen Gestaltungen der neuen Stoffe.

Auf dem Feld des Theaters wendete man sich freilich weniger der germanischen Mythen-Überlieferung zu, als dem Repertoire der Volkssage und des Märchens. Durchschlagend war indessen nicht von ungefähr ein Werk des musikalischen Theaters: C. M. v. Webers Oper *Der Freischütz* (1821), für Zeitgenossen und Nachlebende Inbegriff der deutschen romantischen Oper, die als Genre allerdings durchaus zwitterhaft war und sich schon fast überlebt hatte, als Wagner antrat. Den Durchbruch auf deutschen Opernbühnen, den man triumphal nennen kann, verdankt dieses Werk allerdings nicht so sehr dem Stoff an und für sich, sondern der Tatsache, daß Weber seiner Musik, d. h. dem künstlerischen Medium der Darstellung eine dem Sagenstoff adäquate Färbung und Physiognomie verliehen hatte. Die Anregungen, die Wagner vom *Freischütz* erhielt, sind denn auch kaum hoch genug einzuschätzen.

Eher zögernd setzten die Versuche ein, auch die nordische Mythologie dramatisch nutzbar zu machen. Immerhin begann die Rezeption des Nibelungen-Stoffs und der *Edda* bereits mit dem zwischen 1808 und 1810 erschienenen dreiteiligen Schauspiel *Der Held des Nordens* von F. de La Motte-Fouqué[13]. Bemerkenswert ist, daß Fouqué (wie später Wagner) aus verschiedenen Quellen schöpfte. Seine Trilogie stellt eine Kontamination aus *Nibelungenlied*, *Völsungasaga* und *Snorri-Edda* dar, und die dramatische Form nahm epische Züge an, die sich mit denen des damals gängigen Schicksals-

[13] Die Dramen sind folgendermaßen betitelt: Teil 1: *Sigurd der Schlangentöter – Ein Heldenspiel*, Berlin 1808; Teil 2: *Sigurds Rache – Vorspiel und sechs Abentheuern*, Berlin 1809; Teil 3: *Aslauga – Vorspiel und drei Abentheuern*, Berlin 1810.

dramas mischten. Wagner könnte Fouqués Dramen sehr wohl gekannt haben, auch wenn es dafür keinen Beleg gibt. Die Annahme ist um so näherliegend, als etwa Schmiede- und Drachenszenen bei Fouqué wie Vorprägungen der Wagnerschen anmuten. Auch das Motiv vom Fluch des Goldes dürfte Wagner von Fouqué übernommen haben. Das Drama des damals namhaften E. Raupach, *Der Nibelungen Hort* (1823), ging vornehmlich auf das *Nibelungenlied* zurück, ohne daß auch hier auf die Jung-Siegfried-Handlung verzichtet wäre. Also gleichfalls eine Kontamination, die an *die* Phase in der Entstehungsgeschichte der Ring-Dramen erinnert, in der Wagner sich entschloß, der großen Heldenoper *Siegfrieds Tod* das heroische Lustspiel *Der junge Siegfried* vorauszuschicken. Trotzdem wird man von einer Beeinflussung durch Raupachs Drama nicht reden wollen, obwohl Wagner es viel später als einzige Bearbeitung des Nibelungen-Stoffes vor 1853, dem Erscheinungsdatum der Ring-Dichtung, erwähnte[14]. Schließlich wäre die Nibelungen-Oper des Wagner aus der Kapellmeister-Zeit in Riga gut bekannten Komponisten-Kollegen H. Dorn zu nennen, die im Jahr 1854 in Berlin nicht ohne Erfolg aufgeführt worden war. Damals lag allerdings Wagners Ring-Dichtung bereits im Druck vor. Nach Wagner, aber sicherlich unabhängig von ihm, zwischen 1855 und 1861, entstand auch die bekannteste Nibelungendramatisierung im Sprechtheater des 19. Jahrhunderts, F. Hebbels 1862 erschienener Dramen-Zyklus *Die Nibelungen (Ein deutsches Trauerspiel in drei Abteilungen)* in einem einaktigen Vorspiel und zwei fünfaktigen Trauerspielen. Wagners Ablehnung von Hebbels *Nibelungen* wird begreiflich, wenn man in der

[14] "Bericht an den deutschen Wagner-Verein über die *Umstände und Schicksale*, welche die Ausführung des Bühnenweihfestspieles *Der Ring des Nibelungen* begleiteten" (1871); zit. Ausg.: Richard Wagner, *Gesammelte Schriften*, hg. J. Kapp, 14 Bde, Leipzig 1914, Bd 2, S. 231. Raupach habe den Stoff "in seiner nüchternen Weise" verarbeitet. Natürlich könnte Wagner von Raupachs Drama auch erst in späteren Jahren Kenntnis erhalten haben. Eigenartig ist jedoch, daß er hier Fouqué nicht erwähnt, was freilich kaum zu dem Schluß berechtigt, er habe 30 oder 40 Jahre früher von dessen Drama nichts gewußt. – Dem auch sonst aufschlußreichen "Bericht" läßt sich im übrigen entnehmen, daß damals ein herumziehender "Rhapsode" Lesungen aus der *Edda* veranstaltete (ebd. S. 231). Dies spricht für eine gewisse populäre, ja modische Begeisterung für die germanischen Sagen- und Mythenstoffe.

aus dem Nachlaß veröffentlichten Vorrede Hebbels folgende, möglicherweise sogar gegen Wagner gerichteten Sätze liest:

> Der Zweck dieses Trauerspiels war, den dramatischen Schatz des Nibelungen-Liedes für die reale Bühne flüssig zu machen, nicht aber den poetisch-mythischen Gehalt des weit gesteckten altnordischen Sagen-Kreises (...) zu ergründen, oder gar (...) irgend ein modernes Lebens-Problem zu illustriren.[15]

Hebbel ging es schlicht um die Dramatisierung des gegebenen Stoffes, während Wagner gerade das Andere vorschwebte: nämlich der "poetisch-mythische Gehalt" und das, platt ausgedrückt, "moderne Lebensproblem".

Es gibt bisher keine Belege dafür, daß sich Wagner mit den kunsttheoretischen Ideen der Romantiker (Gebrüder Schlegel, Schelling u. a.) auseinandergesetzt hat. Ihre Wirkung, die eine allgemeine war, muß ihn indessen direkt oder indirekt erreicht haben. Im übrigen wurde neuerdings darauf hingewiesen, daß Wagners Onkel Adolf Wagner in Leipzig, dem der Neffe wesentliche Anregungen und Kenntnisse verdankte, enge Beziehungen zum Kreis der sächsischen Romantiker um F. Kind unterhielt und u. a. mit La Motte-Fouqué in Briefwechsel stand[16].

In erstaunliche Nähe zu Wagners ideellen Intentionen kamen indessen die Überlegungen des Ästhetikers und Philosophen F. Th. Vischer, der im zweiten Band seiner *Kritischen Gänge* die Nibelungensage "als Text zu einer großen historischen Oper" empfahl[17]. Es

---

[15] Zit. Ausg.: Friedrich Hebbel, *Sämtliche Werke*, hg. R. M. Werner, 23 Bde in 3 Abt., Berlin 1901–1907, Abt. 1, Bd 4, S. 341.

[16] Siehe P. Schmidt, "Romantisches Drama – Zur Theorie eines Paradoxons", in Hg. R. Grimm, *Deutsche Dramentheorien – Beiträge zu einer historischen Poetik des Dramas in Deutschland*, 2 Bde, Frankfurt a. M. 1971, Bd 1, S. 245–269, besonders S. 263.

[17] "Vorschlag zu einer Oper" (1844); zit. Ausg.: Friedrich Theodor Vischer, *Kritische Gänge*, hg. R. Vischer, 6 Bde, München ^{2}1914 (Tübingen ^{1}1844), Bd 2, S. 451–479, hier: S. 451. – Daß Wagner die Schrift kannte, ist nicht belegbar, aber keineswegs auszuschließen. Vischer gehörte jedenfalls mit Wagner zu dem Kreis prominenter Emigranten (darunter Herwegh und Semper), die nach der 1848er Revolution in Zürich zusammenkamen. – Vischers "Vorschlag zu einer nationalen Oper" wurde übrigens von Louise Otto propagiert und sogar in die

lohnt sich, auf Vischers Argumentation etwas näher einzugehen[18]. Unüberhörbar sind die nationalen Töne: Die Musik als Kunst des Subjektiven habe sich trotzdem auch den großen objektiven Empfindungen zu widmen, damit den Deutschen die eigene heroische Vergangenheit nahegebracht würde. Das *Nibelungenlied* sei ein genuin dramatisches Epos, weil es aus den Charakteren entwickelt werde. Der Gedanke, daß vielleicht Meyerbeer der geeignete Mann sein könnte, die Nibelungen zu vertonen, wurde indessen verworfen. Vischers Fazit: Es gibt die Musik noch nicht, die diesem Stoff gewachsen wäre. Wer dächte hier nicht an Wagner? Aufschlußreich sind auch die ästhetischen Erwägungen. Die Tatsache, daß die homerischen Helden der Rede mächtig sind, meint Vischer als Entfremdung vom vorgeschichtlichen Naturzustand verstehen zu können. Der aber spiegele sich in der "wortarmen, gedrungenen Härte"[19] der Nibelungen-Helden. Wortkargheit mache ihre Größe aus. Deshalb sei der Stoff untauglich für das gesprochene Drama, um so tauglicher indessen für das musikalische, in dem

> das Rohe und allzu Schroffe sich mildert, die einfache Gefühlswelt dieser wortlos rauhen Helden und Heldinnen sich bereichern und erweitern läßt, ohne doch in jene Sphäre heller Bewußtheit hinübergezogen zu werden, worin das eigentümlich großartige Dunkel dieser Naturen zerstört würde. Die Musik fordert einfache Motive, einfache Handlung, die Musik fesselt die Empfindung, spricht sie nach allen Seiten aus, und gestattet ihr doch nicht, den Punkt zu überschreiten, wo das Komplizierte und Reflektierte beginnt, welches nur durch das nicht musikalische Wort sich aussprechen kann. (...) das Nibelungenlied ist für die Oper wie gemacht, quillt

---

Praxis umgesetzt (vgl. "Die Nibelungen als Oper", in *Neue Zeitschrift für Musik* 23 [1845]).

[18] Der folgende Abschnitt lehnt sich z. T. wörtlich an die entsprechenden Ausführungen in meinem Buch (*Der Kunstbegriff Richard Wagners – Voraussetzungen und Folgerungen,* Regensburg 1983, S. 183) an, dem ich auch sonst einzelne Aspekte entnehme (vgl. besonders den Abschnitt über den Mythos und das Musikdrama, S. 178 ff.).

[19] "Vorschlag zu einer Oper" S. 455.

und sprudelt von herrlichen musikalischen Motiven, wartet schon lange auf seinen Komponisten, fordert ihn gebieterisch (...)[20]

Daß Vischer sich für eine Verbindung von Motiven aus *Edda* und *Nibelungenlied* aussprach, ist im Blick auf Wagner immerhin anzumerken. Wie dieser später, sah auch Vischer die Schwierigkeit in der "Massenhaftigkeit des Stoffes"[21]. Sein Plan einer fünfaktigen Nibelungen-Oper weicht allerdings entscheidend ab von Wagners Nibelungen-Entwürfen und -Dramen, ist aber geeignet, im Vergleich Wagners überlegenen dramatischen Kunstverstand ins Licht zu setzen.

Vischers Entwurf lenkt auf den kunsttheoretischen Hintergrund der Faszination durch Sage und Mythos, der Wagner wesentlich motiviert haben dürfte. Die romantisch inspirierte Erhellung der nationalen Vergangenheit erfolgte im Namen eines 'Zurück zum Ursprung', zu den Quellen künstlerischer Einbildungskraft. Doch die Rückwendung in die Tiefenräume der Vergangenheit zielte ab auf eine ideale, zukünftige Kunst. Es ging nicht (jedenfalls zunächst nicht) um die Restauration des Vergangenen. Vielleicht der stärkste Impuls, den Wagner von der romantischen und idealistischen Kunsttheorie empfing, war die Vorstellung, daß der Weg der Imagination zurück zum Ursprung zugleich den Weg zum 'Kunstwerk der Zukunft' freigebe, in dem alle Entfremdungen und Relativierungen der bisherigen Künste aufgehoben wären. Wenn Nietzsche meinte, Wagner sei eigentlich "nicht der Seher einer Zukunft, wie er uns vielleicht erscheinen möchte, sondern der Deuter und Verklärer einer Vergangenheit"[22], und er habe in seinen Dramendichtungen die Sprache in den vorbegrifflichen Urzustand zurückgezwungen, wo sie noch unmittelbar mit Ton und Gebärde verbunden sei, so ist dies nur die *eine* Seite. Die andere Seite ist die in die Zukunft projizierte Vorstellung des idealen Kunstwerks, die für Wagner mit dem Musikdrama zusammenfiel. Wagner hat dies viele Jahre früher so formuliert:

---

[20] Ebd. S. 458 f.

[21] Ebd. S. 460, 462.

[22] *Unzeitgemäße Betrachtungen*, 4. Stück: Richard Wagner in Bayreuth (1876), in *Werke in drei Bänden* Bd 1, S. 367–434, hier: S. 434.

> Alle unsre Wünsche und heißen Triebe, die in Wahrheit uns in die *Zukunft* hinübertragen, suchen wir aus den Bildern der Vergangenheit zu sinnlicher Erkennbarkeit zu gestalten, um so für sie die Form zu gewinnen, die ihnen die moderne Gegenwart nicht verschaffen kann.[23]

Der Begriff der Modernität erscheint dabei eigentümlich gespalten. Er bezeichnet einerseits die gegebene, nach Wagners Überzeugung heillos verkommene kulturelle Gegenwart, andererseits eine Art 'wahrer Modernität', die noch durch das Kunstwerk hergestellt werden müsse.

Als Inbegriff der 'modernen', schlechten 'Gegenwart' trat ihm die Oper entgegen, und als deren im 19. Jahrhundert repräsentatives Genre die "große historische Oper", die ihre Physiognomie vor allem in Frankreich und Italien, in der französischen und italienischen Oper erhielt – ungeachtet der sehr verschiedenen Ausdrucksformen in beiden Richtungen. Wagners kulturkritische Intentionen setzten am richtigen Objekt an. (Grundsätzlich anzumerken ist freilich, daß Wagners Kritik der Oper weniger über die Oper sagt als über die eigenen Vorstellungen.) Denn zweifellos muß man die Oper, die auch Züge der allgemeinen Romantik erkennen läßt, als eine der gewichtigsten und erfolgreichsten Manifestationen des historischen Zeitalters verstehen. Doch waren die zu Opernfabeln umgegossenen historischen Begebenheiten nicht *nur* effektvolle, bunte Kulisse für die Gefühlsdramen der Personen. Vielmehr kam auch (was Wagner nicht sah) der tiefer liegende Konflikt zur Geltung, der das Zeitalter bewegte; der Konflikt nämlich zwischen dem undurchschaubaren Gesetz der geschichtlichen Ereignisse und dem in blinder Emotion befangenen Dasein und Leiden der Personen, die einerseits aufbegehren gegen den Zwang der Verhältnisse, andererseits doch in sie verstrickt bleiben. Schicksal und Notwendigkeit erschienen in der 'historischen Oper', die als Gattungsbezeichnung allerdings im 19. Jahrhundert niemals in Gebrauch war, in wechselnden Bildern aus der Geschichte. Letztlich blieb die historische oder historisierende Fabel doch eine zwar charakteristische, aber mehr oder minder auswechselbare Folie, wenn nicht (was insbesondere in der französi-

---

[23] *Eine Mitteilung an meine Freunde* (1851), in *Gesammelte Schriften* Bd 1, S. 57–173, hier: S. 140.

schen Oper der Fall war) die emotionalen Personenkonflikte selbst vor dem Glanz der inszenierten Historienbilder in den Hintergrund gerieten. Die 'historische Oper' befriedigte das Bedürfnis der Zeit nach suggestiver Vergegenwärtigung der Geschichte im Sinne eines bewegten Bilderbogens. Eigentlich aber ging es um die emotionalen, dramatischen Konflikte. Sie waren es, die durch die Musik dem Publikum auch Historisches nahebrachten. Niemals aber wurde in der Oper – und hier setzte u. a. Wagners fundamentale Kritik an – das geschichtliche Milieu als Schicksalsraum in die musikalische Darstellung einbezogen, aus dem die Konflikte mit Notwendigkeit hervorgingen. Und es gab bis in die Spätzeit der Oper kaum Ansätze, die musikalischen Formungen aus der Imagination eines solchen besonderen Schicksalsraums zu konzipieren. (Es war etwa durchaus geläufig, ohne einschneidende Änderungen in der Musik den Schauplatz einer Oper in eine andere Epoche als die ursprünglich vorgesehene zu transponieren, wenn dies aus irgendeinem Grund, z. B. wegen der Zensur, als zweckmäßig erachtet wurde. Man könnte viele Beispiele nennen. Zwei der prominentesten: Verdis *Ballo in maschera* und *La Traviata*.)

Es mag angebracht sein, Wagners Weg zum Musikdrama, der nicht zuletzt durch die operngeschichtliche Situation geprägt wurde, die er vorfand, in Kürze zu skizzieren. Nach den *Feen* (1833), dem Erstlingswerk, mit dem er (begreiflicherweise) an die deutsche romantische Oper anknüpfte, begab er sich mit der "großen komischen Oper" *Das Liebesverbot* (1836), vor allem aber mit dem *Rienzi* (1838–1840), der "großen tragischen Oper", auf das Feld der 'historischen Oper'. Von Paris aus, der 'Hauptstadt des 19. Jahrhunderts' und Zentrum der Oper, hatte er vergeblich gehofft, sich die europäischen Theater zu erobern. Tatsächlich war die Aufführung des *Rienzi* – allerdings nicht in Paris, sondern am Dresdner Hoftheater – ein einhelliger und durchschlagender Erfolg. Und nicht von ungefähr zog gerade dieses Werk, das (wenigstens in wesentlichen Zügen) den Zeitgeschmack traf, die Anstellung Wagners als Hofkapellmeister in Dresden nach sich. Nach langem Schwanken schien er in die herrschende Richtung der Oper eingeschwenkt zu sein. Damals aber, im Oktober 1842, war die Position des *Rienzi* durch den *Fliegenden Holländer*, der 1841 ebenfalls noch in Paris vollendet worden war, bereits überholt. Aus der Rückschau meinte Wagner, er habe nach Abschluß der Komposition des *Rienzi* eine "neue Bahn" betreten, nämlich

> *die der Revolution gegen die künstlerische Öffentlichkeit der Gegenwart*, mit deren Zuständen ich mich bisher zu befreunden gesucht hatte, als ich in Paris deren glänzendste Spitze aufsuchte.[24]

Nur scheinbar kehrte er mit dem *Holländer*, dem *Tannhäuser* und mit dem *Lohengrin* auf die Pfade der 'romantischen Oper' zurück. In Wirklichkeit war in seinem Verhältnis zur Fabel, mochte sie nun historischen, sagenhaften oder mythischen Zuschnitt haben, eine entscheidende Veränderung eingetreten. In ihr wurzelte die Konzeption des musikalischen Dramas.

Von der "historische(n) Krankheit" (Nietzsche[25]), so wie er sie verstand, hatte Wagner sich nicht so leicht gelöst, wie er glauben machen wollte. Immer wieder suchte er seit *Rienzi* in Entwürfen auch geschichtliche Stoffe für das musikalische Drama nutzbar zu machen. Er wußte zu gut, daß das Historisch-Charakteristische gleichfalls unschätzbare Möglichkeiten zur musikalischen Charakteristik bot. Mit *Tannhäuser* und *Lohengrin*, die ja Einschläge zur 'historischen Oper' aufweisen, hat Wagner überdies gezeigt, wie sehr die imaginierten mittelalterlichen Schauplätze seine musikalisch-dramatische Phantasie entzündeten[26]. Zwischen *Holländer* und *Tannhäuser* entwarf er den Text einer großen historischen Oper *Die Sarazenin* (1842/1843), ein Hohenstaufen-Drama, das dann durch den *Tannhäuser* verdrängt wurde[27]. Noch während der Arbeit am *Lohengrin* beschäftigte ihn ein *Friedrich der Rotbart* (1846), der allerdings als fünfaktiges gesprochenes Schauspiel gedacht war. Im Jahr 1848 hatte er den Plan noch nicht gänzlich aufgegeben. Es war Wagners letzte Befassung mit einem historischen Stoff – allerdings nicht von ungefähr ein Stoff mit sagenhaften und national gefärbten Zügen[28]. Die Entscheidung zwischen Mythos und Geschichte spitzte sich zu auf die Entscheidung zwischen Musikdrama und Sprechtheater[29]. Die Siegfried-Gestalt in "ihrer reinsten menschlichen Erscheinung" und befreit "von aller späte-

---

[24] *Eine Mitteilung an meine Freunde* S. 90.

[25] *Unzeitgemäße Betrachtungen*, 2. Stück: *Vom Nutzen und Nachteil der Historie für das Leben*, in *Werke in drei Bänden* Bd 1, S. 282.

[26] Zum Antagonismus zwischen Mythos und Geschichte in Wagners Entwicklung vgl. R. Brinkmann, "Mythos – Geschichte – Natur. Zeitkonstellationen im *Ring*", in Hg. S. Kunze, *Richard Wagner – Von der Oper zum Musikdrama – Fünf Vorträge*, Bern/München 1978, S. 61–77.

[27] Vgl. *Gesammelte Schriften* Bd 6, S. 68–93. Außerdem: *Eine Mitteilung an meine Freunde* S. 99 f.

[28] Vgl. *Friedrich I.*, in *Gesammelte Schriften* Bd 6, S. 96–98.

[29] Vgl. dazu die aufschlußreichen Ausführungen Wagners in *Eine Mitteilung an meine Freunde* S. 140 ff.

ren Umkleidung"[30] zog Wagner endgültig ab von historischen Stoffen, in der Überzeugung von der "Untauglichkeit der reinen Geschichte für die Kunst"[31]. Jegliche Berührung des Kunstwerks mit der politischen Realität, sei sie nun der Gegenwart oder der Vergangenheit entnommen, sei von Übel. Es verfestigte sich die Anschauung, daß das Drama der Zukunft nur das musikalische, nicht das gesprochene sein könne, der Gegenstand des Musikdramas nur "*das von aller Konvention losgelöste Reinmenschliche*"[32].

Im Prosa-Entwurf mit dem seltenen Titel *Die Wibelungen – Weltgeschichte aus der Sage* (vom Spätsommer 1848) suchte Wagner ein letztes Mal Geschichte und Sage bzw. Mythos zusammenzuzwingen und zu versöhnen, aktuelle politische Ideen und Hoffnungen in Bilder sagenumrankter und mythologisch begründeter Geschichte zu kleiden. Der Staufer Friedrich I. Barbarossa, der der Sage nach im Kyffhäuser die Wiederkehr als Einiger des heiligen römischen Reiches deutscher Nation erwartet, sollte als neuer Siegfried erscheinen[33]. Die Künstlichkeit der Kombination, die er sich in den kuriosen *Wibelungen* zurechtgelegt hatte, blieb ihm jedoch nicht lange verborgen, und schon bald darauf schrieb er den vom 4. Oktober 1848 datierten Entwurf nieder, der die Grundlage für die Nibelungen-Tetralogie bilden sollte: *Die Nibelungensage (Mythus)*; später veröffentlicht mit dem Titel: *Der Nibelungen-Mythus – Als Entwurf zu einem Drama*. Damit war die Abkehr von der Operntradition, überhaupt von der Oper als Institution, besiegelt. Kurz danach, im Jahr 1849, brach für Wagner, der sich nach der gescheiterten Revolution der Festnahme durch die Flucht entzog, die Zeit der gesellschaftlichen und künstlerischen Isolation an. Nichts verband ihn mehr mit der institutionalisierten Kultur seiner Epoche.

Mit dem Nibelungen-Entwurf nahm die Nibelungen-Tetralogie erste Konturen an. Doch Wagner dachte damals noch nicht an einen Dramen Zyklus, sondern nur an das Drama *Siegfrieds Tod*, das er unmittelbar anschließend ausführte und aus dem später die *Götterdämmerung* wurde.

Die Tatsache und das Dilemma, denen sich schon die Romantiker und später Wagner gegenübersahen, war schlicht dieses, daß der

---

30 Ebd. S. 141.

31 Ebd. S. 143.

32 Ebd. S. 147.

33 Vgl. dazu die Interpretation von Brinkmann, "Mythos – Geschichte – Natur" S. 66 f.

Mythos (bzw. die Sage) in der Spätzeit, als die sich das 19. Jahrhundert begriff, jeglichen Wirklichkeitscharakter eingebüßt hatte und echtes mythisches Denken durch kein Mittel wiederherzustellen war. Keinerlei verbindliche Tradition schrieb außerdem, anders als dies noch im 18. Jahrhundert mit den antiken Stoffen der Fall war, ein bestimmtes Fabel-Repertoire vor, das als reale Bildersprache empfunden werden konnte. Die Reflexion und die Idee hatte die Aufmerksamkeit der frühen Romantik aufs Mittelalter, auf die Volkspoesie und auf die germanische Mythologie (bzw. Sagenwelt) gelenkt. Aber erst Wagner gelang es, aus der Idee des Mythischen, die eine weitgehend abstrakte gewesen ist und daher die Gegebenheit des Mythos als reale Weltschau ausschloß, eine Wirklichkeit aufzubauen, die nicht an Abstraktheit krankte, allerdings auch außerhalb des Kunstwerks keine Realität besaß. Der Mythos konstituierte sich einzig und allein im Werk der Kunst und durch Wagners musikdramatische Kunst. Pointiert gesagt: Den Mythos, den Wagner (beispielsweise in der Ring-Tetralogie) darstellte, gibt es außerhalb der Musikdramen nicht. Er 'ist' allein durch Wagners Imagination – die musikalische vornehmlich. Mit Recht hat G. Hauptmann einmal bemerkt[34], der *Ring* habe mit dem "deutschen Rhein", "den germanischen Göttern und den Nibelungen" nichts zu schaffen. Die Musikdramen sind keine 'Dramatisierungen' des Mythos oder der Sagen, keine dramatischen Nacherzählungen des *Nibelungenliedes*, der *Edda*, des Parzival-Epos des Wolfram von Eschenbach. Und zwar nicht primär deshalb, weil in ihnen (so wesentlich ein solcher Aspekt auch ist) Mythen- oder Sagen-*Deutung* stattfindet. Die 'Deutung' ist gewissermaßen die einzige Seinsform des Wagnerschen Mythos. Nur scheinbar setzt sie 'Gedeutetes' voraus. Wagners Mythos ist eine 'artifizielle' Neuschöpfung – aus genuin künstlerischer Imagination. Sie rief (überspitzt ausgedrückt) nach den Mythen- und Sagenstoffen. Dies schließt allerdings nicht aus, daß Wagners Einbildungskraft auch von diesen besonderen Stoffen angeregt wurde.

Die Dominanz der Ideen, die letztlich alle um den Kunstbegriff kreisen, zeigt sich nicht zuletzt darin, daß die Konzeption des Musikdramas dem Eindruck der Aischyleischen Tragödie, vornehmlich

---

[34] *Richard Wagner* (1911); zit. Ausg.: Gerhart Hauptmann, *Sämtliche Werke*, hg. H.-E. Hass, 11 Bde, Frankfurt a. M./Berlin 1962–1974, Bd 6, S. 916.

der *Orestie*, wesentliche Impulse verdankt. Die Beschäftigung mit Aischylos, die im übrigen ein Leben lang währte, während der Komposition des *Lohengrin* hat durchaus den Rang eines Schlüsselerlebnisses[35]. Trotzdem kam Wagner nur ein einziges Mal auf den Gedanken, einem Stoff aus der griechischen Mythologie bzw. aus der heroischen Epik näherzutreten. Aus dem Jahr 1849 stammen Bruchstücke eines Achilleus-Dramas für Paris[36]. Dieses vereinzelte und aus dem Rahmen fallende Projekt bestätigt eher die zeitgemäße Absage an die antike Bildwelt, als daß sie sie relativiert. Die Epoche, in der sich eine allgemein gültige Norm noch in einem stabilen ikonographischen Repertoire zeigen konnte, war unwiderruflich vergangen. Die Vorgabe einer Welt klar geformter, anschaulicher Gestalten war unvereinbar geworden mit der Vorstellung, daß die Idee der Kunst ihre eigene Mythologie gebären müsse. Auch nur der Schein des Vorgeprägten war strikt zu vermeiden. In Wagners Musikdramen vollendete sich die Abkehr von einem Zeitalter, in dem die Auseinandersetzung mit der Antike (bald in offener, bald in verdeckter Form) stets einen zentralen Platz einnahm. In dieser entschiedenen Abkehr bekundete sich Modernität.

Ich nehme in Stichworten die Aspekte vorweg, in denen Wagners Vorstellungen vom Mythos und die vom Kunstwerk zusammenfallen:
1) Der Zeitenthobenheit des Kunstwerks entspricht die Vorzeitlichkeit des Mythos (bzw. der Sage).
2) Im Kunstwerk soll ebenso wie im Mythos das "rein Menschliche" in Erscheinung treten.
3) Im Mythos ist die Überwindung der trennenden Rationalität vorgeprägt, die auch im Kunstwerk stattzufinden hat.

---

[35] "Meine Ideen über die Bedeutung des Dramas und namentlich auch des Theaters haben sich entscheidend aus diesen Eindrücken gestaltet." (*Mein Leben*, hg. M. Gregor-Dellin, München 1963, S. 403) In den Entwürfen des Jahres 1849 zu einer nicht ausgeführten Schrift über "Das Künstlerthum der Zukunft" findet sich (nebenbei bemerkt) die Notiz: "Geburt aus der Musik: Äschylos. Décadence – Euripides." (*Gesammelte Schriften* Bd 10, S. 227) Dies nahm den Standpunkt Nietzsches (*Geburt der Tragödie*) vorweg. Und es ist kaum übertrieben, die einzige erhaltene Trilogie des Aischylos für das ideelle Vorbild der Ring-Tetralogie zu halten, wiewohl sich der Plan, den Nibelungen-Mythos als Dramen-Zyklus zu behandeln, erst mehrere Jahre später herausbildete.

[36] Vgl. *Gesammelte Schriften* Bd 6, S. 249.

4) Im Zeichen der Berufung auf das nicht Relativierbare (u. a. den Mythos) bedeutet die Durchsetzung des Kunstwerks die "Revolution gegen die künstlerische Öffentlichkeit der Gegenwart"[37].
5) Mythos (Sage) erscheint im Kunstwerk als Inbegriff einer umfassenden Weltdeutung, nicht als bloß stofflich Gegebenes.

Es war vornehmlich die deutsche Romantik, die sich der Destruktion der aufklärerischen Vernunft verschrieb. Der Glaube an die fortschreitende Aufklärung, an die unaufhaltsame Erhellung des Daseins durch das Licht der Vernunft war zusammengebrochen. Es begann sich das Gesicht einer schlechten Rationalität abzuzeichnen, die als Instrument der Entfremdung und der kühl kalkulierenden Disziplinierung sich irrationaler Kräfte zweckvoll bediente, um sich ihnen andererseits auszuliefern. Der Zynismus des industriellen, des technischen Zeitalters kündigte sich an. Das irrationale Potential der Vernunft wurde früh durchschaut. Die Romantiker wandten sich fast programmatisch den Regionen zu, die von der aufklärerischen Ratio nicht erreicht wurden: Sie tauchten in die unergründliche Tiefe der Vergangenheit, in das Reich der Phantasie, in die Nachtseiten der Existenz ein, träumten von einer ursprünglichen Einheit der Dinge jenseits aller verstandesmäßigen Trennungen, suchten das von der Ratio noch nicht denaturierte, pervertierte Leben. Nicht von ungefähr kreisten ihre Gedanken um die Möglichkeit einer wahren, zukünftigen Kunst, in der alle Entfremdung der realen Welt und sogar die Trennung der Künste aufgehoben wäre. Man dachte sich die Kunst in einem höheren poetischen Raum angesiedelt, der mit der Gegenwart keinerlei Berührungspunkte aufwies. Wagners Mythos-Begriff mit seinem Schwerpunkt der Vorstellung des idealen, der eigenen Zeit und der Geschichte enthobenen Orts jenseits der rationalen Welt der Zwecke, wurzelt zweifellos in romantischem Boden. Den antirationalen Impuls, der als künstlerische Vision der Romantik freilich unerreichbar war, hat später niemand schärfer durchschaut als Nietzsche. In seiner Wagnerschrift heißt es:

> Dem Mythus liegt nicht ein Gedanke zugrunde, wie die Kinder einer verkünstelten Kultur vermeinen, sondern er selber ist ein Denken; er teilt eine Vorstellung von der Welt mit, aber in der Abfolge

[37] *Eine Mitteilung an meine Freunde* S. 90.

von Vorgängen, Handlungen und Leiden. Der *Ring des Nibelungen* ist ein ungeheures Gedankensystem ohne die begriffliche Form des Gedankens.[38]

Die Kritik an der herrschenden Kultur, die von der Oper glänzend repräsentiert wurde, die Abkehr von den gängigen Formen des Opernwesens, sowie Distanzierung vom relativierenden Historismus, selbstverständlich auch die entmutigenden Mißerfolge in Paris trugen nicht wenig dazu bei, Wagners neue Vorstellungen reifen zu lassen. (Ihre Tendenz hat er allerdings erst aus der Rückschau der 1850er Jahre, in der Zeit der programmatischen Kunstschriften, voll erfaßt und gelegentlich wohl auch übertrieben.) Die Kritik Wagners an der Oper richtete sich bekanntlich gegen die traditionellen Formen (Arie, Ensemble, Rezitativ), deren Legitimation als *dramatische* Musik er bestritt, im Grunde genommen aber dagegen, daß eine allgemeine musikalische Sprache unterschiedslos beliebigen Stoffen einfach appliziert wurde. Wagners Kritik wurde zwar der bestehenden Operngattung nicht gerecht, trug jedoch für ihn selbst um so reichere Früchte. Denn er bestand darauf, daß die Musik in innige Verbindung mit dem besonderen Stoff treten, ja aus ihm mit Notwendigkeit hervorgehen müsse. Umgekehrt gilt dasselbe. Dies war in der Tat neu. Was lag nun näher, als nach "idealen" Stoffen für das musikalische Drama zu fahnden, die einerseits eben *nicht* austauschbar erschienen, andererseits die Rechtfertigung der Musik in sich selbst enthielten. Beide Bedingungen wurden durch Sage und Mythos erfüllt, die Wagner in romantischer Weise als ursprüngliches Gedicht des Volkes verstand. Ich zitiere aus *"Zukunftsmusik"* (1860):

> (...) denn bei ihm (= dem Mythos) verschwindet die konventionelle, nur der abstrakten Vernunft erklärliche Form der menschlichen Verhältnisse fast vollständig, um dafür nur das ewig Verständliche, rein Menschliche, aber eben in der unnachahmlichen konkreten Form zu zeigen, welche jedem echten Mythos seine (...) individuelle Gestalt verleiht.[39]

---

[38] *Richard Wagner in Bayreuth* S. 413.

[39] *Gesammelte Schriften* Bd 1, S. 174–224, hier: S. 192. Auch sonst häufig in diesem Sinne.

Man beachte: Gegen die Abstraktheit des Verstandes, gegen die Konvention, die Wagner an anderer Stelle das "Historisch-Konventionelle" nennt[40], wird das rein Menschliche, d. h. das Absolute, nicht Relativierbare ins Feld geführt. Schon Vischer hatte behauptet, im *Nibelungenlied* sprächen "die ewigen Grundgefühle des Herzens so stark, daß uns dieser Trank Quellwasser nur äußerst heilsam sein kann."[41]. Und bei Wagner heißt es:

> Die Sage, in welche Zeit und welche Nation sie auch fällt, hat den Vorzug, von dieser Zeit und dieser Nation nur den rein menschlichen Inhalt aufzufassen und diesen Inhalt in einer nur ihr eigentümlichen, äußerst prägnanten und deshalb schnell verständlichen Form zu geben.[42]

In der Gestalt und Sage des fliegenden Holländers sah Wagner ein uraltes "mythische(s) Gedicht des Volkes"[43]. In der Begegnung mit diesem mythischen Stoff habe er die Laufbahn eines "Verfertigers von Operntexten" verlassen und die des Dichters betreten[44]. Auch am Tannhäuser- und Lohengrin-Stoff faszinierte ihn die mythische Dimension. Was ihm dabei vorschwebte, war die Begründung der Handlung aus den "inneren Motiven" oder den "inneren Seelenmotiven"[45]. Im zweiten Teil von *Oper und Drama* (1852) hat Wagner seine Vorstellungen über den Mythos am ausführlichsten dargelegt[46]. Darauf näher einzugehen, würde hier zu weit führen. Ich möchte statt dessen kursorisch einige Aspekte wenigstens flüchtig berühren, die den engeren Zusammenhang von Wagners Mythos-Theorie zum Kunstgriff beleuchten.

Der Mythos bewahrt nach Wagners Vorstellung das "rein Menschliche", das Ursprüngliche, Unmittelbare in Kunst und Welt-An-

---

[40] Ebd. S. 208.

[41] "Vorschlag zu einer Oper" S. 457.

[42] "*Zukunftsmusik*" S. 208.

[43] *Eine Mitteilung an meine Freunde* S. 93.

[44] Ebd. S. 95.

[45] "*Zukunftsmusik*" S. 209 f., bezogen auf *Holländer, Tannhäuser, Lohengrin* und *Tristan und Isolde*.

[46] Im folgenden zitiert nach der von K. Kropfinger herausgegebenen und kommentierten Ausgabe: Universal-Bibliothek. 8207, Stuttgart 1984, S. 159 ff.

schauung. Denn er erwächst aus der "gemeinsame(n) Dichtungskraft des Volkes"[47]. Der Mythos steht für Zeitenthobenheit, ist jenseits jeglicher historischer Bedingtheit, im Archetypischen angesiedelt. Plastische Bestimmtheit (Besonderheit) der Bilder und Figuren, verbunden mit einer zeitlosen Aktualität, eröffnet ein unendliches Potential für die Interpretation.

> Das Unvergleichliche des Mythos ist, daß er jederzeit wahr und sein Inhalt, bei dichtester Gedrängtheit, für alle Zeiten unerschöpflich ist.[48]

Alle diese Eigenschaften aber waren im 19. Jahrhundert Bestandteile des emphatischen Kunstbegriffs. Auch das Kunstwerk sollte die Weihe des Zeitlosen, Zeitenthobenen, Zweckfreien erhalten – wie der Mythos, *durch* den Mythos. Das mythologische musikalische Drama, Inbegriff des Kunstwerks, sollte vom Unbehagen, vom Leiden an der Geschichte, an gesellschaftlichen Zwängen, vom blinden Wechsel befreien, erlösen (um mit Wagner zu reden). So besitzt der Mythos bei Wagner zweifellos auch eine das Kunstwerk und seinen Anspruch legitimierende Funktion. Überspitzt könnte man sagen, daß der Mythos den Mythos des Kunstwerks aufzubauen half. Und er (der Mythos) vermochte auch die Musik zu rechtfertigen. Denn, wie es in *Oper und Drama* heißt:

> Die *Tonsprache* ist Anfang und Ende der Wortsprache wie das Gefühl Anfang und Ende des Verstandes, der *Mythos* Anfang und Ende der Geschichte, die *Lyrik* Anfang und Ende der Dichtkunst.[49]

Es gilt demnach, durch Besinnung auf den (natürlich imaginären) Ursprung, im Kunstwerk jenes Jenseits von Verstand, Geschichte, Zeit herbeizuführen. Daraus erhellt die besondere Rolle, die der Musik zufällt. Sie ist es, bzw. soll es sein, die die Unmittelbarkeit des Verständnisses, die restlose Versinnlichung garantiert. Denn die Musik spricht, wie Wagner hervorzuheben nicht müde wurde,

---

[47] *Oper und Drama* S. 161. Vgl. auch S. 162: "(...) das Volk (wird) im Mythos (...) zum Schöpfer der Kunst (...)"

[48] Ebd. S. 199.

[49] S. 230.

unmittelbar zum Gefühl – wie der Mythos. Sie ist in gut romantischer Tradition die "Offenbarung aus einer anderen Welt"[50], in ihr manifestiert sich "die Gefühlswerdung des Verstandes", die vom dramatischen Dichter angestrebt werden muß:

> Vor dem dargestellten dramatischen Kunstwerke darf nichts mehr dem kombinierenden Verstande aufzusuchen übrigbleiben.[51]

Und ferner: "Im Drama müssen wir *Wissende* werden durch das *Gefühl.*"[52] Wagner nannte das, paradox genug, "Gefühlsverständnis". Wagners Sprache in der Ring-Tetralogie sei "Bild und Gefühl", schrieb Nietzsche in der Schrift *Richard Wagner in Bayreuth*, nicht Werkzeug rationaler Gedankenarbeit[53]. In der *Geburt der Tragödie* ist die Rede von der Inkongruenz zwischen dem Mythos und dem rationalen Wort. Einwänden seines Freundes A. Röckel, dem Wagner eine bemerkenswert ausführliche Deutung des Geschehens in der Ring-Tetralogie mitteilte, begegnete er (z. B. der naheliegenden Frage, weshalb die Götter untergehen müßten, da doch das Rheingold den Rheintöchtern zurückgegeben würde) mit dem Hinweis:

> (...) aus unserm innersten Gefühle erwächst uns – wie Wodan aus seinem Gefühle – die Nothwendigkeit dieses Unterganges.[54]

Und er fährt fort:

> Hierauf kam es an, *aus dem Gefühle* diese Nothwendigkeit zu rechtfertigen, und ihm geschieht dieß ganz von selbst, wenn es vollkommen theilnehmend von Anfang an den Gang der ganzen Handlung mit all ihren einfachen, natürlichen Motiven verfolgt (...)

---

50 "*Zukunftsmusik*" S. 197.

51 *Oper und Drama* S. 215.

52 Ebd. S. 216.

53 S. 414.

54 Brief vom 26. Januar 1854, in *Briefe an August Röckel von Richard Wagner*, hg. La Mara, Leipzig 1894, S. 40. – Es steht nicht zur Debatte, ob Wagners eigene Deutung seines Werks inhaltlich akzeptiert werden kann. Aufschlußreich ist vielmehr die Art der Argumentation.

Dem "naivste(n) Mensch(en)" werde der Sinn des Ganzen "bei einer guten Aufführung" klar werden[55]. Die vielleicht wichtigste Aussage aber lautet:

> Wie vieles, bei dem ganzen Wesen meiner dichterischen Absicht, erst durch die Musik deutlich wird, das habe ich nun wieder ersehen: ich kann jetzt das musiklose Gedicht gar nicht mehr ansehen.[56]

(Wagner hatte damals die Komposition des *Rheingold* eben beendet.) Die zitierten Äußerungen bieten im übrigen einen weiteren Beleg dafür, daß in den Musikdramen die Deutung alles, der Mythos als Gegebenes so gut wie nichts ist, obwohl sich Wagner (wie man weiß) intensiv mit der Überlieferung auseinandergesetzt hat[57].

Während die Sprache von Wagner der Logik und der Konvention zugeordnet wurde, aus der sie im musikalischen Drama befreit werden sollte, ist die Musik durch das "Sprachvermögen des Orchesters" die "Kundgebung des Unaussprechlichen"[58]. Die Musik vermag demzufolge in Verbindung zu treten "mit einem anderen Unaussprechlichen – der Gebärde"[59]. Das Orchester habe die Gebärde

> in der Weise zu tragen, zu deuten, ja gewissermaßen erst zu ermöglichen, daß das Unaussprechliche der Gebärde durch seine Sprache uns zum vollen Verständnisse gebracht wird.[60]

Mithin hat der Dichter im Musikdrama gegen die angestammte Tendenz der Sprache zu handeln: Er muß verschweigen. Ich zitiere die berühmte Stelle aus *"Zukunftsmusik"*:

---

[55] Ebd. S. 39.

[56] Ebd. S. 42.

[57] Wagners Quellen für die Ring-Tetralogie waren außer dem *Nibelungenlied* die *Edda*, die Wilkina- und Niflunga-Sage, *Heimskringla, Võlsunga-saga* und *Võluspa (= Der Seherin Rede)*, die ihm vor allem durch Jacobs Grimms *Deutsche Mythologie* ([2]1844 [[1]1835]) vermittelt wurden.

[58] *Oper und Drama* S. 329 ff.

[59] Ebd. S. 330.

[60] Ebd. S. 382.

> In Wahrheit ist die Größe des Dichters am meisten danach zu ermessen, was er verschweigt, um uns das Unaussprechliche selbst schweigend uns sagen zu lassen; der Musiker ist es nun, der dieses Verschwiegene zum hellen Ertönen bringt, und die untrügliche Form seines laut erklingenden Schweigens ist die unendliche Melodie.[61]

Im Drama bewährt sich die "Kunst des tönenden Schweigens"[62]. Wagners Theorie des Mythos, des tönenden Schweigens und des Unaussprechlichen sind ineinander verschränkt. Der Mythos aber ist es, der die Bedingung für die Möglichkeit des tönenden Schweigens darstellt. Angesichts der Redseligkeit, die in Wagners Dramendichtung herrscht, mag die Behauptung paradox anmuten, daß im Musikdrama ein Rückzug aus der Sprache stattfindet. Trotzdem ist gerade dies der Fall. Und keiner hat es klarer erkannt als Nietzsche[63]. Erstmals Wagner sei die Erkrankung der Sprache – eine "ungeheuerliche Krankheit" – aufgegangen. Ich zitiere aus Nietzsches nachgelassenen Fragmenten von 1871:

> Die Musik in der Wagnerschen Oper bringt die Poesie in eine neue Stellung. Es kommt vielmehr auf das *Bild* an, das sich immer verändernde belebte *Bild*, dem das Wort dient. Dem Worte nach sind die Szenen nur skizziert.
>
> Die Musik drängt die *bildliche Seite* der Poesie heraus. Der *Mimus.*[64]

Und ein anderes:

> Die Sprache ist nur des Mimus wegen da: Substrat des Gesanges.[65]

---

[61] *Gesammelte Schriften* Bd 1, S. 217.

[62] Brief an M. Wesendonk vom 12. Oktober 1858, in *Richard Wagner an Mathilde Wesendonk – Tagebuchblätter und Briefe 1853–1871*, hg. W. Golther, Berlin [3]1904, S. 68.

[63] Vgl. *Richard Wagner in Bayreuth* S. 412-422.

[64] In Nietzsche, *Werke – Kritische Gesamtausgabe*, hgg. G. Colli und M. Montinari, Berlin/New York 1967 ff., 3. Abt., Bd 3, S. 315.

[65] Ebd. S. 319.

Auch Wagner selbst war es durchaus klar, daß trotz des dichterischen Anspruchs, den er (mit Recht übrigens) für sich reklamierte, die Sprache im Musikdrama nicht mehr dem gedanklich-argumentativen Diskurs diente. "Gestalten will man, keine Reden", äußerte er einmal und meinte, daß die Worte zum Drama nur wenig beitrügen[66]. Ein andermal klagte er (wie Cosima berichtet) über

> diese immerwährend redenden Menschen in den Dramen; bei Shakespeare wäre die Rede, wenn sie noch so ausgeführt, immer Aktion; er nimmt dann die dramatischen Dichter seit Goethe und Schiller vor, eine klägliche Revue! (...) Goethe gibt R. etwas Schuld, dieses Schönreden auf die Bühne gebracht zu haben.[67]

Es ist nicht zu leugnen, daß Wagners Einbildungskraft durch deutende Auslotung und komplexe Kontamination der Stoffe in den Musikdramen Archetypisches eingefangen hat. Es mischt sich freilich noch heute unvermindert faszinierend mit visionärer Modernität. Mit einer Intensität ohnegleichen 'erzählte' Wagner den 'Mythos' des 19. Jahrhunderts. Jedes seiner Werke bietet eine Weltschau aus der Perspektive seines Zeitalters. Die Sagen-Kontamination im *Tannhäuser* (die Verknüpfung des legendären Sängerkrieges auf der Wartburg und der Tannhäuser-Sage[68]) und *Lohengrin* kreisen unverkennbar um das Thema des modernen Künstlers, sind bildkräftige Parabeln zur prekären Existenz des Künstlers in der Gesellschaft[69]. Zu erinnern wäre in diesem Zusammenhang auch an die *Meistersinger* (1861–1868). Wagner selbst hat mit Eindringlichkeit auf die modernen Charaktere des *Tannhäuser* und des *Lohengrin* hingewiesen, ohne allerdings zu verfehlen, als mythischen Hintergrund für das letztgenannte Werk den Mythos von Zeus und Semele zu nennen, als Hintergrund für den *Holländer* die Odysseus-Figur[70].

---

[66] Eintragung vom 29. April 1878, in Cosima Wagner, *Die Tagebücher*, hgg. M. Gregor-Dellin und D. Mack, 2 Bde, München/Zürich 1976–1977, Bd 2, S. 88.

[67] Eintragung vom 20. November 1878, ebd. S. 235.

[68] Die Anregung ging aus von der falschen Hypothese des Germanisten G. T. L. Lucas, daß Tannhäuser und Heinrich von Öfterdingen, die Hauptgestalt des Sängerkriegs, identisch seien.

[69] Vgl. dazu Verf., *Der Kunstbegriff Richard Wagners* S. 187 ff.

[70] *Eine Mitteilung an meine Freunde* S. 118.

An einer der wenigen Stellen in den Schriften, an denen Wagner sich auf die Romantiker und auf die romantische Oper bezieht, um die eigenen Vorstellungen im *Tannhäuser* und im *Lohengrin* von denen der Romantik abzugrenzen, sucht er die Abkehr von der Romantik auch zu begründen. Zunächst macht er seine aktuelle, desolate Lebenssituation in Paris verantwortlich, daß ihn "das deutsche Volksbuch vom 'Tannhäuser'" und "diese wunderbare Gestalt der Volksdichtung (...) auf das Heftigste" ergriff, obwohl ihm der Tannhäuser-Stoff in der Erzählung von Tieck schon lange vorher bekannt war:

> Er (= der Tannhäuser) hatte mich damals in der phantastisch mystischen Weise angeregt, wie Hoffmanns Erzählungen auf meine jugendliche Einbildungskraft gewirkt hatten; nie aber war von diesem Gebiete aus auf meinen künstlerischen Gestaltungstrieb Einfluß ausgeübt worden. Das durchaus moderne Gedicht Tiecks las ich jetzt wiederum durch, und begriff nun, warum seine mystisch kokette, katholisch frivole Tendenz mich zu keiner Teilnahme bestimmt hatte (...)[71]

Was Wagner nun ansprach, war das "einfache echte Volksgedicht der Tannhäusergestalt" im "schlichten Tannhäuserliede". Mit der romantisch literarisierten Form bei Tieck konnte Wagner nichts anfangen (Heines Tannhäuser-Ballade, die er gekannt haben dürfte, erwähnte er nicht). Es war sein auch sonst immer wieder formuliertes Bestreben, die ursprünglichen Gehalte von Sage bzw. Mythos freizulegen, die romantische Perspektive auszuschalten und zu ersetzen durch die Vision eines Ursprünglichen, "rein Menschlichen". Der andere Impuls aber war offensichtlich die in Paris durchlebte Erfahrung der, auch künstlerischen, Heimatlosigkeit und der Drang, die Zeitsituation und die persönliche Existenz, sowie die gewonnene Einsicht in die "Verzerrtheit und widerliche Hohlheit unseres modernen Theaterwesens"[72] zu bewältigen. Nicht von ungefähr mutet Wagners Schilderung seiner persönlichen und künstlerischen Existenz zu der Zeit, in der der *Tannhäuser* entstand, in der genannten Schrift wie eine Interpretation dieses Werks an. (Daß er sich aus

[71] Ebd. S. 97 f. Vgl. auch S. 107 f.

[72] Ebd. S. 105.

der Rückschau äußerte, ist in diesem Zusammenhang ebenso unerheblich wie die Frage, ob Wagner die tatsächlichen Beweggründe berührte oder das Werk mit einer nachträglichen Deutung versah.) In den Augen Wagners war Tannhäuser der Sänger-Held, der sich – wie sein Autor – nach "dem Hinschwinden aus der Gegenwart" und "nach dem Ersterben in einem Elemente unendlicher, irdisch unvorhandener Liebe" sehnte, einer Liebe, die "auf dem ekelhaften Boden der *modernen* Sinnlichkeit" nicht Fuß fassen konnte. Und dann heißt es in Anspielung auf die romantisierende Auffassung der Tannhäuser-Oper:

> Wie albern müssen mir nun die in moderner Liederlichkeit geistreich gewordenen Kritiker vorkommen, die meinem *Tannhäuser* eine spezifisch christliche, impotent verhimmelnde Tendenz andichten wollen![73]

Nebenbei bemerkt: "Modernität" ist für Wagner immer negativ besetzt. "Modern" sind nach seinem Verständnis auch die Romantiker, "modern" ist der herrschende Zeitgeist, dem sich Wagner seit dem Pariser Aufenthalt und dann erneut in den letzten Dresdner Jahren entfremdet hatte.

In der spezifischen Färbung der Unbehaustheit, der Entfremdung, des beschädigten Helden, der Erlösungs-Idee, der Nachtfeier im *Tristan* kommen 'Leiden und Größe' des Zeitalters zur Geltung. Vermittels mythischer Bilder, die ganz und gar sein Eigentum sind, forderte Wagner durch das vielschichtige Berührungsgeflecht der Ring-Tetralogie vornehmlich sein eigenes Jahrhundert in die Schranken. Und man kann nicht behaupten, daß die Verhängnisse und Verstrickungen, die hier durch künstlerische Verdichtung zur unverlierbaren Erfahrung geworden sind, ihre Aktualität (und Modernität!) eingebüßt hätten. Es ist, als ob der Wagnersche Mythos, der einerseits unverkennbar Züge der Ausschaltung konkreter Wirklichkeit und Gegenwart besitzt (Transposition in den zeitlosen Raum), andererseits den Blick auf die Gegenwart und auf eine diese transzendierende Zukunft freigesetzt hätte. Diese Doppelperspektive ist stets anzunehmen. In dem bedeutsamen Brief an Röckel, aus dem schon zitiert wurde, heißt es über Wotan und Siegfried:

---

[73] Ebd. S. 108.

> (...) er (Wodan als "Wanderer", S. K.) gleicht *uns* auf's Haar; er ist die Summe der Intelligenz der Gegenwart, wogegen Siegfried der von uns gewünschte, gewollte Mensch der Zukunft ist, der aber nicht durch uns gemacht werden kann, und der sich selbst schaffen muß durch *unsre Vernichtung*. In solcher Gestalt – mußt Du zugestehen – ist uns Wodan höchst interessant (...)[74]

Ein exemplarischer Fall einer Mythen-Kontamination und -Interpretation ist der Entwurf einer dreiaktigen Oper *Wieland der Schmied* von 1849[75]. Die Sage besteht aus zwei lose zusammenhängenden Teilen, einem Prosa- und einem Versteil, die sich bereits in der *Vølundarkvida* der *Edda* finden. Das Schwanenjungfrau-Motiv steht im Mittelpunkt des einleitenden Prosa-Teils. Im Versteil wird von der Gefangennahme Wielands, von seiner Lähmung, vom Gewinn des Zauberrings und von seiner Flucht durch die Lüfte mit den selbstgeschmiedeten Flügeln berichtet. Dieser Teil hat in der Sagenwelt Nordeuropas weiteste Verbreitung gefunden. Die Verbindung beider Teile fand erst 1804 in einer Erzählung des Dänen A. Oehlenschläger statt, eine noch engere Verschmelzung durch K. Simrock (1835). An diese Fassung schloß sich Wagner an. Ihm aber diente der Mythos zur allegorischen Versinnlichung aktuell-moderner Ideen. Er sah und deutete den Stoff im Lichte der Revolution, an der er sich gerade aktiv beteiligte. Wieland repräsentierte in Wagners Deutung das geknechtete, erniedrigte, in seiner Existenz begrenzte Volk der Deutschen, dem im Augenblick der höchsten Not die Kraft der poetischen und künstlerischen Selbstbefreiung zuwächst, indem es sich die Schwingen selbst schmiedet. Die gesamte Handlung ist durchwirkt von solcher Allegorik. Das Ganze nimmt sich wie eine aktuelle Parabel im mythischen Gewand aus. Ihre Durchsichtigkeit mag Wagner abgehalten haben, den Stoff zu bearbeiten. (Er bot den Entwurf Liszt an.)

Für Wagners musikalisch-dramatische Konzeption war zweifellos das Element des Mythischen von größter Bedeutung. Andererseits konstituierte sich der Mythos durch neue musikalische Prägun-

---

[74] *Briefe an Röckel* S. 38.

[75] *Gesammelte Schriften* Bd 6, S. 248–277. In geraffter Form wiedergegeben als Anhang zur Schrift *Das Kunstwerk der Zukunft* (1850).

gen, in denen sich nicht zuletzt Modernität bekundete[76]. Ich beschränke mich auf wenige Hinweise: Damit das mythische Geschehen seine Suggestion entfalten konnte, mußte die Handlung durch Szenenwechsel möglichst selten unterbrochen, sondern auf wenige Schauplätze verdichtet, jede “künstlich” erscheinende Dramaturgie vermieden werden. Durch die Anlehnung an den altgermanischen Stabreim und durch die Annäherung an emphatische Prosa verlieh Wagner der Sprache das Gepräge des Vorzeitlichen, Ursprünglichen. Das Drama wurde durchsetzt mit epischen Elementen. Als solche wirken die ausholenden Erzählungen, die immer wieder in die Vergangenheit zurückgreifen, die Vergangenheit vergegenwärtigen. Durch die Überlagerung von Vergangenheit und Gegenwart öffnet sich permanent ein zeitloser mythischer Raum.

Die neue musikalische Sprache kennt keine überschaubaren Formen mehr oder überformt sie bis zur Unkenntlichkeit. Das Ergebnis ist Wagners Orchesterpolyphonie, in der die harmonischen und klangfarblichen Vorgänge Begrenzungen tendenziell transzendieren, Zäsuren möglichst aufheben. Wagners Formel dafür war die ‘unendliche Melodie’ und eine unendlich subtile “Kunst des Überganges”[77]. Wagners Musik schaltet das Zeitbewußtsein aus, weil sie stets im Werden ist. Im Leitmotiv-Verfahren der Ring-Tetralogie kommt die Auslöschung des Zeitbewußtseins vielleicht am eindrucksvollsten zur Geltung. Die Leitmotive sind an den szenischen Augenblick geknüpft, tauchen gewissermaßen aus dem Fluß der Harmonie auf, um in ihm wieder ausgelöscht zu werden. Sie rufen aber stets Vergangenes auf und verweisen ahnungsvoll in die Zukunft.

Zusammenfassend läßt sich sagen: Es gibt in Wagners Musikdramen kein Element, das nicht beitrüge zur grandiosen Konstruktion des Mythos aus dem Geiste der Musik.

---

[76] C. Lévi-Strauss postuliert die Affinität zwischen Musik und Mythen. In dieser pauschalen Theorie, die zu undifferenziert ist, als daß man ihr zustimmen könnte, müssen die spezifisch mythischen Qualitäten der Wagnerschen Musik notwendigerweise außer Betracht bleiben.

[77] Vgl. den Brief vom 29. Oktober 1859 an M. Wesendonk, in *Tagebuchblätter und Briefe* S. 189.

II

Die zunehmend freie Verfügung über die seit der Romantik gängigen Sagen-, Märchen- und Mythenstoffe, die vielschichtige 'Konstruktion' des nordischen Mythos und seine ungemein komplexe Kontamination mit dem Sagenkreis des *Nibelungenliedes* und mit Elementen der griechischen Mythologie in der Ring-Tetralogie ist nur die eine Seite der Wagnerischen Konzeption des Musikdramas. Das andere, entscheidende Faktum ist die Remythisierung. Sie war den Romantikern nicht gelungen, obwohl sie von ihr träumten. (Es ist vielleicht kein Zufall, daß die Romantik ihren reinsten und bedeutendsten Klang dort erhielt, wo die vorfindliche, mit Enthusiasmus neu entdeckte Sagen- und Märchenwelt, zu der auch die Utopie des Mittelalters gehört, *nicht* oder nur am Rande berührt wurde.) Von der schwärmerischen Begeisterung der Romantiker, die letztlich intellektueller Anschauung entsprang und die nicht von ungefähr ihre reichsten Früchte in schöpferischer Sammeltätigkeit, in der Erschließung und Erforschung der Quellen trug, hatte Wagner längst Abschied genommen. Die Remythisierung erfolgte dadurch, daß alles Stoffliche, Vorgefundene sich auflöste und in durch und durch neuer Deutung und Konstellation als ein anderes wiedererstand. Was jedoch der gedeuteten Sage und dem Mythos Wirklichkeit verlieh, war die Bilder und Gestalten von unverwechselbar eigener Qualität evozierende Musik.

Wagner setzt die Romantik voraus, aber er setzt sie nicht fort. Sein Werk hingegen für eine wie immer geartete 'Modernität' zu reklamieren, würde ein Schlagwort durch ein anderes ersetzen, das in seiner Bedeutung verschwommen bleibt, wenn die Kriterien der Modernität nicht deutlich werden. Sie aber dürften kaum anders bestimmbar sein als durch die Analyse eben jener historischen Situation, die zu Beginn des 20. Jahrhunderts mit einer Radikalität ohnegleichen offenbar wurde, und die als Epoche heute bereits der Vergangenheit anzugehören scheint. Sobald indessen die Kriterien der Modernität ins Blickfeld rücken, drängt sich die Frage nach den Wurzeln der Umwälzungen vor, die das Gesicht der Moderne hervortreten ließen. Und ihre Spuren bis in die Romantik zurückzuverfolgen fällt nicht schwer, obwohl die Moderne sich programmatisch gegen die Romantik wendete, um sich von deren Erblast zu befreien.

Die um 1910 manifeste Revolution in den Künsten, die in weitesten Bereichen tatsächlich zu einer Annullierung der romantischen Welterfahrung führte, geriet gerade auch dort, wo die Opposition sich emphatisch artikulierte, vielfach in ein zwiespältiges Verhältnis zum romantischen Zeitalter, das freilich bereits in seiner im engeren Sinne romantischen Phase wirksame Gegenkräfte gegen das Romantische mobilisierte. Schon in der Zeit der frühen Romantik zeigte sich ihr Dilemma bzw. dessen Symptom, nämlich die rasch eintretende Erschöpfung ihrer Möglichkeiten.

Für das Verhältnis der musikalischen Moderne in ihrer schroffen Abwehr von der romantischen bzw. pauschal als romantisch empfundenen Vergangenheit zu dieser Vergangenheit kann ein epochales Werk Wagners und seine Wirkung einstehen: das Musikdrama *Tristan und Isolde*. Wagners *Tristan*, unbestreitbar ein Werk, in dem essentielle Züge der romantischen Welterfahrung ihre gewaltige Apotheose erfuhren, trieb ein musikalisches Idiom hervor, in dem das unlösbare Dilemma, von dem das Drama handelt, seinen unüberbietbar radikalen und stimmigen Ausdruck fand. Der *Tristan* nahm (jedenfalls unter dem Gesichtspunkt der harmonischen Tonalität) eine Endposition ein, über die hinauszugelangen nur um den Preis der Aufgabe der harmonischen Tonalität möglich schien. Diesen Schritt, der trotz aller Berufung auf traditionelle (vor- und nachromantische) Verfahren der Kompositionstechnik, einen in der Geschichte der Musik beispiellosen Bruch bedeutete, vollzogen A. Schönberg, A. Berg und A. Webern. Es war der Schritt in die Modernität, der allerdings besonders in der Phase der "freien Atonalität" seine Herkunft von der spätromantischen Diktion nicht verleugnete. Mit der Wendung zum strengen Prinzip der Dodekaphonie (um 1920) zogen J. M. Hauer, Schönberg und seine Schüler die Konsequenz aus der entfesselten Subjektivität, deren romantisch-emotionale Qualitäten sich indessen bereits in der "freien Atonalität" grundlegend gewandelt hatten. Durch die Dodekaphonie kam an den Tag, daß die Vorstellungen der musikalischen Moderne von Anfang an um 'Objektivität' und 'Konstruktion' kreisten. Die Grundtatsache des (im weitesten Sinn) romantischen Tonbegriffs, in erster Linie Medium emotionaler, subjektiver Zustände zu sein, war außer Kraft gesetzt. Mit Schönbergs These von den "nur aufeinander bezogenen Tönen" (d. h. der Absolutsetzung des Einzeltons, folglich der Negierung eines den Tönen übergeordneten Bezugssystems) wurden auch theoretisch der musikalische Ton und Tonkonstruktionen auf die Qualität des Materialen reduziert. Die Auffassung des Tons und der Tonverbindungen als bloßes 'Material' resultierte letztlich aus dem schon in der frühen musikalischen Romantik sich abzeichnenden Dilemma des mit emotionaler Emphase durchtränkten Tons, der sich gegen die Herstellung verbindlicher Konstruktionen sperrte. Insofern war auch der Zweig der Neuen Musik, der sich von Schönberg und seinen Schülern ableitete, durchaus in das romantische Zeitalter verstrickt. (Daß es, nebenbei bemerkt, auch andere Wege zur Modernität in der Musik gab, Wege, auf denen die rigorose Abkehr von der Musik des 19. Jahrhunderts und vom 'romantischen' Tonbegriff gewissermaßen unbelastet von romantischen bzw. spätromantischen Traditionen konzipiert wurde, dafür mag nur ein Name, der Strawinskys, stehen.)

Um zu Wagner zurückzukehren: Es ist wohl kein Zufall, daß gerade das Musikdrama *Tristan und Isolde*, dessen Themen die Heillosigkeit und Todesträchtigkeit, die rauschhaft verklärte Todesemphase des im Ursprung romantischen Weltgefühls sind, und das damit aber die ungeahnte Überhöhung, eine Art Summe der Romantik bot und zugleich die Romantik nicht nur musikalisch weit hinter sich zurückließ, gewisse Haupttendenzen der musikalischen Moderne (die Auflösung der harmonischen Tonalität) fast zwangsläufig nach sich zog.

Zieht man die anderen Musikdramen in Betracht, so drängt sich indessen der andere, bereits berührte, Musik und dramatische Konzeption umfassende Aspekt auf: Wodurch überschritt Wagner den Kreis des Romantischen, dem er doch andererseits mehr als nur einzelne Motive verdankte?

Wagner bediente sich romantischer Elemente, um sie in großangelegte Weltentwürfe eingehen zu lassen, die sich in ihrer Komplexität romantischen Vorstellungen ebensowenig fügen wie ihre musikalisch-dramatische Form dem Genre der romantisch inspirierten Oper. Selbst in Werken wie dem *Fliegenden Holländer*, dem *Tannhäuser* und dem *Lohengrin*, die der deutschen romantischen Oper noch am nächsten stehen, ist das Romantische allenfalls Ausgangspunkt, nicht Ziel. Das gedankliche und theatralische Konzept der Ring-Tetralogie ist vollends so sehr Wagners eigene, unverwechselbare

Schau der Dinge und der menschlichen Verhältnisse, daß der Verweis auf romantische Elemente nur sekundäre Züge hervorheben würde. Über die Ring-Dramen äußerte Wagner:

> (...) meine ganze weltanschauung hat in ihm (= dem Stoff der Ring-Dramen, S. K.) ihren vollendetsten künstlerischen ausdruck gefunden.[78]

Die nordischen Mythen und Sagen zog Wagner nicht heran, um sie in romantisch verklärter Beleuchtung darzubieten, sondern um sie als gedeuteten Mythos neu zu schaffen. Der Wille zur Herstellung universaler Weltentwürfe, in denen Wagner, wie er nicht müde wurde zu betonen, dem "Rein-Menschlichen" auf den Grund zu kommen trachtete, brach aus dem esoterischen Kreis des Romantischen aus.

Bereits in der Tatsache, daß Wagner von Anfang an auf das Drama setzte, bedeutete die entschiedene Abkehr von der Romantik. Mit dem Begriff der romantischen Poesie war das Theater nicht in Einklang zu bringen. Die Utopie des romantischen Dramas als idealer Schauplatz für die Vereinigung aller poetischen Genres, genauer für die Kontamination des Lyrischen, Epischen und Dramatischen scheiterte an dem Gesetz der Vergegenwärtigung im hic et nunc der Bühne, d. h. an den Forderungen einer schlüssigen Dramaturgie. Kein größerer Gegensatz ist denkbar als der zwischen der programmatischen Konzeption einer genuin romantischen Dramatik, die Romantikern wie Tieck und Brentano in ihren die Bühnenrealität transzendierenden Dramen vorschwebte, und Wagners stets auf theatralische Vergegenwärtigung gerichteten Konzeption des Musikdramas. Als nicht minder prekär stellte sich indessen auch die Situation der deutschen romantischen Oper dar. Ihr Dilemma war kaum geringer als das des romantischen Sprechdramas. Nach dem singulären *Freischütz* (1821), in dem es Weber glückte, eine in dieser Form nicht wiederholbare Kongruenz zwischen dem romantischen Gegenstand, den Belangen der Operndramaturgie und dem musikalischen Idiom herzustellen, zeigte sich bereits in Webers Folgewerken (*Euryanthe* und *Oberon*), daß sich die deutsche Oper dem Bannkreis der tonangebenden französischen und italienischen

[78] Brief an Th. Uhlig vom 31. Mai 1852, in Richard Wagner, *Sämtliche Briefe*, hgg. G. Strobel und W. Wolf, 4 Bde, Leipzig 1967–1979, Bd 4, S. 385, Nr. 173.

Oper nicht entziehen konnte. Je mehr die musikalischen Ausdrucksformen und die Dramaturgie der Oper beherrschend wurden, desto weniger tragfähig wurden jene Elemente, die einen genuin romantischen Operntypus hätten begründen können. Es war das Dilemma der deutschen romantischen Oper, daß ihre aus spezifisch romantischer Welterfahrung erwachsenen musikalischen Möglichkeiten (z. B. das Liedhafte, Volkstümliche, 'Poetische') sich mit dem kosmopolitischen Genre der Oper, das auf den europäischen Opernbühnen den Erfolg brachte, als nahezu unvereinbar erwies. Der im Verhältnis zu Webers romantischen Opern späte Versuch Schumanns, mit der von Tiecks Trauerspiel *Leben und Tod der heiligen Genoveva* (1799) angeregten Oper *Genoveva* (1850) ein aus innerstem Impuls romantisch konzipiertes musikdramatisches Werk zu schaffen, scheiterte an der Realität des Operntheaters. Es wäre indessen gewiß unzureichend, das Mißlingen mit dem Sujet bzw. mit dem unzulänglichen Textbuch, das im wesentlichen auf Intentionen und Verfasserschaft des Komponisten selbst zurückgeht, oder mit Schumanns mangelndem Sinn für das Dramatische erklären zu wollen. Der Grund liegt zweifellos tiefer und hat damit zu tun, daß die scheinbar ideale Konstellation, nämlich den durch und durch romantischen Charakter von Schumanns Musik an die ebenso genuin romantische Dramenkonzeption Tiecks zu binden, sich im Medium des Theaters als Opposition erwies. Schumann sah sich genötigt, seine poetisch-lyrische und esoterische musikalische Einbildungskraft, die in der Klavier- und Liedmusik kulminierte, den Konventionen der Oper zu unterwerfen oder sich ihnen zumindest anzupassen. Das Resultat blieb, man möchte sagen notwendigerweise, zwiespältig. Die Opernkonvention behinderte die volle Entfaltung von Schumanns romantischer Poesie, diese andererseits die dramatische Prägnanz. Und der Ausweg des 'Lesedramas', des imaginären Theaters, der sich immerhin für die Romantiker Tieck, Brentano u. a. eröffnete, kam für das musikalische Drama begreiflicherweise nicht in Betracht. Man mag Schumanns *Genoveva* als das denkwürdige Dokument dafür betrachten, daß der musikalischen Romantik die dramatische Form aus inneren Gründen versagt blieb.

Wagner hatte sich von Anfag an für das musikalische Drama, für die Oper entschieden. Damit waren die Weichen für einen anderen als romantischen Weg gestellt. Dennoch hat Wagner in der Nachfolge Webers mit der romantischen Oper *Die Feen* nach Carlo Gozzis Märchenstück *La Donna serpente* (1762) begonnen. Er folgte damit einem Hinweis in E. T. A. Hoffmanns Dialog *Der Dichter und der Komponist* (1813, aufgenommen in die *Serapionsbrüder* 1819–1821):

> In seinen (= Gozzis) dramatischen Märchen hat er das ganz erfüllt, was ich von dem Operndichter verlange, und es ist unbegreiflich, wie diese reiche Fundgrube vortrefflicher Opernsujets bis jetzt nicht mehr benutzt worden ist.[79]

Aus Hoffmanns romantischer Auffassung der Musik als "geheimnisvolle Sprache eines fernen Geisterreichs" resultierte die These, daß der Stoff einer Oper dieser Auffassung entsprechen, der Operndichter sich "zum kühnen Fluge in das ferne Reich der Romantik" rüsten müsse. Zwar hatte Hoffmann keinen Begriff von einer spezifisch romantischen Musik (die es um 1815 auch noch nicht gab), da für ihn die Musik schlechthin romantisches Wesen war. Doch seine Vorstellung, es gäbe so etwas wie eigentlich romantische Stoffe, zeigt, daß Hoffmanns universal gemeinter Musikbegriff in Wahrheit ein besonderer, ein romantischer gewesen ist. Die Oper erhält eine besondere romantische Qualität nicht etwa durch die Musik an und für sich. Dies wäre folgerichtig, wenn es sich so verhielte, wie Hoffmann glaubte, und *jede* Oper müßte eben romantische Oper sein. Ihr Kriterium ist vielmehr das Sujet. Die "romantische Oper mit ihren Feen, Geistern, Wundern und Verwandlungen" sei "die einzig wahrhafte, denn nur im Bereich der Romantik ist die Musik zu Hause".

Nimmt man Hoffmanns Ausführungen beim Wort, dann scheint es vor allem darum zu gehen, einen der Musik (die ja die Romantik schlechthin repräsentiert) angemessenen dramatischen Vorwurf zu bestimmen. Ist ein solcher Vorwurf gefunden, dann stünde der Entstehung einer "romantischen Oper" nichts mehr entgegen. Für Hoffmann ist demzufolge die romantische Oper die Utopie des wahren Theaters, nicht etwa nur ein Opern-Genre unter anderen. Die Züge des idealen Entwurfs eines wahren musikalischen Dramas, die

---

[79] Zit. Ausg.: *E. T. A. Hoffmanns Werke*, hg. G. Ellinger, 15 Tle., Berlin/Leipzig/Wien/Stuttgart 1927, T. 5, S. 121.

bei Hoffmann deutlich hervortreten und die in der Forderung gipfeln, daß Musik und dramatischer Stoff vollkommen übereinstimmen müßten, haben Wagner zweifellos früh fasziniert. Ohne die utopische Stoßkraft in den Ideen der Romantiker ist Wagners Konzeption des Musikdramas ebensowenig zu denken wie sein Kunstbegriff. In der tätigen Umsetzung romantischer Utopien, die E. T. A. Hoffmann für die Oper entwickelt hatte und die auf dem Feld des Sprechdramas von Tieck und Brentano realisiert worden waren, geriet Wagner indessen in erhebliche Schwierigkeiten. Die Nachfolge Webers anzutreten, dessen *Freischütz* immerhin als gelungene künstlerische Erfüllung von Hoffmanns Idee einer "romantischen Oper" erscheinen konnte, hätte unweigerlich Epigonalität bedeutet, zumal in Webers späteren Opern krisenhafte Symptome kaum zu übersehen waren. Andererseits mochte Wagner auch nicht entgangen sein, daß die nach romantischem Programm entstandenen dramatischen Dichtungen der Romantiker sich der Bühnendarstellung entzogen, als ideelle Vorbilder für die Oper also ausschieden.

Noch ein anderes dürfte Wagner bald nach der Komposition der *Feen* erkannt haben: daß nämlich in Hoffmanns Theorie der "romantischen Oper" die Stelle der Musik in der Oper unbestimmt geblieben war. Welche Eigenschaften sollte die Musik der "romantischen Oper" besitzen? Hoffmann räumte zwar der Musik eine Schlüsselstellung ein, indem er Opernsujets forderte, die dem ureigenen "romantischen" Wesen der Musik schlechthin entsprächen, doch äußerte er sich zur Musik nur im allgemeinen. Dies korrespondierte durchaus mit der musikalischen Wirklichkeit der Entstehungszeit des fiktiven Dialogs. Eine spezifisch romantische Richtung der Musik war damals (wie gesagt) kaum in Sicht. Hoffmanns eigene Musik zur romantischen Oper *Undine* (1816), der "Zauberoper", die doch dem Sujet nach (Text von La Motte-Fouqué) eine echte romantische Oper ist, prägte nur in vagen Umrissen ein Idiom aus, das man als ein romantisches bezeichnen könnte. Dabei machte Hoffmann sehr wohl Unterschiede zwischen einer Musik, die sich im Einklang mit ihrem abgenommenen romantischen Wesenskern befand und einer solchen, in der dies nicht der Fall war. Zur ersteren zählte er bekanntlich die Opern Mozarts und die Instrumentalmusik der Wiener Klassik, in erster Linie Beethovens.

Im Blick auf die musikalische Wirklichkeit, in der sich zumindest die Möglichkeit einer spezifisch romantischen Musik abzeichnete, erscheint Hoffmanns bedeutsame Operntheorie in sich widersprüchlich. Er erkannte einerseits, daß im idealen Genre der romantischen Oper in erster Linie die Musik die maßgebliche Rolle zu spielen habe, und zwar nicht jede Art von Musik, sondern nur eine ihrem wahren (romantischen) Wesen entsprechende. Als faktische Kriterien des Romantischen aber benannte er nur solche des Opernstoffes. Damit wurde Hoffmann der geschichtlichen Situation erneut gerecht. Denn es handelte sich nun um eine Eingrenzung der Musik auf charakteristische Ausdrucks- und Bildformen des Romantischen. Die Musik wurde auf bestimmte, mehr oder minder definierbare Vorstellungen verwiesen, die sie darzustellen hatte. Es war unabdingbar, daß die Musik der romantischen Oper sich charakterisierend auf die Vorgabe romantischer Inhalte, Stimmungen, Bilder, Vorgänge bezog.

Die besondere (und in sich widersprüchliche) Rolle der Musik in der projektierten romantischen Oper als bestimmendes und doch abhängiges, abgeleitetes Medium war die eine Seite. Die andere Seite war der Konflikt mit den etablierten Formen der kosmopolitischen (italienischen und französischen) Oper. Der Konflikt war im Gedankenentwurf der neuen romantischen Oper insofern von vornherein angelegt, als der herrschende, prominente Operntypus im ersten Drittel des 19. Jahrhunderts eben gerade nicht mit der Vision des aus der Idee des Romantischen entwickelten Operntheaters korrespondierte. Der Glücksfall einer durch und durch romantischen Oper, Webers *Freischütz*, den Hoffmann noch erlebte, zu dem er sich aber nicht mehr äußerte, bestand nicht zuletzt darin, daß der Konflikt beigelegt schien, ohne Bruch, aber auch ohne Zurücknahme des Anspruchs, die romantischen Züge voll zur Geltung zu bringen. Doch in den Nachfolgewerken (vorab in der *Euryanthe*) brach der Konflikt wieder auf, als Weber wieder energisch den Anschluß an die 'große' Oper suchte, andererseits die romantische 'Farbe' zu verstärken trachtete.

Welchen Ausweg fand Wagner aus dieser komplexen Konstellation? Zunächst keinen. Denn er beschritt mit seiner Erstlingsoper *Die Feen* den von Weber und theoretisch von Hoffmann vorgezeichneten Weg der deutschen romantischen Oper, zweifellos inspiriert nicht nur durch seine Verehrung für den Komponisten des *Freischütz*, sondern wohl vor allem durch das ideelle, utopische Potential, das Hoffmann zur Sprache gebracht hatte. Daß aber die Romantik als epochales Phänomen in den dreißiger Jahren des 19. Jahrhunderts bereits abgetan war, konnte Wagner nicht entgehen. Mit H. Laube, einem der Wortführer des Jungen Deutschland, ging er damals freundschaftlich um. Der Ton eines Artikels über "Die Romantiker à la mode", den Laube in der seit 1833 von ihm redigierten *Zeitung für die elegante Welt* erscheinen ließ, dürfte seine Wirkung auch auf Wagner nicht verfehlt haben. "Ich bitte mir ein neues Licht für die Romantik aus" – so schloß besagter Artikel mit vernichtender Ironie[80]. Nicht von ungefähr veröffentlichte Wagner ein halbes Jahr nach Vollendung der *Feen* in ebendemselben Organ einen anonymen Artikel über "Die deutsche Oper", der eine scharfe, von Laube sicherlich nicht unbeeinflußte Absage an die deutsche romantische Oper enthält[81]. Die deutsche Domäne sei die Instrumentalmusik, "eine deutsche Oper aber haben wir nicht, und der Grund dafür ist derselbe, aus dem wir ebenfalls kein Nationaldrama besitzen", heißt es da lapidar. Und weiter: "Wir sind zu geistig und viel zu gelehrt, um warme menschliche Gestalten zu schaffen." Wagner verstieg sich sogar zur kategorischen Ablehnung Webers: "*Weber* hat nie den Gesang zu behandeln verstanden, und fast ebensowenig *Spohr*." Gesang aber sei die wahre Sprache der Musik. Die Kritik reicht indessen weiter und berührt, wenn auch in prononcierter, ja provozierender Form, den notorisch schwachen Punkt der romantischen Oper, die innere Inkompatibilität des romantischen Ansatzes mit den Erfordernissen des Theaters:

> Die Talente der neueren guten deutschen Opernkomponisten, *Weber* und *Spohr*, reichten für das dramatische Gebiet nicht aus. Webers Talent war rein lyrisch, Spohrs elegisch, und wo es über beides hinausgeht, muß ihnen Kunst und Anwendung abnormer Mittel das ersetzen helfen, was ihrer Natur gebricht. So ist auf jeden Fall Webers beste Musik sein *Freischütz*, weil er sich hier in der ihm angewiesenen Sphäre bewegen konnte; die mysthisch-schauerliche Romantik und diese Lieblichkeit in Volksmelodien gehört eben dem

[80] 2 (1833), S. 901 f., S. 906 f., hier: S. 907.

[81] 3 (1834), S. 441 f. ; in *Gesammelte Schriften* Bd 7, S. 7–10.

Gebiet der Lyrik an. Aber nun betrachte man seine *Euryanthe*! Welche kleinliche Klügelei in der Deklamation (...)

Ganz im Sinne des bilderstürmenden Jungen Deutschland machte Wagner den "Quell aller deutschen Übel" in der "unselige(n) *Gelehrtheit*" aus – was die Sache allerdings kaum betrifft.

Was immer Wagner zur Begründung seiner Diagnose anführte, Tatsache bleibt die Abwendung von der romantischen Oper nahezu gleichzeitig mit der Vollendung seiner ersten Oper, die eine romantische war. (An der Diagnose ist immerhin der Hinweis auf den lyrischen, zuständlichen Charakter der romantischen Welterfahrung bemerkenswert. Nur wenige Jahre später bekundete sich in der poetischen Klaviermusik Schumanns, Chopins und Liszts die musikalische Romantik in ihrer reinsten Form. Wagner, der im übrigen für diese Musik auch später nichts übrig hatte, konnte um 1833 nicht wissen, daß sich seine Beurteilung restlos bestätigen würde.) Wagner war, da er die deutsche romantische Oper als Irrweg oder jedenfalls als Sackgasse erkannte, im Begriff, sich der Formen der Oper zu bedienen, die sich unangekränkelt auf der Bühne bewährten. Es mutet folgerichtig an, daß er mit den beiden Opern *Das Liebesverbot* und *Rienzi* den Boden der deutschen romantischen Oper verließ und sich auf die erfolgversprechende Seite der französischen komischen bzw. Großen Oper schlug. Nicht von ungefähr brachten aber die drei Opern, mit denen Wagner zu sich selbst fand, *Der Fliegende Holländer, Tannhäuser und der Sängerkrieg auf der Wartburg* sowie *Lohengrin* eine Rückbesinnung auf die romantische Oper – allerdings mit neuen Vorzeichen. Der innovatorische, ideelle Impuls, der in der deutschen romantischen Oper von Anfang an vorhanden war, der sich jedoch (sieht man vom *Freischütz* ab) eher hemmend als beflügelnd auswirkte, brach sich neu Bahn. Von einer Rückkehr zur deutschen romantischen Oper kann nicht mehr die Rede sein, obwohl die genannten Werke ebenso unleugbar mit romantischen Zügen wie mit Elementen der großen 'historischen' Oper ausgestattet sind. In den *Feen* verstand sich Wagner zweifellos noch als deutscher Komponist in der national gefärbten Tradition der deutschen romantischen Oper. In dem zitierten Artikel über "Die deutsche Oper" aber verkündete er emphatisch abschließend (und gewiß unter dem Einfluß des Neuen Deutschland): "(...) und der wird der Meister sein, der weder italienisch, französisch – noch aber auch deutsch schreibt."[82] Dies richtete sich gegen die restaurative Deutschtümelei, in die mittlerweile nicht nur die politische Romantik abgedriftet war.

Daß Wagner seit dem *Holländer* wieder auf Sage und Mythos aus nationaler Überlieferung einschwenkte, war keine Rückkehr zu romantischen Positionen, sondern resultierte aus musikdramatischen Vorstellungen, die allerdings eine grundsätzliche Abkehr von der allenthalben herrschenden Oper einschlossen und unter gänzlich veränderten Bedingungen zumindest ideelle Tendenzen der deutschen romantischen Oper wiederaufnahmen.

Um deutlich zu machen, was einerseits die romantischen *Feen* (nach Gozzi), andererseits die Opern *Das Liebesverbot* (nach Shakespeares *Maß für Maß*) und *Rienzi* (nach dem historischen Roman von Bulwer-Lytton) von den nachfolgenden Werken trennt, sind die Überlegungen nochmals aufzugreifen und weiterzuführen, die an Hoffmanns eigentlich widersprüchlicher Konzeption der romantischen Oper entwickelt wurden.

Die Lehre, die Wagner aus den Gedanken um die Möglichkeit einer romantischen Oper zog, war zunächst die Einsicht, daß dramatischer Gegenstand und musikalische Formung in einen inneren Gleichklang gebracht werden müßten, die musikalische Dramaturgie sich aus der Beschaffenheit der dramatisierten Stoffe und diese wiederum aus musikalischen Vorstellungen zu entfalten hätten. Anders als Hoffmann, der davon überzeugt war, daß vornehmlich der romantische Stoff, gewisse romantische Charaktere mit der Musik schlechthin korrespondieren würden, erkannte Wagner, daß eine solche Korrespondenz zwischen dramatischem Gegenstand und musikdramatischer Form ausdrücklich und immer wieder neu hergestellt werden müßte. Damit kamen einerseits die zentrale Rolle des Sujets, andererseits die Schlüsselfunktion der musikalischen Formung zur Geltung. Indem aber Wagner es für nötig erachtete und dazu auch in der Lage war, seine musikalische Einbildungskraft aus den spezifischen Bild-, Emotions- und Ideengehalten einer dramatischen Vision zu schöpfen, löste er die von Hoffmann in Übereinstimmung mit den Bestrebungen auf dem Feld der deutschen Oper aufgestellte

[82] Ebd. S. 10.

Gleichung mit der offen gelassenen Stelle (Musik [?] + romantisches Sujet = romantische Oper) auf. Ziel ist nicht mehr die romantische Oper, sondern ein musikalisches Drama mit einer bestimmten, charakteristischen, d. h. auf eine ganzheitliche theatralische Vision orientierten musikalischen Formung, die nicht mehr an einem im engeren Sinn (wie Hoffmann und die Romantiker ihn verstanden) romantischen Stoff gebunden war. Da für Wagner nun letztlich die Musik zum Schlüssel für die Konzeption des Musikdramas geworden war – eine Musik allerdings, die nach romantischer Vorstellung ihre Eigenart aus der darstellend-abbildenden Funktion zog –, entfiel die von Hoffmann fast dogmatisch postulierte Bindung an den romantischen Stoff. So gesehen zeigte sich die romantische Oper als ein durch romantische Thematik empfindlich beengtes, eingeschränktes Genre. Es war letztlich die Eigenmächtigkeit der musikalisch-dramatischen Vision, die es Wagner ermöglichte, sich schrittweise von den Konventionen der Oper, aber auch von der romantischen Doktrin zu befreien.